中峰明本全集

［元］释明本 著　于德隆 点校

九州出版社 JIUZHOUPRESS｜全国百佳图书出版单位

图书在版编目（CIP）数据

中峰明本全集 ／（元）释明本著 ； 于德隆点校 ．
-- 北京 ：九州出版社，2018.4
ISBN 978-7-5108-6857-3

Ⅰ．①中⋯ Ⅱ．①释⋯ ②于⋯ Ⅲ．①禅宗—文集
Ⅳ．① B946.5-53

中国版本图书馆 CIP 数据核字（2018）第 067824 号

中峰明本全集

作　　者	［元］释明本 著　于德隆 点校
策　　划	云在阁文化　德衍景文化
责任编辑	高美平
装帧设计	赵榕斌
出版发行	九州出版社
地　　址	北京市西城区阜外大街甲 35 号（100037）
发行电话	（010）68992190/3/5/6
网　　址	www.jiuzhoupress.com
电子信箱	jiuzhou@jiuzhoupress.com
印　　刷	三河市东方印刷有限公司
开　　本	720 毫米 ×1020 毫米　16 开
印　　张	46.75 印张
字　　数	667 千字
印　　数	3000
版　　次	2019 年 7 月第 1 版
印　　次	2019 年 7 月第 1 次印刷
书　　号	ISBN 978-7-5108-6857-3
定　　价	238.00 元

前　言

　　中峰明本自号幻住老人，世称中峰和尚。元顺帝册封为普应国师，元代最具影响力的禅门宗师，时人誉为江南古佛。一生韬晦岩谷，倡道东南，归心净土，力振宗风，于禅宗和净土宗影响至深且远。

　　明本生于宋景定四年（1263），卒于元至治三年（1323），世寿六十一。俗家姓孙，钱塘人。自幼喜爱佛法，年十五决志出家。二十四岁，从西天目山高峰原妙禅师剃染。高峰在西天目山狮子岩筑死关，十七年足不出户，行头陀苦行，禅风孤峻，道誉满天下。明本给侍高峰，昼服力役，夜事禅定，克励严苦，胁不沾席者十年。后于高峰言下洞契机旨，大彻法源，亲承记别，是为临济宗第十九世祖师。明本深自韬晦，陆沉众中，人无知者。高峰曾付偈曰："我相不思议，佛祖莫能视。独许不肖儿，见得半边鼻。"俾众归之。高峰示寂后，明本不肯以师道自任，屡辞名山巨刹的迎请，自放于山林湖海，云游四方。所到之处结茅以居，皆以幻住庵为名。毕生以清苦自持，行如头陀，虽名高位尊而不变其节，风骨卓绝。然如玉在山、珠在渊，其光气自不可掩。所到之处，僧俗争相瞻礼。下从平民百姓，上至王公大臣、名人学士，慕名前往求法，如当时文坛领袖赵孟頫、冯子振等都从明本问道。

　　在禅法传授上，明本继承了大慧宗杲——高峰原妙以来的"话头禅"。明本洞察当时禅学之流弊，在于以觉识依通为悟明，以穿凿机缘为参学，以险怪奇语为提唱，以破坏律仪为解脱，皆因不肯回头扣己而参。明本以为，可令学者蕴一句无义味语于识藏之中，苦苦逼拶，发大疑情，奋起根本无明。久久纯熟，一旦万虑冰消，百杂粉碎，自然能所顿尽，功用两忘，廓尔无依，划然超悟。明本传佛心宗，卓绝不倚，弘阐玄猷。其高识远见，淳德实行，法量汪洋，辩才无碍，被誉为"东南禅门一人"。昔人曾有"中峰辍席，不知道隐何方"之叹。明清以后，明本一系遂成中国禅宗之主流。

中国佛教自五代永明延寿以后，逐渐形成禅净双修之风。其后如天衣义怀、死心悟新、长芦宗赜、真歇清了、慈受怀深等诸大祖师，虽弘禅宗，均兼修净土。中峰明本便是此一宗风的继承者和积极倡导者。其《三时系念佛事》和《幻住庵清规》，建立了完整的念佛修行仪轨，将禅净融合之理念，化为具体修行实践。其《怀净土诗一百零八首》等诗文脍炙人口，广为流传，对净土法门有极大裨益。明憨山德清《八十八祖道影传赞》附录中将明本列为莲宗第八祖。

元朝蒙古族皇帝尊崇喇嘛教，但前后数代君主，均对中峰明本表达极高敬意。元仁宗为太子时，就尊明本为"法慧禅师"。即位后，又赠明本为"佛慈圆照广慧禅师"，赐金襕袈裟，并敕杭州路优礼外护，俾安心禅寂。元英宗时，特旨降香，赐金襕僧伽梨，诏行宣政院官亲诣山宣谕。明本圆寂后，元文宗又追谥为"智觉禅师"，塔号"法云"。到了元顺帝元统二年，册封中峰明本为"普应国师"，并敕令以三十卷《天目中峰和尚广录》入藏流通。中峰明本于世间所获荣誉和地位，为唐朝以后四百年间汉族僧人所未有。

明本的影响遍及海外，朝鲜、日本、南诏等地学僧多前来参学，所谓"四方学者，北殚龙漠，南极六诏，西连身毒，东穷扶桑，裹粮蹑屩，万里奔走而辐凑赴师者，逮无虚日"。南诏僧玄鉴素闲教观，东来问法，于明本言下有省，洞法源底。继有普福等五比丘得法南归，兴立禅宗，奉明本为南诏第一祖。朝鲜国王、元帝驸马沈王王璋，亲赴天目山，拜谒明本，咨诀心要。获师开示，涕泪感发，因建真际亭于狮子岩下，以记其事。明本的日本嗣法弟子有远溪祖雄、复庵宗己、无隐元晦、业海本净、古先印元、明叟齐哲、义南菩萨等多人，他们继承明本隐遁清修的禅风，归国后不住名山寺庙，而修行于山林僻壤，后人将他们通称为"幻住派"。由于他们注重真修实悟，为广大僧俗信众所仰慕，遂蔚成大派。《中峰广录》及《明本杂录》中收录有明本赠予几十位日本及高丽僧人的法语偈颂。现今日本寺庙和博物馆里仍保存有数十幅明本墨迹，皆为来华求学禅僧所携回，其中一些墨迹已经被日本文化厅指定为国宝或重要文化遗产，足见明本对日本佛学影响之巨。

明本是一位彻法源底、宗说兼通、辩才无碍的大禅师。其接应学人之方，如提金刚王宝剑，杀活自由，擒纵自若。据说明本身边常有两位头陀扛着纸笔，凡是有学人前来求法语，他即信笔书之。明本著作甚多，其中《山房夜话》《拟寒山诗》《楞严征心辩见或问》《信心铭辟义解》和《幻住家训》等五篇，曾由明本自编为《一花五叶集》，广为流传。另有《别传觉心》《金刚般若略义》《东语西话》《东语西话续集》以及法语、诗文、偈颂等。这些作品均被收录于《中峰广录》三十卷之中。明本其他著作还有《天目明本禅师杂录》《幻住庵清规》《三时系念》《怀净土诗一百八首》《梅花百咏》等。其著述内容广泛，涉及当时佛教界的各个方面，既是探讨明本自身佛学思想的第一手资料，也是了解元代禅、净及社会思想文化的重要文献。

本书收录中峰明本现存全部作品，对原文采用现代标点、分段。其版本源流及简要介绍均见于各篇之前的说明。整理者希望通过自己的工作，为读者提供一个了解中峰明本思想与行持的优良读本。

目　录

前言

天目中峰和尚广录⋯⋯⋯⋯⋯⋯⋯⋯⋯⋯⋯⋯⋯⋯⋯⋯⋯⋯⋯⋯⋯⋯⋯⋯1

   说明 ⋯⋯⋯⋯⋯⋯⋯⋯⋯⋯⋯⋯⋯⋯⋯⋯⋯⋯⋯⋯⋯⋯⋯⋯⋯⋯⋯⋯⋯2

   进《天目中峰和尚广录》表 ⋯⋯⋯⋯⋯⋯⋯⋯⋯⋯⋯⋯⋯⋯⋯⋯⋯⋯⋯3

   降赐《天目中峰和尚广录》入藏院劄 ⋯⋯⋯⋯⋯⋯⋯⋯⋯⋯⋯⋯⋯⋯4

   《天目中峰和尚广录》序／元·揭傒斯 ⋯⋯⋯⋯⋯⋯⋯⋯⋯⋯⋯⋯5

   重刊《中峰和尚广录》序／明·徐一夔 ⋯⋯⋯⋯⋯⋯⋯⋯⋯⋯⋯⋯7

  卷第一之上

     示众 ⋯⋯⋯⋯⋯⋯⋯⋯⋯⋯⋯⋯⋯⋯⋯⋯⋯⋯⋯⋯⋯⋯⋯⋯⋯⋯⋯9

     平江路雁荡幻住禅庵示众 / 11　示众 / 15　圣节示众 / 17　清明示众 / 18

     重阳示众 / 19　结夏示众 / 19

  卷第一之下

     示众 ⋯⋯⋯⋯⋯⋯⋯⋯⋯⋯⋯⋯⋯⋯⋯⋯⋯⋯⋯⋯⋯⋯⋯⋯⋯⋯21

     狮子正宗禅寺示众 / 21　示众 / 23　解制示众 / 24　岁朝示众 / 25

     开炉示众 / 26　佛涅槃日示众 / 27　除夜示众 / 28

     湖州弁山幻住禅庵示众 / 29　结夏示众 / 30　冬至示众 / 30

     平江路顺心禅庵示众 / 31　端午示众 / 33　中夏示众 / 34

     丹阳大同禅庵高峰和尚远忌拈香 / 34　二月旦示众 / 35

佛成道日示众 / 36　吴江州太湖简村顺心禅庵高峰和尚愍忌拈香 / 36

狮子岩东冈幻住庵中秋示众 / 37　遇雪示众 / 37　元宵示众 / 38

除夜示众 / 39　浴佛日示众 / 40

卷第二

　　小参 ··· 41

瞿运使霆发卒哭药师道场对灵小参 / 41　为赵承旨孟頫对灵小参 / 43

卷第三

　　拈古 ··· 46

　　颂古 ··· 51

世尊初生 / 51　文殊答庵摩罗女其力未充 / 51　女子出定 / 52

外道问佛有六通如何是那一通 / 52　即心是佛 / 52　非心非佛 / 52

南泉住庵被人打破碗镴 / 52

僧问马祖离四句绝百非答藏头黑海头白因缘 / 52　赵州无 / 53

洗钵盂去 / 53　黄檗云不是无禅只是无师 / 53　万法归一一归何处 / 53

德山托钵 / 53　临济四喝 / 54　香严上树 / 54

严阳尊者问赵州放下因缘 / 54　婆子烧庵 / 54

木平见洛浦盘龙二老云峰悦拈云云 / 54　赵州勘婆 / 54

洞山三顿棒 / 55　石巩张弓 / 55

僧问夹山境法眼拈云我二十年只作境会 / 55

大事未明如丧考妣大事已明亦如丧考妣 / 55　丹霞烧木佛 / 55

则监寺参青峰法眼丙丁童子公案 / 56　丹霞访庞居士灵照提篮因缘 / 56

兜率和尚三关性在甚处 / 56　四大分散作么生脱 / 56

眼光落地向甚处去 / 56　黄龙三关 / 56

达摩一日命门人各言所得遂分皮髓云云 / 57

卷第四之上

　　法语 ··· 58

示云南通讲主 / 58　示云南福、元、通三讲主 / 60

示高丽收、枢、空、昭、聪五长老 / 61　示日本空禅人 / 64

示伊吾显月长老（梵名乌钵剌室利）/ 65　示萨的迷的理长老 / 65

示慈护长老 / 66　示植禅人 / 68　示达禅人（圣僧侍者）/ 68

示志满禅人 / 69

卷第四之下

　法语 ⋯⋯⋯⋯⋯⋯⋯⋯⋯⋯⋯⋯⋯⋯⋯⋯⋯⋯⋯⋯⋯⋯⋯⋯⋯⋯⋯⋯71

示嗣禅上人 / 71　示日本丁一头陀 / 73　示普喜上人问五蕴生死 / 73

示明昶上人书《华严经》/ 75　示云南护上人求示三聚净戒 / 78

示明忠上人病中 / 79　示月禅人病中 / 80　示琳上人病中 / 81

示宗裕上人 / 81　示成上人卓庵 / 82　示宝灯上人礼祖 / 83

示希有上人行脚 / 83　遗诫门人 / 84

卷第五之上

　法语 ⋯⋯⋯⋯⋯⋯⋯⋯⋯⋯⋯⋯⋯⋯⋯⋯⋯⋯⋯⋯⋯⋯⋯⋯⋯⋯⋯⋯86

示海印居士（沈王王璋）/ 86　示脱欢达剌罕丞相 / 89

示容斋居士（别不花丞相）/ 89　示同庵居士（般剌脱因院使）/ 94

示主一居士（敬参政俨字威卿）/ 94

卷第五之下

　法语 ⋯⋯⋯⋯⋯⋯⋯⋯⋯⋯⋯⋯⋯⋯⋯⋯⋯⋯⋯⋯⋯⋯⋯⋯⋯⋯⋯⋯96

示郑廉访（云翼字鹏南）/ 96　示彝庵居士（蒋教授均字公秉）/ 100

示吴居士 / 105

卷第六

　书问 ⋯⋯⋯⋯⋯⋯⋯⋯⋯⋯⋯⋯⋯⋯⋯⋯⋯⋯⋯⋯⋯⋯⋯⋯⋯⋯⋯⋯106

答沈王书（来书附）/ 106　与嗣沈王 / 107　答高丽白尚书 / 109

与海粟居士（冯待制子振）/ 110　与大觉长老 / 111

卷第七

　　佛事　　　　　　　　　　　　　　　　　　　　　　112

　　拈高丽金书《法华经》/ 112　瞿运使卒哭药师道场放生 / 112

　　冯将仕秉炬 / 113　谦西堂入塔（号无碍住千顷寺）/ 113

　　为诸禅人秉炬入塔 / 113

卷第八

　　佛祖赞　　　　　　　　　　　　　　　　　　　　　115

　　卢舍那佛赞并序 / 115　释迦如来十大弟子图像赞并序 / 116

　　历代祖师画像赞并序 / 117　观音 / 122　少林初祖 / 123　栽松道者 / 123

　　鬻薪汉子 / 123　马郎妇 / 123　布袋 / 124　临济 / 124　赵州 / 124

　　丹霞、灵照 / 124　郁山主 / 125　政黄牛 / 125　天童东岩日禅师 / 125

　　道场及庵信禅师 / 125　南岳铁山琼禅师 / 125　径山晦机熙禅师 / 126

　　径山虚谷陵禅师 / 126　天童云外岫禅师 / 126　灵云铁牛定禅师 / 126

　　高峰和尚 / 126　断崖义禅师 / 127　中竺布衲雍禅师 / 127

卷第九　自赞　　　　　　　　　　　　　　　　　　　128

卷第十

　　题跋　　　　　　　　　　　　　　　　　　　　　　137

　　跋慈受和尚《般若心经注》/ 137

　　题琇禅师《代古塔主答寂音尊者书》/ 137

　　题《圆悟和尚心要》/ 137　题东坡居士《大悲阁记》/ 138

　　题《列子》/ 139　题《十牛图》/ 139　跋天目礼禅师墨迹 / 139

　　跋《牛腰佛颂轴》/ 139　跋梁楷画《妙峰禅师四鬼夜移图》/ 140

　　题《十八尊者围棋图》/ 140　题《罗汉揭厉图》/ 140

　　跋《及庵禅师舍利颂轴》/ 141　题古画像四首 / 141

卷第十一之上　山房夜话上　　　　　　　　　　　　142

卷第十一之中　山房夜话中　　　　　　　　　　　　153

卷第十一之下 山房夜话下 ··· 166

卷第十二之上 《信心铭》辟义解上 ································· 177

卷第十二之中 《信心铭》辟义解中 ································· 192

卷第十二之下 《信心铭》辟义解下 ································· 205

卷第十三 《楞严》征心辩见或问 ····································· 220

卷第十四 别传觉心 ·· 228

卷第十五 《金刚般若》略义 ·· 234

卷第十六 幻住家训 ·· 243

卷第十七 拟寒山诗 ·· 248

卷第十八之上 东语西话上 ··· 268

卷第十八之下 东语西话下 ··· 279

卷第十九 东语西话续集上 ··· 286

卷第二十 东语西话续集下 ··· 297

卷第二十一 赋 ·· 308

　勉学赋并序 / 308

卷第二十二

　记 ·· 312

　大觉寺无尽灯记 / 312　寂寂庵记 / 313　空明轩记 / 314　大同庵记 / 315

　平江幻住庵记 / 315　弁山幻住庵记 / 316　报恩忏院记 / 317

　圆照庵记 / 318　旅泊室记 / 319

卷第二十三

　箴 ·· 320

　贪瞋痴箴并序 / 320　戒定慧箴并序 / 320　喜箴并序 / 321　怒箴并序 / 321

　哀箴并序 / 321　乐箴并序 / 322

　铭 ·· 322

　云居庵铭并序 / 322　懒禅室铭并序 / 323　铁围室铭并序 / 323

　　　　西来井泉铭并序 / 324

　　卷第二十四　　序 ……………………………………………………………… 326

　　　　送宗遇上人省亲序 / 326　送明然上人居山序 / 327　止止堂偈序 / 327

　　　　设利偈序 / 328　观音菩萨补陀岩示现偈序 / 329　观音菩萨瑞相偈序 / 330

　　　　示善助道者居山序 / 330　一花五叶序 / 331　一花五叶后序 / 332

　　卷第二十五　　说 ……………………………………………………………… 333

　　　　般若说 / 333　真际说 / 335　止源字说 / 338　云谷号说 / 338

　　　　月舟字说 / 339　无济字说 / 339　定叟字说 / 340　无念字说 / 340

　　　　无方字说 / 341

　　卷第二十六

　　　　祭文 …………………………………………………………………………… 342

　　　　祭鹿岩初禅师文 / 342　祭玄鉴首座文（云南人）/ 342　祭泰长老文 / 343

　　　　祭瞿运使文 / 343

　　　　疏 ……………………………………………………………………………… 344

　　　　续刊《传灯录》疏 / 344　四祖寺童行求僧疏 / 344

　　　　四祖接待庵募缘疏 / 345　妙德院化灯油疏 / 345　狮子院化粮疏 / 345

　　　　杂著 …………………………………………………………………………… 345

　　　　诫闲 / 345　存实 / 346　评恃 / 347　善人李生传 / 347　蜂蚁 / 348

　　　　观虾蟆记 / 348

　　卷第二十七之上

　　　　偈颂 …………………………………………………………………………… 350

　　　　幻住庵歌 / 350　十二时歌 / 350　道要歌 / 351　皮袋子歌并引 / 352

　　　　警策歌 / 353　即心庵歌并引 / 354　翠岩杭上人省师灵岩 / 354

　　　　寄实西堂 / 355　恭上人 / 355　戒上人游江淮 / 355

　　　　琪藏主化藏经（燃一指）/ 355　寄此道监寺 / 356

　　　　送吉上人之江西下高峰和尚遗书 / 356　别绝际 / 357

开炉日示祖上人 / 357　坐禅箴并序 / 357

卷第二十七之下

偈颂   359

送断崖禅师游五台 / 359　扣皖山隐者 / 359　送俦都寺监收 / 360

送灯副寺监收 / 360　秋夜述古 / 360　留别冯居士 / 361

赠镜堂、一洲二座主 / 361　送闻上人归南山 / 361　船居述怀 / 362

火记并引 / 362

卷第二十八

偈颂   363

幽居闻市声 / 363　即事十首 / 364　示行堂 / 366　教禅律总颂四首 / 366

次鲁庵怀净土十首并序 / 367　阅《林间录》有感 / 369

礼四祖真身塔 / 369

卷第二十九

偈颂   370

寄同参十首 / 370　示玄鉴讲主二首并引 / 372　雁荡除夜 / 372

梦幻泡影总颂五首 / 373　赠营寿藏 / 374　次韵答盛秀才 / 374

送禅者归乡二首 / 374　船居十首（己酉舟中作）/ 375

山居十首（六安山中作）/ 376　水居十首（东海州作）/ 378

廛居十首（汴梁作）/ 380　次韵沈王题真际亭 / 382

双髻峰有怀（高峰和尚初创庵于此）/ 382　题佛母堂 / 382

雪窦送友 / 383　赠桃溪法华经会 / 383　赠铁山道人礼补陀 / 383

送澄上人之江西 / 383　题庐山佛手岩 / 383　丐者堂失火就死者数人 / 383

题十六尊者揭厉图 / 384　次韵酬李仲思宰相四首 / 384　晦室 / 384

逆流 / 385　藏山 / 385　送空藏主礼高峰和尚塔 / 385

赠鄱阳裁衣李生 / 385　客中闻讣 / 385　太古 / 385

次韵酬冯海粟待制四首 / 386　别友十首 / 386

卷第三十

  偈颂 ··· 388

    拟古德十可行 / 388　示妙上人五首 / 390　寄玄鉴首座四首 / 390

    无隐 / 391　古田 / 391　偶成十首 / 391　省庵 / 392　定叟 / 393

    警世廿二首 / 393

  谢降赐《中峰和尚广录》入藏并封号国师表 ······················· 396

天目明本禅师杂录 ·· 397

  说明 ··· 398

  天目中峰广慧禅师语 ··· 399

    示徒 / 399　示众 / 400　结夏示顺心庵众 / 402　示同学 / 403

    示山居徒 / 403　示发菩提心众 / 404　冬安居示徒 / 404　示众 / 406

    日资须知 / 407　警孝 / 407　天目山开佛光明佛事 / 408　即休歌 / 409

    觉喜泉记 / 409　劝念阿弥陀佛 / 410　怀净土 / 411

    生老病死总颂（五首）/ 412　立志 / 413　辞住院 / 413　寄人 / 413

    示高丽王 / 414　湛然即事 / 414　病中寄友 / 414　示头陀苦行 / 414

    示喜禅人 / 415　山舟（十首）/ 417　天目四时（春夏秋冬）/ 418

    赠径山旨曹溪 / 419　赠与云谷（客东林）/ 420

    寄陆全之（避大觉寺请）/ 420　赠道士张友梅 / 420　福庆幽居 / 421

    虎溪夜话 / 421　宿天池寺 / 421　山中（春夏秋冬）/ 421　春谒龙池 / 422

    夏隐莲峰 / 422　秋登绝顶 / 422　冬倚狮岩 / 423　春 / 423　夏 / 423

    秋 / 423　冬 / 423　幻海（五首）/ 424　题云海亭（四首）/ 424

    示一禅人（五首）/ 425　远溪雄上人求加持布衣为说偈 / 426

    为烈禅人袈裟加持 / 426　无隐 / 426　远山 / 426　雪谷 / 426

    梅谷 / 427　愚叟 / 427　拙庵 / 427　无相 / 427　古木 / 427　海耕 / 428

沧海 / 428　捷翁 / 428　石榴 / 428　寄朱高冈 / 428　赠谢壶天 / 429

赠静居士 / 429　送僧 / 429　和瓶梅 / 429　华藏云海亭 / 430

礼惠照大师塔 / 430　山中访隐者 / 430　山行 / 431　山居 / 431

贺灵隐烧香侍者 / 431　赠全居士（母骨）/ 431　送云溪住九品观 / 432

庐山道友之江西 / 432　赠诵《莲经》/ 432　赠血书《莲经》/ 432

血书《华严经》/ 432　血书《金刚经》/ 433　寄义断崖化缘 / 433

寄天柱长老 / 433　龙池庵山房 / 433　朗上人竹房 / 433

妙喜山前泊舟 / 434　夏日村居 / 434　金陵道中 / 434　赠僧行脚 / 434

为道日损 / 434　题妙湛无为塔 / 435　赠在别山 / 435　立玉亭偈并序 / 435

东天目昭明院四轴 / 436　头陀苦行歌 / 437　托钵歌 / 438　行脚歌 / 439

自做得歌 / 439　纸袄歌 / 440　水云自在歌 / 440　松花廪歌 / 440

天目中峰和尚普应国师法语 442

示正闻禅人 / 442　示怀正禅人 / 444　示规禅人 / 444

示业海净禅人（嗣法于师）/ 445　示双运寺宝监寺 / 445

示田侍者 / 446　示本色道人 / 446　示禅人 / 446　示禅人 / 447

示禅人（雄藏主）/ 448　示禅人 / 448　示禅人 / 449　示禅人 / 449

示禅人 / 449　示禅人 / 450　示禅人 / 450　示海东诸禅人 / 450

重阳示海东诸禅人 / 451 示海东可翁然禅人（住京师南禅寺）/ 451

示灵叟古首座（住丰州万寿）/ 452　示海东渊首座 / 454

示无地立禅人 / 455　示夫上主 / 456

示宗己禅人（住常州法云禅寺号复庵法嗣于师）/ 457

示雄禅人（法嗣于师）/ 457

示日本元禅人（住京师真如禅寺号古先法嗣于师）/ 459

示圣门哲禅人（住京师真如禅寺后号明叟嗣师）/ 460

示字海文侍者 / 460　示定林了一上人 / 461　示意禅人 / 462

示因禅人 / 462　示然禅人 / 463　示妙然禅人 / 464　示玄禅人 / 464

示牧上人（病中）/ 465　示逸禅人 / 465　示英禅人 / 466　示廓禅人 / 467

示荣藏主 / 468　示澄禅人 / 468　示海东空上人 / 469　示薰禅人 / 470

示圆禅人（因受戒）/ 470　示硕禅人 / 470　示丘、渊二禅人 / 471

示素禅人 / 471　示运禅人 / 471　示祖禅人 / 472　示良遂禅人 / 472

示幽禅人 / 472　示日本中浦居士 / 472　示日本平亲卫直庵知陟居士 / 473

示薰禅人 / 473　示月庵归一居士 / 474　示寔上人 / 474

示头陀道者志成 / 474　示本净上人 / 475　示逸上人 / 475

示养直蒙首座 / 476　示伟禅人 / 476　示恩禅人（因受戒）/ 477

示无我敬禅人 / 477　示南徐松禅人 / 477　示会庵嘉禅人 / 478

示无隐晦禅人（住南禅禅寺法嗣于师）/ 478

示足庵麟上人（住京师万寿）/ 479　示逸禅人 / 480　示玉溪鉴讲主 / 481

示勤江魏公信士 / 481　示柏西庭禅人 / 482　防情复性 / 482

附：中峰《一花五叶集》序跋 484

幻住庵清规 487

说明 488

普应国师幻住庵清规（并序）.............................. 489

附：开甘露门 526

三时系念 535

说明 536

中峰三时系念佛事 537

中峰三时系念仪范 550

怀净土诗一百八首 ··· 579

说明 ·· 580

天目中峰和尚怀净土诗（一百八首） ·························· 581

附：《中峰怀净土诗》诸家序跋 ····························· 594

梅花百咏 ··· 601

说明 ·· 602

和冯海粟梅花百咏（列名诗七绝百首） ······················ 603

和冯海粟梅花诗百咏（春字韵七律百首） ···················· 642

九字梅花咏 ·· 676

辑佚 ·· 677

说明 ·· 678

典籍资料：留题惠山寺 / 679　题金山寺 / 679　松月 / 680

田歌（留天童寺作）/ 680　林塘庵 / 680　真际亭 / 680　落花 / 681

中峰和尚劝念佛诗 / 681　行香子（八首）/ 681　天目山赋 / 684

云居寺中峰和尚札 / 685　跋《庐山莲宗宝鉴》/ 685

跋《一山国师语录》/ 685　跋《云外和尚语录》/ 686

题管夫人竹石图卷 / 686　题宋人书《大悲心陀罗尼经》/ 687　自赞 / 687

万象山崇福寺记 / 687　慧明庵记 / 688　灵济寺记略 / 689

甘露寺记略 / 689　推篷室记 / 690　青山吟 / 690　白云吟 / 691

善严说 / 691　与伟禅人法语 / 691　管道升《提篮观音像》赞 / 692

题白衣观音像 / 692　题绝际永中画白衣观音像 / 692　题白衣观音像 / 692

题白衣观音像 / 693　题《菩提达摩过江图》/ 693　自赞 / 693　自赞 / 693

自赞 / 694　自赞　694 自赞 / 694　自题 / 695

跋赵孟頫书《金刚经》/ 695　与性海道人札 / 696　致山上翁札 / 696

与大友直庵尺牍 / 697　致宝侍者札 / 697　会庵道号 / 698

济侍者宛警策 / 698　吴门幻住庵劝缘疏 / 698

流通本：中峰国师净土偈 / 699　中峰国师训海文 / 702

　　中峰国师念佛文 / 703

博物馆藏品：题文殊菩萨像 / 705　跋梵隆画《十六应真图卷》/ 705

　　高峰原妙相赞 / 705　悼偈十首 / 706　与顽石坐元尺牍 / 707

拍卖品：达摩像赞 / 708　法语 / 708　法语 / 709　戒名说 / 709　法语 / 709

附录 ⋯⋯⋯⋯⋯⋯⋯⋯⋯⋯⋯⋯⋯⋯⋯⋯⋯⋯⋯⋯⋯⋯⋯⋯⋯ 711

传记资料 ⋯⋯⋯⋯⋯⋯⋯⋯⋯⋯⋯⋯⋯⋯⋯⋯⋯⋯⋯⋯⋯⋯ 712

元故天目山佛慈圆照广慧禅师中峰和尚行录 / 元·祖顺 ⋯⋯⋯⋯⋯ 712

有元敕赐智觉禅师法云塔铭 / 元·虞集 ⋯⋯⋯⋯⋯⋯⋯⋯⋯⋯ 717

有元普应国师道行碑 / 元·宋本 ⋯⋯⋯⋯⋯⋯⋯⋯⋯⋯⋯⋯ 719

《天如惟则禅师语录》卷六·普应国师舍利塔记 / 元·惟则 ⋯⋯⋯ 722

《补续高僧传》卷第十三·中峰普应国师传 / 明·明河 ⋯⋯⋯⋯⋯ 723

《南宋元明禅林僧宝传》卷九·中峰普应本国师 / 清·自融 ⋯⋯⋯⋯ 725

天目中峰和尚广录

［元］中峰明本 撰 ［元］慈寂 编

说　明

　　《天目中峰和尚广录》三十卷，明本门人北庭慈寂编。元统二年（1334），元顺帝追封明本为普应国师，并颁赐《中峰广录》入藏流通。《中峰广录》中的《山房夜话》《拟寒山诗》《楞严征心辩见或问》《信心铭辟义解》及《幻住家训》等五篇作品，曾由明本自编为《一花五叶集》，广为流传。《中峰广录》中还收有《别传觉心》《金刚般若略义》《东语西话》《东语西话续集》，及示众、法语、书问、序跋、偈颂、箴铭等，均为了解元代禅宗史的重要文献。

　　《中峰广录》现存版本有十数种之多，主要有元刊本、《碛砂藏》本（第37册，经号1534）、《洪武南藏》本（第205-206册，经号1369）、《永乐南藏》本（经号1516）、《永乐北藏》本（第157册，经号1608）、《嘉兴藏》本（经号1525）、《缩刻藏》本（经号1807）、《卍正藏》本（第60册，经号1543）和《中华藏》本（第78册，经号1717）等。本次点校整理，以《中华藏》本为底本，参校其他诸本及相关佛教典籍，并适当采纳《中华藏》本的校记。

进《天目中峰和尚广录》表

皇帝福荫里，大普庆寺臣僧善达密的理，诚惶诚恐，昧死谨言：臣闻佛之生，去中国十万里，其殁距今二千余年，故传道浸微，而言禅最病，拘则泥乎物，诞则离乎真，真离而诞益胜，故今之眩诞自我者，皆诬禅以乱其教。其的传真悟，超然独异于是者，实惟天目山佛慈圆照广慧智觉禅师中峰和尚明本。本承嗣高峰原妙，妙嗣仰山祖钦，钦嗣径山师范。范于法系上溯临济义玄，为十五世之祖。本距菩提达摩，实二十九代之法孙也。

臣谨按：先师明本，道德行业，衣被禅林；孤光绝响，振耀海宇。仁宗皇帝尝遣近臣赐衣锡号。英宗在御，涣汗继述，恩数有加。及乎文皇，以臣先师之所素履，简在圣心，于是赐谥与碑，谥曰智觉，塔曰法云。今复际遇皇帝陛下，聪明天纵，圣智日新，道轶百王，皇建有极，崇信佛学，垂护正宗。遂敢辄冒天诛，复有恳请。盖自达摩传佛心宗，道盛东土，虽代有得法称师者，然具大辩才、大智慧，于其教法扶衰拯溺，建正摧邪，有功佛乘者，亦罕见焉。惟五季永明智觉禅师延寿，慨念天台、慈恩、贤首性相三宗互相矛盾，乃集三宗知法之士，更相设难，而以心宗旨要折中之，于是著《宗镜录》一百卷。其书既行，后赐入藏。宋元祐间，明教禅师契嵩，悯世儒辟佛太甚，而不知佛学阴裨王化，遂著书曰《辅教编》二卷；又念释迦文佛至乎曹溪六祖，受授而下，历代诸师谱系不明，复著《传法正宗记》十二卷，其书亦赐入藏。今臣先师明本，痛禅学之弊，无如今日，用救其弊，以身先之。其所著书，因学者不能廓悟神心，彻法源底，每以聪明之资，于古德垂示第一义谛处，辄领览为己解也，于是著《信心铭辟义解》一卷。每以讲学之士不能无辩诘也，于是著《楞严征心辩见或问》一卷、《金刚般若略义》一卷、《别传觉心》一卷。因学者不信有悟门而遂溺于邪见，未得谓得，未证谓证也，于是拟寒山诗一百首。又著幻住家训一篇，以发明真参实悟之旨。因学者每每致问，随问而答，久而成编，曰山房夜话一卷，东语西话一卷，续集二卷，语录十卷，别录十卷。

于戏！先师岂好辩哉！盖有不得已者也。今遂总加裒录，而概题其编曰"天目中峰和尚广录"，随表进上。恭望天慈鉴臣先师之所以立言，非徼生荣，非觊后福，盖以禅学之病沉冥膏肓，有大医王，不忍闻见，于是针砭不切，无以中其会俞，汤剂不苦，无以蠲其沉痼，是所谓对证之良药，卫生之妙道，其旨意如此，逮与永明、明教二师之所垂训，实相表里。二师所著之书，故宋既赐之入藏，与诸佛菩萨之所宣说者并行而不悖矣。伏念臣先师明本，遭值圣明，恩渥周至，光宠蕃锡，独其遗言未得与永明、明教之书赐入大藏。以故臣凤夜忧叹，惧有坠逸。伏望皇帝陛下，天地之量，日月之明，容臣蝼蚁之志，鉴臣草芥之诚，将臣所进先师明本广录三十卷，特赐入藏，佛学幸甚。臣干冒天威，下情无任激切屏营之至，谨奉书随表上进以闻。臣僧善达密的理，诚惶诚恐，昧死谨言。

元统二年正月日，大普庆寺臣僧善达密的理上表。

降赐《天目中峰和尚广录》入藏院劄

皇帝圣旨里行宣政院，准宣政院咨。元统二年正月二十六日，笃连帖木儿怯薛第二日，延春阁后咸宁殿里有时分，速古儿赤马札儿台大夫、汪家奴院使、罗锅，殿中喃忽里、火里歹等有来。本院官撒迪平章、不兰奚院使、汪束攒古鲁思院使、左吉院使、燕京间院使、桑哥失里院使、喃哥班同知、辇真班同佥、唆南参议、也先不花经历、陈都事等奏：在先，好师德每撰集来的文字，奉皇帝圣旨，教刊板入藏经里有来。如今为这中峰和尚悟明心地，好师德的上头，奉札牙笃皇帝圣旨，他根底也立了碑来。如今他撰集来的文字，都是禅宗里紧要的言语有。如今依先例，将这文字，但有藏经印板处，教刊板入藏经。教揭监丞撰序，加与普应国师名字，俺行与省家文书，教与宣命呵，怎生养呵。奉圣旨：那般者。教火者赛罕院使，皇太后根底启呵。那般者，么道懿旨了也。钦此。除钦遵外，咨请钦依施行。准此。除外，使院合下仰照验，钦依施行，须议劄付者。右劄付杭州路南山大普宁寺住持。准此。元统二年五月日。

皇帝圣旨里，杭州路余杭县南山大普宁寺住持臣僧明瑞，元统二年五月二十八日，蒙朝廷差来官，赍奉到行宣政院劄付，该准宣政院咨，元统二年正月二十六日，钦奉圣旨，节该中峰和尚加与普应国师名字，他撰集来的文字，但有藏经印板处，教刊板入藏，钦此。除钦遵外，咨请钦依施行。准此。除外，使院合下仰照验钦依施行。奉此。除钦遵外，臣僧明瑞今将奉到《普应国师天目中峰和尚广录》三十卷，谨募檀信，刊为经板，计三函，入本寺印造毗卢大藏经院，用广流通。以此功德，恭为祝延圣寿无疆，仰愿皇图巩固，帝道遐昌，佛国增辉，法轮常转者。

元统三年六月日，佛智妙应广福大师杭州路余杭县南山大普宁寺住持臣僧明瑞谨题。

《天目中峰和尚广录》序

元文林郎艺文监丞参检校书籍事臣揭傒斯奉敕撰

元统二年正月庚寅朔十日己亥，上御明仁殿。大普庆寺僧臣善达密的理，以其师杭州天目山故佛慈圆照广慧智觉禅师臣明本所撰述诸书，总题曰《天目中峰和尚广录》三十卷，因奎章阁承制学士臣沙剌班，奉表以闻，愿视五代永明智觉禅师延寿所著《宗镜录》，宋明教禅师契嵩所著《辅教编》、《传法正宗记》，得赐入藏。制曰可。廿有六日乙卯，中书平章政事臣撒迪等言：昔诸高僧文字语言凡于其教有所裨辅，皆得裒粹，奏入大藏，遂为故事。如本起东南，以其道为海宇倡，德业纯备，绍隆正传。仁宗皇帝始赐号法慧，复加佛慈圆照广慧之号。英宗继御，宠赉恩数，一如先朝。其道臣等概不足以知之，若其为人，则颇闻其略。盖其所至，四众倾向，悉成宝坊，而本未尝一留目焉，顾寻穷山僻绝洲屿，崖巢浪宿，草衣木食，以自绝其声光。然而德盛而心卑，身遁而名随。及已示寂，文宗皇帝敕辞臣制碑、礼臣定谥，谥曰智觉，塔曰法云，恩数至矣！逮陛下临御，而其徒以其著书上尘乙览，参会际遇，岂偶然哉！宜赐其书，一如故事，编入大藏，庶无负国家崇尚佛乘之意。臣等谨昧死以闻。制曰可。其赐号普应国师。仍诏臣偰斯序于书之首。

臣因即其书而窥之。见其刊华就实，因事明理，而其大旨则深惟其教法隆污殊时、声实异致，不能自已其言耳。故言丛林栽培滋植必以其道，苟不以其道而偷安利养，贪欲瞋恚，是皆丛林斫伐之斧斤、殒获之霜霰耳。故言其教自入中国，中更元魏、唐、宋，固尝禁止衰息，而其向上诸祖，身经百罹，道益昌盛。譬之人身，视若病然，而其脉则不病也。今则异此，识者得不为之寒心！至于推明其法，必使之断言语、绝依解、无授受，参则真参，悟则实悟，乃始谓之传佛心宗。其间煅炼之稳密，勘辨之明确，无假借，无回护，凛凛然烈日严霜，可畏也已。至若提倡激扬，则如四渎百川，千盘万转，冲山激石，鲸吞龙变，不归于海不已也。其大机大用，见于文字有如此者。

谨按菩提达摩十一传至临济义玄，玄十七传至仰山祖钦，钦传天目原妙，妙传今明本。妙之居天目，坐死关，影不出关二十年，孤冷峭绝，目瞠云汉，见者栗然。本给侍左右，暑寒一草衣不易。妙恻然，屡令纫浣，垢弊不顾也。本虽土木骸形，而其相好魁硕，伟然一代天人师。其侍死关，昼日作务，夜而禅寂，克励严苦，胁不沾席者十年。师资之间究诘研穷，洞法源底，乃始亲承记别。由是学者辐凑归之，然而深自韬晦，未尝肯以师道自处也。臣复考其行录，其大致固已不可仿佛其端倪，若其细行，则虽大山长谷之间，其徒之耄老名德有卒世穷年不能践其实之万分一者。然则本之道虽非臣所能测识，然即其行以究其言，则其为书，上肩诸祖，并行不悖，阴裨皇图，光赞佛乘，其于圣教，岂小补哉！岂小补哉！谨序。

重刊《中峰和尚广录》序

昔在大德、延佑之间，江之南有大和尚曰中峰本公，居天目山，发大愿力，具大辩才，痛救末法之弊，大机大用，变化翕霍，雷震电走，如大医王，视一切众受病已剧，悉皆因其病而药之，故其所为书，有曰《信心铭辟义解》，曰《楞严征心辩见或问》，曰《金刚般若略义》，曰《别传觉心》，曰《拟寒山诗》，曰《幻住家训》，曰《山房夜话》，曰《东语西话》、曰《续集》，曰《语录》，曰《别录》，千言万语，反复辩说，无非随机开示，俾凡参学之士证上乘也，总名之曰《天目中峰和尚广录》。和尚化去，其徒表请于朝，愿如五季永明寿禅师所著《宗镜录》，宋明教嵩禅师所著《辅教编》、《传法正宗记》，得赐入藏，与内典并行。朝廷允之。镂板于杭之南山大普宁寺，未及广布而数遭小劫，板与寺俱毁。有武弁之士曰张子华者，善人也，得其残编，读之惕然有省于中，曰："和尚之言切实明快，因事示理，真对证之良药。若我之迷钝，且犹有所警发，而况圆机之士乎！"吴山有云居庵，亦和尚法嗣所筑也。子华谋于其庵之上首智嵩、慧泽二师，曰："吾愿重刊《广录》，以广流通。吾捐己橐为之倡。师等皆唱其道者也，幸助我募缘成之。"二师曰："是吾志也。"时和尚之慈风被于人者未泯，乐助者众，板材既具，择日命工以镂刻焉。逾年而功完，请余为序。

呜呼！和尚之道大矣！其见于虞文靖公集、宋正献公本所著《塔铭》与《道行碑》者备矣！至于《广录》入藏，揭文安公曼硕又奉敕为之序。顾余何敢追继三公之后？纵一言之，其于和尚之道，犹指虚空而加赞叹，安能得其仿佛哉！尝试论之：言禅不尚文字，其来尚矣，要之，第一义谛非文字亦莫能以传。譬之涉长江大河，非假舟筏之力，未免望洋而退，恶能济彼岸？故凡传宗之家，必有语录者，此也。夫文字者舟筏之具也，何可废哉！方元室全盛之日，崇尚佛乘，前古未有。有能续佛慧命，大弘法量，力尸化权，普应十方而无碍者，和尚一人而已。当其住世，王公贵人、学士大夫，以至遐陬裔域之长，攀萝缘磴，跻千仞之颠，瞻其光仪，聆其謦欬，得悟于一棒一喝之下，固无资于文字。及夫报缘已尽，光仪不可得而见矣，謦欬不可得而闻矣，虽欲承其策励，邈不可得，犹幸其应世之迹见于文字者可以为究竟之地。不然，光沉响绝，未有不舍正涂而趋邪道者，此《广录》之书所以不容废也。虽然，能仁氏之道，累千万亿言，至于无一言可说，乃为大彻。呜呼！是书也，其大彻之门乎！是故《广录》之书完，和尚虽已化去，四众持诵，常如住世之日。然则张子华氏有功于心宗之传，岂小补哉！书凡三十卷，字以枚数，凡二十一万有奇。若其族出之懿，承传之的，与其纯德苦行之详，则有虞、宋二公之碑、铭在，兹不著。

洪武二十年岁次丁卯，四月佛诞日，杭州府儒学教授天台徐一夔序。

天目中峰和尚广录卷第一之上

参学门人北庭臣僧慈寂上进

示众

延佑六年九月初六日，驸马太尉沈王王璋，奏奉圣旨，御香入山，谒师于幻住庵。翼日，请师就狮子正宗禅寺升座。

拈香云：此一瓣香，虚空包不住，大地载不起。臣僧明本爇向宝炉，端为祝延今上皇帝圣躬万岁万岁万万岁，陛下恭愿至圣至明，如日如月，惟福惟寿，同地同天。

次拈香云：此香胚胎万象，化育两仪。仰祝皇太后万岁，皇后齐年，皇太子千春，恭愿天同覆、地同擎，海同涵、春同育。

又拈香云：此香名高列国，价重三韩。奉为驸马太尉沈王广资福寿。伏愿劫外乾坤，荣金枝于帝苑；寰中日月，茂玉叶于王庭。

又拈香云：此香般若为根株，仁政为枝叶。奉为行宣政院使、平章相国、阇院官僚，同增禄算。伏愿以仁以政，涨佛海之波澜；为瑞为祥，壮皇家之柱石。

遂敛衣就坐。问答不录。乃云：大道无为，大功不宰，大善无迹，大位不居。一切处海印发光，千万古金枝挺秀。访圆通大士于潮音洞里，买石得云饶；修如意轮期于明庆寺中，移花兼蝶至。香风奏四天之乐，梵音轰大地之雷。二千载已现国王，五百劫常为世主。一大藏教随机运转，百千善行任意发挥。祝万岁于九重，保三韩于上国。此是太尉沈王海印居士寻常行履处。只如今日偕行宣政院使、平章相国、王子从官，高登天目，下视人寰，且佛法相应一句，如何指陈？

匝天匝地祥云起，无古无今瑞气腾。

某道行全亏，病衰满体，隈藏岩穴，惟待殒亡。记六载前，伏承太尉沈王书币下逮，谓得旨南来，首谒补陀，次登天目。今季之夏，忽闻王车从至杭，继临海岸，亲见十二面满月慈容于潮音洞里。约山僧见处，又却不然。其观世音圣相，当数季前最初发一念时，而满月慈容当处与王之两目如镜照镜，自尔凡举一念则一观音示现，举百念则百圆通现前，所现之圣容，随念起处，竟莫知几千万身。岂特王心为然，自车从离京师之日，自北而南，三千五百里驿程，若闻若见，俱使知有补陀岩，人人心中皆具现观世音菩萨之慈容，此又岂数量可知耶！如是无刹不现之身，皆含裹于王之最初一念。而其应现又不止于今日，将见亘百千世后，传王之躬诣补陀岩，使观世音自在神通光明世世增长，其无作妙用殊胜功德未易以算数知也。

今乃与宣政院使、平章相国及王子宰相、尚书侍郎、舍人宣使，一行官从，同时会集。寻奉王旨，谓一众俱欲闻向道之说，若使一一请问，未免词繁，俾升此座普为众说。记得先师高峰和尚三十年深居此山，每以一个万法归一、一归何处话，教人默默提起，密密咨参。但不使间断，亦不为物境之所迁流，亦不为顺逆爱憎情妄之所障蔽，惟以所参话头蕴之于怀，行也如是参，坐也如是参，参到用力不及处，留意不得时，蓦忽打脱，方知成佛其来旧矣！这一著子，是从上佛祖了生脱死之已验三昧。惟贵信得及，久远不退转，更无有不获其相应者。所以古宿有谓：但办肯心，决不相赚。今日太尉王与宣政、平章、相国、王子、从官，皆是夙承佛记，远种灵根，而花茂果圆，相逢此际，岂非一时庆会，千古因缘者哉！

又记得教中有谓："若人欲识佛境界，当净其意如虚空。"且净意如虚空置之不问，还识佛境界么？如一香一花、一幡一幢非佛境界，宫殿楼阁、园林浴池非佛境界，乃至光明殊胜等俱非佛境界。本上座今日忍俊不禁，指似去也：山高水深是佛境界，日上月下、云腾鸟飞是佛境界，明暗色空，坏空成住，三涂六趣，九有四生，炉炭镬汤，诸恶苦趣，是佛境界。诸仁者，还信得及吗？当知佛境界充遍故，众生境界亦复充遍。离佛境界外别无众生境界，舍众生境界外别无佛境界。所谓佛境界者，极而言之，迷则佛境界俱是众生境界，悟则众生境界俱是佛境界。如《楞严》谓："如我按指，海印发光。汝暂举心，尘劳先起。"此说岂有定体耶？谓海印者，广周法界，不于印外别容有一法而得安住，一切诸法皆海印之真光，含摄诸尘，圆裹三际。此印随佛心量建立，无异无别，不增不减。而众生界亦复如是，但悟迷之有间也。使我广说，循环莫尽。恐稽王听，不欲词繁。

记得昔日赵王访赵州和尚，州不下禅床，乃问王曰："会么？"王云："不会。"州曰："自小持斋今已老，见人无力下禅床。"道尊德备，须还赵州。不下禅床，师法有在。无端末后垂示，大似偷心未忘，不妨使人疑著。争似幻住，以三千六百丈天目山为禅床，行则与王共行，坐则与王共坐。或有人问其中事若何？听取一偈：

圆通示现潮音洞，幻住深栖天目山。

至竟不能逃海印，嘉声千古播人寰。

平江路雁荡幻住禅庵示众

"慧剑单提日用中，天然元不犯磨砻，神号鬼哭丧魂胆，遍野横尸不露锋。"古人与么说话，已是自伤己命了也，殊不知我王库内无如是刀。嗟夫！参学之士不知此心空寂，本来清净，于一切法元无取舍，只贵翻身一掷，抹过太虚，脱体无依，随处自在，更说甚么生死、涅槃，真如、烦恼，犹如昨梦，何有于我哉！到这里却不妨从空放下，更就他尊宿痛钳锤下煅炼一回，等闲伸出三头六臂，将从上差别因缘聱讹公案，缚作一束，抛在他方世界之外，便乃索空双手，向闹市门头、孤峰顶上，现神通十八变，使他依门傍户者斫额有分。所以达摩西来，谓之单传直指，初无委曲。

后来法久成弊，生出异端，或五位君臣，四种料拣，三关九带，十智同真，各立门庭，互相提唱，虽则一期建立，却不思赚他后代儿孙，一个个浑身堕在参天荆棘中，枝上攀枝，蔓上引蔓，但见葛藤遍地，无有出期。逗到头白齿黄，忽然命根子于欲断未断之际，返思从前知解，毫发无灵，甘赴死门，悔将奚及！近代丛林，如此参学者，波荡风靡，十人而九矣。于戏！望他法社之兴、丛席之盛，其可得哉！间有真参实悟底尊宿出兴于世，欲拯救此弊，无处发药，不得已，于第二门头，别开一路，将个无义味话头，放在伊八识田中，只待伊奋起根本无明，发大疑情，猛利无间，纵致丧身失命，亦不放舍。久久纯熟，自然人法空，心境寂，能所忘，情识尽，和个话头一时忘记，瞥尔向不知不觉处蹉口一咬，百杂粉碎，转得身来，信口道，信步行，亲体纯真，初无拣择，全生杀于一茎草上，空古今于三寸舌头，岂与他顺朱填墨者同日而较其得失哉！然则怎么为伊，亦是作死马医了也。你不更向这里磨砻志气，抖擞精神，一往直前，以求真脱，是自弃也。中间多有一等好兄弟，不能发决定志，因做到不奈何无下手处，著脚不牢，便生退屈，正此拟议，蓦地被人牵引，向册子上论量，经教中引喻，不待悟明，自立知见。直饶尔论得谛当，喻得明白，殊不知正是依他作解，障自悟门，杂毒入心，佛亦难救。更有人谓我根器狭劣，卒不可到，先且发菩提心，兴普贤愿，兼修白业，以为由渐者，此等谓之孤负己灵，埋没先德。又有人谓道无言而不显，体无用而不彰，便乃渔猎见闻、博求胜解者，此等谓之痴狂外边走。又有人谓昏沉散乱似难屏除，便乃息虑停机，枯心死志，坐在蒲团上，如一堆朽木相似，忽然忘四大、虚六情，以为极则者，此等谓之解脱深坑，死水里浸。又有人认个昭昭灵灵鉴觉者为自己法身，便谓山河大地不碍眼光，明暗色空元非他物，一认认定，此等谓之唤驴鞍桥作阿爷下颌。又有人向他古人垂手处妄生穿凿，谓一句是半提，两句是全提，揣按不行处唤作向上机，坐脱立亡唤作末后句，中间又将古人语言透漏处，从头批注，口耳相传，以为究竟者，此等皆是西天九十六种之数，中间差别异端不可枚举，总而言之，无他，盖为当人元无正念，不发真心，又不曾实为生死大事，兼之又不具参学眼目，别白邪正师法，所以坐在里许，不肯知非，遂致红紫乱朱，使他晚学初机，难于趣向。于是劳他先圣，千绪万端，设出方便，特不过为伊解其黏、去其缚耳。今则我这里也不敢自出己见，更远引古人入道因缘，为伊证据去也。

要知一踏到底，更无回互者，但看僧问古德云："学人不识佛，乞师指示。"德云："我说恐你不信。"僧云："和尚重言，争敢不信？"德云："即汝便是。"僧云："如何保任？"德云："一翳在目，空花乱坠。"僧遂领悟。这个岂不是一踏到底底样子！这僧自非真个悬崖撒手，直下承当，安得便恁么剿绝？当时傥存毫发许心意情识于其间，便是百劫千生也无他领悟处。诸人，还知么？且看从头注破。"学人不识佛，乞师指示"，合取狗口。"我说恐你不信"，作贼人心虚。"和尚重言，争敢不信"，犹自不知非。"即汝便是"，将谓有多少奇特。"如何保任"，脚跟下好与三十痛棒。"一翳在目，空花乱坠"，脱赚阎浮多少人。"僧遂领悟"，三生六十劫。你诸人还知落处么？也须学这僧向己躬下一踏到底始得。

要知持经论教、谈名说相者，但看良遂座主见麻谷，谷闭门不接，遂次日再往，谷复闭门，遂乃扣门。谷问："阿谁？"遂拟应名，忽然有省，乃曰："和尚莫谩良遂，良遂若不来见和尚，泪被经论赚过一生。"谷乃印可。遂归罢讲，谓同学曰："诸人知处，良遂总知。良遂知处，诸人不知。"向使谈经论教可以了得，则良遂不必扣麻谷之门。你看他末后道"良遂知处诸人不知"，且不知底是何事？更为伊从头注破："良遂见麻谷"，弃却黄金抱碌砖。"麻谷闭门不接"，将谓别有长处。"遂乃扣门"，剑去久矣，汝方刻舟。"谷问阿谁"，抛糠引狗。"拟应有省"，已迟八刻。"我若不来见和尚，泪被经论赚过一生"，更参三十年。"谷乃印可"，胡麻厮缴。"良遂知处诸人不知"，依旧可怜生。这里岂是你循行数墨、依文解义底道理也，须亲见良遂悟处始得。

要知自负知见、下视诸方者，但看黄龙和尚请益慈明老人。明问曰："公学云门禅，必善其旨。如云门放洞山三顿棒，是有吃棒分、无吃棒分？"龙曰："有吃棒分。"明色庄曰："从朝至暮，鹊噪鸦鸣，皆应吃棒。"龙罔措，遂焫香作礼。明复举赵州勘婆话诘之，龙汗下不能加答。次日又诣见，明诟骂不已。龙曰："骂岂慈悲法施耶？"明曰："你作骂会那？"龙于言下大悟，呈颂曰："杰出丛林是赵州，老婆勘破没来由，而今四海清如镜，行人莫与路为仇。"明以手指"没"字，龙即易以"有"字，明颔之。黄龙未见慈明时，领众行脚，气吞湖海。后云峰悦和尚知其未到，一夜激发令见慈明，所以显如是之机用也。

你诸人还知么？更听从头注破。"有吃棒分，无吃棒分"，点火开门照贼归。"有吃棒分"，依旧扶墙摸壁。"从朝至暮，鹊噪鸦鸣，皆合吃棒"，拖不入了也。"炷香作礼"，堕坑落堑。"看赵州勘婆话"，且作死马医。"诟骂不已"，犹自口忉忉。"骂岂慈悲法施耶"，气急杀人。慈明当时见他怎么道，便与索性一顿痛棒打出，不惟正令全提，亦要使他光前绝后。无端便向他道："你作骂会那？"致使黄龙复堕泥水，便道"杰出丛林是赵州"，少卖弄；"老婆勘破没来由"，便是有来由也，只道得一半；"而今四海清如镜"，那里洎；"行人莫与路为仇"，犹欠悟在。所以道：纤毫不透，如隔铁围。自非向他毒恶钳锤下揩磨净尽，岂有了办底时节？

你更要知多闻博览、口耳传受者，但看香严参沩山。山问曰："闻汝在百丈先师处，问一答十，问十答百，此是汝意解识想，生死根本。父母未生时试道一句看。"严茫然无对，屡乞沩山说破。山曰："我若说似汝，汝以后骂我去。我说底是我底，终不干汝事。"严即焚弃平昔所看文字，自誓此生作个长行粥饭僧，乃入山结茅自处。一日因芟除草本，以瓦砾击竹作声有省，遂遥礼沩山，赞云："和尚大慈，恩逾父母，当时若为我说破，何有今日之事？"乃述颂曰："一击忘所知，更不假修持。动容扬古路，不堕悄然机。处处无踪迹，声色外威仪。诸方达道者，咸言上上机。"你看他出词吐气处，岂是勉强做作得来，又岂是记持学解、口耳传受得来？今日索性不惜口业，更为诸人注破。"沩山道：父母未生时，试道一句看"，贼无种，相鼓笼。"香严茫然无对"，不欠一丝毫。"屡乞说破"，胡饼里讨甚么汁？"我说底是我底，终不干汝事"，将谓将谓，元来元来。"严乃焚弃文字，结茅自处"，错。"击竹有省"，邪法难扶。"遥礼沩山"，面皮厚多少？"若为我说破，何有今日之事"，如何是今日事？"一击忘所知"，那里学得来？"更不假修持"，远在。"动容扬古路"，碍塞杀人。"不堕悄然机"，未敢相许。"处处无踪迹"，要眼作么？"声色外威仪"，莫谤他好。"诸方达道者"，那个是？"咸言上上机"，承虚接响。所以道：向自己胸中流出，盖天盖地。回观见闻学解者，又何翅以十较百、以千较万矣！乃至圣贤应世，所有遗言往行，皆历代之元龟，百世之师法，于此可不发深省哉！是则是矣，须知男儿自有冲天志，不向古人行处行。且作么生是冲天志？咄！不是知音，徒劳侧耳。

示众

瞻在前，忽在后。竹鸡昼啼，华鲸夜吼。未了听一言，如今谁动口？嗟夫！学人将此一等言句，作个相似底道理商量，把自家一片洁白田地，添这般野狐涎沫，点污了也。却不思古人开口处，如大火聚，如大风轮，无你凑泊处。又如吹毛利剑，等闲拈出，直欲要断人命根，此岂可以心意识卜度而为得哉！若然，则阿难不假再修，二祖不劳断臂。何则？彼阿难、二祖聪慧过人，意识明了，如汝所解者，彼岂未闻耶？盖是心不妙悟，见地不脱。若见地不脱，则动是情意识，辊作一团，在处依草附木，承虚接响，致使上味醍醐蕴在伊不净器中，变成毒药，一切时中如个不解脱鬼相似，见人说心说性，便乃扶篱摸壁，凑泊将去。才见有人举起没巴鼻、捩转面皮、突出牙爪处，未免意识不行，便乃浑仑吞枣。如此等人，日用一心中常有二主，互相起灭。有时缘般若则忘世谛，或缘世谛则忘般若。自不知是脚跟下蹉过，却谓我工夫未熟，履践未纯而然，便乃精修白业，作有漏因，以为资助。又有一等颠顸佛性、儱侗真如者，日用遇一切境界，只作一个道理硬自排遣，乃至破律仪、犯禁戒，皆无忌惮。及乎弄到差别境中，排遣不行处，自不知是当面蹉过，却谓我力量未充、闻见不广而然。便乃参求古教，该博见闻，又或忘形死心，停机息念，以资狂慧。如上二种学者，盖为自无正念，况是打头不曾遇著个咬猪狗手脚底宗师与之涤荡，坐在病中，不自觉知，终日肆口而谈，纵舌而辩，总是隔靴抓痒。如此参学，要与生死岸头一念相应，如吹网欲满，非愚即狂也。近世为人师者，往往不能穷其源底，但欲学人速得知解，暖热门庭，多将个瑞岩主人公、临济无位真人、即心是佛、他是阿谁等语，与人打交辊，亦不顾他立脚未稳，生恐他不能领解，又向他道："参底是谁？学底是谁？要见本性底是谁？"只欲他便向这里认个光影，使其擎拳竖指，进前退后，不离当处，便是西来本意。矧乎学人不识好恶，堕他窠臼，如油入面，不得出头，诚可哀悯。

良由不知众生心中圆净湛然，元无污染，只为情生智隔，想变体殊，一妄瞥兴，万缘各立。外则妄见山河大地、明暗色空，内则妄见四大五蕴、见闻知觉，乃至八万四千尘劳及与菩提真如、涅槃佛性等相，皆不出此一妄而有。然此妄念若欲去除，直须是工夫纯熟，脱落根蒂，坐断圣凡，划然开悟，否则直饶你见超二祖、慧过阿难，正是坐在第八识中，以识去识，以妄遣妄，如避身影于日中，灭眼花于空里，徒自劳神，转成差别。所以从上诸老宿不奈伊何，拈出一把折柄刀，刺在伊命根上。待伊捱到转身不得处，奋命一挨，卒地断，爆地折，妄消想灭，见谢执忘，便见森罗万象廓尔平沉，闻见觉知当处解脱，乃至并百千世界融归一心，自然法法全真，头头显露。然虽如是，若要向衲僧面前开口吐气，更须朝打三千，暮打八百，待伊死骷髅上活眼重开，方有语话分。大都是无量劫中生死根本，今日要与一期和盘翻转，岂易事哉！如其不尔，你但以妄想心，生妄想见，忽忽草草认个目前鉴觉、昭昭灵灵、吃饭著衣、开口动舌底，唤作自己。又妄认山河大地、鹊噪鸦鸣、风动尘起处，唤作法身。却不思命根未断，见地不脱，坐在六尘缘影里，不肯知非。有时被人说个不是，便乃牵引古人谈玄说理处，从头印过，只与么麻缠纸裹，依稀彷佛，辊过一生。逗到腊月三十日，四山交逼，真境现前，换却眼睛，从前认底总皆不是了也。到这里甘听处分，噬脐何及？然后招妄谈般若、欺罔圣贤之报，百劫千生受诸苦楚。如此等事，从古至今赚人多矣！岂不见古人有偈云："学道之人不识真，只为从前认识神，无量劫来生死本，痴人唤作本来人。"本上座到这里事不获已，更为伊与古人翻款去也。"学道之人不识真"，用识作么？"只为从前认识神"，也不较多。生死本即不问，如何是本来人？

喝一喝：切忌错下脚注。

圣节示众

大哉乾元！至哉坤元！一气含容万有，民无得而名焉。功高列圣之上，德迈群王之先。荡荡乎用大，巍巍乎体坚。龙抱九重天上日，真光垂照万斯年。大众，还知么？即日瑞分刹土，春满寰区。大毗卢顶分身，优昙钵花吐焰。以故天下称之为圣人之佳节也。但生植于天地之间者，莫不被其泽。惟我释氏之流，乃被其泽之尤者也。何以为然？盖孤虚柔弱而不能自立也。言孤，则远离亲族，不营世家；言虚，则寄食檀门，栖迟林麓；言柔，则潜心空寂，守节循规；言弱，则守护性真，不与物竞。自非圣人不忘佛嘱，曲垂外护，则僧园资具安敢自称常住而不遭陵夺于他人之手乎？由是吾侪安居暇食，一时一刻咸出圣恩，虽天覆地擎不足云喻。使尽形求法，终身向道，至若忘躯毕命，亦不足以酬其万分之一，岂容懈怠懒堕，虚延白昼，而更驰情于利欲者乎？兹遇圣节，曲引微忱，以相勉励。记得后唐庄宗皇帝问兴化和尚云："朕收中原，获得一宝，只是无人酬价。"化曰："请陛下宝看。"帝乃引手舒幞头脚。化曰："君王之宝，谁敢酬价？"龙吟云起、虎啸风生则不无，庄宗、兴化若曰酬中原宝价，至竟未曾定夺。臣僧遥对天庭，辄成一偈：

盖天盖地中原宝，无古无今塞太虚。

价重乾坤酬未得，伫看皇化越唐虞。

清明示众

春溢重山翠欲流，子规啼血正绸缪。

纸钱灰满千家冢，哭到斜阳恨不休。

大众！这个是清明时节之即事也。岂止今日为然，去年清明也恁么，前年清明也恁么，又前年清明也恁么，乃至逆数到威音已前，其鸟啼绿树，人哭荒丘，亦未尝不恁么也。何则？盖一妄根于自心，乃不知生灭去来、聚散得失，皆由妄现，于妄境中，祖父、子孙、弟兄、夫妇，互相酬酢，结为爱见，念念攀缘，至死不休，良可哀悯。诸禅德个个入门相见时，指称生死事大，无常迅速，岂外乎此耶？你但目其感慕之色，耳其哀号之声，直下不能混入灵源，并归真际，要脱他无常生死也大难。此事须是著实到这田地，不涉第二念，不见第二人，方堪负荷。苟非能所脱落，身心悟彻底，自余有一等阐提汉，趁一时狂见也，随人道无你无我、无生无死，说得也相似，殊不知脚跟下红丝线不断，正是益增其识妄耳。昔灵云和尚举眼见桃花，便道："自从一见桃花后，直至如今更不疑。"香严和尚扫地次，击竹有声，便道："一击忘所知，更不假修持。"此二尊宿便是闻声见色，彻见己躬底样子，盖其多生积世参扣祖意，乃验于此。故永嘉谓："吾早曾经多劫修，不是等闲相诳惑。"岂似今日，不本悟明，惟以狂知妄解强陈己见，屈辱先哲，宁不扪心负愧哉！今日事不获已，更说一偈，收起葛藤：

今古清明节禁烟，道人住处不如然，

地炉深拨枯柴火，砂罐频煨野涧泉。

击竹见桃心有契，化钱酹酒事无偏，

男儿未具超方眼，莫道曾参佛祖禅。

重阳示众

大众！俗筵以茱萸饮酒，僧舍以茱萸吃茶，理无异辙，事同一家。却笑陶彭泽，无钱对菊花。林下道人都不顾，从他时节自交加。诸禅德，方叹九旬夏满，又惊九日秋深。流光如射，不可把玩。己躬下事，还作么生折合？古者道："参禅一著要敌生死，不是说了便休。"既是休不得，且如何说个休得底道理？若要休，除非心悟彻，凡圣一齐收。你既未由悟彻此心，茱萸茶、黄栗粽吃了一顿，听本上座口忉忉说一上，又唤作应个时节，似恁么唤作抱道衲子，灯笼露柱忍笑不禁，带累他佛祖俱成虚设。有志丈夫终不肯如此儸罗，举起个所参话，凛凛如一人与万人敌相似，正与么时，转步不得，畏怯不得，思算不得，指点不得，乃至种种俱不得，惟有一味拚性命向前迎敌，便是佛来也与之一刀两段，胸中更无一点顾虑，更说甚么茱萸茶、黄栗粽，常住办也得，不办也得，一念子空荡荡，虚寂寂，冷冰冰，气忿忿，只有个生死无常与所参话未能透脱，安有闲情妄随异念耶？记得汾阳和尚道："一句明明该万象，重阳九日菊花新。"以之颂三玄三要。且今日是重阳九日，满眼黄花，你向甚处见临济三玄三要？如其未委，则老汾阳不免拔舌犁耕有分。各请归堂体取。

结夏示众

"护生须是杀"，干戈满地；"杀尽始安居"，荆棘参天；"会得个中意"，犹较些子；"铁船水上浮"，远之远矣。此四转语内，有一语是宾，有一语是主，有一语全宾是主，有一语全主是宾。这里缁素得出，便见临济大师道"有一无位真人，在赤肉团上出入"。诸仁者，莫是"护生须是杀，杀尽始安居"是么？莫是"会得个中意，铁船水上浮"是么？莫是全宾是主、全主是宾是么？莫是前宾后主、前主后宾是么？若恁么会，要见无位真人，更过三生六十劫亦未敢相许。在众中忽有个傍不甘底，出来道："灵山密付底，少室单传底，秘魔擎底，俱胝竖底，雪峰辊底，投子提底，岂不是无位真人？乃至现前大众两足踏地，握节当胸，摇麈尾，鼓唇皮，做模打样，进前退后底，岂不是无位真人？"咄！你这般见解，正是指鹿为马、唤奴作郎。莫说无位真人，便是影子也未梦见在。纵使你倾悬河之智辩，运掣电之神机，自一句至无数句，从今日说到尽未来际，待伊言穷理尽处，我则轻轻引手挟鼻，向伊道："料掉没交涉。"既然如是，且作么生是无位真人？

乃屈指数云：今朝十五，明朝十六，小尽廿九，大尽三十。数到七月半，却好九十日。你等诸人，讨甚么碗？

天目中峰和尚广录卷第一之上

天目中峰和尚广录卷第一之下

参学门人北庭臣僧慈寂上进

示众

狮子正宗禅寺示众

所起之因既的，所期之果必亲。所操之志惟真，则其所诣之地不期实而实矣。教中谓："三世如来咸为一大事因缘出现于世，欲令众生开示悟入佛之知见。"谓佛知见者，乃破生死根尘之利具也。佛祖谛观三界诸微尘刹满中众生无一刹那而不受生，无一刹那而不变灭，浩浩乎不可以数计也。而况妄情起灭，刹那不住，生死之理岂细事哉！由是佛祖哀之，于大寂定中，随其迷妄，为转法轮，依处依缘，多立名字，谓之《华严》《法华》，谓之《楞严》《圆觉》，乃至菩提涅槃、真如般若、正法眼藏、涅槃妙心等，一依此心建立，名常异而体常同也。名异故方便善权，体同故不离本际。必欲众生悟本际，越生死情妄而后已。

凡学者跨门，靡有不以为生死事大、无常迅速而为辞者。逮扣其所以，或者茫然无所加对，或者谓自出母胎，至命光迁谢，其生不知来、死不知去是生死也。又或指终日竟夜念虑迁流，后念候生，前念忽灭，取舍去来，纷然无绪，寝兴变化，未尝暂歇，皆生死也。是说不越分段、变易二种生死，极理原之，皆枝叶尔，非根本也。谓根本者，性真圆明，本无生灭去来之相。良由不觉，瞥起妄心，迷失本源，虚受轮转。以故教中谓迷之则

21

生死始，悟之则轮回息，盖根乎迷而本乎妄也。楞严会上，富楼那问："清净本然，云何忽生山河大地？"此问盖迷真起妄，成立生死之因。佛答以"大地山河皆如来藏"，乃返妄旋真、破除生死之要旨也。以迷故引妄入心，积集倒见，《圆觉》喻之如四方易处。迷妄在眼，不惟所见之色是生死，以至离种种色象，纯见于空，空亦是生死。迷妄在耳，不惟所闻之声是生死，乃至离声即寂，当知其湛寂无闻亦是生死。以至意缘善恶，不惟恶是生死，善亦未尝不是生死。积为念虑，非惟动念是生死，至于息念亦是生死。以缘配之，不惟染缘是生死，其净缘亦是生死。以觉论之，不惟不觉是生死，其念起即觉亦是生死。仰而观之之谓天，俯而视之之谓地，广而窥之之谓法界，大而量之之谓虚空，总不出见分，皆生死也。当知此心未即了悟，使其立地成佛要且亦在生死网中。原夫生死之大，欺凡压圣，笼古罩今，未有一法不遭其沦溺者，以故目之曰大事因缘。

有等阐提汉，闻说个生死，乃掉头不顾，遽引经书文字中相似语言，谓法性清净，犹若虚空，世界坏时此性不坏，圆满湛寂，迥绝动摇，声色全真，见闻不昧，所谓佛身无为，不堕诸数，何处更觅生死去来之迹？有问生从何处来，便道水流元在海；死向何处去，遽谓月落不离天。似此等见解，唤作吃铁棒、陷铁围之张本。你若不曾向真实法中脱然超悟，更于悟外别立生涯，不存窠臼，岂堪于生死岸畔立得脚牢？苟或纤毫不尽，未免复为胜妙境缘惑在那边，起诸异想，虽曰晓了，其实未然。古所谓："努力今生须了却，莫教永劫受余殃。"又云："八十公公入场屋，真诚不是小儿嬉。"惟有痛以生死大事为己重任者，一切时中卓卓地单提此事，蕴之方寸，向三根椽下淹没三十年、二十年，宛同一日，于大方之外阔跨三千里、五千里，不间丝毫，废寝食，忘寒暑，耐寂寞，禁熬炼，泯爱憎，离顺逆，空能所，融是非，死尽偷心，方堪凑泊。

古人谓："参禅一著要敌生死，不是说了便休。"前辈参禅大有样子，一一皆是竿头进步，撒手悬崖，豆爆冷灰，死中得活，备尝艰苦，不惮勤劳，挫锐解纷，埋光铲彩，不肯以小成近效而生自足之心。盖知生死根尘大于虚空，广于法界，况是历涉多生，熏炼成熟，纤毫不尽，便是铁围。

所以立志如敌万人，一步要跨千里。尽形骸面皮铁石，穷岁月肝胆冰霜。忘利养于念端，空名位于世表。无念尚虞滞迹，有佛安得肯为？非效学而能，盖真实为生死者，曾不期然而然矣。

今人反是，才跨门来，立脚未稳，以聪明之资，打头踸得个自性离生灭、真身绝去来底现成说话以为本柄，自己脚跟下未曾卒地折、爆地断底一条生死命根，置之无事甲中取性，向佛祖顶頟上高挥大抹，自谓禅学理应如是，奈何实地上工夫未曾亲到，不知据广床、说大话、打圆相、卓乌藤，一一皆与生死根尘交光接影。而况心尘易壅，识马难调。爱见之习潜兴，贪妄之情默运。轮回未断而益炽，生死未空而愈滋。丛林衰替，法社荒凉，未有不本于此者。所谓不是说了便休，斯言岂欺人哉！盖实有如是事也。你不思为生死根尘笼络在涂炭中，一日一夜万死万生，形飘剑戟，业坠火汤，改头换面，备尝楚毒，这个都是堕生死恶道底家常茶饭，无量劫来不是不曾经历。今日要将此根深蒂固底生死牢关一回翻转，岂易事哉！更若顾利害，较得失，择甘辛，存取舍，则生死根尘又将接续去也。

或者谓：展转流浪且置之不问，轮回生死，不由超悟，还有休息之时节也无？对曰：譬如猛风吹海，欲其波浪自息，岂可得乎？其生死苟有自息之时，则佛祖不须兴慈运悲，曲施方便，一至于此也。是故尘沙可数而生死莫知其数量，沧溟可饮而生死莫知其边涯。当知无量劫来为生死流转，至于今身，于苦于乐，以升以沉，竟莫知其几矣！以迷妄所蔽，不自觉知，只据现量较之，却似今日方从头起。当知未来汩没，浩无边涯。推其所因，非天降，非人与，一由迷妄所致。好趁今日身强力健，提起个无义味话头，猛奋精神，一踏到底。恁时说有生死也得，说无生死也得。回古风于刹那，播玄机于当念。如壮士屈臂，狮子游行，岂小根劣器者所能拟哉！

示众

云门话堕，赵州勘婆，唯之与阿，相去几何？焦尾锦鳞跃开地网，摩空俊鹘透过天罗。不动一尘知落处，二千年事不争多。还会么？如或不然，更为你重下脚注。记得雪窦和尚颂为道日损，有偈云："三分光阴二早过，灵台一点不揩磨。贪生逐日区区去，唤不回头争奈何。"拆东篱、补西障，回地轴、转天关，在雪窦则不无，争奈此四句遭人检点。"三分光阴二早过"，向甚处去也？"灵台一点不揩磨"，无你下手处。"贪生逐日区区去"，何处不称尊。"唤不回头争奈何"，直得分疏不下。高高峰顶行，抬脚不起；深深海底坐，打衣不湿。雪窦平地上把人埋没，捻指二百余年，今古之下乏人点检。幻住也有一偈，还有检点者么？须早出来，不然则就与拽出去也。

　　三尺黑虬眠暗室，一双白鼠啮枯藤。
　　家山咫尺无行路，有底闲情逐爱憎。

解制示众

　　临济喝得口破，德山棒得手折。雪峰是甚么，云门干屎橛。千七百个老骨挝，开口重重纳败阙。争似幻住，一夏九十日，无禅可参，无法可说，把个无义味话抛在诸人面前，指鹿为马，证龟成鳖，逗到今朝，灵验全无，露柱灯笼与禅板蒲团互相欢悦。惊起目犍连尊者，忍俊不禁，铁锡敲开地狱门，刹那灭却阿鼻业。诸禅德，还知么？此事且置。九十日内谓之禁足，谓之护生，谓之安居，谓之圣制，一日钵盂两度湿，毕竟为个甚么？古教谓："迷之则生死始，悟之则轮回息。"然悟之则不复与论，既曰未悟，决定是迷。迷之则无常生死念念开端，尘尘肇始，恒河沙劫出没升沉，卒未有了日在。无常杀鬼谁管你山中坐夏来。莫说与么坐一夏，你若不精勤勇猛、如救头燃，曲徇世情，横生妄见，披襟闲谑，曳履高心，渔猎古今，虚延岁月，似与么过得百千万亿夏，惟长业轮，全亏道用。今日九旬制满，三月功圆，被人问著："水牯牛作么生？猢狲子作么生？"只与未结夏前宛尔无异，岂不孤他佛祖垂教、天龙拥护、檀信供给、王臣加被者哉！

在今日事不获已，更与诸人展个宽限：初发心为生死入道之日，即是结制，于中也不论九十日、九十月、九十年，但念念不退转，念念不间断，念念不休息，念念不弃离，参之、究之，决之、择之，直至心空及第，脱略见闻，打破漆桶之顷，便是解制之日也。你不见古教谓："如一众生未成佛，终不于此取泥洹。"这个说话固是悲愿弘深，殊不知绵里之刺，蜜中之砒，直是恼人怀抱。大丈夫或不趁此一期透脱，自甘流浪，岂理然哉！记得僧问赵州："万法归一，一归何处？"州云："我在青州做一领布衫，重七斤。"谩陈一偈，以遣时缘：

　　　　七斤衫重出青州，老赵州禅触处周。

　　　　圣制九旬今日满，杖藜千里又惊秋。

岁朝示众

大众！达摩大师来也，还见么？见不见且止，你道其来所为何事？乃言："今日年新、月新、日新，以至森罗万象，山川草木，同时俱新。惟我单传直指之道，置之熊耳峰畔，千余年尘堆垢积，草长醭生，直是无人顾著。今日乘此佳节，敢借庵主拂子、拄杖，与之震动发挥，也要一回崭新。"乘示因告之曰："此道自虚空万象有无情等四圣六凡各各本来具足，谓单传传个甚么？直指所指何事？离此道外，莫别有向上事么？"时老达摩不觉含羞而去。虽然，事无一向，今日既是应个时缘，不免因行掉臂去也。

以拂子击拄杖一下，云：诸人还见么？还闻么？直下尘消垢落，影现光浮，觌面相呈，更无隐覆。如其不荐，切不得将心凑泊，举意测量。欲得混融，别无方便，普请诸人猛将旧年所做底窠臼尽底掀翻，只从今岁朝崭新提起所参底无义味话头，别立生涯参取，于此三十六旬、二十四气之中，也莫问大尽小尽、今朝明朝，绵绵不休，密密无间，但有片饷精神，亦不得等闲虚弃。直得心无异缘，念空群妄，蓦忽于用意不及处，劈面撞著，方知日日是年朝，时时是岁旦。谯楼画角，幽幽清响起孤城；巨阁华鲸，浩浩洪音鸣梵苑。黑漆桶望空蹦跳，黄金圈雨地腾骧。毗卢向上，未闻此等风规；威音那边，安有这个消息？且道是甚么消息？

座上客惊槐国梦，屋头春发少林花。

开炉示众

世界阔一丈，古镜阔一丈，你还知蒲团上一个吞不下、吐不出底无义味话头也阔一丈么？这里一肩荷负得去，便可唤火炉作古镜，唤古镜作世界，都无异致。如其未尔，火炉与古镜，世界与话头，相违不止三千里。何以如此？盖能所分别作障碍，觌体如银山铁壁之坚，只此便是生死轮回根本。故《楞严》谓："根尘同源，缚脱无二。识性虚妄，犹若空花。由尘发知，因根有相。相见无性，同于交芦。"这里无你动步处，无你著眼处。昔安楞严读到"知见立知即无明本，知见无见斯即涅槃"，虽破句读之，其桶底子当下脱落，直得七穿八穴，洞见老释迦心肝五脏。直下唤古镜作火炉，不妨洞照森罗万象；唤火炉作古镜，不妨熏炙冰霜面皮。洗尽见尘，绞干情浪。无第二念，无第二人。唤南作北，敲东击西。死柴头上烂发心花，水底辉腾赤焰；冷灰堆里拨出火种，毛端盘结青烟。一切处和气蔼然，一切处阳春燠若。信手拈来，安有一毫剩法与人为知为解者哉！

年来佛法无灵，往往将根尘识妄认作真心，说得宛然，了无交涉。记得儒人劝学有诗谓："击石乃有火，不击元无烟。人学始知道，不学非自然。"此说虽曰训蒙，于禅学分上说得恰好。何以知然？谓石中有火，不以智巧击之引之，则终于不遇也。今人惟知石中有火，未曾施半钱智巧之力击之，终日指此冷石说火之用，说到眼光落地，依前只是块石头，要觅一点火为用了不可得。此是不肯死心做工夫以求正悟，惟记相似语言而说禅者是也。更有一等阐提人，闻说石中有火，急碎其石，欲取其火，乃至碎抹为尘，终不得火。却不责不以智巧求之，便乃不肯信石中果有真火。此是不信自心成佛之凡夫也。此说且置，何谓智巧？勉向第二门头立个喻子：首以信根为石，次以无义味话头为击石之手，又以坚固不退转志愿之铁打个火刀，乃以精勤勇猛不顾危亡之力，向动静闲忙中敲之击之，使不间断。又必待无量劫中蒙佛祖授记，般若种性干草蓦忽相承，是谓智巧也。引起一星子，延燎不已，直教三千世界化为焦焰，复何难哉！舍此智巧，未见有烧物之火无缘而自出也。记得百丈令沩山拨火，沩拨之不得，丈躬拨得之，谓沩曰："你道无，这个聻？"直下还著得智巧也无？聊说一偈：

十方世界火炉阔，冷灰堆里深深拨。得一星儿遽喜欢，今古拈来闹聒聒。诸禅流，休抹挞，燎却眉毛莫便休，或不如斯遭冻杀。

佛涅槃日示众

昔佛于娑罗双树间以手摩胸，普告大众曰："汝等善观吾紫磨金色之身，瞻仰取足，毋令后悔。"世尊大似罗公照镜，取笑傍观。若曰紫磨金色之身，以至蚊虻蟭螟皆无欠少，不使其各各自观而观于我耶？又道："佛身无为，不堕诸数。"又云："凡所有相，皆是虚妄。"这里还许手摩乊字胸得么？不然，古德有颂谓："彩云影里神仙现，手把红罗扇遮面。直须著眼看仙人，莫看仙人手中扇。"直饶便向摩胸告众处洞见紫磨金色之身，殊不知已是金尘入眼，毒刺投心，会得十成，转增情妄。迩来为师为徒，鲜有不堕此途辙，盖不求正悟，惟贵傍通者也。诸禅德，要亲见世尊涅槃妙心，且莫忽忽草草。但于三根椽下，七尺单前，朝而参，暮而究，拌取三二十年，如一人与万人敌相似，忽然冷地撞著，于死骷髅上顿开活眼，始知紫磨金色与涅槃妙心、一切智智清净，无二无二分，无别无断故。拟心领荷，早涉途程。如太阿锋，如大火聚，苟非真正体裁，全身涉入，自余思而知，虑而解，且喜没交涉。大众，即今还有能全身涉入者么？更听说偈：

紫磨金色，涅槃妙心，

未由契悟，莫向外寻。

提所参话，保护寸阴，

万仞壁立，志愿资深，

冷灰豆爆，握土成金。

才涉意地，即被魔侵，

波旬起舞，庆喜沾襟，

妄陈生灭，远背玄音。

报诸禅德，不用沉吟，

春风不在花枝上，浅碧深红古到今。

除夜示众

欲识佛性义，当观时节因缘。且只今是甚么时节？腊月二十九，既非大尽，乃是年穷岁极之时也。古人谓生死交接之际是腊月三十，喻年尽、月尽、日时俱尽也。且一年三百六十日内，还办得甚么事来？若办不得，未免虚丧此一年。岂但虚丧此一年，自无量劫来至于今日，总是虚丧过了。或不便从今日脚跟下做个立地，提起所参话，别立生涯，猛利做向前去，来年虽未过，敢保又是虚丧。岂但来年，或不猛利精勤，便百千年亦只是虚丧。诸仁者，虚丧时缘也不管你，以虚丧故，积业愈多，道力愈微，何有补于出家学道之理哉！奉劝诸人，以铁拄杖把残年许多懒堕自恣、昏沉掉举一划划断，向明日大年初一为始，奋起精进勇猛神力，做一日便要见一日功程，及早讨个倒断，庶不孤出家行脚之志愿也。如人上山，各自努力。

复云：今夜腊月廿九，处处迎新送旧。惟有衲僧面前，动著便成窠臼。不如念一道真言，消遣残年不唧嚼。是大神咒，是大明咒。试听五更楼上钟，百千幻法皆成就。

湖州弁山幻住禅庵示众

生从何处来？昆仑骑象舞三台。这里见得，便见四大已具，来实无来；四大分离，去实不去。乃至苦乐逆顺，是非得失，皆是现行三昧；山河大地，明暗色空，总是自己家珍。头头上明，物物上显，更有甚么生死去来之相而可分别者哉！虽然如是，你若不曾真个和桶子底打脱一翻，开两眼睛向威音王那畔冷地一觑觑破，则未免被他山河大地、四大五蕴、是非苦乐一罩罩住，不得自由。便乃捏目生花，妄陈异见，即此便是生死大海中头出头没、不得解脱底种子。直饶你随人道得个不来不去底道理，争奈你目前有个情见不忘、动步生尘、触途成滞者何？所以道：参须实参，悟须实悟。然而生死习气大都是无量劫中熏陶成熟，不同小小，若非真参实悟，焉得有彻头彻尾底时节？兄弟家各各带一个口款，道生死事大。既知是一种大事，因甚么只向他禅床角头、故纸堆里渔猎得一言半句，蕴在八识田中，见人问著，便乃扬眉瞬目，做模打样，以为究竟。若谓大事只消恁么了得，拈花微笑、断臂安心只成戏剧耳，又安得遗光百世，照映丛林？诸仁者，你若真实要洞明此一段大事，直须发大心，立大志，将平生见闻情解、虚妄觉知之心拈向一壁。待他胸次中空牢牢无依倚时，蓦提起个昆仑骑象舞三台是甚么道理？这里须是把做一件无大极大底一等大事，猛著精神与之厮捱，昼夜六时不得放舍。

然参禅要具三种心：第一具大信心，第二具了生死心，第三具不退转心。信得及则始终不惑，生死切则用心必至，不退转则决定成就。三心既具，则十二时中无虚弃底工夫。既不虚弃，则念念尔，心心尔，尘尘尔，刹刹尔。忽然向用心不及处、著力不得时，和个信得及底、了生死底、不退转底一时打失，当体洞明，如十日并照，间不容发，说甚么昆仑骑象舞三台，纵饶一千七百则葛藤，不直一笑而冰释矣！即此便是真参实悟底时节。恁时不妨于山河大地、四大五蕴中，如香象王，摆脱铁锁，独步大方，游行自在，岂不韪欤？是则是矣，更须知有祖师门下、衲僧面前，换转眼睛、突出牙爪一著子，犹隔天涯在。

结夏示众

大众！"踞菩萨乘，修寂灭行，以大圆觉为我伽蓝，身心安居平等性智"，此是二千年外老释迦画地为牢，与当时众比丘禁足安居之古制也。今朝四月十五，适当圣制之辰，拈出陈年历日头，为诸人因行掉臂去也。前面一络索且置之不论，复如何是安居平等性智？然性智平等故，尽十方刹土更无有不平等者。仰观诸佛，俯视众生，是谓性相平等。前观过去，后及未来，是谓三际平等。诸戒定慧及淫怒痴，是谓一念平等。迷而生死，悟而涅槃，是谓不动平等。大而虚空，细而纤芥，是谓离相平等。乃至见色色平等，闻声声平等。审如是，则四月十五结，结亦平等；七月十五解，解亦平等。于中九十日，日日平等，时时平等，念念平等。正与么时，唤甚么作结？唤甚么作解？唤甚么作安居不安居？黄面老汉到这里不觉全机败露。虽然，事无一向，你若不曾真正向平等性智中脚踏实地颖悟一回，直饶将平等二字尽虚空充塞殆遍，无乃益其高下耳。此事只恁么说不过，须是硬嚗嚗地向此九十日于无义味话上横咬竖咬，朝挨暮挨，挨到极处，咬到尽时，如哑子得梦，恁时不妨任意指陈，唤平等作不平等亦得，唤不平等作平等亦得，所谓我为法王，于法自在。记得古人有偈谓："护生须是杀，杀尽始安居。会得个中意，铁船水上浮。"莫是杀生与护生一念平等么？恁么商量，瞎人眼目，甚非细事。更听说偈，各自归堂：

> 九旬禁足意何殊，生杀难将古制拘。
> 未到身心平等处，岂应容易白安居？

冬至示众

乾三连，坤六断，慈明揭堂上之榜文；阳未复，阴已消，洞山掇座元之果桌。两重公案，皎如白昼。千年活计，莹若澄潭。金毛狮子摆脱铁锁而奋迅游行，踏碎东西天目；玉角麒麟掣断锦绳而轩昂步骤，冲开前后溪山。坚冰浮野水而不知，春信寄寒梅而未觉。夜后灯笼眼活，朝来露柱心空。共发挥劫外风规，同指点寰中节令。

诸禅德，还知么？你若道年年冬至吃斋，岁岁一阳听法，铁酸馅、铁蒺藜互相抛掷，牛尾拂、牛皮鼓撩乱激扬，任你鼓两片唇皮，向曲录床上说向天也得，说向地也得，说得阴消阳长也得，说得阳消阴长也得，我只管一日钵盂两度湿，冬至寒食百单五。是固是矣，你还知只个不管底正是生死根株、无常羁锁，正未曾透脱在。所以道：此宗难得其妙，切须子细用心。古今多少灵利人，向一色边立定主宰，一切处禅将去。禅也禅得，是你若不亲向自己脚根下卒地断、噢地折一回，殊不知和个禅底亦不曾脱他轮回生死。此事是博地凡夫立地便要向他佛祖头上坐卧，要于一刹那顷将他积劫根深蒂固底轮回生死连底一翻翻转，是谓大事因缘，岂口出耳入而能及之者哉！

如果未相应，且不要人别求方便，但只于十二时全身放下，单单靠取个所参话头，日亦然、夜亦然，行亦然、坐亦然，生亦然、死亦然，乃至上刀山、入剑林亦皆然，更不生第二念，只么纯一无杂，挨拶将去，久久纯熟，和个亦然底同时脱略，心空及第，其在斯焉。正与么时，唤一阳作六阴也得，唤六阴作一阳也得。唤全消是长亦得，唤全长是消亦得，唤不消不长、即消即长总得。可谓真正衲子，本色道流，遇缘即宗，应时纳祐，又何一物能拘绊哉！

虽然，还不唤今日作一阳来复得么？待别有消息时，却来吐露。久立。

平江路顺心禅庵示众

洞元道者从他教来，信吾道之心甚笃，速染疾而亡。守一愚、弘古道亦相继长往，老幼不胜哀悼。其所以哀者，不哀其早亡，实哀其有志于道而未及与道相应，乃赍志长往，今何所之耶？此一著子，在诸人分上了不相间。须知此三人既往底消息，便是诸人现在底消息。诸人现在底受用，即是三人既往底受用。直下论生不得、论死不得，举心动念，无死时、无生时。记得古人有问云："亡僧迁化向甚么处去？"这一问最亲切，若知得亡僧落处，便是知得自己落处。有等说脱空禅底，见与么说，便道："自性本来不生灭，有甚么来处与去处可以指陈？"说此话底，吃铁棒有分。你每日向蒲团上与昏沉散乱打作一团，与是非憎爱驰逐无间，与喜怒哀乐起灭不停，与生老病死首尾相续，遇顺意事便乃掀眉，遇违情事应时蹙额，这里说得无生死、无去来底道理么？所以黄面老爷于二千年外便乃大惊小怪，目之为大事因缘。今日诸人眼眨眨地亲见他三人如是为道，如是同住，如是受病，如是入灭。即今如是无影迹可见，无行处可寻。既不曾与工夫相应，决定未到诸佛祖大涅槃城。既未到涅槃，又不可遽言个无迁无变底道理。既随迁变，则即今迁向何法界中，变作甚么头面？便从这里不相知处，奋起一片猛利决定不退转身心，向自己躬下提起个所参底话头，孜孜而参，密密而究，遗寒遗暑，忘寝忘餐，胸中念念如撞著铁壁相似，只与么一碍碍住，更不要前思后算。今日也与么，明日也与么，久久不移易，将见情祛识谢，尘尽念消，不觉不知，蓦然撞透。便见他三人于未出母胎时，早行脚了，早参禅了，早成佛了，早如是而往了。直下更教唤谁为病者？谁为死者？谁为迷者？谁为参禅行脚及了悟者？总是梦言，皆名剩语。由是永嘉谓："了了见，无一物。亦无人，亦无佛。大千沙界海中沤，一切圣贤如电拂。"审如是能与五百年外老永嘉同时如是了了见得一回，则永嘉说底即我所说，永嘉见底即我所见，永嘉证底即我所证，是谓前无释迦、后无弥勒者也。然后亦无如是说者，亦无如是见者，亦无如是证者。此是契理而说，法如是故。如是至理，老幻虽如此说得，要且亦未如是亲证。你诸人切不得便将此话记忆在心，以当参学。会须将个自己所未了底一段大事横在目前，努力参取。所以古人云："参禅一著，要敌生死，不是说了便休。"今则庵居十余间，禅衲十余辈，皆是久参宿学，诚实以此道相从。矧乎檀越虽置身多事中，于供给众人之心未尝少间。或不专心的的向道念上著到，未审何福何力可以消受？今日眼见他三人受病入灭底现相，尚不肯痛加鞭策，己躬大事又不知更待甚么时节到来，操心取办，好教你知蹉过今日身强力健易于构取之时，异日老病入身，惟有一个难字相待。

端午示众

《春秋》夏五不书其月，记史之人乃疑文阙。阙不阙，十字街头石敢当，恣向人前逞妖孽。倒骑艾虎上高楼，背挂神符施妙诀。禁赤口，消白舌，收卷门门五色钱，将谓无人能鉴别。忽被无手法师劈胸搊住，拽向蟭螟眼孔中，却把真机都漏泄。且漏泄底在甚么处？庭中一树石榴花，晓日照开如泼血。

诸禅德，还委这个消息也无？本色衲子，自合知归。未解翻身，切忌浑仑吞枣。有祖已来，凡示一言半句，如吹毛剑，如生铁橛，如木札羹，如涂毒鼓，无你侧耳处，无你下口处，无你著意处，无你近傍处。苟非具眼在生佛已前，跨步在威音之外，狭路相逢，只眨得眼，如风过耳，似鸭闻雷。诸禅德，在三衣之下，大众筵中，于此事剔脱不下，莫教打个不恰好，换了目前境界，那时应是构之不及也。且是二时供给现成，百般受用，便当思尘劳舍了，恩爱割了，僧相具了，话头闻了，其所欠者，惟未能囮地一声耳。况是今日色力康健，时节太平，处处三根椽、七尺单宽广严净，虽常住公务有所不办，且无半点事相干涉，子细思量，欠个甚么？一个所参话提不起，都缘自信不及，更无第二人为障为碍。昔文殊令善财采药，云："是药采将来。"财云："遍观大地，无不是药。"你看他互相酬酢，了无剩语。因甚诸人白日青天向蒲团上，动被昏沉散乱之所缠绕，直得分疏不下，且道神做祸耶？鬼做祸耶？

良久云：屈原已化鲲鲸去，徒使龙舟竞汨罗。

中夏示众

大众，四十五日前朝昏沉、暮散乱，四十五日后朝散乱、暮昏沉。正当今日在四十五日之中，试把昏沉散乱来与老僧看。既无你拈出处，则真如菩提、涅槃解脱亦无你拈出处。莫说你拈不出，便是于大寂定中唤起二千年外释迦老汉来，敢保其亦无拈出之理。既拈不出，你唤甚么作昏散？又唤甚么作寂照？直下圣凡情尽，能所障空，亲体无依，当机绝待。不见四十五日在前，不见四十五日在后，三际平等，一道虚闲，即今觅个中夏亦不可得。虽然，此犹是途路中事，若曰到家消息，犹较西天十万程。诸禅德，你最初立志要为生死大事，不是说了便休，须发起一片不顾生、不顾死底决定志气也。不管你前四十五，后四十五，正当四十五，不四十五，硬曝曝地提个所参话，任你说是说非，论长论短，拍盲举起，拍盲打捱，谁管今生打得彻、打不彻，直饶以热铁轮驱入刀山剑树上，一日走百千万亿匝，要教把所参话须臾放下，终不可得！有此等志气，欲超过佛祖，为不难矣。从前做不到古人地位，只是志愿不真切，立脚不稳当。所以古人道：过河须用筏，学道须立志。释迦、弥勒初无所长，只是个能立志愿底凡夫耳。昔僧问古德："一念不起还有过也无？"德云："须弥山。"且道与赵州青州布衫相去几何？如其未委，此去四十五日后，却来露个消息。

丹阳大同禅庵高峰和尚远忌拈香

腊月初一日，老和尚远忌，新建大同庵，也要效年例。昙花处处开，狭路难回避。如是展家风，曾不离世谛。且如何是物外相看底句？

　　年年烧此一炉香，白云不在青山外。

二月旦示众

春入寒岩不可加，枯株朽干尽萌芽。

化工无处藏形迹，红白都开一样花。

大众！一年岁事已过一月了也，蒲团禅板还知觉也无？钵盂匙箸还休歇也无？芒鞋竹杖还放得下也无？灯笼露柱还忘境智也无？如其未委，你还知前一月如此虚度，若不痛以生死无常为己重任，精勤勇猛，别立生涯，则后一月未免又成虚丧。不消打几个瞌睡，十二个月特不过展转唐捐。剃发染衣，超方越俗，所图何事？你还知命存呼吸么？壮色不停犹如奔马么？或不趁此呼吸未断之顷，壮色可玩之时，拚性命提起话头，与之挨拶，讨个分晓，其落汤螃蟹之喻，咎将谁归！你不见石巩居马祖会下，在厨作务次，祖问："子在此作么？"巩云："牧牛。"祖曰："牛作么生牧？"巩云："一回入草去，蓦鼻拽将回。"祖曰："子真牧牛也。"看他前辈，于作务之顷，未尝斯须忘此道。岂似今人，横草不拈，竖草不踏，二时粥饭，百般受用，指顾如意。闻首座打板声，厌嫌顿起，嗟讶丛生。不得已走上蒲团，其情猿意马，驰骤不息，或不昏沉，便成散乱。间有个不忘出家本志者，强把个所参话提撕作主，方举话头未完，则又被风吹别调矣。似如此，唤作参玄上士，不啻郑州出曹门。较他古德造次不离者，岂止霄壤相间哉！诸禅德，本色道流面前不容伫思，岂许商量？踔得便行，玄都观里桃千树；提得便走，杏花枝上月三更。燕声寻王谢堂上之巢，马蹄踏刘阮溪边之路。无一草不含芳洁，无一花不带春容。锦云腾第一义天，玉浪涨真三昧海。且不涉化工底句如何指陈？

鹭鹚滩上翘双足，蝴蝶园中叫一声。

佛成道日示众

玄玄绝待，妙妙无依。独露真常，全彰至体。名不得，状不得，雪老冰枯；理无碍，事无碍，天荒地迥。万里云收午夜，四方星灿长空。揭开威音那畔脑门，圆陀陀，光烁烁；攧瞎髑髅背后眼孔，净裸裸，赤条条。勒回三万劫风飞雷厉之神机，突出五千轴海涌云屯之寱语。大众！释迦老子来也，即今在诸人眼睛里仰见明星，顶颡上成正等觉，你诸人还觉眉毛动也无？如其未委，各请归堂，将个所参底无义味话拍盲提起，重整精神，默默自看。第一不得祛昏敌散，第二不得舍妄求真，第三不得爱圣憎凡，第四不得将心待悟，第五不得厌生离死，第六不得乐寂嫌喧，第七不得顺己违他，第八不得藏形避影，第九不得拣缘择境，更有第十个，不得未易与人说破。直待你似黄面老汉，夜半洞见明星一遍，如哑子得梦，更不待本上座叨叨也。记得前辈谓："古之天地日月犹今之天地日月，古之万物情性犹今之万物情性。天地日月固无变也，万物情性固无易也，道胡为而独变乎？"审如其说，二千年外所学之道即是今日所学之道，今日所悟之道即是二千年外所悟之道，未尝有毫发异。你还知黄面老汉弃万乘之尊荣如弃敝屣，受六年之饥冻如处宫室，及至四十九年转法轮时，惟栖身树下，丐食檀门而已。岂似今日安居暇食，指顾如意，犹自生嫌，要与释迦同证同入，未知其可也。咄！白日青天，莫寱语好。珍重。

吴江州太湖简村顺心禅庵高峰和尚愍忌拈香

顺心庵里，太湖中央，俄然逢愍忌，世相未能忘。大众，高峰老和尚来也。雨蒸苗叶绿，风撼稻花香。

狮子岩东冈幻住庵中秋示众

天上月，水中月，光漾漾，与谁说？今宵幸遇中秋节，记得灵山话、曹溪指、南泉玩、寒山比，将谓广寒殿里别无人，元来总是弄巧翻成拙。竹影筛金，瑶阶积雪，尽谓一轮光皎洁，那知今夜圆、后夜缺。有个譬喻试听说：三十夜止有一夜圆，此圆时如诸禅德之精勤勇猛也。三百六十夜止有一夜是中秋，此中秋之月如诸禅德于精勤勇猛中打成一片之时也。奈何精勤时少，懈怠时多，又奚止于一暴十寒而已哉！虽三百六十夜遇此良宵，其或痴云骤起，迷雾横陈，觌体暗昏昏，依旧没交涉。无始时来，总是恁么蹉过。昔人有喝火口号谓："日间闹炒炒，夜间静悄悄，可惜好光阴，一时都过了。"照顾火烛时，闻者多有警省。本上座对此中秋之月，亦有个口号，勉为大众举似：天上月，月月二十九夜缺，只有今夜圆，莫教云雾摄。摄不摄？眨得眼来天又明，宽著程途，且待三生六十劫。

遇雪示众

一片两片，飞入人间寻不见；三尺五尺，积向茅檐难辨的。银象三千界，灵瑞身光有空皆遍；玉龙八百万，败残鳞甲无地可埋。梅花之恨独深，渔蓑之归未晚。且道与蒲团禅板边坐堆堆底人有何交涉？古者道：今日雪下，丛林有三种僧：一种向被位头究明自己，一种向经案上吟咏雪诗，一种向火炉角说吃堂供。此三种僧那个合受人天供养？合受不合受置之勿论，诸禅德，你还知结雨为雪、凝水为冰底道理么？然结雨为雪，固是造物变化，宜乎不知。如凝水为冰，遽以流注之质，顿成坚碍之形，虽金石不可与较其固。请以喻明之。佛性犹水也，以无量劫中迷妄之寒气，念念凝合，由是结佛性之水为冰也。且正当冰时，未尝不具佛性之水。奈何迷妄之寒交结未化，虽全体是水，而不得为流注、灌溉之用耳。或不以智慧之日融之，安有自化之理？如是观察，向道之念可得而免诸？或谓古人相逢弹指便解知归，岂必待奋神力、下苦工而后然哉！你殊不知或不曾奋神力、下苦工于曩昔，任你相逢弹破指头，也无你知归之理。未有一佛一祖不因智慧之日，融化迷妄之寒冰，而能复其佛性之水也。今日一个所参话信得及处，靠得稳时，岂非真智慧耶？一旦工夫熟，时节至，千丈冰山也是水，万寻雪岭也是水，滔滔然流归佛性之海。任你空中积雪、火里生冰，未闻冻合无边之海。诸禅德，莫道本上座长于譬喻，盖法理如是也。更听一偈：

冻云四合雪漫漫，孰解当机作水看。

只为眼中花未瞥，启窗犹看玉琅玕。

元宵示众

须弥灯王如来与药师琉璃光佛昨夜在十字街头相遇，乃携手看鳌山灯火。忽撞见个庞眉雪顶老汉，向百众人前说四句偈，谓："惟心即佛佛惟心，此话相传古到今。对面不知灯是火，区区徒向外边寻。"时二如来忍俊不禁，乃厉声曰："你说也是，惟欠悟在。只个即心是佛、即佛惟心，说与三岁小儿悉皆领会，奈何不悟，说食不疗饥也。"请问悟时消息，乃曰："试以喻明。有人失去径寸之珠，虽百千两金不足与较其价之轻重。使此珠不获，虽万死莫酬其寻求之心，镂之肺肝，刻之心膂，形之梦寐，贯之见闻，念念不忘，孜孜不舍。一日不获则一日之念不休，一年不获则一年之心不废。愈不见愈精勤，益不获益勇锐。乃至情消想竭，思苦神穷，寒暑两忘，寝食俱废，积年累岁，正于无可捉摸处，蓦忽入手，圆陀陀、光漾漾，其三十年驰求之心一时顿息。是谓悟也。其寻觅此珠，于心剿形瘵之际，岂非参乎？忽顿见此珠，于神明意朗之顷，岂非悟乎？苟不因参寻之难，安有此悟获之喜也。"与论至此，忽被个傍不甘底一喝喝散，惟见灯自是灯，火自是火，楼台突兀，车马交驰。花敷井井金莲，焰续条条玉烛。胡张三，黑李四，万人海里醉扶归；查沙鬼，大斋郎，百戏场中狂未歇。正恁么时，且不涉悟迷、共乐升平底句如何举似？

　　　　琉璃满腹藏明月，菡萏浑身放宝光。

除夜示众

　　四时与八节，循环十二月，今夜尽破除，禅流瞥不瞥？若瞥，则陈年历日不用检寻；不瞥，则明日新条也须甄别。东村王老化纸钱，后巷竹声俱爆裂。穷神无地可送，福运有天难接。岩前枯木糁银花，庭际嫩条抽玉叶。将谓阳春已发生，子细看来尽是残冬雪。诸禅流，还知今夜旧岁去不去、明日新年来不来底消息么？如其未委，往往以百年寿终唤作腊月三十夜，地黑天昏，胡钻乱撞。正此时也，蒲团上生铁脊骨寻常竖立不牢，口唇边无义味话平昔提掇不起，况是年穷月尽、日了时空，再欲如之若何，决定噬脐无及矣！殊不知别有个转身路子，直是奇特，你但守取个所参话不得放舍，须信来朝更有新条在，恼乱春风卒未休。或谓《传灯录》一千七百单一人皆是言外知归，迎刃而解，初不闻有做工夫、看话头之说。在此自年朝至岁暮，其切切不绝口，惟是说看话头、做工夫，不但远背先宗，无乃以实法缀系于人乎？你说得也是，一则老僧不具此驱耕夺食、换斗移星之辣手，其奈诸方不观人之根性，速于求人，多是钻腋插羽，急欲其高飞速举，奈何画虎不成反类狗也。此事大难其人。谓看话头、做工夫固是不契直指单传之旨，然亦不曾赚人落草，最是立脚稳当，悟处亲切。纵使此心不悟，但信心不退不转，一生两生更无不获开悟者。如《传灯录》中许多言外知归之士，焉知其不自夙生脚踏实地做来？古者谓未见有天生弥勒者是也。幻人见解止于此尔。若要一超直入，不为实法所缀，明朝三百六十日又从头起，尽有光阴，今夜权且收起葛藤。珍重！

浴佛日示众

大众！尽十方世界是无忧树，悉达太子即今下生，一手指天，一手指地，诸人还见么？乃云"天上天下，惟吾独尊"，诸人还闻么？如其不见不闻，本上座赢得热瞒诸人去也。碧芙蕖，红芍药，结成越样花亭；黑斑豆，赤沙糖，煎就异常香水。鼠尾巴短长一尊佛相，牛眼睛大小一柄杓头，普请诸人同时灌沐。唤作报德，有德皆报；唤作酬恩，无恩不酬。然报德酬恩且置之不问，只如二千年外九龙吐水所浴底，与今日众手所浇底，是同是别？若道同，孤负释迦；若道别，孤负自己。且释迦老子黄金面具、生铁心肝，他管你孤负不孤负。但是你自己等闲孤负，则未免虚生浪死，极未来际安有解脱之期？为诸人这一念子不能瞥地，带累这老汉舍兜率，降王宫，入母胎，示人世，造妖捏怪，大抹高挥，曲尽化仪，老婆心切。岂谓诸人逗到今日，转增迷倒，沉醉憎爱，结缚生死，孤负万端，不可枚举。你还知三根椽、七尺单，一钵香炊、九条田服，尽是这老汉积劫累世指天指地中流出？更不肯奋起一片决定不退转正志，翻身跳上破蒲团，猛提起个无滋味话，一踏到底，岂更有别方便耶？今日这个浴佛之杓柄，即是出生死险道之梯航，斩轮转根株之剑刃，岂戏剧哉！况是宝炉散蒼卜之云，蜡炬吐优昙之穗。梵音宣而雷动，森罗万象共证圆闻；禅影移而雨倾，尘刹十方同跻正觉。所以云：未离兜率，已降王宫；未出母胎，度人已毕。直下安有一毫剩法与人为知为解、涉见涉闻？虽然，只如四月初八日已前还有这个消息也无？

不因刖足曾三献，那得连城价倍高。

天目中峰和尚广录卷第一之下

天目中峰和尚广录卷第二

参学门人北庭臣僧慈寂上进

小参

瞿运使霆发卒哭药师道场对灵小参

大道只在目前，要且目前难睹，欲识大道真体，不离声色言语。只如都运相公，昨自皇庆元年十二月二十六日捐馆，至今年四月初七日，其一百日内鼓螺互应，金石交宣，岂非声耶？花果委陈，香灯罗列，岂非色耶？遍演金经，广宣玉偈，岂非言语耶？且声色言语觌体全彰，却唤甚么作大道？若以声为大道，声自是声。若以色为大道，色自是色。若以言语为大道，言语自是言语。与么分析将来，古人话似作两橛。这里检点得出，便见我都运相公与药师如来握手共游于一十二重清净愿海，以众宝光明而作佛事，俾尽大地众生不越一念俱成正觉。到这里既无声色可求，亦何言语可取，总只是个大光明藏。如其不委，更为下个脚注。

良久云：天共白云晓，水和明月流。

复举石头和尚问庞居士云："子学道以来，日用事作么生？"居士呈偈曰："日用事无别，惟吾自偶谐。头头非取舍，处处没张乖。朱紫谁为号，丘山绝点埃。神通并妙用，运水与搬柴。"且如何是日用事？兹向第二门头，曲为脚注去也。眼见色是日用事，耳闻声是日用事，鼻嗅香是日用事，舌噉味是日用事，以至身觉触、意杂思是日用事，乃至八万四千诸尘劳应用等皆是日用事。因甚么说个无别底道理？虽则体用互陈，万尘交接，一一皆是自心成就，自心出生。所以教中谓："元依一精明，分成六和合。"又云："三界无别法，惟是一心作。"以其洞见自心，故虽一刹那顷泛应群缘，会入一心，曾无异致，所以云无别也。今之学道者，往往向义路上以聪明之资一一领会，自谓佛法无多子，殊不知说个自心，早落情见。于是庞居士谓"惟吾自偶谐"。言"偶谐"二字，直是批注不破，穿凿不入。苟非具金刚正眼，向声色未彰已前一鉴鉴破，物我未形之际一拶拶开，自然头头上明，物物上显，是谓偶谐者也。其或未到这个时节，和个偶谐俱成剩语。所以云：参须实参，悟须实悟。既到实参实悟之地，则繁兴大用，举必全真，拟眨眼来，剑去久矣。这个是老庞公，弃家财于湘水，跨诸祖门庭，掠得些子汗臭气，便解如是发挥。惟我都运相公，即再世之庞居士也。虽不效其弃家珍于水底，却能转为布施利益、种种救援、摄护方便等事，而亦不妨其孜孜在道之心。以至启手足之际，屏去血味及与玩好诸欲因缘，惟单单举个所参话头，泊然而逝，岂非多生熏习般若、培植菩提，而有如是操略耶？既捐馆已，一百日内，昼夜六时备陈佛事。由是知相公，虽天道、人道，皆不能以境缘摄取。何则？道念炳然，岂肯为功名富贵诸殊胜事业之笼络，其不至佛地，决知其终不已也。

因记得都运相公昔于至元辛卯二月十九登天目，叩先师。先师握竹篦问曰："相公为游山来？为佛法来？"公答云："为佛法来。"先师掷下竹篦，曰："会么？"公云："不会。"师曰："不入虎穴，争得虎子。"本上座今日因斋庆赞，重为举扬。"为游山来、为佛法来"，舌头拖地。"为佛法来"，将谓忘却。"掷下竹篦，云：会么"，少卖弄。"不会"，明如杲日，迅若怒雷。"不入虎穴，争得虎子"，醉后又添杯。更有四句偈，重为脚注：

> 为求佛法为游山？口缝才开落二三。
> 一十二重悲愿海，药师灯现古优昙。

为赵承旨孟頫对灵小参

大道在目前，山是山，水是水；玄机超物表，圣非圣，凡非凡。一念洞然，万缘廓尔。水精宫秋容淡淡，森罗万象吞吐明月珠；松雪斋灏气沉沉，屏几六窗交彻宝丝网。无一物不彰至体，无一事不演真乘。庄周虽蝶悟枕边，敢保其当机罔措；子韶固蛙闻月下，未许其觌面施呈。这一著子名不得，状不得，即其知处，已陷情围；事亦然，理亦然，与么会时，早沉识海。所以道：神光独耀，万古徽猷。入此门来，莫存知解。且不存知解底句如何指陈？

玉宇秋高无界限，金园春事正敷腴。

恭惟翰林学士承旨松雪居士赵公，受知于九重圣主，名闻于万里黎元。官一品未足谓公之荣，爵万钟未足谓公之贵。盖其道超物表，性彻玄初，空诸见于眼根，了群情于意地者也。某记大德甲辰岁首，蒙公贤夫妇相延于武林官舍。丁未秋，访公于雪城之新第。至大戊申，复会于西湖。明年己酉，再会于松雪斋。凡一会聚，与夫尺书往复，未尝不以本来具足之道未悟未明为急务。每论到至真切处，悲泣垂涕，不能自已。此盖出自真情，远从多劫熏炼纯熟，必期彻证，不肯与泛泛者恃其辩聪、渔猎闻见，便以为得也。

自佛法流布东土，士大夫咨参扣问、敲唱激扬，莫盛于唐宋，而尤盛于皇元。往往滞于情解，昧于识度，求其真参实究者，不曰无之，穷其所因，最初被个本来具足不假外求之说一印印定，次以聪明之资直下领过，自以为易，不复究明，不觉置之无事甲里。殊不知本来具足之说，如面在麦中，饭居谷内，或不加舂炊砻磨之劳，徒知具足之虚谈，终莫能得止饥之实效。犹儒家论仁义，亦岂心外之物？故孟子谓："我固有之矣，非从外得也。"然不有真履实践之功，颠沛造次孳孳不忘，则亦徒有仁义之本心耳。故吾佛祖谓本来具足，犹古镜之有光，奈何失于护念，其爱憎尘习不觉蒙蔽。况是积生累劫未经磨治，徒称具足之有光，终于鉴照之无补。

一个所参话即是磨镜之良具，正当磨时，只知朝也磨，暮也磨，不必问镜上之尘何日破除，镜内之光何时发现。苟存此等待之心，则愈障矣。学佛之要，惟凭一念但信得及处，譬之磨镜，未有磨极而尘不消、尘消而光不现者。故我相公与魏国夫人虽身抱冠世之奇才而不为其所惑，虽身婴毕世之尘累而不为其所障，每于真参正念，孜孜然，兀兀然，犹林下老衲，寂尔忘缘，未尝少弃。当知此个正念不由教导，不依劝请，不因造作，不属方便，乃是无量劫中于诸佛所深种菩提种子，虽百千尘劳、百千生死同时现前，终莫能昧也。此念既坚，则其成佛作祖、超生越死，如壮士屈臂，岂假他力？人徒见公英声茂实，振耀古今，而不知公六十九年凡施为举措，莫不以积劫之事系于真情，自余皆借路经过，游戏设施尔。既启手足后，人皆谓公之亡，我独见公精操正念、独抱天真于大寂灭大解脱法中，与佛祖圣贤混合于一切智智清净之表，曾何古今彼此而有间隔！此皆公深信本来具足不假外求之道，其灵验若此。

　　记得《华严经》偈有谓："若人欲识佛境界，当净其意如虚空，远离妄想及诸取，令心所向皆无碍。"谓佛境界者，即是本来具足不假外求之道是也。原夫意根欲净、妄想欲离，却不成本来具足矣。但是所参之正念操之既精，守之既密，则其意根不待净而自净，妄想不待离而自离。至一切处，不为一切法之所留碍。其佛境界与松雪斋不即不离，无异无别。古所谓"千山势到岳边止，万派声归海上消"者是也。又《圆觉》净诸业障章中极言四相，其四相之因，首惟执我相。我相既忘，如树根断，则枝叶不除而自凋矣。故经云："彼修道者不除我相，是故不能入清净觉。"还知我相么？佛境界是我相，净意根是我相，乃至坐宝莲花、成等正觉、入微尘里转大法轮是我相。自有宗乘以来，分科列段，指性说心，敲绳床，摇尘拂，纵横放肆，演唱激扬，以至玉转珠回，神出鬼没，总不出这个我相。苟能除此我相，之外安有所参之话、所守之念、所存之因、所至之果？直下如大火聚、大风轮，虽佛祖到来亦须退缩有分。到这里，无位真人倒跨洞庭山，游戏三万六千顷太湖，直上兜率天，与弥勒大士指白雪为青松，荷叶团团团似镜；配青松为白雪，菱角尖尖尖似锥。混融物我以无痕，超越死生而无作。

此说且置。兹蒙大孝仲穆舍人以书入山，谓先君问道二十年，不料婴此大变。拟卒哭日内安厝东衡，临圹一语，乞为举似。某以老病，退卧岩穴，惟我相公于湛寂光中自能照了。今事不获已，勉为封众引些葛藤，以慰孝诚。记得唐陆亘大夫问南泉："弟子家中有片石，也曾坐，也曾卧，还镌作佛得么？"泉云："得。"亘云："莫不得么？"泉云："不得，不得。"大众，陆亘大夫问处放去何奢，南泉和尚答时收来太俭。须知问在答处，答在问处，狭路相逢，了无回互。虽然如是，只如今日相公家中有一片石，也不曾坐，也不曾卧，亦不要镌作佛，只要移置东衡原上，盖覆相公棺椁，得与不得二俱屏除，且道与陆亘大夫所见相去几何？

良久云：幻住忍俊不禁，向无音韵中聊伸一偈：

> 南泉陆亘舌无筋，圆觉华严语未真。
>
> 何似东衡原上月，照空群象最相亲。

天目中峰和尚广录卷第二

天目中峰和尚广录卷第三

参学门人北庭臣僧慈寂上进

拈古（公案略举，详见诸录）

梁武帝问达摩："云如何是圣谛第一义？"磨云："廓然无圣。"又问："对朕者谁？"磨云："不识。"

师拈云：缺齿老僧手携泥弹子，要与东震旦人斗富，可谓不知量矣。被梁王指出照乘明珠问之，情知伊道个"不识"。

马祖见野鸭，问百丈云："是什么？"丈云："野鸭子。"须臾不见，祖云："野鸭蕈？"丈云："飞去也。"祖扭丈鼻，负痛失声。祖云："又道飞去也。"丈于言下有省。

师拈云：设锦阱以陷兽，垂香饵以钓鱼，惟善作者能之。马师拟获一禽，深入荒草，费尽腕力，打破半边铁网，岂善作者哉！

石巩凡见僧，张弓架箭示之。一日三平至，巩云："看箭。"平擘胸对之，云："这是杀人箭，那个是活人箭？"巩弹弦三下，平作礼。巩云："我三十年架一张弓、两只箭，只接得半个圣人。"遂拗折弓箭。

师拈云：穿百步杨，透九重鼓，固是眼亲手便。其如半个圣人有隐身之术，石巩之技穷矣。

兴化谓克宾维那曰："汝不久为唱导之师。"宾云："我不入这保社。"化曰："你会了不入，不会了不入？"宾云："总不与么。"化便打。来日白众曰："夜来克宾维那法战不胜，罚钱饭一堂。"不得吃饭，即便出院。

师拈云：有令不行，有事不断，天下之公患也。兴化既行矣，又断矣，未免旁观者哂。

六祖一日见二僧论风幡义，祖云："非风动，非幡动，仁者心动。"

师拈云：尝鼎一脔，具知众味。"非风动，非幡动，仁者心动"，可谓鼎之一脔矣，使人不觉恶心呕吐。

大觉谓兴化曰："我闻你道：向南方行脚一遭，拄杖头不曾拨著一个会佛法底。是否？"化便喝，觉便打，化又喝，觉又打。明日觉召化曰："我直下疑你这两喝。"化又喝，觉又打，化又喝，觉又打。化曰："某甲学得个宾主句，总被折倒了也。"觉曰："这瞎汉，脱下衲衣，痛与一顿。"化于言下大悟。

师拈云：二虎之下，兽不容蹄；两刃之间，人不容足。当大觉、兴化棒喝交驰之际，岂容心思意解于其间哉！虽然，只如大觉云"脱下衲衣，痛与一顿"，兴化言下大悟，又悟个甚么道理？这里见得，许你作临济半个儿孙。

僧问夹山："承和尚有言：二十年住此山，未曾举著宗门中事。是否？"山曰："是。"僧便掀倒禅床，山休去。明日普请掘一坑，召僧至曰："老僧二十年只说无义语，便请上座打杀老僧，埋向坑中。上座不然，自著打杀，埋此坑中始得。"其僧束装潜去。

师拈云：这僧始则搀旗夺鼓，终则诈败佯输。夹山虽有添兵减灶之谋，争奈脚跟下泥深三尺。

临济三遭黄檗痛棒，后向大愚肋下筑拳，次归见黄檗，云云。

师拈云："汝师黄檗，非干我事"，大愚肋下更合吃拳。"这疯颠汉敢来这里捋虎须"，黄檗面门犹欠掌在。致使尿床鬼子邪见勃兴，赚他后代儿孙一个个鼓粥饭气。

沩山因刘铁磨来，云："老牸牛你来也。"磨云："来日台山会上有斋，和尚还去么？"沩山作卧势，磨便出去。

师拈云：沩山被铁磨一拶拶倒，要起起不得。铁磨被沩山一推推转，要住住不得。本上座与么批判，多少人在背后咬断拇指。

月氏国王闻狮子尊者有道，乃越国往见。尊者云："大王来时好道，去时亦如来时。"王有省。

师拈云：饭里沙，泥中刺，彷佛不同，依稀相似。"大王来时好道，去时亦如来时"，尊者黄金铸面皮。

云门话堕因缘。

师拈云：雪上霜，柳上杻，觌面无私，移星换斗。要见这僧话堕处么？且待三十年后。

南泉、归宗、麻谷三人同去见忠国师，至中途，南泉就地画一圆相，云："道得则去。"归宗坐在圆相里，麻谷作女人拜。泉云："怎么则不去也。"

师拈云：南泉画地为牢，归宗堕坑落堑，麻谷恭而无礼。点检将来，一人眼空四海，一人舌拄梵天，一人入地狱如箭。

百丈野狐因缘。

师拈云：非不非，是不是，坐断两头，剑去久矣。前百丈云"不落"，后百丈云"不昧"，看来也不较多，因甚么有堕有脱？余二十年参学不能明此。如有人明得此者，我当舍四大为绳床而用供养。

僧问雪峰临济四喝意旨。峰云："我当时初行脚时，便过河北，已值大师迁化，不得见他，所以至今不知。可往见他直下子孙。"僧见南院，院云："那里来？"僧具陈前意。院乃展具，遥礼雪峰，云："天下古佛也。"

师拈云：言不在口，语不离舌，端的有来由，特地无交涉。临济四喝岂但雪峰不知，纵是他直下子孙也未梦见在。不知且置，只如南院遥礼雪峰，是有来由耶？无交涉耶？这里定当得下，要见临济也不难。

南泉为两堂首座争猫，遂斩之。晚赵州归，泉举似州，乃脱草屦顶头上而出。泉云："子若早归，救取猫儿。"

师拈云：南泉剑为不平离宝匣，赵州药因救病出金瓶。然虽庆快一时，争奈古佛家风扫土矣。

临济云："有时夺人，有时夺境，有时人境两俱夺，有时人境俱不夺。"

师拈云："有时夺人"，错；"有时夺境"，错；"有时人境两俱夺"，错；"有时人境俱不夺"，错。临济大师到这里，锁却咽喉了也。莫有为伊出气者么？切忌将错就错。

临济谓三圣曰："吾迁化后，不得灭却吾正法眼。"圣云："争敢灭却。"济云："他后有人问伊，又如何抵对？"圣便喝。济云："谁知吾正法眼向这瞎驴边灭却。"

师拈云：认他财为己物，将官路当人情，济之心亦滥矣。三圣当时见他道"不得灭却吾正法眼"，便与掩却臭口犹较些子，遽云"争敢灭却"，噫！以圣较济，又何止滥而已哉！

灵云有颂云："三十年来寻剑客，几回叶落又抽枝。自从一见桃花后，直至如今更不疑。"玄沙云："谛当甚谛当，敢保老兄未彻在。"

师拈云：灵云白日清天向桃花树下为魅所著。玄沙虽则除邪辅正，激浊扬清，殊不知又是鬼门上贴卦。

药山和尚久不上堂，院主云："大众久思法诲。"山云："打鼓著。"众集，山升座，一词不措。主白云："和尚今日升座，因甚么一词不措？"山云："经有经师，论有论师。"

师拈云：药山久不上堂，与对众一词不措，将谓将谓。末后道个"经有经师、论有论师"，元来元来。

沩山云："老僧迁化后，往山前檀越家做一头水牯牛，左肋下书五字云沩山僧某甲。正恁么时，道是沩山僧，却是水牯牛；道是水牯牛，却是沩山僧。"

师拈云："道是沩山僧，却是水牯牛"，好；"道是水牯牛，却是沩山僧"，好。当时有人向他面前下得这两个好字，教他百劫千生要脱水牯牛也未得在。

赵州一日见文远侍者拜佛次，州以拄杖打之。远云："拜佛也是好事。"州云："好事不如无。"

师拈云：文远云"拜佛也是好事"，不妨软顽。赵州云"好事不如无"，话堕了也。要知赵州老人话堕处么？待伊磕破脑门，即向你道。

僧问汾阳："如何是祖师西来意？"阳云："青绢扇子足风凉。"

师拈云：拈得便用，道出平常。山高水阔，地久天长。"青绢扇子足风凉"，是拈得便用耶？道出平常耶？谁人知此意，令我忆汾阳。

僧问风穴："语默涉离微，如何通不犯？"穴云："长忆江南三月里，鹧鸪啼处百花香。"

师拈云：这僧问处如大浸稽天，无物不在波澜之内。风穴固是入水不溺，争奈全身在里许。

真点胸见慈明，明问佛法大意。真云："无云生岭上，有月落波心。"明诃之。真乃理前问，明曰："无云生岭上，有月落波心。"真于言下大悟。

师拈云：驱耕夫牛，夺饥人食，慈明老人未为好手。真点胸虽则向这里悬崖撒手，绝后再苏，若要知佛法大意，更参三十年始得。

玉涧颂云门北斗藏身因缘，云："北斗藏身为举扬，法身从此露堂堂。云门赚杀他家子，直至如今谩度量。"后五祖戒问其作颂之意，涧乃张目视之。戒曰："若恁么会，云门不直一钱，公亦当无两目。"后涧果如其言，戒暮年亦失一目。觉范和尚曰："今妄意测度先德之言，疑误后昆，亦可以少戒。"

师拈云：北斗藏身话，岂但玉涧颂不出，便是五祖戒也只得向背后叉手，暮年各损其目，也是好采。觉范谓诬谤先宗，感果如是。休将闲学解，埋没祖师心。

颂古

世尊初生

无明满肚恶缠身，才出娘胎软厮禁，
目顾四方周七步，不知脚下水泥深。

文殊答庵摩罗女其力未充

将军有令[1]下重围，八户风高马不嘶。
两眼忽开天地阔，太平无象到今时。

---

[1]　"令"，《宗鉴法林》卷三作"力"。

女子出定

花落银床春烂熳，月沉金帐夜迢遥。
虚堂寂寞无人共，只把檀香尽意烧。

外道问佛有六通如何是那一通

醉乘白鹤登银阙，梦跨青鸾入绛宫。
酒醒眼开俱不见，一川桃李自春风。

即心是佛

硬似纯钢烂似泥，甜如崖蜜毒如砒。
浑仑吞又浑仑吐，赚杀江西马簸箕。

非心非佛

大地众生成正觉，百千诸佛陷泥犁。
休将此话频频举，却恐阎家老子知。

南泉住庵被人打破碗镬

一把黄金钝镬头，引他白日鬼来偷。
自从去后无踪迹，入眼青山总是愁。

僧问马祖离四句绝百非答藏头黑海头白因缘

白玉琢成西子骨，黄金铸就伍员心。

莲宫人醉歌声咽，月落吴江泪满襟。

赵州无

翁翁年老齿牙疏，口不关风道个无。
肝胆一时倾吐了，苦哉邪法正难扶。

洗钵盂去

粥罢教伊洗钵盂，翻成特地费分疏。
是非得失浑休问，真个阇黎悟也无？

黄檗云不是无禅只是无师

不是无禅是没师，猫儿尾上系研槌，
夜深打杀街[1]头鼠，路上行人那得知。

万法归一一归何处

斧烂柯销局未阑，天风吹鹤下瑶坛，
满盘黑白轻翻转，袖拂苍梧玉佩寒。

德山托钵

天生富贵称雄才，织翠华裾拥不开。
一簇管弦声未绝，醉扶公子上楼台。

---

[1] "街"，《宗鉴法林》卷十五作"床"。

临济四喝

小厮儿偏爱弄娇，丝毫不挂赤条条，
劣狮筋斗重翻掷，拶得蟾蜍下碧霄。

香严上树

全提三寸杀人刀，千里闻风鬼亦号。
没兴有人轻犯著，饶伊得命也无毛。

严阳尊者问赵州放下因缘

地没朱砂翻赤土，廪无粒米倒砻糠，
赤穷自是活不得，又被人来指贼赃。

婆子烧庵

三冬枯木遇春阳，翠萼寒英喷古香。
雪鬓老婆情未瞥，冷看花树哭檀郎。

木平见洛浦盘龙二老云峰悦拈云云

叶卷西风树树寒，乱蛩吟砌梦初残。
情怀自是不堪听，又把琵琶月下弹。

赵州勘婆

生铁蒺藜当面掷，琉璃坑堑绕身开。

劝君莫问台山路，多少平人被活埋。

洞山三顿棒

蹉口相酬罪莫逃，放伊三顿转忉忉。
使他饭袋江西去，添得庐陵米价高。

石巩张弓

平生伎俩尽施呈，拗折蓬蒿箭两茎。
半个圣人还不荐，依前日午打三更。

僧问夹山境法眼拈云我二十年只作境会

哭月狂猿攀古树，啸风猛虎踞悬崖。
人间别有通霄路，不必行从这里来。

大事未明如丧考妣大事已明亦如丧考妣

万里山河平似掌，一条官路直如弦。
行人若问穷通事，铁壁银山在面前。

丹霞烧木佛

火烧木佛丹霞罪，脱落须眉院主灾。
一阵东风回暖律，几多春色上梅腮。

则监寺参青峰法眼丙丁童子公案

触著神锋劈面挥，电光石火较犹迟。
不因洗耳池边过，肯信人间有是非？

丹霞访庞居士灵照提篮因缘

放篮敛手举篮归，自是多情惹是非。
月落画堂人去后，不堪欢笑只堪悲。

兜率和尚三关性在甚处

赤脚波斯叩海门，黑风吹浪暗昏昏。
三更掣断青霞锁，笑看骊龙戏子孙。

四大分散作么生脱

空奋双拳穷滴滴，横担片板赤条条。
夜来得个扬州梦，骑鹤腰钱跨九霄。

眼光落地向甚处去

铁狗铜蛇正奋瞋，风刀火锯肉成尘。
茫茫长夜几经劫，举眼无亲怕杀人。

黄龙三关

我手何似佛手，也解攀花折柳。

床头脱落秤槌，打破灶前熨斗。

我脚何似驴脚，翻转草鞋倒著。
走遍四大神州，寸步那曾踏著。

人人有个生缘，夜半胡孙驾船。
撞破黑风白浪，踏翻水底青天。

佛手驴脚生缘，三关一句齐宣。
更问如何即是，黄龙口里无涎。

达摩一日命门人各言所得遂分皮髓云云

九年冷坐，一旦惺惺。是非易辨，得失难明。分张皮肉骨髓，令人路见不平。"汝得吾皮"，前长后短。"汝得吾肉"，多肥少精。"汝得吾骨"，只堪喂狗。"汝得吾髓"，脱赚平生。尽情为伊注破，也只道得八成。要见达摩大师么？岳边顿落千山势，海上全消万派声。

天目中峰和尚广录卷第三

天目中峰和尚广录卷第四之上

参学门人北庭臣僧慈寂上进

法语

示云南通讲主

参玄上上人，须达巧方便。不解善思惟，驴年觅不见。要识巧方便么？三乘、十二分教，应病与药，观根逗教，是巧方便。一千七百则陈烂葛藤，放收杀活，逆顺卷舒，是巧方便。乃至无边贤圣前后出兴，各各以无作不思议解脱神力，作种种差别佛事，亦不出此巧方便也。何则？都缘个事在诸人分上本来具足，元无欠少。自是你从无始旷大劫来，为妄习所缠，横计生死，虽泼天活计顿在目前，刚不领悟，犹向饭箩边伸手，从人乞食，岂不大可哀悯者哉！所以累他先圣以善巧方便智力，向你清净田中抛撒不净，指渐指顿，或偏或圆，说一念顿超，说历劫熏炼，或可眼根入者以色空作佛事，或可耳根入者以音声作佛事，乃至六根门头及与八万四千尘劳境内咸作佛事，特不过控勒你一个入处，要你识得个自己家珍，舍此初无实法。

往往见学道之士不通权变，妄执方便以为实法，如以输石认为真金，纵经百炼，终非金体。既不能少加思究，直造玄途，但看他古来尊宿出家行脚，切切以己事为重任，三十年、二十年登山涉水，拨草瞻风，未尝斯须轻弃此道。捱到途穷路极处，撞见个没意智汉，向他痛处一锥，直得七穴八穿，千了百当，便向三家村里、十字街头，施棒施喝，竖拳竖指，大用凛然，机辩错出，魔魅平人，遗臭千古，岂非洞彻法源，善达权变而然也。厥后人心淡薄，丛席荒凉，多是不具正因，驰声走誉，既非种草，不擅家门，带累他曲录床上个老汉，不顾好恶，将鸩屎砒霜合造一般毒药，撒在你八识田中，要你一个个向这里放身舍命。或有攫其药味而汗流浃背者，或直下忘餐废寝而绝后再苏者，或久抱于怀，偶因物所触而肝碎胆裂者，或因误中而丧却性命者，中间千绪万端，不可具举，固是根器利钝有所不同，亦不出此善权方便之力耳。

迩来医师不古，方脉无灵，异端前陈，执药成病。或潜形避影，遏捺心念，一物不为，以求相应者，不知是深沉死水，却引他长庆坐破蒲团、赵州不杂用心，以至莫妄想、放下著、古庙香炉、休去歇去等语为证，何异守株待兔、缘木求鱼。或有随事逐境，一切处强作主宰，以待触著、磕著者，不知是担枷带锁，却引他杨岐做监寺、云峰充化主、保寿作街坊，及引南岳磨砖作镜、打车打牛等语为证者，何异拨火觅沤，刻舟求剑。又或有心不异缘，情不附物，终日只么闲闲地取性过时，以待其自然领悟者，自不知是坐在无事甲里，却引他赵州洗钵、龙潭送饼、香严住庵、沩山拨火，及修证则不无、污染即不得等语为证，何异手执艾镜，夜对黑月，待火自出，终无是处。或有渔猎古今，该博闻见，向五蕴身中认个主宰，不肯信有悟门，自不知是杂毒入心，却引他古人一种垂慈方便等语为证，便乃旁求经论，曲引诸文，罗绮语言以相眩惑者，何异以羊袖续狐白之裘，不自知其非也。如上所举，皆是初无正见，妄认偷心，坐在八识中，将古人善巧方便总作实法会了也。所谓醍醐上味为世所珍，遇斯等人，翻成毒药。若与么商量己躬下事，饶你弄到弥勒下生，转没交涉。岂但没交涉，将恐反招罪戾，疑误后人矣。须知此事不在灵知不昧处，不在藏睛闭目处，不在祛昏敌散处，不在忘机绝虑处，乃至不在博综经教、洞彻古今、长时观照、一切平常，以至撑眉竖目、勇猛精勤、掷剑挥空、如猫捕鼠，至于无边作用，据实检点将来，总不出他一个善权方便，若要与衲衣下那一著子相应，驴年又驴年。且作么生是衲衣下事？老僧口门窄，未暇与你说破。

示云南福、元、通三讲主

生于无生中受生，死于无死中受死。既曰无生死，安有受生死者？盖迷却自心而妄见有生死耳。苟或迷妄之情不能爆散于一念未萌之表，乃依他作解，强言无生死者，是大妄语成，亦名谤般若也。

此事不在经书义理中，不在一切修证里。至于《圆觉》之三观、二十五轮，《楞严》之二十五圆通之所证门，乃至教中所说顿渐、阶级、次第等，一涉见闻，皆堕情识，总不与达摩所指之禅相似。教中所言之禅，皆不离修证。惟达摩独指一心为禅，与经书文字所说者迥别。宜思之。

《圆觉经》云："知幻即离，不作方便。离幻即觉，亦无渐次。"议者谓逼近达摩之旨，亦不涉方便渐次。殊不知只个"知幻"、"离幻"，早涉方便渐次了也。达摩门下总无是事，一了一切了，只个了字亦不可得。

禅之一字，不可见，不可闻，不可觉，不可知。盖见闻觉知皆属情妄，非心法也。当知心法本来是见、是闻、是觉、是知，不应于见闻觉知上别有所谓见闻觉知者。《维摩诘经》谓："若求见闻觉知，是则见闻觉知，非求法也。"斯言岂欺人哉！

此事须是利根上器，提得便行，踔得便走，虽是庆快，已涉途程。更待如之若何？宽著工夫待弥勒。

古人真切，于此事上曾不待一切方便言语之所启发，自然卓卓地不肯虚丧寸阴，如大死人，如陷千尺井之求出，又如倒悬之求解，曾何有第二念驰骤目前虚妄声色者哉！

今时学者之病在速于要会禅。禅无你会底道理，若说会禅，是谤禅也。如麻三斤、柏树子、须弥山、平常心是道、云门顾、赵州无，一一透得，是解禅语，亦非会禅也。若不妙悟，纵使解语如尘沙，说法如涌泉，皆是识量分别，非禅说也。当知禅语初不难会，凡一千七百则公案，俾之通会于片饷之间亦不难。如今之禅学者流，多是商量个语话，皆不肯回头扣己而参。所以古人目禅语为野狐涎唾，良有旨也。

近代宗师为人涉猎见闻太多，况是不纯一痛为生死，所以把个无义味话头抛在伊八识田中，如吞栗棘蓬、如中毒药相似，只贵拌舍形命，废忘寝食，大死一回，蓦忽咬破，方有少分相应。你若不知此方便，于看话头、起疑情之际，将一切心识，较量动静，妄认见闻，坐在驰求取舍窠臼中，或得暂时心念不起，执以为喜，或昏散增加，久远不退，承以为忧，皆不识做工夫之旨趣也。

做工夫非一切有作思惟之所能，是离一切分别之大人境界。古人到此，皆是一踏到底，更不涉一些子廉纤搭滞。今人做尽伎俩不奈何者，盖做不力、志不大、心不死、念不切耳。做工夫往往以心念纷飞处做不得，正不知以何为做得处？实有趣向处，俱堕颠倒网中。当知做处，譬如失物欲见，正当寻觅时，惟有一个欲见之心横于胸中不能自决，又何曾有省力不省力、有趣向无趣向之异说？其最初寻觅时也怎么吃力，寻觅到最后也怎么吃力，更有何初寻时难、后寻时易之说？但是寻觅欲见之心切至，久久不为境缘之所侵夺，忽冷地眼开，撞在面前，囮地一声，更不待问人是与不是也，其喜悦之状又当何如也。此事迷时不减、悟时不加，难时不远、易时不近，得时不有、失时不无，乃至穷古亘今，总无许多差别，浑仑只是个自己。纤毫不透，如隔铁围。快便难逢，切忌当面讳却。

示高丽收、枢、空、昭、聪五长老

参禅是参自己禅，非参佛祖善知识禅也。所谓禅者，盖远从多劫前因地所迷，引起生死，迷乃是自己迷，不因境迷，不因物迷，亦非佛使其迷，又非天地鬼神、冤亲眷属使其迷也。以其自迷，故今日若不肯力叩自己，亲自信向，自发肯心，向自家己躬下真参实究一回，以俟其自悟，无有是处。其所悟处，不悟佛境，不悟祖缘，不悟他心，不悟外法，皆是自悟其自己远从多劫以来所迷底生死差别情妄耳。以其自悟故，则自己生死空，自己差别尽，自己情妄消。即其生死悟于自心，而更欲觅生死，于自己了不可得。于自己觅生死不可得故，则于外境欲觅毫头为生死亦不可得。自内心、外境觅生死既俱不可得，即其不可得处，唤作佛境界，唤作祖翁田地，唤作自己光明幢，唤作般若真如藏，乃至立出百千种殊名胜相，百千种异道灵光，莫非一一皆从自己流出者也。若曰自己外别有所谓佛法、祖意、禅机、道果，皆是颠倒希望，与外道无相异也。所以古人谓："道在己求，不从他觅。"斯言尽之矣。

你若不信自己，不向己躬下立定脚头，更不肯立自己志气，坐断一切，密密体究，你准拟向佛上求，是从他觅了也；拟向法上求，亦是从他觅了也；拟向师友分上求，亦是从他觅了也；又拟向语言中求，又拟向机缘上求，更拟向千七百葛藤桩上求，更拟向丛林中求，更拟向寂静境界中求，又拟向精进勇猛中求，乃至尽其见闻、竭其知解，及与世出世间诸有境缘中求，据理言之，特不过皆是从他觅了也，与你自己交结生死底一种情识上料掉没交涉。当知自己分上立起一个要超越生死底念头正当，也无寂静时、也无愦闹时，也无忙时、也无闲时，也无安时、也无危时，也无苦乐逆顺时，也无一切魔境界能障碍其道业时，也无过去、也无现在、也无未来，合三世为一念，并万虑为一心，孜孜尔，兀兀尔，行也只如是体究，坐也只如是体究，乃至静闹安危、苦乐逆顺中，总只如是体究。正当体究时，傥或复于体究之外别见有个是静时，有个是闹时，有个是魔时，有个是参得时，有个是参不得时，至于才觉有毫发异见干涉着你，总非真体究也。

如今做工夫底人，往往于自己分上苦不切至，多只是向境缘情识上做成窠臼，所以不能得直到大休歇田地。你但拍盲坐断许多见闻解会、取舍得失等，密密地只向自己躬下做去，直下便是大解脱场，直下便是大光明藏。除却靠自己参去，别无方便，别无佛境界，别无解脱。如前所言，教你向自己密密地做去，早是多却个密密之说。若是当人真切痛为自己，纵不使其密密地做去，他自然不肯不密密地。若是当人不肯把自己做一件事，纵使将个话头作百千种譬喻，使其密密去做，则转不密密矣。纵能强作主宰，密密得去，亦坐在密密窠臼中，无有是处。久久坐在密密窠臼里，蓦忽被夺却他密密处，便乃引起百千种狂见而生分别，转与自己疏且远矣。故古人云："参禅无秘诀，只要生死切。"你看古佛弃王宫，入雪山，受辛苦，行胜行，而万劫千生不惮劳苦者，是第一个为生死切者也。自西天四七，东土二三，长庆坐破七个蒲团，真如哲引锥自刺，二祖断臂，常啼卖身，从上古人未有一人不历试诸难，皆是为生死切至者。以其切至故，物极则反，不觉不知，捱到结角罗纹处，蓦忽打破漆桶，自然庆快平生。即此是不从他觅底样子。当知自己亦岂别有一个自己可凭，便只是个要了生死底心。即此生死根本元从自家自肯染习结缚而后成就，今日要此生死一念超越，别无巧术，但只念念于染习结缚处剔脱教净尽，便是生死净尽之时矣。如今若作意要向八识田内剔脱个染习结缚底，早是惹出多端，和个要剔脱底辊作一团，转不相济。由是古人深知过患，但只撺个无义味话头，教你发起大信心，直下不起第二念，单单于话头上奋起大疑情，与之一念万年做将去。你但心不随缘，意不逐物，识不拘境，意不染尘，三十年、二十年首尾通贯，不觉自然有个入处矣。

所言不起第二念者，于正扣己而参处，卒急不相应时，蓦忽瞥生一念，谓"我莫是根器劣么"？是第二念。谓"我莫是罪障深么"？是第二念。"莫别有方便么"？是第二念。谓"此工夫实是难做"，也是第二念。谓"是易做"，也是第二念。于甚易做处生欢喜心，也是第二念。于艰难境中做不上处起怕惧心，也是第二念。更有一般伶俐汉，见恁么说了，便云："我但一切坐断，都不起心。"正落第二念了也。你若是个真正要了自己躬下生死大事之人，决无如许多计较论量底情见，但是说著个生死，如撞著银山铁壁相似，一碍碍住，不是不要起第二念，便是要起也不可得矣。且真正为自己底人，看公案也得，不看公案也得，毕竟不落别处。既是不看公案也得，岂肯复将清净耳根听人排遣，教只看、只疑、只参、只守、或只半提、或只全提，或密密、或孜孜，盖此等皆是尊宿垂慈举扬底一时方便，实不与个自己有交涉也。如今做工夫人，或见境缘有所顺逆，非实境缘有所顺逆也，其实只是当人靠自己不稳处，暂时不在，便移个为自己底念头，向境缘上引起百千万种颠倒分别。若不当下与之剿绝，令其净尽，直饶你与他境缘上分别得清，特不过益增死生尘劳之重累耳。若欲尽其自己一一分说将去，言说转多，纸尽，且住却葛藤。

示日本空禅人

棒头领旨，喝下明宗，已是第一等不唧嚼底钝汉。须知尽大地是一条白棒，森罗万象觌体全彰；亘十方不消一喝，过现未来洞然响应。你便向这里领略，已是瞎却自己眼睛了也。更欲待他拈起枯树枝，放出粥饭气，唤作明宗领旨，岂不大可屈哉！昔临济云"我在黄檗会下三遭痛棒"，如蒿枝拂相似；"如今再思一顿，直是无人下手"，邪法难扶。兴化云："我闻东廊下也喝，西廊下也喝，直饶喝得我上三十三天，却下来向你道：我未曾向紫罗帐里撒真珠与你看在"，异端并起。已而此等臭气流落丛林，或指一喝为宾为主，为照为用，或指一棒为全提，为正令，为机用，为门庭。又谓之击石火，闪电光，摩尼珠，金刚剑。又谓之擘破面门，露出肝胆，当阳举似，觌面相呈。又谓临济三百六十骨节只是这一喝，德山八万四千毛孔不出这一棒。又云临济多却这一喝，德山剩了这一棒。又云无边刹海，十世古今，尘沙义门，百千三昧，总在这一棒一喝内全收全摄，无欠无余。更有一等超宗异目、不存机境者，唤作蚯蚓鸣、粥饭气，扬尘播土，掣疯掣颠，认精魂，弄捏怪，乃至奇言妙语，与夺抑扬，鼓引学人向他一棒一喝之下邪知曲解者，今古以来比比皆是。与么较量他古人立地处，又何啻认驴鞍桥作阿爷下颔。既不识古人用处，而欲趣向自己真正面目，大似隔靴抓痒。

嗟乎！古人一片生铁心肝，未开口已前早是落在你髑髅里了也。只要你不知不觉，推门落臼，于一切法中做个平常无事汉，所谓涅槃、生死，六凡、四圣，至于百千差别法义，更不在人重下脚注，又何一棒一喝而不能了哉！这里你若将毫厘心识领略解会，岂但不识古人行棒用喝处，而亦自家一个本命元辰长是黑漫漫地。纵使勉强向他一棒一喝上说得依稀，用得彷佛，少间蓦忽遇著些子差别逆顺境界顿在面前，未免情存取舍，意涉爱憎，一时区处不下，便向他古人语言窠臼上著到。正恁么时，总唤作一棒得么？总唤作一喝得么？总不唤作棒喝得么？若唤作棒喝，则未免被棒喝碍。不唤作棒喝，亦未免被棒喝碍。既为此碍，则山河大地，明暗色空，至于微细尘毛，未有不能为碍者。万仞铁围可使消殒，只这一种碍，你若不真个在这里推托得去，管取要碍人堕生入死、轮回无间在。

本上座到此忍俊不禁，要与你去却棒，拈却喝，向未有棒喝名字已前与你把手共行。只如未有名字已前且作么生趣向？今日不辞与你说破，久后却恐累及平人。

示伊吾显月长老（梵名乌钵刺室利）

佛法无商量分，无凑泊分，无安排分，但是拌得一切，打开万般绝计较，单单只是靠取一个话头，自今日守到个悟底时分，方许你取气。你若未到桶底子自脱之时便欲取气，直下蹉过了也。只此一蹉过，便是百蹉千蹉，甚非小缘。做工夫最要紧是把得住，最要紧是放得下，最要紧是不随逆顺境转，最要紧是做得主定，立得脚牢；最要紧是耐得枯淡，守得寂寞；最要紧是识得眼前破，不被世间一切境界惑；最要紧是寒不思衣，饥不求食，眼不随色，耳不逐声；最要紧是一个身心如铁橛子，不受一切禅道佛法穿凿；最要紧是尽生不悟明，决不起第二念。更有一件是最要紧处，口未开时已说了也，笔未动时已写了也，参未透时已悟了也。你还知么？你还会么？你还信么？如今大事为你不得，小事各自支当。

示萨的迷的理长老

禅那二字，梵语也，华言思惟修。生死事大，无常迅速，乃学者之正思惟也。众生本来成佛，以迷妄所蔽而不获开悟，亦学者之正思惟也。清净本然，迷妄无状而生，积劫迄今，自缠自缚，念念攀缘，无食息之间，亦学者之正思惟也。从上佛祖哀矜不暇，垂言立象，设万种方便，令我处处悟入，以痴想杂乱，犹不自觉，此亦学者之正思惟也。三界万法，色空明暗，咸是菩提妙明元心，悟理未通，尚留观听，此亦学者之正思惟也。

苟非神悟，纵有多闻，惟增见病，不脱爱缠，此亦学者之正思惟也。前辈言前领旨，句外超宗，微见锋芒，拈得便用，风飞雷厉，迥异常流，开凿人天，不存窠臼，此皆累生熏习，积世炼磨，不期而然，无作而作，岂容勉强，安可效为？拟蹈前踪，即落意地，此亦学者之正思惟也。功不尽则事不臻，诚不极则物不感。况无上大菩提道，或不忘形毕命，与寝食寒暑俱废，岂口出耳入之学，而能脱略生死情妄于大休歇田地者哉！此亦学者之正思惟也。

言思惟修者，惟此思惟即是修之之理。舍正思惟外，或别有一法可修，非正修也。今则有个不涉一切思惟底智方便。僧问古德："一念不起，还有过也无？"德云："须弥山。"十二时中但将须弥山顿在眉睫，横之方寸，不可妄起纤毫情念，强生穿凿，为解为会。但只行也参，坐也参，今日也参，明日也参，参得也参，参不得也参。参到无可参处，正是著力加鞭之时。猛拚取三二十年死工夫，万仞壁立，硬著脚头参取。正当参时，或有佛祖圣贤现种种相，以相似语言开导发明，便与一喝喝退，向他道："此事不从人得，安有开发之理？任我百生参不得，必欲自悟，断断不肯妄去咬人钩线。"诚有此志，不患生死情妄之不消殒也。

示慈护长老

心不迷不堕生死，业不系不受形质。爱不重不入娑婆，念不起不生业累。盖因迷起妄，由妄生执。顺其所执，则爱之之念纷然而兴；逆其所执，则憎之之习勃然而起。爱憎之情作，则死生之迹动转迁流，新新不住，念念相续，以至一刹那间具八百生灭，岂待百年气泯，然后为生死者哉！原其所迷，初无自性，亦无起处，只是自家远从旷劫以至今生，良由不体道本，失却自心而致然也。今日要得此心，不为迷妄所惑，别无方便，但单单提起个"死了烧了，那个是我性"，十二时中如金刚利剑在手相似，最先向八识田中尽力一挥，如斩一握丝，一斩一齐断，眼之所见既断，耳之所闻亦断，乃至鼻舌、身意、香味、触法同时俱断。过去事已断，现在事今断，未来事当断。遍搜胸中无可断者，和个断者亦断。断者既断，断亦不立。断既不立，则尽法界皆是自心。于自心中无能断，无所断。能所既无，则见闻觉知无地可寄。到这里，即是从上诸佛菩萨善知识放身舍命处，亦是大休歇、大解脱、大安乐之地，亦是不离世间而成就出世间之三昧。此三昧入手，觅个爱底亦不可得，觅个憎底亦不可得。于不可得处，回观世间诸有为相，俨如昨梦。如教中谓："净极光通达，寂照含虚空，却来观世间，犹如梦中事。"如今人个个明知此事如梦，虽正说时，和个说底亦在梦中，何况说久声消，情随境变，三界梦宅，役役不停。苟不能奋起大精进勇猛志力，于此大梦宅中极力一跳跳出，向白日青天之下披襟一笑，以快平生，决定以梦入梦，展转攀缘，随逐妄尘，堕入无间，岂不孤积劫以来诸佛菩萨为你所下之般若菩提种子乎？你若非具此深厚种子，安得今生居富贵中，处十善家，以至操心入道，袈裟著身，为佛后裔。今日到这里，家已出了，僧已为了，善知识已见了，道已闻了，其所欠者，但只要力行一遍而亲到一回为谛当耳。况是年齿未艾，色力尚充，或不趁身强体健之际做一气直走到家，眨得眼来便是无常老病相催赶也。到那时手忙脚乱，咎将谁归？将个尽平生底所贪、所爱、所恚、所痴一齐点检，总用不著。不惟用不著，反为其所障碍，系缚蒙蔽，展转流浪，孤负胜因，为无惭人，佛所诃斥。当知轮回三有，出没四生，孤露伶俜，受苦无间，于此复何所恋而不思超然独脱，岂有志者之所为哉！昔庞居士以家财弃之湘水，乃有偈云："有男不婚，有女不嫁，大家团栾头，共说无生话。"且唤甚么作无生话？昔有尼问赵州："如何是祖师西来意？"州于尼臂上掐一掐。尼云："和尚犹有这个在。"州云："你犹有这个在。"此说又作么生？然古人亲到大休歇田地，于语默动静之顷，著著具金刚正眼，尘尘露解脱神机，是非不可较量，得失不可图度者也。

慈护长老乃高昌三藏喜庵妙公之母氏也，曾参铁山琼和尚，向道之念坚笃。因嘉其志，不觉葛藤如许。若必欲要知庞居士之"无生话"与老赵州之"犹有这个在"二意明白，宜将铁山和尚所示"死了烧了，那个是我性"这一句猛与一捼，则知庞老、赵州同参，其来旧矣，又何生死爱憎之云乎哉！但办肯心，决不相赚。重为说偈以勉之：

死了烧了，身空物空，那个是我性？海底日轮红。直下领略不过，快须著意加功。密作用时，圣凡莫测；实究竟处，水泄不通。无常生死拽不断，见闻知觉难包容。是非憎爱绝朕迹，菩提般若俱无从。单单只有这一念，与此一念潜其踪。无影树头撑夜月，不萌枝上吹春风。以慈为护，非南非北；以护为慈，自西自东。无向背，绝罗笼。凤凰池上玉箫奏，声在天涯杳霭中。

示植禅人

要学佛么？要学祖么？要学善知识么？一大藏教、诸灯语录、遗言往行，皆是学佛、学祖、学善知识之张本，不妨向此真履实践一回，但行之不移，守之不易，久之纯熟，所谓佛祖善知识不待学而成矣。或者谓丈夫自有冲霄志，不向如来行处行。成佛作祖、到善知识地位，会须先将一大藏教、诸灯语录、遗言往行拈向他方世界之外，单提一把吹毛利剑，逢佛杀佛，逢祖杀祖，直教一物不得当其前，一法莫能随其后，久之和手中个把柄子一齐拈却，扬身物外，独步大方，自然头头合辙，处处逢原。虽然，当知此二说总是窠臼语。你若瞥生一念，向此垛跟，则落窠臼了也，要成佛成祖、成善知识，未知其可也。且舍此二途，毕竟依何标准而至于佛祖善知识田地？幻住到此，直得结舌有分。诸方大有老尊宿，不妨一一持此话以扣之。

示达禅人（圣僧侍者）

路逢达道人，不将语默对，毕竟将甚么对？或者谓此事不在语默里，又云语是谤、默是诳，又云说时默、默时说。既是不将语默对，因甚么又说个默时说、说时默底道理？这里定当得下，拣辨得出，缁素得明，指点得到，便许你坐断僧堂中陈如尊者颈，与丹霞和尚握手于数百年外，提持此道，不为过矣。脱或未到此田地，十二时中或出或入，且道陈如尊者向你道个甚么？露柱灯笼向你道个甚么？香匙火箸向你道个甚么？还闻么？若曰闻，则唤作说耶？唤作默耶？若曰不闻，则终日竟夜毕竟在何处安身立命？直下不知落处，即是你生时不知何处来，死时不知何处去。即今眼眨眨地语默动静，未免被个陈如尊者当面障却，灯笼露柱觌体碍却，香匙火箸临机换却。即其所障、所碍、所换，尽是生死烦恼、轮回业识，从今日移夺你到尽未来际之种子耳。要得和盘掇转，连座掀翻，不妨提起个所参底话头，于对陈如尊者时，对灯笼露柱时，对香匙火箸时，不得斯须忘念。更向蒲团上坚竖脊骨，猛著精神，与之抵捱。正当抵捱时，不得随声色转，随是非转，随怠惰转，随情识转，随境缘转，乃至随善恶凡圣、苦乐得失等转。拟欲瞥生一念，随其所转，不特不能与道相应，将见随生死轮回转入尽未来际者矣。

示志满禅人

学道要须乘一时猛利，便讨个分晓，则于工夫上庶有立脚分。岂可依依稀稀，彷彷佛佛，今日三，明日四。道是流俗，又却有个念头在道；道是在道，又却不曾有片饷猛利精神，把做一件大事。于是两头打脱，只益笑具耳。更有向蒲团上屏得念头，静办少时，或半日一日身心不动，静默将去；或三朝五朝做主宰不得，讨头鼻不见，昏沉散乱，辊作一团。似此等差别境界交驰于心，或怕惧做工夫一上，或思慕做工夫一上，或勉强做工夫一上，或被世间顺缘挽夺一上，似乎有个做工夫底心念存于中，却不知只与不做工夫者等无有异。若尽理而言，反不如个不做工夫底。何以知之？彼素不做工夫，惟信不及耳，悦或一旦自信得及，忽然被他猛利做去也不定。你既发大信心，要做工夫，要脱生死，今则此个信心延缓数年了也，看看向无事甲里去坐也，终不放宽了，又复能发最初底大信心来，余知其决无是理也。故《维摩》云："譬如败谷焦芽，不堪为种。"满上人过余问道，屈指数载，今日不忘最初道念，又冒荒歉过余穷岩。但是扣其入道之志，则索然不若初心之猛利也，良为可怜。此去宜精加念力，直要翻转生死窠臼，以悟为期，方不孤你重参再扣之劳也。

天目中峰和尚广录卷第四之上

天目中峰和尚广录卷第四之下

参学门人北庭臣僧慈寂上进

法语

示嗣禅上人

自有佛祖以来，兄弟家挟个袱子，横跨四海，上人门户，谓之参禅。参即不问，且作么生是禅？或有以枯形死志、冥心壁观之谓禅。或有以教外别传、不立文字之谓禅。或谓微尘法界、明暗色空，动植纤洪、飞摇蠢蠕，当机不昧，觌体全真之谓禅。或有拨开万象，透过色声，坐断有无，不立凡圣之谓禅。或有向四大五蕴中，认个昭昭灵灵、闻见知觉之谓禅。或有放下身心，休歇万事，一念不动、六情不摇之谓禅。或有以临济一喝、德山一棒，灵山拈花、少林得髓，繁兴大用、举必全真之谓禅。或有以德山托钵、云门话堕、赵州勘婆、洞山三顿棒等，谓之向上一关、末后一句、掠转面皮、露出牙爪、活路生机、不容近傍者之谓禅。所以垂手教人处，或令人祛散乱，敌睡魔，遣尘劳，远喧闹，起精进，发勇猛，竖目撑眉，握拳咬齿。或有异于是者，则教人随缘任性，不纵不拘，吃饭著衣一切如旧，但不做作，理自天然，乃引古人依本分、放下著、莫妄想、莫管他等语为证。更或有教人一味歇心，全身放下，才起一念便与铲除，心如太虚，情同木石，久之不休，待其自契。或有教人立个主宰，勿为境摄，勿随物转，如握太阿在手，佛来也斩，魔来也斩，谓之坐镇家庭，把断要津，横

71

行一路。更或有教人兼修白业以助正因，不尔则便乃不拘律仪，任情毁犯。略而言之，如上所见，并是情存取舍，意涉所依，用为机关，堕为窠臼。有般灵利汉，见恁么说，便乃掀翻露布，抹过那边，谓之不落人机境，有时恁么，有时不恁么，唤作于法自在。更有般担板汉，闻恁么说，乃云任你道是也得，道非也得，我只管大尽三十日、小尽二十九，唤作罗笼不住，呼唤不回。如此邪知异解，不可枚举。今时商量，比比皆是。若欲要与此禅一念相应，如人自捏其目，求不生花不可得也。更有一种随语生解者，乃云我但不存窠臼，岂有不相应处？殊不知只个不存，早是存了也。须知此事如空之循器，如水之随流，虽有方圆动静之殊，而无方圆动静之实。非作故无，禅如然故。若实要与此禅相应，真个是你三寸命根子向不知不觉处卒地断、嚗地折一回始得。要识命根么？便是你十二时中眼见色是，耳闻声是，至于鼻舌身意、香味触法及与一切知觉等是。又名妄想，又名生死，又名颠倒，无始劫来刀斫不断，锯解不开。

此论且止。只如命根已断底人，还复眼见、耳闻、心思、意解也无？这里若立纤毫知见解会，则五须弥、四大海早已穿过你髑髅了也。所以古人不奈伊何，向道："毫厘系念，三涂业因；瞥尔情生，万劫羁锁。"直下湛寂孤明，圆净活脱，不倚一物，触处成现。所以永嘉谓："行亦禅，坐亦禅，语默动静体安然。"且先德岂徒事语言哉！今时人会此说话者何限，以其不得受用，则前所谓情尘不透、见地不瞥，动静二途俱落窠臼而致然也。记得马祖与西堂、百丈、南泉玩月次，一云"正好修行"，一云"正好供养"，南泉拂袖便去。祖云："经归藏，禅归海，惟有普愿独超物外。"看他一门父子向光影里露出巴鼻，不妨令人检点。一人向禅头上加一画，一人向禅脚下加一画，一人向禅中心加一画，一人向他三画上又加三点，今日将个元本禅字，一看彻底不相似了也。后来又有人向他加画加点处只管加将去。间有加得不相似者，便乃彼此是非，立个名字，唤作如来禅、祖师禅、平实禅、杜撰禅、文字禅、海蠡禅、外道禅、声闻禅、凡夫禅、五味禅、棒喝禅、拍盲禅、道者禅、葛藤禅。更有脱略机境、不受差排者，唤作向上禅。古今已来，诸方三百五百众，浩浩商量，立出许多闲名杂字，由是而吹起知见风，鼓动杂毒海，掀翻情涛，飞腾识浪，递相汩没，聚成恶业，流入无间，卒未有休日，佛所谓可怜悯者。且古人开辟禅门，贵要伊了生死，越苦轮，断分别，息憎爱，如大火轮，触著则燎却面门、丧却性命，岂止于言说义路而已哉！

兹因南徐禅上人出纸求语，故抖擞屎肠，狼藉及此。若唤作说禅，拔舌犁耕，彼此有分。

示日本丁一头陀

僧非僧，俗非俗，六六从来三十六。俗是俗，僧是僧，从教日午打三更。僧亦得，俗亦得，毕竟本来无间隔。无间隔处忽承当，笑看大虫生两翼。会么？若也不会，且莫忽忽草草。你因甚不顾父母之养，而依附大僧，投身林谷？莫是为求衣食么？莫是为求名利么？既是不求衣食，不求名利，毕竟为个甚么事？况是远逾数万里，航海得得而来？实为自家脚跟下有一种生死无常大事因缘，远经旷劫而及今生，愈见昏迷，转加沉坠。今日须是舍命忘形，尽平生气力，向他空闲寂寞中提起古人一则无滋味话默默自看。看来看去，但心无希望，意绝驰求，识不攀缘，念不流逸，不问山林城市，静闹闲忙，今日也与么看，明日也与么看，忽尔眼皮破、髑髅穿，便解道丁一卓二，筑著便是；卓二丁一，百事大吉。海东走出黑波斯，眉毛鼻孔长三尺。说甚么生死与轮回，说甚么虚头与真实。草鞋两耳忽闻声，僧俗由来都不识。都不识，谁辨的？春风吹破岭南花，一一漏尽真消息。

示普喜上人问五蕴生死

僧问："清净本然，云何忽生山河大地？"答云："清净本然，云何忽生山河大地？"僧大悟厥旨。且答与问相似，僧何不早悟于未问之先？这里见得，便见山河大地不从外来，明暗色空且非他事。处处圆光独露，门门至体全彰。破情尘于见闻知觉之间，脱世界于成住坏空之表，岂有生来死去、彼圣此凡之异见耶？更若情存得失，意涉是非，不惜眉毛，重向葛藤窠里注解去也。当知三世诸佛与大地众生于空王劫前各各具一面大圆宝镜，初无欠剩。无端众生于净白光中瞥生异见，昧却本来，便于宝镜光中妄认影像以为实有。因生有见，即起无明。无明伏心，动成三毒。三毒因缘，引起诸业。由业所系，受此四大。从四大中结成五蕴六根，诸尘互相涉入。内自见闻觉知，外及山河大地，皆镜之影像耳。所以《大般若》中谓："色不异空，空不异色；色即是空，空即是色。受、想、行、识亦复如是。"岂但五蕴是空，至于十八界、十二缘、四谛、六度等，未有一法不与空相应者。然镜中影像，使不违法义者观之，亦言是空耳。所以永嘉道："心镜明，鉴无碍，廓然莹彻周沙界，万象森罗影现中，一颗圆光非内外。"永嘉到这里，已是和盘托出了也。当知广大心体，离言说相，离文字相，离凡圣相，离修证相，圆裹十虚，遍入三际。即生即灭之万法，不碍无增无减之本源；即增即减之诸尘，不隔无灭无生之实际。万机莫测，千眼难窥，自非顿消情量、脱落根尘者，不可与闻也。《首楞严》谓："空与色是色边际，离与合是受边际，记与忘是想边际，生与灭是行边际，湛合湛是识边际。"且道宝镜还有边际也无？若谓有边际是谤，若谓无边际则诳。直下领略得，便见即色受想行识全是大圆宝镜，大圆宝镜全是色受想行识。离宝镜无五蕴，非五蕴无宝镜。旷劫不迷，今日无悟。诸佛非圣，众生非凡。独步机先，全超象外。然后还归本位，能所顿亡。尽三千刹海，一一正眼看来，不知孰为五蕴，孰为宝镜。自然物我混融，一念平等。若不曾真实到这个田地，要脱他五蕴诸法，曾不异指月于水底、避影于日中者也。

　　且以五蕴生死言之，只今眼眨眨地有个四大色身顶天立地，及见身外有山河大地，是色蕴生死也。寒暑耗其精神，苦乐迁其念虑，饥寒逼其体肤，憎爱起其离合，是受蕴生死也。喜则爱涎沃心，哀则泪珠盈目，未食蜜而先甜其舌，未嚼檗而先苦其口，兴则役其神，寝则现于梦，皆想蕴生死也。天地之内，凡动植纤洪之物，自四大色身及与目前种种所用所有之物，未有一法不由因缘而成，即因即缘皆属生灭，以至成住坏空，处处皆然，新新不住，皆行蕴生死也。处处攀缘，念念分别，开目云明，闭目云暗，涉入三世，分布六根，指色则辨其玄黄，历味则别其甘苦，顺则思纵，逆则思避，动时似有，觅时还无，皆识蕴生死也。此五蕴法障在目前，自古至今，任你才过李杜，气夺项刘，直得拱手以听其处分，十二时中千重百匝，直是无你转身处。所以释迦老汉知有此一段大事迷滞众生，于是兴大愿心，开大法施，四十九年，五千余卷，偏圆顿渐，大小半满，如长伸只臂，向大圆镜上推开影象，拂去浮尘，但要个个向洁白光中识取本来面目。然后灵山会上拈出一花，迦叶不觉破颜微笑，直得光吞万象，体遍大千。已而四七、二三，向此光影里眼见空花，递相钝置。流传既久，逗到老赵州面前，僧问："万法归一，一归何处？"州云："我在青州做一领布衫，重七斤。"觌面拈来，照天烁地。自非具大眼目之士，莫能窥其彷佛。要见赵州光明么？也莫问五蕴六蕴，六根七根，但将平生见解、世间出世间法，莫问如之若何，如斩一握丝，一斩一齐断。待教胸次中终日心无异缘，意绝妄想，却单以生死无常为重，提起这僧问底话头道"万法归一，一归何处"，行而参，坐而参，莫问闲忙静闹，拌得此一生与之抵捱。捱到不奈何处，和个话头一时忘却，方知三世佛、历代祖、天下善知识尽是认砖头作古镜，更说甚么五蕴、十二缘、四谛、十八界闲言长语，总无著处，岂非大丈夫能事毕矣！若不如是脱略一回，任你万劫千生往来升降，妄受轮转，如蚁旋磨，卒未有休日在。

梅山上人遽回心于功名富贵之场，偶聚首于普安客窗，因话及五蕴生死，乃为之书。

示明昶上人书《华严经》

嘉禾石门明昶上人手书《华严》大经告毕，过门需语为证。余闻之经有偈曰："若人欲识佛境界，当净其意如虚空，远离妄想及诸取，令心所向皆无碍。"是则揭开法界，直示玄猷。总智体于一毫，设灵机于万偈。殊不知差别意内义出多途，言语道中宁无分别？只如"若人欲识佛境界"，用识作么？"当净其意如虚空"，已迟八刻。"远离妄想及诸取"，费尽分疏。"令心所向皆无碍"，远之远矣。直下见得，乃知未操寸管点染八十一轴溪藤已前，其微尘数偈已尝书之旧矣。使遮那老人与无边大心菩萨亡锋结舌于言语文字之表，纵欲兴大慈云，布华严海，拟说个若人欲识佛境界，逆知其不可得也。彼既说之不可得，而你何所闻？既绝所闻，则云何而书之？今日既有所书，不免依偈以设其问。且所操者笔，所染者纸，所书者字，横者为划，直者为竖，斜者为撇，圆者为点，自最初一字写至末后一字，莫不皆然，毕竟纸墨文字之外，别唤甚么作佛境界？其外见有所书之经，内见有能书之心，以能所之二见未忘，欲净其意等太虚空，未知其可也。一真如性元无分别，经卷与世俗文字等，赞叹与辱骂等，诸佛与众生等，法界与一尘等，即其等心亦不自立，妄想乃尽，诸取亦离，安有此经为我所书者哉！此心无碍则法无碍，法无碍故则理无碍，则事无碍，则理事无碍，则事事无碍，则一切法界俱无碍，则书亦无碍，不书亦无碍，唤作华严亦无碍，不唤作华严亦无碍。其所书之经，今有人以七宝摩尼珠而用庄严、以无量诸香云而用熏染亦无碍，有人以不善心碎其卷轴、投之水火、置之秽浊等处亦无碍。乃法性之本然，非以力排而智使，以至此无碍之地。傥于此无碍法中微加一毫心力情意而欲和合，则展转成有碍也。

即今日用中一念子卒未能远契此本然无碍之理，则是经不可书也。你还甘此说么？若不甘此说，还契此理么？若未契此理，则前所运一片真诚正信之心，挥毫染楮书写成就底八十一轴《华严》大经乃成虚设耶？不然，所谓遮那性海，圣凡圆具，因果全该，万法俱彰，一尘不隔。运一笔则千笔万笔与之俱运，书一字则千字万字与之俱书，成一行则千行万行与之俱成，了一卷则千卷万卷与之俱了，乃至于一划中含裹微尘数划，于一竖内含裹微尘数竖，当知一时书则与尽未来际不可说无量阿僧祇劫同时俱书，一时了则与尽未来际不可说无量阿僧祇劫同时俱了。如是观察，如是受持，如是见闻，如是作用，如是书写，如是流通，如是信受，如是增益，又安知其八十一轴之雄文非佛境界而离此别求耶？又安知其意不与虚空而等净耶？又安知其有妄想诸取而未离耶？又安知其所向之心有所碍而特排斥之耶？既尔佛境现前及心无所碍，即今日用一切时、一切处、一切缘、一切境、一切法、一切念、一切见闻、一切知觉、一切取舍、一切分别、一切受用等，则手未尝离其书，口未尝远其说，目未尝越其睹，耳未尝过其闻也。然则目前山高水深，日上月下，鸦鸣鹊噪，鱼跃鸢飞，雷动风行，松直棘曲，大而十方虚空，广而无边法界，细而针锋芥孔，圣而诸佛，凡而众生，以至成住坏空，地水火风等，一一皆是笔端点出之大本《华严》，亦岂十佛刹微尘数偈而可诠之者哉！

这里不荐，且莫匆匆草草。虽是本来具足底现成活计，你若不曾真个亲向毫端未举之前全机领略，未免首先被个华严名字当面热谩，把你一个本命元辰惑来惑去，远从无始劫前惑至今日，初非小可。以其惑情未解，见翳入心，引起无明，成就生死，粘头缀尾，接续轮回，起灭万殊，直至今日，触途成滞，了无出期者，无他，盖为你最初心中被个迷惑打失正见而致然也。所以今日用一点心不得，才拟用心便引起它八万四千诸情意识互相障碍，不得自由，诚可哀悯。何谓障碍耶？你才见说个若人欲识佛境界，便被个佛境界障。才说到当净其意如虚空，便被个虚空等净障。又见说著个远离妄想及诸取，便被个离妄想及诸取障。更见说到令心所向皆无碍，便被个无碍障。直饶通身手眼，超出言象之先，遍体机关，不堕是非之阱，刚把此四句偈一齐按下，别资一路，抹过那边，殊不知只个别资抹过底，已是亲体把你个本命元辰障住了也。直下无你用心处，无你驰求处，无你凑泊处，无你撒脱处，无你趣向处，乃至无你和会处。当知个华严性海全体是大火聚、大风轮、涂毒鼓、吹毛剑，百千圣贤不敢正眼觑著，又岂许将心凑泊、举意搏量者哉！

你若真个有一片决定真实底大心，亲体与华严性海如水入水、似空合空，初无难易，但请将从前所知所解、所做所遇、所缘所著底一切圣凡是非、取舍憎爱、善恶自他、无边业识，猛提起一把智慧刀，直下与之一斩两段，如未曾做工夫时相似，如未曾与人说学道时相似，如未曾出家时相似，如未曾著袈裟、住伽蓝、建宝坊、兴善利时相似，干干净净一齐都打屏了，不剩纤毫。却于无纤毫相碍处，不得便坐在这里，不妨提起个古人没意智话头顿在面前，默默体究是甚么道理。从此以去，只向所体究处一捱捱住，行时行体究，坐时坐体究，忙时忙体究，闲时闲体究，老时老体究，病时病体究，乃至死时死体究。正当体究个所参底话头时，也莫要问道是佛境界非佛境界，也莫要问道意下净如虚空不净如虚空，也莫要问道妄想诸取远离不远离，也莫要问道此心无碍不无碍，但只靠教个话头稳密，尽此一报身，只与么去。久久纯熟，和个稳密底一齐裂破，那时将佛境界作非佛境界说亦得，将非佛境界作佛境界说亦得，不妨信手拈起，一一天真，一一明妙。此所谓"虽然旧阁闲田地，一度赢来方始休"。苟或输赢未分，切不可轻易中他人毒药，丧坏法身、永失佛境界者必矣。如今多是不真实痛为生死无常大事著实体究，但只欲事持言语，广说道理。往往法道衰替，乃根于此。有志之士宁可一生两生百不知、百不会，决不肯于工夫未到、情妄未消时，妄陈禅道，以当参学。记之！记之！并将前四句经偈为花椽去也。

> 若人欲识佛境界，提起话头休捏怪，
> 忽然两手俱托空，佛祖直教齐纳败。
> 当净其意如虚空，勿于声色诈盲聋，
> 工夫做到意根脱，铁壁银山处处通。
> 远离妄想及诸取，本色道人都不顾，
> 华严性海卢遮那，疑团破处全机露。
> 令心所向皆无碍，法界何曾分小大，
> 尽未来际一刹那，漆桶莫教全不快。

示云南护上人求示三聚净戒

三聚净戒之体，如杲日之丽乎中天，乃一切戒之主也。谓三聚者，摄善法、摄律仪、饶益有情是也。原夫摄善法戒乃无善不修也，摄律仪戒乃无恶不断也，饶益有情戒乃无众生不度也。此三戒乃过去、现在及未来一切佛祖之梯航胎孕也，舍之则何以出生死海、何以达涅槃之彼岸耶？须知一个所参话终日横于方寸，不思善，不思恶，善恶二途自然忘念，而言修断，何其赘耶？且参此话时不见有一众生而可度脱，乃非饶益而饶益也。此所参话虽不称三聚，而具存三聚，无少间也。朝参之，夕究之，久远而守之，一旦开悟，并其所参、所守之念顿遣，三身、四智当处混融，八解、六通随时会合，不知戒之在我、我之在戒也。参禅上士便请力持正信，不拘岁月而行之。脱或迟疑，剑去久矣。

云南护上人请说三聚净戒，因笔以遗之。

示明忠上人病中

衲衣下一著子，搅澄不异，磨涅不痕，坐断古今，不存凡圣，所以古人谓之向上机、末后句、顶门眼、肘后符。临济即之而喝如怒雷，德山据之而棒如疾雨。不依工用，匪涉阶梯。提得便行，拈得便用。奔流度刃，疾焰过风，正眼看来，未为庆快，这里岂容心思意解、安排摆布而为得哉！

雪川忠上人偶因卧病，余谓之曰："真歇和尚有云：'老僧自有安闲法，八苦交煎总不妨。'且如何是安闲法？"对曰："知身是梦，了病如幻，惟守一心，不生异念，岂非安闲法乎？"余因不顾。又曰："安即不动，闲即无为，超出二途，栖心无寄，此岂非安闲法乎？"余亦不顾。上人茫然，若有所失。余遂示其略曰："汝所说者乃情识计度，分别取舍，皆暂时歧路，岂真究竟耶？要识安闲法么？四大五阴是，根身器界是，四百四病是，山河大地是，见闻知觉是，以至一切差别尘缘无有不是者。咄！是何言欤？且四大五阴及差别尘缘等皆是败坏不安之相，若唤作安闲法，大似指鹿为马。若不唤作安闲法，亦是指鹿为马。直饶去此二途，别资一路，未免亦是指鹿为马。要得不指鹿为马，须是向他真歇和尚未启口以前掀翻情量，不堕是非，己眼顿开，洞见源底。始知一大藏教是指鹿为马，千七百则公案是指鹿为马，以至天下老和尚拈槌竖拂是指鹿为马。如是指说，如是悟解，亦是指鹿为马。会么？脱或不会，但切切将个没滋味话头向药炉边、枕头上默默咨参，不得放舍。忽然枕子落地，病药两忘，衲衣下那一著子觌体现前。到此，即其身心及与诸病无有不是安闲法者也。虽然，切忌指鹿为马。"

示月禅人病中

生、老、病、死是四种漫天网子，旷劫至今把伊笼罩，欲暂时脱离亦不可得。所以佛祖兴大哀悯，教伊一条通天出路。今日但要牢绊草鞋，硬著脚头与之抵捱，纵有死在前亦不暇顾，岂可复为病缘缠绕而作艰难想耶？然病是裂身世网之利刀，易烦恼苦为解脱场之良导。你今日利刀在手，良导在前，若不能将身心世间诸有情识尽底掀翻，从空放下，即是网罗上又加网罗去也。如此学道，何有益于自己哉！

且病中做工夫，也不要你精进勇猛，也不要你撑眉努目，但要你心如木石，意若死灰，将四大幻身撇向他方世界之外，由它病也得，活也得，死也得，有人看也得，无人看也得，香鲜也得，臭烂也得，消瘦也得，长生也得。设使医得健来，活到一百二十岁也得。如或便死，被宿业牵入镬汤炉炭里也得。如是境界中俱不动摇，方有少分学道气概。所以古人道："老僧自有安闲法，八苦交煎总不妨。"若不到这个田地，便见有身使我病，有痛入我心，有苦惑我神，有逆动我念，以至渴则思饮，饥则思食，叫唤呻吟，咨嗟叹息。过一日如度百年，望寸步如隔千里。孜孜逐妄，念念攀缘。总而言之，但觉有身受病，不得自在，只此便是沉滞生死之根种也。岂不忍些子病缘便乃主张不过，又何况地水火风分散之时也。寻常学道，正要用在今日。今日若不得用，百劫千生蹉过无疑矣。

如今有一服起膏肓必死之灵丹，重为拈出。昔僧问赵州："万法归一，一归何处？"州云："我在青州做领布衫，重七斤。"要识赵州么？听取一偈：

> 衲僧有病在膏肓，赵老全施不死方。
>
> 万象森罗开活眼，更于何处觅医王。

示琳上人病中

昔真歇和尚有偈谓："访旧论怀实可伤，经年独卧涅槃堂。门无过客窗无纸，炉有寒灰席有霜。病后始知身是苦，健时多为别人忙。老僧自有安闲法，八苦交煎总不妨。"古人作此偈，伤身世之浮脆，了梦幻之起灭，指情妄之所缘，示斯道之真寂，五十六言网罗殆尽，真道人之龟鉴也。学佛之士当向这里体取，则知未了此心之际，通身是病，遍界是病，尽形毕命，起心动念，更不问你成佛作祖，皆是病缘。于中或有人指出一法不是病者，悉是妄见。又岂待形拘枕席、迹涉沉痾而谓病耶？由是雪山大医王眼不耐见，四十九年，三百余会，尘说刹说，今结集为一大藏教，是治此病之药方。今日所参底一个无义味话头，是方中所秘传之神药。要起此膏肓必死之病，常以一念不退转、不变易之汤，使向一切时中送此神药。然此药之治此病，百发百中。今之服药而病不瘳者，盖与药忌并进，所以不取效也。苟不能尽其所忌，不惟不效，将见执药成病，又未易疗之也。所谓忌者，即第二念是也。何谓第二念？便是你离却个所参话头正念之外，更于善恶悟迷境上微动一毫，是谓第二念也，此则药之忌也。诚能久不犯其所忌，则念念相续，安亦守，危亦守，生亦守，死亦守，表里混融。如是持守，忽尔相应，其病顿如失去，若药若忌同时俱失，便是安闲法现前也。宜知之以自勉。

示宗裕上人

浙东山，浙西水，拄杖头边，草鞋跟底，大事未明，如丧考妣。衲僧直下莫思惟，思惟便隔三千里。会么？昔僧问赵州："万法归一，一归何处？"生死无常，银山铁壁，尽在此问处。赵州道："我在青州做领布衫，重七斤。"神出鬼没，瞎棒盲枷，尽在此答处。会得问处，则银山铁壁面面通穿，生死无常尘尘透脱。会得答处，则神出鬼没当体不痕，瞎棒盲枷全机杀活。若也不会，便见问在答处，答在问处，问答交驰，无你入处。既无入处，且只向人不得处猛加精神，立定脚头，参来参去，参到能所两忘，不觉踢倒灯笼，掀翻露柱，目前万象自森罗，现成活计全丰裕。正眼看来，大似业识茫茫，无本可据。

示成上人卓庵

古人以己事未即明了，往往结草为庵，作自了活计，初未尝有所为于世间。以日用处随缘自遣，或栽田，或种畬，或草衣，或木食，或涧饮，或烧折脚铛，或以枯木为床，或以三个柴头品字煨，或三十年、二十年目视云汉，不与世接，或三篾束腰，或竖空拳，或伸一指，或谓溪深杓柄长，乃至种种作用，其孤风凛然，耸动观听，一段孤明，照映千古，亦皆不期然而然也。

自此以降，世道日微，人心日薄，即此住庵之风转为偷安逸居之计，只图礼法不相拘束，丛林不相缚系，要眠便眠，要走便走，日滋月浸，变为自在外道，不特无补于道，将见流而不回，去而忘返，不知不觉，于偷安逸居之外，引起世间百千万种颠倒差别，复堕流俗者多矣。

盖佛祖施设，或万众广居，或形影相吊，实存乎道。道之明，则在万众不知为多，单己不知为少。以不知故，唤广居为住庵亦得，唤住庵作广居亦得。以广居为住庵，则不见有上下左右之相拘；以住庵为广居，则不见有暗室屋漏之自欺也。如是住庵，则念念共人天交接，尘尘与圣贤胥会，虽千古之上而可以挽回于目击也。如是住庵，则穷也得，不穷也得，有人扣门也得，无人扣门也得，终日作用炽然也得，终日一物不为也得，乃至遇苦遇乐，遇逆遇顺，百千境界同时现前，当机总是竖拳竖指之时也。这里也无住庵者，也无不住庵者。也不见有庵内事，也不见有庵外事。一体纯真，万虑泯绝，是非情尽，能所识消。乃知婆子放火，门上书心字，皆是增金之黄、助日之明也。如是住庵，是为正住。不尔住者，便未免身外有一个庵子为对为待，为离为合，其取舍爱憎之情顷刻百变，所谓生死事大，无常迅速，曾何异于是哉！当知住庵不以生死为重任，不觉腊月三十夜到来，只个生死便是尔白日所住之庵，返为其所住去也。宜如是观察，勿为日用所惑而移其道念也。

示宝灯上人礼祖

祖师心印，横亘十方，竖穷三际，一切处不隐藏，一切处无遮障，尘尘不昧，处处相逢。这里更若瞥起一念礼祖之心，大似弃却沧海之波而求水于陆地，舍却真灯之焰而觅火于阴崖者也。是则固是，只如临济塔在真定，雪峰塔在福州，五祖塔于淮江，六祖塔居岭海，还能未动脚头，道得个一尘不隔底句么？

灯上人游方礼祖，出纸求语，故发是问以扣之。并为说偈：

白云黄叶石棱棱，一塔中藏一祖灯。

三尺炊巾无地展，又携金锡下危层。

示希有上人行脚

有一句子在拄杖头边，有一句子在草鞋根底，有一句子在三千里外，有一句子在六根门头。向六根门头荐得，则三千里外底不用别寻。三千里外荐得，则六根门头底总在里许。惟是拄杖头一句子只在拄杖头，草鞋根底一句子只在草鞋根底，不得动著。还知么？尽无边法界是条拄杖，遍十方虚空是緉草鞋。拈得拄杖则失却草鞋，著得草鞋则失却拄杖。须知拄杖无你拈处，草鞋无你著处。你若拟心拈著，则一齐都打失了也。且不拟心，又争得拄杖、草鞋入手？但将个所参底话头挂在眉毛眼睫间，默默自看，是拄杖耶？是草鞋耶？是三千里外耶？是六根门头耶？看到无可看处，冷眼被你蓦忽看破，元来七尺拄杖、一緉草鞋总是故乡田地，信手拈来，则去地不远矣。你若不于话头上倜傥分明，管取被个拄杖、草鞋惑过一生，到头殊无毫厘所益。古今行脚高士被拄杖草鞋惑者莫知其数，你于今日岂肯复为其惑耶？重说偈曰：

> 有一句子藏不得，三千里路觅家乡。
>
> 未拈拄杖先开眼，始信途中岁月长。

遗诫门人

佛法无你会处，生死无你脱处。一报之身如风灯石火，念念如救头燃尚无你了办处，著甚死急，平地上讨许多忙乱，眨得眼来，早已四五十岁了也。你唤甚么作佛法？任你以百千聪明，一一把他三乘十二分教，乃至一千七百则陈烂葛藤，及与百氏诸子，从头解注得盛水不漏，总是门外打之绕，说时似悟，对境还迷。此事向道无你会处，偏转要会，转不相应。你莫见与么说，便拟别生知解。直饶向千人万人拶不入处别有生机，总不出个要会底妄念。惟有具大信根，向己躬下真参实悟，乃能荷负。你若作荷负想，依旧没交涉。故古教谓："假使满世间，皆如舍利弗，尽思共度量，不能测佛智。"如今有等人拾得橘皮自认为火，到处高谈阔论，主张一路，道我会佛法，要人恭敬，有甚得便宜处？幻者三四十年向此事上著到，展转于佛法二字尚不相应，所以日夜怀惭，安敢滥膺师位。寻常遇甘言厚币，不啻毒箭入心，累避之而不可，此盖多生缘业所致，乃虚妄本，非道力使之然也。

每见道流没要紧遇些子不顺意事，一点无明恣纵业识，狂心毒行，平地上挤陷人，唤作我持公论。殊不知你从无量劫来被此等公论结缚无明，未曾有一事以公论而会道念。且今日所持底公论，你还知多少人在你背后掩鼻之不暇。生死无你脱处，自家一个生死大事粘皮缀骨，念念无间，无量劫来百千伎俩一齐弄尽，只是此心不肯休歇，徒向千佛万祖累发重誓，逗到今日，撞在三衣下，唤作道流，奈何依旧识他目前不破，动便生心起念，莫非滋长生死结缚，忘却最初出家本志。似与么热乱得千生万生，徒长业轮，于理何益？好教你知众生结缚浓厚，无你奈何处。你若无力处众，但只全身放下，向半间草屋，冷淡枯寂，丐食鹑衣，且图自度，亦免犯人苗稼，作无惭人。

所以道佛法无你会处，生死无你脱处。既会不得，又脱不得，但向不得处一捱捱住，亦莫问三十年、二十年，忽向不得处蓦尔搂透，始信余言之不相诬矣。

天目中峰和尚广录卷第四之下

天目中峰和尚广录卷第五之上

参学门人北庭臣僧慈寂上进

法语

示海印居士（沈王王璋）

自己一片灵明之性，觌体与三世诸佛平等。此说自灵鹫山举行于二千年前，凡教、禅、律三宗学者，既宗古佛之说，靡有不知自心是佛者。岂特宗佛说者为然，至若街童市竖，贩夫灶妇，亦曰"自心是佛"，以其未由悟见源底，徒具此知耳。故《圆觉》有谓："末世众生希望成道，无令求悟，惟益多闻，增长我见。"此五句责其尚知解而不求正悟之过也。又云："但当精勤降伏烦恼，起大勇猛，未得令得，未断令断，贪瞋爱慢、谄曲嫉妒对境不生，彼我恩爱一切寂灭，佛说是人渐次成就，求善知识，不堕邪见。"此说是世尊勉其精进破妄证真之极谈，不许住妄知之要旨也。后之学者速于会道，惟以即心自性之说，广求博记，领纳在心，虽曰了明，其实增障。古德有云："依他作解，障自悟门。"斯言尽之矣！

若欲必求正悟，别无方便，但将个生死事大、无常迅速之要言，蕴于八识田中，念念勿令间断。正尔无间断时，忽有佛祖以成现三昧注入我心，亦须吐却。此事使佛祖果有教人之理，只消与么教去，又何待人悟入耶？

或有问云：既不可教，今一大藏教岂皆虚语耶？答曰：佛祖言教乃指众生破妄入真之蹊径耳，亦描写如来境界之图本也。苟不肯亲蹈千万里之蹊径，孤露他方，安有到家之日？或不假高登九仞之崇台，纵目观其境界，则图本亦奚以为？须信而后行，行而后到，到而后守，然后为得也。

或者谓：“《传灯》所载之诸祖，皆于一机一境、一挨一拶便尔脱略圆净，卓然超越，安许其历涉蹊径之说乎？如少林谓‘直指人心’，曹溪尚云：‘说个直指，早已曲了也。’此说之下，间不容发，又岂容其信而后行、行而后到之说乎？灵利衲僧言前荐得，已涉途程；句外知归，犹称钝汉。所谓电光石火，岂容其停思仁想耶？”往往人多向此说之下垛跟。殊不思古人于言前句外未荷负之时，其艰难辛苦、昏散障碍略不少今人之一发。苟不奋废寝忘餐之志力，又不肯操三二十年冲寒冒暑、不敢怠惰之勤劳，安有自然超越之理？徒见古人悟入之易，而不知其未悟之难。或不难于今，则安有易于后日也。何故如此？盖生死大事，是无量劫中熏染结习底一种不可拔之业根，在今日要以不退转身心，直下一翻翻转，岂戏剧耶？今即众生心欲混入佛心，使之不资勤苦志力，亦未见有自得者也。释迦文佛道已成于无量劫中，眼不耐见众生妄受轮转，故示生于王者之室，顿捐万乘之荣，沉影雪山，卧冰嚼檗，备尝勤苦，及至道成，虽聚徒说法，惟止于丐食树栖，未尝有所长蓄也。此是众生界中第一个超越世出世间之样子。愿成佛果者，宜思之。

或者谓：已知无量劫来妄受轮转，使不加勤苦，将来还有自了之理乎？答曰：轮回若有自了之理，岂劳诸佛复转法轮。以无自了故，必依信而力行，力行而后到，斯法轮之不容不转也。先师高峰和尚三十年影不出山，每以一个“万法归一，一归何处”话，教人极力参究，不问年深岁远，但以了悟为期。俾日用处单提此话，蕴于胸中，孜孜而参，密密而究。譬之如撒手悬崖，比之如竿头进步，喻之如一人与万人敌，方之如两木相钻而觅火。此是古人用力极处，谛实商量，岂事虚语？乃有“不是一番寒彻骨，争得梅花扑鼻香”之句。又云：“虽然旧阁闲田地，一度赢来方始休。”此说岂欺人哉！古云：“参禅无秘诀，只要生死切。”何以如此？三世佛、历代祖，种种建立、种种发挥，必欲破除众生生死情妄而后已。或不为此大事，安用建立种种法耶？今之学者或不痛念己躬大事，朝参暮究，何所图耶？

原夫生死情妄，不从天降，不从地涌，不从空变，不因人与，盖由无始时来迷失自心，于清明目妄见空花，轮转迁流，至今不息。始因自迷，受此沦溺，或不自悟，百千佛法其奈我何？凡日用提话头、做工夫处，觉得昏沉扰扰、散乱纷纷、把捉不定处，初无一点外障，只是一个为生死之心不真不切而致然也。但觉把捉不定时，只消猛以生死无常随处鞭逼，久之纯熟，自然合辙。或未合辙时，只向所参话上一捱捱住，但拚取生与同生，死与同死。第一不许别求方便，第二不可归咎于缘境，第三不得瞥起一念惑情，虽未到家，亦不问何时可到。古宿谓："但有路可上，更高人也行。"如是用心，鲜有不获相应者。

参禅悟与未悟，盖由根性利钝之等差。如根性果钝，但以不退转深心待之，不患其不悟也。虽具此坚密之志，而不能遣除业习，则坚密之志亦未可凭。何谓业习？或遇顺则恣情而喜，遇逆则信情而怒，遇爱则徇情而著，遇憎则极情而离，遇是则尽情而称，遇非则任情而毁，乃至善恶取舍，种种分别，通名业习。如是业习不系根性，皆情妄所迁，本色道流悉当屏尽。业习净处，道力益坚，积久不休，不悟何待！盖情妄业习之弊，历劫迄今，愈增迷倒，远背悟明，若不屏之，徒学奚益。

参禅或尽生不悟，但信心不退，来世决定具总持门。或于未悟之前，误将相似语言记忆在心，虽一字亦多生障道眼之金尘也。古人云："参须实参，悟须实悟。"谓实参者，决欲要超越生死无常，不求一点佛法知解。谓实悟者，乃当念顿空生死无常，不存一点佛法知解。凡圣情尽，迷悟见消，生佛两忘，能所俱泯。进一步则高蹈佛祖所不到之境，退一步则远离凡圣所未染之尘。老毗耶即之为不二门，释迦尊据之为菩提座，诸祖秉之为金刚剑，万灵体之如优昙花，起大病之药王，济饥渴之甘露，给万方贫乏之宝藏，裂三界羁锁之利刀，如上种种异称，皆海印三昧之变相也。

示脱欢达剌罕丞相

诸佛法要，惟在自心，于一切人本来具足，不从外得也。然自心之法，何法也？乃灵知之至体也。昔裴相国作《圆觉略疏序》，首先一句谓："血气之属必有知，凡有知者必同体。"其异类虽昧略于蠢蠕中，身相微劣，惟同体之灵知初未尝减少也。世尊初成道时，乃云："奇哉！众生具有如来智慧德相，但以妄想执著而不证得。"谓智慧德相，即自心之灵知也。夫灵知之体，犹古镜中所含之光也。妄想执著，犹翳光之尘垢也。镜虽为尘垢所蔽，而镜中所含之光初未尝一毫亏损也。一旦垢净尘消，则本来所有之真光廓然清净，洞照万象，岂从外得也。诸佛以是光转法轮、度含识，菩萨以是光修六度、集众善，圣天子以是光统万邦、福海宇，贤宰相以是光沛仁泽、宣大政。至若天依光而普覆，地依光而普载，与夫草木山川、有无情等，咸依是光升沉变化。嗟乎！世人动为物欲所蔽而昧斯光者久矣。故佛祖重其同灵，垂百千方便，启之导之，必使其开悟而后已。惟大丞相阁下光明盛大，德业渊深，不动神情，抚安黎庶，此积世不肯昧灵鉴真光之验也。或若动静中尚存观听，未泯功勋，情妄爱憎时或出现，别无方便可遣，惟宜密以一则无义味语置之钩抱，默默自看，谓父母未生时那个是我本来面目？其参究之念既真，了悟之心必至。既悟矣，则前所云灵鉴真光，亦无所容于闻见也。阿敦理问入山传奉钩旨，需以语要，辄陈管见如此。

示容斋居士（别不花丞相）

心非妙悟而莫知，悟非情尽而不了，情非工夫而莫忘，工夫非正信而不立。盖学道以正信为根本也。谓信者何？最初要信自心是佛，惟佛即心，旷大劫来本来成就，今更别不假再成也。灵山之密付付此也，少室之单传传此也，古今之举扬举扬此也。前辈大达之士，往往皆是于一音未吐、一念未萌已前，两肩荷负，一往直前，如素贫人顿居宝所而不惊不畏者，盖信根纯熟故也。其次要信道我若不毕其形命取证斯道，昧此心佛，于无明界中妄受轮转，缠缚苦轮，沉坠三有，尽未来际卒未有自了之日。是故从上佛祖眼不耐见，强出头来，设百千方便以起其信心，俾其各各自证自悟而后已。昔有芙蓉训禅师问归宗和尚："学人不识佛，乞师指示。"宗云："说与你，恐你不信。"训云："和尚重言，焉敢不信？"宗云："即汝便是。"训云："如何保任？"宗云："一翳在目，空花乱坠。"训于言下大悟。这个便是信自心是佛底样子。当知这个信字岂苟然哉！乃积劫于般若法中熏炼纯熟，一历耳根，永不退转，是谓决定信也。学道人不问悟不悟，但只要信心决定，心既决定，更无有不相应者。但是有祖以来契证此道者，更无有一人无此决定信心。所以古德谓："参须实参，悟须实悟。"或不实参实悟，总是虚妄生死根本。所云实者，即决定也。既有决定参学之志，则有决定悟明之时。所悟既决定，则成佛决定无疑矣。

今之学道者，往往无此决定。本志必欲要洞明生死，惟以聪利之资，向能所上做窠臼，未参禅要会禅，未学道要明道，未见开口动舌，便先要知他落处，引起一种虚妄情识，孜孜向语言道理上著到，将一切经书文字、古今因缘穿凿殆尽。间或被人点著重处，不肯知非，但以语言支持得过便了。殊不知只这个要支持底念头，正是生死情识。既要参禅学道，于生死情识上不能斩断，何所图哉！昔香严和尚问一答十、问十答百，自恃聪慧，一日沩山问云："子试除却从前记持底学解，父母未生已前试道一句看。"香严不能加对，乃曰："望和尚慈悲，与我说破。"沩山云："我不辞与你说，你将后骂我去在。"严乃发愤，屏去经书义理，入南阳卓庵，百无所思，以度朝夕。一日扫地次，忽掷瓦砾击竹有声，当时开悟，遂遥礼沩山，云："和尚当时若与我说破，又争得有今日事？"此个公案古今共知，但未曾见有一人奋起决定信心，屏去经书义理，向无用心处操守一回，又安得有香严击竹底时节？且古人皆是负大根器、秉大志愿，尚且三十年、二十年孜孜不舍寸阴，克究此道，以期妙悟。而况今日根器浮浊，志愿卑微，只个世间粗重五欲无时不与之作对，尽形打屏不去，反开口便要向佛祖头上坐卧，欺罔自心，轻毁先圣，岂道人之心也哉！故古德教人处，最简径直捷，谓不学佛法，惟务休心。但休得一分心，即是学得一分佛法。

达摩大师亦云："外息诸缘，内心无喘，心如墙壁，乃可入道。"然达摩秉单传直指之要，贵在领于机先，得于言外，岂可又教人息缘止念如墙壁耶？盖亦眼不耐见此一等无决定志之士日夜驰求不息，以曲顺机宜，故设此方便耳。又有古德教人十二时中但如一个大死人相似去，只与么过十年，若不悟去，老僧大妄语成。如上所说，只为学者最初不具决定信心，欲洞明生死大事，无端反于圣教中引起驰求，攀缘不断，岂有志之士甘施于此耶？但只信道有个自己佛性义，积劫未明，情识缠缚，堕落生死，都不要别求道理，惟念念扣己而参。于参之之顷，如救头燃，如遇怨敌，寝食俱废，寒暑两忘，驰求不断而自断，诸缘不息而自息，久之不懈不废，不失不忘，机缘偶触，则心花灿发矣。此心既悟，则十方世界是个大解脱门，无一法为障为碍，自然头头上明，物物上显，进退合辙，左右逢原，不假安排，一一成现，是谓心地法门者也。

　　如今未悟得之人，遍阅古人现成言句，也知道十方世界是个大解脱门，只知得相似，说得恰好，偶于一毛头顺逆之境现于其前，即举心动念，与之较量，安有解脱之少分？其得失有如此者，由是推之，反不如个寻常不学道依本分人，胸中且无许多知见解会。且眼前逆顺尚尔融化不得，而况四山交逼，死生岸头，念虑纷飞，识情驰散之顷，惟苍黄恐怖之不暇，安有解脱自在之理乎？如是之流，盖最初发心学道时不曾具决定志要了生死，只欲会禅会道，于是逗到眼光欲落未落之际，无个决定身心以为主宰，反被能会所会底心识总为障碍，其用心差误一至如此。且参禅学道，但尽此一生，向真实决定正念中，要了生死无常大事。其或于生死未了，不会禅，不明道，正是不坏天真底好人。但正念不忘，再出头来，以夙熏般若力故，管取一闻千悟。试看他从上古人于一言一句下筑著、磕著，迥然超越，皆是参学究竟于未悟之前身，不忘夙因，所以心眼洞开如是之易也。苟或不参学于前身，复不体究于今日，欲望此生后世自然超越死生者，是犹弃食而求饱。所以古人道："无天生释迦、自然弥勒。"斯言尽之矣。

　　昔张无尽丞相初以聪明之资，会尽古今公案。因作漕运，过江西，访兜率悦。悦诘之曰："运使于佛祖言教有少疑否？"张曰："惟香严独脚颂、德山托钵话，微有所疑。"悦曰："既于此有疑，其余安得无疑耶？"张一夜睡不稳，至五更踏翻泉钵，忽有所省，诣丈室扣门求证。此是仕宦中参禅底样子。使张无尽自恃聪明，不肯求决于兜率，安有扣门求证之理哉！又如裴公美侍郎出入于黄檗、圭峰二师之门，凡历任所时，黄檗每与之俱，于是深参密究，精思苦研，深信法源，饱餐禅味，于名相之学既精，教外之旨尤熟。此亦是现宰官身，作不请友，一代伟人也。岂特此二公为然，但自有祖以来，其不离功名富贵而超出涅槃生死者，代不乏人。当知此道在蠢动含灵各各具足，安有官居极品、素为佛法之外护，与佛祖圣贤而有少间者哉！

此心清净，犹若太虚，无一点相貌，逼塞虚空不为大，涉入微尘不为小，在圣不可增其多，在凡不可减其少。这个说话，凡是看文字、识义理、通教相底个个说得。若不曾真正于离文绝见处妙悟一回，亲见源底，纵使更说得玄中又玄，妙中又妙，正当说时亦不相应，何况不说时也。若是悟彻底人，说时即是不说时，不说时即是说时，更无有说不说之间。昔太原孚上座讲《涅槃经》次，因广谈法身妙理。有禅者失笑，孚讲罢云："某甲素志狭劣，依文解义，适蒙见笑，且望垂教。"禅者曰："笑座主不识法身。"孚曰："如此解说，何处不是？"禅者曰："请座主更说一遍。"孚曰："法身之理犹若太虚，竖穷三际，横亘十方，弥纶八极，包括二仪，随缘赴感，靡不周遍。"禅者曰："不道座主说得不是，只是说得法身量边事，实未识法身在。"孚曰："既然如是，禅德当为我说。"禅者曰："座主还信否？"孚曰："焉敢不信。"曰："若如是，座主暂辍讲旬日，于室内端然静虑，收心摄念，善恶诸缘一时放下。"孚一依所教，从初夜至五更，闻角声，忽然契悟。又德山和尚素讲《金刚般若》，于般若义海靡所不通。闻南方教外别传之旨，疑其妄谬，遂担经疏特往辟之。因买点心吃处，被婆子轻轻一拶，早是疑著了也。及至一见龙潭，于吹灭纸烛处豁然开悟，始知从前会得个佛法义理，若一毛置于太虚、一滴投于巨壑。看这二尊宿，于未悟时说底也只是这个道理，及至情妄俱消、廓然神悟之后说底也只是这个道理。既只是这个道理，却要悟作么？盖未悟之人说道理如月夜看物，已悟之人说道理如白日看物。月夜所看底也只是这个物，但依稀彷佛，余惑未尽。白日看底也只是这个物，惟是见彻根源，惑情顿洗。又未悟底人如不曾到杭州，终日说杭州话，彼虽说得相似，其如未到何？既悟底人如已到杭州，其四方八面之境界洞然在心目之间，虽终日不说，胸中未尝迷杭州。故佛印元禅师云："未悟之人不可与言已悟之境。譬如生盲之人与之言天日之清明，彼虽听而不可辨也。已悟之人不蹈未悟之境，如睡觉之人欲追从所梦之境，不可得而复入也。"

又教中谓："末世众生希望成道，无令求悟，惟益多闻，增长我见。"至若有证有悟，其证悟之理尚存乎心，教中斥之为我人。然既证既悟，苟不能忘其证悟之理，是谓法尘，是谓见刺。已悟者尚尔，而况未悟者乎？故禅宗有云：学者须是以悟为则。悟了须是见人，若不见人，纵有弘为，皆非究竟。昔有则监寺，在法眼和尚会下自号罢参。法眼问曰："子于何处得个入头？"则曰："我尝问一尊宿：'如何是学人自己？'宿云：'丙丁童子来求火。'我于言下有个入处。"眼曰："你作么生会？"则曰："丙丁是火，又来觅火，只是以自己觅自已也。"眼诃之曰："你恁么会，争得？"则乃重整威仪，别求开示。眼曰："你试问将来。"则乃问："如何是学人自己？"眼："丙丁童子来求火。"则于言下大悟。又有真点胸，破夏再见慈明和尚。明问："如何是佛法大意？"真云："无云生岭上，有月落波心。"明乃震怒，诃之。真愧憾无已，明曰："汝何不问我？"真理前问，明曰："无云生岭上，有月落波心。"真于是大悟玄旨。试看他二尊宿见处，前时问答也一般，后时问答也一般，且道悟个甚么？这里见得，便见师家与夺自在，学者之明昧两途，以毒攻毒，以的破的，无毫发差互。真正学道之士，直须与么，方为究竟处。

脱或不能如是向这里一拨便转，也不要急性，但只依本分，提起个所参底话头，脚踏实地，下钝工夫，拌取三十年、二十年，以至一生、两生，信心不退不易，稳稳贴贴地，只与么参取。正当参时，却不要起一念善恶凡圣情念，作取舍分别底道理。常令胸中荡然如太虚，兀然如大死人相似，于世间出世间法中总不要动一念与之计较。如是保任，如是操守，如是加工，管取自然廓彻，悟明有日矣。其或舍此方便用心，任有百千种造作，皆成有漏生灭之因，非究竟也。

兹因丞相需我以做工夫语，不觉吐此一段葛藤。若谓宗门中果有如许多说话，则谤般若咎，其谁与当？幸审之！审之！

示同庵居士（般刺脱因院使）

一切佛法是自心具足，心外别无佛法可求，纵使求得，亦非谛当，皆是妄想情识，非究竟法也。当知自心无圣凡，离圣凡之量，则与自心相应。自心无憎爱，离憎爱之分，则与自心相应。自心无取舍，离取舍之情，则与自心相应。自心乃至无一切善恶、动静、造作等，能一切俱离，则与自心相应。然而说个离圣凡、憎爱等，最是不许将一种心去特地离它。只个离处，宛然生灭。或不用心，又如何说个离底道理？所以古人云："神光独耀，万古徽猷。"入此门来，莫存知解。但知道自心无圣凡之间也是知解，又知道离圣凡之量也落知解。当知此个离之之理亦不属用心，但是悟明时，不待离而自然不著不执矣。只个不执不著之念，是名曰离。如今此心未曾悟明，只消将个四大分散时向何处安身立命话置之日用中，默默自看，都不要作一切想，亦不要作修行想。才作此想，便被个修行名字笼络在圣见中。于都不作想处，依旧默默参取所参话头。久之纯熟，忽然开悟，如久忘忽记，那时情妄空，知解泯，一个自心全体独露，随处自在，百千念虑同时休息，百千缘境当念俱离。安乐法门，无越此也。

示主一居士（敬参政俨字威卿）

圆常之道非佛一人独有之，众生各各具足而不自悟也。然悟有两途：有正悟者焉，有相似悟者焉。谓正悟者，如久暗遇明，大梦俄觉，一了一切了，更无纤毫憎爱取舍之习滞于胸中，如老庞所谓心空及第者是也。谓相似悟者，多以相似极理之言记忆于怀，于四大身中影影响响妄认个不生不灭之神性，用聪利之资领纳在心，似与道会，实未曾也，岂真诚求决死生大事者当如是耶？唐宋名贤大有样子，虽混身于功名富贵、子女玉帛之间，然其为道之正念与彼世间富贵等相了不相触，久久纯熟，一念洞明，转万物归自己，如壮士屈臂，不假他力也。古今圣贤入道之径虽万不同，未有不由此而致者。

参政相公主一居士簪缨累世，为时名公，于性命之学体究尤力，乃欲追跂前贤，了明自己。须知此事，一切语言、一切义理、一切奇特、一切玄妙总该不著，必欲要与正悟相亲。既未能脱略于迷悟之先，但将个四大分散时向何处安身立命话置之案牍、几席之上，默默参究。正当参时，于静于闹、于顺于逆不生忻厌，如失至宝欲见相似，不问年深岁远，一旦工夫熟，知见消，如久忘忽记。于斯时也，正不待主一而至敬之道充塞宇宙，左右逢源，又何生死轮回之复论哉！

兹奉钧命，需以简易入道之语，故直笔以答云尔。

天目中峰和尚广录卷第五之上

天目中峰和尚广录卷第五之下

参学门人北庭臣僧慈寂上进

法语

示郑廉访（云翼字鹏南）

太末虫处处能泊，独不能泊于火焰之上。众生心处处能缘，独不能缘于般若之上。且众生心是何物、般若体复是何物，而说个能缘不能缘底道理？试听从头批注。金勒马嘶芳草地，玉楼人醉杏花天，是众生心也。玉楼人醉杏花天，金勒马嘶芳草地，是般若体也。芳草地嘶金勒马，杏花天醉玉楼人，是能缘不能缘也。直下会得，便见离众生心外无般若体，波尽水还源；离般若体外无众生心，水生波自起。圣凡情尽，能所见消，尽十方世界是大圆觉场，一切众生本来成佛。这里要觅一毫为众生心亦不可得，要觅一毫为般若体亦不可得，更要觅一毫为能缘不能缘底道理尤不可得也。是谓一味平等真如法门，三世诸佛因之而转法轮，历代祖师承之而开正眼，天倚之而盖，地由之而载，圣人任之而治万方、清四海，君子即之而霈仁泽、发政令。良由百姓日用而不知，所以背之而日远矣。以其远故，依般若体起世间相，从世间相发众生心，随众生心造差别业，展转流浪，积成轮回，莫能已也。所谓般若体者，惟一灵知，散为六用，如一室具含虚空，而六门洞开，不相留滞者是也。所谓众生心者，循色、声、香、味、触、法六种尘习之所熏染，随处取舍，引起爱憎，念念攀缘而不休息者是也。

般若体犹水也，众生心犹波也。为境界风摇动心海，搅水为波，其波离乎水则无有定体也。惟大智廓明者，即千波观止水，动静无亏。苟不至此，徒依相似语言，而深背灵知之智体尔。

心与识，一体而异名。悟则会识归心，迷则转心为识。何谓心？灵知不昧之谓也。何谓识？依灵知而妄起分别之谓也。今之学者极其玄辩，多认识神而不自知。灵知之心体虽曰灵知，而实无有所知者。所以古人谓镜不自照，火不自烧。若自照则不能照物，自烧则不能烧物。心之体亦然，虽曰灵知，若自存其所知，则不知一切也。苟存其所知，所知者即识神耳，非心体也。识乃生死变易之具，既认之，则安有了生死之期耶？

心之至体，无可见、无可闻、无可知、无可觉，乃至无可取舍，但有可为皆虚妄颠倒。既不可以见闻知觉，则学人何以超入而证之？但远离一切见闻知觉，乃至能离所离一齐空寂，则灵知心体宛然显露于见闻知觉之间。故古人默契而神会，自然诸缘无碍矣。然欲离见闻知觉等病，只个欲离之念早是增加其病耳。于是古人别资一种善巧方便，将个无义味话头抛向学人面前，令其究竟但知体究话头，则与见闻知觉等不期离而自离矣。《传灯录》诸祖皆不因看话头、起疑情而各于言下顿悟无生者，盖其为生死大事之心真切，脚未跨门，则早有一种无常生死大事之念梗塞于心中，卒莫之自决，虽三千里、五千里拨草瞻风，孜孜只欲洞明自己而已。或十年、二十年不能自决，则所疑之生死愈久愈坚，决不肯斯须忘念，有如是智力，又何患其不发明哉！

嗟乎！人心浮浅，口说参禅，但欲明悟机缘以资谈柄耳，初无一念要决了生死大事之心。所以言语转多，窠臼转深，葛藤转盛，而生死转炽矣！惜哉！

要学佛祖，须先立个决定要了死生大事之正志。此志顿在眉睫间，虽万缘扰扰，万虑纷纷，不得别起一毫头异念，自生分别，以障其志。苟为生死之正念不真不切，决定日用中做工夫不得。设若强做去，亦暂时尔，终不悠久。纵使聪明利根，于古人文字上有所悟解，只益见闻，实于生死大事上了无交涉，盖根本之志不真实耳。

学道有三要：第一要为生死大事之心切，第二要识破世间虚妄浮幻荣辱得失等相，第三要办一片长远决定心，永不退转。此三要，苟缺其一则废；缺其二则失；三者俱缺，纵使背通三藏教，深读五车书，惟资业识，谩长高心，殊无所补于己躬也。

昔僧问赵州："狗子还有佛性也无？"州云："无。"只者一个"无"字，如倚天长剑、涂毒鼓声，触之则尸横，撄之则魂丧，虽佛祖亦不敢正眼觑著。今古之下疑此者既多，悟此者亦不少，而错会此意者尤不为不多矣。若要洞明佛祖大意，廓彻自己真心，不妨将此个"无"字置之文字案牍间，悬之语默动静里，密密自看，是甚么道理？且赵州因甚么道个"无"字？行而参，坐而究，朝而思，暮而疑，不得暂时忘念。正当参究之顷，不要作世间法会，亦不要作出世间法会。如目前无事，此个所参之念顺密，亦不可因其顺密而生喜。如缘务交错，此个所参之念间断散乱，亦不可因其间断散乱而生惧。惟是做得也与么做，做不得也与么做，都不得别起一毫助长攀缘方便作为之心。才有此心，即间断矣。久久绵密，自然打成一片。直得内心外境当下虚廓，彼圣此凡同时超越，方知道在己求，不从他觅也。

生死无常，流转多劫，备受辛苦，莫之能脱者，盖一毫不从外来，皆是自心迷惑之所生起。然此心一迷，则自肯涉入，非物使之肯也，亦非天地鬼神使之肯也。此个肯心若是外来，则不名肯矣。以其不自外来，所以云自肯也。既是自肯堕生死，今日要脱离生死趋入涅槃，苟非深发自肯之心，拟待圣贤劝发、语言诱引，则当其起诸爱染流入生死之时，却不因劝发诱引而入也。如是思之，只将个自肯结生死缘业之心转之趣道，则未有一人不成者也。故古人谓："道念若同情念，成佛多时。"又云："但办肯心，决不相赚。"斯言岂欺人哉！

昔冯给事有偈云："公事之余喜坐禅，未尝将胁到床眠。虽然现出宰官相，长老之名四海传。"又李驸马有偈云："学道须是铁汉，著手心头便判。直趣无上菩提，一切是非莫管。"又庞居士云："日用事无别，惟吾自偶谐。头头非取舍，处处没张乖。朱紫谁为号，丘山绝点埃。神通并妙用，运水及搬柴。"又张拙秀才云："光明寂照遍河沙，凡圣含灵共我家。一念不生全体现，六根才动被云遮。断除烦恼重增病，趣向真如亦是邪。随顺世间无挂碍，涅槃生死等空花。"又赵清献公有偈云："默坐公堂虚隐几，心源不动湛如水。一声霹雳顶门开，唤起从前自家底。"如上士大夫皆是不离功名富贵，游戏大圆觉场。岂古人独能，而今人独不能耶？惟在信之深，行之力，则古今可以一致。更或踌躇，此乃自画之耳。

佛法是大解脱门，只要当人自把生死做一件大事，发深信心，向所参话头上猛加精进，蓦直做去。最不许人思前算后，较量得失；非同二乘小果之人厌身避境，绝念忘缘，遣爱逐憎，驱情离妄，作种种修习；亦不要嫌喧取静，辨是别非，取圣舍凡，消昏敌散。但是胸中离却个参"无"字底正念，向此等异端上瞥起一毫所重之心，则剑去久矣，安有悟明之日哉！参禅只要求悟明所参底话头，断不可离此求悟明之外别起第二念，则不相似矣。慎之！慎之！

如今学道人，先存一个圣凡情量蕴于藏识中，随念分别，未曾涉事则厌烦之心顿兴，未曾触事则思虑之念交作。苟不能直下坐断，只益自劳，于理无益。但守得个话头绵密，于绵密处更加绵密去。正当绵密时，亦不要作绵密想，才作此想，堕在绵密中，亦不相应。久久纯熟，其憎爱取舍、是非分别之妄情，亦不待别起第二念扫荡，而自然净尽无余矣。

儒之道，治心者也，修心者也。佛之道，明心者也，悟心者也。治与修，渐之之谓也。明与悟，顿之之谓也。心一也，顿渐之途不可以一者，盖世间、出世间之异也。使吾佛言入世间之道，亦不能忘正心诚意之说也。使孔子言出世之道，则逆知其不能外吾心空圆觉之旨也。苟不达圣人垂教立化之大权，则徒事讻讻之多言，惟增其是非耳。

治世间书，道、德、仁、义、礼、乐、刑、政，八者皆不能外吾一心之妙用也。心通之谓道，心正之谓德，心慈之谓仁，心平之谓义，心中之谓礼，心和之谓乐，心直之谓刑，心明之谓政。以至百千善行，凡有利天下而泽斯民者，未有不因吾一心妙用之所著也。凡夫反是而失其妙用，则颠倒错乱由之而生焉，故圣人不得不设教以裁之也。复为说偈，以演其义云。

从来至道与心亲，学到无心道即真，

心道有无俱泯绝，大千沙界一闲身。

万物性情皆有德，惟人之德与心通，

自从识得这些子，语默昭昭合至公。

圣贤垂教几千般，化育钧陶宇宙宽，

我欲仁兮仁即至，不须心外觅毫端。

心到平时物我齐，等闲行处自相宜，

但教法性无差别，不碍兴慈与任威。

威仪进止非为礼，心到中时礼自臻，

相见不须陈玉帛，一声弹指见天真。

万籁夜吹无孔笛，两溪朝奏没弦琴，

要知此乐从何得，只属当人一片心。

念恶先将心受诛，三千条贯治形躯，

道人善恶俱忘念，刑法分明是有无。

心似权衡定重轻，到头斤两自分明，

从来善政还相似，千古令人作准绳。

示彝庵居士（蒋教授均字公秉）

大愿圣人降生西竺，现百万亿种神异，作百万亿种方便，鞫其所由，特不过曲为众生发明个本地风光而已，舍此更不为第二事。乃云："我今为汝保任此事，终不虚也。"又云："我此法印为欲利益世间故说，在所游方，勿妄宣传。"皆的的指点众生本来具足底一段圆湛虚寂、不动摇、无变易之娘生面目，盖已尝于逝多林八字打开。以二乘人不能披襟领荷，累及这个老汉说戒、定、慧三学，示空、假、中三观，现法、报、化三身，论法身、般若、解脱三德，布个漫天网子，八面四方必欲使之趋入。逗到末上，拈一枝花，谓："吾有教外别传，实相非相，正法眼藏，涅槃妙心。"得老饮光出来破颜微笑，方称本怀。不尔，则四十九年几成漏逗。原夫世尊积多生苦行，万劫勤劳，舍身命，忘势位，其奇功异行人所不可行者，悉皆熏炼，千艰万难，摸索得这一著子，及乎兴慈运悲，推己及物，又费许多神力，盖知此事甚非小缘。然如是广大真实事业，只在当人脚跟下，且是不曾移易毫发许。以其迷昧，逐妄流转，由是鞭之不回，勒之不住。英俊上士肯于不回不住处蓦转一机，当念休歇，始知此道恩大难酬。你拟别求，剑去久矣。

少林只教人心如墙壁，乃可入道，更无别说。原夫众生本来之心端如墙壁，正不假仿而效之。良由于墙壁之心自生穿凿，入俗入真，缘动缘寂，于墙壁心上枉起万种爱憎、千般取舍，狂花塞眼，爱见横心，向无影像中妄执影像，于绝是非处刚立是非，致使一点妄情处处染著。殊不知墙壁之心了无所染。及遇神光，于觅心了不可得处，一肩负荷，究竟了无别法。今日要与少林、神光父子同参，且是不要广求义路，泛觅玄猷。单单教此心直下如墙壁去，久之不易。但遇声遇色，遇凡遇圣，当知声也是墙壁，色也是墙壁，凡亦是墙壁，圣亦是墙壁，乃至山河大地、明暗色空、见闻知觉、俯仰折旋，莫不皆是墙壁。一一无穿凿，一一无渗漏，一一无过患，一一无取舍。正与么时，少林、神光在伊眉毛眼睫上入一相一行三昧，又何今昔之间哉！或有个阐提汉道："使我心如墙壁，即与土木何殊？几与无情不相去矣！"苟作是念，要见少林、神光，千里万里没交涉。

《楞严》谓："狂心未歇，歇即菩提。"《华严》谓："了知卢舍那，自性无所有。"这是如来禅，虽少林直指未必如是之深切著明者也。而学佛法之人往往么读了便休，今古之间要求一人于此说之下痛快领略，蓦转狂心，返照自性，便尔歇去，不真何待？不知何物为障为碍，而难乎其人。昔僧问玄沙："学人乍入丛林，乞师指个入路。"沙曰："还闻偃溪水声么？"曰："闻。"沙曰："从这里入。"此僧领悟。此岂非能痛快领略而何？当知狂心苟不能自歇，虽佛如来具百千万亿种莫测之神变，乃至旋乾转坤，碎山竭海，不劳余力，独不能与众生歇狂心于俄顷。此事苟非当人自肯休、自肯歇、自肯超越、自肯照了，则自性卢舍那万劫不得归家稳坐。且今日历尽诸趣，备受楚毒，尚不肯痛自歇心，一念狂情驰逐诸妄，与生死根种念念交接，复不知更待何时有自休、自歇、自超、自越、自证之理也？于戏，惜哉！

将心来与汝安，将罪来与汝忏，依稀相似，彷佛不同。庞公曰："难，难，十石油麻树上摊。"庞婆曰："易，易，百草头上祖师意。"灵照谓："也不难，也不易，饥来吃饭困来睡。"庞公说难，路遥知马力；庞婆说易，岁久见人心；灵照说不难不易，移花兼蝶至，买石得云饶。六祖谓："非风动，非幡动，仁者心动。"瞒人犹自可，自瞒愁杀人。德山入门便棒，临济入门便喝，他得底人其神机智用如水赴壑，如风行空，语言作略圆转活脱，虽局局迥异、段段不同，要且曲为当人发挥己事。自有佛祖已来二千余载，能于此事上肯放身舍命者，类牛角之于牛毛、一月之于众星，何其少耶？今日更不肯奋不顾性命之正因，向万仞崖头撒空双手，于万人海里特立独行，其死生缠缚日重月深。故沩山谓："今生便须决断，料想不由别人。"李驸马谓："直趣无上菩提，一切是非莫管。"斯言岂欺人哉！

古人于参学此道用心处，谓做工夫。斯说最切当，而学人例于此说如无闻见相似。闻说着个禅字，或有便要易会，日夜向语言文字中寻讨；或者以为难晓，乃掉头不顾，论劫放在无事甲中，曾不加意。是二者皆不知有做工夫之理，而堕于过与不及之间，恍惚一生，甘受轮转。深原做工夫之理，特不出个信字。盖信知生死事大，无常迅速，十二时中有方便无方便自然放意不过，孜孜尔，兀兀尔。只这个放不过处，孜孜兀兀便是做工夫，初无所谓睁眉竖目、起模作样及避喧求寂等。惟信知此事不从人得，虽释迦、达摩现身于前，将禅道佛法倾注入心，本色上流直须吐却，惟守个放意不过处孜孜兀兀以求正悟，断不肯于未悟时妄缘道理以为己解。其做工夫之志若此，则何患如来禅、祖师禅不入吾掌握者哉！

禅何物也？乃吾心之名也。心何物也？即吾禅之体也。达摩西来，只说直指人心，初无所谓禅。盖于直指之下有所悟入，于既悟之间，主宾问答，得牛还马，遂目之为禅。然禅非学问而能也，非偶尔而会也，乃于自心悟处，凡语默动静，不期禅而禅矣。其不期禅而禅，正当禅时，则知自心不待显而显矣。是知禅不离心，心不离禅，惟禅与心，异名同体。故雪峰球、禾山鼓、秘魔叉、道吾笏、临济喝、德山棒、天皇饼、赵州茶，八字打开，两手分付，本色道流，如镜照镜，似空合空。既无言论之迹，亦无作用之影。昭昭然如十日并照，了无言前句后之差。以至风声雨滴，谷响山鸣，皆宾扣主应之时也。且心既不可得，而禅岂可得哉！学者当知此，则于未悟心之际禅不可强而得之，苟得之，非所谓禅，诚业识也。

三祖谓："要急相应，惟言不二。"这两句话是醍醐，是毒药，圆悟和尚谓"早是二了也"，往往事因叮嘱生。须知此事无你启口处，无你留意处，无你用心处，无你回避处。若也是去，凡咳唾掉臂、戏笑讥诃皆第一义。若也不是，虽终日安禅，长年入定，以至尽形参究，无剪爪之工，皆颠倒妄想，轮回根本。此事不属人排遣，不属人赞毁，不属人指教，所以云通身是病，通身是药。你若正信此事，单单向话头上克究死生，即通身之病皆为药矣。苟存一念佛法禅道之见萌于其间，则通身之药皆是病矣。至理如是，奚强使之然哉！

古人淳诚，无一点勉强，其于领荷之际，如获旧物，如久忘忽记，了不加一毫外物，浑仑是一聚自家宝藏，信手拈来，用之不竭。今人脚跟浮浅，于所学时便自立脚不稳，其偷心念念起灭，必强作主宰，仅可趣向，不尔则不觉不知，为情妄境缘转移将去，攘夺将去，百种计较、万般施设终不自由。盖从脚跟下先涉了一种勉强，彻底打在骨董袋中，及至领荷之际，未免叉手向古人背后听其处分，要如香象渡河、如狮子游行、如大鹏展翅，终不能得。既不得到此地位，则于生死之际未免踌躇。故前辈古人惟贵当人自信自肯，自能放手放脚向百尺竿头、万仞崖顶放身舍命，然后一切处平常，一切处脱略，一切处安稳，一切处庆快，岂属强为，法如是故。释迦佛只是个心中无事底凡夫，以其熏炼成熟，而百种神异自然出现。于出现之顷，而佛心中亦只闲闲地，终不言我有神异而矜夸鼓惑于人，若尔，即外道等也，岂佛之谓哉！是谓大人境界。又谓龙象负荷非驴马所堪。苟具此志，则今人即古人。苟不具此志，则古人即今人。盖时缘不以古今为间，根性不以生佛为殊。志乎在学者，不可斯须忽忘之也。

老庞谓于頔侍郎曰："但愿空诸所有，慎勿实诸所无。"此二语是入毗耶不二法门之要径，是转诸祖向上关捩之玄机。既不可以事说，尤不可以理论，更不容以义解也。惟亲到大休歇、大解脱田地者，如两镜相照，直下无毫发隐覆，真所谓超言象、越格量、透情尘、没窠臼底最末后句。盖尽得诸祖不传之秘，乃发机如是之准的也。原此老能弃家珍，重己事，横身向万仞险崖再三挨拶，一念子磨励得澄湛莹彻，洞无痕翳，于出生入死之际屹立如泰山之不可撼也。此一著子，彼既丈夫，我宁不尔？一种是自不把做一件事，率易放过。殊不思放过目前，便是尽未来际放过底种子。其最清净、至明白、极广大之道业，在今日等闲放过，甘受无尽生死之所流转者，是智耶？是愚耶？余不可得而分别者矣。

死生二字，不从天降，不从地涌，不因人与，不向己出，虽千生万劫不可逃避，且无根蒂可寻。良由白日青天，遇声遇色，对违对顺，不能直下照破，其死生之本由是而生焉。无量劫来交辊纯熟，不知为险峻，不知为危难，不知为坠堕，不知为流浪，日与诸苦因缘交头接尾，未尝少离。自固不知已可悯矣，而遇达者眼不耐见，咄咄不绝口，自二千年外叮咛告诫，迨于今日，展转顽钝，不加听信，非迷惑而何？大丈夫或不肯自负，只消向一念未生已前拍盲坐断，猛将胸中善善恶恶诸思惟心念如斩一握丝，一斩一齐断，常令其空洞虚寂，不动不摇。然后密密将个所参话头顿在面前，默默自看。正当看时，都不要别作方便。如撞著银山铁壁相似，要进一步也不得。于挨拶不入处，工夫纯熟，忽尔触翻，则知生死二字果然寐语，于我何有哉！

法无定相，随念变迁。只如三界二十五有，在凡夫唤作常分，在二乘小果唤作苦空，在菩萨唤作识变，在佛知见唤作自心。只如在衲僧分上，唤作甚么？你若随例唤作自心，是谓佛见，要与祖师同参，决无是处。且佛见尚不可起、尚不可著，又岂容别存所见耶？要得不堕诸见，直须向千人万人行不到处进取一步，千人万人见不到处荐取一机，乃可于生死岸头具大自在。如其不尔，如永嘉谓："欲得不招无间业，莫谤如来正法轮。"

示吴居士

禅即净土之禅，净土乃禅之净土。昔永明和尚离净土与禅为四料拣，由是学者不识建立之旨，反相矛盾，谓禅自禅，净土自净土也。殊不知参禅要了生死，而念佛亦要了生死。原夫生死无根，由迷本性而生焉。若洞见本性，则生死不待荡而遣矣。生死既遣，则禅云乎哉！净土云乎哉！昔大势至菩萨以念佛心得无生忍，观世音大士从闻思修三慧取证圆通，今之禅乎、净土乎，皆二大士之遗意也。二大士常侍赡养导师左右，未尝少悖，今二宗之学者何所见而独悖之耶？予返复求之，遂得其悖之之源，试略言之：盖二宗之学者不本乎生死大事耳。以不痛心于生死，禅则耕空言以自高，净土则常作为而自足，由是是非倒见杂然前陈。若非古佛愿行冥符，则二宗或几乎息矣！

居士久亲净土之学，复慕少林直指之道。直以父母未生前那个是我本来面目话置之念佛心中，念念不得放舍，孜孜不可弃离。工夫纯熟，识见愈精明，道力益坚密，一旦于忘能所、绝气息处豁然顿悟，始信予言之不尔欺矣。脱或于未悟之顷，妄执予言为己见，不惟坐在窠臼中，则亦去道愈远矣。诚之！诚之！

天目中峰和尚广录卷第五之下

天目中峰和尚广录卷第六

参学门人北庭臣僧慈寂上进

书问

答沈王书（来书附）

弟子太尉沈王王璋顿首百拜，和南天目中峰和尚大禅师座下。惟璋眇德，叨预天姻。爵禄虽荣，常遵佛化。仰灵山之付嘱，怀觉树之潜辉。每对真容，诚切瞻恋。至于修崇胜事，听演教乘，颇尝及矣。而禅宗向上一著，罔知所趣。伏审吾师道传天目，名简帝心。良以江山迢遥，尚阻执侍，渴仰醍醐，思沾花雨，极悬悬也。缅想天人叶赞，法候胜常，今专遣洪钥，谨赍信香，代伸礼敬。久向和尚养高泉石，他方多请住持，曾未垂诺，奈无相法身欲隐弥露，曷若出世度生，广开利益？然闻江南灵踪圣境，久欲游观。秋冬间傥得旨南来，首当参扣，愿兴悲济。先此布区区，幸祈法照。

某为学既昧，于道无闻，厕影僧园，滥叨田服，扪心揆己，夙夜恐惶。伏惟阁下位冠百辟，爵居名王。天姻懿亲，为国尊行（合浪切）；性海巨筏，为佛雄藩。仁声仁闻，被乎寰区；有德有言，无愧简册。顾某何人，敢当垂念，过蒙洪参军与奇长老冒尘触喝，徒步登山，出王钧缄，侑之厚币，辞情恳恳，自敌以下有不敢当者，而况大王年德名位振耀皇家者哉！盥沐熏香，对信使展读，虽山林泉石增助光润，其如某之愧悚何！

观信使之聪明，有以知大王之通贯无碍也。因与信使话及世尊于二千年外，将过去诸佛已转法轮一音演唱，而诸弟子结集为一大藏教，布之寰宇，实祛情遣妄、指瑕摘疵之无上法宝，当时一印印定，迨今无所加损。王亦于过去佛所亲蒙授记，其大施之门已尝启于彼而乃应于今日也。岂惟应于今日，将见绵续不断，入未来际，不可窥其涯涘者矣。故佛以智慧而现法藏，王以布施而广经教。布施乃六度之首，智慧乃六度之终，咸具波罗蜜体而无间然者也。

夫有文字相是谓教，离文字相是谓禅。即其所有而离是谓功德，惟其所离而有是谓庄严。如是至理，在王己分，有自来矣。兹承示谕，于禅门向上一著子未有所闻，似不劳过逊也。然禅门言向上向下者，乃一时建立之方便巧辞，非实有也。记昔僧问古德曰："学人不识佛，乞师指示。"德曰："我言恐你不信。"僧曰："和尚重言，焉敢不信？"德曰："即你便是。"僧曰："如何保任？"德曰："一翳在目，空花乱坠。"后有尊宿举此公案，乃云古德答此僧所问如百二十斤重担，此僧一肩荷负，蓦直便行，更不回顾，可谓有力者也。此说安有向上者哉！贵在信根猛利，决定不退转，久之无有不获其悟入者。管见若此。

又承谕及某不肯住持之说，斯言似为过情。使某苟有一毫利益于人，而独擅其退休闲逸之计，不思法道之隆替，诚法门之罪人也。正以自救不暇，故当退遁，岂有它哉！惟王谅之。闻王驾有江南游览之念，夫以王心虚明，物境洞照，能遍涉法界于不动神情之顷，恐不待走轻车、策骏驷，然后为得也。信笔觑缕，山野无文，下情不胜愧汗之至。伏幸矜悉。

与嗣沈王

某一介鲁钝，分守穷山，颇知佛祖之道为济世舟航，以其自救未能，焉敢滥膺主法者之任。不谓过情之誉上干尊王海印大居士之听，远赐宝缄，委洪参军、奇长老冒暑入山，焚香展诵，感愧奚文。因话次，奇长老宣传王旨，俾书法语一篇，以资玄路。窃谓一国之主，游刃群机，以宁海宇，何暇存神内典，以亲方外之学乎？教中有言：菩萨夙乘般若智力，示为人主。以夙习浓厚，不为富贵之所笼络，于六波罗蜜、四无量心念念策熏，念念成就，未尝斯须暂忘者，殆非一生两生为人主也。何以知其然？十金之家，沉酣五欲，不暇他顾，而况富有国土，乃尔孜孜于圣贤之道，非夙植德本，何能若此！惟是富贵易于移人，故佛许之以生生修证，成熟菩提。然禅宗门下以无修而修，绝证而证。无修故直见自心，绝证故见心即佛。心不可见，以悟为见。佛不可即，忘悟为即。故古宿谓：学以悟为难，悟以忘为难，忘以行为难。如是三难，初无定论，在信根之深浅、志愿之重轻耳。惟王之信根决定是深，志愿天然其重。若夫信根不深，志愿不重，则应念为诸欲因缘所移，安肯寄音于无似野僧，需入道之语耶？教中有天鼓忽鸣，谓诸天子曰："诸法苦空，无有真实，勿贪五欲，以快一时。当力求道果，以悟本来。"然本来既悟，回观天乐，特梦幻尔。

学道有三种正见：第一要念得生死无常大事真切，毕其形命不肯放过。第二要识破一切世间憎爱是非缘境，不使一尘为障为惑。第三要办取一片长远决定身心，岁月愈久而志愿益精。假使久无所入，虽三生五生亦不知其疲倦，久之，更无有不成就者。或者谓道在一切处，道在平常中，只要人一切时中忘思绝虑，当念无心，无心即道，舍此复有何实法与人自取缠缚？然此说亦未尝不是，殊不知未尽善也。何则？只如说个无心，且心既曰无，复教何人知其为无耶？苟存所知，则不得为无心矣。或无所知，则又同木石。所以宗门中事，须求妙悟。谓悟者何？悟此心耳。此心既悟，则曰有曰无，俱成剩语。

前代诸尊宿与国王大臣酬酢此道，初不曾有做工夫之说，惟是单提此事，俾之言下领悟。后来法久成弊，但欲会禅，多将情意识穿凿解会，但说得相似，盖不曾忘心契悟，生死岸头了无交涉。近代师僧不奈何，将个无义味话头置之学人怀抱，命其朝参夕究，起大疑情。参到心空念泯之际，不觉不知，以之悟入。惟此一门，最为允当。

闻王兴隆三宝，备作佛事，独不知于此事上曾究竟不？如未留意，因记得僧问古德云："一念不起，还有过也无？"德云："须弥山。"日用中不妨举此话默默自看，如何是须弥山？且须弥山之意作么生道？但与么举起来参取，正当参时，都不妨治国齐家、营福修善等事，于此等事上亦不妨参此话头。久久纯熟，忽尔开悟，翻思老释迦弃王宫，入雪山，见明星，将谓有多少奇特，元来凤池渊底，龙床角头，虽去二千年，曾无一发少间。然后以此道治国，则国无不治；理民，则民无不安；崇福，则福无不资；祈寿，则寿无不永。岂特此为然，以至庄严真法界，成就佛菩提，无所施而不可。管见若此，惟王谅之。

答高丽白尚书

二使者至，捧出珍翰，兼承奇惠，物意隆厚，自非阁下笃信正法，何以得兹！蒙以四疑下问，谨依来问，一一奉答：

一、来问坐禅，或云不在坐，但四威仪中令心无放逸，此可信乎？

答：梵语禅那，此名思惟修，亦名寂灭，乃指一心之极致也。教中有四种禅，皆人天、声闻沉空滞寂，用心偏向，故少林不取焉。今之丛林称禅者，远宗少林单传一心之要旨也。此心遍在行住坐卧之间，不局于一隅也。虽不在坐，亦不离坐也。今之人但知不在坐，而不知不离坐也。苟知不离坐，则终日坐又何伤焉？或不了此心，谓不在坐，则近狂荡；谓不离坐，则近执缚。二俱异见，非至理也。谓坐禅者，必欲以悟心为本。此心既悟，则四威仪皆是坐时。此心未悟，虽不离坐，实未曾坐也。

二、来问一切佛经，不解佛意，但口常读，于理上亦有小功德否？

答：佛说一切经教，为破执遣疑而设焉。以世尊真实之说不虚，凡执卷即获胜利。其言获利者，一以如来真实愿力所致，二以自己信心所成。凡阅经教，获利之途非止一端，随其信向之浅深，所蒙利益之优劣，俱不能外乎信心也。且如展卷，信云获福即得福，信云获慧即得慧，信云灭罪而罪即随灭。或不以信，虽但口诵，亦沾利益。盖圣人之至言，非鄙俗游谈之比，曰功曰德，云胡不具哉！

三、来问别法，谓佛说一切法皆是佛法，如何更说别法？此是落阶级之法耶？生天之法耶？

答：教中有总别二义。总者，诸佛所致之一心也。别者，乃诸佛随宜演唱之方便事也。须知总不异别，即一心现万法也；别不离总，惟万法皆一心也。法无心外之法，心非法外之心，但迷悟之自分耳。心迷故，但见别法，无总名；心悟故，惟知一切皆总名佛法，更无一物非总也。但除却佛法大总持相，不问生天、生人、生十法界中，皆是阶级也。

四、来问在家菩萨，谓眼前妻子、奴婢全然障道之本，何名为菩萨？此疑妄说。

答：昔维摩居士谓：“无住为家舍，大慈悲为父，随顺菩萨母，柔和忍辱妻，智慧名为子，方便即奴婢。”如是而受者，名在家菩萨。虽未获如是解脱，使置身于五欲尘劳者，但存一念信佛法之正心，念念欲远离尘劳，虽未即清净，亦可称菩萨。盖菩萨之称乃梵语耳，华言道心，但有向道之心，则菩萨亦可通称也。

极理言之，佛法无二无别，总因一心建立。心悟故，山青水绿，鹊噪鸦鸣，更无一点不是佛法。心迷故，花池宝树，玉殿琼楼，更无一点不是世间法。一大藏教，祖师西来，只要人悟此心，自然一一不被差别名相所碍。所以古人道：“梦里明明有六趣，觉后空空无大千。”如今必欲要惊觉梦中所具之境，别无方便，但请发起一念决定信心，参个四大分散时向何处安身立命话，尽此余生密密参究，久远不退，廓悟自心。此心既明，则世出世间圣凡差别一念混融，更不容别有一法为分别也。某虽未克瞻对，其体道之论不过如此。古人云：“但办肯心，决不相赚。”

与海粟居士（冯待制子振）

襄辱下访，继领诗章，枯槁之踪过蒙提奖，何以得此哉！寻闻阁下奉旨入觐，而某亦理浮游之棹，走淮泝汴，又复三年，别来不识阁下于此道上能精加念力不？今古利达之士，靡不知三界是大梦宅，苟不曾一回亲切警悟，则与此所知之心俱落梦寐，故吾法中目之曰所知障是也。此障钝根人无分，惟利达者有之。故少林初祖只令人外绝诸缘，内心无喘，心如墙壁，乃可入道。肯将胸中解会底百千道理猛与截断，俾之如墙壁一回，忽尔于墙壁处孔窦豁开，千差万别一以贯之，曾何悟迷之有异同耶？或孔窦不即开豁，但令久持而不忘，纵使尽生不了，当针芥相投于异世矣，安有虚弃之理哉！所以佛祖教人深信而不疑。惟阁下于吾道信根未尝不深，独未见其于信处能脱略所知不？世间浮光幻影能几何时，向者鄙偈中有"披衣终日坐茅堂"之句，尝蒙阁下许我以践之，今日所谓贫人索旧债也。

与大觉长老

注：大觉，泰定叟也。皇庆间，瞿运使霆发屡请师住大觉，师力辞，举定叟应命。叟尝历职于开先一山万和尚会中，后复参师，及出世，欲改嗣师，师以是书却之，令嗣一山。

初六日分袂，不及拜送，悬情依依，未能暂忘。昨者坐语，未及他论，而首以住院承嗣扣之者，惟恐足下苟徇世谛故也。某与足下纳交十六年，彼此心怀洞然明白，岂意足下不谅愚情，反欲相及，何临事翻覆若此耶？古人于法嗣嫡传所以深明宗系者，大法源委不可诬也。世漓俗薄，奉金请拂、以院易嗣者有之，某尝痛心于此。夫大觉虽先师开山，然十方丛林尽有尊宿，舍彼不取而必欲某尸之，何识量之不广也。某非畏住持，实畏嗣法于开山也，故退避力辞，而举足下为之主，正以足下自师一山禅师，岂可苟徇世俗而易其所师哉！由此言之，某犹不欲以先师坐下人迭尸大觉，而况牵枝引蔓，欲为某之嗣乎？闻命骇然，专浼逆流塔主预此拜闻，望以玉峡之音，直与拈出。或欲徇俗易嗣，则某断然不敢与足下一日相聚也。至扣！至扣！

天目中峰和尚广录卷第六

天目中峰和尚广录卷第七

参学门人北庭臣僧慈寂上进

佛事

拈高丽金书《法华经》

此法华经藏，深固幽远，无人能到，今日因甚么却在幻住手中？于斯荐得，便见大海之东，大海之西，大海之南，大海之北，一会灵山俨然未散。如其未委，黄金自有黄金价，终不和沙卖与人。

瞿运使卒哭药师道场放生

红芍药边方舞蝶，碧梧桐里正啼莺。目前大道无遮障，自是众生没路行。由是今日药师如来与近故少中大夫两浙都运瞿公，于一毫端上起大道场，作百宝庄严佛事。本上座因斋庆赞，普为诸含识指个路头去也。教中道：三界无法，何处求心？心不可求，法将安寄？便见十方世界是清净法身，十方世界是药师十二愿海。审如是，有羽者听其高飞，有足者不妨远举，带甲者潜于深渊，负鳞者纵于巨壑。无一众生不成正觉，无一众生不入圆明。虽然如是，只如古人道："门里出身易，身里出门难。"且道不涉易难，如何是超然独脱底句？

乃放生云：

冲开尽是通霄路，透出无非解脱门。

冯将仕秉炬

现成公案绝安排，无位真人笑满腮。吸尽太湖涓滴水，寒梅树树待春开。

举火把云：某人八十年来只凭这个起家立业，勤仓俭廪积有余，仁居义路行无竭。八十年来只凭这个崇德慕善，举心曾不昧天真，触著通身是方便。八十年来只凭这个教子育孙，挺挺群贤继芳躅，珊珊环佩振高门。八十年来只凭这个收因结果，苞汤水面青溶溶，善庆堂前花朵朵。到这里，本来面目触物纯真，自己家山不离跬步。八万四千毛窍与性空真火窍窍相通，三百六十骨节与性火真空节节相拄，垂光散为福德林，流辉摄入光明户。且道这个是何物瑬？

以火把打圆相云：

团团转作大圆镜，条条照出珊瑚枝。

尽大地人都不见，只许冯公独自知。

谦西堂入塔（号无碍，住千顷寺）

彻骨穷来三十年，每于佛祖结生冤。巨灵捏碎虚空骨，大用尘尘总现前。恭惟某人，狮子岩前参得一句，莲花峰顶似空合空；莲花峰顶悟得一机，狮子岩前如镜照镜。这边那边，应用不缺；千顷万顷，遇缘即宗。拈却水火珠，放下打草扇，到这里尽十方世界是金刚正体，尽十方世界是无缝塔门，出亦无碍，入亦无碍。且道不出不入一句作么生举扬？

铁马冲开青石门，玉鸡啄破黄金壳。

为诸禅人秉炬入塔

生既空，死亦空，空到真空空不空，不空空处亦还空。乃举火把云：

空上座，还空得这个么？火星迸出扶桑日，海底波斯鼻孔红。（日本人）

诸方直岁度火把与住持，今日住持度火把与直岁。且道是明甚么边事？明日优昙花茂发，净饭王宫生悉达，只从这里便承当，千古万古阿剌剌。（茂直岁）

归宗一味禅，杨歧三脚驴，两重公案，一句破除。且道是那一句？掷火把云：腊雪堆中火一炉。（宗监院）

象骨低头归去，文殊是药采来。拈得梵王鼻孔，触著帝释眼睛。虽然如是，未出常情。且道因甚么庵内人不知庵外事？以火把打圆相云：沉寒痼冷莫能治，伏火灵砂下一丸。（梵庵主，能医药。）

以火把打圆相云：圆浴主，见么？唤作圆相则背，不唤作圆相则触。透过两重关，还他亲眷属。莲峰突出碓嘴花，杓柄兜翻狮子足。香水沉沉彻底干，普请大家齐刮目。且道看甚么？掷火把云：脱壳神龟飞上天，无位真人火中浴。

举起火把云：祥柴头，见么？万朵祥云匝地飘，丛林枝叶半肩挑。今朝扁担两头折，千日斫柴一日烧。

末后一句子，你未跨阔一万八千里路时已尝说了也。今日古鉴发光，露出晴空闪电，团团无缝塔门开，收取眉间三尺剑。（鉴首座，云南人。）

维那不在，当汝打锤，劈头一下振起宏规，掣开无缝塔，击破玉玻璨，正是全身放下时。（弘知客）

天目中峰和尚广录卷第七

天目中峰和尚广录卷第八

参学门人北庭臣僧慈寂上进

佛祖赞

卢舍那佛赞并序

佛身无相，随念现形。佛身无为，依作而住。当其念之未起、作之未兴，所谓佛身与虚空合。有剑门上人智慧者，尝发大心，刺十指血，染杂花藏海之文八十一轴，以其筋膜日积月累，聚为舍那佛像。经书既毕，佛身亦圆，高二寸许，眉目可睹，毛发微露，冠缨衣褶靡不分明，饰以黄金，奉以朱塔，随处供养，惟见若闻莫不称异。彼上人者，返观十指，了无痕迹。经自何来？佛从何见？初心既灭，所作亦忘，惟佛与经，昭然不隐。如是了知，尽法界性，及微尘刹，起灭不停，动静无间，如我佛身，等无有异。以此一卢舍那依幻而现，如是了知百亿卢舍那，大而虚空身，小而微尘身，未有一佛不依幻而现者。以其所见白于幻住比丘明本，于是欢喜合掌而说伽陀以赞之：

稽首卢舍那，　安住杂花藏，
金色妙相好，　灿如日月轮。
缩作二寸身，　从十指中现，
指相寂不动，　现理无所为。
悟此舍那身，　虚空微尘等，

靡不依幻住， 法界本空寂。

上人悟佛身， 而获性常住，

如是功德聚， 微妙难可测。

我作如是观， 说此妙伽陀，

与法界众生， 同入智慧海。

释迦如来十大弟子图像赞并序

释迦如来展化权于五天之中，有声闻弟子上首者十人，各擅一能，而如来并其十者之能，曾不满一毛孔之法量，何况一一毛孔所容受者，岂心思意解而可了知耶？故佛法如大海，香象一饮十斛，而蚊虻不过涓滴，各尽其量而后已。然十斛与一滴之饱无异，特量之大小而所受之多寡不同耳。讵谓二千年后，能专其一亦未之见，焉有所谓兼善其十者乎？虽然，须知一即十、十即一，互融互摄，全主全宾。审如是，则上无师尊，下无弟子，展开图画，坐立俨然，傀儡一棚，不加线索。眼目定动，肯遭热瞒，三搭不回，更听说偈：

稽首迦叶解禅定， 钵盂不用重安柄。

多闻为最阿难陀， 那事还容记得么？

神变目连称上首， 忘却家乡沿路走。

保绥清禁优波离， 至体谁言有犯持。

说法富楼那第一， 水中捉月争拈得。

阿那律多天眼通， 银山铁壁障双瞳。

罗睺密行称无比， 脚底白云千万里。

论义莫敌迦旃延， 佛法驴年也现前。

长老解空为领袖， 究竟何曾离窠臼。

身子专开智慧门， 遇无义语浑仑吞。

惟有迦文都不会， 任有弘为俱请退。

四枯荣树非断常， 竹林冉冉沉苍翠。

面面相看何所为， 行人犹在青山外。

历代祖师画像赞并序

世尊教外别传，脱略义解之大旨，二十八传而至菩提达摩大师，是为东土第一代禅祖。初师观东震旦人有大乘根器，乃越重溟，三周寒暑，以梁普通七年抵金陵。寻往少林，居九载，得可祖，领荷心法。已而翩翩只履，复返流沙。五传至黄梅，而横出牛头一枝。六传至曹溪，则有南岳、青原派而为二。自南岳、青原而下，宗而为五。南岳出马祖，祖出百丈，丈出黄檗，檗出临济。济以金刚王宝剑之喝，雷轰霆震，不容掩耳，别传之道由斯而盛。济十七传而至仰山雪岩和尚。先师入岩翁之室，于群弟子未造之先，误中其毒，口耳俱丧，既而深栖天目，影不出山三十年，无一法与人领荷。杭之妙行寺尝集五宗传道之师遗像数千轴，每遇岁旦展挂，缁白瞻礼，目之曰祖师会。有好事各图少林至天目直下相承二十八代祖师遗像，岁遇少林讳日，荐羞粢盛，以酬递代传持之德。明本为述小传并偈以赞之。（小传不录）

少林初祖圆觉大师菩提达摩

　　　　大法资始， 妙存直指，
　　　　唯不可藏， 汝得吾髓。

二祖大祖禅师慧可

　　　　雪腰刃臂， 忘己安心，
　　　　十万里师， 芥投以针。

三祖鉴智禅师僧璨

> 达罪性空，　为法作则，
> 信此心兮，　唯嫌拣择。

四祖大医禅师道信

> 缚脱两忘，　威武莫屈，
> 破头山高，　一枝横出。

五祖大满禅师弘忍

> 青松未老，　室女怀胎，
> 黄梅东阜，　五叶花开。

六祖大鉴禅师慧能

> 缒腰石存，　风幡话在，
> 一滴曹溪，　雄吞四海。

南岳大慧禅师怀让

> 金鸡有谶，　玉镜非砖，
> 跃天马驹，　实资其鞭。

马祖大寂禅师道一

> 耽耽虎视，　足印两轮，

其遭踏者，　八十四人。

百丈大智禅师怀海

不作不食，　大智惟昌，
痛难忍处，　扭折鼻梁。

黄檗断际禅师希运

神珠在额，　智镜潜心，
棒头眼活，　大树垂阴。

临济慧照禅师义玄

用金刚王，　作狮子吼，
真照无私，　雷奔电走。

兴化广济禅师存奖

罚克宾饭，　削临济迹，
还识老僧，　投拐而寂。

汝州南院禅师慧颙

同时啐啄，　电卷星驰，
未详终始，　铁裹摩尼。

汝州风穴禅师延沼

> 济北之道，　遇风欲绝，
> 荷负之诚，　益增余烈。

汝州首山禅师省念

> 法华放下，　拂袖便行，
> 动扬古路，　落堑堕坑。

汾阳禅师善昭

> 龙袖拂开，　西河狮子，
> 停箸便行，　孰云其死？

石霜慈明禅师楚圆

> 惑乱神鼎，　弥缝李杨，
> 生机活眼，　不离平常。

袁州杨岐禅师方会

> 总院十年，　亲遭教坏，
> 突出金圈，　儿孙遍界。

舒州白云禅师守端

> 相逢一笑，　触著父讳，

猛省得来， 声光振地。

东山五祖禅师法演

拽海会磨， 转东山轮，
沸腾佛海， 一远二勤。

佛果圆悟真觉禅师克勤

锦帐梦回， 金鸡报午，
陵跨古今， 荡除佛祖。

平江虎丘禅师绍隆

拳边获见， 已露一斑，
最亲切处， 坐视耽耽。

天童应庵禅师昙花

播屋头春， 料老虎尾，
太白峰高， 甘露门启。

天童密庵禅师咸杰

投机以句， 顶门廓彻，
唯破沙盆， 万古一杰。

破庵密印禅师祖先

> 一庵破坏， 磊苴无余，
> 瞎金刚眼， 走玉盘珠。

径山无准佛鉴禅师师范

> 用文武火， 行密化周，
> 凤毛麟角， 一网齐收。

仰山雪岩慧朗禅师祖钦

> 机前语活， 棒头眼开，
> 山河倒走， 仰峤再来。

天目高峰佛日普明广济禅师原妙

> 揭开天目， 坐断死关，
> 峰高万仞， 险绝难攀。

观音

上同诸佛慈心兮，天下归仁焉。下合众生悲仰兮，万物备于我矣。若夫覆其顶、跂其足，周游于娑婆界中，以圆通三昧而为佛事者，吁！吾无隐乎尔。（赵教授请）

少林初祖

杨子江心波，少林峰顶月，寥寥一片心，直指成曲折。谓其有传兮，胡为乎壁观九年？谓其无传兮，因甚么花开五叶？秋山落木猿昼啼，行人眼底流鲜血。（传上人请）

大鹏展翅取龙吞，一搅沧溟彻底浑。碎触珊瑚枝上月，至今千古暗昏昏。

这汉捏怪，为欠禅债，此土西天，重重纳败。最初见梁王言不识，末后受神光礼三拜。凄凄只履西归，漆桶依前不快。似这般阿师，贬向狮子岩头，云蒸雾锁千百年，且看眉毛坏不坏？

栽松道者

> 种得千山无空地，　一枝犹挂镢头边。
> 不因脱赚周家女，　衣法何缘到你传。

鬻薪汉子

> 荷条柴担眼头空，　路入黄梅技已穷。
> 卖得丛林枝叶尽，　岭南无地种春风。

马郎妇

深愿弘慈无缝罅，乘时走入众生界，窈窕丰姿都没赛，提鱼卖，堪笑马郎来纳败。金沙露湿衣裙坏，茜裙不把珠缨盖，特地掀开呈捏怪，牵人爱，曲尽许多菩萨债。

布袋

兜率天宫降人世，　　忘却当来下生记，

闲家泼具有许多，　　勾引儿童恣游戏。

袒肩赤膊当神通，　　扬眉瞬目称三昧，

夺将拄杖劈头挥，　　一齐趁入龙华会。

黑拄杖横[1]挑布袋，　　转头[2]忘了率陀天，

茫茫不顾肩头重，　　犹要逢人乞一钱。

临济

筑三拳于大愚肋下，捋虎须于黄檗面门。肆一喝如雷硠霆震，摇寸舌似电激云奔。掣风颠汉世希有，普天匝地皆儿孙。

赵州

脑后万茎雪，面前三尺霜。肚里直儱侗，语下绝囊藏。勘破台山婆子，大坐平欺赵王。万里海门拦不住，远遗清影过辽阳。我只唤作三百年浸渍不朽底陈烂葛藤桩，试将此话传诸方。（高丽僧请赞）

丹霞、灵照

放篮敛手，提篮便走，弄鬼眼睛，自呈拙丑。及至归家举似爷，毒蛇不肯轻开口。牛奶无端赤土涂，是非从此难分剖。

---

[1]　"黑拄杖横"，《禅宗杂毒海》卷一作"黑漆拄杖"。

[2]　"头"，《禅宗杂毒海》卷一作"身"。

郁山主

朵朵山河眼里尘，　　明珠一颗匪家珍。
至今千古溪桥月，　　看尽驴前马后人。

政黄牛

跨牛背兮执牛尾，　　一片吟怀净如洗。
鹭鸶终日自忘机，　　何曾见你常来此。

天童东岩日禅师

匡庐山高，太白山高，较吾圆应老人面门鼻孔，犹太虚之一毫。腥膻露兮蝼旋蚁聚，槌拂动兮鬼哭神号。双眸四海空牢牢，下视佛祖为儿曹。

道场及庵信禅师

尽十方世界是古佛道场，尽十方世界是双溪桥梁。不住而住兮风飞雷厉，非成而成兮虎踞龙骧。面目现在，如何赞扬？颔下眉毛十丈长。

南岳铁山琼禅师

向上机若铁，末后句如山。既不得而拟议，又岂容其跻攀？坚密不动，湛寂自闲。无端将戒定慧三学，编作漫天网子，向万里鲸涛之东拦空一撒，直得高丽国僧俗二众沸腾上下，奔趋往还，腥风遍界绝遮拦，逐队随群入北关。（钱塘妙行院祖师会请赞）

径山晦机熙禅师

面如临济三角，心似妙喜空廓。坐断大雄峰，高踞慧日阁。自径山而至仰山，肯受尊卑之束缚。是风动幡动心动，黑漆竹篦难凑泊。（风幡寺长老请赞）

径山虚谷陵禅师

面冷如铁，发白如雪。起集云万古法幢，追凌霄三世遗业。奔走象龙，扫空魔孽。佛祖不敢正视，天人咸被慈摄。我尝隔岭望余光，惟见昙花开五叶。

天童云外岫禅师

太白峰为屏，廿里松为座。云影外藏身，几多人蹉过。不蹉过，元是隰州古佛再来，切忌机前说破。且道说破后如何？夜明帘挂须弥颠，走盘珠向空中堕。

灵云铁牛定禅师

那伽定里铸铁为牛，白雪岩下一握齐收。掀翻圣凡窠臼，结尽佛祖冤仇。茶陵千仞灵云寺，声播元朝数百州。

高峰和尚

双髻六，龙须九，一十八年狮子吼。死关已掩三十秋，恶声万里犹奔

走。既陷险机，亲遭毒手，一回见面蓦上心，恩怨难教自分剖。（义首座请）

天目三千丈，难方高峰之高。地狱十八重，莫比死关之险。我曾亲近十余年，不愿频将画图展。

三十年影不出山，二六时情不附物。逼释迦达摩生陷铁围，鞭白牯狸奴立地成佛。便是这个不睹是底阿师，坐断天目山，深踞狮子窟。你若不是我本师，更要骂教你见骨。

扫帚两眉横，尘埃堆面上。依稀徐十三郎，彷佛高峰和尚。松江江上姚道人，好把香花勤供养。

断崖义禅师

撞漫天网，解狮子铃。情忘义断，石裂崖崩。夺庞老金珠，高挥大抹；将阿爷门户，竖拄横撑。这边那边了无羁绊，问禅问道不近人情。大地山河一片雪，话头流落至今行。

失脚踏断悬崖，逢人更不安排。取性入真入俗，一任神猜鬼猜。掉臂独行时拖拽不住，狭路相逢处推托不开。虚空拔得无根树，要向蟭螟眼上栽。

中竺布衲雍禅师

浙东山，浙西水，面目俨存，真机不倚。莲花峰突兀半天，桂子堂腥臊万里。玻璃谁道匪家珍，沉沉法海深无底。（法海院珍知客请赞）

天中目峰和尚广录卷第八

天目中峰和尚广录卷第九

参学门人北庭臣僧慈寂上进

自赞

绳床枯坐，兀尔忘缘。面皮厚三寸，鼻孔没半边。尽世藏形避影，徒劳掘地觅天。鬼神推不出，佛祖谩加鞭。幸尔师同天目山，年同大海水，乡同西浙路，道同金刚圈。就中一种不同处，愧我未曾参得禅。（断崖禅师请）

咄哉此僧，无本可据。倚中之峰，依幻而住。手里三尺黑竹蓖，何尝有此闲家具？话头流落古伊吾，风前笑倒人无数。（蒙古宣差请）

虚空有体貌，墙壁具耳目。惟有这个汉，完全离背触。唤作幻住，沤花翻性海之波；谓非幻住，阳焰转识田之曲。不堕两头，如何付嘱？常忆开沙十万家，锦团团兮花簇簇。（冯默庵请）

幻不可写，可写非幻。惟幻既非，复云何赞？金焱濯濯兮云深天目万峰，玉露沉沉兮月照鸳湖两岸。不于这里觅中峰，展开图画从教看。（魏塘吴宅请）

渠无面目，不受拘束。谓是幻住则背，谓非幻住则触。有时一叶扁舟，有时半间破屋。但不教渠作住持，一切尽情皆准伏。为甚么？休逼促，波

斯嚼冰牙齿寒，蚯蚓吞盐尾巴曲。（宣政院官请赞）

参禅禅未明，学道道何悟。从来只解平实商量，脱略人前只成笑具。年来衰病满空身，任运惟依幻而住。寄言怪怪学道人，动著何曾不相遇。阿呵呵，有甚长处。（冯待制子振请）

磐石上，苍松底，踞坐者谁？元非是你。问伊佛法，信口惟言不知。俾之住山，蓦鼻横牵不起。见无所见剩双眸，闻无所闻多两耳。块然一物人共嫌，不识喜庵何所喜？阿呵呵，谁共委，似这般兜搜面孔，传得十万八千，只宜埋向一微尘里。（喜庵三藏请）

雁荡结茅庐，大德庚子岁，依幻住其中，身心无向背。鼻孔与眼睛，今古常相对。从来不覆藏，堪嗟人错会。不错会，水澄澄而涵空，竹苍苍而积翠。望虎丘山上月光透吴中，听枫桥寺里钟声腾物外。休将佛祖巧相于，渠侬不入它群队。（平江幻住庵请）

这汉无检束，弁山结茅屋。生缘汤团湾，受业西天目。要识渠是谁，不用问龟卜，若非孙七郎，定是郭八叔。佛法无半星，人缘颇相熟。莫知何所长，标形归画轴，留之幻住庵，又要频叮嘱。夜深禅影照蒲团，劫风吹入平田绿。（湖州幻住庵请）

至大己酉夏，曾憩白洋曲。明年役般输，荆棘变华屋。随顺一切心，元是此尊宿。胸中无寸长，浑不受轻触。禅衲满门参，且是无拘束。太湖吐一沤，容受西天目。笑面当慈悲，苦心含恶毒。倒捋牛尾巴，说法无机轴。震禅请渠自赞扬，合掌称为田八叔。（吴县顺心庵请）

这个面目，无本可据。既染丹青，曲劳指注。眉横眼上，彷佛中峰。鼻搭唇边，依稀幻住。更有问大同庵主面目短长，问取彝庵蒋教谕。（丹

阳大同庵请）

咄哉此僧，有甚巴鼻，大坐胡床，全无义味。谈禅禅不曾参，论道道非所契。以茫茫业识当参学眼睛，以扰扰幻缘为平生住计。有时横孤舟于青莎白水之上，笑船子便弃浑身；有时拨魁芋于寒灰冷火之中，笑懒瓒不收残涕。千手大悲推不向前，八臂哪吒捺不入地。尽指南阎浮提，唤作西来祖意。只如斯卤莽为人，如何做得他徐十三郎之后裔？（西来庵俊、用二上人请）

我不是渠，渠不是我。物外变通，目前包裹。闲云居此幻住身，狭路相逢来合伙。咄咄咄，我我我，是甚么？一天星月影团团，万迭湖山青朵朵。（云居庵请）

幻住不识实际，实际却识幻住。分明两个题目，究竟一般情绪。昔年狭路相逢，今日不劳指注。苏州城里月当秋，天目山头云满树。（实际庵请）

这汉懒入骨，誓愿不做佛。寸心空牢牢，长年坐兀兀。云谷居士不识渠，新兴积庆滨西湖，准拟开门待知识，要凭幻手聊相扶。只将这个持虚壁，天目山深难辨的。幻相何曾有住时，春满六桥天地寂。（积庆庵请）

这个面目，有谁喜见？依幻而住没地头，举措全无巧方便。拗曲作直，遇贵即贱。本中峰诺，将谓是如何，入地狱如箭。（喜见庵请）

这躯壳，难摸索。谓善何善，道恶不恶。空烦恼根，去菩提缚。却笑灵山话、曹溪指，争似渠侬掉棒打、水中捉。当的谛都丁，华梵何曾有两般。乌巴剌室利，丹青不用频描貌。卷向柴床壁角头，片月流辉照山岳。（高昌显月长老梵名乌巴剌室利请）

海会庵里，水云如归，更著这汉，意欲何为？谓办道浑无孔窍，谓结缘煞欠慈悲。天目山冰枯雪老，庆元府雷动风飞。两头坐断浑无事，伫看人间十二时。

咄这头陀，也甚伟杰，发乱如云，脊硬如铁。问渠佛法禅道，便谓无可言说。三十年天目山，有一句系驴橛。还会么？海底乌龟头带雪。（日本如伟禅人请）

这呆汉，只好看，煞有丰姿，全无气岸。谓知道，不明本地风光；谓会禅，罔测古人公案。最无分晓处，佛祖爪牙；极有来由时，鬼神茶饭。从来伎俩只如斯，一字如何可加赞？（普樫寺主请）

大德庚子相见，便是这个。至治辛酉请赞，也是这个。谓其无心兮，吴松江水彻底深；谓其有形兮，天目山云忽飞过。兔角拄杖龟毛拂，竿木随身，翻成滞货。阿呵呵，中峰元不是渠侬，只做此回重说破。（理悟上人号无心请）

幻住庵不记几年，天目山三千余丈。画得像，鼻孔搭唇边；画不像，眉毛横眼上。万人海里化机行，真珠撒出紫罗帐。头陀苦行合如斯，狭路相逢肯多让。逢人便与么展开，要教他识取描不成、画不就底无面目中峰大和尚。（善助化主请）

依幻而住三十载，自卖由来还自买。不知别有何所长，尽把虚空图五彩。江山图画新展开，全身半身俱绝待。依稀只似本中峰，彷佛浑如满觉海。伊兮余兮休度量，他家自有公评在。（智满院主号觉海请）

你道渠是谁，谁道渠是我。万古只如斯，直下是甚么？狭路相逢处，以毒攻毒；和光同尘时，无可不可。便唤渠作幻住时如何？温州橘皮不是火。

幻在耳，绝所闻；幻在眼，离所见。全身半身，日面月面。绍隆祖道，无端教石女生儿；射中铁牛，特地用蓬蒿为箭。幸自少丛林，孰谓多方便。只将这个错流传，幻住家风，其谁肯羡？头头物物皆成现。

此是幻住真，是真非幻住。两段文不同，一句无回互。挂在水晶宫，不劳重指注。从来修证绝安排，绝安排处全机露。全机露也，春风二月百花香，子规声里山无数。（湖州修禅人请）

截断红尘石万寻，冲开碧落松千尺。岩花朵朵水泠泠[1]，杨柳一瓶甘露滴。莫便是本中峰么？不识，不识。

道是渠不是渠，谓非渠却是渠。非神非鬼，非马非驴。指十方空为幻住，向一尘中结草庐。龟毛拂挂绳床角，缘木何曾捉得鱼？

一峰居中，富嫌千口少；依幻而住，贫恨一身多。阿呵呵，好大哥，不妨随处萨婆诃。（多禅人请）

月在山头，分明不露。风行水上，自然成文。万里飞鸿踏雪，四方野鹤离群。本中峰面目易辨，幻住庵真伪难分。

渊默忘言，绳床兀坐。唤作本中峰，当面都蹉过。不蹉过，丈二眉毛颔下生，笑倒东村王小大。（渊禅人请）

中峰之中，唤西作东。白庵之白，指南作北。面目现前，有甚奇特。

---

[1] "泠泠"，底本作"冷冷"，现按清顾嗣立编《元诗选》二集卷二十六校订。

眉毛罅里大江横，鼻孔尖头玄路窄。三十年后忽展开，笑倒东村王大伯。

水冷冷，石齿齿，净瓶边，青松底。这一个，便是你。拟追寻，千万里。朱选卿，颇相委。拈起寸毫颠倒挥，左右逢原妙无比。低声低声，本中峰来也。马颔驴腮没两般，笑破虚空半边嘴。

眼如泥弹丸，面如憨布袋。唤作幻住头陀，漆桶元来不快。撞见高平林，且不存知解。要觅末后句，低头礼三拜，自买依前还自卖。

天目山心未忘，幻住庵话谁领。要识渠侬行藏，良马不待鞭影。

我相是幻，画出尤幻。其不幻者，如何加赞？眉毛罅里剑光横，庐陵米价齐霄汉。触著无明劈面挥，无了办中教了办。莫便是为人处么？首座既相知也，须抬眼看。

坚密不动石，柔和善顺草。又似海中岩，澄湛水环绕。会合老幻相，彼此无欠少。只有一处传未真，岁久年深当自晓。

抱一为天下式，得一而万事毕。道人见处一亦无，眼睛本横兮鼻孔元直。异路忽相逢，同途谁辨的？云龙风虎汉坛高，图画展开明历历。

你不识我，唤马唤牛无不可。我不识你，十字街头白日鬼。非你非我，空里忽生花朵朵。非我非你，云合云兮水投水。离此四路葛藤，中峰不在这里。铁丁饭与不湿羹，拈来塞破虚空嘴。行人不识东隐庵，都只来寻马塍里。（东隐接待庵请）

形质既幻，描写亦幻。所不幻者，急著眼看。是甚么？莫杜撰。推不向前，便是这汉。既不曾读孔仲尼之诗书，又不解参老杨岐之公案，何缘

人见每相怜？多是五百生前，烧牛粪香供养，作鬼神茶饭。常忆东西两马塍，二月春风如锦烂。（西隐接待庵请）

无见顶相，不用丹青，与么挂起，一切现成。你岂不见僧问末山境，山云不露顶。如何是境中人，山云非男女相。尽谓末山一期剿绝，古今之下几多人路见不平，再烦妙笔从头写，要见中峰眼上横。（尼出白绢请师预赞）

这个空皮袋，开口便纳败。有时强说禅，无人不笑怪。誓死深山咬菜根，通人不用频相爱。（云南通讲主请）

无慧亦无福，口里水漉漉。要开幻住法门，且不受人拘束。海天万里白云横，只此是渠真面目。（云南福讲主）

寂而照，鼻无两窍；照而寂，家无四壁。见得彻处额下眉长，靠得稳时机前意的。铁如意击珊瑚枝，秤锤捏出黄金汁。匡床坐看北庭花，春风处处成狼藉。（善达密的理长老译名慈寂号照堂请赞）

欠蹄不马，无角非牛。声穿两耳，色贯双眸。不与人天共辙，不希佛祖同俦。生涯半个矮屋，活计一叶扁舟。见不见，月澹遮山千尺雾；识非识，风清幻海一浮沤。虚空手动龟毛拂，仁寿庵中夜不收。（遮山修上人号幻海请）

头如木杓，口似扁担，要识渠侬，便是这汉。何曾悟得佛祖心，刚道十方都是幻。幻不幻，好生剔起眉毛看。

赵州无，云门普，到渠面前，都成莽卤。匡床坐握如意柄，眼里何曾有今古。青山绿水自茫茫，春风吹入建宁府。莫教错认定盘星，呼为幻住庵中主。

不宝尺壁，不贵寸阴。一尘绝待，万虑平沉。是渠非渠，勿向外寻。一树幻花成幻果，十分春色满空林。（空林果上人请）

露腹袒胸，指西话东。毗耶室内，相逢逸翁。连忙认作本中峰，何异湿纸包虚空。阿呵呵，熨斗煎茶铫不同。

天目山，太湖水，高不见顶，深莫知底。尽谓渠德之流行，若置邮而传命，子细检点将来，莓苔石上乱草窠，伸脚元在缩脚里。（吴江急递铺信人请）

何清翁，写幻相，尽谓逼真，子细看来，颔下欠丈二眉毛，脑后欠一点神色。三十年后再相逢，似与不似总奇特。何以如此？春风元不在花枝，至体由来无拣择。

全身半身，是幻非幻。积庵居士，刚要求赞。与其寿泉庵图画，展开何似天目山。觌面一看，莫便是本中峰么？山明水秀古杭州，生这一枚担板汉。

枯坐草窠，了无向背。心安未安，道会不会。天目山三十年，澄不清，挠不浊；幻住庵二六时，推不前，约不退。忆著太原孚上座，扬州闻角声；却笑孔夫子，三月不知肉味。

公伯真，我住幻，这个面目，如何毁赞。太虚空压碎上唇，驴鞍桥且非下颔。大江日夕水东流，海门潮拍西津岸。影像昭章，声光荡漾。是甚么？急著眼看。（盛伯真请）

这汉没意智，开口要触讳。撞见松间隐人，指出当生罗计。第一无分

做佛，第二容身无地。只好向深山穷谷中苦行数百生，更待驴年蒙授记。阿呵呵，也甚奇异。（日者松隐请）

天目中峰和尚广录卷第九

天目中峰和尚广录卷第十

参学门人北庭臣僧慈寂上进

题跋

跋慈受和尚《般若心经注》

黄面瞿昙向洁白地上抛撒不净，为害滋多。慈受庵主不善屏除，益增狼藉。舍利子在么？与我将粪箕、扫帚来。

题琇禅师《代古塔主答寂音尊者书》

寂音尊者力排古和尚说法之误，其奋辞舞笔如医者用峻剂以攻五脏之毒，殆与元气并将荡涤。石室老人痛指寂音公论之失，其雄谈博辩如百万师挥戈伐国，不问仁人，必欲使之血刃而后已。审如是，则安有古、洪二师之盛誉复喧轰于宇宙哉！盖各有所据而然也。后之读其书者，苟不具此正眼于是非之外，文字其可凭乎？

题《圆悟和尚心要》

少室不传之妙，就当人正体上举扬，无形段可指，无方隅可示，无言说可诠，无道理可陈，虚洞洞，空牢牢，绝毫芒，离朕兆，圆满湛寂，真正妙明，通贯十虚，包含法界，不可得有，不可得无。空由之而空，空不可混；色依之而色，色不可齐。入凡夫之迷，如水中盐味；同圣人之悟，似色里胶青。雪山大沙门之智辩，虽渊深廓彻，广大无涯，当三百余会之发机，其词源衮衮，放肆汪洋，开合卷舒，具大自在，幽秘微密靡不揭扬，独于此事不能加一元字脚。可谓极圣之大猷、至神之玄府者也。

圆悟和尚得法于东山演祖，其眼明，其机活，其意透，其语圆，不守一方便，而开示参徒，溢为巨编，目曰心要。于无言中显言，无象中垂象，应机随器，解其所缚，去其所重，多不病繁，少不病简，纵横得要，左右逢原。其痛快直捷，贵马师一口吸尽西江；细密操持，重岩头只守闭闲、德峤于心无事。其为初机，必使其真参实究，废寝忘餐，双泯爱憎，两忘身世。机轮活脱，不滞一隅，掀转面门，一口咬断，返掷踞地，岂容凑泊？譬如大云，倏忽变化，弥纶六合，降注甘雨，润滋草木，流布江河，顷焉开霁，觅其去来，了不可得。非得法自在，畴克尔耶？一种是说法之师，虽临济、德山亦将敛衽。盖尝于般若种智积劫熏炼，故获如是圆转无碍者也。

本伏读再过，乃拜手书此以识之。固不敢望师横点首于大寂定门，期不孤其所教者矣。

题东坡居士《大悲阁记》

太虚无相，不拒诸相发挥；古镜绝形，岂碍群形影现？观世音大士闻所闻尽，觉所觉空，神廓太虚，智悬古镜，对机应物，千手异执，千眼齐观，特言其妙用之少分耳。使具论其分身遍尘刹，一尘为一刹，一刹现一身，一身千手眼，未易以数量知也。极理言之，非神通使然，凡具知觉之性者靡不如是，由迷妄所蔽而不自省也。予读东坡居士所作《大悲阁记》，谓菩萨以无心故，能普应群机，变通诸法，洞无窒碍，似不知菩萨妙证圆通，归复自性，慧光照彻，如杲日轮，虽千手眼，同一手眼，既不拘于一多，又安可以心之有无议之也哉！

题《列子》

列御寇知荣辱之在天，而不知其本乎一念；知生死之由命，而不知其根乎自心。惟欲忘形骸、虚物我、一是非、泯视听，任天真于智虑之表，超情思于得失之源，乃鼓舞于老氏绝圣弃智、致虚守静之门，与庄周相为表里。因观其著书八篇，故笔以晓之，惟同志者择焉。

题《十牛图》

偶观梁山、石鼓倡和《十牛图颂》于余杭接待庵之壁，自寻牛而至入𪣻垂手，一节一节似有程限。而然思之古人立言，固是一期方便，殊不知赚累后学，例皆寻寻觅觅，做模打样，曾未休息。须知山河大地、明暗色空、三世十方、见闻知觉，皆露地白牛之影子耳。多少人认此影子以为全牛，彷彷佛佛，不得受用。矧乎又有向影子上觅影子，敢保终其身不见全牛也必矣。正兴此叹，忽规上人出纸求语，故信笔以似之。规曰："敢问全牛今在何处？"余于是投笔，附夜航而之武林矣。

跋天目礼禅师墨迹

天目和尚七岁时携篮侍母采桑次，母戏之曰："携篮者谁？"豁尔开悟。今观其饯侍僧省母，有"施为动静凭谁力"之句，大似螟蛉之子蜾，而逢蝶蠃，祝之曰："类我，类我。"乌乎！多见伊不自知其丑也。

跋《牛腰佛颂轴》

佛身无为，遍在牛腰马腹。智体不动，谁分蚁穴蜂房？一切处示现受生，一切处成等正觉。紫金聚沉潜水牯，赤肉团无位真人。从前话把已行，即今面目现在。本来无位次，直下绝安排。虽然立处皆真，总是显奇惑众。昔唐文宗爱食蛤蜊，忽遇一蛤蜊，砧杵不坏。寻而解开，乃见观音像于中显现。召惟政禅师问其事，师曰："应以菩萨身得度者，即现菩萨身而为说法。"帝曰："菩萨既已现身，惟未闻其说法。"师曰："陛下见此信耶？不信耶？"帝曰："焉敢不信。"师曰："说法已竟。"文宗大悦。此话垂五百年矣。大德丁未，杭之临安县里人买二牛肾，剖其一中得佛像一躯，高寸许，非金非石，结跏趺坐，眉目可睹，遂累石树塔奉藏之。若见若闻，咸生异信。其广长舌相，流布法音，霆震雷轰，卒未之已也。公恕施君携诸方颂轴，访予穷山，俾为著语，因笔前说以似之。复为说偈：

> 无位真人赤肉团，牯牛腰内总相瞒。
>
> 法雷震地通身口，若要亲闻著眼观。

跋梁楷画《妙峰禅师四鬼夜移图》

昔南泉谓王老师修行无力，被鬼神观破。殊不知鬼神不著，便白日被王老师热瞒。相传妙峰善和尚住灵隐时，为四鬼所肩而出。当时赖遇妙峰，若是王老师，未免又作修行无力会也。一种是瞒神吓鬼、显异惑众，今日被人描貌将来，不知面皮厚多少。

题《十八尊者围棋图》

俗谛是黑子，真谛是白子，十八界内夺角争先。平地上逃他分段生死，阿罗汉起，直饶看得眼睛穿，翻转棋盘都不是。

题《罗汉揭厉图》

诸佛海，众生海，闻前辈已尝置之一毛腹中。声闻虽超越分段生死，具跨虎缚龙之力，而不能与境混融，区区附形体，与鱼鳖虾蟹浮沉于粘天鲸浪之间，自谓神通不可及矣，宜乎起黄檗，有斫折其胫之怒。虽然，也是为他闲事长无明。

跋《及庵禅师舍利颂轴》

先师尝误中大仰老人之毒，每于所剪之发，舍利粘缀如贯珠。及庵和尚与先师同出其门，而舍利迸于烈火。呜呼！异端并起，邪法难扶，予于此不能无耻焉。

题古画像四首

寒、拾谓丰干饶舌，闾丘为丰干热瞒，一种是针芥相投，要且是仁义尽从贫处断，世情偏向有钱家。（闾丘太守、寒山、拾得）

尽谓黄龙指洞宾之剑入地三尺，殊不知性命已落神仙之手。何则？点石化为金玉易，劝人除却是非难。（吕岩机禅师）

鸟窠和尚谓白侍郎曰："薪火交煎，识性不停，得非险乎？"白公微领其旨。吁！当时白公因欠个末后句，反累其师到今日措躬无地。且末后句又作么生？（香山居士见鸟窠）

居士尝有偈云："男不婚，女不嫁，大家团栾头，共说无生话。"今其夫妻子女坐立俨然，且作么生是无生话？竹篱茅舍安无尽，博饭栽田乐有余。（庞居士家居图）

天目中峰和尚广录卷第十

天目中峰和尚广录卷第十一之上

参学门人北庭臣僧慈寂上进

山房夜话　上

幻人僻居穷山，忽隐者过门，与对床夜坐。时山月吐辉，窗白如昼。

隐者曰：闻义学以禅定之禅配吾达摩单传直指之禅，以达摩曾有所谓《胎息论》，递相传受，而曲引第八识住胞胎时惟依一息而住，故云胎息者，以方吾禅定亦依止一息而住。今议者遂枝蔓其说，离吾达摩为二乘禅定之学，何如？

幻曰：彼非谤也，是不识达摩所指之禅也。将谓离四禅八定之外，别无所谓禅。殊不知达摩远继西天二十七祖，以如来圆极心宗之谓禅也。此禅含多名，又名最上乘禅，亦名第一义禅，与二乘、外道四禅八定之禅实天渊之间也。当知是禅不依一切经法所诠，不依一切修证所得，不依一切见闻所解，不依一切门路所入，所以云教外别传者也。惟大心众生，夙熏佛种，不涉阶梯，一闻千悟，得大总持，自此或独宿孤峰，或入廛垂手，纵横逆顺，道出常情，语默卷舒，不存窠臼，安有所谓禅定胎息之谓乎？盖达摩不立文字，直指人心，凡六传至能大师，师云："说个直指，早是曲了也。"此说之下，岂容别有所谓语言文字而可传受者耶？世有《胎息论》，不知何等谬妄之人诬罔圣师而作。况是后之欲欺达摩者，乃迹其说，互相作妄。要知非欺达摩也，乃所以欺自心也。原夫世尊四十九年说法，实哀悯众生之自欺，于生死中妄自缠缚，卒莫之已，所以示其心法，欲其不自欺。今反以其心法而自欺，则何所往而不自欺也。

或问：禅称教外别传，果有别传之理否？每见义学纷纷，于此不能无议。

幻曰：义学以分别名相为务，而于此不能尽分别之理，使尽究其极，则于别传二字当一笑而释矣。何则？夫四宗共传一佛之旨，不可阙一也。然佛以一音演说法，教中谓惟一佛乘，无二无三，安容有四宗之别耶？谓各擅专门之别，非别一佛乘也。譬如四序成一岁之功，而春、夏、秋、冬之令不容不别也，其所不能别者，一岁之功。密宗，春也。天台、贤首、慈恩等宗，夏也。南山律宗，秋也。少林单传之宗，冬也。就理言之，但知禅为诸宗之别传，而不知诸宗亦禅之别传也。会而归之，密宗乃宣一佛大悲拔济之心也，教宗乃阐一佛大智开示之心也，律宗乃持一佛大行庄严之心也，禅宗乃传一佛大觉圆满之心也。犹四序之不可混，既不可混，非别而何？

或者谓：彼三宗皆不言别传，惟禅宗显言别传者，何耶？

对曰：理使然也。诸宗皆从门而后入，由学而后成。惟禅，内不涉思惟计度之情，外不加学问修证之功。穷劫迨今，不曾欠少，拟心领荷，早涉途程，脱体承当，翻成钝置，诚别中之别也。彼按图索马者，乌足以知之？闻吾禅有教外别传之说，无怪其惊且骇矣。

或问：永嘉以惺惺寂寂为药，昏住乱想为病，此说与达摩所传之禅如何？

余曰：《永嘉集》中十篇大旨，所明修证之说，大约取止观法门。首则息念忘尘，次则境智冥寂，至于别立观心十门，至玄至妙，深达无生。惟达摩只教人直下明取自心，此心既明，如人到家，自能随时作活，更不广引言教者，良有以也。其曲引神光处，惟言"外绝诸缘，内心无喘，心如墙壁，乃可入道"，此外不闻别有言说。但真实于自心中有所契证者，则知循阶级、历涯岸，与直指之说大不侔矣。岂惟永嘉然，至若天台之三观、贤首之四法界观，皆曲尽此心之至理，使过去诸佛再现世间，演说心法，逆知其无有过于此者。然不与达摩同者，盖即言教、离言教之别耳。尽理言之，如《圆觉》以三观互分为二十五轮，及《楞严》以十八界、七大性证为二十五圆通，岂止此二经，但涉经教中所陈修证法门，亦皆不与达摩所传直指之禅同途共辙也。何则？使苟涉言教，则不得为教外别传也。

或谓：若然，则达摩之禅与诸佛言教异耶？

对曰：我于佛祖之道，觅同相尚不可得，而何异之可见耶？尔不闻教中谓"总持无文字，文字显总持"之说乎？然总持无文字，则达摩契之而直指也。文字显总持，则诸宗即之而引导也。且达摩之道异于诸宗者，非其尚异而私出乎自己之胸臆也，乃远继灵山最后独付大迦叶之心法也。其独付大迦叶之道，亦非灵山一人之私有者，即尽法界众生共禀之灵心也。故世尊兴慈运悲，垂教设化之际，曲徇众生利钝等差之根器，其所谓大小偏圆、同异显密之方便不容自已也。

或问：间有言教与禅家直指之说同者，如《华严》谓："知一切法即心自性，成就慧身不由他悟。"如《法华》谓："是法非思量分别之所能解。"如《金刚般若》谓："凡所有相，皆是虚妄"，及"是法平等，无有高下"。如《圆觉》谓："知是空花，即无轮转，亦无身心受彼生死。"如《楞严》谓："根尘同源，缚脱无二"，及"知见立知"等。以至诸经诸论中其相似之语层见迭出，亦岂待达摩直指而后然耶？

幻曰：余不云乎？此文字显总持者也。苟不曾向自心中真实契证一回，徒说药，不疗病也。若是真实有所契证之人，岂惟大乘经论之语能契达摩之禅，但是粗言细语，至若风声雨滴，未有不与达摩所指之禅相契者。苟不能妙契自心，于言象之外但将大乘经论相似之语记忆在心，古所谓依他作解，障自悟门，又以金屑入眼，为喻甚明，宜深思之，勿自惑也。岂惟经教文字不同达摩所指之理，且如禅宗门下，自二祖安心，三祖忏罪，南岳磨砖，青原垂足，至若擎叉、辊球，用棒、使喝，及一千七百则机缘，莫不皆是八字打开，两手分付，直下更有何物为间为碍？你若不曾向己躬下透脱得过，拟将情意识领览一个元字脚记忆在心，是谓杂毒入心，如油入面。又云醍醐上味为世所珍，遇斯等人，翻成毒药。盖知此事无人用心处，无人著意处，无人措足处，无人下手处。直须亲向自己躬下蹉步一踏到底，始解相应，凡咳唾掉臂，一一从自己胸中流出，如狮子儿，不求伴侣，始知前面一千七百则皆脱空妄语、狐涎杂毒，焉肯涉他毫发？

惜乎间有一等聪明之士，不求自悟，日夕坐在杂毒坑中，分向上向下、全提半提、最初末后、正按旁敲、照用主宾、纵夺死活等，曲搜旁注，强立巧求，安个名字，唤作宗门关键，眩惑后人。更或拣辨言语，区分机要，谓那个尊宿语全提向上，不带枝叶；谓那个尊宿语新奇巧妙，凌烁古今；那个尊宿语是道者禅，干嚗嚗地。百般比况，万种搏量。殊不知前辈大达之士，胸中七穿八穴，无一物可守，临机应物，信手拈来，初无拣择，直下如迅雷掣电，拟觅踪由，则剑去久矣，又安肯局于见量，弄峻机、裁巧语，思欲鼓诱后昆，俾其宗尚者哉！且前辈尊宿应机垂示，其语言有粗细、显密、广略之不同途者，盖各各发自真心，初无造作，如洪钟巨鼓，随叩而声。其声之大小、清浊，本乎一定之器。或器之不逮，苟欲微加外助，则失其本具矣。今之禅流，将欲据大床，挥麈尾，首取诸家语要，拣择配持，及渔猎百氏之杂说，以资谈柄者，是说禅之师也，不惟不能与人解黏去缚，而亦自失本真，丧坏道眼。如此妄习，互相趋尚，既失祖庭之重望，又安有所谓起丛林、兴法社之理哉！

原夫世尊出世、达摩西来，咸欲与尽大地人解黏去缚。是你最初不识好恶，把自家一片本来清净洁白田地，妄以无边声色污染得无措足处。及乎舍亲割爱，依师学道，且前面之污染莫之洗涤，而又添入如许多佛法知解，使伊重失本心，深可怜悯。所以前辈唱导之师忍俊不禁，出来吐一机、垂一令，如吹毛剑，向伊重处一截，直欲断其生死命根。诚以真慈痛悯而然，岂图门高户峻，以重后学之仰望耶？盖前辈大达之士，最初皆是的的以己事未明，跨山越海，求人决择。忽撞著个聱讹话头透脱不去，如吞栗棘蓬相似，又如遇怨敌相似，孜孜于怀，经寒涉暑，废寝忘餐，至于终身无斯须间断，决不肯容易觅人开示，亦不肯向文字语言上寻讨，直欲待其真机自发，打破疑团而后已。自有宗门以来，凡有契有证者，莫不皆然。所以一个个脚跟稳密，等闲动步，如狮子儿，惊群动众。故宗门以此相因，而有做工夫之说焉。

或问：永明和尚作《宗镜录》百卷，广引大乘经论之文，配吾达摩直指之禅，其志亦奇矣，似亦不免开凿寻文解义之端乎？

幻曰：不然。达摩自至此土，其直指之道六传至曹溪，溪又九传至大法眼，眼又二传而至永明。其间哲人伟士、奇踪异行虽后先错出，照映今古，而三藏学者不能无议于吾道。由是永明和尚弘多生智慧辩才之力，该罗经教，述而辨之。其纵横放肆，左右逢原，是谓即文字之总持门也，俾三藏学者不敢置吾徒于佛海之外。与明教和尚之《辅教编》，精搜百氏，博达群书，伸释氏之真慈，杜儒门之重嫉。此二书乃佛祖之墙岸，谓开凿寻文解义之端，不可也。苟无二师之真诚玄解，甚不可仿效而作也。

或谓：永明和尚复出《万善同归集》，与《宗镜》之说不同，何著述之自反也？

余曰：心乃万善之本也。《宗镜》则卷万善归一心，此集则散一心入万善，其卷舒开合未尝不相通也。盖防禅若之未悟而略万行也，亦止三藏学者议吾禅之不该万行也，故申而明之，非苟然也。古今天下之师，舍永明，其谁欤！

或谓：禅家于万行不可不修耶？

余曰：达摩门下只贵悟明自心，此心既明，于六度万行无修与不修之过。或修之，则无能修所修之执。或不修，则无任情失念之差。苟此心未了，则修与不修俱名虚妄。禅者宜以明心为要，万行可以次之也。

或问：十地阶级与禅如何？

幻曰：闻十地乃具神通圣人约其所至之理而建立，故古人谓十地如空中鸟迹，凡大乘菩萨等靡不由之，而不可以定执也。达摩只论见性成佛，自余身土、地位、因果等俱略而不言者，盖达摩之禅乃诸佛心宗，独为圆顿上乘之机而设，说个成佛已背真诠。何则？以正法眼藏，观无边众生，各各本来成佛，又何待指其见性而后成耶？佛尚无可成，何十地之复论哉！

或问：古者谓："拨草瞻风，只图见性。"傅大士谓："只这语声是。"莫离此外别有见性之理否？或无，则学人便与么负荷时如何？

幻曰：若使一期说性，则不妨遍将古人极理之谈从头记一遍过，其如转说转远何？盖见性之理，离言说相，离思惟相，离分别相，离取舍相。

繁兴大用，举必全真，你拟存一毫知见，则觌体相背矣。今之眼见耳闻，孰不说个见性？被人问著个性，便道无有不是者，乃引教中谓"诸法所生，惟心所现"之说为证，好教你知说也说得是，证也证得分晓。只是要与之念念相应，不胜其远矣！何则？盖不曾从命根断处、能所尽时觌体契悟得来，皆阴识依通尔。凡说时有个性，虽说得有个性，于正说时亦未尝不迷，更莫说你无明暗起、邪妄横生，俨然与说时似有两个，欲望其念念相应，其可得哉！须知真正人前尚不许说个相应底道理，矧乎不相应者哉！

当知此等异见之人有二种过差：一则自家发心学道时，只要说得与道相通，初无决定要洞明生死大事之正念。第二是一等谬见之师，略不顾学者因地正不正，惟见其稍负天资，必欲巧施方便，不待其做工夫、守正念，惟一味将个即心是佛、即色明心底相似话头互相热瞒，只要控他个入处，只待其口开便了。今之禅林相习成风，正不知何所图耶？如《圆觉》、《楞严》诃斥此等谬见于二千年外，盖圣人预知末世众生有此妄习，故作如是曲申问答，必使其知非而自改也。奈何其不以生死大事为己重任者，惟务言通，自以为了。忽然撞著个真正眼目人，摇手向伊道三个不是，早是心中七上八下；便若遭其诃斥，则怒气不胜其高矣。你若真实要与此事相应一回，最先痛以眼见耳闻奇言妙语尽情扫去。苟使其有丝发凝滞于心中，是谓恶毒入心，佛亦难救。大抵学人固是被他师家一时引入草窠里，亦是自家有所重于解会而然。你若必欲要向生死岸头做得主宰，设使释迦、弥勒将禅道佛法倾入你肺肝，只把个不从他得底一句子照看，自然恶心呕吐也。你岂肯受此恶毒？以其无此正见，所以开眼受人埋没。你若果然只要会禅，不消顷刻间，等闲说个喻子，便教你将千七百则葛藤一时穿过，有甚么难？以其无益，不如个尽生不会底最亲切。此事若可以与你过付得，则香严昔在沩山门下不用入南阳住庵，阿难于楞严会中不劳悲泣也。你莫说道和会便是个真正悟明底人，必欲要将个悟处来主张早是不相称矣。而况以心意识，向相似语言上妄自和会个目前昭昭灵灵底浮光幻影，认为主人公，宝之于怀抱，实迷中之倍人也！久之不悛，远招妄谈般若之报，百年影谢，噬脐何及哉！

昔忠国师谓："近来南方佛法大概变了，尽谓四大身中有个神性不生不灭，四大坏时此性不坏。此等见解，与西天外道等。"又如长沙和尚有"学道之人不识真，只为从前认识神"之语，皆指今日妄认六尘缘影为自心相者，即《楞严》所谓"弃却百千大海，认一沤为全潮"者也。更有一等儱侗真如底，便道尽十方世界是个自己，此性包虚空、遍法界、混古今、融圣凡，与森罗万象无所间然。遂引古人拈一茎草是丈六金身，一毛端上现宝王刹等语为证。争奈说食不疗饥，说衣不治寒。何也？须是亲曾与么悟一回始得。直饶你亲曾与么悟了，又要遇本色宗匠与你扫其所悟之迹，不然则谓之见刺入心，执药成病，此岂以言通意达而为了哉！盖无量劫来生死根尘，今日要与和盘翻转，又要你与所翻之力顿忘功用，岂小根浅器者所能拟哉！此说实非鼓惑，惟切于痛为生死者以为然，自余惟务说禅之士，将反面而见唾，则吾亦何敢辞。

或有号西归子者，过门曰：某念阿弥陀佛求生净土，其透脱生死似易于参禅，盖远承阿弥陀佛愿力冥资故也。尔参禅无把捉，无圣力冥资，苟非大根利器一闻千悟者，难于趣入，以故永明寿禅师有十人九蹉路之讥。

咄！是何言欤？审如是，则净土外别有禅耶？使果有之，则佛法二字自相矛盾，安有会入圆融之理哉！尔不达善权方便，局于己见，诬谤先哲。夫永明拣禅净土为四句，乃曲徇机宜，特方便抑扬耳。盖教中所谓于一乘道分别说三之意也。如长芦、北涧、真歇、天目诸师，作净土章句，皆寄谈即心自性之禅，初无异致。间有指东都曦法师，于定中见莲花标圆照本禅师之名，疑其单传之师安得标名于此？故往质之。照曰："虽在禅门，亦以净土兼修耳。"当时圆照护展善权，不孤来问，岂真然耶？昧者不达权变，刚谓禅外别有净土可归，及引永明禅净土四句为口实，不亦谬乎？

客避席曰：试请辨之。

幻曰：净土，心也，禅亦心也，体一而名二也。迷者执其名以昧其体，悟者达其体以会其名。岂特净土然，如教中谓"知一切法即心自性"，又云"森罗及万象，一法之所印"，但悟自心之禅，即其三界万法混入灵源，举必全真，初无拣择。既无东西两土之殊，安有净秽二邦之异？促十万亿土于跬步，宝池金地充塞寰区；延一刹那顷于永年，翠竹黄花同归正受。四大海目尘尘独朗，五须弥毫处处分辉。老达摩顿忘明月珠，阿弥陀失却黄金印。禅门皆剩语，净土亦虚名。名体见销，是非情尽。丈六身，一茎草，何劣何优？三千界，半点尘，孰多孰少？是谓一味平等法门，苟非真正全身悟入，安有解脱之理哉！且参禅要了生死，念佛修净土亦要了生死，圣人设教虽千涂万辙，一皆以决了生死为究竟。然破生死根尘，惟尚一门深入，古人谓："毫厘系念，三途业因。瞥尔情生，万劫羁锁。"兼修云乎哉！或不如此，谈禅说净土，沸腾识浪，鼓扇情尘，卒未有已也。余所以不能无辩。

或问：达摩始以单传直指之道，至十余传而分为五家宗派者，何也？不可破裂达摩一家之说，异而为五耶？傥不异，则安有五家之说乎？

幻曰：所云五家者，乃五家其人，非五家其道也。尔不闻佛祖授受之旨，目为传灯，苟知传灯之义，则不疑其为五也。请以世灯言之，有笼灯焉，有盏灯焉，有琉璃灯焉，有蜡烛灯焉，有纸捻灯焉，谓灯则一也，而所附之器不同尔。虽曰不同，未有不能破生死长夜之幽暗者。岂惟今之五家为然，昔达摩一灯凡四传至大医，则有牛头一宗；五传至大满，则有北秀一宗；六传至曹溪而下，则青原、南岳、荷泽此三人者便自不可得而混矣。此势使然也，盖各宗之下枝分派衍，人物蕃昌，乃不分而分矣。今之谓五家者，乃出自南岳、青原两派之下，沿流至此五人，不觉其各各如奔汇之水，溢为巨浸，前波后浪各不相待，而黏天沃日，浩无边涯，是可以一目观之哉！乃不得不分焉。

或谓：五家之分，不止于人之盛，就中各有宗旨不同。

幻曰：非不同也，特大同而小异尔。云大同者，同乎少室之一灯也。云小异者，乃语言机境之偶异尔。如沩仰之谨严，曹洞之细密，临济之痛快，云门之高古，法眼之简明，各出其天性，而父子之间不失故步，语言机境似相蹈习，要皆不期然而然也。使当时宗师苟欲尚异而自为一家之传，则不胜其谬矣。以若所为，岂堪传佛祖照世之命灯乎？今之禅流，泥乎宗旨，而起夹截虚空之妄见，互相短长，余知五宗之师于大寂定中莫不掩鼻矣。

或问：佛祖机缘世称公案者，何耶？

幻曰：公案乃喻乎公府之案牍也，法之所在，而王道之治乱实系焉。公者，乃圣贤一其辙、天下同其途之至理也。案者，乃记圣贤为理之正文也。凡有天下者未尝无公府，有公府者未尝无案牍，盖欲取以为法而断天下之不正者也。公案行则理法用，理法用则天下正，天下正则王道治矣。夫佛祖机缘目之曰公案亦尔，盖非一人之臆见，乃会灵源、契妙旨、破生死、越情量，与三世十方百千开士同禀之至理也。且不可以义解，不可以言传，不可以文诠，不可以识度。如涂毒鼓，闻者皆丧。如大火聚，婴之则燎。故灵山谓之别传者传此也，少林谓之直指者指此也。自南北分宗、五家列派以来，诸善知识操其所传，负其所指，于宾叩主应、得牛还马之顷，粗言细语，信口捷出，如迅雷不容掩耳。如庭前柏树子、麻三斤、干屎橛之类，略无义路与人穿凿，即之如银山铁壁之不可透，惟明眼者能逆夺于语言文字之表。一唱一和，如空中鸟迹，水底月痕，虽千途万辙，放肆纵横，皆不可得而拟议焉。远自鹫岭拈花，迨于今日，又岂止乎一千七百则而已哉！无他，必待悟心之士取以为证据耳，实不欲人益记持而资谈柄也。

世称长老者，即丛林公府之长吏也。其编灯集录者，即记其激扬提唱之案牍也。古人或匡徒之隙，或掩关之暇，时取以拈之、判之、颂之、别之，岂为炫耀见闻、抗衡古德而然？盖痛思大法之将弊，故曲施方便，开凿后昆之智眼，欲俾其共证之尔。言公者，防其己解；案者，必期与佛祖契同也。然公案通则情识尽，情识尽则生死空，生死空则佛道治矣。所云契同者，乃佛祖大哀众生自缚于生死情妄之域，积劫迨今莫之自释，故于无言中显言，无象中垂象。待其迷绳既释，安有言象之可复议乎？且世之人有事不得其平者，必求理于公府，而吏曹则举案牍以平之。犹学者有所悟解不能自决，乃质之于师，则举公案以决之。夫公案即烛情识昏暗之慧炬也，揭见闻翳膜之金鎞也，断生死命根之利斧也，鉴圣凡面目之神镜也。祖意以之廓明，佛心以之开显，其全超迥脱、大达同证之要，莫越于此。所谓公案者，惟识法者惧，苟非其人，讵可窥其彷佛也。嗟世之迷妄者，不考其源，每以聪明之资，广寻博记，显授密传，惟务言通，匪求心悟。

致使棒喝交驰之胜轨，堕情想之稠林；龙象蹴踏之灵踪，陷是非之深阱。爱憎溢目，取舍盈怀，古人醍醐毒药之喻，验于斯矣！丛林之替，莫有不本于此者。呜呼！犹吏曹窃法以货天下之贿赂，已私一胜，欲望公道有治平之效，其可得乎？

或问：祖师公案本于学者因疑致问，而古人大寂灭心中如虚谷巨鼓，随扣而应，特不过与人破疑情、裂窠臼而已，所以云：我宗无语句，亦无一法与人。盖前辈既为人所师，不得已而酬酢一言半句，流落丛林，后之承虚接响者目之为公案，乃本于此一个道理。今之丛林商量大不如此，乃以问佛、问西来意之一问一答，如麻三斤、干屎橛、须弥山、莫妄想之类唤作单提浅近者，以勘婆、话堕、托钵、上树等为向上全提者，或以众机缘列归三玄，或以诸语言判入四句，中间曲谈巧辩，网罗千七百则公案，各立异名，互存高下，不识古人之意果尔否？

幻曰：祖师语言盖出于大空寂无为心中，信手拈来，初无拣择，凡一拈一放，本于达摩单传之旨，口开见胆，绝无覆藏。譬如月之在天，其东行者视之则月与之俱东，西行者谓月与之俱西，中间不动者谓月与之不动，各执所见，互有东西不动之殊，而满月当空，实未曾循其东西而依其不动者也。其泛说不同者，盖由未彻法源底耳，所以有循器定空之喻。前辈明眼宗师举似之顷，或抑或扬，又不可以此开口不在舌头上之语为证。其有于一机一境上会得，才涉著纵夺逆顺处，罔知所措，无他，特悟理之未尽。然公案虽是一个道理，其差别处，如人入海，转入转深，久之直到九渊之底，蓦忽回首一看，则知未尝别有海也。苟不亲到一回，则胸中之疑不约而自至矣。只如僧问马祖："如何是佛？"祖云："即心是佛。"此个公案，虽不曾参禅者亦皆领会得过。及乎叩其极致，则久参宿学亦少有不错会者。何则？殆问伊唤甚么作心，早是路头生也。这里要指点得的当，直须亲曾蹀得在手，反复看一遍，看教明明白白，如十字街头撞著亲爷相似，自然举起便合辙也。

或有一等不曾做工夫、不曾洞明心地、不曾截得脚跟下生死大疑命根子断，惟以聪明之资，向古今文字上将相似语言较量卜度，会尽古今公案。殊不知既不了生死，返不如个不会底最真，虽曰不会，忽然一日发起信心，真参实究，却有个悟明之时。惟聪利而预会者，不复生正信而颖悟也。近来丛林欲速于得人，亦不待学者聪利，师家把著本子逐一句如教童蒙读上大人相似，欲其领会，共资玄化，此无异吹网欲满者。本色道流既不肯食此恶毒，但遇著古今因缘，都不要将心解会，只消举起一个顿在面前，发起决要了生死之正志，壁立万仞，与之久远参去。蓦尔撞破疑团，则百千万则公案，深与浅、难与易、同与别，一串穿过，自然不著问人也。如或心眼未开，不肯叩己而参，必欲求人开示，纵使释迦、达摩披肝沥胆以示之，益障其心眼耳。思之！思之！

天目中峰和尚广录卷第十一之上

天目中峰和尚广录卷第十一之中

参学门人北庭臣僧慈寂上进

山房夜话　中

或问：达摩西来，门风险绝，言前荐得已涉途程，安有所谓做工夫？况枯坐蒲团，如守尸鬼。且禅岂可以坐而得耶？无乃辱累先宗者乎？

余曰：不辱累也。尔盖知此而不知彼也。如龙潭问天皇："学人久依和尚，不蒙开示心要。"皇曰："你擎茶来，我则举手。你来问讯，我则低头。那里不是与你开示心要处？"潭遂领旨。此个公案，以学者言之，不胜快便；以宗门言之，又不止涉途程而已。又如香严被沩山问父母未生已前事，不能加对，乃求沩山为说。山不允，遂尽弃所习，入南阳住庵。久之，忽以瓦砾击竹有声，始能瞥地。彼时虽不形做工夫之名，其孜孜退守，念兹在兹，为何所图耶？虽不能直下领略而历涉岁月方乃省悟，其悟之之旨谓非达摩所传之旨乎？今之做工夫不灵验者，第一无古人真实志气，第二不把生死无常做一件大事，第三拌舍积劫已来所习所重不下。十二时中虽随人举个话头，方上蒲团，坐席未温，其昏沉散乱左右围绕。又不具久远不退转身心，难矣哉！安有天生弥勒？斯言尽之矣。

往往见无所成者，不责己之不逮，而返以佛法下衰、丛林秋晚为辞，而言在处上无煅炼之师，旁无策进之友，况是汤火不便，粥饭不齐，规矩荒芜，境缘谬乱，致使工夫由之而废坠。此说之行，更无有学道之人不以此为口实。譬如农夫责水旱不时而废耕耘，则安有秋成之望哉！但是学道

153

人对违顺境瞥生一念，欲与之分别，余知其缠缚万劫生死之咎必基于此矣。尔不闻雪岭老沙门弃万乘尊荣，六年之间卧冰啮糵，忘形于冻馁之中，乃有夜睹明星之悟。自佛以降，西天二十八祖皆岩栖穴处，或混迹于差别门头，以真心不泯，实行无差，皆克证己躬，传佛心印。及达摩东迈，百丈未生，牛头横出一枝，南北宗分两派，皆腰镰荷锸，火种刀耕，执爨负舂，鹑衣丐食，铁石身心，冰霜怀抱，以佛祖大事因缘一肩负荷，了无畏怯。盖行处既亲，所到必的矣。彼时安有五山十刹之广居、三玄五位之奇唱、放收杀活之异作、拈颂判别之殊音？不加雕琢而玉本无瑕，安用规模而眼元自正。自百丈建丛林已来，广田大宅指顾如意，其奈正因日坠，谬妄日滋，纪纲日繁，礼义日削。数百载前提唱之师，如临济、德山、云门、真净，气愤愤地怒骂诸方，如淫女、兵奴视之，盖责其不体道本，惟务言通，互相欺诳者也。已而间有眼目定动之师，喻诸方说禅如叶公之龙、赵昌之花。然叶公、赵昌已自不真，矧乎复有效叶公、赵昌者出，乌焉成马之叹，正不在今日也。由是观之，其真参实悟之士不惟鲜遇于今日，在往昔亦未尝多见也。无他，盖生死情妄、无明结习念念迁流，间不容发，苟不有入骨入髓、痛为生死之正念，提起话头，如遇怨敌，便拌一生两生与之抵捱，待其廓然开悟，靡有不为叶公、赵昌之所惑者。或有引三祖谓"但莫憎爱，洞然明白"，与永嘉"不除妄想不求真"之语相证，云只这个便是悟理，何假一生两生劳形苦志以为得耶？此说之行，摇动叶公、赵昌之心，卒莫之已也。殊不思永嘉有"损法财，灭功德，莫不由斯心意识"之语，痛指其不求正悟者妄将心意识和会相似语言，一人传虚，万人传实，又不翅乌焉成马也。所以古人道：参须实参，悟须实悟。阎罗大王不怕多语。斯言尽之矣。余固非实悟者，惟不敢轻蹈叶公、赵昌之辙耳。寻常与人东语西话，较量此事，皆是自信法门，初非炫耀见闻，要誉于人也。人或见信，余不加喜。或不见信，亦何敢怒？然信不信皆当人之自心，庸何喜怒为哉！惟同道乃知。或若以妄诞见讥，则吾亦何敢讳。

或问：参禅不克开悟，还有方便可使其开悟否？如或展转不悟，其生死无常大事，向后之又后世，还有自了之理否？

幻曰：快哉问此！事是当人己躬下事，初不干第二人连累，亦不属第二人排遣。所以云：迷是自迷，悟须自悟。苟不自悟，纵是释迦、达摩亦为你不得。今时师家多是不奈学者之不悟何，所以巧设机缘，曲施方便以启迪之。而学者又不以生死大事为己重任，惟欲速于会禅，于是便向他方便中蹲坐，尽将古今公案一串穿却，谓之透关。殊不知脚跟下一座生死牢关正好不曾透得，其所透者乃言说之关耳，岂惟无益，返有害于己事也。若是个真实为生死大事底好人，纵是达摩大师出现世间，把诸佛祖玄要道理尽情放在伊八识田中，也须和根吐却。何以如此？盖悟须自悟，岂干他人半钱事。若也终身不悟，但只坚持正念，生与同生，死与同死，不必妄求一毫知解。苟能如是操守，只隔得一生、两生，不患其不悟明也。

或有坐在静默中，于尘劳暂息之顷，忽于阴识中遽省得个相似底道理，便乃依约为是，勾引经教中语言证过，含于心中。不知此病是阴识依通，真生死本，非见性也，坚执为了，不肯求人决择，到处只要人把冬瓜印子与之印过，此何所图哉！又有一等妄认六尘缘影为自己主人公，及引古人谓"未了之人听一言，只这如今谁动口"之语为证。大率参学不获正悟者，不惟生死岸头用不得，即今白日青天，大开两眼，遇声遇色，动辄生情起念，不得自由。人或非之，则发起根本无明与之争执，此盖狂人之所为也。又或有尽生学道无所悟入，便乃不信，寻而把个学道之正念撇在无事甲中，更不复起求开悟之心。如此等人，谓之失正念。既失正念，莫说后之又后世不能自了，纵使遍历尘沙、尽未来际，亦无自了之时。譬之良田不加耕耨，而望其五谷自生，无是理也。

或问：尽世参禅不获开悟，有何果报？

幻曰：豆种不生麻麦，草根不产松椿。盖参禅虽曰是无功用法门，但恐其不真参耳。如永明和尚谓："假使参而未彻，学而未成，历在耳根，永为道种，世世不落恶趣，生生不失人身，才出头来，一闻千悟"，皆诚言也。世之暂修片善尚获胜利，教中有闻五种名超刹宝施福，岂事虚语哉！最初发心本期决了生死大事，或三十年、二十年未即开悟，不须别求方便，但心不异缘，意绝诸妄，孜孜不舍，只向所参话上立定脚头，只拌取生与同生，死与同死，谁管三生、五生、十世、百世，如不彻悟，决定不休。有此正因，不患大事之不我明也。故教中谓末世众生能发一念不退转心，即同正觉。斯言尽之矣。

今之学者反是，于最初发心便自立脚不稳，惟恐境缘倏变，念虑俄兴，做主不牢，流入异路，以之念念驰求，速期超越。殊不知返为此驰求之念所障，把个要了生死大事底正因妄自遮障，久之不决，忽尔迁变者有三：或者胜心不舍，颇负聪明，矧乎师友之罔其悟理，惟尚言通，不自觉知，涉入知解，以相似般若黏缀识田，自谓了明，莫知虚妄，则其口出耳入之习纷纷，皆是化权衰替，鲜有不堕其辙者，此其一也。或者志气狭劣，识见浅陋，每向工夫边倚靠不稳，将谓此无功用法门，绝无灵验，惟限以十年、二十年，或不相应，遽变前因；或以念佛为径路修行，朝暮掐数珠、求净业；或以一代时教佛口所宣，我既参禅不灵，未免循行数墨，旋种善因，自谓不为虚度；或厌烦受用，畏惧报缘，自甘陆沉，垢面草衣，负舂执爨，苦其形体，以资事行；或密持咒语，或潜忏罪愆等，皆是自违正信，远涉异端，此其二也。或元无信种，遇境兴心，三根椽下坐席未温，八识田中攀缘不断，一个话头咬嚼未破，百般情妄起灭无时，不至三年五载，遽谓参禅不悟，撇向无事甲中，念念循尘，心心流浪，甘赴死门，未尝返省者，此其三也。当此丛林像季，祖道荒凉，参学道流苟不负决定不退转铁石身心，则于此三途，不之此则之彼，既失自心之大志，益增佛祖之深哀。法社凋零，未有不本于此者。殊不思参禅正信是千生一遇、百世一出，傥不能一往直前，以期真脱，转念之间白云万里，欲望般若种智复入于心，犹败谷之芽，无复萌矣。

或问：古人、今人参学用心，有以异乎？无以异乎？

幻曰：古人学道，未问道之得与不得，脚未跨门，首先将个偷心一斩两段，更不复生。今人纯以偷心为主，此正今古之同异，判然不相涉矣。何谓生死？有偷心是。何谓涅槃？尽偷心是。请以喻言之。生死是大病，佛祖言教是良药，偷心是药之所忌。以佛祖言教治生死之大病，此古今之同然者，安有不治之理？惟是药有所忌，古人纯服药，鲜有不获其神效者。

今人方药之未已，而继投之以忌，不惟不治其病，将见增益异证，使大医王亦敛衽而退矣。何谓偷心？乃识情之异名也，能劫夺自家无上法财，故永嘉谓："损法财，灭功德，莫不由斯心意识。"

且略举前辈数段因缘，可为今时龟鉴者。只如六祖到黄梅，但令槽厂去，沩山在百丈会中充典座，杨岐十余年惟总院事，演祖于海会充磨主，云峰之化缘，雪窦之持净，慈明参汾阳，惟戏笑讥诃，黄龙扣慈明，惟遭诟骂。中间差别之缘错出，违顺之境横生，但是当人正因炳焕，死尽偷心，任其异境纷如，一一消归至理，又何所往而不与道相遇哉！

今之人偷心不肯遽死者，无他，盖己事之不真切耳。虽寄身于空寂之场，而驰念于取舍之域。一种是作兴保社，较其优劣，则天冠地屦之不相侔矣。何则？如今人稍负天资，必欲远附清名，高攀胜轨，凡猥屑等事终身不齿，安肯作磨主、充典座乎？凡住处虽安居暇食，尚不遂其所欲，安肯入槽厂而为化士乎？至若手横尘柄，身坐猊床，正因益微，偷心愈炽，欲其垂念后昆，作清凉树，其可得哉！用是卜化权之盛衰、今古之得失，未有不系乎偷心之有无也。余于此不容不辩。

或问：偷心于圣凡有间耶？无间耶？

余曰：偷心何物？即如来妙明元心之至体耳，以其求道之志不真不切，为诸妄所敝，转为偷心也。犹蟊生于禾，害禾者蟊也。亦犹火生于木，烧木者火也。但求道之念真切，虽寝食于人不可一日无之之事尚能废忘，何偷心之不泯哉！譬如人之为利养，甘执贱役于人，虽竟日奉劳苦而不生疲厌，方一毫不尽其役，则鞭笞骂辱应时交接，皆所不惮。何其忘羞恶之若是也？无他，盖求利养之心真切而致然也。使其惮劳苦、畏楚辱，则失利养矣。彼区区为浮幻之利养，而能忘极重之羞恶，较吾侪之希求圣道而不肯死虚妄之偷心者，何如哉！然凡何异圣、圣何异凡？惟偷心而成异耳。道人可不慎诸。

或问：做工夫多为昏沉散乱所障，用尽神力屏打不去，无乃根力有所不逮而使之然乎？

幻曰：非也。当知昏沉散乱全体是本地风光，其实际理地中无二法也。

尔其不委，且昏沉散乱初无自性，亦无实体，皆是自家一个参禅底正念不真不切上入来。当知第一念不真切即从第一念入，第二念不真切即从第二念入，乃至百千念真切，竟无所入，或最后一念稍不真切，则便从最后入矣。若使自最初一念真切，直至心花发明之际，其真切之心了不间断，则所谓昏沉散乱杳不知其踪矣。往往不责为道之念不真切，而以昏沉散乱为碍者，是犹自处暗室，而责己眼之不能洞视物象者无以异也。且真实做工夫之人，面前见有昏沉散乱，错了也。更起念要屏打个昏沉散乱，又错了也。然而屏打不去而生忧惧者，更是错了也。设使屏打得个昏沉散乱去，面前净裸裸地，错之又错者也。更有个卤莽之人，见说昏沉散乱元是本地风光，认以为是，终日与之辊作一团而不生分别者，此又不胜其错也。

或者见余连说许多错字，乃问：如何用心，即得于昏沉散乱上不错去？

乃谓之曰：苟有心可用，则展转成错矣。才见有昏沉散乱，凡用心、不用心都是颠倒错谬。

或谓：这个向上话，我初机学人不能得入。

幻曰：学道只要悟明自己真实心地，既悟得谛当，佛与众生同途共辙，初无向上、向下。只为你不识昏沉散乱，动遭其惑，于是语言露布，强为指陈。今则事不获已，索性将个昏沉散乱根本尽情揭露去也。你无量劫来为客尘烦恼染习太重，是昏沉散乱之根本。你即今见色闻声，念念与诸缘作对，其爱憎取舍之情起灭无定，是昏沉散乱之根本。你最初一念要超生越死，是昏沉散乱之根本。要参禅学道，是昏沉散乱之根本。要成佛作祖，是昏沉散乱之根本。要希求无上大菩提，趣向涅槃，是昏沉散乱之根本。乃至于世间出世间种种法中苟存毫发念虑，莫不皆是昏沉散乱之根本。若根本既断，于三千大千世界内外中间，欲觅一毫昏沉散乱了不可得。于不可得处，不惟无昏沉散乱，至若真如实际，俱不可得而有也。且圣凡迷悟之迹向甚处安著？休将闲学解，埋没祖师心。

或以学人鲜有不背其初心者为问。

幻曰：负所欠者其怀虚，满所期者其情逸，此人之常理，天下古今共之。然怀可使之虚，情不可使之逸也。何则？无边圣道未有不由虚怀以纳受之，无穷结业未有不因逸情以滋聚之。盖心念无主，染净随缘，一刹那间变化万状，不之道则之业，不之悟则之迷，曷有已也。

偶论及此，忽有老比丘作而言曰："忆昔在俗时，能背诵《法华经》四卷，自谓童颅方服之后，必可通背其所未记之三卷。岂期出家二十年，不惟废其未记之三卷，其已诵之四卷亦皆忘失。"时闻者莫不掩鼻。因谓众曰："当在家也，以负出尘之所欠，每虚其怀抱，故能朝思暮想而受之。已而既满出家之所期，顿脱尘累，闲情日逸，曾不期忘而忘之矣。"

原其所失，与今之参学者无以异焉。且四海无家，一身万里，其所负之欠惟欲会禅而后已。一旦遇教坏之师，巧设问端，控其入草，或将聪明之资和会情识，于语言文字上一印印住，自谓满所期矣。殊不知闲情日逸，妄见潜生，则说时似悟，对境还迷。不惟不到古人大解脱之地，求如前日负所欠而孜孜欲会之心，亦茫然无有矣。呜呼！圣贤之学岂止是哉！盖负所欠之怀不深，而希所满之期不远也。学者可不慎诸。

或问：悟心之后，有履践否？

幻曰：此说难于措言也。所云悟心者，心不自心，悟从何得？悟既不立，心亦无心。心无其心，纵观虚空万象、有无情等觌体混融，欲觅一毫自他彼此之相了不可得。于不可得处，无缚无脱，不取不舍，离妄离真，非迷非悟，一念平等，万法皆如，复有何事可言履践哉！

或谓：积劫无明、微细染习尚留观听，未即顿消，不可无履践也。

幻曰：心外无法，法外无心。若见有纤毫情习未尽，即是悟心不圆而然也。或心悟不圆，须是扫其未圆之迹，别立生涯，以期大彻可也。其或谓悟心未尽，以履践尽之，如抱薪救焚，益其炽矣。古人谓当以佛知见治之，余不识佛知见为何事。或果与佛知见相应，则治之之说亦赘且剩矣。

曰：若然，则无履践之说乎？

答曰：兹不必预以有无履践自惑于心。请勤加鞭策，到桶底子一回脱落，其履践之有无，当有以默契于中矣。

或问：禅者有不断恶，不修善，不舍贪嗔痴，不习戒定慧，是谓一性平等之说，有诸？

幻曰：此余平生深欲辩而未暇也。今既有所问，当略而言之。夫达摩悟诸佛心宗，不与外道、二乘同辙。惟一心法界中，无佛无众生，至于生死涅槃皆名剩语，又何恶可断，何善可修，及舍贪等而习戒定耶？今之学禅者于一心之要旨曾未悟入，遽以此极理之谈窃为己见，妄兴狂解，恣逐凡情，破坏律仪，自投笼槛，是谓画虎不成反类狗也。若必欲要知断恶修善之底蕴，不必广寻文义，但只勤究自心，究到无可究处，心眼洞开，始知恶之可断不可断，善之可修不可修等，当如哑子得梦。所以极理之谈者，谓恶与贪等皆是自心，则自心无可断、可舍之理，所以云不必断、不必舍也。

或谓：既曰不必断与舍，则行之可无碍乎？

幻曰：尔作是说，诚佛祖之所哀矜而不已者。谓恶等皆是自心，尚不许起心断，又焉得许伊起心行之也。

或曰：今虽悟知恶贪等是自心，既不许断，又不许行，其恶贪等必向何处安著？

幻曰：尔甚惑也。当知一切恶业及贪嗔痴，与无明烦恼、种种尘劳等，俱无自性，皆由迷自心故，依妄而有，如水因寒，结而为冰。此心既悟，则诸妄乘其所悟而消，如冰因慧日所照复化为水。既化水已，今云冰复向何处安著，此定迷中倍人也。

或谓：某人者已尝有所悟入，而恶贪等对境遇缘亦犹自若，此又何如？

幻曰：此有二种：一者悟心未尽，诸妄尚存，苟不进修，则终归颠倒。一者悟心已圆，洞视诸法了如昨梦，因示现世间，行同事摄法，似有恶贪等殊，不知其真心了然超越。当知此行，或力量不及者，少加勉强，俱不免过失矣。

或曰：人有日营万善者，与至道之体亲乎？疏耶？

幻曰：道体本乎无为，善恶不可加损也。原夫造恶根于迷妄，圣人观破迷妄之渐，故使之为善也。善业胜而迷妄消，迷妄消则恶自遣矣。诸恶既遣，万善亦忘。古人有善恶俱莫思量，自然得入心体之说。谓心体者，即至道之异名也。苟遣恶而存善，欲望吾至道之体，不胜其邈矣。试以喻明之。人有恶厕屋之臭，以香熏之，莫若置身于无粪秽之地可也。然厕屋喻恶也，香熏喻善也，无粪秽之地乃至道之体也。人有畏幽室之暗，则执炬以烛之，莫若处于大明之地可也。暗室喻恶也，执炬喻善也，大明之地即至道之体也。复有惧冰雪之寒者，必燔薪以解之，莫若措躬于阳和之室可也。冰寒喻恶也，燔薪喻善也，阳和之室乃至道之体也。然焚香有断续，执炬有起灭，燔薪有离在。惟至道之体穷劫不变，积世常存，安有断续、起灭、离在之谓哉！修善之于合道也，其亲疏之理若是，岂容不辨哉！。

或问：善恶二言已尝闻矣，谓善恶之理世或未能辨。有以鞭笞怒骂为恶，能忍是恶而不加报者为善。有以持刃杀人为恶，以顺受其害而不形诸念虑者为善。有以淫荡暴乱、贪多务得为恶，以安舒静默、斋戒诵持为善。

幻曰：斯说皆善恶之迹也，谓理则未然也。使尽言善恶之理，无他，凡起念动心，所期之事无大小、无优劣，但欲利人皆善也，惟欲利己皆恶也。事或可以利人，虽怒骂摈斥皆善也。事或可以利己，虽安徐承顺皆恶也。以故圣贤垂教立化，汲汲于济世，而无食息之暇者，皆至善之心也。惟众人反是，虽圣贤其衣冠，文藻其言行，苟不有利人之心，已不胜其恶矣，况暴怒之气摇动而不息者乎？以若所为，而望善之一言，犹隔霄壤，岂至道云乎哉！

或问：孔孟之书言王道，极于仁义而已矣。老庄之书言皇道，极于无为而已矣。百氏之书杂入霸道，极于功利而已矣。吾佛之书单明性理，谓诸法所生，惟心所现，极于一念不生而已矣。似各擅一门，而不能融会于大同之域。果别无理乎？或别有理乎？

幻曰：谓无则局，谓有则放，圣道俱不取也。其所取者，贵在一门深入，使之自悟，悟后藩篱既决，洞见三教圣人握手于言象之表，而不有出世世间之间。脱或未悟，纵以四库书渔猎于肺肝，含吐于齿颊，特不能脱多闻我见之诮，如西天所谓聪明外道者是也。故学者不求正悟而尚区区于文字之间者，非愚而何？今之稍负聪明者，多不肯死心忘情以求正悟，每取证于文字语言，不惟无补于理，而增长识情分别，动违圣道，如之何化权之不衰、丛林之不替也！

或问：宗门中有《碧岩集》者，乃圆悟住夹山时，取雪窦颂古，分纲列要，言批句判，举扬细密，开发详明。语其富丽，则如揭开宝聚，而明珠大贝委积横陈；语其充溢，则如掣断禹门，而逆浪回澜掀昂起伏。伟矣哉！非得法自在者不可及矣。奈何自开户牖之士，每资此为阶级。寻而妙喜知之，恐学者流而忘返，尝入闽碎其板。今书坊仍复刊行。丁兹季运，无乃益学者之穿凿乎？

幻曰：非也。无边众生各各脚跟下有一则现成公案，灵山四十九年诠注不出，达摩万里西来指点不破，至若德山、临济摸索不着，此又岂雪窦能颂而圆悟能判者哉！纵使《碧岩集》有百千万卷，于他现成公案上一何加损焉？昔妙喜不穷此理而碎其板，大似禁石女之勿生儿也。今复刊此板之士，将有意于撺掇石女之生儿乎？益可笑也。

曰：然则当人脚跟下现成公案，了不与佛祖言教有交涉，则当人何所考而证之乎？

余曰：无所考也，亦无所证也。惟贵当人瞥尔回光，退步一踏，与目前见闻觉知一翻翻转，则知风前瀑韵、雨后溪声，无一字非颂也；雷震空山、籁鸣清昼，无一音非判也。至若天高地厚，夜暗昼明，万象森罗，炽然常说，是谓现成公案之《碧严集》者也。虽百千雪窦、圆悟，亦当望崖敛衽于言象之表，又安能置一元字脚于其间哉！尔其未谙此旨，彼之建化门中一成一坏，一抑一扬，特世相之常分耳。尔谓《碧严集》必使学人穿凿知解，障自悟门。逆推二师之心，恐不尔也。如世尊以正法眼，洞观法界众生，各各具有如来智慧德相，但以妄想执著不能证得，我当教以圣道，令离诸著。然佛岂不知圣道亦在众生分上各各具足，非可以语言教之者及乎？应酬三百余会差别之机，则大小、偏圆、顿渐、半满之声无日不出乎口。而今古学者不达其语言方便，指以为实法，各执所解，异见纷然，鼓舞于是非之场，交驰于能所之辙，俾一大藏教去《碧岩集》亦不相远。且圣教尚尔，况他文字乎？虽然，逮极究言教之得失，实在当人为己事之真切不真切耳。或为己事真切，则知片言只字果有超越生死之验，如教中谓鹅王择乳也。或师资之间诚有志于克明己事，荷负宗乘，决不肯依文解义，自能扣己而参，正不在《碧岩集》之有无也，何足议哉！

或问：诸方莫不以高峰和尚令人燃指受戒为异者，然乎？否耶？

幻曰：亦尝亲闻其异矣，因以异之之说扣之先师，先师曰："不异也，彼不识权变而然。我宁不知达摩大师单传直指见性之旨，文字尚不立，何戒可受乎？然达摩不言戒者，有二理存焉：一观宗，二验人。观宗者，达摩专以传佛心印为宗，惟务单传，俾之一超直入如来地，不涉大小二乘阶级，其宗旨如是，言戒则背矣。验人者，凡达摩门下皆上根利器之士，非夙熏般若种智，具最上乘根性者，不可涉入。如此等人，其于戒定慧之学深熏熟炼，正不待复令其受戒也。故达摩之时宜乎不言戒。彼虽不言，而亦未闻令人故毁之也。自达摩而下，其具大乘根性者，四方八面，云兴海涌，古今沿袭而来，亦皆略而不言戒者，乃宗旨之当然也，初未闻有不守戒律而传佛心宗者。昔慈受和尚乃宗门硕德，每于举扬之次，极赞人具受戒法。真歇和尚建劝发菩提心会，与四众敷宣。此二师乃权变之渐也。昔湛堂准和尚参梁山乘禅师，乘曰：'驱乌未受戒，敢学佛乘乎？'堂捧手曰：'坛场是戒耶？三羯磨、梵行、阿阇黎是戒耶？'乘乃惊异。堂曰：'虽然，敢不受教。'遂诣康安律师，受具足戒。从上宗门中言戒之事尤多，不及繁举。由此言之，则受戒岂可谓之背少林宗旨而为异也。所云权变者，随时适宜，知有补于理，故不疑也。思我初入众时，乃开庆、景定间，如净慈、双径，皆不下四五百众，其住持头首固不在言，众寮中间有一人、半人饮酒，虽不常饮，而乡人、邻单未尝不以此消之。除饮之外，他事鲜有所闻。今则自上至下，荡而忘返，无所避忌。昔佛说五戒为白衣设，比丘自有四分、僧祇等律及三聚具足大戒。且白衣之戒尚逸，而况律仪乎？沩山亦云：'止持作犯，束敛初心。'然初心一步也，传佛心宗千里也，未有一步不能行而能到千里者。古人谓持戒学道是把本修行，或根性迟钝，一生道眼不明，亦得戒力，拥护道念，令不忘失，则来生易于成办也。如言教中以《楞严》、《圆觉》二经是大乘圆顿之要诠，请试检阅，其中未尝不以戒为要务。故古者谓：'戒为基址，道为屋庐，二者若无，一身安寄？'此余所以从权设变也，复何异哉！若以教人持戒为异，如百丈建立许多威仪礼法，凡行住坐卧靡不周该而悉备，较之达摩直指人心之旨，得非异乎？或谓自安众以来，其丛林礼法不可使一日无也。殊不知戒律乃丛林礼法之根本，未有绝其根本而枝叶自能存者。嗟乎！道体丧而戒力消，戒力消则丛林之礼法失矣，安得天下人心复存乎道？我于今日而以戒示人者，何异之有？"此皆先师诚谛之语，偶因所问，不觉打开布袋，哓哓若此。识者毋以我为好辩云。

或问：佛菩萨皆具神通，此神通还属修证否？

幻曰：神通亦属修证，亦不属修证也。夫神通者，是诸佛菩萨于久远劫中纯以四无量心、六波罗蜜及种种善行之所熏习而然也。言属修证者，苟不因如上种种熏习，则不具也。言不属修证者，当知佛菩萨所行诸波罗蜜及众善功德等，非为求具神通而然，乃其大悲熏心，本己愿行之当然者。使佛菩萨苟有一念欲求神通，则当头被此一念障住，纵尽修诸善行等，皆成有漏之因，安得具此自在解脱变化之神通耶？或未曾契证诸佛心宗及种种无作愿行，而至自余二乘小果及外道等亦各有神通变化，非神通也，乃幻力变现，皆有作思惟成就，实显异惑众之生灭因也。夫佛菩萨大悲熏心无作愿力所现之神通殊胜，与法性平等，虽于一毛孔现出百千光明、百千庄严具充塞法界，随其欲乐皆获满足，而佛菩萨解脱心中不见有具是神通者，亦不见有现是神通者，亦不见有依是神通而获受用满足者。何以知之？盖神通与法性平等。然法性无一异、自他、能所分别之差，则知神通亦尔也。

或谓：佛菩萨神通不可谓之全不属修证，若果不属修证，则凡夫缘何不有耶？

幻曰：凡夫于法性之神通亦未尝不具，而凡夫及异类皆昧略而不自知也，但凡夫阙于无作愿行诸波罗蜜所证之威德庄严之神通耳。前不云乎？佛菩萨以大悲熏心而然，非为求神通设也。请以喻明之。世有造十大恶业不思忏悔之众生，此人命终，由业力故，直入地狱，受种种苦。此人正当造业时，但为迷妄入心，恣情而作，决不曾有一念谓我业熟时决入地狱也。盖地狱无自性，亦无实法，乃由自己妄业之所致尔。当知佛菩萨解脱神通亦无自性，亦无实法，实由戒定慧诸波罗蜜等成熟之所致尔，复何疑哉！

或问：西天二十七祖皆有神通，洎达摩亦有神通。自达摩已降，何以不具神通？中间或闻一人半人，亦不多见。

　　幻曰：闻西天外道皆具有作思惟变化神力。佛灯初传，将照明世间，非具神通者，不能摄彼外道。盖西天皆化佛、化菩萨应身为祖，以传命灯，故达摩谓是观音应身。自达摩已降，中间或有一人半人亦具神通者，乃圣贤间世而起，助扬宗教耳。其不具者，惟以悟佛心宗为本。盖佛心宗乃百千三昧神通之正因也，安有果报不自因而著者。凡真实悟心之士，或偶生神异，则当念遣除，决不肯滞此为奇也。苟以为奇，则失本心矣。且悟者尚尔，况未悟耶？今之学者不求正悟，而妄兴一念神通三昧之心，乃外道眷属，永背正因必矣。或有人谓神通亦有传受，至东土恐致显异之讥，故不传。此说不惟自惑，又且惑人，岂至理也。

天目中峰和尚广录卷第十一之中

天目中峰和尚广录卷第十一之下

参学门人北庭臣僧慈寂上进

山房夜话 下

或者以所知为问曰：仆尝积学半生，凡佛祖言教渔猎殆尽。每临文对卷，未尝无所知，独不能剪情缚于见闻之初，干识浪于爱憎之表者，何也？

幻曰：子概言所知而不能择其至者。有灵知焉，有真知焉，有妄知焉。夫灵知之谓道，真知之谓悟，妄知之谓解。言所知则一也，谓灵、谓真、谓妄则日劫相倍矣。学者不揣其理，泛于所知妄生执著，引起是非，不惟汩丧道源，而亦沉埋自己。如裴公谓："血气之属必有知，凡有知者必同体。"此言灵知之知，此知于圣凡迷悟无所间然，心体本具，了无加损者也。如《华严》谓："知一切法即心自性，成就慧身不由他悟。"如《圆觉》谓："知是空花，即无轮转。"又云："知幻即离，不作方便"等。此言真知，端从悟入，苟非迷云豁开，斩绝见量，不动神情，如久忘忽记，当念解脱，立处皆真，自余决不可偶然也。又《圆觉》谓："众生为解碍，菩萨未离觉。"又云："末世众生希望成道，无令求悟，惟益多闻，增长我见"等，此皆痛指依通妄知之谓也。其妄知者虽深穷至理，洞彻性源，使终日肆悬河之辩，即其所辩而与之俱迷，正不待辩后而迷也。故迦文于雪山示其悟迹，末后于百万众前拈一枝花，显其悟理。已而诸祖门庭其设施虽万不同，皆近之如火聚，触之如太阿，闻之如雷霆，饮之如蛊毒。至若语默动静，了无缝罅与人作蹊径者，良有以也。然宗门中尚不许向悟处垛跟，乃非之为法尘，斥之为见刺，必欲其两忘迷悟，混入灵源而后已。或未至此，则以其所知动形诸妄，如瞽者执炬而复昼行，不惟无益于明，使久不掷去，将见火其所执之手矣。余亦昧真知者，而不能逃妄知之责，因其致问，故说此以自警。

或问：尘劳二字世所共称，不识尘劳以何为因？以何为义？

幻曰：以迷妄为因，以染污为义。谓迷妄者，以迷自心故，不达一切法无自性。谓无自性者，性本空寂，无知见故。以不达无自性，而引起妄情，认一切法为实有。既堕有海，则其取舍顺逆之念皆自我起。顺之则爱，逆之则憎。爱则取受，憎则舍离，展转迁流，顺爱生喜，逆爱生怒，微细微细，潜伏识田，腾跃不定，起灭无时，徇情胶扰，逐念纷飞，染而六凡，净而四圣，虽悟迷有间，谓尘劳则等也。何则？本来清净真实性中，亘古迨今，不容别有一法为增为减、为得为失，弥满充塞，周遍含摄，廓彻灵明，了无住相。众生未悟，动逐境缘，但涉所依，皆尘劳相，无问圣凡，咸遭污染矣。夫尘劳者，能伤戒体，能浊定源，能昏慧镜，能润贪根，能资恚焰，能长痴云，能开恶道，能闭善门，能助业缘，能消道力，使尽说尘劳之过，无有穷已。

今之学人概言动作施为皆是尘劳，直欲置身于一物不侵之域，或少事役其情，微务于其虑，谓消道力，必欲掉臂径去，不肯回顾。其志亦苦矣，而返堕迷中之倍人，不可与之论道也。何则？盖不能返照尘劳所起，乃根于迷妄，非出于事务也。若出于事务，则饥不当食，寒不当衣，居不当屋庐，行不当道路。审如是，则死无日矣。其必当然，则不思所食之谷出于耕锄，所挂之衣出于机杼，所居之屋庐出于营缮，所履之道路出于开辟，使各各俱不涉事而历务，则资身之具何所从而得耶？复不思即今行道之身本来无有，皆自父母养育之尘劳而生，抚抱之尘劳而长。又不思从上佛祖道大德备之人，未有不食、不衣、不居、不履者，以其廓悟圆满清净之自心，充塞法界，中不容他，一刹那间转八万尘劳为八万佛事。故永嘉云："不见一法即如来，方得名为观自在。"安有了悟自心之外，别见有一法为尘劳耶？是故华严会上诸善知识，皆借此尘劳为行菩萨道、修菩萨行以至庄严佛净土之一种要门。当知离尘劳无六度，舍尘劳无四心，虚尘劳无圣贤，尽尘劳无解脱。盖尘劳是三世佛祖、十方开士、无边善知识一切戒定慧恒沙善功德之胎孕，苟不有尘劳，则圣贤事业无出生之理。嗟乎！学者不了此义，妄生欣厌，无乃将尘劳去尘劳，转增迷闷而已。圣人哀之，故《楞严》有"如我按指，海印发光，汝暂举心，尘劳先起"，斯言岂欺人哉！安得人人于此远契圣心，即尘劳为妙用者哉！使以百千功行欲洗涤尘劳，圣人尚诃之为妄作。然洗涤尘劳尚遭诃斥，矧乎心尘壅塞，不求正悟，遽以一切无碍而为口实者，非欺罔自心而何？

或问：子之道誉颇为人所喜，胡不徇时缘，坐一刹，随力阐化，以张佛祖建立之心？且靖退小节，苟执之不返，其能免为法中之罪人耶？

幻曰：自婴不虞之誉，日闻斯言，然所以无愧于此心者，有解焉。使其果有为人之道，拟全高节，固守而不为，则法中罪人，无可逃者。使其实无为人之道，乃欲乘时网名，背理而强为之，不识罪人之名可免乎？不可免乎？或不可免，则较之固守不为之罪亦倍矣。颇知此理，故不敢冒为也。

尝默究之，住持之要有三种力，庶几无败事：一道力，二缘力，三智力。道力，体也；缘力、智力，用也。有其体而缺其用，尚可为之，但化权不周、事仪不备耳。使其道体既亏，纵有百千神异，苟欲资之，益不相称，虽缘、智奚为哉！或体用并缺，冒焉为之，使无因果，固不足论；使有因果，宁不慊然于中乎？余于佛祖之道缺于悟证，寻常形之语言毫楮者，特信解耳。思古人得旨后，复不惧危亡，三二十年置身炉鞴之侧，尚欲屏其悟迹，荡其证理，然后入真入俗，不见一法当情，则其通身如利剑、如古镜，无停机、无剩语，俨临千群万众之上，不知为尊，不知为荣。具如是体裁，或遭人天推出，庶几无忝，斯岂情见未脱者所能假借耶？原夫悟证之迹或未尽洗，则其能所之见动辄纷然，谓能所者皆情见也。且悟证之迹尚不容存于心，何况信解，纯是情见，其于至道之体愈亲而愈疏，益近而益远。且自未能会乎道，安有能使人会道之理哉！以此碍之，不能自遣，故不敢妄尸大床，称弘道之师也。

客曰：审如是说，古今列刹相望，其握尘柄者代不乏人，岂皆真不失其体用者乎？

幻曰：子问甚详，尔不闻各各三昧各各不知，既不之知，欲窃议其可否，无乃益余之过耶？

客于是相视一笑。

或问：仆半生迹寄空寂之场，而情驰声利之域。方责造物之不我助，偶有以住持之名见任，喜而从之。自负此名字而来，返不若未负之为安心。何则？百务之通塞、群情之喜怒，咸萃于吾方寸，或少有不周于思虑，则祸辱不旋踵而集。岂从上佛祖果如是耶？

幻曰：尔不思受名之初，乃受责之始也。天下之名未尝孤起而忽生，盖由实而致名，名之与实，犹影之随形也，犹衣之出于帛缕也，犹饭之本乎米粟也。所云责者，求实之谓也。如称影之名，必求其形之实；言衣食之名，必求其粟帛之实。当其初负住持之名，必先自责其持任正因，令法久住之实有无也。苟无其实，则不异离形而论影、舍粟帛而议衣食，言说愈多而实效愈远矣，心机愈密而大用愈乖矣，攀缘愈炽而正因愈废矣。使亟弃之，犹有可御之方。或流而忘返，则不至泥犁不已也。

且名者何物也，而竞尚之？盖非尚名也，乃所以有我也。以有我故而生爱见，爱见莫甚于名，故名于五欲居其一也。欲潜乎心，隐微难见，遇缘而动，万夫莫能敌，千圣莫能制，虽斧锯在前，鼎镬在后，将不暇顾，又何畏夫因果哉！然名之至美者，圣贤也，道德也，其次则功利也，又其次则技能也。由是欺圣贤以网之，驾道德以要之，专技能以夺之，窃功利以据之，美名根于心，妄识驰于念，至若举措言动惟名是务，至于论其名之实，则掉头弗之顾也。虽营营终日，逆知其何所为而不败哉！间有报缘适尔，偶中所求，使美名加于百世而不衰，一旦报缘忽尽，即前日之名，乃今日之辱也，名愈多而辱愈甚。故知罔实之名，乃取败取辱之具也。

原夫圣人洞窥理底，存实于中，惟恐斯须或忘之也。是故于无量劫专求至道，乃破生死魔而返灵源之实也。精修六度，普运四心，乃兴大慈而启大悲之实也。三百余会半满偏圆，乃观根应病、利生接物之实也。末后手拈一花，衣付饮光，乃以心印心、以器传器之实也。至若百千胜行、恒沙功德，靡有一法不自实际理地中流出，是谓纯一真实，无所为于内，无所慕于外，无所矜于己，无所待于人，惟勇健不息、履实践真之正念为当然也。以其诚实之行具足圆满，则调御师、天人尊、优昙花、光明藏，种种嘉号、种种美名曾不约而至矣。使圣人瞥兴一毫念虑，有所慕其名于外，纵满百千万亿恒沙数劫坚修众善，不惟美名之不遂，将见逐妄之讥不可逃也。

古人惟患实之不存，不患名之不至，盖知实乃名之招也，故天下古今未有无其实而有其名者。所云住持之实，何实也？远禀先佛之教体，近持诸祖之化权，内存自己之真诚，外起人天之倾信。不以贤而使进之，不以愚而使退之，不以顺而爱，不以逆而憎，以平等慈，与物无间，皆所谓代佛扬化、据位称师之实也。苟力有所不逮，当退而养之，晦而藏之，决不可苟也。或欲假一毫方便以资其实，犹荧光之助太阳也。圣人惟知实之可践，践实之外复何念于名耶？譬如积聚粟帛之多，则衣食之名曾不待求而自至矣。自有丛林已来，其住持之美名若悬的也。其抱聪俊、负才能者咸以笔舌辩利之矢得而射之，或不顾其实，皆自中其矢耳，岂能中夫的哉！然化门之翕张，法道之隆替，名乎？实乎？盖不能外于此矣。

或有以进退为问。

幻曰：寄四大浮囊于三界海中，眇若太仓之一粟，其骤进勇退虽日千万里，何利害云乎哉！良由人情好恶不等，进亦是非，退亦是非。人不能远鉴至理，动为是非所惑，一进一退，惟任妄情，卒无所主。圣贤独不然，其进必以道，则思所以济人；其退必以道，则思所以补过。其于进退之顷，虽百折挫而浩然无忧，较之卒无所主者何如哉！其或干荣冒宠，孳孳为一己之谋者，进则与业会，退则为情转，是非之迹动辄纷然，因果之招凛然莫隐。道人于进退，宁容无择焉？

或问：公与私对，私则喻矣，公之为义何如？

幻曰：我何人也，辄敢妄议之。窃尝闻之古人，谓公之一言，乃佛祖圣贤之本心也，至大至明，凛乎独立，而天地莫能掩，鬼神莫能窥也。拣而辨之，有至公焉，有大公焉，有小公焉。至公者道也，大公者教也，小公者物务也。昔迦文老人夜睹明星，唱言："奇哉！众生具有如来智慧德相。"于此发明，圣凡同禀其灵，俾传之无穷，乃至公之道浚源于此也。已而三百余会随机任器，设教殊涂，文字语言浩如山海，乃大公之教张本于此也。及其化被五天，光流震旦，僧园资具遍在寰区，此小公物务之所从生也。非道无以发其教，非教无以任其物务，非物务无以畅其道，是三者更相成而互相资，盖均出乎佛祖圣贤本心之公也。

且天普覆而地普擎，海普涵而春普育，亦已至矣，未若吾公之普又至也。何则？语其道，则圆裹三界，洞贯十虚，无一含灵而不与同证者也。语其教，则三乘十地之阶梯，万行六度之品级，大张宏设，不使一众生不得其门而入也。语其物务，则崇门大殿之开辟，广堂密室之容受，虽一饭亦必考钟伐鼓，以警其幽显，俾之均沾而悉被也。人之所以不至佛祖圣贤之域者，盖不存乎公也。苟不存乎公，静则蕴乎忧思，动则涉乎祸辱，穷则滞于下愚，达则长其罪恶，已而三涂六趣缠缚万生，卒未有自释之理，良由此心之不存乎公也。如离娄困蹐于暗室之底，负千里神光，不能睹其分寸。是以圣人教化不得不启之也。故安乐人之所趋，而不知致安乐者公也。福慧人之所尚，而不知资福慧者公也。圣贤人之所仰，而不知达圣贤者公也。佛祖人之所亲，而不知契佛祖者亦公也。公也者，与本心而无一毫少间也。以故圣人指至公之道以明其心，设大公之教以照其心，任小公之物务以正其心，惟心与公异名而同体者也。然公之为理，不可苟也，不可强也，无作为也，离种种情伪，是一直之道也，惟至真至实之心能契之，少涉念虑则不公矣。故圣贤操之履之，趋之向之，未尝违越其丝发，凡纵心举念，不假思惟，浑然至公，不期昭显而显矣。世之罔其公者，非罔其公，乃自欺其心尔。苟知心之不可欺，自然动则与公合其明，静则与公合其照，以至通教道而持物务，举不失其公矣。

所云公者，人或终身无所知而昧之，则亦无如之何也。间有知之而故背之，返张至公之道以网其名，假大公之教以滥其位，窃小公之物务以济其欲，深沉重溺而罔思所以效之者，又不止于自欺也。昔朝有欲改某寺为仓，一僧力拒不从，因闻于王，王授剑与使者曰："今再拒则斩之。如不畏死，则与免。"寻而使者谕旨，僧笑而引颈曰："为佛法死，实甘饴之。"彼当引颈之际，了无畏怯，岂苟而强之也？盖一出于真诚。推原其心，岂直为僧园物务之小公？深有意于教道者也。隋太守尧君素下令以诸僧登城固守，敢谏者斩。时有沙门道逊，历阶披陈而拒之。君素直视逊曰："此僧胆气如是壮耶？"遂免。此为大公之教，遽抵锋冒刃，不惧死亡，又岂苟而强之也。东山演祖书略曰："今夏诸庄旱损我总不忧，室中举个狗子无佛性话无一人会得，此诚可忧。"原其所志，于至公之道，拳拳翼戴，不敢斯须忽忘之也。然诸庄旱损而言不忧者，非不忧也，以物务之小者，较之于至道，则物务可略其忧。僧园物务本于兴教传道而建立，使教之不振、道之不传，虽飞楼涌殿、余金剩粟充塞大千，不惟无补于公，适足以为教道之累也。公之存亡系于法道之隆替，可不慎乎！可不慎乎！

或有以威为问。

幻曰：威之于天下有二。所谓二者，有道德之威，有权势之威。道德之威出于天，权势之威出于人。出于天者服其心，出于人者服其形耳。然服其心之威，不特威之阃内，使风行万里之外亦威之。又不止威之于今日，将声传百世之下亦威之矣。何以知其然？如古之道德淳全者，今人挹其遗风，仰其余烈，莫不意消心醉，而况承颜接辞于当日而不畏敬者乎？彼服人心之威一出于至诚，盖自然之理不容毫发念虑加于其间也。夫道德之威，人心感服固无疑矣，使圣贤苟擅其道德而必于服人，则人岂服之哉！且道德之美，圣贤尚不得专擅以服人，而世之昧者舍道德而附权势，自不知其危，犹嗷嗷终日，尤人之不我服，何其谬哉！然权势之威纵能服人之形，亦顷刻耳，反面则不威矣，其能威之于身后耶？不特不能威之于身后，人将结恨于怀，欲追其威服之迹以报之，则其为祸未易量也。故知前日之威，鲜有不为后日之祸。幸吾侪远禀四无量心之大训于西域圣人之后，威权之柄宜终身不预焉。

或曰：闻规正天下之心，莫善于赏罚。匪恩莫赏，匪威莫罚。子于世道固远矣，其僧园资具或任人之不职，欲不威之可乎？

幻曰：昭昭因果，实临尔躬。圣贤垂范，谁敢易也。使威之而不悛，将如之何？当归求其道德可也。未见道德在躬，至诚浃洽于内外，而人不之信从也，安用威为？且海内之威无日不在，而肆暴习恶者莫之少畏，岂其威果不及之耶？苟道德之不充，而靡思退养，惟务持威柄以临人者，不祸于今，将引其祸于身后者必矣。

闻者畏之。

或问：吾法须外护然后可行，乃有佛法付嘱国王大臣之说。

幻曰：事说则可也，理说则未知其可。何则？隋珠绝类，人将忘重溟之险以求之；卞璧无瑕，世将轻连城之价以易之，理固然也。使吾衣底之珠不具，怀中之玉枵然，虽卑言屈体狎近于人，则人将远之，又安肯轻连城以易之、忘重溟以求之者乎？故佛祖以道德自任，夷险一致，身世两忘，曾何意于求外护也。以道德不能自掩，则王臣乃倾诚以待之。世之昧者不顾己之道德为如何，必欲干荣冒宠、奔走权门而称外护，或不遂所欲，则怨嗟之声形于言，郁勃之气浮于貌，不至祸辱不已也，岂抱道之器合如是哉！

或问：僧园物务有所缺漏，而忘身补之，可乎？

幻曰：有药必聚于良医之门，无货不投于巨商之肆。树将茂而鸟集，池既成而月来。昔雪山大沙门弃万乘尊荣，受六年饥冻，视大千世界不翅一沤之轻，曾何有为于世耶？及万德功圆之日，则众宝楼阁、诸庄严具周币围绕，虽灭度二千年，遗风余烈充塞海宇，是谓出乎尔者返乎尔者也。闻菩萨成就世间，或不具足，不责彼之不我助，惟精修六度，广布四心，化机圆熟，而诸施者持以奉献，或蒙领纳则踊跃欢喜，自利利他，均名解脱，是僧伽蓝成就福田者也。今之蒞莅于所为处动背至理，惟务恶求，如片地之不获，或多财以压之，或重势以临之，或构罪以恐之，或挟术以胜之，虽成就于一时，皆烦恼业根，岂福田利益者哉！竞以千年常住一朝僧之说为张本，殊不思千年常住苟非定慧资熏、自他兼利，必何所从而得耶？或罔其所自，是犹舍池而招明月，弃树以集众鸟，理岂然哉！理岂然哉！

或问：说法之仪式，必须雨花堂、须弥座为然乎？否耶？

幻曰：谓仪式则然也，谓说法则岂其然哉！夫法无定相，说亦无定相，其挥白尘拂、播摇唇吻者,事相之说也。如吾佛不起菩提座,不出那伽定,不动广长舌,不见一法相,而炽然常说,又岂待四十九年三百余会为说耶?如诸菩萨能舍难舍,以布施为说法;能持难持,以戒律为说法;能受难受,以忍辱为说法;乃至修六波罗蜜、四无量心,皆说法也。如观世音三十二应处,至若天龙鬼神人非人等,即其所现是说法时,更不待别有所言也。如从上诸祖之擎叉、辊球,提油、舞笏,隔江招手,立雪安心,竖空拳于草庐,迭双趺于岩穴,撼木铎于紫陌红尘之隙,放丝纶于白苹黄苇之滨,打地、叩舷,张弓、面壁,孤峰独宿,狭路相逢,得牛还马而道出平常,唤瓮作钟而意居言外,千途万辙,玉振金声,岂必皆雨花堂、须弥座为然也。心同乎道,虽形影相吊于岩穴草莱之下,未尝不是俨临大众播扬宗教之时。苟不同乎道,虽荣披上服,尊据大床,问若云兴,酬如瓶泻,口舌相胜,惟益高心,媚悦世情,钩引时习,谓之说法利生、代佛扬化,甚非余所知也。

或问:古人得旨之后,或孤峰独宿,或垂手入廛,或兼擅化权,或单提正令,或子筹盈室,或不遇一人,或泯绝无闻,或声喧宇宙,或亲婴世难,或身染沉痼,虽同趋少室之门,而各蹈世间之路者,何也?

幻曰:言乎同者,同悟达摩直指之真实自心也。言乎异者,异于各禀三世之虚幻缘业也。以报缘观之,非乐寂而孤峰独宿也,非爱闹而入廛垂手也。擅化权而非涉异也,提正令而非专门也。虽弟子满门,非苟合也。虽形影相吊,非绝物也。其毕世无闻,非尚隐也。其声喧宇宙,非构显也。至若荣枯祸福,一本乎报缘,以金刚正眼视之,特不翅飞埃之过目耳,安能动其爱憎取舍之念哉!所以龙门谓:"报缘虚幻,岂可强为。"演祖谓:"万般存此道,一味信前缘。"苟不有至理鉴之,则不能无惑于世相之浮沉也。

或问:据师位者代佛扬化,本于得人以续慧命。今五宗之嗣,惟济北而下血脉不断,余皆绝嗣者,岂授受之际失于嘱累耶?抑夤缘之使然耶?

幻曰:圣人之道虽隐显随时,亦由定分耳。其时代之延促,人物之盛衰,化权之隆替,虽一毫不能加损于其间。昔吾祖未离西乾,已受般若多罗预谶，此其可验矣。当青原、南岳未著之时，其五家已有定分矣。当五家方盛之顷，其修短之数安得无定分焉，特彼此昧略而不自知也。或谓临济道出常情，为人痛切，机圆语活，其煅炼人物速如反掌，以故家声久远不坠，自余反是，宜乎不永于世也。此说不惟诬谤先哲，臆断是非，亦乃昧天理之甚者。

然近代之据师位者，不思等心垂化，令法久住，往往急于求嗣，效闾巷庸俗之所为，以势利相倾，名位相诱，物欲相胜，情妄相欺，似此虽数千百传，绳绳不坠，何有益于理哉！岂惟无益，实害之至也。故月堂有日中灌瓜之喻，石室有钻腋插羽之讥，具在典章，不知何所图而弗之顾也。如古之云门得法于陈尊宿，而宿使其终嗣雪峰，丛林迨今尊之。又如慈受谒佛鉴于蒋山室中，有奇遇，欲易其所嗣，鉴终却之，丛林尤归美焉。但恐我之道不能广被于人，使异其所嗣，亦何憾焉。譬如分东家之灯而照西室，但取其破幽烛暗为美，又安庸责彼昧吾灯之自来也耶？

或问：《楞严经》云："我灭度后，菩萨、阿罗汉于末法中现种种形，与其同事，终不自言我真菩萨、真阿罗汉，泄佛密因，轻言未学，惟除命终阴有遗付。"睹今之据师位者，于人天前称说悟由，或学者之未信，则伸之以誓，似违古佛之诚言，增后人之妄习，莫知其可否？

幻曰：此说其来有渐矣。如五灯编诸祖之本传，必先载其领悟之缘，当其悟之之顷，如久忘忽记，如哑子得梦，惟己自知，非第二人境界，是谓自证三昧。使其绝口不言，安有问野鸭、吹布毛、见桃花、闻画角之说乎？盖此说之露，亦有由也，或因师诘问，或遇事指陈，或末后表证无偏，或当时遮掩不及，恶声流布，岂得已哉！其中亦多有不形所悟者，既预祖灯，宁无证据？盖覆藏深密，不欲显露而然也。其真有所得者，虽未尝以悟之一言挂之唇齿，其如山含玉而草木华滋，渊抱珠而波澜澄莹，自然之理也。本色宗匠但据己所得与人决择，正不必引己悟因以求其信，亦不必生心动念，巧设机缘，移换当人，折困来学，但一一随力展布，学者或不加信，惟任之而已。苟纵生灭，则失正受也。审如是，则悟之之理，其可秘乎？其可泄乎？

或问：禅者临终坐脱，或不能者，不知平昔以何所守而然？

幻曰：无所守也，此多系缘业，不可苟也。夫悟心之士，情消境寂，见谢执忘，初不以此为介。其或临终不婴疾苦及诸障难，则了了分明，超然独脱，因行掉臂，复何为哉！且世有不学道修行之人亦间有坐脱者，乃至倾动敬心，光扬末后，此非报缘而何？凡学道之士不力穷心要，预思末后不能独脱，恐人讥诮，而孜孜以此为重者，则有一种外魔乘其所重而入，令汝预知时节，作种种奇特，殊不知为魔所著，流入三途，何益于理？间有真实悟心之士，临终或中毒，或遇难，或久婴异疾，至若四体莫支，一语莫吐，而其平昔道力不能夺者，但只坚持正念，以待其尽，未尝不与至理契合也。临此之际，或自照世间不破，或为生人以言激忤，或强生一念欲如之若何，则利害不小也。宗门中有尊宿指期坐脱，体香袭人，飞走哀鸣，草木衰落，火光散彩，舍利流辉，至若种种神异不测之事，耸动四众者，此皆世世生生住善知识位中，以定慧资熏，其胜因不昧，感斯异报，亦非尊宿著意而然。或地位中菩萨来展化权，现斯胜相，非一生参学能如是也。系乎报缘之说，尽矣。

或问：诸方说法，无义路与人寻讨，乃活语也。子所说者，皆实法系人，无乃死语乎？

余曰：尔拟于诸方活语中活，而不肯向死语中死，其亦俊矣。尔如肯向死语下死去，久之死中忽自活，将见不胜其活矣。

夜话至此，林鸡忽鸣，东方渐白，余乃睡去，客亦忘言。少顷睡觉，思终夜所谈，竟不记一字。偶童子收之毫楮，出以示余，因怒而麾之曰："余无是语，此所谓丛林粥饭气也。宜屏诸。"

天目中峰和尚广录卷第十一之下

天目中峰和尚广录卷第十二之上

参学门人北庭臣僧慈寂上进

《信心铭》辟义解　上

闻夫少林不立文字直指之道，方二传而至璨大师，师作《信心铭》五百八十四字，得非遽变乃祖之风而为文字流布耶？或谓不然，是欲显示其直指之道，俾后之学者具正信而破邪惑也。谓信者何？信其广大心体与诸佛平等无间，必欲其自信而入，不假修证，一入信位，决定不退转也。故此铭与不立文字之说，并驱于千古之下而不相悖者，益信大师立言之至、荷法之诚也。嗟今学者胶于义解，不能廓吾神心，洞见源底，以资正信，反以是铭为引证谈柄之张本，其金屑入眼之喻，不能无及于吾大师也。余因系影于舟，凡两句下申之以语偈，不敢炫耀见闻、仰攀胜轨，诚欲辟义解、显正悟、晓同志、励自己也。其有傍不甘者，则余罪过当何以释诸？故以"信心铭辟义解"标其名焉。

至道无难，唯嫌拣择。

神光煊赫，万灵罔测。踞群象之深渊，启重玄之大宅。临济用金刚王，发雷轰霆震之令，望影尤难；德山遣木上座，奋风驰电走之威，追纵莫及。陶形铸象，不居其有功；负海擎山，似觉其无力。黄面汉四十九年有手只好拿空，白拈贼千七百个有口惟堪挂壁。最现成，难委悉。拟向当阳指似伊，早是门前起荆棘。

祖师道："至道无难，唯嫌拣择。"义解者谓：此两句乃一篇之要纲，一铭之本旨。然信之一言，全该悟证，非信行之信也。如《法华》之诸子于会权入实之际，作＜信解品＞以述其怀。吾祖目之曰至道，唯佛证之曰菩提，众生昧之曰无明，教中彰之为本觉，皆一心之异名也。至若遍该名相，涉入色空，异辙殊途，千条万目，岂乖优劣，靡隔悟迷，莫不由斯而著。如赵州之栢树子、杨岐之金刚圈、密庵之破沙盆、东山之铁酸馅，异端并起，邪法难扶，则知至道之话行矣。该通事理，融贯古今，说个无难，早成剩语。然圣凡染净，极目全真。拣择情生，迥乖至体，是谓惟嫌拣择也。下文虽殊，悉禀其意。

辟曰：依稀相似，彷佛不同。且至道二字，任你意解，谓无难之旨，须相应始得，自非心开神悟，妙契冥符，迥绝见知，超出言象者，望无难之旨，不翅天渊。于根境相对，差别互陈，不能当处解脱，拟将个无难、不拣择的道理存乎胸臆，又岂止于认贼为子矣！故于此不能忘言。偈曰：

> 至道不应嫌拣择，莫言拣择堕凡情，
> 快须挝瞎娘生眼，白日挑灯读此铭。

但莫憎爱，洞然明白。

直非松，曲非棘，通非虚空，塞非墙壁，无孔铁锤当面掷；直还松，曲还棘，通还虚空，塞还墙壁，依然野水连天碧。昨夜南海波斯捉着西天正贼，待到天明点火看，却是东村王大伯。

祖师道："但莫憎爱，洞然明白。"义解者谓：厌生死、慕涅槃是憎爱，舍烦恼、趣菩提是憎爱，你但于一切圣凡法中不得存毫发欣厌之情，则此心自然明白矣。

辟曰：咄！直饶你一切不欣厌，坐断主人公，殊不知只个不欣厌的，已涉憎爱了也。苟非亲见祖师立地处，与么注解，当得西来意么？偈曰：

> 似地普擎天普盖，如灯俱照日俱临，

拟于明白中蹲坐，脚下不知泥水深。

毫厘有差，天地悬隔。

有定据，无準则。拈空塞空，以的破的。买石得云饶，六祖道不会；移花兼蝶至，达磨道不识。只这两路葛藤，引起参天荆棘。休荆棘，海神不贵夜明珠，满把撮来当面掷。

祖师道："毫厘有差，天地悬隔。"义解者谓：我此广大法门，虽曰悟迷无间，你若爱憎拣择之情毫厘不尽，则霄壤相去，不胜其远矣！

辟曰：与么商量，似则似矣，是则未是。何则？直饶你一一无差，尘尘合道，也出他天地悬隔不得。偈曰：

说个无差共有差，俱成捏目起狂花，

天悬地隔同今古，拟涉毫厘事似麻。

欲得现前，莫存顺逆。

两不双，一不只，放去非离，拈来非即。杨岐十载铸就金圈，少室九年觑破铁壁。古佛未生时，月印千江；大块已凿时，风清八极。道顺不顺，谓逆何逆。挂角羚羊吃铁鞭，秤锤捏出黄金汁。

祖师道："欲得现前，莫存顺逆。"一等义解者谓：祖师到此，话作两橛。何则？此事本来现前，教谁欲得？教中谓："正性无不通，顺逆皆方便。"于此若教莫存，却成断灭去也。不然，盖祖师曲为初心，方便委示，似美食不中饱人餐也。

辟曰：低声低声。祖师在你脚下，纵饶一踏粉碎，更参三十年。偈曰：

欲得现前徒逐妄，不存顺逆更乖真。

香涂刀割忘分别，亦是空王眼上尘。

违顺相争，是为心病。

是病非心，是心非病，莫将有漏笊篱，唤作曹溪杓柄。非离身，非即身，毗耶厥疾转深；日面佛，月面佛，马祖沉疴愈盛。情尘未尽处，使甘露亦杀人；针芥相投时，用砒霜能活命。自从海上竞传方，无孔铁锤生异证。

祖师道："违顺相争，是为心病。"义解者谓：生死无常是心病，见闻觉知是心病，参禅学道是心病，成佛作祖是心病。会须两忘违顺，双泯圣凡，万虑俱捐，一道空寂，不假万金神药，所谓心病者自然无地可寄矣。

辟曰：吁！祖庭秋晚，佛法下衰，抱病之流滔滔皆是，无怪其然。似此知解入心、执药成病者，使耆婆再世，遇斯等人，亦无所施其巧矣。偈曰：

> 顺违相争心病生，违顺俱忘病在心。
>
> 今古死人常继踵，谩传卢扁有神针。

不识玄旨，徒劳念静。

尽大地是热铁轮，尽大地是大圆镜。狸奴、白牯今本不迷，弥勒、释迦昔亦何证。白云淡荡兮非卷非舒，明月去来兮何动何静？聚尘沙于法界之圈，陷法界于太虚之阱。只如一人发真归元，十方虚空悉皆消殒时如何？蟭螟吞却须弥卢，胡孙惊出那伽定。

祖师道："不识玄旨，徒劳念静。"义解者谓：玄旨即至道，异名同体，若不识得，岂特念静，任伊历恒河沙劫，万种修证，心外求法，只益自劳，此吾祖之不许也。

辟曰：玄旨如金刚利剑，不识固是丧身失命，识得亦不免伤锋犯手。且有何方便能免此过？偈曰：

> 玄旨是谁亲识得，释迦弥勒尚茫然。
>
> 为怜滞寂沉空者，独宿孤峰是几年。

圆同太虚，无欠无余。

本无欠剩，却有乘除。庄周配万物为马，龙门唤十方作驴。依稀还共辙，彷佛不同途。有水易招空界月，无心难获夜明珠。

祖师道："圆同太虚，无欠无余。"丛林商量道：此心在圣不加增，在凡不加减，如太虚之圆，各各具足。

辟曰：这个说话，脚跨诸方者坐席未温，个个筑一肚皮，惟资谈柄耳。及至偶婴一毫利害，则较得失之念纷然交接，要教圆同太虚，噬脐何及？当知此事须还妙悟，悟后岂更有第二境为对为待耶？偈曰：

蟭螟巢结瘦纹眉，直与鲲鹏接翅飞。

若谓太虚无少欠，依前开眼陷重围。

良由取舍，所以不如。

荐福莫，赵州无。雪峰放出南山鳖鼻，云门打杀东海鲤鱼。兴化赴村斋，向古庙里躲卒风暴雨；丹霞烧木佛，却叫院主堕眉须，疑杀人间几丈夫。

祖师道："良由取舍，所以不如。"义解者谓：此心既如太虚之圆，无相不具，一切皆如，你于染净法中瞥生取舍，则不如也。

辟曰：若是真正本色参学上士，见此等说话底人，便与劈面唾不为性燥，盖像龙不足致雨故也。偈曰：

取即非如舍不如，是牛谁敢唤为驴。

大千沙界金刚体，也是重栽颌下须。

莫逐有缘，勿住空忍。

万物芸芸，万灵蠢蠢，离相离名，有谁不禀？因什么少室分皮、分髓，临济立主、立宾？引得儿孙草里辊。

祖师道："莫逐有缘，勿住空忍。"义解者谓：二俱虚幻，拟心执著，取舍纷然，一念不生，常居中道，可为解脱道人。

辟曰：错！待汝知是解脱，已落虚幻了也。若是真实悟心之士，有缘、空忍岂在解脱之外哉！偈曰：

> 有缘莫逐还成易，空忍教他勿住难。
>
> 难易两头俱斩断，祖庭依旧不相干。

一种平怀，泯然自尽。

不动道场，无生法忍。皓月照窗扉，清风届屏枕。有佛处不得住，铁裹灯心；无佛处急走过，花铺蜀锦。三千里外摘杨花，十方虚空尽消殒。易商量，难定准，海底泥牛吃铁鞭，百草头边风凛凛。

祖师道："一种平怀，泯然自尽。"义解者谓：取舍之情既尽，圣凡知见无依，自然一切处平等，一切处泯灭。

辟曰：白日青天，莫寐语好。即今眼见色、耳闻声，唤什么作平怀不平怀？偈曰：

> 泯然尽处事无涯，百草头边正眼开。
>
> 生死涅槃俱捏碎，不知何处著平怀。

止动归止，止更弥动。

曲谈名相劳，直说无繁重。曲说且止，如何是直说？张三吃铁棒，李四忍疼痛。活人入棺材，死人成队送。观音失却神通，反被儿童戏弄。直说且止，曲说又作么生？觉花需向性天栽，佛种宜将心地种。

祖师道："止动归止，止更弥动。"一种义学沙门谓真心湛然，常住不动，无始流转，皆由妄见。且动既妄动，止亦妄止，以妄止妄，犹抱薪救焚，只益其炽矣。引肇法师谓："寻夫不动之作，岂释动以求静，必求静于诸动。必求静于诸动，故虽动而常静。不释动以求静，故虽静而不离动。"审如是，则动无动相，静无静相。如教中谓："动静二相，了然不生。"盖了知动静皆是妄缘，群妄既消，二相亦遣矣。

辟曰：咄！动是银山，静是铁壁，或未曾一捏粉碎，要教他二相不生，万里崖州未为远在。偈曰：

> 火焰差容蚊蚋泊，剑锋宁许赤身挨。
>
> 少林堂奥无门限，把手相牵孰肯来？

惟滞两边，宁知一种？

左转右旋，西没东涌。突出无孔铁锤，打破上牢漆桶。无位真人把须弥卢一掴，直得虚空藏菩萨向十字街头合掌告言：伏惟珍重。为什么如此？

祖师道："惟滞两边，宁知一种？"义解者谓：两边是动静二相，一种是觌体无差，乃释上二句之辞也。当知动静二边，妄则俱妄，真则全真，安有二致者哉！

辟曰：低声低声，休将闲学解，埋没祖师心。因为说偈曰：

> 是一种兮非一种，是非情尽若为知。
>
> 休将雪里莓苔石，唤作溪边白鹭鸶。

一种不通，两处失功。

指鹿为马，唤瓮作钟，从来将错就错，不碍拏空塞空。破蒲团三个五个，抚掌大笑；折拄杖七尺八尺，满面春风。扫除佛祖病，陵灭少林宗。炉鞲年深火正红。

祖师道："一种不通，两处失功。"一等杜撰禅和道：这两句是结前引后之辞也，谓结前则显示一种之真理，谓引后则深责空有之妄缘也。

辟曰：若真实是个衲僧，说一种、说两处，句句归宗，拍拍是令。如其不尔，说个一种，早落窠臼了也，况两处乎？偈曰：

> 一种出来无地著，二边何处立功勋，

老婆只为频叮嘱，累及浑家落见闻。

遣有没有，从空背空。

头正尾正，心空眼空。蓦面道著，狭路相逢。赵州柏树子，红尘截断一溪水；东山铁酸馅，碧落冲开千尺松。大象不游于兔径，狮王安肯媚狐踪。

祖师道："遣有没有，从空背空。"有等循言逐句者谓：有乃妄有，由遣之而故没；空本自空，欲从之而故背。有是空家之有，空是有家之空。空得有而故彰，有得空而乃显。以其彰故空全是有，以其显故有全是空。互融互摄而不差，相在相入而无损。由是而知，遣之、从之，得非徇妄者乎？

辟曰：咬人狮子安肯与逐块韩卢并辙？依文解意，曾逐块之不若也，欲望其哮吼返掷，其可得乎？偈曰：

只为桃符钉得高，鬼神白日把门敲。

如何三尺茅檐下，云月溪山伴寂寥。

多言多虑，转不相应。

似水入水，如镜照镜。洗得法尘，结见成病。三世诸佛无家可归，历代祖师何道可证。为怜没眼巡官，要与空王算命。夜深翻转卦盘看，一片虚明冷相映。所以道：多言多虑，转不相应。

义解者谓：言多去道转远。又云：神心洞照，圣默为宗。又引达摩道："外绝诸缘，内心无喘。"外绝诸缘则忘其言，内心无喘则绝其虑矣。

辟曰：你与么引证了，还相应也未？若果未，则言语云乎哉！偈曰：

因言显道道忘言，忘到无言亦忘传，

脱略是非言象外，虚空无口解谈禅。

绝言绝虑，无处不通。

道吾舞笏，石鞏张弓，西河狮子，长沙大虫。且当时极有余态，到今朝尚播遗风。逗到祖师门下，直教窜迹潜踪。何以如此？岂不见道：簸箕量米升浑别，熨斗煎茶铫不同。所以云：绝言绝虑，无处不通。

或者依文解义道：绝言则言语道断，绝虑则心行处灭。言语道断则寂而照，心行处灭则照而寂。到此如来禅、祖师禅，可以一串穿过。又有古人教伊休去歇去、口边醭生、舌上草出等语，得非是理乎？

辟曰：与么和会，大似置坚冰于烈火之上，多见其不知量也。若果如其说，则那讨祖师来？偈曰：

> 绝虑绝言同木偶，何时成佛永嘉非。
>
> 声前未领通玄旨，拈起毛端隔铁围。

归根得旨，随照失宗。

与么与么，指西作东。不与么不与么，认有为空。与么中不与么，似网兜风。不与么中却与么，湿纸将来裹大虫。何以如此？岂不见道：归根得旨，随照失宗。

一等人巧生卜度道：绝言绝虑是归根，无处不通是得旨。你若作归根得旨会，又却随照失宗矣。然根本无归，旨亦非得，不了此意，妄自认执，是谓随照，苟存照之之迹，则佛祖心宗不胜其失矣。

辟曰：果有此说耶？苟或如是，则唤将从上佛祖来，吃阎罗大王铁棒。何则？为他归根得旨来。偈曰：

> 随照归根事一同，不须特地展家风，
>
> 偷心未向机前死，得旨何曾异失宗。

须臾返照，胜却前空。

见到行到，宗通说通。揭露人天眼目，剖开佛祖心胸。却物逐物，似异非异。杀人活人，谓同不同。总与一齐生按下，海门夜半日头红。

祖师道："须臾返照，胜却前空。"一等强说道理者谓：以明暗色空消归自己者，是名返照。当知空不自空，因心故空；有不自有，因心故有。离心无空，离心无有。众生违背自心，妄见空有，而欲从之、却之，俱名颠倒。

辟曰：错下名言。少林门下觅心了不可得，谁是颠倒者？偈曰：

本来非照何劳照，说甚须臾与久长。

但见一期超象外，不知二子共亡羊。

前空转变，皆由妄见。

古庙香炉，一条白练。直下超死越生，总是落他方便。从来不信自心迷，却言佛法无灵验。有灵验，立地便成佛，入地狱如箭。

祖师道："前空转变，皆由妄见。"义解者谓：有是妄，空亦是妄，空有从缘，变易无定。欲得离妄，二俱排遣。

辟曰：咄！遣则任伊遣，殊不知只个所遣之妄、能遣之心，俱不离妄，苟不能与遣俱遣，要脱他妄缘，未有休日在。且有何方便与遣俱遣？偈曰：

空何有变变非空，莫把山河著眼中。

水底波斯吹石火，金乌飞上海门东。

不用求真，惟须息见。

竖起生铁脊梁，横按倚天长剑，闲忙静闹门头，总与打成一片。既精专，复勇健，将谓成佛作祖不隔一尘，撞着三祖大师，轻轻向伊道："不用求真，惟须息见。"好好看方便。

一等义学之者谓：见有六十二种，法数具陈，不出断常二见为主。求真落断见，逐妄堕常见。《楞严》谓："言妄显诸真，妄真同二妄。犹非真非真，云何见所见？"但能离一切见，全体即真，不用求也。

辟曰：是则固是，且祖师道"惟须息见"，且见作么生息？苟有息之之理，辗转成见矣。偈曰：

> 蓄意求真真复隐，尽情息见见还生，
> 当门虽不栽荆棘，自是无人有路行。

二见不住，慎勿追寻。

针头削铁，佛面剥金。谓无则一尘不隔，谓有则千圣难寻。天晓不露，夜半平沈。绝对待，离古今。举世尽知湖海阔，出门方觉水泥深。

祖师道："二见不住，慎勿追寻。"义解者谓：既不住妄，又不住真，和个不住亦不住，正与么时，繁兴大用，举必全真，更不假离此别寻也。

辟曰：噫！如此等相似语言，那个无一肚半肚？只是要近傍他祖师未得在。偈曰：

> 法法本来无所住，于无所住绝追寻。
> 阳乌昨夜沉西岭，今日依然上晓林。

才有是非，纷然失心。

根非利钝，道无浅深。有一句子，非古非今。构不着底，宴坐大圆镜智；构得着底，深入邪见稠林。弥勒、释迦自知无分，狸奴、白牯忍俊不禁。夜骑铁马沉沧海，摸得陈年穴鼻针。

祖师道："才有是非，纷然失心。"丛林往往道：尽十方世界是沙门自己，十方世尊是古佛法身。所以云：扑落非他物，纵横不是尘。也无是者，也无非者，一一皆是妙明心中流出。

辟曰：如此等说话，丛林唤作平实商量，又唤作转身句子，莫不引斯二句为证，古今之下，不知污染几多净白田地。故本色道流斥之为杂毒，诃之为狐涎。莫有不甘其魔魅者么？急须吐却。偈曰：

> 说有是非无是非，重门高启待谁归，
> 参天荆棘横官路，那个行人不挂衣。

二由一有，一亦莫守。

日上月下，天长地久。惟有周金刚不事事，白棒横拖沿路走。有问祖师西来，若不劈脊便搂，便言合取狗口，引得森罗万象笑眼豁开。阿呵呵，笑须三十年后。

祖师道："二由一有，一亦莫守。"义解者谓：才徇二即昧一，才守一即生二。当知二是真妄，一是自心。真妄之二既除，自心之一无住，可谓解脱大道也。

辟曰：此等语言记忆在怀，谓之参学，使德山有棒未到你吃，阎罗老子手中铁棒少你一分不得在。偈曰：

> 一法并教伊莫守，不知莫守未为贫，
> 何如醉卧花毡上，乱把黄金掷向人。

一心不生，万法无咎。

苏州有，常州有，六六三十六，七七四十九。庵主竖起拳头，百丈展开两手。更兼千七百个饭袋子，弄出鬼面神头，虾跳何曾出得斗？

祖师道："一心不生，万法无咎。"义解者引他经论道："心生种种法生，心灭种种法灭。"诸法不自生，诸法不自灭，皆自一心所变。一心不生，诸法常住，所以古人谓"铁牛不怕狮子吼，恰似木人见花鸟"之说，正类乎此。

辟曰：然则然矣，只如永嘉道："谁无念？谁无生？若实无生无不生。

唤取机关木人问，求佛施功早晚成。"似乎返是。且不生底是？无不生底是？试定当看。偈曰：

> 万法本来无过咎，一心何更有生缘，
>
> 叮咛固是婆心切，牧笛难教合管弦。

无咎无法，不生不心。

太华山非险，沧溟海不深。卢仝月蚀诗有何难读，伯牙太古曲煞有知音。惟有东山暗号子，收来无缝罅，放去卒难寻，搅扰几多伶俐客，摩裩擦裤到于今。

祖师道："无咎无法，不生不心。"义解者谓：此二句返上二句而言，谓无咎则万法自消，不生则一心自寂。法消心寂，至道之体冲然不待得而得矣。

辟曰：昔僧问赵州："学人乍入丛林，乞师指示。"州云："吃粥了也未？"僧云："吃粥了也。"州云："洗钵盂去。"此僧悟去。且道此僧当时悟无咎耶？悟无法耶？悟不生耶？悟不心耶？试定当看。偈曰：

> 法法只因无咎咎，心心多为不生生，
>
> 寒猿夜哭巫山月，客路元来不可行。

能随境灭，境逐能沉。

以一重去一重，路遥知马力。不以一重去一重，岁久见人心。两重公案已展不缩，三千里外谁是知音？自从立雪人归后，几片春云裹翠岑。

祖师道："能随境灭，境逐能沉。"义解者遽引永嘉道："境非智而不了，智非境而不生。智生了境而生，境了智生而了。"当知能是一心，境是诸法。能即智之异名，境即法之别号。境灭则能了之心亦灭，心空则所现之境亦沉。相即相在，互摄互融，初无间断。其不了者，目之曰迷。

辟曰：据如所说，谓之了可乎？不惟不了，如饥食盐，重增其渴耳。

偈曰：

> 共知光影因灯现，咸谓波涛仗水兴，
> 灯灭水沉波影尽，正堪门外吃乌藤。

境由能境，能由境能。

一大藏教陈年故纸，千七百则腐烂葛藤，不翅止啼黄叶，何殊日下孤灯？拈过了也，又是一层，脱赚人间几个僧。

祖师道："境由能境，能由境能。"有个依语生解汉道：境不自境，因能故境。能不自能，由境故能。能仗境而生，境托能而起。当知生而不生，心外无法；起而非起，法外无心。祖师到此，将一心万法丸作个蜜果子，只要伊笑谈一咽。

辟曰：因逆问之曰：子曾咽得也未？如其未然，世间还有咽得者么？他日异时吞铁丸有分在。偈曰：

> 因能生所所生能，能所俱忘生不生，
> 老蚌吸干鲸海水，珊瑚枝上月三更。

欲知两段，元是一空。

空而不空，兔角杖撑破银山铁壁；不空而空，龟毛拂展开明月清风。洞山麻三斤黏皮缀骨，云门干屎橛滞壳迷封。衲僧面前放过不可，祖师门下再犯难容。常教肚里如针刺，抛向洪波白浪中。

祖师道："欲知两段，元是一空。"义解者商量道：两段即指前之心法，所言一空非太虚顽然之空，非小乘断灭之空，乃灵觉无相之真空耳。此空是诸佛之源、万灵之母，无声无臭，昭昭于群象之前；不有不无，朗朗于诸尘之表者是也。

辟曰：是空不应有知，既知不应名空。苟未曾与祖师握手，亲到真空之海，言语云乎哉！偈曰：

梦中镢得黄金藏，又跨青鸾上宝台，

尽夜喜欢无著处，天明只落得场呆。

一空同两，齐含万象。

一句无私，万灵同仰。远拍祖肩，清机历掌。大颠打首座，聚雪埋金；兴化罚维那，扬声止响。惟有石敢当，常年整岁向百众人前出一头，今古无人解称赏。

祖师道："一空同两，齐含万象。"义解者卜度道：心不异法，是一空同两；法不异心，是齐含万象。所以古云："见色便见心，无色心不现。"又教中谓："森罗及万象，一法之所印。"故祖师发明于此。

辟曰：讲经则许你讲，要见祖师意，何异郑州出曹门？偈曰：

一不成单两不双，夜深寒月印长江。

无边宇宙光吞尽，又引梅花上矮窗。

不见精粗，宁有偏党。

禅名关，教名网，捞摝三有众生，及第心空标榜。撞着个没意智汉，掣其楗，解其纽，万目要张不张，百夫欲掌不掌。无心道者合如斯，岂是人前呈伎俩？所以道：不见精粗，宁有偏党？

义解者谓：心法既空，能所俱泯，则生佛体同，悟迷一致。故引《息心铭》谓"何贵何贱，何辱何荣，何得何失，何重何轻，一道虚寂，万物齐平"之语为证。

辟曰：然证也证得相似，其如证得太煞相似，返不相似矣。且如何是不相似处？试定当看。偈曰：

一喝迅雷难掩耳，蟭螟负海入蚊眉，

泥猪懒狗齐开眼，三世如来总不知。

天目中峰和尚广录卷第十二之上

天目中峰和尚广录卷第十二之中

参学门人北庭臣僧慈寂上进

《信心铭》辟义解　中

大道体宽，无易无难。

窃得衣钵入手，解道非风幡动。金襕外别有何物，倒却门前刹竿。这两个汉无事讨事，瞒人自瞒。本来无缝罅，穿凿不相干。还相委么？一回相见一回老，一度风来一度寒。

祖师道："大道体宽，无易无难。"义解者道：本来个事，包日月，含虚空，佛祖不知名，大地载不起，如天普盖，如地普擎，各各圆成，人人具足，又何难易之可容言哉！其所难易者，在人不在法也。肯信自心是佛即易，不信自心是佛即难。

辟曰：余则异乎所闻。肯信自心是佛即难，不信自心是佛即易。且道利害在什么处？此说且止，只如庞居士道："难！难！十石油麻树上摊。"庞婆云："易！易！百草头上祖师意。"灵照谓："也不难，也不易，饥来吃饭困来睡。"这里定夺得他三个舌头长短，其难易可一笑而领矣。其或不尔，纵饶你随语生解，说个无易无难，正是瞎驴趁大队，转脚则无路可行矣。偈曰：

摊麻树上困来睡，祖意难言百草头。

三个一般无眼孔，扶篱摸壁几时休。

小见狐疑，转急转迟。

转自己入山河，铁牛沉巨浸；转山河归自己，老象溺深泥。自己、山河一起拈却，诸方炉鞴无可设施。有设施，不异空拳吓小儿。

祖师道："小见狐疑，转急转迟。"义解者道：一切众生自空劫已前，与三世诸佛同成正觉，初无少欠。此心不了，返堕愚迷而不知觉。是故诸佛祖百千方便，导之策之，使之悟入。所以云为一大事因缘故出现于事，乃为此也。但是学人不信自心是佛，而欲心外别求，故斥之为小见。当知此心本具，说个疾得成菩提已成剩语，何迟速之有耶？

辟曰：然则即今唤什么作佛？如指点不出，病在于何？偈曰：

天岂容伊坐井窥，尽其见量总成疑。

翻身跳出虚空外，剔起眉毛已是迟。

执之失度，必入邪路。

山无重数，水无重数，善财于弹指声中见慈氏尊楼阁，又无重数。无位真人路见不平，以拄杖拦空一画，十万八千一齐捏聚，却回首高声唱言："芳草萋萋鹦鹉洲，晴川历历汉阳树。"何以如此？岂不见祖师道："执之失度，必入邪路。"

近代有等据师位者，见人说看古人话，做功夫孜孜不舍寸阴克究己事者，便遽引此二句，斥之谓执之失度，乃云："佛法那有这个事，一切现成，何不领取，特地做死模样作么？"

辟曰：说得也是，但不究其源，殊不知祖师责其悟后之执，岂不见佛眼云："有一等人骑驴觅驴。又有一等人识得驴了，不肯下驴。"正言此等执其悟理，未能忘念，外存所悟之法，内记能悟之心，古人斥之为法尘，非之为见刺。故药山谓："才有所重，便成巢臼。"皆是责其执悟理者。使悟理不忘，谓实有此事，见法不圆，成外道所计。然迷而求悟则易，已悟欲忘则难，傥不遇真正导师，盲枷瞎棒深锥痛答，卒莫之自已也。你还甘此说么？偈曰：

> 执心未尽花常赘，结使还除果不遥，
>
> 只就从前邪路上，等闲回首赤条条。

放之自然，体无去住。

向上机，末后句，八字打开，两手分付。逴得便行，梅花枝上月三更；提得便去，醉跨紫鸾迎晓雾。不作佛法商量，不作世谛流布。毕竟如何？不见祖师道：放之自然，体无去住。

义解者谓：执心既遣，自然任运腾腾，无拘无绊，动若行云，止如谷神，既无心于彼此，宁有分于去住乎？《圆觉》谓"居一切时不起忘念，于诸忘心亦不息灭，住妄想境不加了知，于无了知不辨真实"，亦差近矣！凡圣情尽，体露真常，迥绝妄缘，即如如佛。

辟曰：相骂饶你泼水，若是祖师意，饶你和一大藏教吐出，只成业识茫茫。偈曰：

> 见闻知觉尽皆捐，本不期然却自然，
>
> 君入西秦我东鲁，顶门谁不戴青天。

任性合道，逍遥绝恼。

裴相国捧佛请为安名，唐庄宗向中原获得一宝。君不为万乘尊荣之所移，臣不为百揆机务之所挠。林下衲子足蹈大方，形栖物表，常年累岁坐在无事甲中，因什么反不能如是之却好？且道以何为碍？岁岁凋枯般若林，年年增长无明草。

祖师道："任性合道，逍遥绝恼。"解义者谓：心空及第之士，性不待任而任，道不待合而合，逍遥如出岫之云，绝恼若行空之月。大圆镜中，有谁不尔？

辟曰：子不闻佛印元和尚云："未悟者难与言已悟之境。如生盲之人与之言天日之清明，彼虽听而不可辨矣。"或未能撒双手于悬崖之下，便以任性合道之说为证，如饥说食之喻岂诬人哉！偈曰：

> 任他法性自周流，转见心王病不瘳，
>
> 更欲逍遥求合道，铁鞭三百未轻酬。

系念乖真，昏沉不好。

一大藏教是个切脚，丈六金身成一茎草。大雄一喝三日聋，仰山倾出一栲栳。且此等说话，是瓦砾？是珍宝？你若道"是句也扫，非句也扫"，正是浑仑吞个枣。

祖师道："系念乖真，昏沉不好。"义解者引教中云："心不系道，亦不结业，是为得道人也。"或引德山"毫厘系念，三途业因"之说为证。又云：体道之士，才有纤毫凡圣悟迷之情系于念虑，则为凡圣悟迷之见所昏。直须一物不干怀，万缘俱荡尽，始可合他古人见处。

辟曰：莫谤古人好。古人向你道"系念乖真"，只个一物不干怀，已是系念了也。偈曰：

> 系念乖真真不乖，昏沉不好好何来，
>
> 上牢漆桶连箍脱，戴角披毛入祸胎。

不好劳神，何用疏亲。

赵州勘破了也，水银无假；云门话堕了也，阿魏无真。参禅不灵验，触处昧元神，眼中藏见刺，耳里嗅闻尘。咄！果有如是事那？只向伊道：举眸天外看，谁是出头人？

祖师道："不好劳神，何用疏亲。"义解者谓：由系念便乖真，既乖真即劳神，以劳神必疏亲。当知系念乃疏亲之因，疏亲即系念之果。祖师说个"何用"，噬脐何及哉！

辟曰：这一络索，大似依样画猫儿，大概画得也相似，虽死鼠不能捕，而况活者乎？苟不真个向命根下一刀两段，徒资其话柄耳。偈曰：

> 既知不好复劳神，役尽精神愈不亲，
>
> 何似三家村里汉，饱噇高卧契天真。

欲取一乘，勿恶六尘。

眼为光明法身，耳为音声法身，鼻乃庄严香法身，舌乃清静味法身，身名普觉法身，意号了知法身，总具六千功德，成就一切种智。只如四大分解、百骸溃散之顷，六根悉归变灭，且法身向甚么处安著？愁人莫向愁人说，说向愁人愁杀人。

祖师道："欲取一乘，勿恶六尘。"义解者谓：一乘即自心之异名，六尘根识十八界乃自心之别号，安有取一乘而恶六尘，是犹爱手足而忘肩背也。当知悟此心则六尘即一乘，迷此心则一乘皆六尘。裴相国谓："背之则凡，顺之则圣。"又《楞严》谓："阿难，汝欲识知俱生无明，使汝轮转生死结根，惟汝六根，更无他物。汝复欲知无上菩提，令汝速证安乐解脱、寂静妙常，亦汝六根，更非他物。"

辟曰：和会得也相似，你还知一乘是妄，六尘是谤，舍此二途，还免得妄与谤也无？偈曰：

> 色声香味与触法，六处从来契一乘，
>
> 取舍之情犹未瞥，又于平地起稜层。

六尘不恶，还同正觉。

主人翁，诺诺诺，有路不行，无绳自缚。谓六尘即是，彻底乖真；谓六尘即非，还成大错。错不错？一茎草现黄金躯，倒骑万里冲霄鹤。

祖师道："六尘不恶，还同正觉。"义解者谓：也无六尘，也无正觉，总只是个妙明心地，唤作六尘也得，唤作真觉也得。你若于此妙明心地有所不了，唤作六尘也不了，唤作正觉也不了。别有什么事，只个了不了，引得他佛祖口唠舌沸，分出许多优劣，都是自不丈夫而使之然也。

辟曰：昔有一秀才，因累举不第，乃焚弃笔砚，作一篇归田诗，讥消功名如涕唾。及至明年开选，依前走在场屋中。可与作是说者并案。偈曰：

> 不恶六尘同正觉，少林堂奥隔天涯。
>
> 会须伸出擎空手，佛与众生一窖埋。

智者无为，愚人自缚。

移岳盈壑，续凫截鹤，庄周自谓说得盛水不漏，点检将来，正是较短量长，自生卜度。惟有木上座，也无好，也无恶，也无是，也无错，通身只么黑黢黢，长年靠在绳床角。

祖师道："智者无为，愚人自缚。"义解者谓：智不自智，由悟而智；愚不自愚，因迷而愚。智者悟自心，心悟本无为。愚人迷自心，心迷还自缚。当知悟者之无为，虽天地鬼神莫能使之为。迷者之自缚，虽千圣万贤莫能释其缚。惟智与愚悉由心变，岂外物使之然乎？

辟曰：但见锥头利，不见凿头方。何则？须知无为即自缚，自缚即无为，若谓果有二途，则蹉过祖师远矣。偈曰：

> 愚人自缚还须解，智者无为缚杀人，
>
> 寸刃不施俱截断，为怜平地丧天真。

法无异法，妄自爱著。

通身是病，通身是药。拟议不来，当面讳却。药即是病，病即是药。太虚空里筋斗易翻，青州做领布衫难著。也无病，也无药，森罗万象铁浑仑，杨岐驴子三支脚。

祖师道："法无异法，妄自爱著。"义解者谓：青青翠竹尽是真如，郁郁黄花无非般若。尽微尘法界海内所有声色，于中觅一同相不可得，觅一异相亦不可得，离此同异，俱不可得。嗟乎！不了此者，著佛被佛碍，著法被法碍。且著佛、法尚且遭其窒碍，降此以往，又何爱著而不窒碍者哉！

辟曰：法若有异法，爱著则有异。法既无异法，爱著亦无异，因甚么却道"妄自爱著"？这里看祖师不破，前说皆戏论耳。偈曰：

> 法无异致体还同，同体如何展化功？
>
> 少室九年惟面壁，不知将底播真风？

将心用心，岂非大错？

心心心，难摸索。释迦老子四十九年，说偏说圆，分半分满，诠注不成，末上拈一枝花，正是将心用心，难免人道个岂非大错。到此既是事不获已，且将个正法眼藏、涅槃妙心，与伊遮盖却。

义解者道：你要成佛是将心用心，要作祖是将心用心，乃至要超生死、住涅槃、证菩提、断烦恼等，总不出个将心用心。

辟曰：虽然，也只道得一半。当知心体广大不可限量，直下如大火聚，婴之则烧，触之则燎，纵饶你不要成佛作祖等，亦出他个将心用心不得。偈曰：

> 即佛是心心是佛，拟承当处早乖疏。
>
> 饮光眉向花前展，平地无端起范模。

迷生寂乱，悟无好恶。

迷时迷悟的，诺；悟时悟迷的，诺。迷悟两俱忘，打破灵龟壳。龟壳既破，迷悟亦空，且道这两个诺，向甚处安著？打瓦与敲砖，一任伊卜度。

祖师道："迷生寂乱，悟无好恶。"义解者谓：真寂体中，一切不留。《楞严》谓："无漏真净，云何是中更容他物？"以其未悟此理，面前不见寂便见乱，不见动便见静。不知动也是迷，乱也是迷，静也是迷，寂也是迷，乃至见自己立地成佛亦是迷。能了此迷，心当处解脱，则一一天真，

——明妙，既不见乱，亦不知寂，二边舍离，中道不立，安有好恶之情复为障为碍者哉！

辟曰：此说差近矣。且道迷从何来？悟从何起？这里知得来处、起处，不待遣迷，只个悟底亦无地可寄矣。如其不尔，且把迷的悟的取性分别，究竟惟增见病耳。偈曰：

> 古今天地谁曾悟，无悟何曾更有迷？
>
> 翻忆温州老真觉，无端一宿憩曹溪。

一切二边，良由斟酌。

开口道着，动步踏着，一切总现成，不信且行脚。待伊行到路途穷，云水空，布衫穿，草鞋薄，那时蓦鼻拽回头，始信从来自耽搁。

祖师道："一切二边，良由斟酌。"或有个杜撰巡官注解道：才见有乱，便见有寂。当知乱不自乱，因寂故乱；寂不自寂，因乱故寂。由是诸法纷然，未有不相对相待而起。所云"斟酌"二字，便是最初谓"拣择"之说差近也。以其拣择之识未消，则于寂乱等二边，动成斟酌之念，以其未遣，则一切不得不二矣。

辟曰：然则斟酌之念有何方便而遣？苟或不知此方便，则尔所说亦未尝不由斟酌而生。偈曰：

> 二边不用频斟酌，一道齐平亦妄传，
>
> 觌体未超言象外，见同佛祖正堪怜。

梦幻空花，何劳把捉。

乌龟壳，空索索。铁秤锤，实曝曝。惟有木上座，不受人穿凿。朝骑陕府牛，暮跨扬州鹤。有时白日走归家，敲打虚空自酬酢。还乡一曲声未消，天岸云飞星斗落。

祖师道："梦幻空花，何劳把捉。"义解者引教中道："一切有为法，如梦幻泡影，如露亦如电，应作如是观。"又引永嘉道："放四大，莫把捉，寂灭性中随饮啄。诸行无常一切空，即是如来大圆觉。"便乃肆情所缘，任意所作，至若毁犯禁戒，破坏律仪，一以此二语为证。

辟曰：但不知正当肆情任意、放逸自姿之时，果见诸缘境如梦幻空花也无？若也见是空花，则不应驰逐。胸中微存一念攀缘驰逐之心，则不得为梦幻空花矣。当知成佛作祖亦是梦幻空花，自此已降，又何往而非梦幻哉！更须知道：这个不劳把捉之说，早是堕他梦幻了也。此事若不亲证实到，只欲随语生解，非愚而何？偈曰：

> 雪山午夜观星处，业镜台前照影时，
>
> 一种做成颠倒梦，不知谁是得便宜？

得失是非，一时放却。

雪峰辊木球，普化摇铁铎，虽曰大用大机，究竟还成造作。怎似无生国里王太博，也不善，也不恶，取性饱食高眠，任意逍遥快乐。有人来叩祖师禅，但教问取黄幡绰。

祖师道："得失是非，一时放却。"义解者道：一法界中，也无得者，也无失者，也无是者，也无非者。良由妄情瞥起，异见横生，于无得失中炽然得失，于无是非处纷然是非。所以祖师教伊一时放却，已是伤锋犯手，平地风波。你还知本来既无，放个什么？若曰有可放之理，则得失是非向什么处安著？

辟曰：咄！说有可放也合吃棒，说无可放也合吃棒。何则？为你脱他得失是非未得在。偈曰：

> 两手撒开无一事，是非得失尽皆捐，
>
> 拟将这个超生死，脚下螣蛇正绕缠。

眼若不睡，诸梦自除。

常年屈膝坐，竟日嘴卢都，两眼挂空壁，莫知何所图？叩已而参，半疑半信；阅古人话，似有似无。逗到年穷岁尽，翻成缘木求鱼。何似从空都泼撒，满怀突出夜明珠。

祖师道："眼若不睡，诸梦自除。"义解者谓：此二句是前喻后合。如人大张两目，历历不昧，则昏住自遣。既不昏住，安有梦缘？

辟曰：若作喻说则可，使其不做喻，祖师亦合吃棒。何则？且开眼何曾不是梦来？偈曰：

> 金刚正眼何曾睡，大梦须知没觉时，
>
> 寄语祖师门下客，休将鹤唳当莺啼。

心若不异，万法一如。

道人行处如火消冰，衲僧面前似冰消火。拈却两重冰炭，放他凡圣同途。无手道士画神符，瞎眼阇黎读凡书。更有一般堪信处，蟭螟吞却洞庭湖。

祖师道："心若不异，万法一如。"义解者谓：万法本如，由心乃异。譬如山不自高，心异故高；水不自深，心异故深。此心异，则千差竞起，万别横生。项背俱身，视之不殊楚越；兄弟同气，目之何啻天渊？以其异故，至近之情尚尔，欲其混圣凡、齐物我、一自他、等憎爱，其可得乎？教中亦云："未达境惟心，起种种分别。"类群盲之摸象，犹广客之疑蛇，于无同异中炽然同异。何当揭开翳眼之膜，剪空乱意之丝。融法界归此心，如镜照镜；转山河入自己，似空合空。到此诸缘寂尔，万虑悄然，二见不生，一法印定，可谓远符祖令、深契佛心者矣。

辟曰：此说且止。即今明暗、通塞、坏空、成住，诸境揪然，且唤什么作不异之心？直下指点不出，或有个道："任他诸法前陈，我但一以此不异之理照之。"吁！审如是，则不胜其异矣。偈曰：

心不异兮同万法，空拳惟把小儿欺，

拟教依样描将去，脱赚平人没了时。

一如体玄，兀尔忘缘。

禅禅禅，离言诠，释迦老子未得一半，达摩大师犹欠八千。临济喝得口破，德山棒得手穿，一一从头点检，殊觉地远天悬。近前类拨波求火，退后若掘地觅天。不前不后求相应，更着重参三十年。

祖师道："一如体玄，兀尔忘缘。"义解者谓：一如之体，玄之又玄，非因缘而有，非自然而成，离四句，绝百非，虽佛眼莫窥，圣心罔测。掷大千于方外，卷法界于毫端。一空一切空，不加宰割；一有一切有，岂用栽培？尘沙不得喻其多，毫发不可方其少。可谓忘缘绝待，一如之玄体也。

辟曰：说也说得近，你若蕴此说于方寸，要与一如玄体相应，正不异抱火于怀，求其不烧。偈曰：

一如如外更何如，重叠溪山隐故庐，

睡到三竿红日上，笑看潘阆倒骑驴。

万法齐观，归复自然。

佛法不遗方寸，禅道岂离中边？你若起心求觅，又远十万八千。有何三要，也没三玄。通身无影像，觌体离言诠。道人安用求相应，今古何曾不现前。

祖师道："万法齐观，归复自然。"义解者引他教家谓："随缘故真如是万法，不变故万法是真如。"又云："更无心外法，能与心为缘。皆是自心生，还与心为相。"此说似祖师万法齐观之理，不相远矣。或云：谓齐观亦是不拣择的影子，苟存拣择则不能齐观矣。

辟曰：引证则不无，且日上月下，夜暗昼明，涣然不可混，作么生说个齐观的道理？离却语言，请露个消息来。偈曰：

万法如何类得齐，那堪归复自然时。

知音自是从来少，徒把黄金铸子期。

泯其所以，不可方比。

殿里的，墙外的，打车打牛，竖拳竖指。雪峰辊三个木球，玄沙封三张白纸。灵山说性说心，少室分皮分髓。曹洞列五位君臣，沩仰会一门父子。吟哦满目青山，指点门前湖水。放行光蔽五天，捏住风驰万里。声前不许停机，句外岂容插嘴？咄！总是开眼尿床，烧香引鬼。所以祖师道：泯其所以，不可方比。

义解者谓：《般若经》以一百喻喻般若，他经中以一百喻喻解脱，或又以一百喻喻菩提心，具在典章，安有不可方比之理？当知般若、解脱、菩提则可喻，使去却一切名相，与一心俱泯，正与么时，还立得个什么喻子？或者谓：古人道"鹭鸶立雪非同色，明月芦花不似它"，此说岂非不可方比者乎？

辟曰：你拟向白雪、芦花中觅，不翅认温州橘皮作火。偈曰：

方之兔角长三尺，比较龟毛短一分，

却有一般浑厮称，眼睛难见耳难闻。

止动无动，动止无止。

万车同辙，万事同理，万器同金，万波同水。万象森罗，完全是你。你若不信，多买草鞋，向释迦、达摩肚里走百千遭，却来依旧从头起。

祖师道："止动无动，动止无止。"义解者谓：祖师老婆心切，将个止动二边辊作一团，与伊说破，与肇法师"即静而动，即动而静"之旨大率同途，亦是万法齐观之旨趣。岂特动止然，盖一切境缘亦皆如故。即止是动，落花还是春风送；即动是止，坚冰有日全归水。达人大观本无差，昧者由斯颠倒起。

辟曰：且置是说。只如亦不作动，亦不作止，正与么时，还有商量分也无？速道，速道。偈曰：

> 动时尘起静冰生，把手相牵入火坑，
>
> 象体自来无盖覆，苦哉颠倒是群盲。

两既不成，一何有尔？

佛海有涯，禅河无底，尺水丈波，源源不已。马大师教庞居士一口吸尽西江，法眼道是曹源一滴水。更兼船子钓尽烟波，带累他许由来洗从前是非耳。大浸稽天，弥漫万里，当时不解塞其源，至今平地波涛起。

祖师道："两既不成，一何有尔？"义解者道：是无非不是，非无是不非。才见有是，先存其非；才见有非，先存其是。所以单是不立，独非不存。非乃是之根，是乃非之本。至若真妄、悟迷等，与之同然。且是非之两既去，中道之一何存？祖师到此可谓披肝剖心，老婆太过。

辟曰：然两既不成，一亦无有，还有知不成无有者么？若谓无，谁知不成无有者？若谓有，唤作无有得么？祖师到这里，也只得结舌有分。偈曰：

> 不放春归春自归，园林处处绿成畦，
>
> 万红千紫知何处，剩得一只蝴蝶飞。

天目中峰和尚广录卷第十二之中

天目中峰和尚广录卷第十二之下

参学门人北庭臣僧慈寂上进

《信心铭》辟义解　下

究竟穷极，不存轨则。

十尺为丈，十寸为尺，此说东至日出，西至日沒，尽尘沙国土内，遍问诸人，那个不能委悉？因甚说著祖师禅，个个面前如铁壁？更有一个最分晓的末后句，不暇囊藏，尽与一齐拈出。是什么？屈屈屈。

祖师道："究竟穷极，不存轨则。"义解者谓：尽十方世界所有虚空色象、大小纤洪，皆是个自己，信步行不离祖翁田地，信口道总是古佛真诠，以至抱妻骂释迦，醉酒打弥勒，俱成一行三昧，说什么开遮持犯等？故永嘉亦云："大悟不拘于小节。"

辟曰：且住且住。说也说的太煞明白，只是阎罗大王要捉此等说的来吃铁棒。且道利害在什么处？各自归家点检看。偈曰：

> 信口拈来信口谈，纵横放肆总司南，
> 不存轨则如留念，动辄依前落二三。

契心平等，所作俱息。

象王回顾，狮子返踯，真不掩伪，曲不藏直。惟有陈如尊者，长年晏坐松凳。也惺惺，也寂寂，也不管你小尽二十九、大尽三十。夜来及第心空，透过参天荆棘。闲于陇外豁双眸，一树寒梅花摘索。

祖师道："契心平等，所作俱息。"义解者引教中道："是法平等，无有高下。"譬如水银落地，大者大圆，小者小圆。尽大地更无有一法不与自心相应者。如来成道时，回观积生多劫所修行业，皆如梦幻，亦无作者，亦无不作者。所以云："修习空花梵行，晏坐水月道场，降伏境里魔军，成就梦中佛事。"良由此心未了，于平等中见不平等。以其不平等，则一切所作由是而兴焉。

辟曰：《圆觉》云："性自平等，无平等者。"说个平等便合吃三十拄杖，更引出许多知解，转见不平等也。偈曰：

> 罢问程途撒手归，一庵高卧对晴晖，
>
> 百千玄妙俱忘却，整日无人扣竹扉。

狐疑净尽，正信调直。

牛是一头，狗是一只，猫是一个，马是一匹。见火知烧，见水知湿。缘何一点自心，个个昧如黑漆，疑上又加疑，执上重增执？不须疑，也休执，谁知万别与千差，一切圣贤从此入。

祖师道："狐疑净尽，正信调直。"义解者谓：信有二种：一正信，二邪信。信自心是佛，不假外求，是正信。不信自心是佛，起心外驰，任有宏为，皆名邪信。当知正信亦有疑，于正信中未有证得，所以致疑。疑念益深，久远不退，忽尔洞明，一念开朗，是谓大疑之下必有大悟。当知悟是信之果，信是悟之因。肇法师谓："果不俱因，因因成果。"审如是，则信时既是悟时，悟时不异信时。祖师之铭，目之曰信心，正类此也。当知大根器之士一闻举起，如获旧物，了然于心，虽衣食可忘，性命可舍，欲其斯须去其正信不可得也。故古云："假使热铁轮，于我顶上旋，终不以此苦，退失菩提心。"其正信之念果如此之坚密，安有不获亲证者哉！舍此则自余邪信生疑，疑之不已，则倒见横生，驰逐妄缘，流入无间者必矣。

辟曰：是则是，只如信即悟，悟乃混入灵源，灵源既入，这个信字向什么处安著？若谓别有著处，请指出看。若谓别无住处，则祖师已成剩语矣。偈曰：

> 信根不正起狐疑，疑念冰消信自持。
> 说得宛然相似了，祖庭何翅隔天涯。

一切不留，无可记忆。

大心如天宽，大智如杲日。大疑如火聚，大法如铁壁。临济尽力喝不退，德山尽棒打不息。深深一个葛藤桩，引蔓牵枝无了毕。就中有个汉出来道："昨夜被我和根拔出了也。"葛藤桩子既拔在手，拟向什处安著？声前句外不知归，转于平地添狼藉。

祖师道："一切不留，无可记忆。"义解者谓：心行处灭，一切不留；言语道断，无可记忆。外无法可舍，一切不留；内无心可为，无可记忆。"了了见，无一物，亦无人，亦无佛，大千沙界海中沤，一切圣贤如电拂。"是谓一切不留。"南台静坐一炉香，终日凝然万虑忘。不是息心除妄想，都缘无事可思量。"是谓无可记忆。

辟曰：然引证得也相似。任你广将佛祖言教引证得盛水不漏，惟是记忆不胜其多矣，欲得一切不留，其可得哉！偈曰：

> 一切不留还有见，了无可记尚存知，
> 故家田地非亲到，画饼何曾疗得饥。

虚明自照，不劳心力。

为道务日损，为学务日益。损到见谢执忘，益至填胸塞臆。忽然损益两俱忘，撒手归来面空壁。池阳城里王老师，冷地令人苦相忆。休相忆，虚明自照非心力。

祖师与么道，义解者谓：弥漫清净，中不容他，是谓虚；丽珠独耀，桂轮孤朗，是谓明。既虚而明，物来斯鉴，自照之功不容有言，这里加一毫心力，则不得为虚明自照矣。

辟曰：然引喻甚当其理。尔见虚空无相貌么？但未闻虚空自言我无相貌。使虚空能言，则不得为虚空。使祖师早知此喻，则驷不及舌之咎终难免矣。偈曰：

> 轮王一颗黄金印，须是当阳正受之，
>
> 暗地拾来无用处，那堪穴隙去傍窥。

非思量处，情识难测。

雪里粉易分，识即唯心；墨中煤难辨，唯心即识。是识非心，是心非识。明镜台前别丑妍，杲日光中观黑白。怎么说话，大似个讲《唯识论》的法师，衲僧面前如何露个消息？不是心，不是识。夜犬吠花村，春莺啼柳陌。长鲸吸干海底波，苍龙走入无生国。惊起大梵王，直上色究竟天顶，把虚空一捆，撒下千颗骊颔珠，闪闪神光射衣祴。

祖师道："非思量处，情识难测。"义解者谓：识是心家之识，心是识家之心，此二者如水乳难辨。当知识是水，心是水中之乳，所以教家谓："鹅王择乳，宁同鸭类？"但是水中皆有乳，惟鹅王能辨，自余水族皆莫之知。喻一切识中皆具真心，惟佛祖能了。灵知鉴觉之谓心，思维忆持、分别取舍等之谓识。然识有八种，六根具六，第七名末那，第八名阿赖耶，亦名如来藏。上七识为枝叶，惟第八识为根本，教中谓："来为先锋，去为殿后。悟为如来藏，迷为阿赖耶。"此识在迷则任持无量劫来舍身受身一切善恶无记等业，在悟则能任持无始时来一切菩提解脱诸智慧种。此识自迷入悟，转为大圆镜智，改名不改体也。即今与四大五蕴诸圣凡法中，了了记忆，作用分别，至若见闻觉知，三有纷然，万法升沉，一念起灭，莫不皆依之而生，所以云万法惟识。圭峰云："生法本无，一切惟识。"嗟今之学者，不能向命跟下一斩两断，脚跨丛林，惟以聪明之资，引起情识，览诸玄解，记忆在心。蓦尔触发，不知是情识依通而然，刚执此是神悟，或妄认目前昭昭灵灵、举口动舌为自己。而《楞严》谓："弃百千大海，认一沤为全潮。"《圆觉》谓"皆是六尘妄想缘气，非实心体。"长沙和尚谓："学道之人不识真，只谓从来认识神。"永嘉谓："损法财，灭功德，莫不由斯心意识"等，乃佛乃祖靡不指陈，而末法中此病益加炽盛。然堕此病者，亦因根本学道之志不真不正而然。若是根本志决，欲要与生死岸头相应，终不肯向此识情中埃跟。良由最初一念，只欲会禅、会道，会佛、会法。况此识如千仞铁围，无始来把伊围绕。又如千兵万骑，昼夜在六根门头伺其间隙。苟不具决定要了生死之志，则无所往而不入之矣。且祖师作《信心铭》，诚欲展开堂奥，裨后之学者脱去情识，惟信自心，转步涉入。倘学者一毫情识不尽，使祖师此铭俱为毒矣。其利害有如此者。不见最初两句道："至道无难，惟嫌拣择。"只这两句，将心与识判然分解，焕如黑白。何则？谓至道无难，即是指此真心；惟嫌拣择，即是破此情识。莫有情识不忘者，见此说乃云：我只不拣择。殊不知即此不拣择，早是情识作解，而况步步涉有、触境生情者乎？盖祖师此铭前后之意重拈再指，原其本怀，特不过曲为学者拣辨其心与识耳，所以云："非思量处，情识难测。"

辟曰：据云惟嫌拣择，今则于一心法中指出情识，是拣择耶？非拣择耶？然情之与识与一心，果异耶？果同耶？真实道流于此不能定当，要见祖师铭信心之旨，不亦邈乎？偈曰：

> 非思量处情难测，学佛玄徒合共知。
>
> 直下不知欠什么，又来开眼被人欺。

真如法界，无他无自。

师旷无耳，至神无体，灵源无底，达磨安得有所谓相传之髓？从前共住不知名，今日相逢且非你。月娟娟而万水不沉，风泠泠而六窗自启。不是心，不是佛，烂葛藤引蔓于空劫之前；非风动，非幡动，死骷髅吐气于碓坊之底。灵鉴昭昭我不知，云月溪山自相委。

祖师道："真如法界，无他无自。"义解者谓：真如法界是一心之总名，心外无别法，安有自他之称谓？不特自他之不立，乃至山河大地、有情无情，俱不可得而为有。虽曰不可得而有，亦不妨自他物象炽然安立。何则？真如法界喻金，自他物象喻瓶盘钗钏。当知金是实体，瓶盘钗钏等器是权名。以实就权，则自他物象不妨安住。会权归真，则惟见一真法界之至体，自余瓶盘之假名不待遣而自泯矣。昧者将谓祖师不达圆融之旨，宛然断灭，堕在偏空，作无他无自之说。兹不容不辩。

辟曰：辩则辩矣，且真如法界中还容得此辩么？偈曰：

> 内无自己外无他，一个浑仑花木瓜，
>
> 蓦直向人人不委，依前撒土又抛沙。

要急相应，惟言不二。

性喻曰海，心方以地，广涵而不逾，普擎而弗堕。不可得而涯岸，容受十虚；罔知所以边疆，贯通三际。前不落，后不昧，野狐精完全两枚；昨日定，今不定，干屎橛浑仑一块。毗耶穷众士之辩，口似鼓椎；曼殊逞七佛之师，舌如利剑。我宗无此葛藤，至理有何碑记？海阔全消万派声，岳高顿落千峰势。

祖师道："要急相应，惟言不二。"其义解者谓：祖师重费分疏。首则言"惟嫌拣择"，其中间若"一亦莫守"、"万法齐观"、"万法一如"等，尽是惟言不二之意。然诸佛众生觌体不二，说个成佛，早是剩语，惟是要急相应，似话作两橛矣。使果有个相应不相应之理，则宛然成二，特于此未尝无疑。

辟曰：但恐此疑不真不切、不深不固，若然，则异日此疑当有自破之时。此疑若破，其相应不相应之二与不二，了之于机先，领之于言外，则知祖师恩大难酬。昔毗耶老人命众菩萨各说入不二法门，各各说竟，及至被众菩萨返其所问而问之，则默然不加对。时文殊即伸赞叹，谓真入不二法门。且文殊何所见而兴此赞之之辞？若将此默为不二法门，则世之病痦者亦合得不二法门，与夫机关木偶等俱可入不二法门。然默既可为不二法门，则语亦可谓不二法门，以至讴歌戏笑皆名不二，何乃独赞毗耶为得耶？这里亲见毗耶、文殊二大士针芥相投之旨，则相应不相应之说，亦可一笑而释矣。偈曰：

> 祖翁门户绝支离，石火雷光犹是迟。
> 要急相应言不二，老婆嚼饭喂婴儿。

不二皆同，无不包容。

祖祖心空，佛佛道同。心空则众星拱北，道同则万水朝东。兴化昨日赴村斋，吾道一贯；德山今夜不答话，公案两重。擒虎兕，辨蛇龙，不费海神些子力；驱雷霆，走云雾，消得龙王多少风。细针削铁压沉大地，单丝绞水浸烂虚空。无把柄，绝罗笼，禅河自是无船渡，隔壁何曾有路通。

祖师道："不二皆同，无不包容。"一等循朱填墨之士谓：《法华》云："惟此一事实，余二则非真。"又云："一切诸佛惟一佛乘，无二无三。"所云一者，即妙圆明心，体离修证，竖该三际，横贯十虚，色空明暗以之为源，凡圣悟迷即之为本，乃至尽尘沙法界，见有一毫不依之而生者，皆外道所计。所以云："森罗及万象，一法之所印。"其"不二皆同，无不包容"之说，不能外于此也。

辟曰：审如是说，一切言教已当具载，又用他祖师西来作么？须知言教如赵昌之画花，其高低向背、浓淡开合焕然可观，但非真花耳。苟未能向脚跟下如斩一握丝，一斩一齐断，而不二皆同之旨，乌可以口出耳入为得哉！偈曰：

> 黄金铸就雄鸡卵，击碎依前又鹘仑，
> 里许不知包什么，孤光长夜照乾坤。

十方智者，皆入此宗。

至神无功，至体浑融。如钟在虚，耳畔非响非寂；如春发荣，枝上自白自红。洞山五君臣，朱丝奏一画未形之韵；临济四照用，铁鞭追万灵罔测之风。玉转珠回兮机先路活，风飞雷厉兮顶门眼空。思维不及，快便难逢。差排古佛离巢臼，断送生蛇化活龙。

祖师道："十方智者，皆入此宗。"义解者引《华严》云："如来真境界，其量等虚空，一切众生入，其实无所入。"又《圆觉》谓："诸能入者，有诸能入，非觉入故。"当知此宗一切众生本来深入，安有复入之理？众生既尔，其有智者不应反有所谓入也。闻永明和尚谓："心真如门，初无离在。"但迷者喻出，悟者喻入，特迷悟相间，岂果有所谓出入哉！

辟曰：且止是说。你还曾悟么？待你真实有个悟处，方见祖师言不欺矣。偈曰：

尽说此宗难得妙，十方智者若为论，

悬崖未解抛双手，撞入无非地狱门。

宗非促延，一念万年。

乾为天，坤为地，禅不异教；阳为奇，阴为偶，教岂离禅？只为互生卜度，引起腊蛇绕缠。一个专一心三观，一个擅直指单传，默如山隔，语如天悬。被个无面目汉，路见不平，拦空一喝，直得达磨大师与天台、贤首，吞声饮气，垂手入廛。各家自扫门前雪，不把无明润识田。

祖师道："宗非促延，一念万年。"义解者谓：祖师指一心为宗。一心法界中，以劫为日不加促，以日为劫不加延。所以视一念为万年，转万年为一念，不长不短，非少非多，岂神通使然，乃法如是故。

辟曰：昔儒之达者，以齐彭殇为妄作，一死生为虚诞，使其知有一念万年之说，犹增惊愕，无他，盖真俗不同途也。古人亦云"谈真则逆俗，顺俗则违真"，岂不然乎？何当使其裂开俗网，斩断尘根，回观吾祖短长相即、圆常自在之机，则失言之咎其可逃哉！虽然，且不涉短长，试道一句看。偈曰：

> 刹那万劫非延促，不把虚空较短长，
>
> 便与么时还谛当，且归门外错商量。

无在不在，十方目前。

镜清六刮，济北三玄。天龙伸瘦指，庵主竖空拳。有佛处不得住，抹过西乾与东土；无佛处急走过，打著南边动北边。一状领过，六户悄然。开门放出扬州鹤，不用腰缠十万钱。

祖师道："无在不在，十方目前。"或者以意识卜度谓：心非色像，道绝方隅。即色像而不妨处处分身，倚方隅而岂碍尘尘露影？尘尘露影，不离当处常湛然；处处分身，觅即知君不可见。是谓"无在不在，十方目前"之旨，明矣！

辟曰：作是说者，偷光望影也，少伊一分不得。若不能亲下手剖破藩篱，望他祖师无在不在之真，何异郑州出曹门。偈曰：

> 不离当处是何物，逼塞四维含十虚，
>
> 抛向目前无盖覆，直教觑着眼睛枯。

极小同大，忘绝境界。

投子言坏，大随不坏，堕此两重关，触途成障碍。无障碍，但将两句并作一处看，便见微尘不小，虚空不大。现成公案绝覆藏，漆桶何缘能不快？

祖师道："极小同大，忘绝境界。"义解者道：前云"无在不在"，便是极小同大、极大同小之标题，故《楞严》谓："于一毛端现宝王刹，坐微尘里转大法轮。"苟不达无在不在之旨，则动为境界所围。既围于境界，则安有忘绝之理？既不能忘绝境界，则大者大相，小者小相，安能融摄于一体者哉！

辟曰：只如妄绝境界的人，还见大小也无？若谓见，则未能忘绝；若谓不见，则去土木偶人无几矣。试道看。偈曰：

> 须弥纳芥人皆委，芥纳须弥佛也疑，
>
> 纵使见超情量外，刻舟求剑不胜迟。

极大同小，不见边表。

得得非得，了了何了。心地花开雪谷春，性天日出冰壶晓。不萌枝上金凤翱翔，无影树边玉象围绕。百丈脱野狐胎，贫恨一身多；文殊出女子定，富嫌千口少。但知隔山见烟，谁问出门是草。一切现成，不用寻讨。纵饶靴里弄钳锤，也是门前打之绕。

祖师道："极大同小，不见边表。"一等义解者谓：昔毗耶大士运不思议解脱神力，以三万两千狮子座，置之方方一丈室中，室不加窄，座不加隘，然后以右手断取妙喜世界，普告大众：彼世不摇动，此世不改变。以大入小，以小入大，互即互融，非彼非此。经中欲说此不思议解脱神力，穷劫不尽。然此神力无一毫不自妙明心中流出。或者谓："我今亦尝悟此妙明心体，缘何于此神力而不克证？"有以对或者曰："当知此神力本自具足，不加复证。其所未获现前者，盖初心入道，于定慧解脱之力未圆满故。虽未圆满，于本觉心中亦不曾失，但时至自现耳。虽曰时至，亦不得存一念待时之心。苟存此待时之心，即落异见矣。譬如初生孩子未离襁褓，而欲其负重致远，其可得乎？虽不能负重致远，而于负重致远亦何畏何疑耳。虽不获其现前，其真实有所悟明者，闻此神力，自然不惊不畏，不惑不疑。若有一毫惊畏疑惑之心存胸中，则于此心实未曾真正悟明者矣。"近世行脚高士，不求证悟，惟贵言通。况居师位者，多是取顺一时，不肯与之深挑痛剔，彼此徇妄，俱不丈夫，至使般若丛林扫地无几，呜呼惜哉！其有志者能刻苦励行，以大悟是期，则报佛深恩，莫加于此。盖吾佛亦未尝不备言今日之弊，谓："末世众生希望成道，无令求悟，惟益多闻，增长我见。"虽两千余载相去，其说如示诸掌，益见圣人之言不我诬矣。

辟曰：住！住！你将谓悟了便休，直饶你超证不思议解脱神力，于一刹那将毗耶老人命根一捏粉碎，苟未能忘其所证，坐在神异中，正好来吃衲僧痛棒。偈曰：

> 大小悟迷俱屏迹，百千神用顿忘时，
>
> 衲僧狭路相逢处，棒折须知未放伊。

有即是无，无即是有。

半夜子，鸡鸣丑，石女深裁无缝衣，木人痛饮菩提酒。晡时申，日入酉，雪山深处象王行，大火聚中狮子吼。十二时辰不要数尽，三十年后有人分剖。无无无不无，有有有何有？唤作竹篦则触，不唤作竹篦则背。弄花香满衣，你有拄杖子，我与你拄杖子；掬水月在手，我宗不立阶差，何用强分妍丑？一尘起三昧，诸尘入正受。珊瑚树下斗金鸡，蒨卜花间眠玉狗。

祖师道："有即是无，无即是有。"其义解者谓：有不自有，有是无家之有；无不自无，无是有家之无。有不单居，无不独立。且人之言有者，胸中先存所见之无，然后乃云其有。苟胸中先不存其无，安肯于无所对中突然言有？故知无不无即是有，有不有即是无，有无之理本乎一源。于一源中，言有则多其有，言无则剩其无，有无混融，言路亦绝，是谓还源之旨矣。

辟曰：虽然，若不奋起大志，泯有无之二于正悟之域，其起心分别，安有忘言之日哉！偈曰：

> 无中现有有还无，此物应难入画图，
>
> 笑老赵州忘管带，强言东壁挂葫芦。

若不如此，必不须守。

孤山爱种梅，彭泽惟栽柳，一般素养高怀，二处各存窠臼。争似个没意智汉，向无阴阳地上插一茎草，直教花开煦日之前，果熟清霜之后。你等诸人终日竟夜于其间俯仰折旋，还见么？见则切忌眼花，未见不得乱走。

祖师道："若不如此，必不须守。"其义解者谓：此是祖师叮咛嘱累之辞。谓真实要与妙精明心本觉灵源一念相应，直须与如上所说一念契同。苟不如是，其雄谈阔辩皆外道所计，守之奚益哉！或者谓："若不如此"者，乃决定要人契悟其真心也；"必不须守"者，乃指其不求正悟，惟泥此言说为得者之意也。此说亦通。

辟曰：然如二说，苟不能忘躯毕命，誓期大成，一报俄消，则吾事失矣，特不知学者于梦幻影中何所恃而不加鞭策者哉！偈曰：

> 有无情尽色空忘，白日青天贼献赃，
>
> 贱比黄金贵如土，为怜无地可埋藏。

一即一切，一切即一。

二五是十，二五亦七，在人领会，法无固必。唤众生作诸佛，体亦何差；唤诸佛作众生，理不曾失。忽有个汉出来道：众生自众生，诸佛自诸佛，何混滥圣凡，令他释迦老人平地受屈？只向他道：无始妄流转，莫不由斯执。定性凡夫圣所诃，千手大悲推不出。

祖师道："一即一切，一切即一。"或者引教中谓：一是一切之一，一切是一之一切。在一不少，在一切不多。此是心法互遍，一多含容，非神通使然，乃法理如是。然此说具在典章，不须广引，只益言繁，无补于道。当知吾祖作是铭，至"不二皆同，无不包容"处，恐后之学者不达融会之理，首以延促相即，次以大小相即，又次以有无相即，今复以一多相即。以无边世界海，融为不二法门。广辟于群象之渊，大启于众灵之府。裨后学不动步而到，不隔尘而入，不加功而成，不克念而证。大慈之愿既周，大化之功普矣！

辟曰：虽然，其如按图索马者日益繁多何？当掀转面门，与祖师一起赶退，始解知恩报恩。苟或未然，曳尾灵龟不能无及于祖师矣。偈曰：

> 大地撮来如粒米，当阳打鼓大家看，
>
> 眼中若未除金屑，要辨玄黄也大难。

但能如是，何虑不毕。

大心无依，大化无迹，大巧无作，大任无力。万法全彰处，光灭影沉；一毫不露时，山堆岳积。白蚁钻开铁佛心，青蝇踏断金牛脊。赵州看你放下不，偃溪便从这里入。信手拈来，和声吐出。岂智可知，非识能识。几人觑着眼睛枯，不是克家徒点额。

祖师道："但能如是，何虑不毕。"义解者谓：《法华》云"吾今为汝保任此事，终不虚也"，即祖师"但能如是，何虑不毕"之意，乃为学者保任之辞也，其策励劝进之诚尽见于此。

辟曰：虽然，是伊果如是也未？即应声点头三下，已迟八刻，稍加伫思，剑去久矣。偈曰：

> 如是如是复如是，要问毕时那里洎，
>
> 捋下重重铁面皮，家乡犹隔三千里。

信心不二，不二信心。

"心是根，法是尘，两种犹如镜上痕。"永嘉大师道则太煞道，要凿开人天眼目，如隔海在。何不道："心非根，法非尘，共转如来正法轮。"忽有个人道："永嘉道底如隔海，你与么道如海隔，争似三祖大师'信心不二，不二信心'，这两句如生铁秤锤，要且穿凿不破。"只向伊道：低声低声。啼得血流无处用，不如缄口过残春。

或者以义解祖师意，谓众生迷此心者其来久矣，于一法中妄生分别，一一分别莫不皆二。且见己为自，必见人为他，此谓自他之二。从此引起无量无数分别，不胜其二矣，岂算数譬喻而知其涯量者哉！故祖师老婆太过，单提个"信心不二，不二信心"之正印，与之当头一印印破。如纲举网，无一目而不张；如领提衣，无一缕而不顺。迅雷起乎幽蛰，杲日丽于昏衢。瞽者视，聩者闻，穷者通，愚者智。不离梦宅，远登真觉之场；匪隔幻身，直证金刚之体。可谓起死回生之神药，革凡入圣之良导。至矣！美矣！

辟曰：赞叹且止，只如神悟之顷，此个不二之说还有容受处也无？苟无地可容，且祖师到此也合吃棒。偈曰：

> 凡圣悟迷俱不二，了知元自信心生，
>
> 心非生灭谁迷悟，开眼无端入火坑。

言语道断，非去来今。

心心非，心非心，心而非心，非心而心。提起头，拽不断，放下手，卒难寻。此等葛藤自二千年外起乎西土，其间四七、二三，以至千七百个钝汉，万种施为，剿除不尽，牵枝引蔓，直到于今，幻出煅圣镕凡炉鞴，化成吟风啸月丛林。俄二见之蜂起，资异证以交侵。发药既众，受病尤深。而况杂邪外之毒，无处著膏肓之针。今日且作死马医去也。良久云：机前三点活，言外一钩沉。

其义解者谓：既是言语道断，此一篇铭非剩而何？若曰非去来今，乃知祖师面目见在。

辟曰：且莫谬加穿凿，取笑傍观。殊不知理本圆融，道无离在。言语道断，广长舌其说炽然；非去来今，净法身恒常寂尔。毒药醍醐搅成一器，黄金瓦砾混作一团。用处无差，拈来有准。一踏到底者不留朕迹，三搭不回的谩自搏量。诚一代之圣师，乃百世之标准。敲出凤凰髓，资异馔于禅悦之门；抽出狮子筋，绝余响于至灵之府。虽然，且道祖师还肯受此等茶饭也无？收起葛藤，一任贬剥。偈曰：

> 热椀昼鸣翻古调，瞎驴夜吼换新腔，
>
> 语言道断道不断，一任傍人错较量。

非文非字，无佛无心。拏空塞空，以毒攻毒。璨大师款案既在，少林宗声价不衰。何妨读作信心铭，切忌记他元字脚。黑漆桶拦空扑碎，玉麒麟就地勒回。揣尽古佛家私，瞎却当人正眼。且道灵验在那一句？

天目中峰和尚广录卷第十二之下

天目中峰和尚广录卷第十三

参学门人北庭臣僧慈寂上进

《楞严》征心辩见或问

玄枢密运，亘刹土而无法不周；灵鉴高悬，统沙界而有形莫隐。有形莫隐之谓见，无法不周之谓心。曾无外见之心，宁有离心之见？类纯金之铸像，犹湛水之兴波。舍像无以觅其金，全金是像；拨波何以求其水，即水生波。名虽异而似差，体常一而无别。是以世尊据玄枢之正体，设问多端；阿难昧灵鉴之真光，指归七处。

或问：阿难正当七处指陈之顷，为是故指以祛末世众生之惑耶？惟复果不知而堕此迷闷耶？

答：不见其智，不知其愚。愚为发智之端，智乃遣愚之本。如来抱大雄之正智，灵鉴昭然；阿难示小乘之偏愚，玄枢昧矣。然而智不待遣愚而养智，如来征而无征；愚不待发智而守愚，阿难答而非答。乘一时之方便，开万古之圆闻者，大哉阿难之慈也！闻过去佛所说法要，阿难悉能通记无遗，于其心法固不能详知而具悉，岂不能概领也。盖悯伤末世，示此愚蒙，深欲曲尽如来之本怀，以为后学之据耳。

或问：阿难七处所指，皆心所不在，则人皆谓之无心，可乎？

答：心离四句，当体不涉其有无；道绝百非，应念岂论其离在？昧之则是非蜂起，了之则凡圣情融。然阿难指处，孰曰心之不在？惟是不了心源，堕于偏小，致使如来曲尽玄辩以攻其偏。且心之为理者，一切众生各各具足，况人为万物最灵，而不具心体者乎？若曰无心，诚为自惑。

或问：七处所指既偏，究竟孰当为正？

答：象躯不隐，隐归群士之盲；空体无方，方在众人之执。象不为盲而故隐，空岂因执而定方。圣心曷有正偏，偏正各因其所见耳。请以喻明之。如有一人曾于七处住止，偶遭人问："月出没于何地？"首则曰："月自水东出而水西没"，谓昔居水国，乃尔见之。又云："月自山顶出而山下没"，曾居山中见之。又云："月自城头出而城外没"，昔居城中见之。又或指月出没于舟之左右、楼之上下、村之前后、郭之东西，皆其曾居而见之，遂成执于胸中，而智者咸不许其说。当知彼所指处未尝非月也，惟是月实不于此七处出没。原其所指之谬者无他，虽处处见月，惟未曾仰天一见耳。如阿难所指处不曰非心，但未曾亲自回光一照耳。

或问：据尔所喻，则阿难所指之处而此心曷尝不在焉？

答：无形之形，岂眼目之可见；非在而在，奚踪迹之能寻。离彼离此而卓尔独存，匪中匪边而湛然常住。此一切众生历劫由之而不自知者。然世之言大者莫越虚空，尘沙法界咸为虚空之所包括。如来云："当知虚空生汝心内，犹如片云点太清里。"又云："空生大觉中，如海一沤发。"且虚空最大，于吾妙明心中特片云、一沤耳。由是而知，心之体量岂凡愚所能测哉！阿难示同迷惑，为妄见所障，指归七处，岂非弃百千大海而认一浮沤体目为全潮？故如来亦不能不以此征之。其偏小之执，到此昭然莫隐也。

或问：心体既遍于山河大地，缘何离身外咸无知觉？岂曰心遍而不具知觉耶？

答：万窍并号，扶摇莫知其有力；群幽洞烛，晨曦自若其无功。至理未尝不融，迷妄以之自惑耳。汝谓离身不具知觉，且置之勿论，言身内之知觉者，特不过饭之而饱，衣之而暖，染之则垢，澡之则净，至于顺喜逆瞋，乐荣苦辱，与夫博通事物，记持古今而已。汝元不思，如上所缘皆似知觉而非知觉也。何谓似？乃因根境相对，虚妄缘尘和合而有，非真知觉。如来之征辩者，正所以发明于此也。汝犹不悟，尚复认此为知觉，且汝身中咸舍此妄，则何以为知觉乎？

或曰：此身既曰亦无知觉，岂可同土木耶？

答：此身离却虚妄缘气，正同土木无殊。

或曰：如是虚妄，必从何起？

答：亦无起处，但是你一念自背真觉之体，即其真觉转为如上等虚妄缘尘。

或曰：悟达之士宁有饭而不饱、衣而不暖者乎？知则亦同虚妄，不知则还同土木耶？

答：汝言不知，则真觉之体安有暂时不在之理乎？子不闻"迷而为识，悟而为智"，换名不换体也。故经云："根尘同源，缚脱无二。识性虚妄，犹如空花。"何谓识？认体为我，执持分别之谓也。何谓智？了体非我，离诸分别之谓也。

或曰：悟达之者见山不曰水，见僧不曰俗，谓之无分别可乎？

答：真寂体中本具灵鉴分别，而与识分别异者，识乃起心分别者也，智乃无念分别者也。

或曰：既云无念，凭何分别？

答：子不见世间所谓明镜者乎？镜乃无情，不具诸识，安有念体，而妍则现妍，丑随现丑，岂曰不分别，盖其体明故洞鉴乃尔，似分别而实无有能分别之念也，与吾灵鉴之体何殊？所以云：万窍因风而号，群幽由日而烛。则风何意于号万窍而动，日何念于烛群幽而来，皆体本如然，似有为而实无能为之心耳。尔如体此，则终日吃饭不妨言饱，实无嚼破粒米之能；终日著衣何碍言温，安有曾挂寸丝之执。所以云：修习空花梵行，宴坐水月道场。凡圣情忘，是非见尽，真知灵觉一道齐平，岂分其身内身外乎？据所问云"身外咸无知觉"，今复问汝：汝今离此四大身外觉有物耶？觉无物耶？若曰不觉有物，应同土木。既曰有觉，能了知耶？不能了知耶？纵汝失心，不能了知，认明为暗，指色为空，虽曰谬陈，非无知觉。况是纵手所指，虚空物象，大小美恶，靡不明辨，苟非知觉，孰臻于此？忽然之间妄惑顿空，执情销落，则知十方虚空是大圆镜，不加磨拭而照古照今；

三千刹海即楞严王，岂假证修而融凡融圣。到此则所谓虚妄知觉将无地可寄矣。故永明和尚以一心万法为体，就如来一代时教中撮出要文，乃成《宗镜》，谓以一心为宗，照万法为镜。虽百卷之文繁，大意惟欲拣辨虚妄，独显无念之真觉耳。当知永明未作《宗镜》时，一心未尝不照万法也。岂特永明然，迦文未出灵鹫山时，一心亦未尝不照万法也。此理混今古而无变，随语默而不迁，极而论之，惟在当人脱略见闻，赤身领荷，实非言通而意达者。故永嘉大师谓："若以知知寂，此非无缘知。"此破依文字能所而知此灵知之体也，即经所谓："知见立知即无明本。"何则？盖欲妙契灵鉴，体中本具无念之知，此无念之知不容别有所知也。又云："若以自知寂，亦非无缘知。"谓虽不假文字因缘等，以夙根不昧，生而能知，言非无缘者，谓尚存能知之迹耳。故经云："自心取自心，非幻成幻法。"何则？盖真寂体中之知觉，元不因一法而具也。苟不依体而证，傥存毫末许言其知见者，皆堕戏论。汝言身内外者，岂特戏论，斯实狂愚矣！

或问：众生知觉与如来知觉，同耶？异耶？

答：众生食盐曰咸，诸佛乃云不淡。诸佛指火云热，众生则曰不寒。虽遮表之诠异途，而知觉之性同辙。苟真妄而不隔，则生佛以何殊？然而知觉约有两种：一曰真知真觉，一曰妄知妄觉。此两种似同而异，虽异而同，故凡圣以之区分，迷悟以之隔越也。如《圆觉序》谓："血气之属必有知，凡有知者必同体。"此正指真知之体，一切众生本来具足，与诸佛常住法身亲体不别。此体湛然常寂，廓尔灵知，名之曰心，遍含法界，虽诸世间相刹那刹那生住异灭，而此体不动也。故如来所征者，直欲显此心耳。此心离一切名相，及与圣凡染净、因缘自然、真妄和合，以至见闻觉知等法。所谓妄者，即是今此四大为身，根尘相对，蕴藏阴识，随处执持而生分别，所以取舍爱憎念念迁流而不自息者也。此之妄体由根尘虚妄和合，似有其体。根尘忽消，此妄亦灭，此即阿难所指之心也，而如来云胡不斥之哉！故曰："此虚妄心，离去前尘毕竟无体。"又曰："由尘发知，因根有相，相见无性，同于交芦。"此所谓似同而异也。

或问：此虚妄体为是依真而有，为是离真别有？若曰依真而有，则妄即是真。若曰离真别有，则宛成二体。

答：依真立妄，似结水以成冰；由妄显真，若见烟而知火。固是坚冰即水，奈何冰无流动之形；虽曰猛火即烟，而乃火无郁煏之象。执之则千涂各立，了之则一道齐平。法界之理既然，则如来不容其默矣。良由众生未达圣人善权方便，随其语言而生执缚，于无同异中炽然同异。如来所以对同立异，真妄斯彰；破异立同，真妄俱泯。而经中举一巾六结，立喻详明。一巾喻真，六结喻妄。非一巾无以成六结，真为妄所依；非六结无以显一巾，妄为真所倚。故如来谓："解结因次第，六解一亦亡。"则知群妄既消，一真何有？以妄望真，虽异而同也。

或问：真该妄末，妄彻真源，真妄既同，而生佛之途常异者，何也？

答：起而无生，诸佛入涅槃于众生识海；寂而常动，众生堕生死于诸佛心源。理求之则全同，事推之则迥隔。虽曰同具知觉之体，诸佛自空劫以来如理而解，如解而行，如行而证，而众生有迷而未解者，有解而未行者，有行而未证者，以故异之耳。然迷而未解者固未可论，而况口谈实相而意逐攀缘，迹履空宗而情沉有海，虚叨了解之优名，实堕凡愚之劣行。然真妄同源，言其性具。古今之下未闻有不绝妄而返真、不遣真而契理者，惟顿渐之等差耳。此约事行而言。若约理，则十法界同具一心，经云心、佛、众生三无差别，岂生佛之果异耶？其所异而不能同者，乃妄未遣也，真未泯也，见未亡也。总而言之，惟心之所以未明也。

或问：真妄之外别有心耶？别无心耶？

答：屋是总名，依屋以显其成坏。心为正体，因心以发其妄真。曲引喻文，重下脚注：一心喻虚空也，真喻明也，妄喻暗也。当明时空与之俱明，暗时空与之俱暗，真妄似与心同也。非虚空无以显其明暗，则真妄不离心也。极而究之，则虚空之体今古廓然，了不为明暗之所迁，乃知一心与真妄泮然矣。至此则列群峰于五岳，咸消高下之形；引万派于四溟，共失浅深之迹。岂真妄之复云乎哉！

或问：六根具含妙用，而如来单辩其见者，何也？

答：五色可盲，老子未尽倾肝胆；千里能视，离娄欠剔起眉毛。睹薄伽梵忽起爱源，遇摩登伽几沉欲海。不因樵子径，争到葛洪家？手头拨动金刚鎞，髑髅揭尽根尘膜。其所以单辩其见者，首因阿难谓我以眼见如来三十二相之说乃辨之耳。一根既了，六处同明。今分其所见有二：一者如来以心体灵知，了了不昧之为见，是谓真见。二者阿难依众生执，以眼对前尘诸有色象之为见，是谓妄见。其言妄者，离种种前尘则无有见。其言真者，不涉前尘乃至因缘和合等相，指真寂体中廓尔灵鉴，岂日轮、黑月使之能见哉！而如来与阿难拣辨前尘，不出八种，各还所属，乃显其离尘无见也。所言"不汝还者，非汝而谁"，即破妄显真耳。

或问：眼对前尘既不名见，今我眼中谓之无见可乎？

答：山青水绿，本色人鉴在机先；夜暗昼明，灵俐汉视超色表。举措消归自己，纵横肯堕前尘。苟不如斯，实为颠倒。何则？岂不闻如来谓："若曰眼见，诸已死人眼目现在，云何不见？"又云："譬如盲人，忽得眼光，名为眼见。若有眼人处于暗室，忽得灯光，当名灯见。灯能显色，是眼非灯。眼能显色，是心非眼。"于此了悟，则眼实何见之有哉！

或问："若物即见，是见非物。若物非见，云何见物？"此说谓见与物似同似异？

答：颓砖齐古镜，当机莫隐其暗明；巨闳倚高垣，觌体难藏其通塞。双与则物生见起，双夺则见泯物沉，岂同异云乎哉！以要言之，物不是见，见不是物，见能显物，物能显见，物非见而不物，见非物而不见矣。如其不委，更听下文。"若物即见"，不须更觅含元殿；"是见非物"，一切圣贤如电拂。"若物非见"，彩云遮却神仙面；"云何见物"，龟毛束断虚空骨。阿难早不解回头，几致释迦同受屈。一尘不有遍大千，未亡见者休寻觅。

或问：即物显见，理既昭然，今见物时即名见见，如何？

答：灯镜交光，相在相入，而尘尘合妙；网珠接影，互融互摄，而处处分身。拨开百草头边，突出万人海里。停机则失，拟心即乖。将寻自是荧光，欲取便成鱼目。何则？经云："若见是物，则汝亦可见吾之见。"此如来谓若见是物，则我之见亦与物等，物既可见，则汝亦可见吾之见也。

又云："吾不见时，何不见吾不见之处？若见不见，自然非彼不见之相。"此如来谓物非隐显，见有离在，若见是物，则物无隐而不见之说。以见非物故，则见有离在，见当离物之时，名为不见之处。云"见不见"者，谓吾当离物了无可见之时，汝若果能见吾离物不见之处，则我之见果与物等，如是则自然非彼离物不见之相也。以其见实非物故，使其见若离物，则不见矣。复云："若不见吾不见之地，自然非物"者，谓既不能见吾不见之地，则我之见自然非物矣。此一段意义重迭，详陈曲喻，主意在于破彼认物为见之谬，直欲俾其知云见不是物也。

或问：离物惟见，惟见即心。"见见之时，见非是见"，又何谓也？

答：离云玉鉴，照之则影落千潭；出匣龙泉，用之则尸横万里。大火聚岂容凑泊，金刚圈不许撩挃。拨著便转，已堕功勋；提得即行，早成途辙。原夫如来直指灵鉴心体，不特破根尘相对之妄，亦乃破离妄绝对之真。盖真妄两途，皆众生无始时来之见病也。故云："见明之时，见不是明。"此乃破妄显真。又云："见见之时，见非是见。"与真俱遣矣。故偈云："言妄显诸真，妄真同二妄。犹非真非真，云何见所见？"如来到此可谓词穷理极矣。然真妄既遣，谓"见犹离见，见不能及"者，独指灵鉴之体，内外圆明，离诸闻见。故《维摩》亦云："法非见闻觉知。若求见闻觉知，是则见闻觉知，非求法也。"盖谓见闻觉知皆依虚妄根尘和合而有，何当赤身挨入，徒手揭开，妙明真心廓尔无际，以之为见则丽杲日于长空，以之为闻则启蛰雷于虚谷，岂复为浮光幻影之所笼络者哉！

或问：久为妄所缠，欲断绝之，未有其方，请教之。

答：我不识妄从何起而你欲断妄。若妄从心起，则妄可断而心亦可断。心既可断，则诸佛之一乘、菩萨之六度、缘觉之十二缘、声闻之四谛、天人之十善皆可断也。使其果可断，则眼之所见、耳之所闻，乃至舌味、意缘，水湿、火热，风动、地坚，世出世间俱可断也。如上诸缘不可断故，则汝所谓妄者亦无有可断之理也。

曰：苟不可断，则未免相续去也。

咄！是何言软？其起心断妄尚尔不许，而岂容其相续耶？据尔云，则尔之妄体果有断灭之时也。苟未尝断灭，则何续之云乎？汝元不知自无始劫前，最初不觉，瞥兴寸念，违背真心，引起迁流，迨今新新不住，乃至诸佛出世、祖师西来，皆汝妄情之所执受。欲绝此妄，当明自心。自心一明，则无边妄缘觌体融会矣。辞曰：妄非心明而不绝，心非妄绝而匪明。心明则绝妄而明，妄绝则明心而绝。妄绝故色空明暗不碍眼光，何见之可辩？心明故闻见觉知收归毫末，何心之可征？诚为祖祢不了，殃及后人。更或有疑，请求达者。

征七处于二千年外，阿难独未曾迷；拈一花于百万众前，迦叶何尝解悟？裂开一味平等之体，演出万般差别之名。教海斯彰，兔角杖挑潭底月；禅关遽启，龟毛绳缚树头风。走杀天下参禅人，惑倒世间求佛者。盖为当时卤莽，虚延幻影浮光；今日思惟，触著银山铁壁。客有以征辩之疑见请，余故引问答之义相酬。不过借彼杖绳，谩尔控他风月。英灵上士获真心于形名未兆之先，俊迈衲僧具妙见于言象不该之表，讵肯按图索马、指迹云牛？扫空生佛之狂言，荡尽妄真之魔说。尔如加诮，我何敢辞。

天目中峰和尚广录卷第十三

天目中峰和尚广录卷第十四

参学门人北庭臣僧慈寂上进

别传觉心

惟圆而觉，惟觉而圆。非觉无以大其圆，非圆无以满其觉。觉不知觉而觉遍自他，圆不见圆而圆周彼此。谓圆也，太虚不足方其形；谓觉也，灵鉴何能尽其用。五岳止千山之势，圆斯圆乎；四溟吞万派之声，觉斯觉矣。佛祖之安宅，圣贤之要路。尘沙众生之所戴，十二开士之所宗。实万世之指南，三界之元龟也。

曼殊首提本起因地之问，至尊特彰圆照净觉之名。指四大，标六尘，搂碎无明窠窟；喻空花，方二月，涤除生死根尘。印迷悟之本虚，斥有无而俱遣。不存一法，于不存处岂碍成褫；靡隔一毫，向靡隔边何妨铲削。是谓圆常要旨，格外真规。苟非神悟于机先，岂许滞情于语下？偈曰：

> 首问如来本起因，拟相酬处丧天真。
> 标圆已陷无明阱，谓觉难逃有漏尘。
> 出匣太阿那敢触，当台古镜若为亲？
> 未能言外超方便，尽是华胥梦里人。

空里月轮，奚假再三捞摝；木中火焰，岂凭逐一推排。焦尾巴石虎雄踞雪林，无鼻孔铁牛稳眠露地。普贤昧诸幻元生觉海，世尊谓真觉犹是幻源。离其所离，幻上何妨立幻；遣其所遣，空中更不容空。舍方便不滞证修，引妄想全归解脱。指石为玉，点铁成金。无梯航处设梯航，非渐次中言渐次。偈曰：

> 白牯狸奴咸具足，那知具足处难凭。
>
> 千般幻妄元依觉，万种修持总滞能。
>
> 石虎空中吞皓月，波斯夜半嚼寒冰。
>
> 遣情离谓离还遣，物物全彰最上乘。

十方世界即摩尼珠，法法依之而影现；大千刹土是宝丝网，物物仗此而光腾。大火聚里不许藏身，涂毒鼓边岂容侧耳。普眼向无方便中曲伸请问，鸳鸯帐里春正浓；世尊于绝思惟处俯徇来机，歌管丛中酒方劝。捏聚则地水火风铁山岌岌，放开则见闻知觉玉海沉沉。枕边之槐国梦回，室内之兰膏焰炯。应时圆净，敲锣擂鼓共演真常；当处等平，打户挝门并归圆觉。弹指顷执修执证，举世间谁悟谁迷？苟非象外廓明，翻作门前之绕。偈曰：

> 无边刹海虚明镜，积劫埋尘光未亏。
>
> 肯把幻缘滋幻影，谁将真智起真规。
>
> 徒夸万里还家日，谩说千灯照室时。
>
> 安有住持圆觉者，教人容易作思惟。

因疑致问，离匣之宝剑为斩不平；引答破疑，出鼎之灵丹欲瘳既病。觉体元非作用，话头不许承当。刚藏随在矿之金，曲伸三惑；瞿昙示过云之月，远辟群迷。始终生灭，岂复现前？聚散有无，不成安住。揭瞎金刚正眼，何处觅生死垢心；掀翻自己家珍，孰肯认涅槃净性。烧须弥雅宜萤火，束虚空惯用龟毛。日丽星明，成佛不成佛难逃法执；风驰电激，圆觉未圆觉俱堕魔垣。苟非撒手悬崖，一任开眼说梦。偈曰：

> 罔知觉性离生灭，纵悟无生觉未圆。
>
> 花乱长空三惑起，浪翻平地五宗传。
>
> 矿中金出功犹在，月外云行见正缠，

何似横身声色里，从来千圣不同廛。

　　欲网重重，金刚剑不待挥而自裂；爱河渺渺，菩提岸奚假涉而已登。梦中之四圣非真，镜里之六凡何有。轮回根本，吐吞弥勒口门；贪欲因缘，含裹如来心地。生而无生，卵胎湿化；相而非相，明暗色空。迷即悟，悟即迷，一道齐平，五性俱遣；事即理，理即事，两头坐断，二障全消。三世诸佛同参，一切众生皆证。超方便，住圆觉，止啼黄叶何多；成佛果，断轮回，翳眼空花不少。会须是一生了办，更莫教万劫沉沦。惟务肯心，不劳亿思。偈曰：

　　　　轮回几种问来端，至理如何可自瞒。
　　　　一点爱源常滴沥，万寻欲海正弥漫。
　　　　徒将二障论深浅，枉对群迷说易难。
　　　　圆满觉心皆已证，拟思量处不相干。

　　长空皓月，伶俐汉何待指标；满觉真心，大丈夫岂由言显。言外承当，早成途辙；机前负荷，已涉廉纤。不许执著妄情，不许深求悟理。不许依凭功用，不许允蹈无为。清净慧咨询地位阶差，路遥知马力；老瞿昙花分能所照觉，岁久见人心。真不自觉觉不真，眼非自见见非眼。凡夫觉，声闻觉，无文铁印向空抛；祖师禅，如来禅，折角泥牛连夜吼。地狱天堂打成一片，菩提烦恼坐断两头。白云自占青山，明月谁分流水。苟非亲到故家田地，更听幻人重说偈言：

　　　　中不容他清净慧，阶差地位叩瞿昙。
　　　　月行空界凭虚指，花灿心田贵实参。
　　　　息妄固知非正觉，寻言安得是司南？
　　　　未曾跨过黄金限，且向门前宿草庵。

　　即一而三，湿纸裹金毛狮子；惟三而一，单丝控玉角麒麟。大千界不受纤尘，十万里那隔寸步。威德巧于设问，四门之城堞面面俱开；世尊曲为指陈，一道之觉源尘尘涉入。即空即假即中而易分雪里粉，惟静惟幻惟寂而难辨墨中煤。须如是人，明这个事。镜里像昭昭不隐，切忌眼花；器中锽浩浩无亏，休将耳听。谷收则苗土俱弃，功成则境观齐捐。欲知圆摄所归之方，更举直捷根源之偈：

> 有几种修威德问，未能直捷世尊酬。
> 三重妙观炉中雪，万种奇功水上沤。
> 夜气冷沉深雪谷，曙光遥映白云楼，
> 无人为向灵山道，那事如何著意求？

翻头作尾，连环钩锁而二十五重；抵掌论心，直指单传而千七百个。水入水时全无差别，空投空处煞有訾讹。辩音蹑威德之前踪，肯信龙门无宿客；如来列次第而酬答，那知少室有斯人。即三观离三观，玉转珠回；以一重去一重，神出鬼没。前空后假，断送浑家落火坑；齐寂兼中，撺掇铁牛眠死水。一种是门前之绕，万般皆心外驰求。拟登正觉之场，更听重宣以偈：

> 单复圆修启辩音，沉沉觉海正渊深。
> 诸论指体还迷体，三观惟心又觅心。
> 玩月灵犀虫御木，求珠罔象芥投针。
> 寄言并法不随者，难免空花翳幻林。

圆湛深渊，沤花影里千寻浪涌；轩昂大宅，叫呼声外八面火燃。悟迷不越见生，缚脱皆由己造。一个我绵续不断，宜乎净业咨询；四种相潜伏难知，独许世尊揭露。遣神兵战空魔垒，驱智将搜破贼机。使迷闷不入者，蹈廓达之通衢；于增益诸病时，饮必瘳之灵剂。拟作将来眼目，难忘现在我人。汤与水湿性俨存，何处著宝莲香之欲火；爱与憎知觉元在，岂应容演若多之狂风。难思客路千差，终诣祖庭一实。这个说话，大似钉桩摇橹，蓦劄相逢，那里泊在？偈曰：

> 觉心迷悟若为通，净业那能夺至功。

能所顿消何相遣，妄真俱尽岂情融。

无空作境空犹在，有我谈玄我未穷。

向古镜边闲照影，山重重又水重重。

　　善知识是涂毒鼓，耳其声者死不移时；善知识是太阿锋，触其铓者丧不旋踵。一味生擒活捉，百般大用全提。普觉问依何等人，移花兼蝶至；世尊答远离诸病，买石得云饶。且做成作止任灭四种膏肓，总不出憎爱是非一般病痛。以毒攻毒，须还老耆婆肘后神方；用医夺医，不许水潦鹤口边讹说。甘草苦，黄连甜，果符斯语；砒霜良，甘露恶，颇有其端。与其同事处换人眼睛，奚止抟财妻子；别行异路时不存轨则，何妨戏笑讥诃。搅不浑兮澄不清，近不骄兮远不怨。丈夫步骤，知识轨仪。且不犯风规，如何通信？偈曰：

欲开知识门前路，普觉兴慈意独新。

狎近不骄离不怨，偏邪惟敬正惟亲。

通身是病通身药，遍界全真遍界尘。

话到抟财妻子处，古今疑煞几多人。

　　百廿日画地为牢，路从平处险；二千年闭门作活，人向静中忙。操心降镜里之魔，开眼做梦中之佛。圆觉设最后之问，穷猿投林；世尊垂极理之谈，画蛇添足。长中下三期，多处添，少处减；正像末三法，前何重，后何轻。合眼跳黄河，且不许停机伫思；赤身挨白刃，又那容顾险防危。一条穷性命东掷西抛，万丈冷门庭横开竖辟。安居平等性智，蓬蒿鞭陕府铁牛；忏悔夙昔罪根，湿纸裹嘉州大像。更听祇夜，远赞徽猷：

道场加行设威仪，圆觉当机立问时，

打水杖痕人共觉，钉空槌迹我全知。

三期正不分长短，二法何须论顺违。

话到安居平等处，老婆心特为谁痴。

五种经名，穿透百千诸佛耳孔；一条觉路，截断十二开士脚头。贤善首曲为流通，尼蓝婆密垂守护。绮筵欲散，不妨鼓吹频催；战阵将收，岂碍干戈盛举。闲骨董撩天索价，烂葛藤遍地生枝。后如是果，前如是因，众器入金而金何有异；多不加增，少不加减，群波归水而水自然同。铁蒺藜撩空狡兔之窠，露刃剑斩断灵龟之尾。明暗色空分科列段，伶俐座主难窥；云林泉石直指单传，了事衲僧罔测。三毒八倒全该真体，十身四智靡隔妄缘。一圆一切圆，何待水银堕地；一觉一切觉，岂容古镜当台。语言文字一点难容，机智识情万般虚设。便与么领荷，已成途辙。不于斯脱略，更听偈言：

> 以贤以善标为首，最后当机欲播扬。
>
> 道树不栽圆果熟，灵根未种觉花香。
>
> 谩将修证论真假，难把虚空较短长。
>
> 脱略语言文字外，须知别有好商量。

真歇了和尚作《圆觉十二偈》，丛林盛传，而未之见也。余禅坐之隙，披阅是经，独文殊、普贤二章旨趣直捷，自余皆曲徇机宜，巧施方便，殊未有衲僧气象。于是每一章用禅四六提其纲要，复申以偈，固不敢效真歇和尚之作与宗门共之，聊复自警耳，乃标其名曰别传觉心。且即文字离文字置之勿论，如大圆觉心，果有别传之旨乎？

> 长鲸一吸海水尽，森森露出珊瑚枝。

天目中峰和尚广录卷第十四

天目中峰和尚广录卷第十五

参学门人北庭臣僧慈寂上进

《金刚般若》略义

延佑丙辰秋七月，翰林承旨赵公自京师遣书，来问《金刚般若》大意。遂述略义，并答其书，略曰：闻如来于第四时说《般若经》六百卷，《金刚经》乃其一也。议者于六百卷之纲目，以融通淘汰四字摄之。盖如来尝于第二时在鹿苑转四谛法轮，证诸小乘入有余涅槃，以未称本怀，由是第三时维摩弹斥，使其耻小慕大，然后广说般若，一味谈空，专为小乘人融其所执，通其所滞，淘之汰之，如涤秽器，使之清净，然后以上乘圆顿甘露之味注之。但《金刚经》局于文约，几不能以句读，义意深邃，寄之六百卷间。于中或有不能通处，正不必致疑，但存一念深信之心，信之不已，久当自解。今利根之士不待功深力久，必欲一时意会，每以胸臆之见穿凿之，一涉此途，则般若大义不复契会于自心矣。兹直述经旨，题曰金刚般若略义，望取而究之，或究之不尽，余惑未泮，只消提个所参话自看，不必于此文字中致疑。一朝看破话头，则六百卷之雄文皆吾胸中旧物也，略义云乎哉！

金刚是喻，般若是法。波罗蜜，此翻到彼岸。喻般若为金，金以不变不坏为义；般若为刚，刚以摧坏万物为义。谓般若之体，离相离名，亘古不动，即诸佛之自心，乃众生之本源也。

般若于《大般若经》有一百喻，又不止于金刚二义也。谓般若如大火聚，物或婴之，咸遭其焚烧；般若如大日轮，能破一切诸幽暗；般若如光明镜，能分一切诸妍丑等，云云。

般若乃梵语，此翻为智慧。言智慧者，破愚痴故。当知智慧与愚痴俱无定体。悟此心故，即愚痴是智慧；迷此心故，即智慧是愚痴。既悟之人，虽讥诃戏笑皆智慧也。未悟之人，虽梵呗读诵皆愚痴也。故愚痴、智慧，特迷悟之分，无定体也。

《大般若经》中具八十一科，通圣通凡，以至悟迷，无所间然，自五阴、六根，至十八界、十二缘、四圣谛、六度及三十七助道品，以至菩提、涅槃等，彼《大般若》六百卷宜广说。今《金刚般若》不过五千余字，乃总摄《大般若》之要义，以故言词简约，义理该通。其言约故，至于句读难辨；其义尽故，自非曾遍览六百卷之长文，卒莫知其所归也。

如经中言："不住色布施"。且色之一言，乃八十一科之首，若欲广说，须一一从五阴、十八界至菩提、涅槃等，应于不住色布施，下便当言"不住受布施，不住想布施"，以至"不住菩提、涅槃布施"。以此经之文尚约，惟言不住色布施，极至于不住声香味触法布施而已。又不知布施一法乃六波罗蜜之首，若以广说，则应布施尽八十一科竟，又当言"不住色持戒，不住受持戒"，以至"不住菩提、涅槃持戒"，展转尽六波罗蜜，循环入八十一科，则文不胜其博矣。今《金刚经》一卷，以约文纳深义，其名相广博，难于义解，古今三教中之聪利者，首未探渊奥之文，必欲以一时闻见释之，因而注解互相是非，皆多于臆说而自开户牖，去般若之大义远矣。

经首列八金刚、四菩萨名相，昔孤山圆法师尝以直辞辟之，谓好异者为之也。

经中言四句偈，论者纷然，咸谓经中果有四句，特旁搜曲指，必欲以四句主之，或有甚者，乃至称六祖有曹溪口诀，指"金刚般若波罗蜜经"之一句，逐两字分为四句，惑人一至于此。却不思经中言四句偈，必上有"乃至"二字，下有"等"之一言，未尝单称四句偈，惟云乃至受持四句偈等，谓乃至者是不及之辞，云等者乃总该之义。今依文直解，但当云于此般若章句受持自一句、二句、三句乃至四句，及与十百千句等。此说极明，不加穿凿，正不必曲劳神思，远求四句，以蹈自开户牖之辙也。

经中言四相、四见者，乃一切相、一切见之总名，亦一切相、一切见之根本也。惟相、惟见根于虚妄，故经云："凡所有相，皆是虚妄。"然迷妄之习，在根为见，在境为相，故经云"我见、人见、众生见、寿者见"，又云"我相、人相、众生相、寿者相"。且我、人、众生、寿者之四，乃执相滞见之总名。惟相、惟见不特迷者有之，而悟者亦未尝不遭其惑也。苟非圣凡情尽，迷悟影消，则相见二魔，卒难消陨。

迷者四相，谓妄认四大为我相，离我视他为人相，衰风所触而生厌离是众生相，忽触和风而生恋著是寿者相。此四相乃迷妄之粗浅者也。

悟者四相，谓于所学习忽悟自心是我相；久之悟迹既遣，证理犹存，是人相；悟证俱消，存有所了，是众生相；觉所了故，知觉未忘，是寿者相。此四相乃学道人之细而深者，非深契密会者，难与同日而语也。

然粗细、浅深均同虚妄者，谓般若清净弥满，表里澄莹，不受一尘，只个不受亦不受。迷固不可说，虽悟之一言亦无地可寄矣。所以有云：太末虫处处能泊，惟不能泊于火焰之上。众生心处处能缘，独不能缘于般若之上。知此喻者，迷悟四相不待言而遣矣。

言四相、四见是一切相、一切见之根本者，因执四大为我，就一个我上引起百千执著、百千爱护；离我视他为人，就一个人上引起百千分别、百千取舍；乃至遇众生而发憎，于寿命而长爱，交驰虚妄，起灭无从，诸尘劳识因之而集，是故谓一切相、一切见之根本也。四相之义据直而说，只是一个我、人、憎、爱四种情妄。夫人自古迄今，驰逐去来，于生死海中引起八万种念虑，如灯焰焰，似水涓涓，未有不自我、人、憎、爱四种情妄之所交接者也。

或谓佛何不直以我、人、憎、爱为辞，而曲言我、人、众生、寿者，何也？盖圣人指说一切名相，咸有所因。兹莫究其因，虽然，特不能外吾情妄之说也。且人之与我，即是非之端。何则？谓非人即我，谓是我非人，但以非他即是我相，或云非我即是人相，而不知大般若真寂体中，内而无我，外而无人，以至无众生可憎，无寿命可爱。故三祖《信心铭》有云："才有是非，纷然失心。"又云："但莫憎爱，洞然明白。"斯言曲尽其阃奥，不必别有说也。

或问：般若真净之体既显，则我、人、众生、寿者之妄将何所归？

对曰：智非相空而莫显，相非智显而莫空。相空则智显而空，智显则相空而显。相见空故，即非四相，是名四相。智慧显故，是名四相，即非四相。当知相见本空，智慧元显。以本空故，则我、人、众生、寿者全彰般若之光；以元显故，则寿者、众生、人、我总是金刚之体。所谓"一切智智清净，无二无二分，无别无断故"者也。

经中言"即非"、"是名"二义，盖本乎破相、法相二宗而来。然"即非"二字乃破相显理，"是名"二字乃就事显理。如来说般若，一味谈空，特以一味空破一切相，以故但于名相处，皆以"即非"、"是名"为说，乃契一经之旨趣也。惟遣事存理，无越"即非"；事理不二，宜乎"是名"。譬如但言世间一物，盖物物皆具般若，不欲显名般若，但云即非其物；因物能显般若，故云是名为物。余皆例此。则知"即非"、"是名"似乎两端，而其实一致也。

经中言五语，谓真语不妄，实语不虚，如语不变，不诳语无惑，不异语不两说也。佛作是说，盖知众生不达法义之玄奥，不能无疑于其说，故使其闻法生信而然也。

经中言三千大千世界，法相数中具载，兹不详出。云大千者，盖对小千而言，其大小之说亦具存法数。

经中言三日分者，谓早晨是初日分，午刻是中日分，晚时是后日分。言一日之间于此三时将身入河沙国土而用布施，如是至百千万亿劫，日日于此三时将身布施，特喻其施身得福之多，然后以信心不逆之功复过于彼。

或问：无量劫施身之功何劣，于《般若》章句方能一念之信，其德何优？

对曰：此义特破彼执相之甚者也。彼虽施身，不忘我相。此虽一念之信，而应念破诸我人，较其住相、离相，诚霄壤之不侔矣。如来岂欺人哉！

经中言三际心不可得者，盖过去已过去，于现在何可得耶？未来又未来，于现在亦何可得？现在之心不住，诸相当体空寂，亦不可得。此心于三际尚不可得，云何于不可得心中执缚诸见而滞四相，非虚妄而何？

经中言五眼，即贤首宗列五乘，颇类其旨。且以概言之，务修众善即肉眼，坚护禁戒即天眼，观诸法空即慧眼，悲智圆满即法眼，一乘安住、万德庄严即佛眼。此五眼在圣在凡各各具足，特迷悟之自隔耳。

如上指陈，惟依己解而直辞之。兹复于逐分下略加注脚，贵在遣疑辟异，其敢以般若大教炫耀见闻而取过咎云？

第一分　自"如是我闻"，至"敷座而坐"，乃序说法之时、会众之处，故称法会因由也。

第二分　须菩提从座而出，赞言：希有如来！善以慈心护念我等，善以正法付嘱我等。遂问有人发阿耨菩提之心，此心当依何住？当如何降伏？自"佛言善哉"，至"愿乐欲闻"，皆许可应对之辞，故云善现起请也。

第三分　专答善现所问云何降伏其心之文。谓此心不能降伏者，为有我、人、众生、寿者四相故也。首令度十二类生俱入无余涅槃，然后不见有一众生曾受度者，苟不至此，则四相宛然。分称大乘正宗者，谓四相既尽，此心不待别有所谓降伏而自然明白了悟，非正宗而何？

第四分　方答善现所问云何应住之义。佛谓心有所住即是愚痴，心无所住乃名般若。自色之一法，至菩提、涅槃，于八十一科中俱不令有所住，不惟于布施一法无所住，乃至六波罗蜜、四无量心、菩提、涅槃亦无所住。其无住而住之功，虽十方虚空之大不可比量，故称妙行无住也。

第五分　正破执相滞见虚妄情习，必使其如理性而实见者也。

第六分　佛对须菩提云：今之信般若者甚非偶然，皆昔曾于无量万亿佛所深种善根而来。夫信般若之心乃名正信，此正信中得福无量。何以知其然？谓其于般若能生正信，则不复执相滞见而堕虚妄也。然不滞相、不执见之法亦欲令舍，何况滞相执见之非法而不舍者，非愚而何？

第七分　须菩提深达佛之所问，乃云：如来于阿耨菩提既无定法可得，而亦无定法可说，苟存有所得、有所说之心，则般若正宗不得名本来空寂者也。故三贤十圣于般若尚存所惑，则于无为法而生差别云。

第八分　佛谓有人于般若章句自一句至无数句等而能受持，不惟超过河沙七宝布施之福，当知般若体中能出生诸佛及阿耨菩提，故名依法出生者也。

第九分　须菩提谓二乘人虽证四果，亦无所得之心，苟滞所得，亦不能免四相所缠。然后自述，谓我虽已得无诤三昧，以其不作是念，故世尊称我为解空第一。

第十分　如来自色法至菩提涅槃皆不生所住之心，以其无所住，则于阿耨菩提不见有所得，于佛土不见有所庄严，犹无相法身隐于诸相，虽须弥山王之大不可得而比矣。如无所得之得，非庄严之庄严无以异也。

十一分　佛谓恒河之沙固不可数，而况一沙又是一恒河，如是沙数恒河所有之沙，一沙为一世界，虽以七宝满彼世界布施所得福德，较受持般若章句之福德，不啻以百较千、以千较万也。何则？此一分经即是庄严分不尽之辞也，谓七宝布施不能免其生心住相，受持般若者于心无所生、于相无所住，是谓无为福胜。

十二分　佛谓人于般若章句能说其少分，则为天人之所尊敬，何况尽能受持，是谓第一希有。名尊重正教，得不宜乎？

十三分　佛云：即非般若，是名般若；即非微尘，是名微尘；即非世界，是名世界；即非三十二相，是名三十二相等，即非者乃扫迹之谈，是名者乃本具之义。为须菩提以云何奉持为问，故佛乃标名以教其受持，继以扫迹之谈，乃不使其于受持处而生执著故也。

十四分　须菩提于此感悟流涕，复叹后五百岁有信解受持般若者，则决定不为四相所缠，既离诸相，即是佛也。佛云：不惟信解，但闻此般若不生惊怖，已自希有。复引因中以持般若故得离诸相，虽遭割截，了无瞋恨，展转复引不生心、不住法及以入暗处明之喻。此分名离相寂灭，诚有旨焉。

十五分　如来谓此般若章句专为发大乘心者说，又能受持，即是荷负阿耨菩提之良器也。其乐小法著四相者，乌足与语此哉！又谓此般若章句住处即是佛塔，天人围绕，岂过分哉！

十六分　佛谓受持般若章句之人，以今生轻贱之微垢，能易当堕恶道之重障。复引因中曾供养八百四千万亿那由他诸佛之功，不如后末世中受持般若章句少分之福，使我尽说受持般若之功，其局于小见者不能不惊骇而狂疑也。

十七分　须菩提复理最初之问，世尊亦如前答，复引因中以无法可得故方蒙燃灯佛授记作佛，使我当时有少法可以为所得之心，则不与我授记矣。展转说至若菩萨通达无我法者是真菩萨，故目为究竟无我云。

十八分　分中前言五眼，后说三心，卷首已叙其略，兹不复赘。中间云河沙佛世界中所有众生若干种心如来悉知，其所知者虽优劣善恶之不同，皆如三心之不可得也。

十九分　如来重引布施因缘所得福德，皆虚妄果，非真实也。虽言其所施之福多，较之持般若无尽之福，特泰山之毫末耳。

二十分　佛以具足色身见如来及以具足诸相见如来为问，而须菩提了解空义，皆云不可得见，故世尊许之。

二十一分　解般若故即非众生，不解般若故是名众生。然般若以无说而说，谓有所说即谤佛也。此理其可与滞相执见者道哉！

二十二分　佛以如是如是印可须菩提无法可得之问。复谓之曰：我于阿褥菩提乃至无少法可得。谓无所得者，以本来各各具足故。盖众生以迷为失，而诸佛以悟为得也。正当失时，于般若体不欠一毫。方其得也，于般若体亦曷尝有一毫之多哉！

二十三分　依般若而行，所作皆名善法。此善法中了无高下，盖依般若体性平等，其平等法中安容四相复入者哉！

二十四分　重言受持般若章句之功，虽以七宝聚如须弥山之高而用布施，不惟百分不及一，虽千万亿分亦不及持般若之一分，是岂算数譬喻而可尽哉！宜乎称福智无比。

二十五分　受持般若即是度众生。久之般若智圆，自然众生见尽，是名度众生。若谓离受持般若外别起心而欲度众生，则四相俨然，是谓化无所化。

二十六分　须菩提谓观如来必不可离三十二相。佛云转轮圣王亦具三十二相，若果以色相见、音声求，则远背法身非相之义也。

二十七分　般若体性离一切法，具一切相，苟不悟无断无灭之至理，谓有则堕常见，谓无则堕断见，皆失般若之中道也。

二十八分　佛谓持般若故则知一切法无我，能成就无生法忍。其七宝布施之人，岂可与其福德比量。彼布施者惟贪惟受，此持经者不受不贪。以其不受，是名正受。于正受中，如海纳百川，安有已哉！

二十九分　般若智体与十方虚空湛然常寂，而不拒诸相于常寂体中去来动静。故法涌大士谓：“般若无来故，当知诸法亦无来。般若无去故，当知诸法亦无去。”善观般若者，则知诸法无去来相。且诸法尚无去来之相，而如来之身安有去来耶？

三十分　佛谓微尘世界乃事相也，能受微尘世界者乃理性也。事相、理性常混合为一而不可分。盖凡夫贪著于事相而独不悟理性，所以徇生灭而罔究涅槃之至理，不容其无所说也。

三十一分　佛言：发阿褥菩提心者，应如是知诸法无相，应如是见诸法无相，应如是信解诸法无相，自然于我、人、众生、寿者中不生知见也。

三十二分　佛以不取于相是名演说，如如不动是名演说，未尝以播唇吻、弄音声而为说也。当知一切相、一切见、一切取舍、一切言说、一切学解等，皆有作思惟之法。其有为之法如梦、幻、泡、影、露、电，世间惟此六物速于变灭，不得久住。其有志学般若者，应当作如是观。

原夫般若无可学，无可取，无可得，无可求，以至俱无可为。世尊于无可为处洞见源底，哀悯众生逐妄流转、随处取著，以故广说空法，与之融通，与之淘汰，必欲其净治心器，满贮般若甘露上味。当知心器既净，其般若上味自然充足。譬如穴土欲盛虚空，其虚空之体随土出处全体现前，而岂待土出然后别见有虚空可入耶？犹众生于无始劫来妄执我人，狂逐憎爱，障大般若，以至于今，但我人憎爱之恶习既消，则阿褥菩提般若智慧随其所消而现。故《楞严》谓：“狂心未歇，歇即菩提。”又古德云：“不学佛法，惟务休心。"此心休得一分，即是学得一分般若。此驰求之心全休全歇，则般若智慧岂待别有所谓学而致哉！如上三十二分之大义，特不能外乎此，教以般若离相离见、无为无得为正宗，究竟别无他说。于经中或句读重迭，或义解不通，此或翻译之失、传写之讹，当以理遣，正不必滞于微瑕而乖大义也。当思祇园问答之本怀，但欲破其妄执，使其了解，以故破相荡执之辞层见迭出，盖悲愿之深、痛心之切也。

兹辱翰林承旨相公松雪大居士问及经义，不觉援笔及此，更以四句截断葛藤：

> 谓其有说皆名谤，今日分疏谤更多。
> 外护不忘亲付嘱，三千里外定聱讹。

天目中峰和尚广录卷第十五

天目中峰和尚广录卷第十六

参学门人北庭臣僧慈寂上进

幻住家训

幻人一日据幻室，依幻座，执幻拂，时诸幻弟子俱来云集，有问松缘何直、棘缘何曲、鹄缘何白、乌缘何玄？幻人竖起拂子，召大众曰：我此幻拂，竖不自竖，依幻而竖；横不自横，依幻而横；拈不自拈，依幻而拈；放不自放，依幻而放。谛观此幻，绵亘十方，充塞三际，竖时非竖，横时非横，拈时非拈，放时非放。如是了知，洞无障碍，便见松依幻直，棘依幻曲，鹄依幻白，乌依幻玄。离此幻见，松元非直，棘元无曲，鹄既不白，乌亦何玄？当知此幻翳汝眼根而生幻见，潜汝意地，起幻分别，见直非曲，指白非玄，遍计诸法，执性横生，旷古迄今，缠缚生死。由是累及雪山大沙门眼不耐见，方出母胎，便乃周行七步，目顾四方，指地指天，大惊小怪，将过去百千万亿劫所证底第一义谛，向诸人净洁田地上狼藉殆尽。审如是奇特建立，要且于幻法了无加损。老云门谓："当时若见，一棒打杀，贵图天下太平。"虽则增金以黄，其奈又添一重幻翳。当时四十九年三百余会，彼以幻问，此以幻答，文彩炽盛，音响沸腾，其幻顿、幻渐、幻偏、幻圆且置之勿论，末上以幻手拈幻花，谓："吾有正法眼藏，涅槃妙心。"直得老饮光擘破幻颜，两肩负荷。自尔一人传虚，万人传实，幻幻相因，授受不已。至少林面幻壁，安幻心，忏幻罪，解幻缚，问幻姓，书幻偈，磨幻砖，垂幻足，挂幻拂，聋幻耳，捆幻掌。就中引出个掣风颠汉，施一

243

幻喝，如青天怒雷，乃至幻照、幻用、幻宾、幻主，纵横交错，与夺杀活，态千状万，莫窥其涯。迨今诸方无面目老比丘，出其门，嗣其宗，承虚接响，置一幻于口门，藏诸幻于量外，文其言，巧其机，高其风，逸其韵，峻其令，大其家，更无有一人能出其幻者。幻乎，其旨圆，其义备，其体大，其用周，与诸佛祖相为始终，尽尘沙劫不可穷尽。

间有未能了此大幻于言象之表者，或以某师说禅简明，或以某师说禅圆活，或以孰为高古，或以孰为峭峻，孰为细密，孰为文彩，孰为粗暴，孰为不工。尚其优而效之，鄙其劣而弃之。乱真机于巧伪之场，屈要旨于笙簧之域。见闻日博，是非日滋，大义日乖，真风日坠。殊不知前辈深达大幻之士，凡吐一辞、出一令，其简明也是幻，圆活也是幻，高古也是幻，细密也是幻，至若直捷、文彩、粗暴、不工等，咸自广大幻轮中流出。此幻轮一转，如水就决，似风行空，迥绝安排，了无拣择，随机任器，杀活临时。使古人存一点分别取舍之情潜于随扣随应之间，则与杂毒无以异也，岂甘露醍醐之谓哉！

更有人将个禅册子广读博记，欲契祖师西来意，却成实法流布，岂不立文字直指人心之道果如是迂曲耶？若是真实要证此大幻法门，便请全身直入，直下更无一丝毫障碍。苟或脚跟拟议，意地踌躇，切不可随语生解，道一切是幻，本来现成，我但拍盲坐断，更别有甚么工夫可做、门路可求？是则固是，争奈你依情带识，堕在草窠，欲较他古人独脱悟明，不翅天地悬隔。只如香严击竹，灵云见桃，太原闻角，洞山过水，如此辈皆是偷心泯绝，脱落知解，能所两尽，得失俱忘，如空合空，似水投水，既非强勉，安许拍盲，乃于不知不觉处脱落根尘，自然语默动静不带枝叶。此是大解脱门，惟心死识忘、情消见谢者乃能涉入。或半点心意识不尽，纵使透过古今，超越言象，欲与古人握手于真寂之海，何异荧光之附太阳，非其类也。

今日既是与诸人应个时节，不可只与么说了便休，借五须弥笔，蘸四大海水，向东弗于逮打个直落，复于南赡部洲转个曲角，徐于北郁单越著一点，转向西瞿耶尼亚个半刀，并作一个幻字，悬向尽十方虚空之顶，使大地人有眼者见，有耳者闻，有身者觉，有意者解。乃知过去佛久远于此已证涅槃，现在佛今各于斯成等正觉，未来佛将于其中开正法眼，以至微尘数诸菩萨，各各不离当处，修六度，运四心，度众生，断苦缚，乃至无边圣贤，更无有一人不依此幻具大神变而获自在者。奈何诸人终日折旋俯仰，动静语默，触目无间，刚不自悟，将谓与他圣贤佛祖有无边法界之所间隔，自甘陆沉，徒受轮转。今日特为你起模画样，和盘托出。如前所云，便请全身直入，直教一切处点画分明，一切处受用成现，与三世佛、历代祖契理契事，同出同没，更有何物为障为碍而尚存观听、犹滞功勋者哉！古今之下如有一佛一祖不由此大幻法门而获菩提解脱者，无有是处。更教你知，尽法界内无古无今，但有情无情等，如有一物不依此大幻法门而具生住异灭者，亦无有是处。当知幻无圣凡，幻无彼此，了得此幻，在彼不见有菩提涅槃，在此不见有生住异灭，一切幻幻圆满，无二无二分，无别无断故。非是强言，法如尔也。

苟或于此未能脱白露净，全机超入，且不要忽忽草草，但办取一片铁石身心，拌取一生两生，向所参底无义味话头上拍盲立定丁字脚头，心愤愤地与之抵捱将去。正当抵捱时，都不要你向禅道佛法上别求解会，只如撞著银山铁壁相似，除却个咬嚼不破底无义味话头之外，更无第二念蹲坐。其悬悬之心，如措足于百尺竿上，著脚于万仞崖巅，前无可攀，后无可援，但与么把教定、靠教稳，孜孜兀兀只如是去，当知大幻法门在你脚底不曾移易一丝毫，只待你情消见尽，蹉步踏著，则知太原闻角、洞山过水之时节不我隔也。到此更须和个所入底大幻法门一踢踢翻，不留朕迹，始是丈夫。脱或乍得入门，苟存一念欢喜之心，依旧与昨日之迷无间然也。此事不是说了便休，亦不是见了便休，直须始终丈夫，不受一法笼罩，方堪为荷负大法之真实种草。

迩来法道不古，人心懈怠，为师为徒彼此只求解会，日夕相诱，筑得一肚禅道佛法，其如生死命根不曾于悬崖撒手处绝后再苏一回，堕在恶毒海中不自知非，此诚可愍。参禅学道，何所图哉！然本上座固非其人，惟是不肯自昧参禅正因，而况诸人幸不遭此邪谬，各各是不肯堕人禀白底端人正士，既来这里相从，我此间又非唱导之师、建立门户，彼此相依于半间茅屋之下，只图真实以办平生。然此虽曰大幻法门，苟非神悟，决不可造次而入。只如说个幻字，今古共知，于中欲觅一人于此幻中掉臂而入，横身而坐，肆足而行，任意而用，放开捏聚一切自由者，极难乎人。其故何哉？盖由心存所知而未尝悟脱，于一切处明知是幻，不待旋踵而反为幻所缚，以若所知，则与不知者何以异也。只如教家道："一假一切假，无中、无空而不假。"此说之下，了无剩法，惟其不悟，翻成文字语言流布。岂佛法果有教、禅之二哉！以其神悟，教即是禅；以存所知，禅即是教。故《圆觉》谓："末世众生希望成道，无令求悟，惟益多闻，增长我见。"斯言殆尽之矣。

只如会通和尚见鸟窠吹起布毛，应时脱略。德山见龙潭吹灭纸烛，当下超宗。今人但见前辈领悟如是之易，而不知其未领悟时之难。苟知其难，则古人之易亦今人之易也。苟不知其难，欲效古人如此之易，未免为情识虚妄引入相似般若中，重生死之根尘，深轮回之陷阱耳。且古人领悟之易置之勿论，如何是未领悟时之难？只如二祖未悟之顷，立齐腰之雪，不知为寒；断娘生之臂，莫知为痛。只这一个样子，不惟今人之难，在二祖分上亦未尝不难。以其求法之真，所以忘其难也。自二祖而降，其亲师为道，痛为生死无常而有契有证之士，于未领悟时，未有一人不如是之难。当知古人之生死即今人之生死也，今人之道业即古人之道业也。盖古人负真诚而忘其难，所以致其易。今人逐虚妄而弃其难，必欲效其易。故于此一法中虽同知是幻，而其利害优劣所以异也。

此是从上佛祖不易之论，一时老婆引援及此，在本色道流分上唤作恶口，亦名实法缀人，亦名教坏人，又唤作瞎学人正眼，今日彼此不获已也。然而这许多做工夫底露布，在当人为法之诚，自然步步踏著，岂是起模画样教得人底道理。其或为法之心不真不诚，不苦不切，纵使百千方便束缚得他俨然如个死人，何异吹网欲满。又如沩山充典座，雪峰做饭头，宝寿作街坊，演祖为磨主，此猥屑之务岂真龙象所当为哉！盖亦为道之真，忘其鄙陋有如此者。今人稍负聪敏，或丛林补职不称，则掉臂讥主法者之误。于此观之，则古今之真妄判然矣。

幻人于幻法实未曾悟，今日但路见不平，窃论如此，到这里索性将平昔所解底大幻法门重为发露去也。过去是已去之幻，见在是目前之幻，未来是将至之幻，一大藏教依幻而说，千七百则陈烂葛藤由幻而生，菩提涅槃根幻而成，真如般若倚幻而现，慈悲喜舍即幻而兴，六度万行凭幻而立，三乘十地仗幻而等差，戒定慧、贪瞋痴、烦恼尘劳、无常生死等从幻而出，以至明暗色空、见闻觉知，未有不禀吾幻而有者。岂但松直、棘曲、鹄白、乌玄是幻，乃至天以幻盖，地以幻擎，海以幻涵，春以幻育，桃以幻红，李以幻白，迷以幻难，悟以幻易，我以幻说，尔以幻闻，森罗万象，一幻所印。此大幻印中固是不留剩法，只如幻人手中拂子，即今与须弥山王眉毛厮结，且道是幻耶？非幻耶？若谓是幻，带累幻人堕在幻网中万劫出不得。若谓非幻，请去却语默动静，出来露个消息。

天目中峰和尚广录卷第十六

天目中峰和尚广录卷第十七

参学门人北庭臣僧慈寂上进

拟寒山诗

有客从予而问曰：丛林户称为参禅，且禅固不可逆测而知，惟参之一言，莫识所云，请释之。

予曰：所云参者，乃古人咨决心疑，究明己事，不可不由之径也，如安心、忏罪、洗钵盂、闻水声之类耳。盖生死之心疑未决，如堕网之欲出，若沐漆而求解，望见知识之容，未待卸包、脱屦，其胸中岌岌未安之事遽冲口而问之，一言不契，又复往叩而他之。或停餐辍饮，废寝忘劳，至若风雨寒暑之不移，祸福安危之莫夺，其所参之念不致洞明不已也。是谓真参，余皆似之耳，非参也。何谓似？如火炉头、禅床角，领纳一言半句相似语，蕴于情识，不自知觉，久之遇缘逢境，忽然触发，是谓知解依通，非参也。或于方册梵夹中以聪明之资博闻广记，即其所晓处，和会祖机，一一合头，乃穿凿搏量，非参也。或循规守矩，不犯条章，静默安舒，危坐终日，乃缘境摄持，非参也。或搜寻难问，记忆机缘，堂上室中苦攻逆敌者，乃狂妄时习，非参也。总而言之，但胸中实无为生死大事之正念，或形影相吊于岩穴之下，或肩骈踵接于广众之中，各偏于所向而取著之，非吾所谓参也矣。

客又曰：近代尊宿教人起大疑情，看古人一则无义味语，斯可谓之参乎？

予曰：传灯诸祖各有契证，初未闻有看话头、起疑情而悟者。良由机缘泛出，露布横生，况是学者胸中为生死之心苦不真切，脚未跨门，咸遭诳惑，由是据师位者不得已而将个无义味话放在伊识田中，教伊吞吐不行，咬嚼不破，孜孜兀兀，顿在面前，如银山铁壁，不许其斯须忘念。日深月久，情尘顿尽，心境两忘，不觉不知，以之悟入。虽则不离善权方便，亦与参之之义几近矣。或学者不实以死生大事为任，则师与之俱成途辙，荆棘祖庭，秽滓佛海，岂参云乎哉！

因往复酬酢，遂引其说，偶成拟寒山诗一百首，非敢自广，盖痛心于教外别传之道将坠无何，诚欲策发初心之士耳。

或谓：宗门有活句死句、全提半提、擒纵无偏、与夺自在之理，子何不发明之，此何时而尚欲以实法缀系于人耶？

予曰：世有能跨千里之步，而终身不能自越其阃者，予不信也。彼与夺自在之师，皆由参之不谬，悟之无垠，蓄养深厚，如千里驹，轻肆其足便有追风逐日不可及之态而不自知也。使彼师苟存其与夺自在之见于胸中，则人法不空，能所交接，与魔外何别哉！当知真寂体中尚无地可寄其与夺自在之迹，则其可讲而学耶？得不重贻达者之所讥，盖识法者惧也，道人其鉴诸。

参禅一句子，	冲口已成迟，
拟欲寻篇目，	翻然堕水泥。
举扬无半字，	方便有多歧，
曲为同参者，	吟成百首诗。

参禅莫执坐，	坐忘而易过，
迭足取轻安，	垂头寻怠惰。
若不任空沉，	定应随想做，
心花无日开，	徒使蒲团破。

参禅莫知解，　　解多成捏怪，
公案播唇牙，　　经书塞皮袋。
举起尽合头，　　说来无缝罅，
撞著生死魔，　　漆桶还不快。

参禅莫把玩，　　流光急如钻，
那肯涉思惟，　　岂复容稽缓。
时刻不暂移，　　毫厘无间断，
撒手万仞崖，　　乾坤无侣伴。

参禅莫涉缘，　　缘重被缘牵，
世道随时熟，　　人情逐日添。
工夫情未瞥，　　酬应力难专，
早不寻休歇，　　轮回莫怨天。

参禅莫习懒，　　懒与道相反，
终日尚偷安，　　长年事疏散。
畏闻廊下鱼，　　愁听堂前板，
与么到驴年，　　还他开道眼。

参禅莫动念，　　念动失方便，
取舍任情迁，　　爱憎随境转。
野马追疾风，　　狂猿攀过电，
蘸唾捉蓬尘，　　痴心要成片。

参禅莫毁犯，　　动辄成过患，
作止诚可分，　　开遮岂容滥。
内外绝安排，　　自他俱了办，

突出摩尼珠， 光明照天岸。

参禅莫拣择， 举世皆标格，
曾不间闲忙， 何尝分语默。
一念离爱憎， 三界自明白，
更拟问如何， 当来有弥勒。

参禅莫顺己， 动须合至理，
工夫要彻头， 志愿直到底。
瞥尔情念生， 纷然境缘起，
白日拟偷铃， 难掩虚空耳。

参禅宜自肯， 胸中常鲠鲠，
不拟起精勤， 自然成勇猛。
一念如火热， 寸怀若冰冷，
冷热两俱忘， 金不重为矿。

参禅宜退步， 勿踏行人路，
横担一片板， 倒拖三尺布。
得失岂相干， 是非都不顾，
蓦直走到家， 万象开门户。

参禅宜具眼， 庸鄙休观览，
千里辨雌黄， 双轮岂推挽。
洞见佛祖心， 烁破鬼神胆，
摇摇照世光， 不受眉毛酽。

参禅宜朴实， 朴实万无失，

纤毫若涉虚，　　大千俱受屈。
话柄愈生疏，　　身心转坚密，
一气直到头，　　捏出秤锤汁。

参禅宜努力，　　真心血滴滴，
如登千仞高，　　似与万人敌。
有死不暇顾，　　无身未堪惜，
冷地忽抬头，　　何曾离空寂。

参禅宜简径，　　只图明自性，
了了非圣凡，　　历历无欠剩。
拟向即是魔，　　将离转成病，
脱略大丈夫，　　尘尘自相应。

参禅宜及早，　　迟疑堕荒草，
隙阴诚易迁，　　幻躯那可保。
当处不承当，　　转身何处讨，
寄语玄学人，　　莫待算筹倒。

参禅宜正大，　　切勿求奇怪，
真机绝覆藏，　　至理无成坏。
拽倒祖师关，　　打破魔军寨，
赤手镇家庭，　　尘尘俱出碍。

参禅宜决定，　　莫只成话柄，
瞥尔堕因循，　　灼然非究竟。
但欲了死生，　　何曾惜身命，
一踏连底空，　　佛魔听号令。

参禅宜舍割，　命根要深拔，
活计再扫除，　生涯重泼撒。
寸念空牢牢，　万古阿刺刺，
放出一毫头，　光明吞六合。

参禅要明理，　理是心王体，
每与事交参，　惟有智堪委。
法界即其源，　禅河以为底，
后园枯树桩，　勿使重生耳。

参禅要直捷，　一切无畏怯，
用处绝疏亲，　举起无分别。
法性元等平，　至理非曲折，
过去七如来，　与今同一辙。

参禅要到家，　不必口吧吧，
履践无生熟，　程途非迩遐。
寸心常不动，　跬步亦何差，
踏断芒鞋耳，　门前日未斜。

参禅要脱略，　何须苦斟酌，
道理要便行，　事物从教却。
岂是学无情，　自然都不著，
更起一丝头，　茫茫且行脚。

参禅要精进，　勿向死水浸，
动若蹈轻冰，　行如临大阵。
昼夜健不息，　始终兴无尽，

捱到髑髅干, 光明生末运。

参禅要高古, 备尽尝艰苦,
身世等空花, 利名如粪土。
深追雪岭踪, 远接少林武,
道者合如斯, 岂是夸能所。

参禅要识破, 万般皆自做,
荣辱与安危, 存亡并福祸,
元是现行招, 等因前业堕。
如是了了知, 世间无罪过。

参禅要本分, 只守个愚钝,
岂解叙寒暄, 何曾会谈论。
兀兀似枯桩, 堆堆如米囤,
一片好天真, 常不离方寸。

参禅要孤硬, 素不与物诤,
白日面空壁, 清尘堆古甑。
遇境自忘怀, 随缘非苦行,
昨夜煮虚空, 煨破沙糖甏。

参禅要深信, 岂应从浅近,
直拟跨悬崖, 不辞挨白刃。
横披古佛衣, 高佩魔王印,
道源功德山, 咸承慈母孕。

参禅为生死, 岂是寻常事。

从始直至终，　　出此而没彼。
不啻万劫来，　　曾无片时止。
今日更迟疑，　　又且从头起。

参禅为成道，　　丈夫宜自保。
雪岭星欲沉，　　鳌山话将扫。
疾捷便翻身，　　更莫打之绕。
转步涉途程，　　出门都是草。

参禅为超越，　　大地无途辙，
寸心千丈坑，　　万里一条铁。
跃出威音前，　　坐断僧祇劫，
回首照菱花，　　锐气生眉睫。

参禅为绝学，　　拟心成大错，
既脱文字禅，　　还去空闲缚。
拈却死蛇头，　　打破灵龟壳，
腰间无半钱，　　解跨扬州鹤。

参禅为究竟，　　直入金刚定，
两端空悟迷，　　一道融凡圣。
澄潭浸夜月，　　太虚悬古镜，
你拟著眼看，　　即堕琉璃阱。

参禅为直指，　　未举心先委。
动足路千条，　　抬眸云万里。
安心输杂金，　　忏罪乳加水，
棒喝疾如风，　　暖热门庭耳。

参禅为己事，　　要明还扣己。
得失莫回头，　　是非休启齿。
不肯涉蹊径，　　直欲探源底，
流出自胸襟，　　孤风绝伦比。

参禅为圆顿，　　岂分根利钝，
草木尚无偏，　　含灵皆有分。
一法印森罗，　　三藏绝言论。
更拟觅端由，　　道人今日困。

参禅为求悟，　　胸中绝思虑，
但欲破疑团，　　决不徇言路。
寝食两俱忘，　　身心全不顾，
蹉脚下眠床，　　绊断娘生裤。

参禅为明宗，　　道不贵依通。
鹫岭花犹在，　　熊峰髓不穷。
心空千古合，　　见谢五家同。
情识犹分别，　　门庭是几重。

参禅无利钝，　　且不贵学问，
妙悟在真疑，　　至功惟发愤。
任说他无缘，　　直言我有分，
一踏桶底穿，　　蟭螟吞混沌。

参禅无古今，　　但勿外边寻，
席上沉孤影，　　窗前惜寸阴。
志密行亦密，　　功深悟亦深。

打开无尽藏，　　撮土是黄金。

参禅无贵贱，　　各各不少欠。
密护在真诚，　　精操惟正念。
廊庙倦跻攀，　　舆台忘鄙厌。
悟来心眼空，　　昭然无二见。

参禅无奇特，　　惟贵心无惑，
对境消佛魔，　　当机泯空色。
问著有来由，　　举起无踪迹。
曾不离平常，　　通身自明白。

参禅无巧妙，　　非觉亦非照，
将底作光明，　　以何为孔窍？
佛祖弄泥团，　　象龙噇草料，
海底黑波斯，　　却解逢人笑。

参禅无限量，　　古今称绝唱。
跳下破绳床，　　拈起折拄杖。
祖令要亲行，　　佛亦难近傍。
子细点检来，　　尽是做模样。

参禅无秘诀，　　只要生死切。
心下每垂涎，　　眼中常滴血。
尽意决不休，　　从头打教彻。
脱或未相应，　　轮回几时歇。

参禅无僧俗，　　四大同机轴，

一念根本迷，　　万死常相逐。
推开生死门，　　打破尘劳狱，
携手下烟萝，　　共唱还乡曲。

参禅无愚智，　　家亲自为祟，
智者落妄知，　　愚人堕无记。
捹破两头空，　　转归中道义，
拈起一茎柴，　　覆却西来意。

参禅无静闹，　　尽被境缘罩，
闻见有两般，　　混融无一窍。
水底月沉沉，　　树头风浩浩，
更拟觅家乡，　　路长何日到。

参禅非义学，　　岂容轻卜度，
拽断葛藤根，　　解开名相缚。
一句铁浑仑，　　千圣难穿凿，
蹉口忽咬开，　　虚空鸣嗼嗼。

参禅非渐小，　　至体绝边表，
难将有限心，　　来学无为道。
一证一切证，　　一了一切了，
遥观兔渡河，　　特地成烦恼。

参禅非可见，　　可见堕方便，
鸟迹尚堪追，　　电光还有现，
灵鉴写群形，　　体用成一片，
拟剔两茎眉，　　净云遮日面。

参禅非可闻，敲唱谩区分，
语默影搏影，放收云合云。
石鼓鸣晴昼，烟钟送夕曛，
未能忘口耳，响寂动成群。

参禅非劝诱，诱引那长久，
超越须自心，出生离佛口。
一步跨向前，万夫约不后，
作略解如斯，步步无窠臼。

参禅非术数，单提第一句，
佛祖不能窥，鬼神争敢觑。
静若须弥山，动如大火聚，
遍界绝覆藏，当机无觅处。

参禅非息念，妙性图亲见，
瞥起落缘尘，不续堕偏渐。
起灭有踪由，浑仑非背面，
当处悟无生，尘尘离方便。

参禅非自许，至理通今古，
觅处不从他，得来须契祖。
句句合宫商，门门追步武，
毫发若有差，惺惺成莽卤。

参禅非杜撰，要了旧公案，
择法任胸臆，为人若冰炭。
道本绝疏亲，理争容混滥，

一点更留情，　自他何了办。

参禅非教外，　亦不居教内，
两头能混融，　一道无向背。
法法契真宗，　处处成嘉会，
少存分别心，　直入魔军队。

参禅绝所知，　有知皆自欺，
灵光虽洞烛，　当体属无为。
攉瞎棒头眼，　扫空绳上疑，
更来存此迹，　节外又生枝。

参禅绝能所，　独行无伴侣，
既不徇涯岸，　何曾立门户。
空棒鞭铁牛，　幻绳牵石虎，
机关活卓卓，　疑杀少林祖。

参禅绝圣凡，　三界没遮栏，
染净遭他惑，　悟迷还自瞒。
倒卓青云眼，　横趋赤肉团，
欲名名不得，　今古许谁看。

参禅绝阶级，　坦荡又平直，
拟动脚趾头，　直堕心意识。
三界鼓狂花，　万里栽荆棘，
举似王老师，　堪嗟又堪惜。

参禅绝露布，　机前莫冈措，

喝退赵州无，　　趁出云门顾。
缚住走盘珠，　　塞断通天路，
不假拈一尘，　　两手都分付。

参禅绝有无，　　道人何所图，
空中书梵字，　　梦里画神符。
不有何庸遣，　　非无曷用除，
话头如不荐，　　徒费死工夫。

参禅绝真妄，　　语言难比况，
幻名惟两端，　　空花非一状。
智者欲扫除，　　愚人常近傍，
举措似勤渠，　　于法皆成谤。

参禅绝修证，　　生死那伽定，
三有金刚圈，　　十虚大圆镜，
遍界净法身，　　极目真如性，
动著一毛头，　　驴年会相应。

参禅绝照觉，　　道人休卜度，
击碎明月珠，　　剪断黄金索，
拈过赤斑蛇，　　放出青霄鹤，
去就不停机，　　依前未离错。

参禅绝影像，　　岂许做模样，
象龙徒蹴踏，　　佛祖谩劳攘。
遍界觅无踪，　　当阳谁敢向？
有人称悟明，　　快来喫拄杖。

参禅最易为，只要尽今时，
不作身前梦，那生节外枝。
日移花上石，云破月来池，
万法何曾异，劳生自著疑。

参禅最简捷，当念忘生灭，
闻见绝罗笼，语言尽超越。
昨夜是愚痴，今朝成俊杰，
好个解脱门，惜无人猛烈。

参禅最成现，元不隔条线，
满眼如来光，通身菩萨面。
圆闻闻不闻，妙见见非见，
堕此两重关，入地狱如箭。

参禅最省力，不用从他觅，
壮士臂屈伸，狮王影翻踯。
纤疑或未销，操心来辨的，
回首望家乡，铁壁复铁壁。

参禅最广大，一切俱无碍，
横亘十方空，竖穷三有界。
既不涉离微，曾何有憎爱？
时暂不相当，依前入皮袋。

参禅最明白，大地无轨则，
揭开三毒蛇，放出六门贼，
遍造业因缘，都成性功德。

勿使路人知，　　恐他生谤惑。

参禅最瞥脱，　　不受人涂抹，
来去赤条条，　　表里虚豁豁。
喜时则两与，　　怒来便双夺，
触处不留情，　　是名真解脱。

参禅最安乐，　　不被情尘缚，
真照岂思惟，　　灵机非造作。
一处证无为，　　千门成绝学，
穷劫堕轮回，　　由来自耽搁。

参禅最枯淡，　　冥然忘毁赞，
兀兀守工夫，　　孜孜要成办。
如饮木札羹，　　似噇铁钉饭，
此心直要明，　　不怕虚空烂。

参禅最寂寞，　　寸怀空索索，
四大寄禅床，　　双眸悬壁角。
疑团不自开，　　情窦徒加凿，
但得志坚牢，　　何愁天日薄。

参禅不持戒，　　那更存知解，
弗省是自瞒，　　尚欲添捏怪。
生死转坚牢，　　轮回无缝罅，
坐待报缘消，　　且来偿宿债。

参禅不守己，　　硬要说道理，

卜度须弥山，　　便是柏树子。
但只鼓唇牙，　　不肯忧生死，
禅到眼光沉，　　噬脐无及矣。

参禅不合度，　　纷纷徇言路，
公案熟记持，　　师资密传付。
世道愈相攀，　　己躬殊不顾，
十册古传灯，　　转作砥基簿。

参禅不解意，　　才闻便深记，
兜率有三关，　　曹洞列五位，
楞严选圆通，　　杂华宣十地，
及话到己躬，　　一场无理会。

参禅不著物，　　立地要成佛，
肯将生死心，　　沉埋是非窟。
从古堕因循，　　如今敢轻忽，
生铁铸齿牙，　　一咬直见骨。

参禅不顾身，　　直与死为邻，
寸念空三际，　　双眸绝六亲。
门前皆客路，　　衣下匦家珍，
谁共沧溟底，　　重重洗法尘。

参禅不可缓，　　自心须自判，
迷悟隔千涂，　　首尾惟一贯。
掇转铁围山，　　现出金刚钻，
变化不停机，　　把伊眼睛换。

参禅不屈己，　　人天咸赞美，
英气逼丛林，　　真风振屏几。
千圣共抬眸，　　万灵皆侧耳，
一句绝承当，　　敲出少林髓。

参禅不求胜，　　胜为禅人病。
胜乃修罗心，　　胜即魔军令。
胜非解脱场，　　胜是轮回阱。
惟佛无胜心，　　所以称殊胜。

参禅不求名，　　参禅不为利，
参禅不涉思，　　参禅不解义。
参禅只参禅，　　禅非同一切，
参到无可参，　　当知禅亦戏。

参禅第一义，　　全超真俗谛，
达摩云不识，　　六祖道不会。
古月照林端，　　高风吹岭外，
儿曹共指陈，　　呼作西来意。

参禅欲悟心，　　该古复该今，
仰处如天阔，　　穷之似海深。
名闻三际断，　　体露十虚沉，
圆湛含空色，　　奇花秀晚林。

参禅非戏论，　　直欲契灵知，
积学非他得，　　施工是自欺。
精金离煅日，　　古镜却磨时，

或未忘闻见，　何曾出有为。

参禅禅有旨，　旨悟亦无禅，
少室空余月，　灵山独剩天。
认声言直指，　对影说单传，
今古寻玄者，　区区亦可怜。

参禅缘底事，　猎县更游州，
但觉千山晓，　那知两鬓秋。
工夫增执缚，　学问长轻浮，
逗到龛帏下，　清灯照古愁。

参禅何太急，　东去又西驰，
走杀天真佛，　追回小厮儿。
空中施棒喝，　靴里动钳锤，
纵有神仙诀，　难教出水泥。

参禅谁作倡，　少室有神光，
雪重齐腰冷，　刀轻只臂亡。
真风陵大法，　英气厉颓纲，
孰谓千年后，　门前贼献赃。

参禅无样子，　样子在当人，
本净通身白，　元无彻骨贫。
胸襟悬古镜，　怀抱积阳春，
不待重开眼，　何曾隔一尘。

参禅作么参，　切忌口喃喃，

摆尾淹薑瓮，　　低头入草庵。

有言非向上，　　无句岂司南？

未解如斯旨，　　前三复后三。

参禅参不尽，　　参尽若为论？

鹤放青松坞，　　牛寻碧水村。

雨深苔藓路，　　云掩薜萝门，

更觅禅参者，　　归家问世尊。

天目中峰和尚广录卷第十七

天目中峰和尚广录卷第十八之上

参学门人北庭臣僧慈寂上进

东语西话　上

　　余养病之暇，客有以叩之者，随叩而应，集成巨编，目之曰山房夜话，窃为好事者取去。已而余音未泯，触事兴感，发为言辩，先后凡二十余篇，题曰东语西话，盖无伦叙也。非敢闻之先达，期与后学共焉。

　　至近而不可见者，眉目也。至亲而不可知者，心性也。眉目虽不可见，临镜则见之。心性固不可知，彻悟则知之。苟非彻悟而欲知心性之蕴奥，是犹离镜而欲见眉目也。昔大梅常和尚问马祖："如何是佛？"答云："即心是佛。"常公闻是语，当下如十日并照，情云识雾应念廓清，直往大梅山，一任非心非佛，此其彻悟之样子也。自尔即心是佛一语流布海宇，岂惟参玄上士户知之，至若贩夫灶妇，凡言论之顷，未有不言心便是佛者。逮叩其以何为心，则茫然不知是处。此类且置之勿论，间有素称参学之士，一歌一咏，指其心体，宛若观眉目于镜中，毫发不隐，逮求其如常公之脱略，则天冠地屦之不侔矣。何以然哉？盖常公乃彻悟者也，他人则情解者也。情解之者，语益工而旨益昏，言愈奇而理愈昧矣。

　　或曰：照眉目之镜可得而求之，悟心性之旨未闻其要也。

　　对曰：但信根于心，则悟不难也。或不以信，未有无因而自悟者。古者之信，不待有所警省，亦不待有所劝发。惟信根于心，如饥者之欲食，念念未尝间歇，穷情竭虑，信信不已，一旦触发，如久忘忽记，此常公之于马祖言下岂偶然哉！今人不之彻悟，任以即心是佛之辞挂于唇吻，与情妄分别浩浩无时，惟增其多语耳，于心佛何有契会之理也。

学者未有不言为生死事大者，逮叩其何为生死，例是茫然，无所加对。或有谓：以其不知，所以致问。即从容告之曰：尔既不知生死为何等事，今发心为生死，得无妄乎？夫生死事大，苟不知生死之理，徒加参学，譬如辟谷之人，遣其耕获，虽勉从命令，将不旋踵而退惰矣。何则？辟谷既忘饥馁，而禾黍亦何所用哉！犹学者既昧生死之端绪，则参学亦奚以为。或者强谓生不知来，死不知去，是谓生死。斯实狂言，纵使知来知去，即其所知，宛是生死，以生死脱生死，无是理也。须知生死元无体性，因迷自心，妄逐轮回，宛然成有。譬如积寒，结水成冰。寒气忽消，冰复成水。积迷于心，妄结生死。所迷既悟，心体湛然，欲觅生死，如睡觉人求梦中事，安有复得之理。当知生死本空，由悟方觉；涅槃本有，以迷罔知。或不能洞悟自心，而欲决了生死，是犹不除薪火而欲鼎之不沸，理岂然哉！了生死莫亲于悟心，悟心莫先于立志。忘寒暑，废寝食，空情妄，此一念子于动静处如坚兵严城之不可犯，阅古人话之正志如是壁立万仞，则开悟可坐立而待。既悟已，不但生死之空寂，虽涅槃亦无地可寄。如其不尔，奈何生死与迷妄交结，远从旷劫，至未来际，其流转无丝发之间。谓生死事大，岂虚语哉！岂虚语哉！

蛇虎无意于害人，尝倚高冈，卧平陆，行人惊相告而远之，盖知其有啮人之毒，不容不望影而避之也。菩萨之视幻法亦然。何谓幻法？乃实无而有者是也。既曰实无，必何所有？譬之太虚，纤尘不立，由病在眼，乱花丛然。了幻者自责眼中之病，不了幻者惟嫌空里之花。至若水底月、镜中像，皆幻有也。迷人执有，必欲远离，惟其所离，展转成有。达人知幻，不作离想，虽不故离，自无所著。故教中有"知幻即离，不作方便"。惟知幻之知不涉情妄，乃超悟之心，全体是知也。以其知之至当，故不待离而离矣。然不作方便，即能离所离之心皆方便也。良由洞悟自心，照了诸幻，惟其照了，全是远离，更不待别有所离而离矣。犹望蛇虎而避者，盖真知其有啮人之毒，自然念念远离，岂待别作方便而后离也。其不具此真正悟知者，于四大五蕴亦未尝不言是幻，顷焉对违顺境，瞥尔情生，与诸幻尘同时起灭，备尝众苦，厌足心生，必欲远离，重增幻见。或不正悟，其诸幻因缘安有可离之理哉！惟识达之者，不起离幻之念，但勤究己之功，己躬一明，百千幻妄悟归真寂，其离之一言，不胜其赘矣。

妙喜曰："古人皆明心见性，今时人例是说心说性。好教你知，三十年后要讨个说底也无。"此极言教化日薄，人心日趋而下也。何谓见性？行而已到者是也。何谓说性？不待行而似到者是也。譬如京都乃天下人物会聚之所，殊方异域、街童市竖皆能指其所向之方，独未曾亲到耳。以其未到，是谓说者也，其说愈多，而其言愈枝矣。有志者安肯依他作解，而耕其空言，以作掠虚之士乎？必欲裹粮蹑屩，虽千万里之远，忘其勤劳，进进不已，一旦亲到，则宫室之华丽，人物之繁阜，百千富贵，了然在目，是谓亲到而见者也。既见矣，还复殊方，凡言京都之境，任其指东为西、压良为贱，纵谈终日，皆不能昧其所见之真。是为"我为法王，于法自在"者也。其亲到而见者，与未到而说者，相去知几何哉！原其所说亦有因，求胜之心乃其说之因也。盖天资俊敏，以多闻博记之风鼓动情窍，曾不期鸣而鸣，鸣足以滋其胜，胜足以润其情，死生结缚愈说而愈固矣。亲见之者虽终日不言，其诚谛之音充塞宇宙。故永嘉谓："默时说，说时默，大施门开无壅塞。"其效若此，岂欺人哉！"三十年后要讨个说底也无"，妙喜此语褒耶？贬耶？闻者不觉堕泪如雨。

佛云病是众生良药，此说可凭乎？不可凭乎？是何言也？众生积劫迷妄，内存我相，外逐境缘，恃其轻安，情妄纷错，顿忘幻质之有老病死也。一旦摄养乖方，呻吟枕席，所需不遂，苦痛无时，气命将终，返思平昔道无所得，法无可恃，茫茫三界沉坠无涯，或得苟延，誓当精锐，刻苦究道，不舍昼夜，以酬出家本志，以报佛祖深恩。如是受者，则知病苦真良药也。不尔受者，返思病中境缘逆顺，滋润爱憎，欲相报酬，不顾来业，是无惭人，非菩提眷属也，反致佛祖诚言而为过咎。然病不止是受病者之良药，亦是不受病者之良药也。何则？彼此身拘四大，形假众缘，彼病若斯，我宁不尔？今幸病不至体，时暂轻安，八苦循环，其能久恃？乘此身形勇健，精勤如救头燃，破有漏之藩篱，碎无明之窠臼，空涅槃之险阱，截生死之迅流。此道既不假外求，心佛岂果从他得？如是观者，其良药之效岂独为病人设耶？凡属有情，皆当于此取其神效。况吾徒身依法席，迹厕禅丛，动以死生大事为口实，观此病是良药之明训而复懵然不加顾者，逆知其轮转将无畔岸矣。

客有谓俗人以巧术夺邻寺之基业者，寺僧百计不能复，而求理于官，志卒未伸，劳苦万状。或者曰："子游方之外者也，当忘形骸，空物境，以理自照，岂可效彼俗人，不能忘其取舍耶？"僧曰："不然，古有千年常住一朝僧之诚。苟非一朝僧，则孰与保护千年常住乎？"或者曰："我之所闻异于是。夫不变之谓常，不动之谓住，此指法身真寂之体耳。真不变也，寂不动也，真常寂住，统摄大千，无一物不被其体。故古教谓：'是法住法位，世间相常住。'我辈抗尘走俗，动为情妄所迁，宜乎不知。子栖身世外，识达理源，或不了常住为真寂，岂能导物扬化而为佛弟子乎？昔菩萨修六度、运四心、谨万行、亲众善，乃保护常住之墙岸也。子为一朝僧，欲保护常住亦善矣。或弃此正念，而任取舍之情，兴斗净之行，恣血气之勇，怀谋夺之计，其迷乱真寂，破坏常住，莫甚于此矣。子其不悛，必欲徇狂情，效流俗，谓欲保千年常住，是犹决其堤岸而禁水之不泄，诚自欺耳。子不观乎世间飞楼涌殿，诸庄严具，充塞大千，使诸佛有所求而然，虽外道亦不为也。闻菩萨行檀时，施头目髓脑悉无难色，三轮等空，一念无住，人天奉献尚无能受之心，群生欲求安有所施之念？真寂混其体，常住显其相，保护之心尽于此矣，又焉肯肆情于俗、求理于官乎？"僧曰："审如是，在己则可，或事在于公，讵容坐视而不救耶？"或者曰："子徒知救之之说，而不知其所以救之也。成等正觉、第一义谛，常住依之而建立也。六度、四心、万行、众善，常住由之而安隐也。舍是而别资救理，生心动念，惟助业轮，虽曰救之，其实害之也。原夫真实法身之常住与僧园资具表里混融，亘万劫而不变不动，奚止千年而已哉！"闻者颔之。

昭昭然尽宇宙之充塞，晃晃焉极色空之融混。无相可睹，无迹可寻。非青非黄，不长不短。随机应现而为雪山午夜之星，显露当阳而为龙潭所灭之烛。鉴体无亏而为东平打破之镜，照方不立而为毗耶无尽之灯。长年触体而体不可分，终朝溢目而目不可睹。斯所谓神光者也。古德谓："神光独耀，万古徽猷。入此门来，莫存知解。"言独耀者，乃一体而无二者也。神乎，光乎，在天同天，在地同地，虚含万象，洞贯十虚。紫罗帐里撒珠，铁眼铜睛莫窥其彷佛；枯木岩前问路，电光石火孰辨其端倪？谓神光之不可覆藏，珊瑚枝枝撑著月；谓神光之不可混滥，扶桑夜夜日轮红。神光非天生，非地涌，非内出，非外来，造化依之而转旋，物象由之而生植。能成就一切而一切不能成就者，神光也。能盖覆一切而一切不能盖覆者，神光也。般若非众生心能缘，其能缘者神光也。真如非一切法可混，其能混者神光也。西祖握露刃剑，佛来也斩，魔来也斩，其所不可斩者亦神光也。道人行处如火消冰，衲僧面前险绝无路，你怎么我不怎么，你不怎么我却怎么，箭未离弦而中的，珠犹在椟而照空，皆神光之所著，不假他术也。天下学者苟非廓悟于言象之表，少存知解，欲契吾独耀神光之要旨，心日劳而功日坠矣。可不慎诸。

山可移也，方可易也，一定之业不可逃也。所报之业有二：曰善、曰恶而已。善则报之以福，恶则报之以祸。福与祸虽不同，咸属报缘，同名业耳。业之定分，如行路之遇境也，三十里一桥、五十里一店，行至所期里数，而桥店在焉，虽圣贤莫之能避。夫善恶之念不从天降，不从地出，一由迷妄之情自结缚耳，通于三世，贯于多劫，因缘会遇，福也、祸也，犹三十里之遇桥、五十里之遇店，丝发不可易也。世人徒见仁者夭、暴者寿、逆者吉、义者凶，岂知其作于昔而受于今，作于今而受于后。惟恐不作，安有不报而受之者？故圣人不怨天，不尤人，良有以也。昧者怨天尤人，实不知其出于己也。如或知之，福何喜？祸何悲？以忘喜故，安肯妄生一念攀缘其福；以忘悲故，虽强使之设诡计以避祸，宁死而不为也。况定分之业，诚不容其避就也。间有苟求而得之、苟避而免之者，亦一定之业当然，岂容其苟也。既知不可苟，则驰求畏避之念不待遣而空矣。念体既空，则所存之心地亦空而会道矣。佛祖圣贤安隐解脱之方，殆不过是也。以无所为而为之，则理自殊也。以无所作而作之，则事自胜也。理殊事胜，尽法界内无一尘不在吾庄严之域矣。其迷妄之者，爱憎结其情，取舍纷其念，与诸苦因缘涉入未来，备受楚毒，而终于不悟定分之业一出于己者，良可悯也。

土之厚则所植必丰，源之长则所流不竭，积之盛则其为用必充，因之圆则其感果必满，此天下古今之常理也。圣人积万劫之功，修尘沙之行，舍无量之身命，聚难思之法财，百福具周，万德圆满，世出世间洞无遗欠，凡所设施，如春回万谷、月印千江，不知其为而为，不约其至而至，盖积因之圆，故感果如是之满也。余尝观建伽蓝、立塔庙者，或四至不周，或形势不足，乃多财以取之，方便以求之，巧计以谋之，至若势力以临之，皆非满足菩提之旨也。凡建立，或不与满足菩提相应，非法利也，非功德也，非利他之善行也，乃随业妄而资胜见，菩萨行之所不取也。菩萨修满足菩提时，凡所建立遇不周不足等事，惟返观本因缺漏，则励精勤苦以修之，必待菩提胜行之满足，彼将持以奉献惟恐不受，则檀波罗蜜致于他，满足菩提会于己也。

或曰：建立之方，或未周足，谋以智术、临以势力固不可也，以多财取之，于理何伤？

对曰：道人建立，乃推己之余以利物也。所云利者，必使均蹈吾满足菩提之地而后已。众生积贪，备受诸苦，多财则甚彼之贪、益彼之苦，较之持以奉献惟恐不受者，相去不啻霄壤矣！

东山演祖有"万般存此道"之说，或者谓：万般即万事也，亦万法也。且世间事法未尝不与出世之至道表里混合也，而言"存之"，得无赘乎？

对曰：子何言之易也。彼言"存"者，正欲其混合而无间也，以其非所存，则诸妄差别依之而起。以日用言之，万般者，如著衣是一般，吃饭亦是一般。智者之于衣，惟见其通身是道，不见其丝缕为衣也。智者之于饭，惟知其满口是道，不见有颗粒为饭也。以至种种营为，无一物不与道相混合也。其混合之旨既明，则存之之意在乎中矣。昧者反是，其著衣时不惟不会道，而复于衣上随情逐妄，作种种分别，依分别则生死结缚无端而固执矣。然存之之理有二焉：有混合而为存者，有操守而为存者。惟悟达之者，虽曰混合亦不知为混合，是真存者也。在学地者，以操守而为存也。谓操守者，纯以正念念所学之道，离凡圣，绝憎爱，孜孜焉不敢斯须忽忘也。如执至宝，如蹈春冰，操之益坚，履之益慎，忽焉开悟，回观能存所存之念俱无定体，虽终日炽然作用，乃不拟存而存矣。

古教谓：于人有缘则易信，于法有缘则易入。谓缘者何？乃积劫所种之因而感于今日者是也。缘之会遇，虽佛祖圣贤欲避之而不可得，况其他乎？故东山演祖有"一味信前缘"之明训焉。言信者，顺也，正顺而不流溢之谓也。自而感者之谓业，他而感者之谓缘。达者知一报之缘既熟，离之、合之俱不能关其欣戚也。昧斯旨者，爱之则苟合，恶之则苟离。苟合之心偶遂，则矜夸之不暇。苟离之心不遂，则嗟怨之无时。了知一报之缘既定而不可以苟，使终身合其所爱而不加喜也，尽形会其所恶而不加怒也。教中有怨憎会苦、爱别离苦，斯言苦者，乃不信前缘而自受也。使知前缘之当尔而正顺之，则苦无隙而投矣。斯世相不可易之缘也。道人究出世之旨，固不当以报缘论，然推之靡不系乎缘也。古有一闻千悟、具大总持者，此积世菩提道缘已熟，针芥相投，久忘忽记，不待转念而达之矣。亦师资之缘熟，聆其音，望其容，不待曲垂方便而领旨矣。间有终身学而不至者，盖夙缘之未稔也。缘之未稔，必期以悟，犹遣孺子为壮士之役，岂理也哉！

苟知缘之可信，但操之力，进之勤，久远不退，一旦如壮士屈臂，不假他力，岂非缘乎？岂非缘乎？

营家者本在货财，养身者本在元气。世有不固其本而事外饰者，未有不废且败也。邻有二子焉，一人强壮，举千钧不知重，作终日不知劳。一人瘁弱，呻吟终日，偃卧穷年。偶医者察二人脉，谓强壮者犯行尸脉，人虽健而脉病，死无日矣；谓瘁弱者六脉平和，人虽病而脉健，其平复可立而待也。不久，果如医者之言。盖身之安危本在脉也，脉之存亡本在元气也，可不慎乎。余观教、禅、律三宗，栋宇之植，田园之聚，譬之吾身，可谓强力也矣。殊不知戒、定、慧三无漏学乃吾脉也，苟不潜鞭密炼，坚守力行，则吾脉病矣。昔吾教遭三武之废，可谓病吾身也。已而戒定慧之本脉应指而现，生意充然，未久则病去而身益强矣，盖本固之验也。嗟乎！不思固其本者，谓外护之力可恃，又从而文饰之，而不知脉与元气斫丧无几矣。一旦祸出不测，余于此不能无惧焉。

世有一夫耕百亩之田而求多人助之，谚称伴工。以彼助我之耕固易，使我报彼所助之工甚难。或畏后报之难，勿求先助之易可也。古人谓物暴长者必夭折，功速成者必易坏，天下之事决无易于前而不难于后者，亦无难于前而不易于后者。故孟子谓："天将降大任于斯人也，必先苦其心志，劳其筋骨，饿其体肤。"虽不显言其难易，而难易之理不待显言而著矣。昧斯理者惟知易之可求，临事无轻重之分，惟欲直捷简易，苟得志于易，则胜溢乎心、喜盈乎面，一旦去其所易，逢其所难，则不胜窘迫矣，未有不陷于不义之地者。惟识达之士不堕常情，难则顺受之，易则逆处之，能逆处其易则无苟得之容，顺受其难则无窘迫之态。吾天真不为喜怒得失之所乱，则道在其中矣。故老氏曰："多易必多难。"而世人多尚其所易，背其所难，或不有酬报之理，则圣人之说皆妄作也。思之！思之！

一长者生高昌，素有向道之志，虽致身贵宦，未尝见其有暴怒之容。

一日谓余曰："佛法有二途：曰浅，曰深。其深者固非俗子所能造诣，浅者尝博闻而熟解之，惟此心不能与所闻所见相应耳，于此未尝不自责也。"因叩之曰："佛法广大，遍入寰区，虽佛祖不能正视，尔何人辄以深浅议之哉！"乃曰："心识之蕴奥，境观之差殊，悟理之是非，乘戒之宽急，此皆佛法之深者。如云世间财货甚于毒蛇，能损善根，能滋苦本，此佛法之浅者。自最初入道，历涉诸师之门，未有一人不如是开导策发。然寻常念及世财亦未尝不如是观察，逮有求施惠者踵门，方将取而施与之，则吝惜悭爱之情交横于前，若为物所禁而不容取者。复自谓非施财也，乃所以施烦恼而离毒蛇也，虽百千巧见，终不能自开其鄙吝之怀。因蓦有所省，盖其平日所闻所解者伪心也，吝怪爱惜者真情也。真情无相可见，含裹于藏识之底，苟非洞悟，彻底掀翻，或毫发未尽，瞥尔现前，虽百千妙解，诚无异于隔靴抓痒也。思无常生死乃真情结集，浮知伪解其能遣哉！"

察秋毫之末者不能自睹其睫，举千钧之重者不能自举其身。古人此喻，极言明于责人、昧于恕己之弊。方与友论此，而客有盛言时事，嗟讶蹙頞不能自已者。因叩其所以，乃言："人心不古，世道日薄，在处三百五百聚徒，其升堂致礼宛尔混融，逮一事不谐、一语不偶，则忿怒之气甚于仇敌。使为主者兢兢业业，虽俨临广众，不翅蹈春冰、践虎尾，安有所谓解脱之理哉！思古丛林上下相忘于无事之域，不复见矣。"余曰："子之言过也。岂不闻古教有言：'于人有缘则易信，于法有缘则易入。'安有古今正像之分？使我缘福不逮，虽临众于数百载前，古人亦今人也。人情无顺逆，其顺逆在吾缘耳。使吾缘福之或备，虽天魔外道亦皆转为卫护之人，安得吾侪之不委顺哉！所谓因缘会遇时，果报还自受。盖顺亦报也，逆亦报也，皆自业所变，岂他人所能致哉！"客唯而退。

即一而三，水、波、冰不离湿性；惟三而一，瓶、盘、钗总是金身。用有千差，体无二致。就体观用则易，会用归体则难。须知体在用边，用旋体际，傥非妙悟，一切意解皆不相应。谓三者何？真谛、俗谛、中道第一义谛也。谓一者何？当人之自心是也。言即一而三者，谓此心能真、能俗、能中也。言惟三而一者，其真、俗、中皆自心之现量所变也。荆溪谓："真谛泯诸法，俗谛立诸法，中谛统诸法。"故古教谓："于谛常自二，于解常自一。"贤首有四句，谓依真入俗是一句，由俗会真是一句，真俗不二入乎中道是一句，即中而成真俗是一句。天台谓真不自真，对俗而真；俗不自俗，望真而俗。中不自中，谓真俗二谛一而非单，二而非两，互显互夺，相即相融而为中也。若空是断空则不能融色，色是实色则不能混空，以其断而非空，实而非色，各立二边，宛然中道。惟昧此心体者，对真则执断，入俗则迷常，二见俨存，则中道斯背矣。此说讲学者未尝不通，其所通而非会者，以意识依文解义，非妙悟也。以其不悟，则能所之迹炽然，解心愈多而迷情愈重矣。谓悟者何？乃亲见此一心之至体也。谓解者何？乃熟究此三谛之虚迹也。然悟而非解，解而非悟，旨与心通，不可言议，惟真参实究者宜深思之。其学解纵使玄中又玄，莫若神悟之为准也。

情之所起者爱憎，迹之所由者进退，是四者乃流浪生死、执缚三界之大本也，亦超越世间、远契圣道、疾证菩提之捷径也。既云流浪，又云超越，何谓哉？盖圣人言教之所诣有二。二者何？合道也，结业也。夫爱而合道者，爱公务也，爱众人也。故有爱惜常住，如护眼目，此爱公务也。古教谓"我于多生深求道果，为救护一切众生超越苦轮"，此爱众人也。此爱存乎心，曾不期合道而道自合矣。夫爱而结业者，爱自己也，爱己之亲厚眷属也。以爱己故，则谄曲嫉妒、攀缘驰逐、狂妄颠倒纷然交作。至若爱己之眷属，则护之、惜之，必使之尊荣胜达，不复顾其是非可否也。其爱若此，则念念与生死业习纠结矣。谓憎而合道者，责己者也，亦责己之亲属不臻乎正行者也。以其责己也，苟有怠惰偷安之弊，则潜鞭密炼，痛思深省，改革愧悔之不暇，奚必别求道果而道自合矣。或舍责己之正念，则指检他人之过，至使怒忿积怀，暴慢盈面，谓之结业，岂待言哉！

爱憎之道既尔，进退之理亦然。何则？儒典有"进思尽忠，退思补过"之训，吾佛之道岂不然乎？谓进者亦有二焉：为己也，为人也。夫为己而进者，乃进学也，精勤勇猛，决定坚密，朝不足继之以暮，夕不足继之以旦，念念如救头燃，不使须臾忘念，是进之在己也。为人而进者，乃掌公务、秉化权也，孜孜勤苦，废寝食、忘寒暑，凡有一毫利于人者必行之，不敢以己之得失而怠慢。此进之所以合道也，亦名胜进。或不尔者，妄起一点名称利养之心，虽鳖面跰足，奔趋驰走之不暇，靡思无穷业累愈进而愈结矣。谓退者，亦有二焉，尚晦隐而守道念者，尚闲散而傲世相者，二俱曰退，论其退之之实，则霄壤不侔矣。若为人之力有所不逮，应世之才有所不周，退藏于密，深蓄厚养，或己事未了，不敢妄涉世务，栖迟岩谷，形影相吊，身世两忘，此退之所以合道也。或懒于应酬，不受拘检，恃其给养无缺，世相无求，饱食暖衣，任情肆识，自言绝俗，高卧游谈，反讥为众之勤、奉公之冗，惰四体而不知惭，背群恩而不知报，岂退守者宜如此耶？一旦报缘忽尽，业何可逃？沦堕死生，噬脐无及。

其爱憎进退之理晓如黑白，不之合道，则之结业，由一念之反复，而升沉果报若此。如《楞严》谓："使汝轮转生死结根，惟汝六根，更无他物。令汝速证安乐解脱、寂静妙常，亦汝六根，更非他物。"此说与爱憎进退能合道、能结业，曾何异焉。本色道流当乘业缚未深、道离未远，精勤勇猛，瞥转一机，早求脱略。否则白日青天动遭业缚，可不惧哉！

天目中峰和尚广录卷第十八之上

天目中峰和尚广录卷第十八之下

参学门人北庭臣僧慈寂上进

东语西话　下

昌黎韩公，唐之大儒也，以不知佛氏之教有补于治道，发为词章而诋诃之，逮遇大颠，固心降之，其讥毁之声尚斑斑见于简牍。柳子厚与之同时，亦以文鸣于世，作诸祖碑碣，发挥佛氏之学虽非极至，初未尝效韩之诋毁也。宋欧阳氏出，文章宗韩，作《本论》以拒佛，谓攻之愈坚，扑之愈炽，而不知有不可攻、不可扑之大本于其间，徒讪讪多言，又何加损于吾佛也。明教和尚著书非韩，非非韩也，乃谕欧也。后儒相仿效，诋佛者颇众，吾教之士往往谓彼嫉佛。余谓彼非嫉佛也，实不知佛也。使彼知之，则将外护之不暇，虽强使其诋毁，宁无愧于中乎？复以因缘果报言之，亦可以收谤也。如佛累遭提婆达多以恶计陷于死地而不动念者，乃知其有宿冤也。当其狭路相逢，返观报尽还无之理，如饮甘露，又何念之可动哉！彼韩、欧之怒排力诋，又安知其非提婆达多之余蕴未消者乎？但坚持正念，待彼之余蕴消尽，则逆耳之声将不求息而自息矣。永嘉谓："从他谤，任他非，把火烧天徒自疲。"永嘉之说虽尽善，惟"从他"、"任他"，似亦未能当念融化之也。灵芝照公取文中子"何以息谤，曰无辩"，谓尝事斯语矣。且"无辩"与"从他"、"任他"之语然，亦俱未尽理也。故《圆觉》谓："若知我空，无毁我者。"则"从他"、"任他"以至"无辩"，赘且剩矣。

嗟乎！近代之持公论者，不鉴其本，惟见彼斥我为异端，我则非彼为外道，与闾巷倚门而相骂者无异，又何以表无生慈忍之力、因缘果报之理哉！昔有国王放五百醉象害佛，佛竖五指迎之，象皆驯伏。时阿那律见佛五指端各现金毛狮子。时一弟子白佛云："尝闻佛说此身是梦，不可爱乐，今现狮子之威，御醉象之难，岂非爱乐其梦中之身耶？"佛曰："我何有心于御象哉！我积劫以来修慈忍三昧，今竖指入此三昧，任其践害。以我三昧之力成熟故，狮子之威不期自现。"观佛之说，乃御难息谤之第一义也，语言云乎哉！机智云乎哉！又世有所谓见德人之容使人意消心醉，德人岂亦使之然乎？斯亦御象难之渐也。或不尔者，皆自召也。苟欲以语言息之，适滋之耳，何益哉！

"佛身充满于法界，普现一切群生前，随缘赴感靡不周，而恒处此菩提座。"天下丛林赞佛多用之，此偈出《华严经》第六卷，时佛白毫相光中示现一切法胜音菩萨所说，乃一部《华严》大经之纲目也，亦诸祖狭路相逢之要领也。"佛身充满于法界"，拟向甚处蹲坐？"普现一切群生前"，眼里耳里著他不得。"随缘赴感靡不周"，空合空，水投水。"而恒处此菩提座"，将谓别有长处。与么批注，未越常情。或不知归，别露消息："佛身充满于法界"，迟日江山丽。"普现一切群生前"，春风花草香。"随缘赴感靡不周"，泥融飞燕子。"而恒处此菩提座"，沙暖睡鸳鸯。一切法胜音掬水月在手，少陵杜工部弄花香满衣。虽然珠转玉回，要且天悬地隔。还要识佛身么？琉璃殿里白玉毫，宝花台上黄金相，且拈过一边。以至三十二相、八十种好，眼里金尘，且没交涉。更说个佛身无为、不堕诸数，随语生解，万里崖州。若曰充满于法界底佛身，眼不可窥，心不可测，智不可知，识不可解，惟云门干屎橛、洞山麻三斤却较些子，争奈无人悟得。以其不悟，纵有玄谈，皆成欺诳。更有傍不甘者，广引相似语言，谓佛身包太虚、含万象，不可以色见而色无不周，不可以空求而空无不备，迎之非前，随之非后。低声低声，此等说话，灶妇、乳儿皆能言之，若曰佛身，不亦远矣。然普现群生前，随缘靡不周，且置之勿论，又指何物为菩提座耶？或谓佛身充满，此座亦充满，无二无二分，无别无断故。若曰菩提座上别有佛身，则不可得为恒处也。然既充满，且无常生死有漏世间又向甚么处安著？或者引永嘉谓"梦里明明有六趣，觉后空空无大千"，既觉矣，谓佛身、谓菩提座亦无地可寄，又何言说而非寐语哉！学者未能真诚梦觉，虽曰赞佛，乃谤佛耳。宜审诸！宜审诸！

尽十方世界是清净法身，当体如千日并照，了无纤毫障蔽。无端为一点无明当面覆却，以故仰而观之之谓天，俯而视之之谓地，广而窥之之谓法界，以至山高水深、昼明夜暗、风动尘起、云腾鸟飞，与夫披剥万象、剖析精明，欲觅所谓法身，则空然无有也。由是引起分别，坚执妄情，唤空作色不得，指明为暗不得，视亲作疏不得，转憎为爱不得。要识无明面目么？只这个转不得底，不欠一毫。忽有个强主张者道："我但见空不作空，见色不作色，惟以一清净法身观之。"是亦是矣，奈何谓空、谓色之见卒未能忘，又作清净法身之能观所观初未曾泯，须知只个未忘未泯底，正是根本无明，直下绞沥不干、洗涤未净，若欲头头上明，物物上显，诚不啻隔靴抓痒也。如《圆觉》谓："此无明者非实有体，如梦中人，梦时非无，及至于醒，了无所得。"与么说来，无明岂有实体定性可得，乃全体是清净法身也。虽然，如经中谓"及至于醒，了无所得"，还曾与么醒也未？须知醒有二义：最初省色空等法皆自心现量，乃净法界身之影像也，如是而醒，能断枝叶无明。最后见闻情尽，能所识消，不见一法是法身，不见一法非法身，是非俱泯，念念皆如，到此方断无明之根本也。然枝叶、根本二种无明必欲顿断，其黑漆桶或不连底洞脱三回、五回，岂容心思言议而可得哉！

昔东坡居士题庐山："溪声便是广长舌，山色岂非清净身？夜来八万四千偈，他日如何举似人？"后有禅者谓东坡每句多却二字，何不直言：溪声广长舌，山色清净身。又有谓溪声不用舌，山色不用身等，总是忍俊不禁，将谓超出局量，殊不知总向他措大背后叉手。当时老坡只识得个溪声、山色，又安知驴声马声、鸦鸣鹊噪，至于愁叹声、痛哭声，乃至地狱刀剑戈戟、宰割鞭打、种种恶毒、呻吟号叫声，皆广长舌。岂但山色，大而虚空，细而纤芥，极法界内外，所有体象，殊形异状，妍丑怪奇，青黄短长，至若冰河炭焰、腥臊秽浊，与夫不可眼视之种种恶色，皆清净身也。岂惟身之与舌，但鼻所入者皆佛香，口所噉者皆法味，至六入、十二处，法性混融，间不容发，是谓一相平等、真净无漏、圆满具足三昧门。从上佛祖据此三昧，搅河为酪，变地为金，出没卷舒，无边妙用，一一皆从此三昧门流出。《法华》谓："惟此一事实，余二即非真。"即今天覆地擎，日上月下，昼明夜暗，岳立海横，更无一毫发不在此三昧门中影现。直饶如此明白举似，又安知仍旧坐在溪声山色中，虾跳何曾出得斗也。记得孚上座讲《涅槃》，备说法身不大不小，非方非圆，无住相，无不住相，圆裹十虚，混融三际。时有一禅者在座掩鼻而退。上座乃致问云："我说法身，不曾违文失义，见笑何也？"禅者曰："上座尽其所学，只说得法身影像，若曰真法身，大固远在。上座要与法身相应，请拈过讲学，凝心静坐。"孚一依所教，忽闻角声，划然开悟。你道老坡曾与么悟也未？此道离言说，绝知解，或不深穷密究，以期悟明，脱略见闻，超出情量，妄为溪声山色引入荒草，而不知有悟入之理者，滔滔皆是。可不慎诸。

少林直指，不立文字，六祖谓说个直指早已迂曲了也。更有甚么看话头、起疑情、做工夫，将心待悟，无乃取谤先德、屈辱古人者乎？不然，六祖方三传而出百丈，世称大智禅师，建禅林清规，远依律部，立为礼法，复置广堂连床，俾三百五百众凛凛危坐，枯桩其形，死灰其心，目之曰坐参。然直指尚曰迂曲，此迂曲中之又迂曲者也。已而自侍者寮，朝参暮请，亲熏熟炙，开凿见闻，俾掌藏钥，涉猎名相，与夫博究儒书、通内外等学，使之分座说法，然后待时，出为人师，上则付衣表信，下则瓣香禀承，斯又不胜其迂曲矣。至若派为五宗，不相混滥，其授受之际细密委曲，异说殊途，莫之纪极，岂直指之道果有是理哉！盖前人非不知不立文字之直指也，以去圣时遥，人心日趋而下，观其体道之念不密，徇境之识日迁，乃不得已而救之。如百丈未建丛林时，人皆草衣垢面，栖迟于空山大泽中，极情向道。至百丈时，早有老病畏怯，由是建丛林以慰安其老病而辅祖道也。使前辈或不曲徇时宜，巧施方便，则直指二字亦灭绝无闻矣。近代持公论者，惟责人不直指而之迂曲，是不鉴其迂曲乃伸直指之异方便也。且责之固是，而亦不返鉴其责人之心，全体堕在迂曲中矣。何则？如少林秉单传直指之道，默坐九年，未闻其有责人不信直指之辞。逮今千余载，而直指之道炳如日月，亦不因从上之迂曲少蔽其毫发，盖心真而理自显。据如少林负直指之要，有传少林谓"外息诸缘，内心无喘，心如墙壁，乃可入道。"且屏绝外缘而不涉，禁伏内心而不动，斯岂直指之旨乎？乃欲其久之而悟入吾直指之域也。今看话头、做工夫，盖亦使其情消识谢，功用两忘，径造吾直指之域，复何疑哉！

祸福萌于自心，憎爱岂从他得？出一时之情妄，混三世以报酬，历万劫而不消，虽丝发之无贷。一大藏教举果明因，皆自心现量，更无一法从心外至者。道人当念念观察自心，无形象可得，无影迹可求，昭昭太古之先，历历极未来际。故《楞严》谓："无漏真净，云何是中更容他物！"所以前辈目之曰金刚宝剑，标之为清净太虚。谓剑则无物不摧，谓虚则无方不摄。大光明藏，觌体无依。佛祖证之，顿空异见。众生不了，妄逐情尘。由是三界起焉，万法集焉，生灭去来之相纷焉，祸福酬报之理昭焉而不可逃也。以不达自心现量，则其趋福避祸之念汲汲不休，舍憎取爱之情密密无间，且妄见益深而积业益炽矣。

夫人胶于世网者固未可责，其已尝裂开世网、殊形异服之士，尚驰逐而不知息者，诚可责也。《楞严》谓"狂心未歇，歇即菩提"，乃责之于名教也。少林谓"外息诸缘，内心无喘"，又古德谓"不学佛法，惟务休心"，乃责之于祖语也。如四心、六度、万行、群善及道品等，盖不忍其坐致沦溺，以轻易重，以优易劣，皆善巧方便而责之也。直以心体言之，惟歇休二字早是金尘入眼，又何优劣轻重之复论哉！故圣人不奈众生之不悟自心现量，犹化城而之宝所也。谓自心者何？乃佛祖共证，本来具足，圆满菩提之至体也。谓现量者何？乃众生随识所变，执而不可化之见妄也。或问：何以遣之？对曰：不可遣也。苟欲遣之，则与遣之之迹俱成现量，故古有灵龟曳尾之喻。惟信心坚密，究参不已，廓尔开悟，即其自心现量不间一尘，转为自觉圣智。犹迷时认金为铜，悟时则知是金非铜也。悟铜元金，乃自觉圣智也。迷金执铜，乃自心现量也。《楞伽》一经之要义，少林持以印直指之心，舍现量而祸祸福福之迹俱不可得而容也。学者宜思之。

情何物也？执而不化之见妄也。未有情而不执者，未有执而非情者。情之所以执，盖出于迷妄也。所迷者何？乃迷自性转而为情也。众生之情执有同焉，有异焉。谓同则同乎憎爱，谓异则异其憎爱，所趋之见差别万殊，不可得而一也。有二人焉，一人执东为是，则所向皆东；一人执西为是，则所向皆西。其执东为是者，每以西为非，而不知执西为是者，反观吾之东亦非也。其执东者不知西向之人指吾东为非，其进东之步益远，自以为益，是彼以为益非。其执西者亦然。二人之所执，不翅矛盾之不相入也。以其不相入，则天下之是非未有能同之者。故圣人世起而救之，垂言立教，必欲同其是非之心，化其所执之情。奈何教迹愈彰，而是非愈炽。且古今三教鼎立，其互相诋訾者，以各专门，不容其不是非也。如一佛之垂化，观万法惟一心，一心即万法，所以彰万法为教，标一心为禅，名常异而体常同。教即文字，而禅离文字也，究其所以，特不过破情执之迷妄，混入一心之灵源而已。以即文字、离文字之执未化，而教与禅宛如冰炭，盖有离、即之二也。至若教非教，禅非禅，虽圣人亦不能不敛衽而退缩矣。且日亲性理之学，尚不能化其所执之是非，使素昧教理之人忘其所执，不徇是非，又何异戒饥人见饭而勿餐也。古德有"不见他非我是，自然上敬下恭，佛法时时现前，烦恼尘尘解脱"之训，昭若日星。未即验其语者，盖情执未化，不能不见是非也。要而言之，化执无越于忘情，忘情莫先于悟性。性既悟矣，则情不待忘而忘，情忘则是非之执若春霜当赫日，安有不化之理哉！

幻人世居杭之新城，族孙氏，祖迁钱塘。父母生子女七人，幻居其最后。方离襁褓，惟以歌呗佛事为儿戏，邻人异之。七岁从市学，读《论语》、《孟子》，未终，九岁丧母而辍学。蚤负出家志，以世相日拘，百计莫脱。至廿四，其所缚之世相不待作意而划然自解，实至元丙戌岁也。是年五月，独登山礼先师。已而诵《金刚经》，至荷担如来处，恍然开解，自尔经书语言颇沾其味，非悟也。丁亥二月，信女人杨氏授以资具，从山海翁登山薙染。己丑，充堂司。庚寅，欲潜去，密为松公所知，助腴田三亩，复令参堂。未几衄疾，先师令给侍。辛卯春，瞿公施田庄，不受，俾驰书归瞿田。壬辰，充库务。癸巳、甲午，惟奔走施门。元贞乙未，先师卧疾不起，奉葬毕，即去山，以酬宿志。丙申，往来吴门。大德丁酉春，挟袱舒之天柱山，秋之庐阜，冬还建康，匿影草庐者十阅月。戊戌冬，结幻住庵于弁山。己亥冬，结幻住庵于吴门，庚子、辛丑咸居焉。壬寅，大觉请住持，而避走南徐。癸卯，送布衲归大觉。甲辰，归守先师塔。乙巳冬，领狮子院事。丙午、丁未。至大戊申冬，因分卫吴松，不返。己酉，买舟仪真，夏系缆于雪城。庚戌，归天目，居山舟。辛亥，复为船居，往汴水。皇庆壬子春，结庵六安山，秋，舟往东海州。癸丑春，舟次开沙，夏，送定叟住大觉，就寓环山庵。延祐甲寅春，复领狮子院事。乙卯，结庵大窝。丙辰春，渴疾作楚，夏，舟泊南浔。丁巳，居丹阳大同庵。戊午复，还天目。己未、庚申、至治辛酉。壬戌，六十岁矣。是年之夏，结庵于中佳山。自丙戌至壬戌，整三十七白，而幻迹方将远引，为避缘计。余初心出家，志在草衣垢面，习头陀行，以冒服田衣，乃抱终身之愧。且文字失于学问，参究缺于悟明，寻常为好事者所称，盖报缘之偶然耳。平昔惟慕退休，非矫世绝俗，使坐膺信施，乃岌岌不自安也。古人有五十而知四十九之非，今余六十，返思往事，大率情妄所蔽，何有当于理哉！浮光幻影，变在须臾，故书此以自警云。

天目中峰和尚广录卷第十八之下

天目中峰和尚广录卷第十九

参学门人北庭臣僧慈寂上进

东语西话续集　上

非一岁无以终万化之功,非一心无以收万法之迹。然而春夏秋冬之令虽别,其所不别者同一岁也。顿渐偏圆之理虽别,其所不别者同一心也。且岁不知有春夏秋冬而四序成其岁,心不知有顿渐偏圆而四教彰其心。如是则知即别而同,即同而别也。即别而同,四不离一;即同而别,一不离四。惟同则不能彻其化迹,惟别则不能会其本源。于是同别之旨不容不两立,本迹之门不容不双收也。每闻议者谓一代时教彰如来之本怀罄无不尽,彼云教外别传者,岂教外果别有未尽之法为传耶?傥别有所传,则名外道。或别无所传,则妄诞之迹不容掩也。余尝以前说证之,兹复谓议者曰:圣人初生下时,手指两仪,足行七步,何教义所摄耶?此乃别传之最初显示也,岂待末后拈一花以示迦叶谓之别传者乎?中间四十九年随机演教,于正直舍方便处,皆是别传之旨,又岂止乎最初、末后而已哉!

所云别传者,非教外别有所谓禅也,非心外别有所谓法也,非离言说外别有不形言之秘密三昧也,非理外别有理也,亦非一向无事而故作是言也。何则?自始洎终,惟示一心也。依一心所演,惟一法也,安有所谓别哉!当知灵知心体,离言说相,离见闻相,离思惟相,离文字相,乃至离一切诸相。虽曰离言说相,非言说不能立其教。虽曰离见闻相,非见闻不能传其教。虽曰离思惟相,非思惟不能达其教。虽曰离文字相,非文字不能宗其教。故知言说文字等乃教也，离言说文字等乃教外别传也。所云教者，宣明此心也。所云教外别传者，即超出言象而妙契此心者也。使言说文字外别无旨趣，则经中不应言"诸法寂灭相，不可以言宣"，又云"此法非思量分别之所能解"。

或谓：言说文字等果不可契如来之心耶？

曰：不然，岂不闻始从鹿野苑，终至跋提河，于是二中间，未尝谈一字。于此则一大藏教曷尝有言说文字等相之可得也。苟不洞彻如来之本心，则滞有文字，非教也；执无文字，非禅也。动为情缚于有无之间，则教禅俱不取也。然教外别传者目之为禅，此禅即一心之异名，非人天二乘所习八定四禅之禅，必待枯形死心、殒情绝识之谓也。盖此禅之体如金刚王宝剑，自非上根利器、生知夙习之士，领于机先，荐于言外，欲向见闻思惟等拟涉毫芒，则刻舟奚益哉！远自少林，相传迄今，如印印空，虽文彩不露而至理独存，信别传之说良有旨焉。通而言之，禅即离文字之教，教即有文字之禅，觅一毫同相了不可得，复何别之有耶？其所别者乃化迹之设不侔尔，譬如坚冰、烈日之不可同日而语也。

药不专治，病无必死，其用舍安危之要，在医者之得失耳。苟得其要，以寒破寒、以热攻热，俱无实实虚虚之谬。不得其要，而或误投毫发，虽病未危而药危之矣。世无卢扁，使万金神药亦能杀人，其利害有如此者。佛称三界大医王，纯以无上神药治法身之病，其对证投机之顷，顺用逆施，迎刃而解，世云神圣工巧殆不可同日语也。余因阅《圆觉经》，文殊首以本起因地为问，乃答以永断无明，方成佛道。普贤以以幻修幻为问，乃答以应当远离一切幻化虚妄境界，由坚执持远离心故，心如幻者亦复远离，远离为幻亦复远离，离远离幻亦复远离，得无所离，即除诸幻。普眼以修行渐次为问，乃答以先依奢摩他行，坚持禁戒，安处徒众，宴坐静室，遍观四大及与根尘虚妄和合，然后身心根尘与幻俱灭，便能显发无方清净。弥勒以修佛菩提几种差别为问，答以欲脱生死，免诸轮回，先断贪欲及除爱渴。清净慧以凡圣所证所得云何差别为问，答以一切障碍即究竟觉，得念失念无非解脱，至若居一切时不起妄念，于诸妄心亦不息灭。威德自在以方便渐次为问，答以当修三种净观，谓寂静奢摩他、如幻三摩钵提、寂灭禅那等。辩音以圆觉门有几修习为问，答以二十五种清净妙轮，即前三观交互单复云云。净诸业障以本性清净因何染污为问，乃答以不了四相，不成圣果。又云但当精勤降伏烦恼，起大勇猛，未得令得，未断令断。圆觉以云何安居修此圆觉清净境界为问，答以建立三期，求哀忏悔，复以三种净观随学一事。已上皆大悲愿王普告诸菩萨及末世众生，净治觉体之善见妙药也。如何独答普觉所问一章之中指出四病，谓作、止、任、灭，则前所谓善见神药者，俱不能逃此四病所摄。何则？自远离诸幻与坚持禁戒、建立三期等，岂非作耶？自先断贪欲及除爱渴，与宴坐静室修奢摩他等，岂非止耶？自一切障碍即究竟觉，及于诸妄心亦不息灭等，岂非任耶？自永断无明，及四大六根虚妄和合与幻俱灭等，岂非灭耶？原夫法身流转五道而为众生者，由内熏三毒，外迷四倒，转入无边生死海中。如来不指三毒四倒为病，而反指作、止、任、灭为病者，何耶？且作、止、任、灭固不足以诣圆觉之阃域，亦必取证圣道之渐，望三毒四倒，何翅天渊之间哉！对此不能无疑于圣人之言。乃为之解曰：岂不闻一时婆伽婆入于神通大光明藏，三昧正受。正当入时，上同诸佛，下与众生及十法界中有无情等同时俱入，自昔至今不起于座。就中无主无伴，离圣离凡，身心混融，性相平等。良由十二大士未忘境智，瞥兴问端，是非蜂起，故如来据大圆觉，纵其所问，广说证修，即作、止、任、灭俱指为药。至普觉章，将收玄唱，斥作、止、任、灭均名是病。即病一言，取舍俱夺。苟知纵而不知夺，混圆觉于问答之场；或知夺而不知纵，堕圆觉于泯默之地。当知纵亦药也，夺亦药也。即其纵之之药，治三毒四倒之正病；以其夺之之药，治作、止、任、灭之助病。岂不闻世之疗色身之病者乎？凡初感正病之顷，则指方以对治。及执其所投之药而过之，由是不病于元感之正病，而病于药之所助，则卒无如之何也。惟药致病，非庸医所知。故知作、止、任、灭之药病，非如来洞鉴其源，则孰能指也？当知觉有二义：有觉妄之觉，有灵明之觉。觉妄之觉，能对治一切垢染及世出世间种种见闻尘习者是也。灵明之觉，亦名本觉，亦名圆觉，体离凡圣，迹绝自他，双泯色空，两忘能所，穷今亘古，湛寂不摇，靡间一尘，觌体圆净，虽菩提、涅槃、真如、般若，到此俱名是病，又何作、止、任、灭之不病哉！

善致福，恶致祸，正合道，邪干业，此理昭然，如黑白之不可混。真如净境界中初无善恶邪正，皆一念瞥生处，失于照了，而不得不有也。以其有故，则三界烦恼念念起灭，无时暂息，成住坏空循环不断。是故圣人兴慈运悲，垂教立化，使其舍恶以从善，忘善以合道，舍邪以归正，忘正以会心，不越念而三界空，不动尘而烦恼尽，复归本际，洞彻根源，教化之权亦从而泯矣。舍恶则断恩爱，远利名，脱尘劳，尽贪欲。舍邪则齐物我，绝是非，空见闻，泯能所。从善则守戒律，修禅那，趣空寂，向菩提。归正则彻法源，洞真谛，契佛心，合圣道。至于邪正善恶会归一念，则一切时中观根设教，普利群机，信手拈来，无非妙用，随众生愿，报佛祖恩，手眼通身，一机不露，炽然作用，一物不为，撒手去来，了无拘束，是谓一代圣化之本旨也。虽群宗异教各立门风，皆莫能外乎此。

自先佛建立，祖祖相承，大小伽蓝分布海内，凡主一方者苟或善恶倒置，则祸福之机随念响应，内关己德，外涉化风，不容不审也。惟是识马易奔，情猿莫制，故圣贤制礼立法于一念未起之前，乃深欲防其微而杜其渐。使微不知防，则著将安救？渐不知杜，则顿起难收。譬之水火，防其微渐之初，则不致于崩山燎原也。故吾佛弃万乘之权而受摈辱于匹夫之手，舍海宇之富而丐衣食于城内之民，忘宫室之华而委形质于草木之下，泯道德之贵而历辛苦于涂炭之中，观其所由，莫不痛以无边众生各各具此深远广大利欲，根于情识，卒莫能制，乃化现斯事，实防微杜渐之大旨也。

教化之通塞初无定体，出入乎道德、利欲之间。使存道德，则教化不期通而通；存利欲，则教化不期塞而塞矣。当知道德自佛祖盛化之后，人物衰替，从著而至微；利欲自时移事变之顷，贪妄日兴，从微而至著。道德、利欲，譬之明暗不同时，水火不同器。今端居佛祖之域，苟不知防微杜渐，固已危矣，矧乎相胜以欲，相诱以利，莫悟其非，视之为当然者，则火已措于积薪之下矣。境风目扇，祸灾倏起，反不以为忧，而欲坐待教化自通者，是犹吹网欲满，多见其不知量也。悲夫！

世所谓语言者，动乎其心而达乎其口，即情想之昭著，未有无其义者也。故其情爱且喜，则其言也和而温；憎且嫉，则其言也峻而讦；逆且怒，则其言也迫而怨；顺且恕，则其言也肆而达；夸且美，则其言也婉而文；俗且鄙，则其言也朴而拙，皆言语之容也。欲审其义，先观其容。既达其容，则知其情。既知其情，则有以谕其义矣。所谓义者，乃情想之所适，意识之所主，而言以宣之也。盖语言皆模写情识所缘之义，曲尽其巧，苟情想不到、意路不行，虽大张其吻于终日，将无一词可措矣。岂特人言为然哉，至于鸦鸣鹊噪、犬吠鸡啼，凡若有情，一动其声，必有所主之义，但人莫之晓耳，安有语言音声而无其义者乎？

惟吾佛祖之道则异于是。自手指两仪、足周七步，至于一花遽拈，时百万众皆神通智慧之圣贤，尽其所思之量，俱莫测其边涘，惟饮光微笑而已。自祖道之东，而两宗五派星分棋布，遍入寰区，逮扣其言，则须弥山、是甚么、东海鲤鱼、打一棒、新妇骑驴、阿家牵与我、将禅板来、饭袋子、江西湖南去等语，讻讻不绝，如长江大河莫之所止，味之则如木札羹、铁钉饭，亲之则如吹毛剑、大火聚，目之则如闪电光、击石火，耳之则如涂毒鼓、旱地雷，入之则如荆棘林，透之则如生铁壁，既不可以语默会，尤不可以智识通，及与天地鬼神咸莫能测，所以目之为无义语也。夫无义者，超乎喜怒哀乐之外，脱乎情识意想之表，又岂容以经书文字、圣凡名相而和会哉！

嗟学者之未谕，纷纷乱鸣，擅自穿凿，谓此语是放开、是把定、是傍敲、是暗打、是探他、是肯诺，又谓此语是向上向下、是全提半提、是宾家主家、是死句活句、是商量平展，又谓此语是最初末后、是藏锋透关、是杀人刀活人剑，又有甚者牵引经教，谓此语是即色明心、附物显理，是有言显无言、无言显有言，是眼观东南、意在西北，是威音那畔，空劫已前，不间一尘，全归自己等，异端殊说，莫可具陈。不知一涉意根，俱成有义矣。使佛祖之道果止于是，则将何以断他生死情妄之根乎？诚所谓聚萤火以燎须弥、持蠡量而测沧海也。

或谓：禅家之无义语我知之矣。佛祖以不立文字，教外别传，安可复有语耶？其应机接物之际，高挥大抹，答问汪洋，虽语言如尘沙，其如不落那边，著著皆归第一义，所以开口不在舌头上，又何向上向下之云乎？谓无义语，得非是欤？

余曰：无乃五十步笑百步也。子虽不堕向上向下之异说，且第一义得非义乎？

或曰：闻解粘去缚，抽钉拔楔，必因有语而然。使佛祖之语果无义趣，则何以致然也。

余曰：斯言差近矣。子当致此疑于怀抱，久之自悟，方知无义语不尔密矣。苟或不尔，则徒增戏论，何益于理哉！

人莫不有心，心莫不有应。禅者，心也。机者，心之所应也。自鹫岭拈花、少林立雪之后，此心一传，响应千古，曰禅曰机，无一时不与天地万象互相酬酢，正不待别有所扣而然也。况自有宗门以来，其所谓木上座、金刚圈、暗号子、破沙盆、青州衫、娘生袴、三脚驴、鳖鼻蛇、无米饭、不湿羹，至若五君臣、四宾主、三玄、九带、十智、重关、放下著、自做得、是什么、莫管他等语，四方八面，霆轰雷震，浩浩汤汤，前后出兴，莫之纪极。语其疾则啮镞犹迟，语其利则吹毛亦钝。鸩酒不可方其毒，大羹莫能比其淳。丽铺锦上之花，精食水中之乳。俨临广众，高踞大床。风动鬼神，声喧宇宙。凡咳唾掉臂，怒骂戏笑，总而目之曰禅机者，良有以也。世典谓："寂然不动，感而遂通。"此与禅机似彷佛矣。不动者，非有所止而使之不动，盖体本湛寂，如太虚空，乃天理之不动也。感通者，非有一毫意谓于其间，必待有所感而通者。当其感通之际，若洪钟斯扣，空谷传声，无为也，无作也，天理本然之势也，喻乎净镜之鉴万形，明珠之现五色。禅也者，镜也，珠也。机也者，鉴也，现也。其万形之妍丑、五色之浅深，虽昭昭不能自隐，而镜与珠曾何有所为也、有所作也，乃至净至明之效耳。能契此者则谓之禅机，外此则非余所知也。

或问：据所言，人莫不有心，则有情界内穷古亘今，资生产业、治世语言浩如尘沙，原其所因，靡不由心而著，初未闻有禅机之说。惟少林门下业咨参者独擅其名，何也？

对曰：心有二焉：曰真，曰妄。真者即灵知之至体，此非妙悟不可得而逆测也。妄者即情识之幻用，乃逐物者由之也。昧者概称之为心，不知真之与妄实霄壤之不侔。彼资生业等者，乃妄情也，非真心也。夫真心者，惟佛与祖熏炼正因，智彻神悟，堂堂于声色是非中妙符而密契者也。全超修证，靡涉功勋，不堕见闻，岂存地位？所谓达大道兮出度，超然名之曰祖也，又岂可与依情附识、胶缠世网者同日语哉！或未达其真，则修行亦善矣。若使有作思惟而吠虚逐块于祖庭之下者，反不若资生产业有治身之益也。彼不惟无益，将坐致谤法之咎。岂禅机之果累于人乎？盖不善择其真者也。道人宜审诸。

赵州问南泉："如何是道？"泉云："平常心是道。"此话流布丛林，古今之下鲜有不堕于意识者，尽谓著衣吃饭、动静语默一一天真，离此天真之外，拟涉念虑，早是不平常了也。古人道个平常心是道，两手分付，只贵一切平常，佛法世法彼自无疮，勿伤之也。乃引张拙秀才谓"随顺世缘无挂碍，涅槃生死等空花"，是平常心；庞居士谓"日用事无别，惟吾自偶谐"，是平常心；三祖谓"至道无难，惟嫌拣择"，是平常心；马大师谓"见色便见心，无色心不现"，是平常心；又古德谓"翠竹真如，黄花般若"，是平常心。但是古人凡说到日用本来具足、不离见闻觉知处，皆配之为平常心。若然，则总不出个意识搏量。盖南泉实不于此处蹲坐，而从上古人亦不向这里埋跟。但是不曾亲向赵州未问、南泉未答以前荐得，拟生寸念，徇其语默，引起意解，彻底不平常了也。更若广引古人垂手利生、方便接引处一言半句以之取证，转见崖州万里。

或谓即今对物遇境不起一念，是平常心。或谓虽举念动情，而不住诸相，是平常心。或谓有无不隔，闻见混融，是平常心。或谓寒则添衣，热则摇扇，是平常心。或谓繁兴大用，举必全真，细语粗言皆第一义，是平常心。或谓古人痛棒热喝，擎叉辊球，机无停滞，道出常情，是平常心。乃至种种作为、种种思想、种种凑泊，要与个平常心相似，无异掩耳偷铃，自取欺诳。但是玄言圣量、妙理真诠，总不与平常心相应，况是迷惑贪妄、颠倒情识而能远契平常心者乎？当知平常心不属知、不属解，乃至不属一切和会领略，拟涉知、涉解，则安有平常之理乎？

昔雪山夜睹明星，是悟此平常心。迦叶破颜笑，二祖礼三拜，是明此平常心。至若太原闻角，灵云见桃，凡一机一境有契有证者，莫不皆契此平常心。今日要与此个平常心亲体无间，须是亲如他佛祖瞥地一回，则信手拈来，无一毛头不与平常心相应。虽迦文放眉间照万八千土之光，出遍覆三千大千世界之广长舌相，与夫纳须弥山于芥子，建宝王刹于毛端，甚而至于横身火聚，阔步刀山，亦未有一事不与平常心相应者。但迷人不知而自见等差，于等差中更莫有不自此平常心显现。乃知无边众生虽重迷极障于无尽苦趣，动经尘劫未得弃离，亦未尝有丝毫不出此平常心者也，特自昧而不觉耳。

南泉又谓："道不属知，不属不知。知是妄觉，不知是无记。"这一络索，将谓尽力扶持，殊不知破荡不胜其多矣。争似永嘉道个"绝学无为闲道人，不除妄想不求真"，与此平常心差近。且孰为绝学？孰为无为？殆不容舌也。

远客过门，指余色身以四法界为问，谓此身于四法界曰何法界所摄？

余从容告之曰：四种法界显一心之体用也。幻者罕习经教，辄以己意陈之。且以手中拄杖言之，依相视之，唤作拄杖，名事法界。离相惟性，不唤作拄杖，名理法界。性相不二，正唤作拄杖时却不是拄杖，于不是拄杖处不妨全体是拄杖，是名理事无碍法界。以一拄杖入一切法，任法立名，了无定体；以一切法入吾拄杖，同名拄杖，亦无定体，名事事无碍法界。如帝网珠，以吾一珠入一切珠而体未尝分，以一切珠入吾一珠而体未尝合。相收相摄而无亏，互夺互融而不间。如永嘉谓："诸佛法身入我性，我性还共如来合。一月普现一切水，一切水月一月摄。"其法界之名广说万殊，略说惟四，其实亦未尝四也。惟廓悟自心之士，见处圆融，于法界相不执一而言一切，不离一切而守一，盖法尔如然，非神通所致也。

嗟夫！昧者妄执色身为我，起种种贪欲，为事所障，囚缚三界，无解脱期。声闻观色无我，惟滞一空，远离世间，独求解脱，为理所障，被佛所诃。惟菩萨乘了色即空，悟空即色，色空不二，住于中道，理事相含，独脱无碍，犹存见执，尚滞法尘。独如来事事无碍之境，如镜照镜，似空合空，类一摩尼具含众色，收则俱收，现则齐现，不容造作，岂涉安排，是谓无功用法门。其法界相总万归四，会四归一，于无功用中，一亦不可存矣。余身于四法界理体如是。上根利器荐在机先，中下之流徒劳伫思。

客唯而退。

太末虫处处能泊，而不能泊于火焰之上。众生心处处能缘，而不能缘于般若之上。火固不可泊，余不知般若果何物而独不能缘耶？使般若果不可缘，则众生成佛之理无有是处。或谓不然，众生为妄所惑，堕落生死，流染世间，识想交驰，善恶分别，皆遍计成就，纵有知觉，亦成戏论，远经多劫，近及今生，从迷入迷，曾未休息。夫般若者，离言说相，离文字相，离心识相，离思惟相，乃至见闻觉知、遍计分别种种离故，能离所离亦皆远离，尔时般若觌体成就，所谓不能缘者，由真妄各立不相入故，譬如明暗，二体相倾，欲合为一，纵有神变，其可得乎？

虽然，殊不知法无异相，动念则乖；理绝多途，举心则隔。遍十方是般若体，尽大地是光明幢，不间一尘，触处圆净。纤尘未尽，万劫难明。欲得现前，当依智用。会须拔能所根于一念未萌之际，空人我见于寸心不动之时，念念破无明、离妄想、断攀缘、泯闻见，奋起此志，如金刚王宝剑，横按当轩，遇物即杀，昼夜六时炽然无间，久久心境寂、人法空、意识消、伎俩尽，和手中把柄子一时打脱，始知众生心外无般若，智亦何依；般若外无众生心，缘将安寄？即众生心非般若，青出于蓝；即般若非众生心，冰生于水。即众生心即般若，廓尔圆明；非般若非众生心，泯然无寄。

然后动一尘则万法彰，敛一念则十虚殒。卷舒与夺，任意纵横，生死去来，于法自在。事虽与么，若约祖师门下、衲僧面前，犹未有语话分在。奇哉！此道岂古人独有而我独无耶？丁此丛林日晚，光影如流，努力勤参，决不相赚。

止，体也，百千诸佛之所共住；观，用也，八万细行之所齐彰。体无用外之体，则止在观中；用无体外之用，则观归止处。体不动故犹须弥立于太虚，用不昧故若杲日丽乎旸谷。止无所故波水尽于本源，观无能故光影消于古镜。太虚隐须弥之势，则止体本自无亏；旸谷藏杲日之光，则观用由来具足。源空波水灭，止亦何依；镜破光影亡，观将安寄？然则镜源本幻，体用元空，能所俱亡，止观亦寂矣。

或曰：承教有言：众生为昏散故堕生死流，诸佛以止观故住涅槃岸。所谓以止止散，寂而常照；以观观昏，照而常寂。所以寂照双显，定慧两融，止极观圆，不真何待？审如前说，则止观之名既混，定慧之体何分？名实既乖，恐非至论。

噫！岂不闻《法华经》云："惟此一事实，余二则非真。"止观也，定慧也，寂照也，体用也，理本无殊，特立名之异耳。然以实就权，则二边各立；会权归实，则一亦不存。傥权实之不分，则名相自惑矣。殊不知灵鉴绝待，真觉无依，良由一念瞥兴，万法斯起。且迷悟既无别念，得失岂有二人？故圣人设教虽百千不同，乃应机随器，特不过遣其妄而去其执，皆出于善巧方便三昧智力也，曷尝有定意于其间，而亦未尝无定意也，要在得旨忘言可矣。且以止止散而不知其所以散，以观观昏而不知其所以昏。使散有可止，则心外有法；昏有可观，则法外有心。所谓散者，不由空寂灵源而应不自生。所谓昏者，若匪圆湛真体而曷由自起？且空寂灵源动静不异，圆湛真体明暗何殊？使止形乎绝动静之源，犹寸土培须弥之势；观加于离明暗之体，若孤灯助旸谷之光。但一真之至体廓明，则万法之幻名自释。不离当念，岂涉阶梯？融止观于昏散之场，全定慧于生灭之际。即千波而观湛水，清浊谁分；就五色而睹圆珠，染净莫惑。至哉此旨，世或罕闻，惟证乃知，非悟罔测。言前荐得，已涉途程，拟著意求，刻舟何益？

天目中峰和尚广录卷第十九终

天目中峰和尚广录卷第二十

参学门人北庭臣僧慈寂上进

东语西话续集　下

客问："古人谓即今山河大地、四大五阴、明暗色空等，乃众生无始时来见病所致。兹不识见病为何，请解之。"余举手中扇问之曰："尔目其色，谓是扇乎？谓非扇耶？二者皆见病也。"偶鸦鸣，复问之曰："尔耳其声，谓是鸦鸣乎？谓非鸦鸣耶？此二者亦皆见病也。至若鼻舌身意所对尘境，曰是曰非，皆见病也。何则？谓是则堕常见，谓非则堕断见。住常见则以山河大地等为实有，守断见则以山河大地等为本无。有无、断常，三世、五阴，返覆循环，计六十二，皆见也。所云见者，非眼见之见，乃妄心所执之谓见也。《首楞严》谓：'由尘发知，因根有相。相见无性，同于交芦。'经中以知为见，谓根尘相对，是谓见也。言病者何？如是二见能壅塞灵源，障碍法性，引起虚妄，缠缚死生，卒无已也。如上约凡夫、二乘，见病如是。若以祖师门下，虽悟得山河大地等咸是自己妙明真心中物，不为有无二边之所留碍，至于离四句、绝百非，净治法尘，不存圣量，傥有纤毫所得不忘，亦名见病。这里岂特山河大地等，纵使百千华藏海，解脱菩提场，法界及虚空，声闻菩萨佛，妙义与神机，三昧语默等，总而言之，皆见病也。"客曰："世有能医者乎？"余曰："谓无则佛法无灵验，谓有则又益子之病矣。"客茫然，因笔之。

窃窥天下之理，至一而不可二也。惟相似之说，二而不可一也。何则？世固有休歇而闲者，亦有怠惰而闲者。谓闲则一也，以休歇、怠惰言之，则不可以一致论也。忙亦然，有尽道义而忙者，有趋利欲而忙者。言忙则一，而道与欲则不可以一也。求其沉酣相似而不知返者，无他，由此心涉迷悟之两途，而迷者不自知也。岂惟不自知，反责悟者之不类乎己而深疾之也。如怠惰之闲者，不自知其陷于罪垢沉溺之渊，反以尽道义之忙者为非也。又如趋利欲之忙者，不自知其陷于狂妄颠倒之域，而反以休心歇意之闲者为非也。惟圣人之心公于道义，以百千方便革其妄谬之情，俾闲者、忙者必契其理而后已。

嗟人之情溺于迷妄，以圣人之是者亦是之，虽是之于言，而不悛其念；圣人之非者亦非之，虽非之于口，而不遣其情。此是是非非之又相似也，逮求其实，则不翅天渊之间也。此世相之相似且置之勿论。如即心是佛之语，悟者有是说也，解者亦有是说也。谓相似者，乃即心是佛之四言也。惟悟者之说，如明镜鉴像，无朕迹可留；解者之说，如五彩画像，微动笔则迹不胜其多矣。学者于相似之理，云胡不辨哉！

天下之器各有其量，故杯则有杯之量，缶则有缶之量，不待器之遍举，而量之大小分矣。心亦身之器也，安得不有其量哉！夫圣凡之心惟一无二，而其心之量独异，何耶？当知杯亦器也，缶亦器也，言器则一，而其量则不可一也。夫心随其所见之明昧，而量之大小依之而别焉。譬如蝼蚁，瞋目所睹不过分寸。人乃穷其远眺之力，不过数里。而具神通圣人，观大千界如观掌中庵摩勒果。况吾佛以四大海为目，微尘刹土洞观无遗，故赞有"量周沙界"之语。昔张无垢居士谓："人有轻愠易喜者，以其量之不大也。惟其量之不大也，人有一毫怫吾心者则气不平，气不平则言不和，言不和则郁艴忿怒之色形于面，至于切齿攘臂，不能自已。我之量不容，彼之恶方炽，未有不蹈夫祸患之机者。"

原夫见之明昧，由学之至不至使之然也。学之不至，则见昧而局。学之渐至，则见远而廓。学之纯至，则见到而宏。学之大至，则见明而圆矣。

圣人乃学之大至者也，至人乃学之纯至者也，贤人乃学之渐至者也。常人以其学之不至，则其量亦不得不等而小矣。量既局于小，而卒不可以广之也。故涉一毫利害则无以处之，盖有涵养之说焉。且心之所见固不可以勉而至，若涵养之道则不可不力行而勉进之也。谓涵养者，一以信为本。何谓信？信圣人之言也。且学之不至，则所见昧然。心既蔑于见闻，而不信圣人之言，其动违天理，又不翅终此身而已也。故圣人曰：三界无别法，惟是一心作。三界本无事，人心自挠之。苟信之，则不应于物境存是非憎爱之见。或存此见，是谓分别自心。既与自心分别，则吾心之量不胜其隘且塞矣。是非之习愈厚，则心器之量愈狭。仰观周遍尘沙法界之量，奚止日劫相倍而已哉！然信而后能学，学而后能至，至而后能明，明而后能久。以洞明而久视，则其量不期充扩而宽若太虚，虽万象森列亦不容有所碍矣。人皆具此量，由信之不笃、学之未至，甘为是非憎爱窒塞于烦恼习气之域，是岂道人之所用心也哉！

古人谓椟小不可怀大，绠短不可汲深，盖言有限之量不可使物过之也。且吾椟有五尺之量，使怀三尺之物可也。吾绠有二丈之量，使汲三丈之深不可也。适当其可，则优游自在而不难矣。当其不可，则惊畏窘逼，而用小怀大、用短汲深，未有不败者。然则人之才量岂可强至哉！故道人才量宜宽，涉事宜简，庶几其可也。反是，多见其不自忖焉。

世有信口言而语不乖，信意为而事常胜，不可与言心量、才量者，岂识达群类，智周万物，量能然哉！惟福量有以致之也。且福非有像，量何所依？吾尝以无像之福，求其无所依之量，曾无丝忽之差，非有神见，盖尝以事观之也。使有人焉，外乏口体之奉，内婴疾苦而无所告者，其福量自不足以周一身也。或啼饥号寒犹未已，而祸辱骈集，至若鸡犬不得宁者，其福量不足以周一家也。且福备乎己则身安，福备乎众则家齐，以至为国、为天下，靡不本乎福也。世之昧者不责己之福量有所不周，而怨人之不我顺，犹聩者咎声之不及乎耳，何愚之甚哉！惟智者与世浮沉而不加嗟怨，有以见其福量之大，小不能加损也。

道体本具，慧福修成。慧臻则本具之道益明，福会则本具之道益著。苟慧福俱失，则本具之道隐矣。有谓古人天真淳全而易化，所以法席随处鼎盛。今人浇漓而难化，所以在处衰微。余曰：不然。众生情窦一凿，则是是非非之见，自二千年外交接迨今，无一时非憎爱也。今之人即古之人，古人之憎爱即今人之憎爱，了无毫发损益也。古时法席鼎盛，举无败事，盖主法者之福臻缘备，有所感焉，非天真淳全而易化也。今时动遭魔孽，以致衰微不振，盖主法者福缘有所不逮，非浇漓而难化也。何以知其然？且今日之衰歇在古亦有之，古时之昌盛在今亦有之，岂人情之易迁，实福缘之所系也。窃尝谓治不因明，乱不因昏。何则？明不自明，由福盛以资其明。昏不自昏，由福衰以致其昏。人徒知因明而治，而不知资其明者福也；由昏而乱，而不知致其昏者亦福也。福之盛衰，而治乱系焉。福乎盖一定于前业，在今日不可苟也。

自祖道之东，其道大德备之士具载典籍，斑斑可考，而身婴奇祸者有之，退卧荒陇者有之，无闻于世者有之，方应世而出，夺于多事，不及伸其道者亦有之。逮尊居丈室，万指绕围，如优昙出现，光明炜烨，照映今古者，千万人中二一人尔。所得之道无异也，惟福有等差，而盛衰之迹不同耳。故雪山大士称两足尊，良有以焉。然而福拘前业，报尽还无，道人正不足恃也。昔典牛以策禅师福不逮慧而忧，策曰："学者惟恐己眼不明，己眼若明，虽独对圣僧吃饭，又何慊焉？"典牛颔之。噫！能眇视报缘而独尊道眼者，策公其人也，盛衰之迹何足浼焉。

世称丛林者，盖取喻于草木也，法道之所寄、材器之所从出焉。然草木培植则丰，沾濡则荣，霜雪则雕，斧斤则败。丛林以无上大道为培植，以慈悲喜舍为沾濡，以偷安利养为霜雪，以贪欲瞋恚为斧斤。主丛林者不谙其培植之道、沾濡之理，则草木病矣。况偷安利养之霜雪、贪欲瞋恚之斧斤，时时斫伐而殄获之，故其草木区萌芽蘖犹不暇，而欲望丛林之盛、材器之萃，难矣哉！

吾丛林揖让升降之谓礼，鞭笞摈辱之谓法。古之人欲行所得之道，必以礼法辅之而道行焉。礼者防于未然，法者治于已然。其或道之所存，岂必待礼而后正、法而后从哉！然丛林用礼法，犹国家之用兵，盖不得已也，特假此以规正学者之心术与其仪范耳。傥不本之以至道，而胶于礼法者，则礼出乎虚诈，法近乎仇敌。虚诈易忘，仇敌生变，礼忘法变，并其心术亦大坏矣，仪范云乎哉！

学道须具足五种正信。第一要信自己方寸心中一个喜怒哀乐底主人翁，觌体与三世诸佛不欠一毫发。第二要信从无量劫来，与声色爱憎、染习流注，结成一种生死无常，于四大身中念念迁流，新新不住。第三要信古人垂慈，留下一言半句，如倚天长剑，等闲揍透，端的会断人命根。第四要信日用工夫但恐不做，做之不已，念念精专，决有透脱之期。第五要信生死无常不是小事，若不奋决定志，以期独脱，其三途苦趣曾无自免之方也。

有三法为进道之捷径：一智眼明，二理性通，三志坚固。智眼明，则照破世间身心现量境界，一切是非憎爱、取舍得失、贫富寿夭、苦乐等法，皆是梦缘，了无实义，而不起分别。理性通，则于从上佛祖所说语言名相，至于三教圣贤、诸子百家差别法要，会归一源，不生异见。志坚固，则从今日至未来际，不问近远，若不彻证，决定不休。此三法，具一而缺二、三，只成个无事汉。具二而缺一、三，只成个伶俐汉。具三而缺一、二，只成个担板汉。当知此道如涉千里之修途，若具一、二而缺三，是犹九百里而止者。具一、三而缺二，终不免其岐泣。具二、三而缺一，吾知其触途成滞必矣。三法全具，虽未动足，敢保其与已到家者不相异也，岂待其重问迷津而再摇鞭影乎？

兄弟家千生万受，做尽伎俩，终不奈何者，盖为其不曾发起真心而然也。夫真心者，触境便有，不待思惟分别者是也。譬如闻人恶骂，声才入耳，瞙心忿然，当下身心境界、见闻知觉皆瞙也，至于忘餐废寝，形于梦寐，乃至结冤怀恨，终身不能暂忘。瞙乎八万尘劳之一尘耳，一尘既尔，诸尘皆然，互相涉入，钩锁连环，结成生死，流入无穷。学道要了个事，须是闻人说著生死二字，便如闻人恶骂相似，更不待牵经引教，作意思惟，愤愤于怀，推托不去，如不顿悟，死亦不休。操志如此，何大事之不了耶？

所谓禅者，非玄学，非奇解，非密授，非秘传，是众生本有之性，元是诸佛所证之三昧。若欲契悟，切须实的以生死无常四字是万劫未了底最大因缘，若不就此一生和盘翻转，尽未来际应无了期。如是发心，更无异见，久久心念绝、伎俩忘，蓦忽一翻，方知生死无常即是禅之骨髓，禅即是生死无常之眼目。然后禅与生死、骨髓眼目亦皆铲除，便见咳唾掉臂总是祖师西来意也，自然头头上明，物物上显，方知果然不是玄妙秘密也。你若实不为生死无常，而欲务禅者，则与西天九十六种人略不少异矣。

佛祖之道，在凡夫分上了不加损其毫发，如镜照镜，如水入水。且凡夫终于自昧而不能照烛者，病在于迷耳。所迷者何？盖久远劫来一段心光，动为妄习所蔽而不自觉。当知此迷不特迷于四大、六情等，乃至读书为书迷，听教为教迷，坐禅为禅迷，持律为律迷，习定为定迷，极至悟为悟迷，证为证迷，成佛为佛迷。总而言之，但有所为，皆心光之影事，苟未能遣此心于量外，空有作于机先，任伊遍将佛祖玄奥浸渍入骨，欲脱此迷，不翅掩耳大叫，求人不闻，未知其可也。于是前辈真有志于此道者，其委形骸、忘寝食、泯是非、绝憎爱，皆不期然而然，盖胸中有大于此者。一旦迷妄顿消，开豁显露，通身如倚天长剑，八面受敌，曾无亏损，是岂偶然者哉！

道无方，行者莫能至。道无形，视者莫能睹。道无为，作者莫能成。道无机，智者莫能测。自三教九流、百氏诸子，凡启口措辞，靡有不言道者，使其道果如是，则孰能有之耶？明白之士向这里直捷根源，不妨奇特。

古之善造道者，如临济之于黄檗，凡问佛法大意，惟遭棒而已，棒外了无言说。又如慈明之扣汾阳，惟讥诃戏笑而已，初不闻有所谓向上机、末后句之说。然后于此无义路中久久淹浸，其胸中欲决未决之疑一旦活脱，直下如鹏搏虎踞、电掣霆轰，吐词出令或如蛊毒之不可沾唇，或如铁壁之不容措足。或若行空之月，处处分辉；或若过树之风，尘尘绝迹。乃至四棱榻地，一种平常，凡咳唾掉臂，未尝不与斯道吻然混合。已而造其堂奥、出其门墙之士，一个个拔尘绝俗，出萃离伦，阔步大方，目视云汉，虽佛祖圣贤亦无意与之俱，谁肯俯就声名利养、五欲恩爱、诸尘劳境，受其笼络者哉！

且前辈负如是体裁，非有过人之异见，亦非有盖世之奇术，一皆为道之念炳然。譬如火聚，使冰霜望影而消；亦如风轮，使尘埃迎刃而走。但为道之念坚密一分，彼情妄之业自然消殒一分。吾向道之念无间，则彼所谓情妄、颠倒、爱憎等念，犹遇风之尘、近火之雪，不自知而遣矣。岂惟情妄然，至于圣道亦不可得而入。此名无功用三昧，此三昧中，生死、涅槃俱无地可寄。今之人未尝不在三昧中，盖其向道之念不真不切，动遭情妄结缚于能所之场，愈会佛法则愈增业识，愈明道理则愈长无明，复为此知见风，扇入轮回海中，甘受流转，岂有志之士合如是哉！譬如盲人经涉宝所，为珍宝所伤，终于委弃者，无以异也。

学道先具信根，以精进力乘之，未见有不成就者。然信根如轻舟，精进力如橹棹。信根如骏马，精进力如鞭策。盖橹棹加于轻舟，水无顺逆之异。骏马乘其鞭策，路无夷险之差。今之具信根者未尝不有，而求其精进力首尾一贯者，诚难其人。殊不知精进日废，怠惰日滋，以浮浅之信根，当无穷之怠惰，虽有圣道易如展掌，知其不相应者必矣！而况积劫轮回种子与心识念念迁流，了不之间，使纯一精勤犹恐不彻，今任情放逸而罔其进，可乎？不可乎？

古人信道笃，见理明，操心密，立志远，于所学处虽百折挫，不能少回其意。不惟不回其意，即其折挫皆磨淬其志力之方，盖速其成就之理也。由是观之，则境缘岂有顺逆之实，惟在吾进道之心真不真耳。或进道之心真切，虽家庭即方外、逆夺皆顺与也。前辈之深入堂奥者，未有不自艰难辛苦中来。思之。

佛祖之道，不可谓之易知，易则使人生怠；不可谓之难解，难则使人起惑。且难易在人不在道也。譬如千里修途，若驾轻车、乘骏驷，指日可到；若附羸牛之尾、跛鳖之足，虽累日穷年不能至矣。然所涉之途，非以车马而近，非以牛鳖而远，实系乎迟速之自异耳。傥不知自迟自速之为难易者，则前所谓怠之与惑，不入于彼则入于此矣。以根性观之，则利者多怠，钝者多惑。使利者不困于怠，钝者不病于惑，则可以并驰而共进。既进矣，亦何有于难易、怠惑、迟速、利钝哉！

此道最直捷，极简径。你若起心动念，要讨个直捷简径底，早是不直不简了也。那更于语言文字上作计搏量，向情尘机境中任情取舍，不惟不直捷、不简径，返不如个不学道底人，吃饭著衣外，却无许多枝叶。当知佛祖皆是具真正体裁，千生百劫于此道上彻证底蕴，至一念休歇处、万境平沈时，方知直捷简径不从人得，岂苟然哉！所以古者道：虽然旧阁闲田地，一度赢来方始休。

大火聚犹能出没，露刃剑尚可撮掔，此一著子未举念间早已十万八千了也。而况情尘瞥起，念虑潜兴，纵具不可思议辩才，说得转辘辘地，无异栽荆棘于生死之林、泼秽浊于轮回之海，本色上士安肯如此颠倒错乱？当知古人不得已，拈起一毛头，必欲与人直捷斩断。以其不遇斯人，转作葛藤枝蔓，焉有已哉！焉有已哉！

少林谓："心如墙壁，乃可入道。"六祖谓："汝但善恶都莫思量，自然得入心体。"德山谓："汝但于心无事，无事于心，自然虚而灵、寂而妙。"死心谓："节俭、放下，最为入道捷径。"前辈一种是垂手为人，奈何老婆太过，翻成途辙。如今要一个堕此途辙者亦为罕有，而况于此途辙之外具大受用者，其可得哉！彼既丈夫，我宁不尔？你若苟存一念，以时缘不古，恐难于趣入，非自画而何？

麻三斤、干屎橛、须弥山、柏树子，如太阿锋，等闲抛向面前，使万劫死生当下剿绝，然后欲觅其用处，尽十方世界风休云静，了无踪迹可寻，是谓法王法印，理合如斯。其不相委悉者，惟向道理上蹲坐，论有论无，立知立解，如人以手撮摩虚空，不惟无益，返有害之，岂真正为生死大事者甘施于此耶？

道人日用现前境界，皆前业也，虚幻也，无间断也，纯真一如，离异致也。如是观者，则能空荣辱、泯是非于万缘胶扰之顷也。不尔，则生死无常相续于尽未来际，卒莫之休息也。学者营营终日，何所图而不尔思，更欲瞥起一念与世分别，非所谓道人也。若以前业观目前，则一毫无你回避处。若以虚幻观目前，则一毫无你取觅处。若以无间断观目前，则一毫无你舍离处。若以纯真一如观目前，则一毫无你拣择处。正与么时，观照俱泯，能所两忘，方是道人泯是非、空荣辱、越生死、超梦幻底时节也。

三祖道："才有是非，纷然失心。"且生死是凡，涅槃是圣，其非凡是圣之见，千重百帀，钩锁连环，无你躲避处。直饶你拍盲向未有涅槃生死名字已前一坐坐断，然后将一条断贯索向生死涅槃顶颡上一串穿却，要脱他是非之见，亦不翅郑州出曹门。当知此事苟非神悟，妙圆超出，不堕情见，自余纵使穿凿得盛水不漏，总是以是非止是非，其失本心又岂待转入第二念而已。

一事中于前，一法解于后，此天下古今对治之理也。如坐卧忘其劳困，饮食止其饥渴，始中者劳困、饥渴也，终解者坐卧、饮食也。然劳困饥渴有时而尽，则坐卧饮食无有去念之时也。因其不去念，习成逸欲，至有败德丧志、废道灭身，无所不至矣。人但知所中之为害，而不知解其所中者亦害也。细而推之，当所中时，皆知为害，不容其深入，故思解之。当解之之时，不知为害，狃而玩之，与之俱化，其入体也至深，其为害也至酷。及乎觉知，不亦迟矣？何则？譬如隆暑，火尘扑面，洒汗如流，必思以风露解之。适当风迎露之际，尽其快爽，不忍弃去，久之阴风湿露砭入肌骨，轻为拘挛，重为瘫痪。区区欲解一时之烦，而抱膏肓毕世之疾，反不知为害者多矣。所以从上圣贤怪而愍之，教化所由生也。人能达此，可以知道。

世有佣奴为主所使，劳形竭力不敢自怠，少有过隙则怒骂鞭笞靡所不至，未尝厌离，何其忘瞋怨之若是耶？无他，为利养所摄而然也。倘加瞋怨，则主将见逐，必失利养，所以为利养而忘瞋怨也。学道之士少为境缘所触，便生退惰。然以利配道，霄壤不侔，何求利之切而求道之略耶？当悟此以自勉。

儒典有谓："天将降大任于是人也，必先苦其心志，劳其筋骨，饿其体肤。"况无上大菩提道，又岂特大任而已哉！西竺圣人积劫舍身，为求道果，聚骨如须弥，饮乳如大海，竟莫知几形命矣，乃有"我不爱身命，但惜无上道"之语焉。嗟今置身空寂之地者，例以学道为名，逮观其所由，惟未饥而餐，未倦而寝，百种受用，任意所需，或不随情，怨嗟交作，闻勤苦精进则掩耳退缩。天下安有不为而成、不种而获者哉！思前辈虽负大根器，每于未悟未彻之顷，凡执爨负舂，陆沉贱役，尚不敢惮其劳苦，我曹何人而敢纵逸无检？昔管仲戒齐君曰："宴安鸩毒，不可怀也。"彼为国君，富贵宴安乃其常分，尚不许其狃玩。况吾徒痛念死生大事，毁形易服，如救头燃之不暇，宴安其可恃乎？然管仲之言鸩毒，止不过害一生之色身也。吾徒之谓鸩毒，乃害万劫之慧命也，较利害又何如哉！

念诵谓："大众当勤精进，如救头燃。"一种是譬喻，其深切著明、痛快极则，莫有过于此者。夫置火于头，虽大饥遇食，或不先去头上之火，将亦不暇食矣；虽至倦欲寝，或不先去头上之火，则孰能安而寝之？夫寝食乃切己之事，以头燃未救，虽欲就之，终不可得也。或欲放逸于未救头燃之隙，虽圣贤如佛祖知其亦有所不能也。使救头燃之精进一存乎念，当下身心如坚兵严城凛然不可犯，则生死业识、情妄颠倒，正不待遣而声为之沉、迹为之扫矣。今在处丛林之纲维，每遇月八日，未尝不俨临大众，厉声举扬，而听者若秦人视越人之肥瘠，亦犹土偶闻俳优之鼓吹，不惟不能奋发其精进，反恶闻恶见，莫若无事之为快也。呜呼！人心荒怠一至于此，使百丈复生，如其人何！如其人何！

天目中峰和尚广录卷第二十

天目中峰和尚广录卷第二十一

参学门人北庭臣僧慈寂上进

赋

勉学赋并序

古人学才学艺，而极于达道。今人负学道之名，反流入于才艺。岂道无蹊径可入耶？盖由生死之念不切耳。且学不至于道，徒增情妄，于理何益哉！余故作而为赋，以勉其所谓学云。辞曰：

三界虚廓，惟念自缚。念去觉存，未离有作。真净体中不容他，大火聚如何凑泊？虽灵鉴之可凭，信此宗之无诺。见欲逃于断常，理必资乎参学。生死事大，一念包八万劫之轮回；迷悟根深，百界隐一千如之酬酢。所云学者，不学六艺，不学群书，孜孜矻矻，惟道是需。求愿乐之半偈，舍所重之全躯。思香花以表其诚敬，鬻肝心而忍厥形殂。或五热炙身而投火于必死之隙，或半腰积雪而刃臂于忘生之区。临寝食而终不暇顾，对寒暑而安有其余。或降己为童奴，或舍身为床座。或半夜腰石而负舂，或七个蒲团之坐破。或视利养如游尘，或弃功名如涕唾。或千魔万难，益励之以精勤；或积世多生，顿相忘其怠惰。或惊幻影之忽迁，或叹隙阴之易过。或形影相吊于空闲寂寞之底而不见其茕孤，或身世两忘于苦乐逆顺之场而不知其福祸。如浮山典叶县之厨，演祖司白云之磨。杨岐总院事而十载奔驰，神照问经王而三年折划。盖忘情于道，注念于学，而不暇择利害、较优劣、问可不可者也。

原夫道为舟航，道为梯级，道为家舍，道为饮食。匪舟航无以越生死之迅流，匪梯级无以构涅槃之殊绩，微家舍何以收飘零暴露之狂踪，微饮食何以济饥馁孤虚之陋质。觌面不委，噬脐何及！法无正、像、末三时之等差，人何上、中、下三根之端的？惟知进学之弗荒，不拟真功之自积。古有跛鳖千里之喻、正法末世之谈，盖表其自强不息者也。

伟矣哉！学有多辙，悟非一岐。子韶闻月下之蛙，圆悟听日中之鸡。沩峤拨火，洞山渡溪。灵云见桃而更不疑，香严击竹而忘所知。德峤遇纸烛之灭，会通逢布毛之吹。至若闻画角、洗钵盂，细末将来，从这里入，是皆望影而脱圣凡之羁锁，迎刃而具啮镞之玄机。人徒见其悟之不难，而不知其学之必到。苟学力之不精，何悟由之深造。道离爱憎，其学之之心对顺逆肯存于怀抱？道非取舍，其学之之心遇佛魔必空其阃奥。道体等平，其学之之心苟动一念，即资其颠倒。道本具足，其学之之心苟任驰求，转增其纷闹。道非见闻，其学之之心拟涉解会而皆名自暴。道非有无，其学之之心苟滞一隅而诚难取效。道如倚天长剑，其学之之心不能觌体混融，则不免为物我是非之所笼罩。道如杲日，道如太虚，道如风轮，道如火聚，其学之之心或不具如是之天资，纵使读四库书、记一藏教，吐悬河瓶泻之词章，徒尔资其叫噪。惟道一学，最妙最玄，既无义路，亦匪言传。昧之则一门异辙，了之则万里同廛。佛祖为一大事而指鹿为马，学人走半天下而掘地寻天。绝思惟处强生节目，无义味话特地加鞭。逼生蛇化活龙，粥饭气高挥大抹；转山河归自己，小儿戏群号聚喧。据七尺单，守三条椽。如遇怨敌，如救头燃。学之之力既极，悟之之理不偏。理必学而致悟，余于是作而为赋。

今人徒见前辈悟在顷刻，而不思古人于未悟之先，其学之之心未尝不专精而谨惧。其学之之心或不至道之渊府，曰艺曰材，岂吾徒之当慕？

嗟师道之既微，惊法岁之云暮[1]。惟学道之为学，与百家而异路。毛发忽若当情，铁壁那容进步。绝学之学以为学，非悟之悟而为悟。不涉功勋，岂容回互？死偷心于能所未形之初，具正眼于眹兆未彰之户。一语临机，万灵罔措。临济谩施雷轰霆震之喝，云门空试石裂崖崩之句。曰向上之不传，总群机而共赴。鞠其所以自来，皆玄学而为度。或不勉励其学力，未有无因而自遇。大哉能仁！为学之端，视勤苦而无畏，对怨亲而等观，驾一乘而勇锐，愍三有而悲酸。垂洪范而尘沙不广，阐大猷而虚空靡宽。由是四十九年弓折箭尽，二三、四七唇亡齿寒。性天灭没，学海枯干。古者谓："不学佛法，惟务休心。"盖休心乃佛法之至学也。又谓："于己无事，切勿妄求。"盖无求亦佛法之至学也。又谓："学道之门，别无奇特，只要洗涤根尘下无量劫来业识种子。"盖洗涤根尘业识乃佛法之至学也。又谓："参禅一著，要敌生死，不是说了便休。"盖精勤勇猛，久远不退，亦佛法之至学也。又谓："参禅学道非等闲，直须废寝并忘餐。"盖废忘寝食于学之之顷，曾不期然而然也。又谓："无佛法可学，无禅道可得，无涅槃可证，乃至无无亦无，与无俱遣。"亦不外吾学之之理也。

或谓道本具足，安用学为？本具犹璞石之含玉，安能免参学之剖凿。本具犹腴田之产禾，安能免参学之锄犁。本具犹地中之水脉，安能免参学之穿构。本具犹古镜之藏光，安能免参学之磨治。本具犹木中之火焰，安能免参学之钻击。本具犹良药之治病，安能免参学之捣筛。本具犹骊颔之夜光，安能免参学之探索。本具犹扇中之风性，安能免参学之摇挥。本具犹贫士怀中之至宝，匪参学之指导，虽终身之罔知。本具犹麦为面体、黍为饭基，苟不加参学之炊磨，任万劫以难齐。一旦力迈先贤，功侔古圣，脱参学之幻因，提本来之正令，到有作之锋芒，掷无为之把柄。不加毫力，扫生死魔于知见之稠林；靡仗寸金，斩涅槃将于证修之深阱。斥临济金刚王，使之无地措躬；驱德山木上座，俾其望风乞命。或智眼之不明，岂常流之能竞？今之学者，惟以本具之说相牵，而不思实学真参之究竟。原夫

---

[1] "暮"，底本作"莫"，现按《嘉兴藏》本校订。

释迦不天生，达摩非自证，总由积学之真，致此光明之盛者也。审如是，则学乎乃破生死、断烦恼、证菩提、出三界、兴保社、起丛林之不可不由之径也，可不勉乎？可不勉乎？[1]

天目中峰和尚广录卷第二十一

---

[1] 清·卞永誉《式古堂书画汇考》卷十六载赵孟頫《书中峰大和上勉学赋跋》云："中峰大和上所作《勉学赋》，言言皆实，乃学人吃吃紧用力下工夫之法门也，岂止于老婆心切而已。学者于此玩诵而有得焉，于无奈处豁然开悟，则此赋亦为暗室之薪、烛迷途之向导矣。因以中上人见示，于是疾书一过。至治元年三月廿二日，弟子吴兴赵孟頫记。"

天目中峰和尚广录卷第二十二

参学门人北庭臣僧慈寂上进

记

大觉寺无尽灯记

心法遍周，镜灯交彻，本来成就，不假安排。迷涉妄情，悟归智体。于毕竟空中凿开有海，向真实地上拨转妄轮。达一念之不生，了诸法之无尽者矣。是故诸佛镜显众生之灯，水流元在海；众生灯投诸佛之镜，月落不离天。相收相入，不圆而圆；互摄互融，非在而在。以一灯之无尽，周十界以全彰。何则？一乘独朗，万德庄严，斯佛灯之无尽者矣。圆修六度，总贯四心，菩萨灯之无尽者矣。见局因缘，位标独觉，辟支佛灯之无尽者矣。功归四谛，迹涉二乘，声闻灯之无尽者矣。善根深密，戒体轻安，天灯之无尽者矣。聿修百行，躬践五常，人灯之无尽者矣。偏求福果，纯执胜心，修罗灯之无尽者矣。十习无间，六交自缠，地狱灯之无尽者矣。识随妄变，贪与性成，鬼趣灯之无尽者矣。痴爱溺心，噬吞积业，畜生灯之无尽者矣。良由染净缘空，圣凡情尽，一心圆鉴，万法齐观，纳须弥于芥中，掷大千于方外，此无尽灯之无尽者矣。

大圆觉场开莲花峰，有栴檀林，龙象围绕。梅野居士张公叔夏，施财造无尽灯一座，复舍腴田若干亩，用充膏油，持以供养。工师出巧，珠转玉回，浮幢王刹殆不是过。位置十面，面各一镜，镜各一佛，中燃一灯，交光相摄，外以彰法界之无尽，内以标事理之不穷，即《圆觉》之摩尼珠、《杂华》之宝丝网也。原夫灯无意于投镜而镜自含，镜何意于摄灯而灯自入。是灯也，使龙潭启虚空口，吹毗岚风而不能灭。是镜也，使东平展巨灵手，奋须弥槌而不能破。是故居士即之而兴无尽之施，匠氏因之而献无尽之巧。莲峰得之而作无尽之庄严，大众观之而为无尽之佛事。或者遽以灯为心、镜为法界，以灯为理性、镜为事相，是皆谤也。或总不作是观，亦不能外吾谤之之说。殊不知自诸佛，达乎品类，其无尽灯各各具足，非心非法，非理非事。一乌出旸谷，群幽以之而亡；一滴投禹门，万派以之而会。乃天真之本然，奚情识之能造？苟欲耳吾无尽之名，目吾无尽之光，想吾无尽之量，蹈吾无尽之域，则灯斯昏、镜斯翳矣。是谓无功用解脱法门，惟超然于名相之表者乃能证之，非念虑使之能入。

居士求余作记，故引是说以告之。复为说偈，偈曰：

> 一灯穿十镜，非法亦非心，
>
> 理极空何广，功全海不深。
>
> 当机无得失，应念绝追寻，
>
> 物物彰无尽，垂光照觉林。

寂寂庵记

大寂混于众响之门，太虚隐乎群有之府。非知道者，孰能辨之？或背响而执寂，弃有而袭虚，常情乌足与论道哉！

龙虎山道士孙悟真字从善，族广信之贵溪，尝游天台，一旦弃所习，结庵里之应天山北麓，高其风韵，以寂寂二字文庵之楣，实延佑丙辰岁也。远来取证于幻住子，因与论命名之旨，乃曰："杲日丽天，盲者莫睹；疾雷震地，聩者无闻，不待收视返听而声色不到者，以其病在根也。五目不睹其踪，二听绝闻其响，不待去聪黜明而耳目不及者，以其体在位也。彼亦寂寂也，此亦寂寂也，而仆不取焉。吾尝内观其心，心无其心，则寂存乎中矣。外观其形，形无其形，则寂居乎外矣。寂寂之义，聊寓于斯。"

审如其说，但无心无物耳，真寂之理未知其可也。征问不已，乃辞以似之，辞曰：

> 天地一蘧庐，万物一屏几，
> 中有无位人，太虚藏两耳。
> 声来空合空，声去水投水，
> 灵焰亘星坛，光芒射衣袂。
> 百鸟不飞来，琴鹤自相委，
> 寂寂复寂寂，如是而已矣。

空明轩记

人昧自心久矣！既失本有之自心，动为色空明暗执缚于迁变不常之域。故圣人哀矜之不暇，乃起而示之。何谓色？天地万物之谓也。何谓空？与天地万物相为边际者是也。何谓暗？长夜黑月之谓也。何谓明？与长夜黑月相为表里者是也。以斯四者倏迁忽变，穷劫迨今，动摇心目，由是无顷刻不与生灭相对。有人于此厌离生灭，必欲舍色而慕空，背暗而投明，自以为臻其极矣，殊不知空乃色之基，明乃暗之媒，安有基存而色泯、媒在而暗去者乎？故圣人哀之，谓非至理也。

空庵居士盛镐，以"空明"二字匾其轩。或曰："尔将舍吾色、背吾暗耶？"乃曰："吾之所谓空，非离色而空，亦非即色而空。吾之所谓明，非离暗而明，亦非即暗而明。我尝于二千载前观毗耶老人，以一默答诸开士之所问不二法门，如廓太虚于万象之颠，丽杲日于群阴之表。于斯时也，不惟无色可见、无暗可知，惟空与明亦不可得而视矣。何则？真空为空，非大明而不空；大明为明，非真空而不明。即明之空，混万有而不杂；即空之明，处群幽而不迁。吾尝启吾轩之窗，倚吾轩之槛，敞吾轩之地，纳吾轩之境，上下一色，表里混同。不知为空，惟天地万物穷劫不能碍；不知为明，惟长夜黑月亘古不能昏。而好事者以空明二字加之，吾亦未尝有所知也。"

延佑丙辰冬，余寄舟大江之岸，空庵访于无闻见之地，请笔其说，为空明轩记。于是乎书。

大同庵记

南岳石头诘老庞日用事，答以日用事无别。且语时不是默时，行时不是坐时，安有无别之理哉！盖神心颖悟，见越常情，一道虚融，万缘绝待，转归日用，正不待排遣，而无别之旨炳然独存，千圣不能掩也。

大同庵，乃丹阳彝庵居士蒋公善秉，为幻住老杜多之所建也。公世居桐村。庵距村之北三里许。素有结庵之志，今适遂焉，实延佑四年春正月也。余既命名，而复为之记，乃记其所谓大同者也。原夫迦文之鹫岭、饮光之鸡足、达摩之熊峰、懒融之牛首，虽后先千余载，其步骤标致详略不同，要其所归，乃所以大同也。岂惟佛祖然，净法界性，在天同天，在人同人，在物同物，至若三教九流之雄唱，百氏诸子之玄谈，与夫长岗之松风，野田之麦浪，暮云接远山之色，疾雷振大江之声，六户未扃，一榻危坐，青灯不夜，古镜无尘，耿耿禅光，照映今古，非动非寂，无自无他，了不知其同而无往不同也。

昔毗耶离城净名居士，弘不思议解脱神力，尝以一默与三万二千开士同入不二法门，迨今间不容发。今译[1]老庞之无别，翻毗耶之不二，证斯庵之大同，然固然矣，其未能忘情谓于能同所同之表者，欲见庵中主人，门外垣墙不翅三十丈之高且远也。

平江幻住庵记

"清净本然，云何忽生山河大地？"《楞严》有是语。昔僧问琅琊，琊返是语以答之，僧顿悟玄旨。人徒知山河大地是幻，而不知清净本然亦

---

[1] "译"，一九二三年刊本《镇江志》卷九作"谭"。

幻也。镜光本净，物像无状而生；水体元清，月影不期而现。原夫昭昭影、像，所现之幻迹也；澄澄水、镜，能现之幻体也。幻与幻尽，觉与觉空，斯僧所以悟极也。

大德庚子，余游吴中，郡人陆公德润，施松冈数亩于阊门之西，地曰雁荡，结茅以栖。禅者踵至，仅[1]半千指，凡三见青黄。绝际上人永中与董庵务。一日众集，请名其庵，因谓众曰："二千年外，大觉世尊弃王位，卧深雪，夜睹明星，与无边有情同时涉入如幻三昧。嗟乎！众生迨今沉酣情妄而不自知。我曹出家，虽依此如幻三昧而住，亦有所未悟者。宜以幻住名之，可乎？"时有避席而言者曰："承教有言：'幻身灭故幻心亦灭，幻心灭故幻尘亦灭，幻尘灭故幻灭亦灭。幻灭灭故，非幻不灭。'其不灭者，是住乎？非住乎？"余曰："子以识量分别，欲知幻法是住非住，无乃增益幻见，安有悟入之理也。尔但能蕴无义语于识藏以究其心，捧应量器于檀门以正其命，荷百丈不作不食之具以效其劳，守诸祖万虑冰消之诚以坚其志，一旦能所顿尽，功用两忘，廓尔无依，划然超悟，则是住非住，正不待借手于无臂之人也。"

越十八年岁丁巳中，忽相值于吴松江之舟中，从容叙旧，亟请笔以为幻住庵记，拟相传于久远云尔。

弁山幻住庵记

实无而有之谓幻，镜中像、水底月，岂有耶？谓其无，则昭昭影现，未尝无也。山河大地、诸色相等，倚空而现，靡有一法不依幻而住者。

余大德丁酉，挟策淮江，自匡庐而下，抵金陵。己亥冬，憩吴兴弁山彬、澄二师之云半间。顷焉，结茅于资福寺后之黄沙坑，幻住庵之名，乃于斯著。明年庚子，徙吴门。越六年乙巳，师禅上人访余天目，谓幻庐既坠，幻木俨存，主精严院沙门森公容，迁于院山之麓，明然上人奋力与俱，

---

[1] "仅"，底本作"借"，现按《嘉兴藏》本校订。

已而珂月来从之。至大己酉，际庵水田一区四十亩有奇，堤穿岸穴，积年不稔，然、月共议以耕，往扣其主，以贸以施，寻而市土填筑，顿成膏腴。食观方充，禅侣亦集。采樵之山，植蔬之圃，运载之舟楫，掩藏之窭堵，悉备焉。惟栋宇狭隘，延佑戊午，均鸣化喙，尽撤其旧而新大之，效禅林制，具体而微。其司岁务者用或不给，行乞以补。然、禅、月、净，凡三年循次任主庵之责，乃从权也。已而禅以老辞，净以病革。复议然正而月副之，终为甲乙之传。

一日，众曰：庵之未有也，师之来。庵之既有也，师之辟。或不记其颠末，则何以凭？余曰：三世佛幻也，历代祖幻也，菩提与烦恼，生死及涅槃，俱幻也。尔其未证斯幻，无义味话，坚竖脊梁，紧握空拳，慎勿轻放。外而行乞，内而执事，中而宴坐，不见有闲忙动静之相，猛策痛鞭，以悟为则。如是受者，虽幕天席地，谁无此庵？不如是受，虽峻宇雕墙，谁有此庵？当知明暗色空同一幻住。是说可凭乎？不可凭乎？青山白云咸皆点首。

时管城子振起而记之。

报恩忏院记

佛庐遍天下，其弘丽莫甚于苏杭秀水之间。鹤沙距松江仅三舍，地接海堧，民居既鲜，伽蓝则未有也。自瞿氏徙居此地，世有积善慕义之风。逮今运使公霆发，及其从弟云岩居士震发，慨然以为非伽蓝无以营善而闻道，乃卜地，得吉于先茔之侧，倾金捐田，命里僧某董之，不几年而花池绀殿、重门广庑、观室讲堂，凡伽蓝所宜有者悉备焉。迎清净行沙门十员，昼夜六时顶礼散花，深味禅观，幢幡象设，华鲸清梵，宣流法音，互为佛事。运使公喜其有成，亦施腴田若干亩，以报恩忏院为额。大德间，天子降玺书以护之。谒余文为记。余问："何以谓之报恩？"乃曰："恩莫大于君亲，报莫越于圣道。闻西方圣人之禅观，圆悟一心，该摄万行，推而广之，导物指迷，莫不从化。以斯道报斯恩，不亦善乎？"余曰："秉一心为禅，照万法为观。其为心也，圆湛虚寂，涉入无碍，不可以相求，不可以言诣。舒之则万法即之而彰，卷之则万法依之而泯。无边刹海，十世古今，未有不由斯而著焉。凡夫迷昧，引起轮回迁谢，苦乐升沉，莫之能释。是故非禅那不足以契诸佛心，非妙观不足以破众生惑。《圆觉》以三观互推为二十五轮，《无量寿》以一佛分观于十六处。始则端坐静室，注想一方。存注不休，与想俱泯，见法界中朗然明了。所以一轮见谛而妙观澄明，一处功成则真佛圆具。如当台镜，如帝网珠，万象显而无所照之功，千光聚而绝能收之迹。如是观者，即见清净愿王白毫亘天，绀目澄海，如优昙花，如紫金聚，巍巍堂堂，殊特相好，遍界光明，化为香云宝树、楼殿台沼、车服器玩、诸庄严具。是时三昧行人即闻即见，即觉即知，一语一默，一动一静，皆与无作清净妙观吻然混合者矣。然后即斯妙观，于一切时散作无边庄严佛事。以之报国恩，则圣祚保无疆之永；以之报亲恩，则劬劳超有漏之缠。至若天龙鬼神，过现未来，冤亲贤圣，草木昆虫，凡有纤恩，则于功德亦相须而无尽。噫！公之志尚矣。"遂掇笔直书以为记。

圆照庵记

无法不备之谓圆，无时不在之谓照。是心也，曾何法之可离，又何时之能昧？离此心不可以圆，舍此心莫之能照。圆也，照也，即心之谓乎？

空谷道人少负丛林之杰，结庵于天目山之峹坞，乃生缘之所也。扁其庵曰"圆照"，丐余记之。余曰：圆照之体，不可以目睹，不可以耳闻，不可以意知，不可以识解，拟涉毫芒，则圆不得为圆，照不得为照矣。道人深掩六窗，密扃八户，经行坐卧屏绝尘缘，万虑不遣而自忘，一念不澄而自莹。于斯时也，圆照之体与苍松翠竹、蒲团禅板觌体交参，了无回互，庶其近矣。否则，圆照一庵名徒具耳，于实奚取焉。

旅泊室记

老庄讥孔氏旅泊于仁义，而不知老庄亦旅泊于芒乎天运、窅尔神化之域。故吾佛有云："诸比丘等不自熟食，寄于残生，旅泊三界，示一往还，去已无返。"此说盖曲为二乘发机，视三界为逆旅，以四大残质栖泊于其间，了证本空，于一生一死之外，不复来矣。以至理求之，皆非了义之旨焉。

昔直翁居士洪君，证不二法门于吾先师笑谈之顷，尝嘱俊、用二上人，构山舟一区于狮子岩之景疏庵。舟成则君逝矣，实至大戊申九月十一日也。越二年，上人徙山舟于谷川之西来庵。又五年，尽撤舟庐之旧，广而新之，更山舟曰"旅泊"。客有以问之曰："三界旅泊，窃尝知矣。其有泥犁旅泊于十恶，天人旅泊于众善，声闻旅泊于四谛，辟支旅泊于十二缘，菩萨旅泊于六度，如来旅泊于一乘，诸教已明，吾亦何惑，盖不能出于三界诸法也。然则三界诸法能无所泊乎？"余曰："汝问甚善。当知三界旅泊于太虚，其十方虚空旅泊于大圆镜，而大圆镜独旅泊于吾灵知之府，惟吾灵知无所泊而无所不泊也。且置是论，还知众生旅泊于诸佛心海之中，诸佛旅泊于众生识田之内，大法轮旅泊于微尘里，宝王刹旅泊于一毫端，五须弥旅泊于芥心，四大海旅泊于毛腹，百千华藏境旅泊于蟭螟之睫，无边世界种旅泊于藕丝之尖，至若三万二千狮子座旅泊于吾方方一丈之室，是可泊耶？不可泊耶？你还知旅泊亦旅泊于吾旅泊之地，而吾旅泊之地无受其旅泊者，无不受其旅泊者，亦无知其受与不受者。如是悟明，如是证入，则大小促延，短长迷悟，互相旅泊，当念洞明，更不待思而知、虑而解也。"

天目中峰和尚广录卷第二十二

天目中峰和尚广录卷第二十三

参学门人北庭臣僧慈寂上进

箴

贪瞋痴箴并序

一迷根乎自心，纵而为贪，抑而为瞋，合而为痴。良由迷无自性，由不守正念而生。以其生故，曰贪、曰瞋、曰痴，皆一迷之异名也。圣人不以砒霜鸩酒为毒而以此为毒者，以其丧坏法身、沦溺慧命也。今三有界中众苦充满，无有一物不本乎贪等。一中其毒，则杀、盗、淫业四面纷合，卒莫之避，良可哀也。惟悟达自心、洞契法源之士，能夺其纵之之贪以求道，返其抑之之瞋以治心，转其合之之痴以利人，资长法化，则贪、瞋、痴果何物耶？乃为箴曰：

惟贪如海，　瞋以火喻，　痴比同云，　依一心住。

心迷则来，　心悟乃去，　优劣圣凡，　不离当处。

勿强分别，　勿劳指注，　如手掌兮，　放开捏聚。

戒定慧箴并序

一悟根乎自心，拣而为戒，守而为定，融而为慧。良由悟无自性，因不失正念而生。以其生故，曰戒、曰定、曰慧，皆一悟之异名也。圣人不以栴檀、沉水为香，乃以此为香者，以其光明云台盘结不散，庄严法性之上妙具也。今杂华法界众宝充满，无有一物不自吾戒定慧而生焉。一熏其香，则法报化之迹随念出现。其有尚存悟理未尽功勋者，执其存之之戒以违宗，泥其守之之定以碍理，放其融之之慧以失妙，欲望其超然于寂照圆明之户，未知其可也。戒、定、慧云胡不辨哉！乃为箴曰：

由戒而定，	即定以慧，	三法互融，	了无向背。
熏之为香，	充塞大地。	闻惟在心，	齅不以鼻。
功用两忘，	动静一致。	如走盘珠，	不可思议。

喜箴并序

世之所谓喜者，由适情遂欲而生焉。道人不尔，必使情消欲尽，动与理融，不遭爱见诸魔之所惑，其喜也，正未易以足蹈手舞既其情状者焉。箴曰：

至哉之喜，	彻法源底，	曰如意轮，	契解脱体。
爱见不住，	情欲何倚，	劫外春回，	花开碓嘴。

怒箴并序

为物所忤怒，气结为心火，至使面赤发立，不蹈祸机不已也。圣贤则不然，其一怒如金刚王剑，诸烦恼魔婴其锋者应念斩截，然后致万物于无诤之地，则其怒也岂徒然哉！箴曰：

圣贤奋怒，	不堕诸数，	却烦恼魔，	成大法聚。
嗟凡夫瞋，	烧燃无度。	当处扑灭，	神机独露。

哀箴并序

凡夫哀，圣贤亦哀。凡夫结情妄而致哀，圣贤乃哀其所谓哀也，于是发为辞章，悲奋激切，必使其感愕于中，脱略情妄，则其哀也，岂可与凡夫同日而语哉！箴曰：

<blockquote>
圣贤悲极，　咸致斯哀，　辞章奋切，　含吐无涯。
淳漓道丧，　其谁不怀，　凡愚自若，　伤已焉哉！
</blockquote>

乐箴并序

乐莫乐于道，道为天下之极乐，舍道而求乐，是犹弃食而求饱也。世之昧者纵声色之欲而为乐，一报忽尽，变化万殊，不知与苦循环，岂其所谓乐哉！箴曰：

<blockquote>
三界无乐，　动遭业缚，　达人大观，　目之倒错。
寂灭真常，　非修非作，　当处现成，　地平天廓。
</blockquote>

铭

云居庵铭并序

天地之气凝而为云，动则弥布十虚，静则卷归无所。物其似之，三界如云也，万法如云也，卷舒不定，开合无时。推而穷之，则道人之心亦如云也，道人所居亦如云也，无意而行，随处而寓，曾何有为于世哉！乘、月二禅，素服杜多行，凿岩辟址，缚屋于七宝山之阴，匾曰"云居"，乃有得于理也。乞铭于幻住道人，乃属其铭曰：

<blockquote>
八荒一云，天地一庐，
寥寥四壁，孰与同居？
以云之舒，弥纶十虚，
以云之卷，收入无余。
道人住处，岂同舒卷？
</blockquote>

窗牖不扃，户庭深远，

清风徘徊，明月缱绻。

云间僧闲，水流石转，

万法不到，柴关自掩。

懒禅室铭并序

余尝讥世之尚懒者，谓处俗必尽其义，入真当尽其道。尽义则务四民之役，尽道乃营六度之勤，圣贤不能免也。苟尚懒，则二途俱失，岂道人之所用心哉！或者谓：“禅者之学乃懒之尤者也。何则？其忘形骸于休歇之地，灭情妄于空寂之门，泯见闻于解脱之渊，绝去来于不动之域。收视而色不惑其目，返听而声不乱其耳，忘缘而境不入其心，息虑而事不迁其念。则其混世之迹，飘然若行空之云，廓尔如流涧之月，得非懒之尤者乎？”余曰：“据尔之言，似非懒者之能事。徒见其四体不勤，宴休闲逸，正恐勤劳于事者莫之能及也。”南屏书记恭行己，需余以懒禅室铭，因以或者之言告之。恭曰：“非也。世有不为者，有无为者。不为之者，虽强使其为而不肯为也。无为之者，虽欲为之而无所为也。二者皆似懒而非懒也。吾之懒禅异于是，非不为也，非无为也，才涉名言则不得为懒矣。欲知吾懒之至要，虽成佛亦有所不愿，又何禅之愿哉！”余乃为之铭曰：

吾之懒即禅兮，圣眼莫窥。吾之懒非禅兮，凡心那知？雪岭之六载高卧兮，徒自劳疲。少室之九年壁观兮，妄自驱驰。济北之金刚王兮，乱鸣热碗。德峤之木上座兮，何异蒿枝。总不入此行户兮，自游自嬉。三界无事兮，万法何羁？既非不为兮，尤非无为。毗婆尸佛早留心兮，罔逃达者之讥。习懒成癖兮，举世莫医。千七百人之豪唱绝叫兮，徒自针锥。我懒我禅兮，如狮子独行，不求伴侣。从教门外打之绕者，吁嗟其已而已而。

铁围室铭并序

众生结业浓厚，所陷之地皆铁围也。毗岚鼓扇而莫拔，劫烧洞炽而不融。佛手虽能揭五百力士所不能动之石，望铁围亦未尝不敛袵而退。坚乎确哉，所以称铁围也。闻禅者有纤毫未透如隔铁围，何言之甚耶？曰不甚也，特取其坚确不可破而喻之耳。使尽言禅学之密旨，铁围可碎而此旨不可穿凿也。何则？当其未有所入也，以迷为铁围；及其既入也，以证为铁围；既忘证入之境，以悟为铁围；及其与悟俱遣，而存有所了，以了为铁围；了无可了，不住了知，知了俱捐，铁围宛尔。盖心法之粘缀有不可取喻而辨者，德山所谓"毫厘系念，三涂业因。瞥尔情生，万劫羁锁。"此说乃铁围之遮诠也。今之学者纯沉识网，深堕情窠，爱憎之群习俨存，生佛之二见犹在，强加排遣，动涉功勋，自言混入灵源，岂解全该识量？于斯谛审，又奚止铁围而已哉！

泉南顺藏主以禅宴之所匾曰"铁围"，乃有警于自他也。乞铭于幻住道者，乃引前说以序之。复为铭曰：

天地炉冶，太虚模范，
铸迷忘铁，火无明炭。
危乎高哉，远绝畔岸，
百匝千重，凛不可犯。
四圣六凡，生沉活陷，
禅尽觉空，未离羁绊，
无事无为，是金锁难。
脱略丈夫，莫容易看，
来读此铭，堕三尺暗。

西来井泉铭并序

少林初祖远逾数万里而西来，直指人人本具之道。道若泉之在地，无处不遍也。大同庵既成，庖人乏水而汲诸邻。彝庵居士念其劳，乃命工师凿井于门之东，其深四十尺，有泉隐隐自西而至。甃成，禅者引绠汲之，首以一瓯奉佛，清甘香冽。名其泉曰西来，盖不乱其所至之方也。当泉之未至也，视之窅然，凛凛将压人，为凿井者危之。凿者不惟无所畏，而益加锐焉，若与泉约而必其所遇。人之求道能积日累岁，犹凿井之深入无畏，其不与道会者，吾不信也。禅者请铭，铭曰：

> 泉之在地，　道之在人，　配之大同。
> 凿土深入，　勇锐无怯，　克成至功。
> 四十尺下，　有泉西来，　泄泄溶溶。
> 其体既重，　其气益冽，　且盈且丰。
> 以沃吾渴，　以浣吾颊，　所须悉充。
> 少林直指，　赵州庭柏，　如空合空。
> 泉依幻涌，　幻复铭泉，　非始非终。
> 咨尔诸禅，　西来一滴，　万派同宗。
> 勿污勿壅，　朝探暮汲，　如保厥躬。
> 惟庵与泉，　若内外护，　永播玄风。

天目中峰和尚广录卷第二十三

天目中峰和尚广录卷第二十四

参学门人北庭臣僧慈寂上进

序

送宗遇上人省亲序

昔慈明和尚持银盆为母氏寿，母曰："子尽弃所爱而出家，今返持此为献，将累我于地下矣。"慈明自尔奋志参方，为一代大法主盟，盖慈母所警发也。石窗和尚辅佐天童法席，一日归省其母，母曰："子出家，己事未办，何闲暇工夫为众耶？"窗乃告曰："虽炙一灯，亦分自他之用，实不敢以因果累母也。"母笑曰："然过水那得不打脚湿。"夫二祖师之母虽迹混尘俗，观其吐辞出语，峻如铁壁，肃若秋霜，殆老师宿衲之不是过。今之父母遣子出家，莫不望其荣家利俗者，虽地狱门开不暇顾，则彼此优劣何如哉！虽然，有是二母之贤，亦有是二子副之也。使其二子不力于道，陆沉于长行粥饭僧中，将与母之格言俱无闻于世矣。然二母之贤，世亦未尝无也。如二子之贤，克荷宗乘，力弘斯道，以显母氏之名于百世之下者，则鲜矣。以要言之，全在子之尽心于道，以光像季法轮，正不在父母之贤不也。苟摩耶之圣，而悉达不能持坚牢愿力为大法王，安有佛母之名流布于此土哉！庐陵遇上人旋里省母，出纸求语，乃发余绪言以策其不逮云。

送明然上人居山序

古之善辅丛林者，皆非苟然也，有以道辅之，有以才智辅之，有以力辅之，有以身命辅之，是皆舍逸趋劳，弃甘就苦，至于冲寒冒暑，含耻忍垢，惟孜孜播真风、扬道化，以振末学为念。嗟乎！古今之下，凡有道尊宿起于一方，而波旬之徒往往谤声四合，矧无道者乎？然其谤之之声未及尊宿所闻，而先入乎辅者之耳，苟非金刚正眼洞烛幽微，莫不遭其惑者。余两结草庐，有明然上人者，忘其所惑以相辅。及归家山，主院之三年，岁荐饥馑，而我二千指宴坐空山，十利之具陈、三德之毕备，至于望门而来者咸使之饫饱禅悦，要其所自，皆上人丐食以辅之也。今余将谢事，上人以丐食之钵悬之太虚空中，拟俟弥勒下生，复从而辅之，誓不入他人行户也。因疑而问之："余岂有道尊宿者哉！当此象龙蹴踏，八面升腾，皆期尔以辅之，无乃太峻乎？"上人作而为歌曰：

水边有山可以缚茅庐，山中有屋可以藏幻躯，屋下有柴床可以结双趺，床前有尺土可以开地炉。所以无用者，一个黑钵盂，既无著处，悬之太虚。我非所辅休涂糊，天高地远道何孤，惟有敛衽退缩真良图。极目谁非大丈夫，不须特地做规模。岂不见释迦老子二千年外，黄金髑髅也会枯，谩言遗臭在江湖。争似我自今已去，不为一物度朝晡，佛法从教说有无。

止止堂偈序

余闻真寂不动之体，与奔汇之水、行空之云、逐日之蹄、搏风之翮，无间然也。嗟夫！人之未悟，妄见迁流，卒莫之已，如小儿旋走，见屋庐动。是故圣人垂善巧方便，教之令止。谓止者何？息也，定也，安住不动，寂灭无为者也。外止其境，内止其心。止境于外则心无所迷，止心于内则境无所惑。且不惑于境，即境惟心；不迷于心，即心惟境。心乎，境乎，止止之义明矣。或曰："心可止乎？境可止乎？谓心可止则益其迷，谓境可止则滋其惑矣。如教中谓：'是法住法位，世间相常住。'审如是，则

327

心可止乎？境可止乎？"不然，如"是法住法位"，止也；"世间相常住"，亦止也。子或未至言语道断、心行处灭之地，拟逃吾止止之说，犹日中之避影也。虽然，殊不知言语道断、心行处灭亦未尝不在吾止止之间，是谓无止之止，性体本具，虽三世佛祖见超物表、识达机先，未有能出吾止止之义者。

天竺灵山法师某，讲观之暇，尝构精舍于越山，匾其堂曰"止止"。或问其故，乃曰："吾之所闻异于是，盖非心思言议之所能及也。"遂为之歌，歌曰：

万境之体诠曰心，一心之用表为境。道人非境亦非心，心境俱非非亦泯。止止之名堂兮，奚语默动静之所该？堂之名止止兮，岂思惟分别之能领？止非止兮我独知，非止止兮人莫省。一团风月启晴檐，万象森罗照清影。

设利偈序

设利之体圆常湛寂，充塞法界，无处不有，随众生心，循业发现。金刚不可比其坚，日月不可夺其耀，岂肉眼所能识哉！自灵山以降，此土、西天散为种种佛事，若必以色像求之，不惟不识设利，而亦重欺佛祖也。尝有信士得先师所剪发，安奉久之，忽设利累累如贯珠，远近传唱，观者踵至。先师闻之，累欲夺而委诸秽壤。今祖意上人亦得于遗发之表，及蒙山阇维之余，并辟支佛所遗者，珍藏秘护以为至宝。然蒙山、辟支固非我所知者，而先师实无此物，谓其有，乃谤先师也。上人即启函而示余曰："赃物见在，尔何讳焉？"余于是说偈以解之，偈曰：

　　　　圆明湛寂真设利，灵焰神光贯三际，

　　　　开士由之百福尊，菩萨依之二严备。

　　　　十万里传西祖意，五色祥光吞大地，

　　　　棒喝交驰珠走盘，觌面相呈无忌讳。

　　　　先师一发不留根，勿将声色轻相戏。

　　　　百宝摩尼一颗珠，非俗非真非圣谛。

五目不得睹其踪，十圣那能知仔细？

上人如未获此珠，悬崖撒手非容易。

骊龙颔下月团团，禹门千尺还重闭，

赤手推开踔得归，有意气兮添意气。

回观八斛四斗多，添得众生眼中翳。

观音菩萨补陀岩示现偈序

观世音菩萨以太虚空为体，以五须弥为宝髻，四大海为口门，日月两曜为眼光，森罗万象为垂身璎珞。一切众生于其毛孔里出生入死，由是菩萨以此兴大悲心，发无上愿，施十四无畏，现三十二身，上合诸佛慈心，下应众生悲仰。无端被吾两浙运使琴轩瞿公，向小白花岩偷眼一看，直得无地藏身，文彩弥露。乃援毫引墨，尽意发挥。时有梅山喜公奋辞舞笔，作为长篇，揭露殆尽。而海粟待制以雄才豪辩，向无所见处议论风生，笔舌雷动。但末后一句留以遗幻住子，同为证明，乃为说偈以收之。偈曰：

妙圆通体超诸碍，包裹色空含法界。见与不见二俱离，始识大悲观自在。琴轩居士佛眼通，白花岩畔追灵踪，狭路相逢避不及，似镜照镜空合空。引墨援毫书所见，揭破浮云呈日面，尽十方空一普门，妙相尘尘俱露现。梅花山里老禅翁，沧海一粟夫子冯，浩浩春雷鼓笔舌，巨篇长偈真豪雄。俾我重圆末后句，口缝未开先吐露，若以耳闻非所闻，不以耳闻非所据。我昔曾游碧海东，海王抱日扶桑红，怒浪摇金光闪烁，照开朵朵青芙蓉。无位真人潜洞府，洞里潮音喧万鼓，珊瑚树头月徘徊，水晶帘外蛟龙舞。波神拔剑驱长鲸，吞空浪雪粘青冥，撒出龙堂珠万斛，宝光射透琉璃屏。法身惊入一毛孔，一毛孔里波涛涌。尔时大士失却盘陀石上吉祥草与蒼卜花，但见玉烟翠雾埋双踵。有眼共见耳共闻，妙圆通体铁浑仑。最初末后句非句，万里潮声撼海门。

观音菩萨瑞相偈序

圣人无体，随念斯彰。念兴则诸圣同参，念泯则一真绝待。以吾庄严善功德心，即观世音之宝冠璎珞也。以吾确乎不可拔之正念，即观世音所坐之补陀岩石也。以吾慈悲利物深广之誓愿，即观世音所居之大海也。以吾亲近圣贤参随不倦，即观世音之善财童子也。以吾宽厚仁慈，以恭以敬，即奉观世音之月盖长者也。以吾一切处不违菩萨愿，不舍大悲心，即观世音三十二应之妙色身也。以吾居一切处遇顺遇逆了无畏怯，即观世音十四无畏法也。昔丞相史公躬诣海岸，不获瞻睹，方生慢易，回首惟见碧芙蕖花万朵芬披，随浪而现，遂勒石以记其事，非现宰官身说法而何？至大四年，两浙运使瞿公霆发按部鄞郡，放舟直驾岩下，首睹圣像，毛发不遗，即命工造其所睹之像者二，一奉之鹤砂普福院，一奉之天目大觉正宗禅寺，皆公施心所现之伽蓝也，复以诚心所现之观世音归之，得不宜乎？公自述记文一篇，以示无穷之信。此又非现宰官身说法而何？公尝嘱余序之。后五年，为延佑乙卯，公之子时学刻其记文，随大士像置之可观楼上，复俾予笔以记之。既不得辞，赘之以偈：

> 心镜光明皎如月，圣人智体无生灭，
> 一念才兴即现前，古今凡圣相融摄。
> 海岸人招海岸人，不知谁现宰官身？
> 紫金光聚圆通体，应现何曾隔一尘。
> 万峰围绕莲花国，龙象倚阑看不足，
> 鼓钟镗鞳间灯香，出生世代光明福。

示善助道者居山序

至大戊申冬，余谢院事之明年，将荷五台之策，有善助道者从余游。抵淮阴，道阻，遂返棹仪真。助乃操吾舟，绝大江，至铁瓮城下，束短发，易小袖，练裙乌帽，举止便捷，刺篙川行，引绳岸牵，风帆怒张，收纵不违，雨篷平铺，掀覆以时，舵之转折，萦如游龙；缆之解缚，操持若神。其素服篙师之役者，皆推其能。至若寒暑晦冥，风霜雨雪，篙师告惫，而助益治舟无惰容。又明年，客有促吾舟而命之归者，助趋吾前，乃逆问之曰："舟在乎？"曰："将舍之。"曰："汝操舟之艺在乎？"曰："将弃之。""若然，则无所复用于汝也。"助无以对。乃谓之曰："汝尝驾吾舟于要汇，空绳网布，峻樯林立，舳舻交错，过若行云，开阖万变，而汝之心目与手为之一贯，少失顾盼，则互相冲击，殆四山交逼之不若也。故菩萨子操第一义谛之舟，与一切是非声色交接于三有要汇，亦如是也。使暂时不在，堕于顺逆之洲，又不止于相冲击也。今将罢若役，复若形，放汝林下，苟能一注其冲击解纷之心目于平居宴处间，则道可学，禅可参，生死可了，烦恼可断，无施而不可者。审如是，则舟可舍乎？艺可弃乎？岂无用耶？安有用耶？汝其不委，吾复为汝歌之。"歌曰：

去年放吾之舟兮，绝长江之迅流。今年藏吾之舟兮，将返乎山丘。假汝操之之术兮，吾乘之而远游。视今昔之大幻兮，倾逆浪之轻沤。勿谓无吾之舟兮，将舍是而何求。勿谓有吾之舟兮，离踪迹之去留。忆昔佛与祖兮，以慈为舟、苇为舟、杯为舟、铁为舟。更有一个大阐提汉，要以大地撑为舟。如是之舟汝能操不？如其不委兮，提起从前闲话头，挨拶不入处一齐透过。吸干鲸海兮万象全收，生死无拘兮谁与俦？

一花五叶序

先师枯槁身心于岩穴之下，毕世不改其操，人或高之，必蹙頞以告之曰："此吾定分。使拘此行欲矫世逆俗，则罪何可逃？"余窃聆其说，私有所得，阅二十年，每与同参道者俯首茅茨论及之，不觉成编，题为山房夜话。又拟寒山百首，以寓禅参之旨。复阅《楞严》，因讲学者致诘，遂假或问以答之。又以禅者不求心悟，惟尚言通，例引《信心铭》为证，故辞而辟之，以破其义解。及幻迹所至，结茅以居，皆名幻住，勉为相从者所请，引起葛藤，故称家训。前后成篇者五，戏以一花五叶目之，亟欲投之水火。时幻众曰："一花是幻，五叶亦幻，幻无自性，任其安立，使弃之却成实法流布也。请序其所以，昭示来者。"由是振笔以从之，非敢与大方之家共焉。

一花五叶后序

少室一花开五叶，狼藉丛林岂堪说？劫外春风吹幻根，幽芳似向枝头泄。山房夜话话无端，波斯嚼冰牙齿寒，黄金铸成泥弹子，白日青天谁共看。谩拟寒山诗百首，重重语不离窠臼，灵龟曳尾迹何多，笑破虚空半边口。那堪批注《信心铭》，刚以不平攻不平，葛藤露布拽不断，瞎却空王双眼睛。况是灵山巧征辩，心既无心见何见，阿难逼得口生胶，一棚傀儡无方便。幻住庵尝歌一篇，又将家训错流传，为人一句没墙壁，饭饱弄箸谁不然。自买由来还自卖，岂但傍观生笑怪。都缘口业未易消，乃尔偿他文字债。幻人拍掌笑呵呵，蟭螟奋怒吞禅河。南泉问主，赵州勘婆。秘魔叉下神号鬼哭，云门顾外虎视鹰拏。搂空狮子窟，扫尽野狐窠。一花五叶还如何？长处更无多。

延佑丙辰冬，幻住沙门明本复说此偈以为后序云。

天目中峰和尚广录卷第二十四

天目中峰和尚广录卷第二十五

参学门人北庭臣僧慈寂上进

说

般若说

般若离一切相，而不碍诸相发挥。般若离一切名，而不碍众名出现。般若如大火聚，世间所有形器婴之者莫不遭其烧。般若如太阿锋，世间所有物像触之者莫不遭其坏。般若如太虚空，世间所有色法入之而无不容。般若如大圆镜，世间所有相貌临之而无不照。大矣哉！般若之体圆，般若之用大，般若之功博，般若之道普矣。三世诸佛于无所证而证，十方菩萨于无所了而了，历代知识于无所悟而悟，参玄上士于无所学而学。然诸佛虽证而不宰其功，菩萨虽了而蔑居其德，知识虽悟而莫睹其踪，上士学之而罔测其状。以至山川日月、森罗万象由之而建立，依之而运行。使物物各具金刚正眼，穷古亘今，欲窥其仿佛，不可得也。

嗟夫！众生迷背，其来久矣。转为无边生死，旷劫迨今，于此般若体上念念迁流，念念起灭，念念攀缘，念念轮转，深沉欲海，甘赴死门，而吾大般若光虽未尝少间，其如瞽者居太阳之门、聋者住雷霆之窟，终身由之，而竟莫知其声光震耀也。由是三百余会之玄谈，千七百祖之绝唱，皆纯以一味清净般若融为善见神药，俾瞽者明、聋者聪、瘫者通、执者化也。当知瞽不自瞽，依般若而瞽。聋不自聋，依般若而聋。瘫不自瘫，依般若而壅。执不自执，依般若而执。是谓一切智智清净，无二无二分，无别无断故。若谓聋、瞽、壅、执之病不居般若体上，则般若有所不周。以其聋、瞽、壅、执之病即般若而生，则般若有时而弊，其深密幽邃之旨，非超出言象之表者，孰能与于此？所以云：太末虫处处能泊，独不能泊于火焰。众生心处处能缘，独不能缘于般若。盖知般若诚非心识所可缘也。故般若离心缘相，离意识相，离思惟相，离文字相，以至离种种相。如是离者，非所离，非能离，本性离故。以性自离，离亦不立。离既不立，一切混融。

然舍般若无众生心，舍众生心无般若。即众生心是般若，青出于蓝；即般若是众生心，冰生于水。苟非见忘执谢，甚不可以言通而意达之也。所以永嘉谓："唯证乃知难可测。"昔僧问古德："如何是般若体？"答云："兔子怀胎。"又问云："如何是般若用？"答云："蚌含明月。"发迅雷于昏蛰，丽杲日于幽衢。展鹫峰无作之机，启少室不传之妙。在古德分上绰绰有余，且学人到此如何领会？其或停机伫思，万里崖州。直下承当，剑去久矣。

高昌三藏法师喜庵妙公，梵名般若室利，命余申其义，乃因引前说，并为说偈：

> 般若无知亦无相，非曰无相非无知，
> 有无知见二俱遣，了般若体常无为。
> 无为之体即无作，百草头边光烁烁。
> 已忘证者名醍醐，见病未祛名毒药。
> 般若非良亦非毒，般若之机离背触。
> 唤作般若沉悟坑，谓非般若遭迷局。
> 般若非悟亦非迷，迷悟俱忘复是谁？
> 玉鸡啄破琉璃壳，铁牛触碎珊瑚枝。
> 法身解脱即般若，觌体难容分别者。
> 般若解脱即法身，三事何曾隔一尘。
> 法身般若即解脱，如珠走盘活鱍鱍。
> 一三三一相容摄，水底虾蟆吞却月。

三一一三相互融，半夜金乌海底红。

三既遣兮一不立，虚空为纸须弥笔，

拟书般若两个字，已是抱赃重叫屈。

一不立兮般若空，龟毛系住毗岚风。

满庵欢喜著不尽，张起东南般若宗。

真际说

太尉沈王海印居士求法名别号，遂名之曰胜光，号之曰真际。夫真非色像，不可得而见，有见非真；际非境缘，不可得而及，可及非际。真乎，不可见而见之；际乎，不可及而及矣。其不可见之之真，廓尔无像；不可及之际，洞然绝痕。无像之真，体之莫非神悟；罔及之际，混之必欲心开。然真非际外之真，际匪真前之际。但见真则必达其际，凡达际则必见其真。真乎？际乎？犹镜与光，二者未尝斯须少间。言光则必由镜出，语镜则必有光存。光即际之真，镜乃真之际。亦犹群波共水，众器同金，理体元齐，事相非一。

嗟乎！众生于无始时来重为业习所蔽，拟涉念虑，即落妄缘，那更驰求，剑去久矣。或不真诚启悟，谛实开明，不拨一尘，洞见源底，则未免粘情带识，依文解义，妄存知见，堕在意根。说时与真际相符，用处与妄缘不隔。使诸佛菩提之道果止于此，则安有解脱之期也。

或谓离妄之谓真，真之所诣之谓际。谓妄者何？以迷自心故，见闻觉知皆妄也。谓真者何？以悟自心故，明暗色空皆真也。真无定体，悟之则圆。妄绝正形，迷之则著。全波是水，了知妄外无真；全水是波，毕竟真中绝妄。然则二名一体，就中万别千差。欲教举必全真，当体必须神悟。所云际者，畔岸之谓也。事物之极，乃名边际，如色之极是空边际，空之极是色边际。是故妄不可有其边，惟真乃妄之边。真不可言其际，即妄乃真之际也。或谓："圆同太虚，无欠无余。"又云："心佛及众生，是三无差别。"又云："平等真法界，无佛无众生。"但诸佛祖圆顿了义之谈，若妄若真，未尝有纤毫界限，边际复从何立耶？然了义之诠固无界限，既迷之境实有方隅。以无界限故，三涂地狱、万种泥犁、千仞剑林、诸热恼海，至若尘沙苦趣，悉该真际，使有一毫拣择，则离波别有水也。以有方隅故，众生、诸佛，烦恼、菩提，苦乐、顺违，安危、得失，殊形异状，名相纷然，俱出妄缘，悉乖真际，虽曰波水同体，而不可同其名也。

原夫此心之迷也，于无妄真中卓尔妄真，于绝边际处宛然边际。但如众缘触目，群象当情，水不可唤作山，空不可呼为色，各专其用，不同其名。明知理体无差，其奈事情有异。譬如水之就决也，湍流不息；及遇寒则结为坚冰，凝然不动。了知不动之坚冰，全是迅湍之流水，奈何迷妄之寒气积集浓厚，于一体中俨然成异。或不以顿悟之慧日融之、化之，欲会归真际之水，其可得乎？

是故真际，如来目之为第一义、最上乘。昔世尊初生时，目顾四方，乃顾此真际也。以手指天地，乃指此真际也。复云惟我独尊，乃示此真际也。已而弃王宫，入雪山，六年苦行，夜半见明星悟道，乃显此真际也。西天四七、东土二三，灯灯相续，乃传此真际也。至于临济卷真际于喝下，德山揭真际于棒端。又岂特禅宗佛祖为然，如三乘十二分教，大小偏圆，秘密开显，无边法义，种种方便，皆从真际出生。真际乃佛祖所诣之根本法门，更无一法能过于此者。真际诚一心之异名也。古者谓："三界无别法，惟是一心作。"又云："未达境惟心，起种种分别。达境惟心已，分别即不生。"此说之下，以真际之体散于森罗万象之顶，标于色空明暗之端，更无毫发能外吾真际者。若以言说流布，则真际岂待别有作为而后得哉！若果欲与其际念念吻合，念念圆融，念念不痕，念念无间，直须是工夫熟、知解泯、能所忘，向不知不觉处豁然开悟，如获旧物，如归故家，心户洞开，性天廓尔，十方世界不见纤毫过患，是谓心空及第。于斯时也，真际二字亦无地可容矣。

昔僧问赵州："万法归一，一归何处？"州云："我在青州做一领布衫，重七斤。"老赵州眼空四海，神洞十虚。融八识为真，野色更无山隔断；混六情为际，天光直与水相通。寸心圆湛，片舌澜翻。随语随默而泛应群机，机机相副；或与或夺而全该大法，法法同归。用之则煞有准绳，操之则洞无影迹。盖其真际洞乎心府，真际贯乎口门。凡动静语默曾不与真期而真自臻，曾不与际约而际自至。岂特赵州为然，但宗门中有契有证之士靡不皆尔。今日在海印居士沈王分上，间不容发，欲得谛实领荷，亲切承当，直须向万法归一、一归何处话下廓尔悟明，所谓古今无异路，达者共同途也。如或未由开悟，且真际亦未尝有丝毫隔越，独不能混融无间尔。犹未磨之镜、在矿之金，虽金体无在矿离矿之差，镜光绝已磨未磨之异，奈何垢翳而光不彰，矿存而金有碍。又如冰之与水，亦未尝斯须隔越，但冰具坚碍凝结之质，而不能为水流注润泽之用也。夫善于求道者，道不可将心求，求而得之是妄得也。但磨其污染之尘，销其执著之矿，融其迷妄之寒，久之不休，则光斯照而金斯纯、冰斯泮矣。正于斯时，道远乎哉！道远乎哉！

嗟乎！今之人但闻直指单传，不加修证，咸以聪慧之资望尘领荷，依文解义，说处宛然，滞识执情，转增迷妄。是犹以坚碍之冰不期泮释，便欲与水同流，多见其不知理也。譬如京师王城镇于北方，普天之下凡有识者皆知北有京城，惟到与未到者有差别尔。其既到者虽移身于万里之外，凡一念京城，则人烟市井昭然在目，不能惑也。其未到者，至终其身不能无茫然之咎。谓既到者，乃悟而见之者也。谓未到者，乃解而知之者也。悟而见之者固已极矣，古人尚欲扫空悟迹，铲除见刺。或不尔，则坐在悟边，动成窠臼；蹲于见处，尚滞功勋。审如是，则为己尚恐未周，又安能为人解粘去缚也哉！

前所云磨镜之尘、销金之矿、融冰之寒，似与本来具足少林直指之道觌体相反。不然，尔徒见其言下知归、机前领旨之易，而不知其磨尘、销矿、融寒之难历于夙昔，以致今日之易也。苟不之难而欲之易，是犹认矿为金、指冰为水者无以异也。当知妄依真而起妄，真由妄而显真。真非妄而真不自居，妄非真而妄无所倚。妄因不立，真理何存？《楞严》谓："言妄显诸真，妄真同二妄。"斯说之下，不惟妄遣，亦乃真祛。妄遣真祛，道存目击矣。边依际而立边，际由边而显际。际非边而际不自著，边非际而边不独存。边既无方，际何有界？故祖师云："极大同小，不见边表。极小同大，忘绝境界。"斯说之下，边融际廓，洞然无间矣。如是则真际与万法会同，万法与真际交彻。在迷则真际是万法，惟悟则万法是真际。悟迷俱遣，得失两融，真不立而真存，际不形而际遍矣。

止源字说

一尘不飞之顷，止乃剩言；一沤未发已前，源将安寄？直下见得，便知四大海水止在一源，源体本空，止亦何有？于此绝能止所止之异，无此源彼源之差。即源是止，万波随一水而收；即止是源，一水摄万波而寂。世之不鉴其源者，但见百川竞注、万派横流，而欲遏之使止，大似捧土塞孟津，多见其不知量也。何当于沿流不止之际，瞪目一观，洞见源底，则知此源穷古迨今，澄之不加清，搅之不加浊，一滴不加少，四海不加多，以至决之非动，堰之非静者也。何则？使澄而后清，则不得谓之止矣。搅而后浊，亦不得谓之止矣。乃至曰动曰静，曰少曰多，皆识量所迁，妄见流注。纵能以四铁围山堤防一水，至万劫不兴寸浪，而欲较吾止源之旨者，实霄壤矣。

江西定侍者字止源，是必有所得于止之之道，岂枯形忘虑而滞于死水者可同日而语哉！

云谷号说

八荒一云也，天地一谷也。一尘翳空，万象各立，消长盈亏，顷刻百态者，云之变化如是也，又何待随清风出远岫之谓哉！疾风驾雷，山振海涌，机动籁鸣，终日不息者，谷之响应如是也，又何待呼而后闻、扣而后应之谓哉！

知藏兴公深穷此道，自号云谷，所以跨昂霄之步，如云行空；肆悬河之辩，如谷答响，宜其然也。或曰："太虚无形，因云见色。天地无口，由谷有声。我将空耳目于混茫之先，越见闻于未然之表，何乃以声色而为号耶？"不然，云无心而见色，即色明空；谷中虚而有声，即声显寂。假云谷之号，示声色之体。以声色之体，显空寂之用。如教中云："十方世界诸如来心于中显现，如镜中像。"何疑而不悟哉！知藏闻而笑曰："我云无形，亦不著空。我谷无声，元非滞寂。子所说者，皆错下注脚耳。"

月舟字说

光明夺夜之谓月，直造彼岸之谓舟。惟月与舟，颇符斯道。然道之光不特照夜而无所不烛焉，道之体不独济岸而无往不至焉。以其无不烛，则喜怒哀乐如月映千江，无一水而非月影。以其无不至，则过现未来如舟行万国，无一地而匪舟航。能即而行之，不患其不与道相合也。脱或外此，则迷云翳其光，世波摇其体，而谁有此月、谁有此舟者乎？

一上人以月舟二字表其所学，余于是解之，就为说偈：

天上一轮，水中一叶，
上人乘之，余复何说。

无济字说

圣人不以慈，亦无意于济人也。由众生妄自取执，而系形于空有、彼此之两途，故圣人以百千方便，向平白地上强自指陈，以爱为河，以烦恼为河，以生死为河，而于此河，以非彼为彼，以非此为此，以不以彼为此、不以此为彼。如是两岸，隔断中流，触目成乖，觌体为碍。以其碍故，则此能碍彼，彼能碍此，彼此碍中，中碍彼此。尘尘涉碍，法法成差。使本来具足圆常不断之旨，昧之又昧矣。所以大慈普济，于四十九年纯以不二之道导之，俾其妄消执谢而自化也。知彼不二则不见有此，知此不二则不见有彼。知彼此不二则不见有中流，知中流不二则不见有彼此。如是则亘古迄今，自一沤尘而至不可说广大世界海，融归至理，圆证不二，安有舍此求彼之心哉！于是大达之士抹过两边，不存中见，掀翻橹棹，泯绝舟航，辊底波涛，了无涓滴，直下内无能济之心，外无所济之物，其无济而济，是谓大济者也。苟未达其大济之济，则安知其为无济乎？

慈禅人字无济，宜知此以自勉。

定叟字说

泰藏主字定叟，因质其义，叟曰："定以不动为义。"然则维摩大士不离丈室，断取妙喜世界置诸掌，如转陶家轮，时在座者见彼世不摇动，此世不改变，此岂非不动者乎？鸡足峰中，饮光尊者入灭尽三昧，以伺慈氏下生，此岂非不动者乎？叟曰："不动之理岂如是哉！我尝于一湛未发已前，洞见十方平等本际，圆同太虚，湛如古井。诸佛于众生身中入大涅槃而众生不知，众生于诸佛体中流转生死而诸佛无碍。至于毗岚振海而不去，大块已凿而不来。非智力所能，乃法如是也。故百川竞注，水体不流。万窍怒号，风本自寂。乃至亘古今、穷法界，人畜草木、长短纤洪，互起迭兴，而定体自若，于中欲觅一毫动相了不可得，所谓'是法住法位，世间相常住'者也。"呜呼！闻叟之论，始信那伽常在定之语不我诬矣。嗟乎！二乘小见，以枯心屏志、绝虑忘缘为定者，纵经八万劫，只益戏论耳。安得斯人亦具清净耳根，闻叟如是之说，而舍小慕大乎？

无念字说

昔鸠摩罗什法师年甫七岁，随母入寺，以手捧佛钵，置之顶上，钵未及顶而遽投之。母问其故，乃曰："我因顶钵次，悟一切诸法皆从心念而生。初捧钵时，不作想念。钵方及顶，忽起念云：钵如是大，安得不重？此念起时，其钵不胜重矣。由是知，念未起时，一切诸法犹若太虚，初无分别。"据什师所见，谓念乃法之源也。永嘉云："谁无念，谁无生，若实无生无不生。唤取机关木人问，求佛施工早晚成。"据永嘉所见，谓念不生处与木石等也。

云南护藏主自号无念，因以什师、永嘉所见扣之，乃曰："我之无念异乎其所闻。什师过在绝念之不起，永嘉过在任念之自起，二皆不能无念也。谓无念者，心体灵知，湛寂不动，如镜鉴像，如灯显物。其像之妍丑、物之纤洪而镜与灯不知也，虽曰不知，未尝毫发少隐也。其照体本空而能显物，曾何念虑于其间哉！所谓繁兴大用，举必全真。我尝于见闻知觉之顷，欲觅念相如毫发许了不可得，而曰无念，非不念也。无念之念，生无生相，住无住相，异无异相，灭无灭相，非思虑计度所知，惟洞彻法源者，颇测其彷佛，未易与缠情缚识者语也。"余嘉其说，乃笔以志之。

无方字说

尽尘沙法界是个自己，中边混融，表里通彻，既不可以形器拘，而亦岂容囿于方隅也。或迷自己于当念，则囿于方隅，拘于形器。以其有方，则仰而为上，俯而为下，日升则东，月沉则西，不敢易其毫发。由是引起遍计，流堕分别，交结识情，惑于生死者，盖深昧其无方之自己也。

或曰：常啼东行，善财南往，文殊北迈，达摩西来，具在典章，如其无方，何从得此言也？余曰：前不云乎？囿于方隅、拘以形器者，不可与论无方之自己也。徒见常啼之东，设使自今日行，至尽未来际，东之又东，岂知尽东无方、尽方无东者乎？尽东无方则方不可求，尽方无东则东不可立。常啼尔时惟见般若，洞无向背，循东求方，了不可得。东既无方，而西、南、北亦复如是。故古云："道无方，行者莫能至。"斯言岂欺余哉！

南徐远上人号无方，余为说无方之义如此。

天目中峰和尚广录卷第二十五

天目中峰和尚广录卷第二十六

参学门人北庭臣僧慈寂上进

祭文

祭鹿岩初禅师文

三十年前，先师以无上大菩提道变为毒药，设为险阱。我师兄尝中其毒，亲陷其险，是故三十年后浸渍既久，因地发生，毒处愈毒，险处愈险，使人望风斫额，骨毛为之凛然。正当今日，即毒即险与无上大菩提道吻然混合，纤毫不间，则知先师与我师兄到此不免首尾俱露。某义同手足，敢不效颦？于是乎点一杯茶，烧一炷香，换手搥胸，连声叫：苦！苦！苦！有怀莫伸，酸泪如雨。

祭玄鉴首座文（云南人）

佛祖之道未易坠兮，吾无照远逾一万八千里江山以来兹。佛祖之道失所望兮，吾无照负三十七春秋而云归。生耶死耶果离合兮，非智眼而莫窥。祖意教意果同异兮，惟神心其了知。谓无照于吾道有所悟兮，真机历掌，其谁敢欺？谓无照于吾道无所悟兮，大方极目，云胡不迷？笑德山之焚疏钞兮，何取舍之纷驰？鄙良遂之归罢讲兮，徒此是而彼非。惟吾无照总不然兮，即名言与实相互融交涉而无亏。出入两宗大匠之门兮，孰不叹美而称奇。屈指八载之相从兮，靡有间其毫厘。我阅人之既多兮，求如无照者，非惟今少，于古亦稀。我不哀无照之亡兮，哀祖道之既坠，而今而后孰与扶颠而持危？对炉熏于今夕兮，与山川草木同怀绝世之悲也。

祭泰长老文

本与公二十年所交者道、所忘者世也。公昔奉众命来主莲花峰，本居门外，止宿草庵，谓道可交乎？方三见黄落，而公遽引无生一曲于大寂定门。本远望寝帏，不自知而泣下，谓世可忘乎？其所交、所忘者固不可以语言通，尤不可以毫楮尽。森罗万象，咸为点头，白雪半瓯，赤心千丈，谓交与忘则赘矣！公其鉴诸。

祭瞿运使文

于戏！三教圣人一以此道化成天下。其知道者，虽贫而富、贱而贵。贫贱尚尔，况富贵而知道者乎？其济斯时、泽斯民，犹壮士屈臂，不借他力，信然也。公尝于不惑之年扣吾先师于岩穴之下，披心投诚，论道终日，而侍坐达旦，公为道之勤见于此矣。已而掣施钥于空诸所有之海，构禅宫于大圆满觉之场，佩金紫于诗书礼乐之门，莅仁政于博爱简易之域，修孝慈于宽厚高明之府，履违顺于安舒静默之途，阅身心于镜像水月之表，处生死于湛寂不动之地，此皆公之余事也。公其自得于心之旨，既不可以意测，复不可以语言道也。某凡一会公，公未尝不以此道相问。至大庚戌之春，会公于湖山，语论方辍，乃出纸命书进道之语，置之座右。于此益见公向道之志，二十余年不间然也。自尔去公于淮汉之表者三载，闻公复以寺事见逼，遽移棹而他之，不期与公有生死之间。

于戏！公福德人也，而知道焉。吾西竺圣人谓三界无别法，惟是一心作。惟公之福本乎自心，而道亦岂外乎自心哉！盖知公之施田，施心田也；建寺，建心寺也。不达乎心而滞物者，吾道之所不取也。苟会于心，则心无施不施之异，心无建不建之殊。即寺与田皆公心外之影事，而我住不住者又影外之影耳，知公必不以此二其心也。虽曰心外无田，尽大地一围也；心外无寺，遍十方一刹也。此田不待别有所施，而檀波罗蜜念念出生；此寺不待别有所建，而大圆觉海处处成就。于此虽弥勒、释迦无住持分，况其他乎！审如是，则知公于不思议解脱心中宴坐丈室，获正住持，三昧现前，入未来际种种受用如是具足，是谓因该果海、果彻因源者也。

某赖公知道之详，故匍匐千里，敬持是说以告之，非巧辩以惑公之听也。由是荐园池之花果，列万象之盘飧，拈法界之炉熏，瀹海门之晴雪，奠公于不动真际之室。公必以我说为然也。尚享。

疏

续刊《传灯录》疏
（芝岩西堂镂板未竟而卒，芦溪藏主募缘续刊）

未生佛祖，早传此灯，千七百人错认浮光幻影。不立文字，乃有是录，数十万偈聚成铁壁银山。笑芝岩堕于死语而莫之所图，看芦溪别立生机而即之能了。拈一花脱赚迦叶，当时不解覆藏；受三拜累及神光，今日正宜揭露。当有大木，显全体作用之灵梦；会见英檀，兴一言领荷之胜心。共知印板上打来，须向刀刃边挦出。正法眼洞烛圣凡迷悟之迹，涅槃心鉴空生死情妄之踪。始编集于景德年间，当流通于大元国里。话头具举，脚注分明。

四祖寺童行求僧疏

溪边寻女子投胎，操心太切；壁上倩秀才书偈，用意不藏。争似我毫发铲除，便与他赤肩负荷。然美玉精金固非易得，而方袍圆顶岂是小缘？一千七百则葛藤打归自己，八万四千门佛事用报檀那。

四祖接待庵募缘疏

隔江招手，望庐山面目犹在半途；别甑炊香，领黄梅意旨不消一宿。既是容身有地，何愁具眼无人？趁起水牯牛，祖父田园从头耕遍；提携木上座；毗耶库藏弹指豁开。从他知识来参，是我祖师现在。前不遭村，后不迭店，谁问你船来、陆来。饥则吃饭，困则打眠，总教他休去、歇去。一机相副，万善同归。

妙德院化灯油疏

通身汗下，灼然从逼拶处得来；脱体光生，真个是遮藏它不得。烁破老瞿昙黄金面孔，照开大檀度生铁心肝。玛瑙阶前，满地月摇松影动；琉璃殿上，四檐风扬菜花香。即此光明，是真供养。

狮子院化粮疏

天目山三十五年开拓，水赴云奔；狮子岩数百千指绕围，肩摩踵接。拟向饭箩边打发，须凭笔端下施来。倒廪倾仓，万斛珠光明璀璨；考钟伐鼓，满堂僧意气峥嵘。既灼然亲遭塞断咽喉，肯讳道不曾咬破粒米？钵盂两度湿，助我饱参；毛孔七日香，报君多福。

杂著

诚闲

世人未有不以闲散为乐而共趣之。逆问其故，乃曰：昔尝以荣辱是非累日与事物相交驰，心志劳而形体惫，以至结于情想、接于梦寐，静而思之，人生几何，不得一日之安，虽富贵奚益也。由是一切弃之，思欲行歌坐忘，观青天白云，以自放浪于事物之表。或有避父师之训，厌身世之劳，望治生如避水火，必欲拔尘远俗，以遂其闲。

余曰：忙固劳形役虑也。闲则坐消白日，又何益于理哉！二者皆欣厌之情妄耳。故圣人有动静二相了然不生之旨，正不必厌此忙而欣彼之闲也。余将直言之。夫人欲学入世间之道，苟不服勤劳役，则事无贵贱，皆无由成。然悟世间虚妄，欲究圣贤出世之道，倘不忘餐废寝，则根无利钝，又何从而得之？故雪山大士舍身命如微尘数，事知识如恒河沙，积劫迄今，历试诸难，盖欲示后学者知道之不易闻也。故入世间则忠于君、孝于亲，悉尽其义，不可不忙。出世间则亲师择友，朝参暮扣，以尽其道，又不可不忙。既尽其义，又尽其道，将见体如泰山之不动，心等太虚之无为，岂一闲字可与同日语哉！或入世不能尽其义，出世不能尽其道，惟孜孜以安闲不扰为务，而不肯斯须就劳者，故圣人斥之为无惭人。凡有识者，安肯负此无惭，而复嗜闲于疏散之域也。余故书此以为投闲者之诫。

存实

道人用心，务在存实。心存乎实，虽顷刻万动而不乱。苟不存乎实，须终日不用可也，一用之则祸相继矣。谓实者何？中也，正也，不欺也，不伪也。事无小大而不敢以私蔑公，初无智愚巧拙之间也。然人莫不有心，心莫不有用，当用心之际，苟务智巧而不务乎实，则愈巧而愈乖，益智而益败。盖实者乃天理之不可易者也，智愚、巧拙乃赋分之不可移者也。惟圣贤所愧夫实不存乎心，不愧夫智巧不居乎分。何则？能存实而用心，使赋分虽愚拙，然其存实之心初未尝厌愚拙而悦智巧也，久之不觉即其愚而智、拙而巧矣。即其愚而智，真智也；即其拙而巧，天巧也。真智绝思虑也，天巧无造作也。惟绝思虑、无造作之智巧，觊体与佛祖不传之道相去无几矣。其存实之效有如此者。且实者心之体也，古云一实之道是也。夫人终身背之而不能自返者，盖情欲蔽于中，物境诱于外，引起虚妄，日夕迁流而不知息也。世谓愚拙，莫甚于此者。孰智乎？孰巧乎？余未之见也。

评恃

道不越乎正受。谓正受者，不受诸受也。诸受既遣，岂容复有所恃乎？一有所恃，则应念不居其正受矣。既失正受，则此心不能无谬焉。是故恃势则心日傲，恃权则心日暴，恃福则心日骄，恃才则心日慢，恃智则心日枝，恃术则心日诈，恃货则心日贪，恃力则心日为之狠矣。盖心念无主，随其所恃而趋之。所趋之途万不同，要皆谬乱之本也。或谓：权势货力，粗有识者皆莫之恃。世固有道大德备、望重当世者，恃之庸何伤？对曰：道大莫极乎明性，德备莫越于利人。使内有所恃，则性不得而明；外有所恃，则人不得而利矣。故圣人无为而天下治，无作而事功成，无思而理通，无取而用足，盖不自知其为圣也。苟存所知，则亦恃矣，安有圣人而自恃其道大德备者哉！且道虽尊、德虽贵，犹不可恃，况道德以降，举皆虚妄，或起心恃之，是犹抱蛇虎而眠欲，不遭其嗜啮者，余不信也。

善人李生传

余偶游异乡，有佣工李姓者，咸称之为善人。因怪而问之，曰："彼佣工耳，能博涉古今圣贤之事乎？"曰："不能也。""彼必起居饮食有以异于人乎？"曰："未见其异也。""彼必有才术智巧精于世乎？"曰："无是也。""彼之言行必有以利于物乎？"曰："俱非也。""然则称其为善人，何耶？"乃曰："若李生者，惟受人辱而气平，与人作而工倍，似不识世间是非憎爱之习。凡父母妻子、亲友闾巷，间以猥屑无状之事杂然交迫，皆泛应之无难色。人或不平以止之，则曰：'惟恐不见役耳，虽死亦何所惮哉！'由是里中无老稚、无贵贱，知与不知，见之皆称为善人。"余慨之曰："彼一佣力耳，天下之至卑贱者，人尚不敢隐其德而称之。嗟今之居圣贤之广居，服圣贤之上服，乃不思修身慎行，而反责人之不己称者，较李生，宁无慊于中乎？"

蜂蚁

蚁穴于将潦之壤，封疆[1]之守愈坚；蜂集于将割之房，号令之威尤重。其为生也，掠残花于蛛网之隙，慕余膻于马足之间，投死于须臾，脱身于侥幸，惟灵知之性，了然独露于飞摇蠢动之表，洞无隔越。由恶习所蔽，受此微劣之躯，返不自觉，人或婴其芒、撩其尾，则郁勃之气奋然见于横趋直突之间，将尽其毒以刺之。于戏！惜哉！殊不思即其奋毒之念，直下与三世开士大解脱法觌体平等，由昏迷之异，则果报亦相须而远矣。

岂特蜂、蚁然哉！闻圣人观百亿四天下，如观掌中之果。今吾徒所居者，乃四天下之一耳。自旸谷之东，至昧谷之西，其中长山广漠际空入云，不知其几千万里之远，使驰以逐日之蹄，鼓以搏风之翮，将尽其生而不能达其涯涘。且一天下之广也如是，以六尺之躯位于其中，曾不翅太仓之一稊米耳。增一稊米而仓不加多，减一稊米而仓不加少，则其微眇可知矣。逮乎苦乐之境倏焉变于前，则郁然而忧，懔然而恐，怡然而喜，奋然而怒，驰骋声色，沉滞爱憎，其虚妄攀缘、动摇形体，犹甚于掠花之蜂、慕膻之蚁也。其遭蛛丝、马足之厄者，穷劫迨今莫知其几，方将违顺二风轻触其念，则骤然动其情，虽风刀火聚横于前，亦不暇顾。其含裹十虚广大灵知真觉之体，由是而昧之又昧者矣。悲夫！使湛四大海清净宝目，观吾徒之生，蜂乎？蚁乎？何营营而不自息也。

观虾蟆记

夏坐皖山，偶立檐下，忽虾蟆趋伏踵间，惊畏喘息，似依人者。方疑其为异，俄而蛇至，遇人而返。虾蟆惊喘犹未定，忽有小虫至其前，亟起，

---

[1] "疆"，底本作"亶"，现按《嘉兴藏》本校订。

张口吞噬，略不少贷。于戏！方畏蛇之唼己也，其惊惧若此。能推己畏死之心而及物，安肯肆其吞噬如是之切耶？于此洞见众生迷昧之情，晓如黑白。嗟夫！人之逐妄，处心积虑，有甚于虾蟆不能推己者，遂述观虾蟆。

天目中峰和尚广录卷第二十六

天目中峰和尚广录卷第二十七之上

参学门人北庭臣僧慈寂上进

偈颂

幻住庵歌

　　幻住庵中藏幻质，诸幻因缘皆幻入。幻衣幻食资幻命，幻觉幻禅消幻识。六窗含裹幻法界，幻有幻空依幻立。幻住主人行复坐，静看幻花生幻果。放还收，控勒幻绳骑幻牛。时或住，八万幻尘俱捏聚；时或眠，一觉幻梦居四禅。有时动，幻海波翻幻山耸；有时静，幻化光中消幻影。可中时有幻菩萨，来扣幻人询幻法。我幻汝幻幻无端，幻生幻死幻涅槃。净名室内龟毛拂，龙女掌中泥弹丸。更有一则幻公案，幻证幻修须了办。莫言了办幻云无，只[1]此无无名亦幻。学人未达真幻轮，动辄身心自相反。幻心瞥尔生幻魔，幻翳忽然遮幻眼。阳焰空花乾闼城，天堂地狱菩提名。有问此幻从何起，云月溪山自相委。要见庵中幻主人，认著依前还不是。

十二时歌

　　玉兔走，金乌飞，百年影子空相追。山翁兀坐禅床角，使得人间十二时。

---

[1]　"只"，底本无，现按《永乐北藏》本补。

半夜子，震旦竺乾无彼此，五白花狸叫一声，床头老鼠偷心死。

鸡鸣丑，仆仆起来伸两手，趁忙捉起赤斑蛇，到头却是生苕帚。

平旦寅，眼空佛祖绝疏亲，断送浑家穷性命，一条白棒血淋淋。

日出卯，获得轮王如意宝，散在春风百草头，三世十方何处讨。

食时辰，大开两眼丧天真，笑擎一钵和罗饭，十字街头等个人。

禺中巳，赤脚波斯穿闹市，满把骊珠撒向人，醉倒玉楼扶不起。

日中午，倒跨南山焦尾虎，惊动溪边石丈人，一槌挝破虚空鼓。

日昳未，也解随群并逐队，横拈铁笛向西风，呜呜吹起斜阳外。

晡时申，恣纵五欲生贪瞋，灶前不见破木杓，恶口小家冤四邻。

日入酉，擘破面门呈拙丑，选甚魔来与佛来，一喝直教颠倒走。

黄昏戌，那事一时都打失，扑灭空王殿里灯，且喜眼前乌漆漆。

人定亥，净裸裸兮赤洒洒，取性长伸两脚眠，谁管桑田变沧海。

与么去，好好好，争免全身堕荒草。有人更拟问如何，弥勒下生时，却向你道。

道要歌

本色道人无孔窍，不必问渠重觅要。口门未待鬼擘开，机先已被虚空笑。古今多少明眼人，不怕羞惭惟绝叫。强言一句有三玄，又道一玄具三要。从前公案既现成，今日殷勤添草料。第一要，踏著麻绳两头翘，波斯疑是赤斑蛇，白日青天把灯照。第二要，金刚眼上虾蟆跳，一槌击碎献空王，元来却是新罗鹞。第三要，熨斗煎茶不同铫，普贤失却白象王，土地面前来讨珓。此语诸方耳共闻，总解移腔并转调。直饶伎俩现尽时，愈失自家真道要。休将识量立疏亲，肯信灵源无老少。毗婆尸佛早留心，直至如今不得妙。

皮袋子歌并引

幻人枯坐次，有皮袋子者见访，乃曰："人以我具六用之根，于顺逆爱憎起诸倒见，没溺于生死海中，莫之能脱。而我尝返思，三世佛祖咸以我为成无上道之具。今不知果为恶耶？果为善耶？果能圣耶？果能凡耶？"幻人乃歌以答之：

皮袋子伫听幻人歌。目前法界名娑婆，华言堪忍谁奈何。浩浩汤汤摇世波，百千皮袋暗消磨。良由一念不肯瞥，无明爱见相交罗。今日瞋，明日喜，朝荣暮辱何曾已。几回衔铁并负鞍，几度腰金并衣紫。穷也是皮袋，富也是皮袋，等属阴阳相管带。忽然报尽共沉空，梦里何劳生捏怪。人亦是皮袋，兽亦是皮袋，宰割烹炮夸手快，昔相负兮今相偿，自买依前还自卖。娘生皮袋不坚牢，寒暑迭迁成又坏，脆如泡，薄如云，幻如阳焰，轻若游尘，倏忽起灭几万古，积骨如山难比伦。大皮袋，小皮袋，几人嫌，几人爱。嫌者为因贫病攻，爱者多缘身自在。皮袋子，教你知，通身是假，尽世成非。了知名业质，委弃为死尸。四大蚖蛇同处一箧，坏空成住变灭无时。因甚时人不解事，尽情放出贪瞋痴？上天入地巧中巧，暮寝晨兴[1]迷外迷。朝饭饱，午还饥，热摇扇，冷添衣，百计惟思巧护持，偶乖调摄，遍界求医。祷鬼祈神无感应，客杯弓影生蛇疑。男须婚，女还嫁，换面改头呈矫诈。忽然触动利名心，地狱现前都不怕。只算一期图快心，肯信铁围无缝罅。夸文章，说道理，三教胜流谁不尔。一朝学问梦魂消，依旧打归皮袋里。皮袋听余真实说，举心尽属轮回业。不思皮袋本来空，茫茫弄巧翻成拙。莫多知，莫多会，但有施为都拽退。不须礼拜与散花，只此是名真忏悔。不思善，不思恶，两种由来皆妄作。不缘凡，不缘圣，圣凡尽是心王病。不著悟，不著迷，迷悟何曾离有为。不贪生，不畏死，定业从教起还止。皮袋子，空劳劳，披毛带角，要做便做。成佛作祖，道高不高。四圣六凡体元具，十方世界目前包。皮袋无情无喜怒，头头尽是无生路。但于

---

[1] "兴"，底本无，现按《永乐北藏》本补。

见处不留情，法王大宝亲分付。如来获得意生身，皮袋何曾隔一尘。你若区分成两个，笑倒灵山会里人。

警策歌

三界尘劳如海阔，无古无今闹聒聒。尽向自家心念生，一念不生都解脱。既由自己有何难，做佛无劳一指弹。此念即今抛不落，永劫钻头入闹篮。名何名，利何利，一息不来成鬼戏。爱何爱，憎何憎，惹著毫毛是火坑。既无人，还没我，你见空花曾结果？休辨是，莫论非，大梦无根总自迷。生死无常系双足，莫待这回重瞑目。翻身一抹过太虚，展开自己无生国。有何难，有何易，只贵男儿有真志。志真道力自坚强，力强进道如游戏。有何熟，有何生，是路何愁不可行。拌得一条穷性命，刀山剑岭也须登。亦无钝，亦无利，剔起眉毛休瞌睡。不破疑团誓不休，寒暄寝食从教废。亦无闹，亦无闲，静闹闲忙总不干。如一人与万人敌，觌面那容眨眼看。大丈夫，宜自决，莫只随情顺生灭。今日不休何日休，今朝不歇何朝歇。况是丛林正下秋，千门万户冷湫湫。参禅必待寻师友，敢保工夫一世休。师礼自心师，友结自心友，除却自心都莫守。纵饶达摩与释迦，拟亲早是成窠臼。自己丛林到处兴，谁分村墅与州城。脊梁三尺纯钢铸，肯听堂前打板声。行也做，坐也做，尺寸光阴休放过。心存少见失真诚，意涉多缘成怠惰。有般汉，更呆痴，文章今古要兼知，参禅设使无灵验，也解人前动口皮。口皮动得有何好，聪明只是添烦恼。脚跟生死如未休，千里万里沉荒草。穿马腹，入牛胎，涂炭曾经几度来。此生幸作金仙子，莫把绳头易放开。生同生，死同死，万年一念常如是。心空无彼此，蹉口咬破铁蒺藜，杰出丛林也大奇。空拳吓小儿。德山棒，临济喝，尽有神机都泼撒。动手和根拔。心空及第真衲僧，堪传佛祖不传灯。一千七百烂葛藤，不劳顶天谁不能。到此时，尽由我，混众独居无不可。照世光明只这是，立地闻见全包裹。也无禅，也无道，也无解脱并烦恼。团团一颗如意珠，觉知三界明明大脱空，凡圣悟迷何处讨。尽是从前眼自花，然虽到此勿矜夸，法尘见刺摆不脱，举足玄途鲜不差。我语忉忉非眩惑，志在同参相警策。五湖四海抱禅人，若未到家无自画。

即心庵歌并引

云南福、元、通三上人，远逾万里，访余穷山，坐夏未了，欲归故乡，结庵为禅居，以图究明己事。预乞为庵立名，余以即心二字示之，盖大梅常和尚参马祖，闻即心是佛，一住空山，誓不再出。既有志于住庵，当追古风，以继芳躅，庶几吾道之有望也。乃为之歌曰：

庵即心兮心即庵，十方世界无同参。灵山四十九年说，舌头拖地空喃喃。却笑少林言直指，已是白云千万里。未形言处铁浑仑，才挂口门都不是。三个道人归故乡，秋江万里秋风凉。诛茅就树缚间屋，即心二字悬高梁。心不自心安用即，心即即心谁辨的？百亿日月绕四檐，光射银山穿铁壁。一庵内外赤条条，拈来总是心王苗。龟毛束破混沌壳，蒲团压折虚空腰。云南即是西峰顶，两头踏断俱非境。你若无端唤作心，依旧随人认光影。见地不脱还茫然，己眼不透成虚捐。只消竖起生铁脊，不拘岁月勤加鞭。待伊咬得即心破，是佛是魔俱按过。等闲竖起个拳头，住庵活计天然大。

翠岩杭上人省师灵岩

万法无根，那伽非定。擘开生铁枷，跃出琉璃阱。杖头挑起吴中第一峰，脚跟踏断洪崖千尺井。古灵背上血淋漓，良驹岂待摇鞭影。君不见，杭之东，海潮推出玉万丈，雷奔电激翻晴空。不是境，且非禅，才拟议，路八千。男子丈夫活鱍鱍，肯受他家强涂抹。好儿既不使爷钱，草鞋跟底乾坤阔。等闲失脚跨一步，万象森罗连底脱。那时赤手走归来，好把虎须颠倒将。

寄实西堂

金鳌背上珠一颗,烁破淮山青朵朵。百众人前玩弄时,圆机错落飞星火。竭来照我青茅屋,隐显回旋看不足。夜深翻转碧玉盘,直射斗牛光夺目。胸中痛恨山头老,向曾夺我灵蛇宝。无端落在他手中,抛堕深崖瘗荒草。铁蛇入海今其死,抖擞空囊有些子。觌体分明不一同,仿佛依稀颇相似。丛林日午打三更,堂堂祖道皆纵横。何当倾出一栲栳,免使男儿摸壁行。

恭上人

灵山有一机,少林有一语,幻住不覆藏,明明为君举。那一机? 金乌啄破青玻璃。那一语? 玉兔踏翻红马乳。庆云上人知不知,死生大事非儿嬉。猛著精神拌命挼,扫空情解捐阶梯。忽然失手把柄脱,屋头有路如天阔。步兮趋兮露堂堂,进兮退兮活鱍鱍。始知灵山一机状如铁牛,少林一语不在舌头。生擒活捉兮奔雷走电,高挥大抹兮倒岳倾湫。君不见黄龙古洞深无底,山鬼吸干金井水。鞭起泥蛇飞上天,回首白云千万里。

戒上人游江淮

拄杖头边,草鞋跟底,踏倒万迭淮山,穿过千重江水。秋风八九月,白云千万里,髑髅堆里葛藤桩,窣堵波前暗号子。会不会,星明日丽照双眸;知不知,石裂崖崩喧两耳。有佛处不得住,毳袍滴沥松露寒;无佛处急走过,古路岩峣净如洗。己躬下事,总在目前。向上一机,道委不委? 诸方门户尽敲开,究竟何曾离这里。

琪藏主化藏经（燃一指）

破一微尘,出大千经。不拨自转,通身眼睛。明明字与义,山河及大地。历历文与科，万象自森罗。三界扬真旨，古今曾未已。白马胡为来，何其十万里。为怜半偈舍全身，何当灰烬娘生指。谈笑推开大施门，毗卢藏海波涛起。但看烟雾湿溪藤，拂拂香风动屏几。琳琅数百函，纵横千万纸。谓是一大藏，金刚脑后铁三斤；谓非一大藏，碧眼胡僧穿两耳。万迭湖山拥翠云，渺渺湖光净如洗。为君并作经上题，以字不成，八字不是。

寄此道监寺

此道自来无改变，城市山林总成现。上而诸佛下众生，阿那个人曾少欠。远经旷劫至目前，今古何尝隔丝线。声前不解便承当，更为从头歌一遍。灵山密付绝疏亲，少室单传无背面。离陶镕，非煅炼，一法何须分顿渐。若于语默未忘情，经书谩读三千卷。如过驹，等流电，德山屋里贩扬州，临济堂前开饭店。闻无闻，见无见，杨岐倒跨三脚驴，盐官强索犀牛扇。谁言佛法今下衰，此道依前有灵验。满眼满耳非覆藏，自是当人不能荐。缅思张公洞里老杜多，活捉生擒如虎健。死关既掩气犹高，彼此男儿宜自劝。黑漆桶底如未穿，幻影浮光休慕恋。始终不放话头宽，何患工夫弗成片。五蕴身中大脱空，不用弃离并健羡。有何贵，有何贱，鸯掘持刃恶不恶，罗睺沉空善非善。境逢逆顺谩依违，缘遭憎爱无欣厌。古庙香炉，一条白练。胸中寸寸结冰霜，消落圣凡诸妄念。始知万法本空闲，自心未了徒攀援。等闲瞥转目前机，此时方惬平生愿。涅槃谩说安如山，生死从教急如箭。十方世界铁浑仑，触著通身是方便。拔出系驴橛，拈却吹毛剑，打开荆棘林，直入空王殿。若教除却此道时，更唤谁为亲法眷。

送吉上人之江西下高峰和尚遗书

寒岩一夜风雷恶，狮子迸断黄金索。骅骝万里追不回，声沉宇宙空山岳。君今去去持此音，十八滩头探麟角。君不见马师一口吸西江，波腾浪沸烟茫茫。又不见集云峰下四藤条，雨洗风磨恨未消。生耶死耶俱不道，铁壁银山齐靠倒。有问禅，血染溪花春正妍；有问道，两岸夕阳对芳草。千差万别任纵横，瞥转一机何处讨。玄沙白纸脱或举似时，更须莫谤西峰好。

别绝际

伊余十载交，情怀若冰檗。一处最亲，千机莫测。烧尾红鳞跃九洲，铁脊金毛走深泽。神驹十影谩追风，眨得眼来天地隔。君不见，长沙岑大虫，訇訇一啸爪牙直，凛凛崖谷生阴风。又不见，沩山水牯牛，山北山南水草足，掣断鼻绳谁敢收。我亦非牛子非虎，休将尔汝论今古。明朝拄杖各西东，男儿岂肯埋尘土。何[1]当横担片板，抹过那边更那边。拈一毫头吞四海，吸百川，兴云致雨生风烟。始知造化只此是，庆快何止三十年。

开炉日示祖上人

祖道迢迢，祖风寥寥。祖师心印七花八裂，祖翁活计瓦解冰消。林下相逢祖禅者，为言祖意何萧条。尚有祖关崛起千七百丈高，何当一捘百杂碎，从他大地空牢牢。风雨闭门十月朝，死灰拨尽，相向无聊。祖堂气焰不炙手，祖庭积雪空齐腰。争如自斫一把青槲柮，静对祖灯深夜烧。

坐禅箴并序

夫非禅不坐，非坐不禅。惟禅惟坐，而坐而禅。禅即坐之异名，坐乃禅之别称。盖一念不动为坐，万法归源为禅。或云戒定是坐义，智慧即禅义，非情妄之可诠，岂动静之能间？故知不离四威仪而不即四威仪也。乃为作箴，箴曰：

参禅贵要明死生，死生不了徒营营。至理不存元字脚，有何所说为箴

---

[1] "何"，底本无，现按《永乐北藏》本补。

铭。或谓参禅须打坐,孤硬脊梁如铁作。如一人与万人敌,散乱昏沉休放过。或谓参禅不须坐,动静何曾有两个。杨岐十载打尘劳,险绝祖关俱透过。坐而不坐心外驰,摩裤擦裤空劳疲,钉桩摇橹消白日,心空及第知何时。不坐而坐志还切,寸怀鲠鲠难教撇,说到无常与死生,眼中不觉流鲜血。如是坐,如是禅,不劳直指与单传。宽著肚皮只么守,谁管人间三十年。如是禅,如是坐,蒲团七个从教破。拍盲志气无转移,肯把身心沉懒惰?禅即是坐坐即禅,是一是二俱弃捐。话头一个把教定,休将识凿并情穿。坐禅只要坐得心念死,今日明朝只如此。若是真诚大丈夫,一踏直教亲到底。坐禅不怕坐得多,百岁光阴一刹那。老爷吃乳如大海,为要扫空生死魔。坐禅岂可为容易,莫把聪明遮智慧。千七百则烂葛藤,何用将心求解会。坐到坐忘禅亦空,吐词凌灭少林宗。只个浑身也拁却,未待口开心已通。有志坐禅须与么,若不如斯成懵懂。更挵性命也嫌迟,大事因缘非小可。拟将此作坐禅箴,不特自欺还谤我。

天目中峰和尚广录卷第二十七之上

天目中峰和尚广录卷第二十七之下

参学门人北庭臣僧慈寂上进

偈颂

送断崖禅师游五台

五台山在天之北，狮子吼处乾坤窄。我兄曾解狮子铃，拟向山中探幽颐。文殊老人双眼黑，一万菩萨满坐莓苔石，只凭倒卓铁蒺藜，一齐趁入无生国。诸子去时谁继踵，尽将五台摄入草鞋双耳孔。虚空满贮赤玻璨，笑看秘魔岩石动。归来说与傍人知，德山临济皆儿嬉。今生元无佛与祖，就手拗折乌藤枝。坐断高高峰顶那一著，银山铁壁人难窥。翻思少林九载面空壁，千古万古知谁知。信手拈起一茎草，总是金毛狮子威。

扣皖山隐者

野人原上十五里，寒崖白日啼山鬼。万峰重迭路回旋，半间箬屋青松底。老僧和锸入烟霞，满林摇落朱藤花。烧田种寒粟，劚地栽胡麻。云根拨笋，涧底寻茶。粪火深埋魁芋种，砂瓶烂煮黄菁芽。人谓隐者闲不足，何故山翁事驱逐。山翁笑指溪上桃、庭前竹，春风几度更新绿。香严不作灵云死，徒有是非喧两耳。争似侬家百不知，从教少室分皮髓。

送俦都寺监收

世上共言人种田，不知却是田种人。但见乌头看田水，俄然白骨埋黄尘。转眸又作乌头子，依旧重来看田水。田水洋洋似笑人，入死出生元是你。农夫见说心欲折，归来翻转犁头铁。不耕田水耕虚空，不种青苗种明月。虚空可耕，明月可种，先以智拔，后以定动。白牛露地生拽回，即此用兮离此用。大千撮来一粒粟，钵饭搏归香积国。灵山问讯老瞿昙，福慧由来二俱足。有问禅，两堤杨柳含青烟；有问道，一片斜阳卧芳草。江头衮衮摇世波，古岸移舟宜自保。

送灯副寺监收

松江江上庄中底，万廪千仓且非米。檀翁一片铁石心，岁去年来磨不已。粒粒尽是金刚圈，粒粒尽是铁弹子。出生胜妙性功德，转入恒沙福无比。莫教抛散一粒在路傍，莫教误入一粒归自己。勿欺一粒如此微，尘沙法界从兹起。焦唇焰口鬼亦嫌，轮回业果无终始。拨开罪福异路行，一点真灯光万里。照开莲花峰顶选佛场，伐鼓考钟宣要旨。归来重把簿书看，妙用神通只此是。

秋夜述古

蛩声唧唧，雁声呖呖。病叶落空阶，清籁鸣空隙。客来叩我白云房，三绕禅床振金锡。玄音落落不覆藏，更加一语成狼藉。拟来此处寻声迹，万里秋风有何极。丈夫何事不肯休，直欲参天起荆棘。九载少林穷的的，一宿曹溪浮逼逼。偃溪流水香严击，切忌随他那边觅。良由眼听与心闻，疾焰过风俱莫及。威音那畔空劫前，底事何曾异今日。幻住道人都不识，柴扉昼掩千山碧。寒莎叶底露沉沉，烟外数声牛背笛。客既无言我亦休，横眠一觉青茅席。梦里忽闻萧骚浙沥何处生？觉来元是山雨四檐声滴滴。

留别冯居士

片片秋云飞，瑟瑟秋风吹。团团秋月白，英英秋露垂。道人挑起七斤山衲衣，回首万里外，复觅青山归。倚松卧石，饮溪饭藜。眼空佛祖口挂壁，从教四海相追随。珍重长安市上长者子，莫教贪著五欲乐，住火宅，如儿嬉。大白牛车在门外，转身便可纵横推。莫教推不动，堕在途辙中。我有铁鞭悬屋角，不劳摇影行如风。君如要见我鞭影，大江日夜流天东。

赠镜堂、一洲二座主

镜堂之镜不照象，草木云烟自消长。一洲之洲不容物，清波浸烂虚空骨。夏前握手登西峰，江湖尽谓来更定。天台少林共一舌，禅关教网俱相通。有问教，古镜堂前风浩浩；有问禅，一洲风静波影圆。生死轮回机不破，教禅总是心王祸。道人论实不论虚，肯为世间闻见堕？西风两袖下嵯峨，七尺乌藤拂薜萝。长安市上眼前事，不啻周身毛孔多。阿呵呵，与么，与么，一外不知洲际远，堂前无奈镜光何。

送闻上人归南山

己躬下事作么参？木人笑倚青萝龛。己躬下事如何委？瞬目白云千万里。上人念念扣己躬，去年横锡来西峰。眉毛厮结住一载，己躬下事深如海。秋风吹动碧海门，己躬下事俱休论。娑婆世界浮沤几出没，银山铁壁元无根。灵山密付，少室单传，不立文字，已堕言诠。己躬下事俱不然，当机非道尤非禅。一尘覆却四大海，一步跨阔三禅天。南山突兀几千仞，青松翠竹摩苍烟。极目无非旧途辙，己躬下事瞥不瞥？脚未跨门先转身，重来共看中秋月。

船居述怀

道人行处无途辙，买得船儿小如叶，终朝缩颈坐蓬窗，闻见觉知俱泯绝。往来解缆横大江，逆风冲波千堆雪。或行或住人莫猜，两岸中流靡经涉。也无桡可擎，也无棹可举，更打船舷俱不许。古帆未挂天地空，森罗万象忘宾主。或随顺水下前滩，西天此土无遮拦。古今千万个佛祖，出没沤花谁共看。我船有时撑不动，藏在蟭螟眼睛孔。我船有时挽不回，五须弥顶波涛涌。我船不载空，百千奇货皆含容。我船不载有，毛发更教谁纳受。说有说无谁辨的，问著篙工都不识。但见海东红日晒弯梁，柳西斜月穿芦席。有时四面云雨收，波光万里沉虚碧。当处不知我是船，亦复不知船是我。勿将空有论疏亲，船与非船无不可。归去来，是甚么？推开烟浪望云头，突出好山青朵朵。

火记并引

皇庆壬子冬，舣舟于涟海洪福院侧，剪茭芦，缚屋丈许以居。越五日工毕，道者煨秕糠以干壁土，至后夜，丙丁童子逸出檐外而火之，实十月二十七夜四鼓也。因思先师居龙须山时亦有此事，故书偈以记之。

新缚茅屋壁未干，头陀不耐冰霜寒，盛把十斛真珠壳，床头午夜俱煨残。舞马潜踪穿屋角，雾卷茭芦鸣曝曝。河神禁水冻不开，星焰腾辉射寥廓。头陀跳出虚空外，摸著虚空无向背。须臾对月扫寒灰，发明幻住真三昧。缅想龙须炙壁时，造物端若重吾欺。雪磴九年生铁脊，于斯宁敢忘先师？又忆当年老婆子，纵火偷心元不死。惊回枯木倚寒岩，是非涉入儿童耳。我生五十未曾亲见火烧屋，但闻水底火发烧破无生国。虚空拨出死柴头，手搓十丈龟毛束。幻法由来无断续，尺地不妨重卜筑。一把茭芦又缚成，涟海依前青溢目。

天目中峰和尚广录卷第二十八

参学门人北庭臣僧慈寂上进

偈 颂

幽居闻市声

鳞鳞万瓦下，	盖覆物与人。
五更几梦觉，	眼底秋复春。
侧耳白云岩，	闹市喧埃尘。
二毛转鬓脚，	白日迷天真。
疾驰生死岸，	独立人我滨。
少壮习轻肥，	老大成贪瞋。
英雄与才智，	纷纷复纭纭。
浮光自苦乐，	幻影徒冤亲。
一念不返照，	万劫归沉沦。
良哉美丈夫，	好景休因循。
混沌凿七窍，	开合俱漓淳。
肉团裹枯骨，	枯骨藏灵津。
灵津忽散灭，	太虚包一身。
太虚亦妄见，	转复诸苦轮。
瞠目视乾坤，	云胡而不仁？

乾坤不加对，　万象俱横陈。
输与寒山子，　时时笑眼新。

即事十首

一刻复一刻，　每日数盈百，
过去等河沙，　未来积尘墨。
忽忽若跳丸，　遄遄如转息，
当处绝踪由，　瞬目天地隔。

一时复一时，　非速亦非迟，
历涉几千载，　循环十二支。
金鸡催晓箭，　铁马报春旗，
谂老云能使，　真成戏小儿。

一日复一日，　金乌无路出，
团团三界圈，　密密两仪窟。
诸佛不露影，　众生是何物？
更拟觅玄门，　苦哉咄咄咄。

一旬复一旬，　那事逐时新，
图写虚空相，　雕装混沌身。
祖庭深白雪，　佛海翳黄尘，
一句无生话，　谁将污口唇？

一月复一月，　那个知时节，
走杀老兔精，　埋深系驴橛。
再闰十三圆，　小尽廿九缺，

少室不传机，　　浑仑都漏泄。

一年复一年，　　谈笑岁华迁，
梦里转作梦，　　廛中更入廛。
迷时犹海隔，　　悟处正天悬，
眼底无行路，　　才方好著鞭。

一纪复一纪，　　流光如逝水，
佛国徒有名，　　人海元无底。
一息忽平沉，　　万死从头起，
当处不回眸，　　祖庭空侧耳。

一世复一世，　　三际无碑记，
过去不可追，　　未来信相继。
十方不二门，　　万法真三昧，
彼此皆丈夫，　　缘何犹不会。

一生复一生，　　把手共谁行？
耕破识田识，　　沥干情海情。
色色犹非色，　　声声岂是声？
自从闻见绝，　　触处是无明。

一劫复一劫，　　那知几生灭？
髑髅钻得空，　　皮袋打不彻。
生死有异方，　　涅槃无秘诀，
火急要相应，　　一尘元不隔。

示行堂

至道常湛然，　万古绝成坏。
良由妄想生，　轮回三有界。
旷劫至今朝，　展转偿宿债。
超越在精勤，　沉沦由懈怠。
操履贵平常，　言行休捏怪。
去除杂语言，　扫荡闲知解。
一个死话头，　悟来方庆快。
挑包打十方，　有利而有害。
大事不思惟，　前程何所赖。
殷勤报汝知，　古人曾有诫，
自在不成人，　成人不自在。
莫随眼底贪瞋痴，　换却如今好皮袋。

教禅律总颂四首

听教欲奚为，　思同佛祖齐，
机前空境观，　句外脱筌罤。
见不离文字，　心常滞水泥，
纵饶花雨坠，　还是法中迷。

参禅须致悟，　不悟总虚捐，
启口循知解，　存心著妙玄。
五宗云蔽月，　二派管窥天，
更觅西来旨，　何时得正传？

制律缘何事，　单防毁犯心，

念空真羯磨，　　情尽正持任，
作止冰侵骨，　　依违雪满襟，
遮那曾未委，　　羁绊去来今。

生死依情妄，　　轮回事可嗟，
鼎分元有据，　　壁立更无差，
修学水中月，　　讲明空里花，
当机如未瞥，　　三者谩喧哗。

次鲁庵怀净土十首并序

　　永明和尚以禅与净土拣为四句，谓"有禅有净土，无禅无净土，有禅无净土，无禅有净土"，特辞而辨之，乃多于净土也，致业单传者不能无惑焉。或谓："禅即净土，净土即禅。离禅外安有净土可归？离净土岂有禅门可入？审如前说，则似以一法岐而为二矣。"不然，教中有于一乘道分别说三，永明之意在焉。鲁庵和尚宗禅之师也，效古作怀净土章句，辞达而意明，语新而思远，使人读之，曾不加寸念，咸置身于纯白莲花之域，岂尚异耶？盖变体说禅，亦善巧方便之略耳。本素昧禅学，尤疏净行，披味至再，不觉于一毫端戏成偈，以赘韵脚云。

惟禅惟净土，　　非下亦非高，
谩尔章群品，　　何曾间一毫。
妄情终自瞥，　　悲愿肯辞劳？
谁信泥犁底，　　常光杂俊髦。

十万亿何迁，　　回光即有余，
惟心标一实，　　自性夺十虚。
易简超群作，　　高闲越太初，

古今玄达者，　　谁不叹猗欤。

纯白莲花土，　　高贤每共论，
有心皆是佛，　　无地不名坤。
截断轮回路，　　掀翻解脱门，
眼声并耳色，　　逆顺总承恩。

千圣体无差，　　弥陀即释迦，
拟心犹捕影，　　动念若蒸沙。
刹刹宝丝网，　　尘尘车轴花，
那知孤露客，　　具此大荣华。

慈亲兴法利，　　似贾复如商，
帆截贪痴海，　　花吹戒定香。
信心人易入，　　垂手愿难忘，
嘉号方存念，　　音书已到乡。

饭食经行外，　　观光倚玉楼，
风微天乐奏，　　波静水禽游。
宝网珠常晓，　　瑶阶树不秋，
一从心地印，　　随处绝驰求。

稽首黄金父，　　眉间玉焰横。
昔年曾去国，　　今日幸闻名。
众宝天常雨，　　纤尘地不生。
大慈无界限，　　那肯禁人行。

万德芬陀利，　　人间现一枝，

祥光分处处，　　灵焰发时时。
月满水精网，　　蒨香云母池，
笑逢诸胜友，　　谓我到何迟。

故家名极乐，　　清净凛冰霜，
直捷超三观，　　褒扬赞六方。
觉花含古色，　　灵草照春阳，
楼阁云天外，　　双双彩凤翔。

矿额望慈亲，　　相违几度春，
顿忘三际业，　　徒剩一闲身。
失路难逃妄，　　还家岂是真，
西天并此土，　　元不间纤尘。

阅《林间录》有感

林间编此录，　　深夜剔残灯。
慧命微如线，　　人心冷似冰。
祖庭空积雪，　　古路不逢僧。
追跂前贤辙，　　思归一念增。

礼四祖真身塔

九拜晓龛前，　　追思独惨然，
真身无日坏，　　此道有谁传？
古岸横秋水，　　空山起暮烟，
几多西祖意，　　寂寞在江边。

天目中峰和尚广录卷第二十八

天目中峰和尚广录卷第二十九

参学门人北庭臣僧慈寂上进

偈颂

寄同参十首

本来成佛非他得，不信分明是自欺。
一个主人翁既失，万生皮袋子难医。
升沉相续蚁旋磨，憎爱交缠象溺泥。
未肯悬崖亲撒手，不知辛苦待何时。

自从昔日昧天真，掘个无明窖转深。
因业受身身造业，由心起境境生心。
轮回动是经尘劫，修证何曾惜寸阴。
生铁秤锤牢把手，莫教东海又平沉。

修行须是用心真，心若真时道易亲。
迷悟二途端在我，是非两字莫随人。
黄金猛与铸肩脊，白醭常教生口唇。
漆桶蓦然箍自脱，心花开发少林春。

法界何曾间自他，见闻知觉眼中花。
众生心佛三无别，烦恼菩提两不差。
吓你老爷临济喝，惑他儿女秘魔叉。
低头更拟求玄解，十万程途未是赊。

即心是佛佛惟心，三际同时绝古今。
将伫思间驹过隙，拟承当处鼠偷金。
拍盲快向声前领，脱略难于句下寻。
早不立成男子志，驴年方会芥投针。

今古奔趋几象龙，禅禅禅直是心空。
二宗得旨非南北，五派归根绝异同。
得马还牛闲口鼓，锻凡镕圣假神通。
苟非真实超玄者，端的难教振祖风。

即心是佛大家知，涉境难教绝顺违。
既悟且言无戒律，不迷安得有贪痴？
闭门说路语何直，出户亲行步却迟。
故国苟非真到者，万般施设总非宜。

如来禅与祖师禅，一手犹分掌与拳。
既得髓时忘直指，已拈花处丧单传。
乌焉成马今皆是，黄叶为金古亦然。
未具照空生死眼，争教仰不愧龙天。

相逢尽说做工夫，谓做工夫何所图？
不是坐忘消白昼，岂应高卧守清虚？
多生憎爱情难遣，积劫轮回业未除。

不做一回亲斩断，空将名字挂江湖。

十方聚会号同参，半入丛林半住庵。
大法不明宜自遣，灵源未透欲谁甘？
识田塞断泥犁阱，心地熏开优钵昙。
今日伊余容易别，牛头自北马头南。

示玄鉴讲主二首 并引

云南鉴讲主知有教外别传之旨，越一万八千里而来西浙，自相见至相别，恰三载。一日寻我客中，夜话湖山间，因举宗门下数段陈烂葛藤，不觉咬断拇指。临别忽忽，不欲征其罪犯，且放过一著。异日抵匡庐而之故乡，却不得出露丑恶，被人叫骂而累及我也。就以二偈赠之：

狂心未歇为禅忙，万八千程过远方。
丧尽目前三顿棒，挥开脑后一寻光。
陈年故纸浑无用，今日新条亦顿忘。
见说云南田地好，异时归去坐绳床。

衲僧用处绝罗笼，捺著浑身是脱空。
辗破一尘如有旨，拨开万象觅无踪。
德山焚疏情先死，良遂敲门路已穷。
积劫尘劳忽吹尽，黑龙潭下五更风。

雁荡除夜

茅屋三间冷似冰，灰头土面十余僧。
扫除自己闲枝叶，不打诸方烂葛藤。

就手揭开新岁历，和光吹灭旧年灯。
顶门别具摩醯眼，越死超生似不曾。

梦幻泡影总颂五首

梦中作梦日悠悠，究竟何尝有断头。
槐国既无分昼夜，漆园那复论春秋。
半窗月吐三更影，一枕风含万古愁。
不识有谁曾独醒，揭开宇宙纵双眸。

幻本非生非不生，实无而有正纵横。
纤尘靡积乾城耸，涓滴那容焰水倾。
火宅长年机未息，雪山午夜道初成。
谩将凡圣闲分别，把手同归一路行。

泡因雨点激平川，脱出规模颗颗圆。
倏有忽无彰起灭，随成即破示抽添。
山河密裹虚玄壳，法界深藏空寂圈。
却笑几多儿女戏，重重扑碎又依然。

影子从来不离身，惟于光外独分真。
日中疾走诚难避，水底深探岂易亲。
三界升沉踪已旧，四时迁谢迹方新。
古今多少英灵者，曾不遭迷有几人。

三界何人得暂离，六如处处未相违。
捕风吹网人皆笑，逐色随声自不迟。
迷所以迷知几劫，堕之又堕更多时。

不能弹指超无学，拟剔眉毛已是迟。

赠营寿藏

屭断云根辟古基，粉墙低护石楼危。
既知身后有终日，肯信目前无了时。
夜雨一窗蚕课茧，春风千里燕衔泥。
到头共熟黄粱梦，哭送斜阳欲恨谁。

次韵答盛秀才

风月何缘事苦吟，拟将英誉压鸡林。
几回立尽三更月，一字搜空万劫心。
梦里忽惊霜入鬓，梅边不觉泪沾襟。
可怜半世聪明种，甘为浮词又陆沉。

送禅者归乡二首

直下本来无一事，谓言无事早相欺，
轮回不翅三千劫，履践何拘十二时。
竹笕引泉声滴滴，松窗来月影迟迟，
市朝见说黄金贵，谁买青山种紫芝。

湖海俄经三十年，无端一念忆生缘，
梦中复做还乡梦，禅外重参逆旅禅。
踏碎暮云投古寺，冲开积雪望炊烟，
狂心未向机前歇，溢目家山转弃捐。

船居十首（己酉舟中作）

世情何事日羁縻，做个船居任所之。
岂是畸孤人共弃，都缘疏拙分相宜。
漏篷不碍当空挂，短棹何妨近岸移。
佛法也知无用处，从教日炙与风吹。

水光沉碧驾船时，疑是登天不用梯。
鱼影暗随篷影动，雁声遥与橹声齐。
几回待月停梅北，或只和烟系柳西。
万里任教湖海阔，放行收住不曾迷。

人在船中船在水，水无不在放船行。
蒲塘狭处抛篙直，荻岸深时打棹横。
千里溪山随指顾，一川风月任逢迎。
普通年外乘芦者，未必曾知有此情。

大厦何知几百间，争如一个小船闲。
随情系缆招明月，取性推篷看远山。
四海即家容幻质，五湖为镜照衰颜。
相逢顺逆皆方便，谁暇深开佛祖关。

家在船中船是家，船中何物是生涯。
樯栽兔角非干木，缆系龟毛不用麻。
水上浮沤盛万斛，室中虚白载千车。
山云溪月常围绕，活计天成岂自夸。

一瓶一钵寓轻舟，溪北溪南自去留。
几逐断云藏野壑，或因明月过沧洲。
世波汩汩难同辙，人海滔滔孰共流。
日暮水天同一色，且将移泊古滩头。

散宅浮家绝所营，闲将行色戏论评。
烟蓑带雨和船重，云衲冲寒似纸轻。
帆饱固知风有力，舵宽方觉水无情。
头陀不惯操舟术，几失娘生两眼睛。

为问船居有底凭，浑无世用一慵僧。
抛纶掷钓非吾事，舞棹呈桡岂我能。
转舵触翻千丈雪，放篙撑破一壶冰。
从教缆在枯桩上，恣与虚空打葛藤。

懒将前后论三三，端的船居胜住庵。
为不定方真丈室，是无住相活伽蓝。
烟村水国开晨供，月浦花汀放放参。
有客扣舷来问道，头陀不用口喃喃。

船无心似我无心，我与船交绝古今。
汇未发时先掌舵，岸亲到处不司针。
主张风月篷三叶，弹压江湖橹一寻。
衮衮禅河游殆遍，话头从此落丛林。

山居十首（六安山中作）

胸中何爱复何憎，自愧人前百不能。

旋拾断云修破衲，高攀危磴阁枯藤。
千峰环绕半间屋，万境空闲一个僧。
除此现成公案外，且无佛法继传灯。

三尺茅檐耸翠岑，去城七十里崎嵚。
谁同趣入忘宾主，我自住来空古今。
雪涧有声泉眼活，雨崖无路藓痕深。
为言海上参玄者，庵主痴顽勿访寻。

行脚年来路转多，争如缚屋住岩阿。
有禅可悟投尘网，无法堪传逐世波。
偷果黄猿摇绿树，衔花白鹿卧青莎。
道人唤作山中境，已堕清虚物外魔。

触处逢山便做家，只缘甘分老烟霞。
卢都唇嘴生青醭，磊苴形骸上白花。
四壁光吞蓬户月，一瓶香熟地炉茶。
苟非意外相知者，徒把空拳竖向他。

数朵奇峰列画屏，参差泉石畅幽情。
青茅旋䪞尖头屋，黄叶频煨折脚铛。
云合暮山千种态，鸟啼春树百般声。
世间出世闲消息，不用安排总现成。

一住空山便厮当，两忘喧寂与闲忙。
但闻白日销金鼎，不见青苔烂石床。
印破虚空千丈月，洗清天地一林霜。
客来不用频饶舌，此事明明绝覆藏。

闲云终日闭柴扉，海上同参到者稀。
白发不因栽后出，青山何待买方归。
拽帘谂老投深阱，薙发曾郎堕险机。
要觅住庵人住处，拟心难免涉离微。

见山浑不厌居山，就树诛茅缚半间。
对竹忽惊禅影瘦，倚松殊觉老心闲。
束腰懒用三条篾，扣己谁参一字关。
幸有埋尘砖子在，待磨成镜照空颜。

头陀真趣在山林，世上谁人识此心。
火宿篆盘烟寂寂，云开窗槛月沉沉。
崖悬有轴长生画，瀑响无弦太古琴。
不假修治常具足，未知归者谩追寻。

千岩万壑冷相看，不用安心心自安。
识马乍教离欲厩，情猿难使去玄坛。
竹烟透屋蒲龛密，松露沉空毳衲寒。
此意山居人未委，未居山者更无端。

水居十首（东海州作）

道人孤寂任栖迟，迹寄湖村白水西。
四壁烟昏茅屋窄，一天霜重板桥低。
惊涛拍岸明生灭，止水涵空示悟迷。
万象平沉心自照，波光常与月轮齐。

水边活计最天然，物外相忘事事便。
门柳每招黄蝶舞，岸莎常衬白鸥眠。
雨蒸荷叶香浮屋，风搅芦花雪满船。
不动舌根谈实相，客来何必竖空拳。

缚个茅庵际水涯，现成景致一何奢。
野塘水合鱼丛密，远浦风高雁阵斜。
道在目前安用觅，法非心外不须夸。
一声铁笛沧浪里，烟树依依接暮霞。

年晚那能与世期，水云深处分相宜。
茭蒲绕屋供晨爨，菱蔚堆盘代午炊。
老岸欲隳添野葑，废塘将种补新泥。
无心道者何多事，也要消闲十二时。

沤花深处寄幽栖，闻见天真分外奇。
一枕香吹红菡萏，四檐光浸碧琉璃。
绕围云水盈千众，烂嚼虚空遣二时。
幻住丛林无间歇，苟非同道欲谁知。

云漫漫又水漫漫，新缚茅龛眼界宽。
尽有池塘堪著月，且无田地可输官。
四时风味人谁得，万顷烟波我自观。
却恐客来为境会，闭门收在一毫端。

住个茅庵远市尘，东西南北水为邻。
风休独露大圆镜，雪霁全彰净法身。
波底月明天不夜，炉中烟透室常春。

闲将法界图观看，心眼空来有几人。

水中图画发天藏，不到无心孰可当。
雪谷春深沉玉髓，冰壶夜永泛银浆。
洞然圆湛融三际，廓尔净明空八荒。
缚屋且依如是住，难将消息寄诸方。

水国庵居最寂寥，世途何事苦相招。
去村十里无行路，隔岸三家有断桥。
数点鸦声迎暮雨，一行鱼影涨春潮。
陈年佛法从教烂，岂是头陀懒折腰。

极目弥漫水一方，水为国土水为乡。
水中缚屋水围绕，水外寻踪水覆藏。
水似禅心涵镜像，水如道眼印天光。
水居一种真三昧，只许水居人厮当。

廛居十首（汴梁作）

古称大隐为居廛，柳陌华衢间管弦。
毕竟色前无别法，良由声外有单传。
锦街破晓鸣金镫，绣巷迎春拥翠钿。
觌面是谁能委悉，茫茫随逐正堪怜。

绿水青山入眼尘，心空何物可相亲。
既无世务堪随俗，却有廛居最逼真。
月印前街连后巷，茶呼东舍与西邻。
客来不用论宾主，篆缕横斜满屋春。

足迹无端遍海涯，现成山水不堪夸。
市廛既可藏吾锡，城郭何妨著我家。
四壁虚明连栋月，数株红白过墙花。
见闻不假存方便，只么随缘遣岁华。

山居何似我廛居，对境无心体自如。
手版趣倾楼上酒，腰铃急送铺前书。
沉沉大梦方纯熟，扰扰虚名未破除。
白日无营贫道者，草深门外懒薅锄。

起灭循环事若何，万般妆点苦娑婆。
荣膺廊庙三更梦，寿满期颐一刹那。
玩月楼高门巷永，卖花声密市桥多。
头陀自得居廛趣，每笑前人隐薜萝。

廛市安居尽自由，百般成现绝驰求。
绿菘紫芥拦街卖，白米青柴倚户收。
十二时中生计足，数千年外道缘周。
苟于心外存诸见，敢保驴年会合头。

山根水际我尝谙，特地移居逼闹篮。
人影纷纭方杂沓，市声撩乱正沉酣。
千楼灯火为标准，万井笙歌作指南。
却喜头陀忘管带，无边法界是同参。

山居却似苦无缘，既不居山学隐廛。
新缚蒲团侵市色，旋移禅板近人烟。
庭花日暖藏春鸟，檐树风高噪晚蝉。

一钵普通年外雪，与谁同共润心田。

塵居不费买山钱，溢目风光意自便。
逐日骅骝蹄踏踏，弄晴蝴蝶翅翩翩。
见忘境不须频遣，执谢心常合本然。
如是住来知几劫，难将消息与人传。

市塵卜筑道何亲，物物头头契本真。
微有得心魔所摄，拟存住念鬼为邻。
招提禁夜钟声近，间巷催年鼓吹频。
三世如来诸法相，一回新又一回新。

次韵沈王题真际亭

高亭结构标真际，体共云林一样闲。
山势倚天忘突兀，水声投涧自潺湲。
伽陀迥出言词外，海印高悬宇宙间。
仁看凭栏人独醒，又添公案入禅关。

双髻峰有怀（高峰和尚初创庵于此）

双髻云深古道危，不来夜半扣柴扉。
六年底事成遗恨，寂寞空山啼子规。

题佛母堂

热铁洋铜地狱坑，祸胎今日又重生。
黄梅山下人无数，谁解门前掉臂行。

雪窦送友

子规啼血染山花，拄杖头边兴转赊。
眼底迢迢皆客路，草鞋今夜脱谁家。

赠桃溪法华经会

一会灵山曾见不，声前句后莫轻酬。
碧桃溪上三更月，龙女明珠夜不收。

赠铁山道人礼补陀

脚跟下铁山万仞，眼睛头白浪千寻。
不于这里承当去，更要重参观世音。

送澄上人之江西

大江西去水无垠，澄不清兮搅不浑。
一吸直教干到底，莫将涓滴上人门。

题庐山佛手岩

清净身中金色臂，匡庐迭迭晓云开。
为人只手无伸处，且听劳生空望崖。

丐者堂失火就死者数人

乞儿男女苦相煎，拶得无明火现前。

一夜浑家都丧却，死枯髅上不生烟。

题十六尊者揭厉图

十六高人去就轻，天台南岳任纵横。
不知著甚么死急，个个拖泥带水行。

次韵酬李仲思宰相四首

晴云万迭裹群山，崖瀑千寻落树间。
定里惊传玉[1]驾至，只应来夺老僧闲。

归鞭未举且婆娑，平地须知险处多。
休把世间名字相，累他岩穴病[2]头陀。

物我迁流兴未疲，正图夸胜与称奇。
逝多林里真慈父，也把空拳吓小儿。

机里藏机复见机，秋霜点点透征衣。
话残夜壑三更月，又约天云拥毳归。

晦室

千灯不照六窗寒，光影俱忘始解看。
三万二千人去后，至今门户黑漫漫。

---

[1] "玉"，底本作"王"，误，现按《禅宗杂毒海》卷三校订。
[2] "病"，《禅宗杂毒海》卷三作"老"。

逆流

出源便遇打头风，不与寻常逝水同。
浩浩狂澜翻到底，更无涓滴肯朝东。

藏山

等闲掇转太虚空，百亿须弥不露踪。
尽大地人寻不见，是谁收在一尘中。

送空藏主礼高峰和尚塔

三尺毒蛇潜古洞，一堆白骨锁寒云。
石楼夜半关犹启，只待衔冤负屈人。

赠鄱阳裁衣李生

番水一条生白线，庐山半幅旧青罗。
李生提我袈裟角，补得浑仑不欠多。

客中闻讣

讣音遗我客床头，话到轮回鬼亦愁。
肉眼未空今古梦，满天霜月晒枯髅。

太古

七日庄周才凿破，百千诸佛未投胎。

衲僧一个闲名字，端的亲从那畔来。

次韵酬冯海粟待制四首

无言童子拂香台，报道长沙学士来。
烂煮橘皮砂罐冷，几年生意喜潜回。

雄谈博辩振玄音，莫把黄铜唤作金。
脱略语言文字外，方知佛祖只传心。

西天目顶望钱塘，佛与众生共一航。
六月火云飞白雪，是谁触热是谁凉。

瓦炉烧尽柏根香，笔债何须苦用偿。
幸有顿空文字在，披衣终日坐茅堂。

别友十首

色空明暗遮双眼，地水火风周一身。
八万四千闲妄想，江南江北几多人。

世有百千闲日月，人无一点好身心。
知他为甚么边事，添得茫茫业海深。

一死由来对一生，了知迷悟不多争。
如何满地栽荆棘，白日青天没路行。

千里路行千里马，一重山隐一重人。

都缘昧却从来底，日夜纷纷辊六尘。
佛与众生共一家，了知法性等无差。
何缘白日随他去，特地新栽眼上花。

世间只是许多事，更要如之与若何。
尽大地人刚不省，前娑婆又后娑婆。

乌兔两丸虚跳踯，象龙千里谩追寻。
谁知优钵昙花种，当处出生无古今。

十方世界铁浑仑，顺逆横开不二门。
更向是非中荐取，何妨无佛处称尊。

憎爱是非情易瞥，山河大地迹难收。
故乡人寄并州剪，拈起虚空也断头。

十虚圆裹一片天，这里何曾异那边。
勿谓去来无管带，道人行处合如然。

天目中峰和尚广录卷第二十九

天目中峰和尚广录卷第三十

参学门人北庭臣僧慈寂上进

偈颂

拟古德十可行

宴坐

竟日巍然万虑忘，脊梁节节是纯钢，
待教七个蒲团破，却与空生较短长。

入室

莫邪横按碧油幢，叱咤神威孰敢当，
若是定乾坤好手，到来那肯犯锋铓。

普请

我扣华鲸汝便来，区区运水及搬柴，
为怜逐队随群者，伸手从人觅草鞋。

粥饭

两度烦他展钵盂，舌头谁不辨精粗，
醍醐毒药浑休问，粒米还曾咬著无？

洗衣

通身脱下笑抬眸，一片云霞浸碧流，
久雨不晴难晒眼，从教张在屋檐头。

扫地

荡尽从前垃圾堆，依然满地是尘埃，
等闲和柄都抛却，五叶昙花帚上开。

经行

当胸叉手去还来，多少阇黎踏破鞋，
金地绕旋知几币，老僧一步不曾抬。

讽经

萨怛他了悉度提，浩浩潮音播口皮，
清磬一声齐侧耳，子规啼血染花枝。

礼拜

紫金足下宝花坛，多少人来展布单，

既自倒时还自起，不知谁觉脑门寒。

道话

团团相聚火炉头，商略沩山水牯牛，
一语忽投人拍手，满天霜月下西楼。

示妙上人五首

掀转面门爷不识，睜开眼孔佛难亲，
一条性命先拌却，要做心空及第人。

参禅浑似咬生铁，齿破唇枯未肯休，
力尽忽然和口破，舌头拖地始风流。

三条椽下睡魔窟，七尺单前散乱坑，
笑倒憍陈如上座，驴年将会快平生。

工夫切勿堕空闲，念念拌身透祖关，
一刹那间成断灭，依前铁壁又银山。

上人忒煞不留情，和我先师共个名，
何似也吹无孔笛，教他千里外闻声。

寄玄鉴首座四首

妄谈般若罪无涯，项上先担生铁枷。
清净法身脓滴滴，令人追忆老玄沙。

十万八千家未远，六根四大病何多。
拨开眼里瞳人看，当体潜消佛与魔。

丛林衰替不堪凭，少室儿孙没路行。
肚里有禅须吐却，莫留毫发误平生。

山中无路不须来，病足难禁著草鞋。
寸步未离言见了，如何真个到忘怀。

无隐

眼见耳闻元不隔，昼明夜暗绝商量，
本来成现何多事，切忌当机自覆藏。

古田

七佛如来陈佃户，五千余卷旧砧基，
稻花香熟黄云老，多少儿孙自不知。

偶成十首

檐头密布蜘蛛网，砌下高堆曲鳝泥，
达摩眼睛浑不顾，寻常读作一联诗。

秋云片片秋空阔，秋叶沉沉秋雨寒，
林下野人难晒𥄙，眉毛终日不曾干。

五色花狸与赤斑，南泉拭眼动慈颜，

太阿斩断虚空骨，白血横流满雪山。

青鞋布袜道人家，两眼何曾肯著花？
饭里忽逢砂一粒，无端弹破半边牙。

眼前何是复何非，好把龟毛一贯之。
撞著灯笼穿不透，是非筑杀老阇黎。

睡到五更无个梦，篱根壁底乱蛩吟。
夜来拾得铁酸馅，撇在床头鼠不侵。

起引来勾要到官，吏曹磨勘事多端，
谁云款出囚人口，得个驴儿便喜欢。

宿雨洗空三伏暑，晓风吹动一天秋，
四时迁谢承谁力，疑杀沩山水牯牛。

一种秋砧几样声，为怜深夜最堪听，
老婆腕力无多子，断续浑如捣不成。

挂帐不须寻闭日，出行何用拣良时，
了知蚊蚋非他物，家舍途中百事宜。

省庵

一声幽鸟到窗前，白发老僧惊昼眠，
走下竹床开两眼，方知屋外有青天。

定叟

为人散乱现威仪，千劫浑如坐片时，
白日未曾轻动著，西风吹白两茎眉。

警世廿二首

多生业累入胞胎，合水和泥与么来，
极目境缘遮道眼，未知何处得忘怀。

举心尽属轮回业，动念无非生死根，
要与太虚无向背，常吞一个铁浑仑。

聪明尽解诸家语，英俊横吞四库书，
这个念头如未瞥，口开都是费分疏。

贫穷致贱富生骄，等是无明火自烧，
倏忽报缘颠倒转，方知一点不相饶。

贪荣冒宠日忽忽，行到穷途兴转浓，
半点便宜非外得，无端亏杀主人公。

逆之则怒顺之欢，天下人情没两般，
肯信顺穷还逆至，眼开休把自心瞒。

梦眼未开重做梦，青天白日黑漫漫，
灵台幸是无遮盖，不识何缘转自瞒。

四序循环暖复寒，狝猴深恋六花村，
耳声眼色曾无暇，念念那知是死门。

把一片心迷得尽，又于迷处起规模，
自缠自缚夸能所，笑倒西天碧眼胡。

饥来吃饭冷添衣，三尺之童也共知，
一个话头明历历，如何开眼恣愚痴。

口喃喃地说青黄，自谓高才压当行，
话著主人公分上，到头一点不承当。

衰残忽忽二毛斑，鹤骨鸡皮涩又酸，
老与病来呈伎俩，笑他皮袋有多般。

业缘牵引入娑婆，百岁光阴一刹那，
换面改头无了当，野田添得髑髅多。

髑髅未冷气犹抽，尚把青铜照两眸，
将谓百年多少事，徒增幻海一浮沤。

茶倾三奠复三奠，一个髑髅烧不干，
业识又钻皮袋去，铁人闻也骨毛寒。

火烧水浸与沙埋，白骨曾经几度来，
早不回光休歇去，又如何要巧安排。

三百六十段骨节，东挂西撑竖又横，

不做一回枯得尽，又来行了又来行。

男儿不肯受人欺，意气英豪也大奇，
衣底有珠浑不顾，万般都是吃便宜。

一条大路如弦直，开眼人人总现前，
彼此不知缘底事，更无人肯赋归田。

阎罗王是真弥勒，向镬汤中转法轮，
辊到圣凡情尽处，直教无法可相亲。

爱网空虚欲海干，千门万户是司南，
尘尘与么相亲者，方不谬称除馑男。

生死且无僧与俗，性真那有悟和迷。
伽陀写寄同参者，杜宇声干日又西。

天目中峰和尚广录卷第三十

谢降赐《中峰和尚广录》入藏并封号国师表

　　皇帝福荫里，大普庆寺臣僧善达密的理诚惶诚恐，昧死谨言：

　　臣善达密的理昨于元统二年正月初十日，不惧天诛，以臣先师《天目中峰和尚明本广录》三十卷进呈，乞赐入大藏，与经律论并传。廿六日，钦奉圣旨颁降，《广录》但有藏经印板去处，刊板入藏流通。诏文林郎、艺文监丞、参检校书籍事臣揭傒斯序于其书之首。仍赐臣先师明本号曰普应国师。钦此。

　　臣中谢。伏闻道匪言传，况一佛心宗之旨；理由事显，非百家世谛之谭。明大用于机先，振玄猷于语下。伏念臣先师明本，身栖岩谷，言满寰区。当禅林摇落之秋，孰为依庇；住觉海圆明之域，独任流通。故其徒虽默默真参，而其道必言言后阐。于是以广长舌，树光明幢。搅江海作醍醐，饮者量足；奏风水为韶濩，闻者意消。狮子弦响绝众音，摩尼珠体非一色。盖以力扶其宗教，岂图上达于宸聪。蒙乙览之清光，加国师之殊号。复颁朝旨，赐列藏函。宠烨山林，恩融泉壤。此盖钦遇皇帝陛下道隆圣统，心契觉皇。萝图似黄金轮，常持四天下；沙界如宝珠网，交现重光中。世昌释子之正宗，日效封人之三祝。臣无任瞻天望圣、激切屏营之至。谨奉表以闻。臣善达密的理诚惶诚恐，昧死谨言。

　　元统二年六月日，大普庆寺臣僧善达密的理上表。

天目明本禅师杂录

［元］中峰明本 撰

说　明

　　《天目明本禅师杂录》三卷，载于《卍续藏》第 70 册，经号 1402。编者不详。其中收录有明本赠予数十位日本学僧的法语偈颂，疑为明本的日本弟子所编。《明本杂录》卷上为《天目中峰广慧禅师语》，卷中和卷下为《天目中峰和尚普应国师法语》，收载明本《中峰广录》之外的开示、语录、偈颂等著述。

　　卷后原附有《怀净土诗一百零八首》《和冯海粟梅花诗百咏》及《一花五叶集》序跋数篇。本次点校整理，将《怀净土诗》和《梅花百咏》单独列篇，不再附录于此。

天目中峰广慧禅师语

示徒

佛印元禅师《痛谕文》，其略曰：一念静心，终成正觉。跬步不休，跛鳖千里。器有利钝，根有浅深，及其成功，一也，独在乎发愤立志而已矣。吾今痛谕道俗，当知四易四难。何名四易？自己是佛，不用别求师资，若欲供养佛，只供养自己，一易也。无为是佛，不用看经、礼像、行道、坐禅，饥餐困卧，任缘随运，二易也。无著是佛，不用毁弃形体，捐弃眷属，山林市井处处自在，三易也。无求是佛，不用积功累善，勤修苦行，福慧二严元无交涉，四易也。何名四难？能信，一难。能念，二难。能悟，三难。能修，四难。夫信因果，可以为小信，不可为大信，然犹疑者多、信者少，信而不疑者率千百人中有一二人耳，何况顿见自性，一超直入如来之事乎？千经万论，奇踪异迹，种种留在世间，只为人无信心，众圣慈悲，广施方便，开晓群迷，令其由信门入。盖有其信者必行之，此信之所以为难也。十二时中惟欲念念不忘，行时行念之，坐时坐念之，起居动止、语默卧兴，时皆念之。治事接物，乃至困苦患难险危之时，亦皆念之。其身如槁木、如顽石、如死尸、如土偶，唯心心在道。应答于人，如痴如醉。闻声见色，如聩如盲。所以喻如猫捕鼠，心目一于注视，少怠则失鼠矣；如鸡抱卵，暖气贵于相接，弃之则不成种子矣。此念之所以又为难也。念道本于持久，悟道在于须臾。因缘未熟，时节未到，机关屡启，无所遇也。因缘既熟，时节既到，虽形声不接，忽现前也。未悟者难与言已悟之见，如生而盲者，语以天日之清明，彼虽听，不可辨也。已悟者无复踏未悟之迹，如寐而觉者，使其为梦中事，彼虽忆而不可追也。参学之士要当以悟为准，此悟之所以又为难也。未悟常须忧念，已悟益须持守，如擎盘水，如执至宝，如护目睛，如践危险，若对君师，是持守之道也。持守者，修之也。见道方修，道不见，何庸修？有问者曰：已悟矣，宁修为？则应之曰：多劫薰习，未遽除尽，惟宜修之。修到无修，然后同于诸佛。此修之所以又为难也。故不知四易者可使为善，不可使入道也。不知四难者，可与谭道，不可与进道。（云云）

师曰：文中言念道之说，即今所谓参也。其四难，最初言信为难。所云信者，欲其信前之四易、后之四难也。然此信心，慎不可苟而得之。一凭自家多生亲厚般若之力。次凭日用念念痛为死生大事之正念，深入骨髓，无斯须少间。且信既如此，则所参之话，不翅饥人得食、寒者得衣，虽强使其放舍，终不可得也。其参道之心绵密，更无不悟之时。譬之行路，朝趋之，夕进之，安有不到之理？谓悟者何？乃悟前四易也。此四易，苟非悟入，皆名妄解。今人例以聪明之资，不待悟入，遽以四易之说领略在识量中，自谓实证，便捐福慧二严，俱无交涉。极理之谭未尝不是，殊不知不曾悟入，堕在识量分别中，终日说食而不疗饥也。且悟既不真，如人未曾亲到家庭，便欲于途路中作屋里活计，可乎？不可乎？由是知道既不悟，其修之为难也必矣。一种是开示后学，惟佛印和尚四易四难之说深切著明。堂中诸学般若菩萨，皆是远离世间种种受用，来此甘心寂寞，靡有不言为生死无常大事者，虚延岁月，岂忍为哉！文中谓如猫捕鼠，少怠则失鼠矣；如鸡抱卵，少间则不成种子矣。斯言可信。望同兴志力，早悟厥躬。明本今夏卧病，不能与诸兄道论，故引此告之。光影如流，毋贻后悔。谨言。

示众

洞山过水，玄沙度岭，太原闻角，与释迦夜半睹明星，同一个时节。即今在诸人分上，无丝发少欠。昔临济、德山热喝痛棒，眼不耐见，觌面提持，流落丛林，翻成途辙。天下丛林说禅浩浩地，承虚接响，互相热瞒，药逗到今，转不灵验。先师三十年身立壁立，惟务与学人整治个事，捏定咽喉，不要你说，不要你会，亦不要你别生第二念，单单向所参话上立定脚头，孜孜而参，矻矻而究，如遇怨敌，如救头燃，外绝境缘，内忘情识。直待伊冷灰豆爆，绝后再苏。你若未到此个时节，断断不肯将相似语言引人入草。须知生死无常是大事因缘，岂根浮脚浅者所能超诣？今之人不体从上佛祖建立，一味趁狂情妄识，开口便要超过佛祖。逮观其向道之志，略无半点真实主宰。方一霎时提得个话头少纯，便里私自庆。才被昏散扰夺，便惟道根钝业深。偶遇目前些子违情，则嗔恚毒恨之心，磨牙切齿而念念不息。或邪思异想，起灭万殊，而自不知狂醉伏心，将谓办道之人理合如是。弄了三年五载，既不相应，瞥起一个退心，打入无事甲里，甘受轮回，似此者滔滔皆是。或不如此，便将意识渔猎古今，哑㖷狐涎，欺贤罔圣，万般造作，一味虚头，堕落那边，了不自觉。要求一个稳帖帖地，三十年、二十年不变不异，向本参中不涉识尘，以悟为则者，如披沙拣金。于是丛林法道日就浇漓。你还知今日大开两眼，向孤峰绝顶受他信心人供养，况是自家负个办道人名字，尚尔狂妄怠堕而不自检，焉知异时流入异类，而不为互相吞噬结业无间者耶？古者谓：三途六处，无量劫来又不是不曾经历在。今生不知凤何善行，彼此狭路相逢，撞在七幅袈裟之下，早不离情绝虑，废寝忘餐，过隙光阴，凭何所恃？

此山自开辟以来，遇冬寒，立个期限，要诸人向此期限中必欲要讨个倒断。不是门庭施设，亦非强自指陈，乃先德已验之方，了诸人本具之事。如教中谓："我不爱身命，但惜无上道。"你但见他前辈度岭、闻角悟明之易，殊不知未度岭、未闻角已前之难，则与今人无少异也。苟知其难，则何道之不我集哉！藏主、维那为见众心懈怠，请予警励。明本上座说话浑无鼻孔与人扭捏，惟以死生无常大事，与真实为道之士勉尔言及。如不见信，一任问取诸方。

结夏示顺心庵众

今日一个四月十五，为之结夏。当知二千年前灵山会上亦有个四月十五日，为之结夏。自尔相延迨今，处处丛林不违旧例，九十日无绳自缚，曰禁足，曰安居。殊不知本色道流，自最初一念要决了生死无常大事之顷，此足于是而禁，此夏由之而结。以尽平生岁月并之为九十日，不多不少，不减不增，必期与此事亲体相应，然后谓之佛欢喜、僧自恣之时节也。如其不委，只欲效世相流布，以礼乐规矩循守而不敢过越，是谓坐夏，不惟孤负佛祖，而亦埋没自己者多矣。今日庵居十余众，各各是知有此事者，不肯自孤负、自埋没。况当此法岁甫临之顷，乘时奋起一片决定不退转猛利无间真实身心，单单提起个无义味话头，自最初一日立定脚头，不得分毫移动，密密与之做向前去。一日要见一日功程，一时要见一时应验。自上首一人至最后一人，递相警策，彼此琢磨，不杂缘、不妄作，不共语、不异念，不随物转、不逐境移，不循古矩、不存新格，不厌凡、不慕圣，乃至一切俱不为，单单只要己躬下一着子明白。忽然被你冷地透脱，方知九十日只是一平生，一平生即是九十日，以至二千年前不异今日，今日不异二千年前，钩锁连环，了无间断。是谓"此是选佛场，心空及第归"之时也。苟或不尔，只个顺心庵无异二铁围。勿谓安居无事，因循九夏，逆知其平生之志愿之不遂，于斯可见矣。庵主寄纸来，请为众警策之语。以大事究之，不惟众人，庵主亦自照顾。

禅是诸人本来面目，除此外别无禅可参，亦无可见，亦无可闻，即此见闻全体是禅，离禅外亦别无见闻可得。诸人聚首于此，各各有一则不了公案，藏之肺肝，甚非小缘，十二时中莫错用心好。古者道：参禅学道是错用心，成佛作祖是错用心。除此外，又何所为而不名错用心？即此事且置之不问，只如诸人各各胸中自有一本古清规，且不要犯他苗稼。且如五更堂前板响起参时，便是不要洗面，也须随众下地走一遍了。伺候大众入堂时，则上被位端坐。但听开静板鸣，则折被，搭袈裟，过钵位吃粥。凡吃粥饭，须看上下，众速则速，众迟则迟，庶几不动他人心念。况是起居动静各各有威仪随之，莫道我是办道人，大悟不拘小节，争奈你未悟何？中间有不循规矩者，无他，盖是为道之正念不切，所以动成粗糙，破犯律仪，自失正因，起他轻慢。此诸人各自体察。如巡堂法，痛为生死大事未即明了，如恐虚延岁月，被人打一下，不问自家困不困，如饮甘露，当奋起勇猛，极力向前，岂可返生嗔恨而怀报冤，此岂理耶？生死无常是万劫刀割不开、锯解不断底一段恶习。在今日既肯发此最初真心，高栖穷寒之顶，恨不得延一日光阴为十日，立定脚头做去。凡见日落山时，深生叹惜：又过了一日也，道业未办，眼光落地，毕竟将何酬报佛祖、檀越？直待手忙脚乱，何不趁今日病未及体时，早讨取个倒断。明本上座所见如此，且不会为人打烂葛藤，但只如此，从实相告。本欲听诸人过庵道话，适有西山之往，重烦藏主代白一遍。各自究心，切莫容易。望谨整精神，早求解脱。亦不听无时渡水过山相寻，于道无益。

示同学

翘足赞佛，舍身求偈，弃王位而求乞，皆黄面老爷曲为后来做此样子。从上诸祖草衣垢面，涧饮木食，动是一生不与世接，兢兢业业，克荷斯道。思之岂为今日之难，在古人犹不易也。我辈何幸生此法中，企仰古人，日劫相倍，讵可安居暇食？苟从妄情而肆荒逸，无益法门，有辜负先志。光阴瞥尔，因果历然，各自究心，毋贻后悔。

示山居徒

学道惟要痛念生死无常之大心不退。此心若不退，更无不明大事之人。此个为死生大事不退，即此便是第一方便，更无方便过于此者。道在一切处，道亦不在一切处，但是你为生死大事不退，城市山林，独居众聚，皆是进道之时。你一个为生死大事之心不谛当、不坚密，城市则被闹夺，山林则被静障，独居则口食相煎，众聚则是非境缘相杂，俱不相称。所以古人云：参禅无秘诀，只要生死切。此个为生死大事之心真切，久远不退，虽终身在十字街头乞食，总是心空及第之时。如今你三人在山中住，但一切不要造作，有饭吃饭，无饭吃粥，工夫做得做不得，道业成办成不办，只由你自心，究竟不从人得。

示发菩提心众

菩提心是梵语，此云道心。诸人若无向道之心，今日决不肯来此高高山顶，摩裈擦裤，昼夜勤苦，取究死生。当知此个道心，远从多劫之前已曾发起，只为心多懈怠，意逐攀缘，未由取证。逗到此际，正宜剪断众缘，休息万虑，单单提起个所参话，向三根椽下，尽其形命，一生了办，不为分外。此个正念不能坚固绵密，孜孜保任，更欲瞥生情妄，再要发菩提心，是谓虚妄颠倒，忘失正念，向外驰求，违背真心，与道悬绝。莫说只发一遍菩提心，便是日发千遍万遍，不如一念保任所参底正念。更欲诵经、礼拜、披陈、忏悔等，尽是逐妄随邪。岂不见教中云："若欲忏悔者，端坐念实相。"当知实相亦无念者，只是你信得有死生大事，十二时中提所参话，如救头燃，念实相底影子。幻者如有一字相诳，自甘永堕拔舌地狱。请异庵悦众白之，要发菩提心之人，望各各放舍，专心办道好。某拜白。

冬安居示徒

早间忽蒙首座过门，谓长期方起，冬至将临，警励策勖，众心渴仰。然应时提唱，诸方大有规模。本上座不惟行解全亏，况是素不曾作此模样。寻常诸公以死生大事未即明了，据其己见，每与较量，特不过递相警策耳。今日未免重添注脚。切思先师老和尚为此大事深卧穷山二三十年，惟将个无义味话头与人咬嚼，决不肯效诸方，将成现相似语言教人随语领解。当知死生大事是无量劫中自迷自惑底一种妄习，今古与八识五蕴念念迁流，起为爱憎，动为能所，粘骨缀髓，极未来际，永无有自了之期。苟不奋一片决定真实信心，向脚跟下悟去，自余功用，俱落异途。由是不奈何学者堕于昏沉、流于散乱，以八十日立为长期，欲诸人屏除心念，荡涤外缘，断绝妄情，纯一无杂，单单究此事。所云期者，乃相约之义，必期成佛作祖，必期及第心空，必期超越死生，必期续佛慧命。或不与所期相应，便是过此八十日之期，亦不肯懔懔而休，须做一回倒断，方不孤弃舍世间，来此孤峰绝顶，骈肩接踵，守此荒寒。

原其所来，岂在今日？二千年前灵山三百余会转大法轮之时，现前大众皆在老释迦口唇边历历听受。乃至西天四七、东土二三，诸大祖师互相演唱时，诸人亦未尝不在。或不具此深远根本，今日决不能操大心、弘大志，要了此生死大事因缘。从上好时节，诸人等闲为个懒堕懈怠，日复一日，逗到此时，未由超悟。岂谓今日遭逢此克期取证之时，更不向所参话上极力提撕，尽形体究，如一人与万人敌相似，早求解脱，又复为懒堕懈怠之旧习之所障。方走上蒲团，藏两脚于裤中，缩双拳于怀内，又以纸被通身包裹，但知安乐，不觉困来。其巡堂人三回五度警省，略不肯少加精进。似如此参禅，要明心地，要敌生死，要脱略情尘，要剿除窠臼，莫说八十日，便是八十年、八十劫，惟增业识，但长痴迷，却步求前，焉能远到？岂有志于一人与万人敌者当如是耶？岂如救头燃者果如是耶？于此可验诸人之道业不可得而成就者必矣。何则？这里是孤峰绝顶，无一点外缘，且是一个个皆是发真实为生死大事之心者，在此际不能奋发，则何处更有奋发之时？

此事若非实参实悟，自余皆是掠虚。如今有等人多引《证道歌》、《信心铭》，乃至古人极理之谈，如"未了之人听一言，只这如今谁动口"之类，便教人以意识领览在心，认此前尘唤作本来面目。更教人一切平常无事去，谓之保养，谓之履践。说着个看话头、做工夫，遽引《信心铭》，谓"执之失度，必入邪路"。刚谓直指单传，无如是事。殊不思其根殊器劣，或不使沥干情妄，死尽偷心，向万仞悬崖望空撒手，只欲使其带泥带水，认有认空，总是自瞒，诚非究竟。本上座于此道自是不曾梦见，但生平信个死生大事非小因缘，今朝狭路相逢，不觉饶舌及此。所说无伦，幸希众悉。

示众

前日之晚，首座与维那到庵，言结夏在近，请为众道话一中。本曾许在三两日有暇，当请以过庵，点茶一杯，共语片时，以见递相警策耳。不谓连值阴雨，路滑不便。使更过十二日，则两山人事又尔交接，不能遂幻人远避之心。思之合堂大众皆饱参之士，寻常到庵，未曾不蒲团上事相扣，安有结夏、解夏之为办道时节？若以至理言之，最初发心向道时，此夏已曾结了也。十二时中看个所参底无义味话头未即决了，便是坐夏时。三十年、二十年，推到神消识尽，冷地里忽尔猛省得着，便是解夏之时、自恣之日，岂以区区九十日为限哉！

凡做工夫不灵验者，往往只是偷心未死，所以虚延岁月，别无他病。若是偷心死于今日则今日便相应，死于明日则明日便相应。何谓偷心？但离却个所参底话外，别见有个自己，是偷心。于所见之自己外，别见有人有我，是偷心。做得纯熟时知道纯熟，是偷心。做不纯熟时知道不纯熟，是偷心。面前见有昏沉散乱时，是偷心。不见有昏沉散乱，唯有个所参底话头与疑情交结不断时，是偷心。但是看话头处瞥生一念子，不问是凡是圣，是真是伪，总言之皆偷心也。忽有个伶俐人，向予说处总不相干，别资一路，为道为理，为见为闻，此又是偷心中之偷心，佛亦不可救药。但尽得许多偷心，只与么依本分靠取个所参底话，如泥塑木雕底有气死人，外不见有大众，内不见有自己，冷冰冰地绝见绝闻，如是守去，久之，管取心空及第者必矣。漫书此以当庵中茶话。本上座且过山避人事数日，更不须寻问幻迹在何地，直饶寻见，亦不共语，幸首座、维那白之。

日资须知

教中谓初日分、中日分、后日分，又初夜、中夜、后夜，即古德所谓昼三、夜三者也。又云日不足继之以夜。本色道流，寸阴靡弃，须臾不离，日夜六时宁无资助？谓日资者，总言二六时中之标准也。凡一日夜四次坐禅之际，宜各屏心绝虑，忘缘息念，深究死生，力穷道业。除大小便利外，不许共语，不许洗浣，不许补缀，不许看读，乃至一应事务，非公界普请，俱不许作。凡上床下地，出堂入户，如临深履薄然，勿使邻单知觉，动其道心。自然内外相资，身心寂默矣。

警孝

偶同参过门，与夜坐达旦，忽曰：仆自远逾乡关数千里，二亲垂老，其不奉音容者十有二年矣。因读明教和尚孝论二十篇，独不能无慊，劬劳罔极，何以报之？

予曰：天下父母之于子，既养之，复爱之，故圣贤教之以孝。夫孝者，效也，效其所养而报之以养，效其所爱而报之以爱，故孝莫甚于养而极于爱也。然养之之道有二，爱之之道亦有二焉。食以膏粱，衣以裘葛，养之在色身也。律以清禁，修以福善，养之在法性也。色身之养，顺人伦也。法性之养，契天理也。二者虽圣贤不可得兼，盖在家、出家之异也。且在家不为色身之养，不孝也；出家不为法性之养，亦不孝也，是谓养之道二焉。昏而定，晨而省，不敢斯须去左右者，乃有形之爱也。行而参，坐而究，誓尽形毕命以造乎道，而欲报资恩有者，乃无形之爱也。有形之爱近而易狎，无形之爱远而难亲者也。苟不能本乎爱，虽近者尔有所不逮，而况远而难亲者乎？斯易难之二由不可得而兼者，盖世出世之异也。世间不能尽有形之爱，不孝也；出世不能尽无形之爱，亦不孝也，是谓爱之道二焉。且效世间之养与爱有间也，效出世间之养与爱无间也。何则谓有间？

父母存则行之，亡则间矣。谓无间者，岂以彼之存亡二吾学道之心哉！父母谓形生之大本。且吾之形岂特今生有之？思积劫逮今，轮转三界，其受形如尘沙不可数，所谓形生之本者，充塞宇宙，遍入寰区，凡接见闻，安知其非吾夙生之本也。计其劬劳，殆不可胜记矣。我之不思所以报，而累吾父母，教入诸趣，备受轮回，率未知已也。故吾圣人兴大哀门，夜越王城，高栖雪岭，乃申明其法性之养、无形之爱，以示人也已。四十九年之答问，虽词原滚滚，浩无边涯，未有之语不本乎此。所以云"流转三界中，恩爱不能舍，弃恩入无为，真是报恩者"之语，诚不尔欺也。道即孝也，孝即道也。不知所以孝而欲学道者，是犹背湿而求水也。

或谓：吾不能预是道，惟能为色身之养、有形之爱，可以谓孝乎？

予曰：此盖在家之孝也。世间之孝，吾党之不预焉者，以投迹于空寂之门，覆形于方服之下，其有雪山大圣人出世之孝，尚未能仿佛其万一。或一念有间，则二利俱失，所谓不孝，莫甚于此，故明教之所以作也。夫论之作，非苟饰其文词，乃欲昭吾圣人出世之孝于天下也，俾外教不能议吾徒也，亦俾吾徒之未知者，怀其教而趣其道，不可斯须忽忘之也。

或谓：大圆镜智，融混自它，未尝有异，岂名所谓孝乎？

予曰：尔徒知镜智之不二，而不知孝与道，爱与养，俱不二也。自非神心廓悟，洞彻圣人垂教之源者，不可窃议也。

诚以斯言择之，庶见予与同参之不妄也。

天目山开佛光明佛事

大众，还见本师释迦如来四大海清净宝目，与菩萨、大阿罗汉金刚正眼交光相罗，如瑶丝网，绵亘古今，相续不断么？如其未委，明本上座今日开显去也。狮子岩头日卓午，万象森罗俱起舞。正宗楼殿倚天开，一会灵山耀今古。昔佛日于参天荆棘里建立不动之场，众檀越向斩新条令中开辟至灵之府。黄金像岂假涂糊，白玉毫不劳斤斧。三千余丈天目云林泉石与丹崖碧嶂顿长精神，四方万里象龙生铁脊梁与禅板蒲团互为宾主。大光明藏靡隔纤尘，净法界身不求伴侣。且即今开显一句如何具举？

圣君福寿满乾坤，古佛光明遍寰宇。

即休歌

道人之休即便休，不待朝暮并春秋。此休不隔第二念，只于当念机全收。有问道人何缘休得速？生死轮回如转毂，自恨从前不肯休，枉被尘劳苦拘束。即今更不肯休去，意马情猿拦不得，随声逐色如跳丸，瞥转机轮无觅处。即今不休何日休，壮色不停如水流。古今多少未休者，髑髅堆积如山岳。休复休，更休休，任是北郁单越，谁管南瞻部州，只将一个大休字，千古万古为同俦。你不见，二千年前甘蔗种，走入雪山拖不动，等视富贵如冰花，更不打他三界哄。自从那时一休直到今，黄金裹面光严身，千叶红莲捧双足，不染世间烦恼尘。即便休来还不早，更不即休徒懊恼。世出世间一齐休，此时方达菩提道。休尽菩提道亦空，白云压碎须弥峰。到头佛也不要做，从教四海扬真风。

觉喜泉记

识性之昏迷也，必期以觉。身心之烦恼也，必期以喜。昏迷则十二类即之而生，烦恼则八万劫因之而续。其觉之至也，如日丽中天，法界不期照而照。喜之来也，如春回寒谷，草木不期萌而萌。人徒知觉喜为天下之道而竞求之，而不知昏迷乃觉之源，烦恼乃喜之本也。能即其源而扣其本，到烦恼昏迷、觉之与喜俱无所住，于无所住处大觉大喜，圆裹无外，充塞无余。若泉之出于地而止于沼也，不澄而清，不滤而洁，明鉴万象，圆受十虚，触风则波，遇决则流，其寂湛之体元无所住，而亦无所不住者矣。

一山首座诛茅穷谷中，方惮其无水，寻而泉从地涌，乃目其泉曰觉喜。予因献前说，而复告之曰：将使垢者濯于此，渴者饮于此，临者鉴于此，则莫有不获其觉喜者也。座曰：子之说但知彼而不知此也。何则？然觉自喜也，喜自觉也。使吾泉实有毫发之意令其觉喜，则谤吾泉也。谓吾泉实无意于觉喜，亦谤吾泉也。而天下孰能审诸？予曰：然则如是说者，是谤耶？非谤耶？

良久，汲泉煮茗，对坐忘言。月满窗虚，光透波底。于斯时也，觉乎？喜耶？皆不可复议其得失者矣。

劝念阿弥陀佛

是心是佛，	是心作佛。	三世诸佛，	证此心佛。
六道众生，	本来是佛，	只因迷妄，	不肯信佛。
智者觉悟，	见性成佛。	释迦世尊，	开示念佛。
弥陀有愿，	接引念佛。	观音菩萨，	头顶戴佛。
势至菩萨，	摄受念佛。	清净海众，	皆因念佛。
六方诸佛，	总赞念佛。	祖师起教，	劝人念佛。
捷径法门，	惟有念佛。	一代宗师，	个个念佛。
古今名贤，	人人念佛。	我今有缘，	得遇念佛。
念佛念心，	念心念佛。	口常念佛，	心常敬佛。
眼常观佛，	耳常听佛，	身常礼佛，	鼻常数佛。
香花灯烛，	常供养佛。	行住坐卧，	不离念佛。
苦乐逆顺，	不忘念佛。	着衣吃饭，	无不是佛。
在在处处，	悉皆有佛。	动也是佛，	静也是佛，
忙也是佛，	闲也是佛，	横也是佛，	竖也是佛，
好也是佛，	恶也是佛，	生也是佛，	死也是佛。
念念是佛，	心心是佛。	无常到来，	正好念佛。
撒手便行，	归家见佛。	一道圆光，	即性空佛。
了此一念，	是名为佛。	常住不灭，	无量寿佛。
法报化身，	同一体佛。	千佛万佛，	皆同一佛。
普劝有缘，	一心念佛。	若不念佛，	失却本佛。

贪瞋嫉妒，　自丧其佛。　酒色财气，　污天真佛。

人我是非，　六贼劫佛。　一息不来，　何处求佛。

地狱三途，　永不闻佛。　万劫千生，　悔不念佛。

丁宁相劝，　念自己佛。　急急回光，　休别觅佛。

念念不昧，　谁不是佛。　愿一切人，　自归依佛。

回向西方，　发愿念佛。　临命终时，　亲睹化佛。

九品莲台，　礼弥陀佛。　得无碍眼，　见十方佛。

怀净土

七重树影覆青霞，九品莲胎孕白花，

铁壁银山遮不得，众生何事觅无涯。

茫茫三界辊埃尘，一念贪生是苦因。

无上法王悲愿切，犹将金色臂长伸。

终朝合掌念弥陀，举念之间蹉过多。

和个念头都飏却，全机独脱苦娑婆。

四十八愿水投水，十万余程空合空。

只隔眼前声与色，东西两土几时通。

六艺俱全美丈夫，尽[1]堂终日醉相呼。

要知不陷轮回阱，莫负黄金丈六躯。

一十二时机未瞥，百千万劫苦难逃。

---

[1] 底本原注："尽"疑"画"。

虽然身在同居土，谁肯低头礼玉毫。

重重最胜黄金阁，叠叠庄严白玉池，
多少众生无梦到，镬汤炉炭自羁縻。

势至常谈母忆儿，同于形影不相违。
自怜一个弥陀佛，却把黄金铸面皮。

仰扣当来父母邦，导师遥指在西方。
草鞋不是无钱买，惟恨家乡路易忘。

一尊古佛天来大，四色花池海样宽。
自是众生无眼力，当机不隔一毫端。

生老病死总颂（五首）

恩爱萦缠与么来，三缘和合住胞胎。
凿开混沌通身假，踏破虚空满面埃。
命若悬丝分母子，形同浮泡示婴孩。
遽忘赤白堆中苦，引着依前笑满腮。

老来终日自嗟嘘，顿觉因缘与世疏。
语近不闻双耳聩，夜深无寝寸心孤。
精神密耗皮先折，筋力潜消骨尽枯。
翻忆少年狂未歇，那知今日费工夫。

偶乖摄养病缘侵，未禀良医日渐深。
灯影沉空添寂莫，雨声敲枕助呻吟。

逢人有语惟求药，对境无聊只拥衾。
众苦聚藏安乐法，惟堪哀痛不堪任。

火风地水忽分离，正是年穷岁尽时。
口里乍无三寸气，眼前徒有万般奇。
业从识变非人与，魂逐缘飞不自知。
抛却蕴空皮袋子，茫茫三界竟何之。

死生老病起何因，形报萦缠古到今。
触境未能超有念，逢缘不肯契无心。
业从必竟空中积，苦向元非实处深。
眨眼便沉千万劫，岂应虚丧好光阴。

立志

单单一味拍盲禅，枯淡肝肠似铁坚，
坐断圣凡行正令，要明父母未生前。

辞住院

千金难买一身闲，谁肯将身入闹篮。
寄语满城诸宰相，铁枷自有爱人担。

寄人

林鸡处处五更啼，啼到声干日又西。
故国有家归未得，无穷憎爱尚萦迷。

示高丽王

人生犹如幻中幻，尘世相逢谁是谁。
父母未生谁是我，一息不来我是谁。

湛然即事

一池波影浸山光，中有禅僧万虑忘。
夜半屋头松子落，湛然心地绝承当。

病中寄友

都卢三寸气牵抽，要断从教即便休。
梦幻死生知几许，我浑不著在心头。

示头陀苦行

雪山苦行古头陀，夜越王城为甚么？
眼里明星藏不得，二千年外定誵讹。

头陀即是比丘名，苦行何时得暂停，
坏色衣穿荷叶补，自从霜后日羚㜽。

头陀独让老迦叶，两眼空来彻骨穷，
传得破伽梨一顶，至今枯坐在鸡峰。

比丘谁肯学头陀，苦行才行不较多，
活业荡除空到底，世间那事奈伊何。

鬅松短发盖眉毛，住处惟甘守寂寥，
脱却陈年乌布衲，展开双手赤条条。

闲忙动静苦中苦，闻见觉知穷外穷，
无地卓锥锥亦尽，逢人方好展家风。

化机展向富豪家，笑指黄金是毒蛇，
转作檀波罗蜜用，香风吹绽福田花。

破钵盂兮没底船，头陀活计自相宣，
青茆屋住千岩底，雪满柴床夜不眠。

甘得尽生行苦行，头陀之外百无求，
束腰已办三条篾，佛法从教烂了休。

世间惟有头陀好，苦行之余又若为，
三界眼空忘取舍，便如斯去更由谁。

示喜禅人

参禅学道莫因循，捩转娘生铁面门。
是圣是凡俱喝退，直于无佛处称尊。

参禅学道要真心，拚死拚生不顾身。
捱到虚空边底脱，十方世界一微尘。

参禅学道现成事，拟剔眉毛路八千。
纵使披襟能领略，话头依旧不曾圆。

参禅学道为生死，生死未明须急参。
一个话头如不在，无边生死又包含。

参禅学道要成佛，岂比寻常儿女嬉。
今日便拚穷性命，较之前辈不胜迟。

参禅学道贵忘机，切忌将心辨是非。
常忆南泉好言语，如斯痴钝者还稀。

参禅学道在心传，一大藏经曾未诠。
闻见不能超象外，口开还堕语言边。

参禅学道契玄微，尽大地人争得知。
不是个中真种草，等闲移步便相违。

参禅学道古今多，一个蒲团瞌睡窠。
不解转身言外者，朏臀未着已遭魔。

参禅学道念如麻，动为情尘劈面遮。
心里一微尘未破，工夫添得眼中花。

参禅学道绝驰求，只个疑情未肯休。
撞着冤家如决破，圣凡迷悟一齐收。

参禅学道喜中喜，敢问阇梨喜甚么？
昨夜蟭螟虫启口，吸干千万里禅河。

山舟（十首）

古云用拙存吾道，吾道何缘用拙存？
三万劫中唯扣己，二千年外不称尊。
雪埋古路谁亲到，雷动玄关我独昏。
岂爱对人夸懵懂，惺惺多堕是非门。

巧拙何须苦自夸，古今天地莫能遮。
举心旋长无明草，绝念频开般若花。
剑阱日长浑在我，藕池风细岂由他？
灵山四十九年说，一字如今不可加。

手足班班是几人，幻踪无似拙为亲。
塔灯两夏思同哲，岩事三秋肯共陈。
芳树雨余新气象，寒梅雪后古精神。
道人久已忘憎爱，话到依然入梦频。

远归著我住山舟，日与毗耶话旧游。
夜掩六窗明似昼，夏横一榻冷如秋。
松涛辊地辊非动，云浪翻空底不流。
怪得篙师频耳语，又将移棹过沧洲。

自远归来欲罢参，道人留住景疏庵。
眉毛罅里堆青嶂，脚指头边拥翠岚。
六月有霜人未委，九旬无梦我全谙。
空花影子何多事，撩掠劳生日夜贪。

景疏庵里景疏人，常转金刚不住轮。
有念肯求缘作对，无心只与道为邻。
破蒲团以龟毛补，折竹笒将兔角伸。
不把人间闲梦想，消磨十二个时辰。

尝与景疏庵作铭，竭来庵下畅幽情。
两山钟在床头听，万里云从槛外生。
庭柏停霜浮冷焰，石池含月露清明。
门前客自云南至，献我军持汲水瓶。

道人住处绝安排，白昼扃门自懒开。
风引竹声穿壁破，雨拖云影透山来。
倚松石为谁撑挂，铺地花应自剪裁。
说与景疏庵主道，得忘情处且忘怀。

自惭分薄与缘卑，缚个茅茨已强为。
佛法混融无烂日，虚空消长有休时。
喙长三尺徒多语，身脆一沤谁共知。
尽把聪明交保社，肯思今日致扶危。

道力从来苦不全，尘埃满面卧林泉。
语无灵验慵书字，见绝玄微懒说禅。
烂碎破衣堆过颈，鬖松乱发养齐肩。
休将世务频相伴，今日居山话始圆。

天目四时（春夏秋冬）

深居天目底，道韵不寻常，

祖意尘尘合，身心念念忘。
杂花谁点缀，群木自芬芳，
万物随时变，春多水亦香。

深居天目底，幽窸绝逢迎，
一个话头破，千生梦眼醒。
竹烟粘毳冷，松露滴门清，
共厌人间暑，头陀想不成。

深居天目底，惟与万山邻，
禅外有真趣，眼中无俗尘。
新霜传气候，古篆约时辰，
叶落知秋者，林间有几人。

深居天目底，道者自忘机，
念尽禅心密，情逃戒体肥。
冻云侵石磴，寒雪护苔衣，
料想参玄者，残冬不我归。

赠径山旨曹溪

灵源滴滴下曹溪，此事如何类得齐，
向道现成千里隔，更言差别百生迷。
怒雷驱雨回山北，皓月拖云过屋西，
声色未彰前领略，无端眼上又添眉。

赠与云谷（客东林）

万叠匡庐青入目，冉冉慈云覆幽谷，
瀑花湿透山衲衣，松根卧听寒猿哭。
池上溪花千片玉，屋下溪声断还续，
一大藏教不能诠，八万四千谈未足。
我来雁门秋正高，清霜冻老渊明菊，
回首人间几丈夫，六窗野马空驰逐。
就手拗折七尺藤，直拟口边生白醭，
何如共君手提折脚铛，地炉拨火煨黄独。

寄陆全之（避大觉寺请）

自笑无端二十年，教人平地觅青天。
了无人寄风前句，时有书催月下船。
遣我去偿操斧债，教谁来补买山钱。
浑仑嚼破铁馂馅，只忆山边与水边。

赠道士张友梅

参禅不解救头燃，蹉过工夫万万千，
猫捕鼠非真譬喻，人骑牛是错流传。
四溟绝滴犹存海，万里无云尚有天，
当念一齐翻得转，头头是出世间缘。

福庆幽居

传家三事衲，物外一闲僧，
默默持黄卷，寥寥对碧层。
地蚕穿坏叶，山鼠撼枯藤，
笑阅人间世，何时忘爱憎。

虎溪夜话

共客虎溪滨，交情似水深，
话残今夜月，验尽古人心。
禅话非干学，高诗不在吟，
匡庐多白社，应是有知音。

宿天池寺

吉祥千古寺，一塔耸巍峨，
路自天边上，人从云外过。
圣灯悬木末，雷瀑下岩阿，
独爱冰池月，无心出薜萝。

山中（春夏秋冬）

春到山中也太奇，浅深红紫缀花枝，
东君不管茆茨窄，逼塞阳和十二时。

夏日山居味更长，苍松翠竹绕柴床，

南薰带雨来天岸，整日惟闻白雪香。

道人山舍颇宜秋，索索西风响树头，
千嶂月寒清露滴，不知深夜湿缁裘。

山深茆屋畏冬寒，雪老冰枯只自看，
就地掘炉浑没底，夜深谁共拨灰残。

春谒龙池

林花红杂翠，雨霁正春融。
万壑雪翻谷，三池水印空。
锦霞迷药径，香雾锁琳宫。
却笑前人误，来询通不通。

夏隐莲峰

碧莲峰世界，热恼不能侵。
万衲拥苍壁，一花开少林。
听松忘画箠，闻瀑认瑶琴。
遥想人间暑，知谁得访临。

秋登绝顶

三千九百丈，路尽忽逢巅。
板石笼珠箔，金飙老翠钿。
群龙横大野，万马骤平川。
四际闲舒目，高低总是天。

冬倚狮岩

狮子岩前路，崩腾压半山。
老禅和雪立，孤衲带云还。
冰磴悬千仞，霜钟撼两间。
拥炉思佛日，曾与死为关。

春

池边细草依依绿，槛外夭桃灼灼红，
试向色前开两眼，个中无地著春风。

夏

万株杨柳噪风蝉，烈烈烧空火一天，
当处若能忘热恼，不须重觅满花船。

秋

天垂玉露月沉沉，一片清光照古心，
最是不能遮掩处，乱蛩唧唧对寒砧。

冬

数片冻云粘断石，半空晴雪洒窗纱，
倚栏独自笼双袖，认著梅梢又著花。

幻海（五首）

幻法滔滔深似海，从来无古亦无今，
长鲸吐出粘天浪，辊入一沤何处寻。

大幻无根深似海，百川万派一齐收，
一沤未发已前看，究竟何曾有实头。
幻深似海若为知，好看雄吞万派时，
着实究来无一滴，风前愁杀老波斯。

空中花与镜中像，木马草人乾闼城，
无底无涯深又阔，穷年终日怒涛倾。

实无而有是何物，沃日洪涛万里宽，
千尺层楼粘雪浪，望崖谁不骨毛寒。

题云海亭（四首）

云接天兮海接天，纵眸舒望若为边，
规模更不容雕琢，气象从来出自然。
梅萼冷含千古雪，柏根清吐半炉烟，
客来借问春消息，门外幽禽话最圆。

云溶溶与海沉沉，自有乾坤直至今，
见谢不须求祖意，情忘安用觅禅心。
松花满帚填虚廪，瀑韵浮空逼古琴，
城市火尘人正苦，那知山舍雪盈襟。

云高海阔正当秋，物外禅客任去留，
生佛既知无本据，悟迷安得有来由。
苍岩净贮三更月，野壑深藏万里舟，
谁管清飙剪林麓，道人山衲自蒙头。

际天云海廓无垠，六户虚容一个身，
松叶拥炉煨老芋，竹烟凝毳接阳春。
夜庭立雪情方泯，古涧敲冰意独新，
盟此岁寒人有几，多于忙处丧天真。

示一禅人（五首）

闲处相逢闹处违，船头曾有再来期。
灵机瞥转寻行路，不觉和身陷铁围。

见面闻名总不亲，拟思量处昧天真。
隔江招手横趋者，今古谁能继后尘。

约我再来无别意，多同要问葛藤禅。
虚空有口说不得，铁壁银山面面穿。

伽陀远寄莫疑猜，生死牢关要打开。
剔起两茎眉自看，谁云幻住不重来。

去却一兮拈却七，死生生死太无端。
男儿未具超方眼，十二时中莫自瞒。

远溪雄上人求加持布衣为说偈

吾宗大雄，曾搭此衣，寸丝不挂，一肩横披，优钵昙花绽一枝。

为烈禅人袈裟加持

衣名无相福田，佛祖遗风余烈。如是而披，净如冰雪，伫看一花开五叶。

烈禅人以大布制条相衣一顶，求为加持，愿世世不失此衣而续佛慧命。当知此衣无相，而所参之话亦无相。然披此衣，参此话，久久不间，则谓佛慧命，岂外事耶？宜勉之。

无隐

此道分明绝覆藏，森罗万象露堂堂。
西风满院谁人共，山谷先生闻桂香。

远山

淡烟一抹写晴空，仿佛须弥露半峰。
万里崖州行欲尽，巍巍犹在白云中。

雪谷

千岩万岳玉成团，随扣随音孰解看。
里许有神元不死，我曾亲到骨毛寒。

梅谷

阳春昨夜到寒崖，花向其中五叶开。
一片白云遮不断，天风吹出暗香来。

愚叟

终日不违缘底事，无能多是死偷心。
从来大巧只如拙，到老谁知是浅深。

拙庵

弄巧翻成错用工，全身堕在草窠中，
着衣吃饭也不会，那竖拳头继祖风。

无相

凡所有时皆是妄，从来绝处未全真。
顶门若具超尘眼，草木纤毫总法身。

古木

饱历风霜不计年，森森凉荫几多人，
看它不涉荣枯处，只为根沾劫外春。

海耕

一吸沧溟干彻底，肯留涓滴活鱼龙。
分成田段都犁了，牛自闲眠人自匆。

沧海

烟茫茫又水茫茫，辊底浑潮浸八荒。
夜半老龙眠未起，晓云推日上扶桑。

捷翁

未启口时先领略，始抬眸处已知归，
老来转觉机轮活，说法犹如闪电辉。

石榴

久于林中鞴庐都，几被秋风着意吹，
时节到来开口笑，满怀都是夜明珠。

寄朱高冈

以忠以恕性皆然，一寸灵明廓大千，
天下归仁知绝学，物皆备我识无传。
凤凰鸣上高冈月，乌兔挨开碧落天，
极目纵心如不昧，又何须用觅它缘。

赠谢壶天

道不属知与不知，现成三昧绝离微，
汞铅岂是长生药，离坎那出向上机。
跨得玉鸾归凤阙，挽回石马上天墀，
若教来入空王室，拈起毫端隔铁围。

赠静居士

静庵居士住金陵，藉藉江湖有道声，
出水莲花三叶白，带霜松干半生青。
横推象驾归峨岭，倒跨牛车出火城，
待得度人心愿足，却来叩我话无生。

送僧

大哉八月钱塘潮，千堆怒雪摩青霄。七尺乌藤乌律律，信手拈来天遥遥。卧龙山前镜湖水，冷浸天光清似洗。三江九堰共经过，太白玉几清嵯峨，二十里松蔽天月。万工池上三重阁，重重阁影浮清波。潮音洞里观音体，瞬目白云千万里。石梁五百老声闻，鹧鸪啼在深花里。万八千丈华顶峰，绿萝千尺悬苍松。要识东州只这是，何必重穿草鞋耳。当机莫做境话看，也要一回行到底。

和瓶梅

折来斜插胆瓶中，数点半开春意融，
疏影横斜窗漏月，暗香浮动户来风。

既无根本那能实，徒有标姿总是空，
莫待弃情时节至，只今便作朽枯容。

华藏云海亭

云海亭高望野原，半空晴雪卷遥天，
龙拖远峙青螺湿，鲸吐寒蟾玉镜圆。
三万顷沉吴主剑，二千年恨越王船，
道人不管兴亡事，听罢疏钟枕石眠。

礼惠照大师塔

祖印全提为指南，白云堆里现优昙，
珠流光焰三千里，玉镂文章五百函。
匝地古霜埋石磴，绕檐苍雪护松龛，
我来此地空鸣指，多少儿孙欲罢参。

山中访隐者

半生心事寄烟霞，策杖闲过隐者家。
啄木鸟啼山远近，采樵人语路横斜。
乱风吹落青松子，细雨蒸开白豆花。
不是少林门下客，如何消得此生涯。

山行

雪梨花落豆梅青，两袖春风杖屦轻。
翠竹篱边闻犬吠，紫荆花下见人行。
烟收远嶂岚光老，雨绝前村溪水平。
客路正长归未得，不禁时听杜鹃声。

山居

无影到人间，逍遥自驻颜。
半床清梦熟，四壁白云闲。
野鹿赴无出，狂猿去又还。
惟应朝市客，思我住深山。
一坞白云藏石磴，半间茅屋挂藤萝。
衔花幽鸟不知处，门掩夕阳春思多。

贺灵隐烧香侍者

古炉烟喷紫栴檀，帘幕香风动晓寒。
灵鹫山中人未起，金鸡啼上玉栏干。

赠全居士（母骨）

万仞峰高塔影垂，黄金骨冷夕阳微，
老娘面目分明在，泪洒东风恨附谁。

送云溪住九品观

暮云叠叠锁溪寒，水涩莲花漏滴干，
九品师僧从定起，夜潮推月上栏干。

庐山道友之江西

倒卓乌藤出雁门，摩空双眼盖乾坤，
江西有底老尊宿，眨上眉毛一口吞。

赠诵《莲经》

日宣一部妙莲花，袭袭香风透齿牙，
窗外日斜门半掩，藕丝牵动白牛车。

赠血书《莲经》

向一针锋显大功，血淋淋处扇醒风，
夜深吹到宝池月，白藕花开叶叶红。

血书《华严经》

遮那真体遍尘沙，血染春风二月花，
一百十城烟水外，善财童子不归家。

血书《金刚经》

云何降伏云何住，问得瞿昙口似锥，
印板不知文彩露，杜鹃啼血上花枝。

寄义断崖化缘

阿爷门户尽攲倾，举眼谁人不动情，
十字街头伸化手，也须还我老师兄。

寄天柱长老

古风不振世波摧，万里江湖卷怒雷，
天柱峰高人起定，旋挑山芋拨寒灰。

龙池庵山房

苍龙吟破冰池月，山翁独对寒崖雪，
人间大梦忽惊觉，树头索索吹黄叶。

朗上人竹房

森森绿玉排楯立，籁籁清声绕幽室，
衲僧一片坐禅心，耳根不碍闻尘入。

妙喜山前泊舟

水满清溪月满天，一条归路直如弦，
不知客舆何日歇，啼杀空山老杜鹃。

夏日村居

草塘拂拂水风微，凉雨初晴豆叶肥，
野树乱蝉吟未歇，卷桐声里放牛归。

金陵道中

六代繁华逐水流，岸莎汀草碧悠悠，
瘦藤斜倚东篱下，笑问黄花几度秋。

赠僧行脚

七尺乌藤生铁铸，等闲拈起留不住，
霜空月落天宇宽，脚头踢出山无数。

为道日损

工夫未到方圆处，几度凭栏特地愁，
今日是三明日四，雪霜容易上人头。

题妙湛无为塔

无为之体契天真，妙湛何容翳一尘，
千仞蜀原高突兀，末山活计又重新。

赠在别山

天目久同参，庐山又同宿，就中一处却不同，彼此今年三十六。我有
一把无弦琴，临别与君弹一曲。非阳春，非白雪，宛若雨余万丈崖瀑倾，
又如雪压千株山竹烈。惊起赤梢锦鲤，吹动鄱阳湖底波；趁出金毛狮子，
吞却珊瑚枝上月。阿呵呵，也奇绝，草木万象皆欣悦。此音不入时人耳，
莫共时人分彼此。卷衣抱琴归去休，自己家山任去留。三十年后忽相见，
此曲不应轻和酬。

立玉亭偈并序

窃闻天台有华顶、石桥，匡庐有天池、绣谷，清凉石之于北台，祝融
峰之于南岳，撷云林泉石之胜，殆非人间世也。吾东西两天目，长冈远岫，
倚空入云，其舞凤飞龙，势已尝见矣。先师高峰和尚至元己卯驻锡狮子岩，
未几而宴坐死关，两建道场，四方万里业空寂之士肩摩踵接，咸谓兹山虚
旷高寒，惟未有绝胜之地。越三十七白，延祐乙卯，院门树宰堵于龙冈之
巅。偶蹑空而下，可数十步，忽云泉松石，奇怪万状。时睹者惊相告曰："殆
造物珍护而有所俟于今日耶？不然，则此山与天地相为开辟，且古之搜奇
览胜之士未尝一寓目而何？"因构小亭冠于危石之上，匾曰"立玉亭"，
盖取海粟学士赋天目有"下视群峰之立玉"之句。犹至人之有所蕴，虽不
欲闻达，而一旦时缘既至，遮掩不及，则声名腥响、文彩发露者，差似也。
或谓山无心于求遇，而至人亦何有心于待遇哉！盖理使然也。昔僧问夹山

境话，答云："猿抱子归青嶂里，鸟衔花落碧岩前。"又无尽居士问玑禅师翠岩境话，答云："门近洪崖千尺井，石桥流水绕松杉。"其二师置丹青于三寸舌端，浓妆淡抹，描写殆尽。今古之鲜有不为境所围者。既不作境，忽有人问立玉亭，如何祗对？予素不能答话，谩以长偈似之：

八百里山花簇簇，点染乾坤真画轴。
盘空狮子尾吒沙，崖悬不停飞猿足。
龙冈幻出翠浮图，设利晶光射林麓。
转身忽发天所藏，咸池洞府皆尘俗。
苍松怪石眼未见，矮亭壁立千寻玉。
雷车撷下雨余瀑，压碎骊珠几千斛。
巨灵鞭起铁昆仑，搓牙万丈排空谷。
古窦幽潜劫外春，藤萝冉冉堆寒绿。
酷暑无风冰满怀，夜禅不动鬼神哭。
无边宇宙一毛端，谩将心境论生熟。
未曾来此一凭栏，莫言曾到西天目。

东天目昭明院四轴

院立昭明额，令人忆有梁，
与其行过越，何似守平常。
心花开佛屋，道韵启禅房，
不上东天目，难教物我忘。

昭即明之体，明时不昧昭，
理于言外得，悟向坐中消。
远忆麻充腹，翻思石坠腰，
流光毋把玩，生死不相饶。

西峰高崒嵂，东殿更巍峨，
乳鹿卧岩穴，花禽啄薜萝。
绕栏霜竹老，缘砌雨苔多，
未肯忘心境，区区拟若何。

道心昭且明，安用苦论评，
枯坐无闲日，冻居绝异情。
云粘断石疏，树倚危屏晴，
到东天目顶，前尘分外清。

头陀苦行歌

真实头陀行苦行，不修苦行非头陀，
若有真心为道者，试听苦行头陀歌。
苦头陀，无度用，陈年破衲千斤重，
冰雪齐腰堆上肩，遇夏绳穿挂梁栋。
苦头陀，面不洗，夜半三更先走起，
拍盲竖起铁脊梁，谁管蓬尘过两耳。
苦头陀，没家舍，树下冢间忘昼夜，
幕天席地乐空闲，赤骨律穷为保社。
苦头陀，最勇猛，废寝忘餐心自肯，
单单提一个话头，面门铁铸冰霜冷。
苦头陀，百件做，谁管牵犁并拽磨，
陆沉贱役心自甘，一任娘生皮袋破。
苦头陀，最堪惜，一切时中赤骨律，
动时铁石也磨穿，静处长年惟面壁。
苦头陀，无忌讳，遭人骂辱如浮戏，
尽形只与道为邻，任你人来欺入地。

头陀苦行难较量，又不惊人又久长，

头陀苦行难摸索，纯是真心无做作。

头陀苦行难理会，一行直入如来际，

头陀苦行难注解，高比须弥深似海。

尽说头陀苦行时，不思议，不思议，

忽若苦行都翻转，便是优昙花一枝。

托钵歌

道人家，真快活，万户千门持一钵。不是丛林无饭餐，不是自家无出豁，却缘折伏我慢幢，要把众生贪爱割。古佛曾离万乘尊，日向七家垂济拔，或受骂，或见喝，或遭醉象当头踏，尽是庄严功德身，利他自利称菩萨。三世十方诸圣贤，靡不由斯获通达。我持钵，脚头脚尾乾坤阔，极目无非祖父田，谁管一升并一撮。或与多，出门拍手笑呵呵。或与少，但得悭囊破便了。或言无，随缘善巧著工夫。待得倾仓都舍与，翻转钵盂浑不取。本来只要破尔悭，不是养身充化主。游人间，遍聚落，不为幻声虚色缚。入短巷，穿长街，怛荡身心任去来。逢村庄，遇山店，闲把钵盂持一遍。谩说天台与五台，管甚茅茨与官院，浑仑一个黑钵盂，信手拈来无少欠。无少欠，绝承当，托钵归来万事忘。第一不愁檀佃顽，又喜官司无打勘。朝托出，暮托归，里许有无惟自知。半世生涯只么去，眼上何愁不带眉。悭囊破，慢幢摧，钵盂内外生光辉。两手从空俱放下，茅庵四壁清风吹。兀坐蒲团无伴侣，闲将一年十二月。从头举，正月一，钵盂不用从人觅。二月春风吹大地，钵盂上下千花缀。灵云悟道三月春，钵盂也解笑翻身。四月丛林齐禁足，钵盂不受人拘束。光阴瞥尔交重五，黑漆钵盂街上舞。六月六，钵盂里许无三伏。七月秋，万象森罗一钵收。人间八月中秋节，错认钵盂是明月。黄花满地知重九，黑钵仰天开大口。十月十，一日钵盂两度湿。月建子，无底钵盂提不起。数到年穷并腊尽，钵盂不用重安柄。人间光影急如流，明日新正又起头。

说甚么德山用棒，投子提油，香严上树，雪峰辊毬。任你祖师西来十万里，光吞赤县，道播神州，争似侬家持一钵，一切时中得自由。

行脚歌

七尺乌藤铸生铁，几向山中拗不折。横拈倒用二十年，从来触处无途辙。一双草鞋元没底，况是龟毛穿两耳。深包十个脚指头，踏着风云四边起。我有钵盂惟一只，非瓦非金亦非锡，朝朝托向十字街，具眼衲僧俱不识。三般道具又随身，天上人间不隔尘。便与么去当行脚，四海眼空无近邻。行脚来，行脚去，业识茫茫无本据。行脚东，行脚西，路在胸中孰共知。有人唤我作行脚，风前笑倒黄番绰。我侬不学老赵州，走上人门寻戏谑。纵目不知湖海宽，动步只嫌天地窄。掉臂拂开天外云，转身冲破千山色。有时行脚还不然，看山看水只随缘。不留此土，不到西天。五台不要访室利，峨眉不求亲普贤。了知大道如弦直，长安路不生荆棘。有脚要行争奈何，佛祖至今浮逼逼。要知幻住行脚到何处，未跨出门机已露。更若问我几时回浙西，那里见予曾动步？

自做得歌

佛法混融无间隔，四圣六凡同一脉。良由迷悟瞥然兴，升与沉皆自做得。古人心口如弦直，突出机先无拣择。看渠落处绝商量，如何是佛？自做得，莫生受，眉里白毫充宇宙，古今不肯回首看，何缘只管随人后。自做得，最端的，动辄由他第八识，轻轻转作圆镜光，一毫不用从人觅。自做得，难躲避，剑阱火坑遭陷坠，方知业不从外来，都缘自把灵光背。自做得，不可解，积世无明深似海，驴腮马颔不知羞，佛也难教伊变改。自做得，要你知，快须识破贪嗔痴，三界无根无主宰，生死轮回怨阿谁。自做得，须早悟，也没西天并此土。自从踏碎铁围山，脚跟总是无生路。自做得，宜猛信，亲体不须论远近。纤毫凡圣情未消，依前辊入魔军阵。自做得，真道理，达磨当门无板齿。口开露出铁心肝，拟待承当还不是。自做得，是甚么，遇境逢缘无不可。天下何曾有鬼神，祸福从衡皆在我。我亦自做得，人亦自做得，寿夭穷通，动静语默，只个自做得，亦是自做得。会得自做得，也没自做得。自不做号做不自，得得何曾真得得。自做得，自做得，叮咛只为分明极，了事男儿更不知，请待当来问弥勒。

纸袄歌

道人活计无价好，一幅溪藤裁个袄。脱白露净光浮浮，绝胜形山如意宝。有时坐，冽冽风霜吹不过。有时行，藉藉春风动地生。有时不动亦不静，表里虚明照心镜。芦花明月共相亲，一团雪底藏阳春。说甚秦麻并越苎，吴绫并蜀锦，更堪笑在青州做底重七斤。争似我寸丝不挂，万缕横陈，全体用，最天真，富贵如何说向人。

水云自在歌

我爱水云常自在，任运逍遥无变改。直下千山成迁流，远对斜阳散文彩。水无心兮云无心，只此无今尽无古。肤寸长空非远近，巨浸蹄洼何浅深。水兮云兮人莫测，宇宙虽宽拘不得。万里鲸波涨海东，千丈龙光照天地。水云合配圣贤心，舒卷流行不涉尘，霖雨垂泽何曾外一人。水云只合方吾道，光烨烨兮声浩浩，鬼神莫测其机，起尽元无谩寻。道人住此水云中，自在自在无终穷。圆湛影里浸虚碧，明白光中藏太空。水合云兮云合水，水云自在同天理。我见君心合水云，自在应知绝伦比。客来共观梁上题，俯仰水云谁不知。自在奚止到今日，百世相传无尽时。

松花廪歌

半生幻住西天目，每爱好山如骨肉。破铛无米不下床，瘦腰三篏从教束。邻翁白日来打门，且笑且言声满屋。还知屋外老松花，绝胜农家千斗粟。堪作饭，玉穗金英光灿烂。堪作粥，碧雪紫霞香馥郁。压成饼，冰雪蟠屈龙蛇影。捏成团，烟云磊魂牙齿寒。我闻千年老松花为石，肉眼凡夫有谁识。更拟寻枝摘叶看，我道未曾尝此食。绝耒籽，非栽培，秋涛万里驱风雷。我疑乌兔推翻八角磨，尽把虚空轻碾破。不向机先信手拈，眨得眼来俱蹉过。毗耶谩自求香积，展手开田徒费力。谁知只在屋檐头，万劫要教饥不得。阿呵呵，谁辨的，苔阶扫尽廪未空，明月春风又狼藉。

天目中峰广慧禅师语（终）

天目中峰和尚普应国师法语

示正闻禅人

本色出家儿，须得坐、披衣，乃可受人天供养。以教中言坐则谓诸法空，言衣则谓柔和忍辱。以禅宗言坐则谓一念不退转，言衣则谓洞悟自心，不带枝叶。苟或不尔，则寸丝、滴水，定当慎偿。从上佛祖眼不耐见，开此个甘露法门，非求安逸也，非求闲散也，非求高尚其事而播美名，非求积聚滋多而规恶利也。古人三衣一钵外，皆目之为长物，乃频频说净而不蓄敛也。惟清苦自炼，不敢犯他苗稼，动他心念，密护妄情，深调禅味，则其大辩若讷，大巧如拙，誓在万人之下，不居一物之先，谦以降其身，不专己所长而眇视于不能者也。惟恐一念不存乎道，不克乎己，不利于物，不究于心也。其参学之正念，念念策熏，不到古人田地，虽大节莫变，大难莫夺，必期其高超远到而后已。审如是，则终身不动亦得遍界游行，亦得俱无所间然也。

正闻禅人出纸求语警策，乃信笔以示之。诚能不违此说，则得坐披衣何忝哉！西天目山幻住道者书于环山精舍，时延祐甲寅八月二十八日也。

又

古人学道之有灵验者，盖偷心死尽故也。使偷心一毫死不尽，则万劫无有自成之理。直而论之，死得一分偷心，则是学得一分道。死得偷心五分，则是学得五分道。偷心全无，则全体是道。盖偷心之障道，犹飞埃游尘之覆镜光也。今人惟知有道可成，而不知有偷心可尽。或偷心之未尽而欲道之有所成，是犹坐卧于水中求其不湿，天下古今无是理也。

昔永明和尚痛言情生智隔，想变体殊，使现成公案、祖父家珍不得受用也。谓情生想变者，即吾所言偷心之异名也。一切时要教情不生，一切处必欲想不变，会须真个把生死大事横于胸中、塞于意下，情方欲生而遭其障，想将拟变而遭其夺矣。你若不以生死大事切于胸中，看个话头，必于悟证，但一向遏捺它情想之不生不变，是犹元气既丧而事吐故纳新，奚为哉！古人有"参禅无秘诀，只要生死切"，斯言诚贯通三际，学道之大本。苟不以生死无常为己重任，而孜孜欲会禅会道而参究之，是犹使辟谷者事其耕获，而不知非所务也。前辈三十年、五十年，志益坚，念尤切，行逾加，而莫肯斯须少间者，非师友策发、丛林从臾、言说排遣、方便诱进而然，盖其根本只是一个痛念生死之志愿未由果遂，使今生不了，复何时而有自了之理哉！进道之念或自不真切，纵佛祖果有革凡入圣之神异，不翅令阿罗汉之起三毒，虽强而为之，决不能悠久者，必矣！

有人于此必欲会道而学之，而不能照破目前浮幻不实之境缘，时遭其引起妄念，攀缘不息。且妄念既兴，虽学道之力如丘山，将见日遭其斫丧无余矣。《楞严》谓："狂心未歇，歇即菩提。"何谓狂心？但离却痛念生死之事，提个所参底话尽形究竟之外，应有百千超卓世表之所为，皆不能出此狂心之讯耳。少林谓："外绝诸缘，内心无喘，心如墙壁，乃可入道。"然入道且置之不问，此心还曾如墙壁也未？如其未然，欲望其道有所入，多见其不自忖矣。参禅尽一生不会，学道尽一生不明，但不轻放舍此以参以学之正念，管取有高超远到之时。苟或舍其正念，妄以情识穿凿，以他言为己解，纵会尽古今，坐断佛祖，无乃妄陈狂见，自取过咎，甚非真实道流之所为也。

闻禅人出纸求做工夫细大，予因无客，信笔不觉葛藤如许。尔如有志，则予亦不为虚设矣。勉之！西天目山幻住老头陀书。

示怀正禅人

本色道流真正以生死大事为任，十二时中更无斯须忘念，单单只向自己躬下著到。虽面前纵有百千般殊胜事，百千般顺意事，百千般魔难事，四面八方之所围绕，终不为其夺，亦不为其所障。自然念念不忘，心心不间。设使暂忘暂间须臾，须依旧接续将去也，不受人排遣也，不受人劝诱也，不受人笼络也，不受人欺瞒也。盖自家真心一发，决欲取证，也不问在孤峰绝顶，也不问在闹市聚落，不问在熟处，也不问在生处，乃至一切处俱不问着，但只是有路可上，高人也行。当知道人家一个安身处，虽则一动一静，皆根于定业宿缘，非苟然尔。当知非苟然处，其实如梦如幻，如影如响。如今往往学道之士且不真实向生死大事上用心，最先立定脚头，不讨个分晓，却要向梦幻影响中念念分别。即此分别不已处，早是生死与交接你了也。更欲超越，又何啻却步之求前矣。然学道非小因缘，乃世间无大极之大事。倘或不能发此大志愿，向前做个倒断，则何有益于理哉！你看古人操志于此，便先将一条穷性命断送入无魂必死之乡。尽此一报身，贫亦得，苦亦得，病亦得，难亦得，手虽不握三尺利剑，只是无物敢婴其前。是谓大丈夫决定事业，步骤不俗者如此尔。

锦川怀正上人，弃家山成见受用，有志于道，良可加敬。因出纸求语，就写此以遗之。并为说偈：

　　参禅最要心怀正，正令全提只么参。

　　参到了无依倚处，前三三与后三三。

示规禅人

古者云：守规循矩，无绳自缚。欲不循矩守规，亦不能逃无绳自缚之讥。要得不堕个两头，只请向二六时中参此"万法归一、一归何处"话。参到极则之处，自缚绳豁然而有契悟日在。规禅人勉之。幻住老书。

示业海净禅人（嗣法于师）

男子大丈夫，负一片拨天志气，舍尘劳、离爱网，出丛林、入保社，单单为一段生死无常极大事。所以从上诸佛诸祖大起哀悯，垂言立教而救之，良有以也。正此法道浇漓之际，扶宗树教未敢相免。若只究明自己，也须脚跟下靠得那一着子真实稳当始得也。须是自己身心放得一切下始得。若放得下，靠得稳，尽此一生与么去，为己为人总在里许。脱或不尔，虽今日四体安逸，百事现成，即是它时异日千重百匝之铁围山也。设使纵其情欲，随其有心，流落今时，又岂止铁围山而已哉！只如今夏转眼是半夏了也，还曾触物无碍，还曾打成一片么？不然则前半夏已过，后半夏亦尔，与么在丛林中过百千万亿夏，正是痴狂外边走。更有一个最急末后句，真实相为，不辞举似：光阴身世浑如幻，生死无常莫等闲。

示双运寺宝监寺

男子大丈夫，各各有一所无尽价宝藏，昼夜放光动地，无量劫来到今日，未曾毫发为间为断。自是你举心动念处，为一点无明当头一障，障住了也，所以穷劫孤露不得受用。于是三世开士说一大藏教，分明是特为你未识此宝者曲垂方便耳。今则要与此宝一念相应，直须放舍身心及一切差别情念，十二时中单单提起个"万法归一，一归何处"话，行疑坐疑，猛利无间，若不彻悟，至死不休。然此宝不在四大身中，亦不在三界二十五有之内。但只管切切在念，孜孜用心，忽尔向用心不及处冷地省着，便见杨岐三脚驴、石窗破盏灯，总是轮王库藏中物，利济无尽。正恁么时，忽然有人问伊索此宝，未审如何抵对？

大德辛丑，幻住某甲书。

示田侍者

父母非我亲，谁是最亲者？莫问亲不亲，俱要一切舍。舍教内也空，外也空，单单提起四大分散时向何处安身立命话，工夫绵密不通风。如是三十年，忽尔自省。平田婆打牛一下，举眼无亲道自隆。

示本色道人

要做本色道人，别无他巧便，单单只要不惜身命，忘死向前，猛做一回。做到著力不得处，用心不得时，正好用心。久久与么捱，与么行，十个有五双，管取心空及第去。如今多是根浮脚浅，无主宰，无正见，无力量，无作略，轻遇著一些子逆顺境界，便被它搀夺去，便乃著力不得，用心不得。殊不知著力不得，便是眼光落地时著力不得。那时既无著力处，便是出牛胎入马腹底路头也。今日眼眨眨地用心不得，便是你腊月三十夜无用心处底影子现前也。那时无用心处，未免大开两眼，被它生死无常热瞒去也。本色道人既无父母之奉，妻子之养，征役之劳，口体之费，单单一条性命最先要与之拈向壁角落头，只有个要了生死底心，提起个所参话头，今日也只如是做，明日也只如是做，莫问三生六十劫，也只如是做。纵使铁围山高仞，也奈何你一个坚固不退转不变易底心不得，管取一念超越无疑矣。你信此事不及，靠此事不稳，踏此事不实，把此事不定，敢保你无所济知此事者必矣。古之所谓但办肯心，决不相赚。

示禅人

行之力则到必远，学之苦则悟必深。学者当谋远大之计，莫期浅近之功。无上大道，高越泰华，广逾十虚，一切有情本来具足。自非圣贤器量而欲穷其高、尽其大者，犹跛足之鳖望千里之程，岂朝夕可能达哉！所以古先圣人知其不可强，乃有渐而顿、顿而圆之义，晓然载于典籍矣。今之学者不究其本，但朝登诸祖之门，便欲暮收诸祖之效。其操心亦大矣，其用志亦远，却不思无量劫流入诸趣，多生习妄集聚此身，动是五欲八风，更相涉入，互为主伴。且如从生已来，五味煎其口腹，轻安覆其肌体，声色蠹其心志，浮伪盗其真实，乃至起灭取舍，顷刻万状，所谓本具足者，将斫丧无余矣。往往以浮薄斫丧之质，而欲载其浑全无杂之道，犹败漏之舟，使其力胜万斛而过东海，望其不倾不覆，其可得哉！或曰："德山见灭纸烛而领大法，盘山闻歌薤露而悟彻厥旨。彼皆不离见闻，而迥脱常情，彻见源底，何其易也。抑亦岂假劳形死心、祛情塞妄，然后而得哉！"噫！如德山携钞疏过南方，为妪所难，骤见龙潭，志亦苦矣。盘山遍历诸方，至于歌舞之际，正念炳然，心亦切矣。但见其悟道之易，而不知心处积虑未尝易也。要知今日之所易，即昔日之所难。今日之所难，即后日之所易也。倘今日之不难，则后日安有易于今日者矣。学者悟此，终不肯怀自画之见耳。世有客作下贱之人，为主所使，劳形竭力，不敢自息，少有过隙，则怒骂鞭叱靡所不至，未尝厌离，何其忘嗔怨之若是耶？无他，为利所摄而然也。倘加嗔怨，则主将见逐，必失利养而忘瞋怨也。学道之士少为境所触，便生退堕。然以利配道，霄壤不侔，何求利之切而求道之略耶？当悟此以勉之。

示禅人

上人若要超生死，日用单提那着子。莫问得力不得力，万劫千生只如此。提不起处猛提撕，举不起时须举起。切莫住轻安，轻安不是西来旨。切莫顾危亡，才顾危亡迷正理。更须不得坐在静闹闲忙中、见闻知觉里。但只常教一念绝所依，非但忘嗔亦忘喜。等闲和个忘亦忘，信脚踏翻东海水。非不非，是不是，差之毫厘，失之千里。

示禅人（雄藏主）

做工夫只是一个信心。信知有此一段大事，提起所参话，昼夜只是与么参去。正当参时，也无纯一不纯一、得力不得力底道理。纯一、得力总是妄觉，非工夫边实有此事。提起话参时，只是一个没奈何，总无第二个境界。今日参不得，今日不奈何。明日参不得，明日不奈何。乃至三十年参不得，三十年只是一个没奈何。或未到悟明之际，若有半点奈何之心，皆堕情计，非真工夫也。此事要与生死大事为对，不是世间可学、可求、可用心之事。参禅如咬铁橛子相似，正当咬时，有甚奈何处？你若耐得许多没奈何，便是有力量真办道人操志也。

海东雄上主求语警策，乃笔以告之。

示禅人

参禅只要所参之疑情蓦然破碎，直下洞无界限，胸中自有一种天然妙慧，永不堕古人途辙。是谓一了永了，一证永证，都不存一点知见解会。如人到家，信手拈来，莫非旧物，要用便用，自然与古人符合。你若不曾恁么洞然神悟一回，都不许你将古人相似语言起心凑泊，着意和会。直饶你凑泊得浑仑，和会得一体，堕在知解网中，若要一念子直捷透顶透底解脱自在，决无是处。于是只要你于未悟之际提个所参话，莫问三十年、二十年，真参实究，不存半点气息，如个大死人一般，忘寝忘餐，兀兀地究到情妄俱尽，不知不觉，踏着故乡田地，豁尔神悟，这个消息自然迥别。你可不痛以无量劫中死生大事为念，真实拌长远身心，的实参究，断无你悟底时节，不是小事。你若只要会禅、注解道理，不妨取他三祖《信心铭》、永嘉《证道歌》及黄檗《心要》等广说道理底文书，熟读熟记事，恣意高谈阔论。若不自悟，总是弄业识，结生死业，说入轮回网中去，于诸苦趣又从头受过。如今诸方多参此相似禅，只贵解说得通，不思心识情妄绞沥不干，是谓恶知恶觉。古人谓之野狐涎唾，一点入心则狂见万端矣。子细！子细！你此去将所记底古语尽情吐却，单单靠取个所参话，远拌一生两生，脚踏实地参去。此事要断你生死命根，岂可逐旋解、逐旋参，堕在业识中，佛也不救。

示禅人

参禅并无一切造作，只要一个为生死大事正念真切，提起所参话。也不要与精进昏散较量多少，将心较量，转成散乱去也。但去寻个稳便处住了，不问年深月远，但有一日精神，参取一日。久久不变不异，不知不觉，自然有开悟之时。如未获开悟，切不得将心意识向一切佛法道理上卜度，不怕道业不成也。勉之。老幻如此说云。

示禅人

参"赵州因甚道个无字"？大要紧，只向话头上坚立志愿参，起大疑情参。除所参话头上用心之外，更不可向情意识中把定名言法相，起念领览，唤作幻起灭。即此指幻生幻灭底一念子，觌体是生死根源。又将意识和会他古人道无明实性即佛性等语，顿在胸中，皆是识量分别，甚非真正参究。如今须是将从前解底古人相似语言一剪剪断，令胸中无一点知解。单单只靠取"赵州因甚道个无字"话，生与同生，死与同死。直待情妄泯，知解消，不知不觉，蓦尔向绝见闻处冷冷地眼开，方是到家消息。此事不是容易会底，但拌取一片久远不退转身心，不患其不相应。你若无此久远坚密志愿，欲求悟，动念驰求，转入邪路。记取！记取！

示禅人

参禅是真实心地法门，决定要了生死大事。当知一念疑惑即落魔界。

正做工夫时，心念杂乱，妄想纷然，不问是善是恶，是真是妄，总不要管它，但只向话头上著到，于所参话上一靠靠住，其昏散纷飞之杂念久之自息。如不息时，亦不要强去遏捺它，但是你做工夫之正念绵密便了。其做工夫之正念坚密，自然念消，念消则超然顿悟有期。既悟了，自然有个见处，可谓来生后生，妄与不妄，及与大慧和上大悟小悟，有许多没许多，自然了于自心处，不着问人也。你如今未悟，且不要闲思量这个杂事，只添得你昏散愈多。

示禅人

参禅学道，有甚巴鼻？生死无常，不是儿戏。坐断情识，揩磨志气，永绝爱染，永忘嗔恚，勿起狂心，妄谈佛智。看个话头，冷冰冰地，但尽此生，勿暂抛弃。拟求速悟，转落魔魅。但不懈怠，何须猛利？此事本无难与易，但存正见不痴颠，何患不明西祖意？

示禅人

做工夫只要以生死大事蕴于胸中，提起话头，孜孜而参，密密而究。但令心不妄缘，情无异见，不问勇猛不勇猛，成片不成片，宽着长远身心做将去，久久自会悟明，决定不落别处。你若离此正念之外，于能所造作知解心中瞥生一念，较量是与非、得与失，皆属妄缘，非正念也。

示海东诸禅人

今朝明朝，新岁旧岁。生死无常，随群逐队。世法与佛法，都不要理会。单单一个所参话，顿在蒲团、禅板边，谁管你三十年、二十年，灭却身心，死却意气，精进上加精进，勇锐中添勇锐。捱到情忘见尽时，个个心空真及第。

幻住某甲新正第四日，奉为海东诸禅人说。

重阳示海东诸禅人

今朝九月九，黄花处处有。所参那一句，但拌长远守。守到心孔开，决定无前后。东海鲤鱼飞上天，惊起法身藏北斗。

示海东可翁然禅人（住京师南禅寺）

山河大地不碍眼光，明暗色空消归自己。举心动念不是别人，见色闻声本来成现。自是不归归便得，五湖烟景有谁争。此等说话，稍负聪明者举皆知有，只许你记得多，说得熟，若要与脚跟下生死情妄十成脱略，不胜其霄壤相远矣。不惟生死岸边，便只是白日青天大开两眼，对声对色，遇顺遇逆，一念子起灭，转见消融不过。直饶对是非顺逆一一消化得过，亦是弄精魂、作主宰，鬼家活计，有甚用处？如今在处教人参禅，多只是参此等禅，惟贵言通，不求心悟。若是此个至灵之心，不曾向真实田地上洞悟一回，任你将聪明之资，向释迦、达磨以至临济、德山肚里一时辰走过千百遭，彻见心肺，正是痴狂外边走也。真实有志要为死生之者，断断不肯踏此途辙。单单靠取一个所参底无义味话头，顿在面前，如大死人相似。惟有一个真参实究之心，都不起一点要会禅会道底妄想。纵使正于参处，释迦、弥勒尽将三昧倾吐入你心腹，亦与当时吐却。情愿尽其形命不了佛法，决不于未悟之前妄将意识向他人奇特施设沾取一点，误入识田，是谓野狐涎唾，能使人眼见空花，痴狂外边走，大不济事。你若参到百年后，了然于己躬下无所趣向，正是第一等清净好人。你但信心不退，来世、后世决定还你有个真正悟明底时节。你若急性便要会禅，只这个急性底便是直入轮回网罗中无间然也。老沩山谓："此宗难得其妙，切须子细用心。"老幻如此说，只要人决了死生大事，不要人只管将心识向义路上穿凿古今。你若放个生死不过，当恁么脚踏实地行取。你若只要会禅，佛也为你不得。

然可翁求语警策，老幻某甲书。

又

古者谓："神光独耀，万古徽猷。入此门来，莫存知解。"《楞严》亦谓："知见立知，即无明本。知见无见，斯即涅槃。"从上若佛若祖，扫荡学者之知解，非得已也。盖知此道是一相平等法门，厚若地擎，廓如天布，无你容心处，无你留意处，无你着力处，乃至无你蹲坐处。只贵于未厝已前逴得便行，拟涉思惟即没交涉。今时人见与么说，便将意识领览，入知解网中，不求真正悟明。你若不曾真正向脚跟下划然开悟一回，任你遍将《传灯录》中相似语言以心意识荷负将去，依他作解，一味说此事本来具足，佛与众生元无欠少，寻常着衣吃饭总是成现三昧，你更拟心别求佛法，却成好肉剜疮。说得也相似，争奈你不曾向情忘识尽处悟明，以其不悟，说愈亲而识愈炽也。若是真正要究明死生大事的，都不肯于未悟时妄存知解，妄会佛法。一切时中单单靠取个所参底无义味话，如咬生铁橛相似。朝咬不断暮咬，今年咬不断，便拌取来年咬。愈咬不断，但拌取不退转无间断咬去，更说甚三十年、五十年，咬到极则处，管取有个卒地折、嚗地断底时节。但坚操此要咬断底信心不变不易，更有甚么不了办底大事？自是你趣道之正念不坚不密，未曾向所参话上立得脚牢，偶见人说相似般若，又乃将心学解。苟存此等谬见，若要真正悟明，是谓却步求前，无是理也。

可翁首座负聪明之资，有决了死生之大志，无端最初沾惹了一种相似知解，三余年留山中，近方信得及，不为知解所惑。兹忽起乡念，立大志，尽其晚年，力究深穷，以期正悟。复出纸再求警策，由是引前语以告之。更有个最末后句，两手分付：不于悟处期超越，徒向闻边守见知。记取！记取！

示灵叟古首座（住丰州万寿）

参禅要决了生死疑情。此疑既决，则一切是非差别同时俱决。既如是决了，方知本来无一物，于无一物处也无疑者，也无生死者，亦无决者，亦无受如是说者，一切收归自己，不思善，不思恶，法性本来平等。到这里，更说有微尘许是佛是法，是禅是道，皆堕妄缘。且禅道佛法尚是妄，又何疑与不疑非妄者哉！

你若实未曾向己躬下打彻一回，洞见源底，便向尘劳虚妄心中恣生妄见，将他本来无一物之语，以情意识和会卜度，便道无三界可出，无涅槃可证。说得也相似，只是和个说底都成妄见。拟将妄见要脱他生死，不异抱薪救火，转加炽焰，无有是处。

你若真实要做工夫，先将个生死无常大事顿在胸中，无斯须少间，单单提个话头，尽此一报身，蓦直做向前去。切不得要前思后算，做得上也与么做，做不上也与么做，久久不变不易，工夫熟，伎俩忘，诸妄消，不觉不知，以之悟入也。

夫无熟与不熟，疑情无起与不起。古人谓："参禅无秘诀，只要生死切。"你一个为生死大事之心至切至真，只从个真切心上总是疑情，自然不加排遣做作，久久此为生死切心不间，则首尾一贯，更何法可以为碍者哉！

你一个为生死正念不真不切，但只管强提话头，猛起疑情，决定不会开悟。但强得一时，疑得一时，其强之之心少退，则疑之之情与之俱失矣。

但当工夫做不纯一处，都不要强起疑情。只消把生死无常思量一遍，看看到无可奈何，别无方便可以破除，惟有一个话头又猛提起，与之做去。做得上也与么做，做不上也与么做。做到不奈何处，便是工夫熟时，亦不可做熟想，只是粘头缀尾做去。倘如是做，如不彻证，则无此理也。说难说易，皆当人以己量而分，其实绝无有难易之说。且如德山见吹灭纸烛便解承当，灵云见桃花应时领略，如此机缘，是易耶？难耶？当知在德山、灵云分上则易，在他人分上则不易也。你若实不以生死大事为己重任，决意咨参，愿求正悟，纵使将千七百公案一一注解，教你便会，可谓易也。殊不知会语则易，要透他死生情妄则难之又难矣。但能信取一个话头，密密参取，亦不必问其难易，久之心明性彻，则难之与易不胜其赘矣。

无字与烧撒了，那个是我性？已是两重。使我示你个话头，则不胜纷杂，工夫转见多端。你今日只将前面两个话头上那个看得熟，只将个看得熟底立定脚头，便与么拌死拌生，一念万年与之做去。做之不已，一处透，千处万处一时透。做到两忘迷悟、双泯圣凡之际，回观千七百则闲言长语，特瞖眼金屑耳。子细！子细！

我三年不写字，亦不与人说话。以兄远访，不觉葛藤如此，更不多及也。

示海东渊首座

工夫上说起疑情，当知疑情初无指授，亦无体段，亦无知觉，亦无把柄，亦无趣向，亦无方便，亦无做作、安排等事，更无别有道理可以排遣得。教你起疑，其所谓疑者，但只是你为自己躬下一段生死大事未曾明了。单单只是疑此生死大事，因甚么远从无量劫来流转迨今，是甚么巴鼻？又因甚么从今日流入尽未来际，决定有甚了期？只这个便是疑处，从上佛祖皆从此疑。疑之不已，自然心路绝，情妄消，知解泯，能所忘，不觉忽然相应，便是疑情破底时节也。

在前古人也不曾去看话头、参公案、上蒲团、做模样，只是切切于生死大事上疑着，三千里、五千里撞见个人，未脱草鞋，便蓦直问：我为生死事大，无常迅速。千人万人都是如此出家，如此行脚，如此求人，如此学道，初不为第二件事，设有亦不为也。后代以来，宗门下不合有许多露布葛藤，往往脚未跨门，便被此一等语言引诱将去，堕在葛藤窠臼中，唤作佛法，唤作禅道，流入知解罗网中不得出头，惟益多闻，乃所知障，于道实不曾有交涉。于是近代尊宿眼不耐见丛林中有此一病弊，待你未开口时，但只把一则无义味话头撒在学人面前，只要你放舍一切身心世间诸缘杂念，并禅道佛法、语言文字等，只教你向此话头上起大疑情参取去。正当参时，也不是要明佛法了参，也不是要会禅道了参，也不是要求一切知解了参。其所用心参者，单单只是不柰自己有个生死无常大事何。所以参到话头破处，则生死大事与之俱破。生死大事明处，则一切语言文字与之俱明。离死生外别无话头，离话头外别无生死。虽则从上古人只疑生死了悟道，今之人只疑话头了悟道，其所疑之事似或有异，其悟之道其实无古无今、无杂无异也。

正当疑话头时，也莫求方便，须信参禅无方便。也莫求趣向，须知参禅无趣向。也莫求把柄，须知参禅无把柄。其所言方便者，即个话头便是方便，即个话头便是趣向，便是把柄。但只要信得及，靠得稳，此生参个话头，决定要就此话头上打彻。如打未彻，初无障碍，只是自家欠一种猛利，欠一种坚固，欠一种不退转，欠一种信得及、把得定耳。但能把得个参话头底正念住，也莫管他昏沉散乱，也莫管他动静语默，也莫管他生老病死，也莫管他苦乐顺逆，也莫管他成就不成就等，乃至除却个参话头底正念之外，纵是三世佛、历代祖同时现前，以第一义谛无上法要倾入我心腹中，亦须当时与呕却，亦莫管他。盖此事不在佛祖上，不在境缘上，不在文字上，不在知解上，但只在你一个信得生死无常大事极处，所以不奈个生死何，参古人话头。除却参古人话头底一念子外，更拟向第二念中寻讨，大似拨波求水尔。古人道："密在尔边。"又何曾有一法与人为见闻、为持守？惟今日教你看个话头，早是不得已也。更若离此话头外别作思惟计较，展转没交涉。久后工夫熟，时节至，疑情破，须知疑者、参者乃至和个话头打归自己，更无一法当情，亦无一法为了、为不了。故教中谓："森罗万象，一法之所印。"只个一法亦无讨处，其何话头之有哉！但办肯心，决不相赚。

海东渊禅人日居僧堂中，因看话头处未通，出纸求指示，乃直笔以此答之云尔。

示无地立禅人

"回光返照"四字，是独脱凡情，超入大悟之域底境界。你工夫未到此个田地，且光作么生回照、作么生返？你若未到真正悟明之地，但有可回、可返之理，皆是自瞒。以其悟得彻处，则其心光不待回而回，觉照不待返而返矣。以无所待故也，无光可回，亦无照可返，是谓一行三昧。从上佛祖总向这里垛跟，甚非意识情妄所可到者。如今有等痴人，静僻处收视听、绝见闻，如木石相似，唤作回光返照。似怎么照得三十年，念念要脱他生死不得。但将个赵州因甚道个无字，猛利一提提起，日而参、夜而究，行而疑、坐而挼。正当如是看时，切不得作回光返照想，但参究不得处，正是放身舍命时。久久纯熟，忽尔开悟，曾不自知而回光返照毕矣。若更作回光返照会，依旧不曾悟在。

立无地禅人求警策语，某甲为书。

示夫上主

据如所言，十二时中作主不得，不识离却所参话头外，又唤甚么作主？当知即个话头便是你主，但常令此所参底话头不离心念，便是作得主，亦不可起作得主想。古人大意上初不曾有作主之说。如沩山谓"强作主宰，莫徇人情"，乃一时发人之精进之词，非道也。

又谓昏沉散乱、是非逆顺等上看话头之说。此说初无难晓底道理，自是你晓不得，强生知见。且如正看话头之顷，忽尔昏散顺逆等境现前，便当奋起精神，向昏散顺逆中看，久久昏散顺逆情妄自消耳。有人见此昏散顺逆等现前，便乃瞥生疑妄，谓毕竟别有何方便可以去此昏散等习，又乃归咎于根器、宿业及种种境缘。才起此心，则于昏散上重加昏散，顺逆中又添顺逆也。所以教你昏沉散乱时只就昏沉散乱上看，也不是别有何物可看，亦不是看昏沉散乱是何物，亦不教你于昏散顺逆等别寻巴鼻，只教你便就昏散等上单单提起话头自看，永不放舍。亦不妄起第二念，分别此是昏散顺逆等，此非昏散顺逆等。大凡做工夫，只要悟话头，不要你排遣昏散等。你但痛念生死无常大事，单单提个话头，起大疑情，以求正悟。惟是生死念切，自然话头绵密。于看话头绵密处，昏散等自然不现。凡是做工夫时见有昏散等，即是你念生死之心不切，看话头之念不密耳。

又言于话头上起疑，恐落思量之说。差矣！古人只为个生死大事未决，三十年、二十年，三千里、一万里，逢人便问我为生死大事，何曾看话头、起疑来。虽不看话头、起疑，而一个生死大事未决之心，便是古人疑处。近代参学之士，苦不以生死为事，况是宗门繁盛，语言滋多，脚未跨门，先以记持语言为务，把个为生死之正念一隔隔断。于是近代尊宿不得已，将个没义味话头蓦在你八识田中，教你去却一切知解，单单只向此话之所未晓处疑着。其所疑者，如撞着个银山铁壁相似，面前更无寸步可进。才起第二念便是落思量，但不起第二念即是疑情。其疑情中，自然截断一切知见解会等病。忽尔你于所疑处触翻，方知如古人一言半句，真个是大火聚、吹毛剑，不可犯也。但办信心，无事不了。

示宗己禅人（住常州法云禅寺，号复庵，法嗣于师）

赵州因甚道个无字？

此八个字是八字关，字字要著精彩。看你若依稀仿佛，半困半醒，似有似无，怎么参去，驴年也不会发明。参禅全是一团精神，你若精神稍缓，便被昏散二魔引入乱想狂妄窟中，作颠倒活计。参到精神不及处，蓦忽猛省，方知只个精神亦无著处，便见自己即宗，惟宗即己，宗外无己，己外无宗，惟己与宗俱成寱语。

己禅人求警策之语，乃直笔以似之。就为说偈：

> 赵州因甚道无字，自己与宗都莫论，
>
> 尽力直教参到底，便于无佛处称尊。

示雄禅人（法嗣于师）

四大分散时，向何处安身立命？

你若真实要悟明自己，但于十二时中单单提起此个话头，粘头缀尾不断头，蓦直做向前去。正当做时，都不要将一切语言文字、义路道理拿[1]来取证。做工夫时不要别觅休歇，亦不要配合古人做工夫上是同是别，才生此心，都落知解，永不与道相应。第一须是放得从前知见解会底禅道佛法净尽。第二须把生死大事顿于胸中，念念如救头燃，若不顿悟，决定不休。第三须是作得主定，但是久远不悟，都不要起第二念，向外别求，任是生与同生，死与同死。有此真实志愿，把得定，管取心空及第有日矣。

雄禅人但与么信取好。

又

此道无向背，绝商量。你拟心，则千里万里没交涉。你若不拟心，亦无你凑泊处。做工夫看个话头，身心勇猛打成一片，如银山铁壁相似。既是成一片，身与心，人与境，觌体混融，不容有所知。苟或知是一片，则又是两片、三片了也，安有混融之理哉！如今真实做处，都不要问一片不一片，但有一日精神，参取一日，岁久月深，不自知而以之悟入，决不相赚。只凭你一片决定信心，除却个赵州因甚道个无字外，见人说禅说道，便与劈面唾。生死无常不是小事，拌取三二十年脚踏实地死工夫捱将去，不怕瓮中走却鳖。

雄禅人，但恁么信教及，一任东山西水去。

又

若真个打成一片时，亦不知如银山铁壁。既知是银山铁壁，即不可谓之打成一片。如今莫问成一片不成一片，但将所参话头只管粘头缀尾，念念参取。参到意识尽处，知解泯时，不觉不知，自然开悟。正当开悟时，迷与悟，得与失，是与非等，一齐超越。更不须问人求证据，自然稳怗怗地，无许多事也。子细！子细！要到这个时节，须放教胸中开阔、岁月久长可也。

---

[1] 拿：底本作"等"，据此文原件（与远溪祖雄法语，大阪藤田美术馆藏）改。

又

劳自己之力，安他人之念，是菩萨用心。但存此心向道，则道无有不相应者。老氏谓："知其雄，守其雌，为天下溪。为天下溪，常德不离。"谓雄者，安己而劳他。谓雌者，安他而劳己也。犹水聚而为溪，常德之在躬而不可离也。

做工夫，无邪正、曲直、难易之差。但念无常，慎勿放逸，则步步皆正而不邪也。但信自心作佛而不向外驰求，自然心心质直而不致乎曲矣。但是工夫做不上，疑情疑不起，乃至百千障缘同时现前，此个要究明大事之心凝然不加摇动，则于理易会而不难矣。

但是道业边遇一切难入之处，俱是自心作障。此心若肯得尽，直至佛祖地位，更无别有所谓障碍之者。其学道之正念但自肯得尽，谁管三十年、二十年，自然稳怗怗地，无半点疑惑，安有自肯而复有障碍自外而至者耶？守雌之心念念无间，真积力久，不加造作，养之既专，守之亦力，道缘克备，触处皆真，任运无差，于法自在，直造世雄之域而不自知也。伟也哉！伟也哉！

雄禅人寄单山中，以乡中老成者未有寄单之地，乃让而他之，其为义之心与道相须而远矣。出纸求语，为一切处警策，故直笔以遗之。老幻某甲书。

示日本元禅人（住京师真如禅寺，号古先，法嗣于师）

此心迷成生死，悟成涅槃。然生死之迷固是难遣，殊不知悟之涅槃犹是入眼金尘。当知般若如大火聚，不许一切凑泊。你做工夫之心不肯真切，不能于最初一念上拍盲坐断，十二时中硬剥剥如大死人相似，靠个所参话一切斩断，每于坐不断处而生异计，作难想，作易想，引起差别情妄，纷然交接于怀，不能随处剪断，立十种重愿，必欲凭此愿力剪断浮思幻想。如石压草，便立千种重愿也压不得，转见疏阔。

你不思生死无常是无始时一段最大因缘，必欲相应，都无异方便，惟有一个所参话，直下但办取一片不退转、不改易、不迁变底决定正念，生与同生，死与同死。设使于未悟之际，千释迦、万弥勒倾出四大海佛法入你耳根，总是虚妄尘劳，皆非究竟。但是你一个正念靠不稳，其颠倒狂妄千途万辙了无休歇期。子细！子细！元禅人勉之。

示圣门哲禅人（住京师真如禅寺，后号明叟，嗣师）

昔僧问马祖如何是佛，祖云即心是佛。此一句话，直是软顽一切人。是说个个领略得去，及至问伊道那个是你心，你便东指西指，认色认空，说道说理，展转没交涉也。且心既不可指，你又唤甚么作佛？索性没讨头处。须知此事端的是悟始得。你若不曾悟去，任你尽世认个即心是佛，及至眼光落地时，讨个心也不见，讨个佛也不见，甘受轮回，悔将无及。如是唤作参禅者，你乡里人比比皆是。争似将个赵州因甚道个无字话，立定脚头，一气拍盲参向前去，若不亲到大彻大悟之地，决定不休。能如是立志参究，久之顿悟，则知即心是佛与个无字总成剩语。

圣门哲禅人求语警策，老幻某甲书。

示字海文侍者

从上佛祖痛以死生大事因缘未由决了，积劫于菩提海中深熏熟炼，不舍寸阴，乃至于菩提法中舍弃百千万亿形命，视富贵恩爱不翅飞埃之过目，一念子孜孜矻矻，提起古人无义味话头，向三条椽下、七尺单前，忘寒忘暑，废寝废餐，其不至大发明、大休歇之地不已也。具如是体裁，一个个透顶透底，首尾一贯，然后以所得处就人炉鞴中重锻再炼，必使纤尘净尽，脱白清洁，于生死涅槃岸上游戏自在，是谓心空及第者。岂似今人脚跟浮浅，不肯死心死志，向真实田地硬立脚头以求真脱，只贵于册子上记持，口耳边染习，惟欲会禅便了。殊不知死生大事于脚跟下依旧黑漫漫，不惟无有益，而害之矣。

字海文侍者求语，警策其入道之径云。

又

做工夫只要信得及。从最初一念信教及之，如是三十年永不生第二念。愈参不得，愈加精进。愈做不上，愈加勇猛。你于做不上、参不得处，瞥生一念疑惑妄见，起种种情解若凡若圣等，都堕落生死坑阱底根本。参禅但参不得时，不要说根器钝，不要说业障重，不要说时节晚，不要说不遇人。大意只是你一个为生死底正念不真不切。此心若真切，说甚么三十年，便是三十生也不生惊怖，密□[1]切地打捱向前。古人道：钓竿斫尽重栽竹，不计功程得便休。或你不具此等体裁，参禅学道总是倒见。真正道流所宜守者，文侍者勉之。老幻作如是说。

示定林了一上人

若了一，万事毕。且一作么生了？若要觅个了处，一切用心皆是平地风波，都无你了处。但将一个赵州因甚道个无字顿在胸中，默默地拌此一生，坚密身心，与之廝捱将去。正当廝捱时，不得你了会，亦不得你不了会，了与不了都是妄见。你若住此妄见中，展转无你了处。但只将个所参话横于胸中，今日也恁么参，明日也恁么参。于所参处，应有一切殊胜奇特境界现前，总是魔怪，更不得第二念认着及与遣除，乃至分别取舍，以为则但有此心俱落意地，要脱他生死根尘也大难。但是三十年、二十年不获悟明，惟加坚密，拌得生与同生，死与同死，于所参话一念子靠教稳怗怗地，不动不摇。久之异情不起，妄念平沉，于无所觉知处蓦忽猛省，方知至一之道，于未行脚时已尝了了，正不待别有所了而了也，是谓定林。你若不曾恁么真正悟明一回，便恁么唤作了也不得，唤作一亦不得，更要

---

[1] □，底本此处缺一字。

唤作定林，大远在。予说不虚。

一禅人道念绵密，年齿方盛，尽有发越祖道之资。但办肯心，决不相赚。

又

二由一有，一亦莫守。眨得眼来，早成窠臼。此事那里讨半点商量分，直下知归，已涉途程了也。参禅但未能向朕兆未分已前拍盲按下，且不可匆匆草草。你便拌取一生去理会，此生不办，又拌取来生结果。此事是你通身具足底，更过三十生亦不怕亏损一毫。惟要真实于死工夫边豁然悟一遍，便是心空及第之时。你若不能死尽偷心，拟将心识向它文字语言上撮掠，堕落意地，纵使会得道、会得禅，不知是痴狂外边走。

一禅人年齿壮盛，有真参之志，再来山中求警策。古所谓但办肯心不相赚，复何警策之云乎哉！勉之。

示意禅人

佛法全体是你具足底。你才瞥生一念，要向佛法上著到，早已堕落意地，永劫不与佛法相应。你若真正不肯放过生死大事，又不向一念未起时披襟荷负，但将个四体分散时向何处安身立命话，随你一切处住坐，密密参取。正当参时，但是从前记忆得底经教义理并古今宗乘中公案语言，并不得记半个字在胸中，亦不得将半个字挂在口皮边。十二时中兀兀如大死人相似，只如此单提所参话参取。久之不退，自有个超然顿悟底时节。你若未亲到此个正悟底时节，只要将心意识向相似语言上和会知解，任你解得一担禅道佛法，是名哑哒野狐涎唾，万劫无你了办处。

意禅人，记取！记取！

示因禅人

但信教自己，及提起所参话，宽着程限，拌取久远参去，自然有悟入之时。不可于正参时生一切疑虑之心，又不可生一切速求开悟之心。譬如行路，力极则自到了。

只参话头做工夫时，但有一切见闻知觉奇特殊胜应验等事，皆是魔缘。但不生心随逐，久则自解。你若瞥生一念乐著之情，从此堕入魔境，自谓发明，却成狂乱。

悟道如人到家。面前物境既是故家，一一自然稳当明白，更无纤毫疑惑之念。苟存半点疑惑，决定不是故家，便须拚去别参。或不尔，则谩成异见矣。

参无字，只要向无字上起疑情，参道赵州因甚道个无字，十二时中只与么参。正当参时，不问有思量分别、无思量分别，有思量、无思量属妄想。如今只要你单单向所参话上起疑情，乃至总不要一切境缘上作分别想。但离却所参话外别起一念，不问是佛念、法念，俱是非正念，皆生死种子。

真实做工夫底人，十二时中念念如救头燃，如一人与万人敌相似，那讨闲工夫向身命世缘上著到，亦有甚工夫要求人开发，更有甚闲工夫要问人讨言句、觅解会？更有一等人，三日不得人开发，便乃心下茫然，无所施其巧。这个总是逐妄流转，不是做工夫底人。大率做工夫底人，如做贼要偷人金帛相似，行时行要偷，坐时坐要偷，闲时闲要偷，忙时忙要偷，更那肯露此要偷之心要人看见。愈要偷得切，则愈藏机得密。心心尔，念念尔，久之不退，管取到古人地位。岂似伊十二时中做主不定，只要随它妄想流转，强作主宰，走在蒲团做模样，念念驰求，不肯休歇，那讨相应底时节？记取！记取！光影如流，速宜自省。

示然禅人

参禅但信得一个话头及，便只参一个。但是正参底，也用赵州因甚道个无字话外，更有一归何处话现前，你但莫采它，久之自然忘去也。你如今但拌取一片长远身心去参，切不可要求速得成就。若存速成就之念，久久引入知解网中去也。参禅但存了一个痛为死生大事底正念，守个所参话三十年、二十年，乃至一生只与么去，永不要起一念要求速悟之心。此心才生，即是妄念，永不与道相应也。

你但不要求速悟，你底工夫熟，时节至，譬之行路，虽不期到，但行步不歇不断，自然到也。

然禅人，但恁么信去，莫要学别人求速悟底走入邪路去。你可将此话就说与你许多乡中人知之。

示妙然禅人

参禅只要信得及，便就话头上参去，都不要将意识向一与万上卜度。你若卜度道一是何物、万是何物，直饶你指点得明明白白，正是痴狂外边走，永劫不与道相应。你若信得及处，也不要问一是何处之一，万是何处之万。你只管一便只是一，万便只是万，但向一归何处下立定脚头，一念万年参将去。参到心空及第大悟彻时，即一而万，惟万而一，一不是万，万不是一，了然于胸中矣。你若未悟，任你将一与万说得花簇簇，总不出个颠倒妄想。然上人信之。

示玄禅人

赵州因甚道无字？但于十二时中密密举起大疑情参去，都不疑它与庭前柏树子并须弥山话是同是别。你若将意识向话头上较量，展转引入业识网罗中，永劫无你悟处。参禅要断生死命根，别无方便，你但截断种种知见解会，单单靠取个所参话，不问年深岁远，尽情靠将去，不怕不悟。你若一念子靠不稳，凡见做不相应处多生解会，安有解会之心能断生死命根之理？

你乡里人从来无人说做工夫底道理，多只是向理路上知解将去。直饶解得释迦肚里破，正是业识茫茫，都无是处。沩山道："此宗难得其妙，切须子细用心。"大不容易，但办久远真实心参去，决不相赚。

赵州道："为伊有业识在。"这一语是赵州金刚眼睛。不说学人有业识，你若向业识上会，和赵州金刚眼睛同时瞎却。你如今不要问有业识无业识，只是单单提起前话，不转头，不起念，参所久之，自然悟去。别不要生一点知见，也不要问大疑、小疑，起与不起。才存此见，已是早转头起念了也。

示牧上人（病中）

《遗教经》云："譬如牧牛，执杖视之，勿令犯人苗稼。"沩山谓："一回入草去，蓦鼻拽回来。"百丈云："子真牧牛也。"当知四大是身病，六根是心病。一个话头要你参究，是禅病。一念洞明，当处超越，是佛病。细而言之，但涉见闻解会，皆是病源，而况偶乖摄养，四体违和，这个是病中之病也。如今要医治此病，初无难事，但只将个赵州因其道个无字顿在枕头边、席上子，此是万金神药。更要此药灵验，别无方便，但放教胸中冷冰冰地，空寂寂地，百不思，百不虑，佛来、祖来总与置之那畔，不要把正眼觑着。直得胸中前无思、后无算，表里如枯木寒灰，便是无常杀鬼现前，总与一齐坐断。如是操守，是谓真牧，是谓良医，是谓涅槃堂里禅，是谓出家行脚之本据也。更有一句，未暇指陈，待伊药病两忘，却向你道。

牧上人病中求语警策，乃笔此以警之。

示逸禅人

疑情无大小，但疑之重，是谓大疑；疑之轻，是谓小疑。何谓重？但说着个生死事大，便自顿在胸中，要放下也放不得，如大饥之人要求食相似，自然放不过，虽欲不举，不自由而举之也，是谓重，故名大疑。此大疑之下，自然废寝忘餐，身心一如，亦不知是大疑，自然疑之不休息也。如古人看无字，立庭中，急雨至，身上皆湿，亦不知身上有雨湿，因傍僧唤醒，乃知身上为雨湿。此是工夫纯熟，忘境忘缘，此便是大疑。当大疑之时，你胸中方有一念子知道是大疑，早是错了也，不成大疑。此大疑之境界，不属你要得，直须是你心中为生死大事之正念真切，无一点安排计较，日久月深，都无间断，自然现前。直是无你着力处，你做工夫都无方便，也无商量处，只要你一个为生死底正念真切，久久自然超越。你晓不得做工夫，以至生出许多知解。

如今都不要生一切解会，亦不要说道我根性微劣，亦不要言我于般若缘浅，亦不要问人求善巧方便，委曲开示。但有一点异见，都魔外。十二时中单单靠取个赵州因甚道个无字话头，今日参不得今日靠取，明日参不得明日靠取，乃至今年、明年、今生、明生，亦都不要问久远，但是参不透时只与么靠将去。除了你自办长远身心做工夫去底正念，便是释迦、达磨倾吐禅道入你心腹也救你不得。记取！记取！

示英禅人

禅宗有一等聪利之人，始焉于师家语言下解会得相似，便尔承当。当时师家不暇攻其悟不悟，一时放过，于是一以自己所入处展转教人。于是不要疑话头，只贵现成领略，互相带累，入知见网中，说时似同，行处了无交涉。有一等初根愚钝，见说参禅须看话头，起大疑情，方顿悟入，于是硬剥剥地三十、二十年靠取个所参底话头，首尾一贯，不肯放舍。久之情妄顿消，尽然开悟。后来凡遇学人请益，必欲令人看话头，起疑情，做工夫。似此等师家为人，虽曰难于进入，却始终不坏人根性。

自有宗门已来，虽云直指人心，其涉入门户，千途万辙，各各不同。盖师家据一个直指之理，循人根性及自家悟入之由不同，所以诱引不同。原其至理，究竟之处一皆了脱死生大事为期，余无可为者。众生识性多差，不能一屙便休，又有悟后又要见人之说，或有得个入处又要履践之说。此皆是悟处不能一蹋到底，尚带异执，不能与人解粘去缚，于是有见人、履践。若约一悟永悟底，断无此说也。古人虽不看公案、起疑情，但于未悟时用心与今人彻底不同。若教今人不做工夫，个个都坐在颠倒网里。古人有云："依他作解，障自悟门。"《圆觉经》："末世众生希望成道，毋令求悟，惟益多闻，增长我见。"

又

死生大事是无量劫前流浪至今，非一朝夕所成者。今日要将此无量劫前所流浪生死根尘和底一翻翻转，甚非易事也，须以决定志气，尽形命为期。此生或不了办，便拌取来生后世与之打捱。当知此事无你着力处，无你急性处，无你用情处，转着力转迷闷，愈急性愈纷飞，益用情益昏散。但只要一切处密密切切，把定一个所参底话头，一切处不得放舍，不得间断，只与么徐徐切觑捕将去。第一不要指立期限，第二不要避喧求寂，第三不要拣择境缘，第四不要住心待悟，第五不要计算功程，第六不要别觅方便，第七不要遇难而忧，第八不要逢顺而喜，第九不要瞥生畏怯，第十不要取舍依违。离此十事，谨守个四大分散时向何处安身立命话，尽平生乃至未来际只如此做向前。此回更做不上，不可再换所参话也。英禅人宜勉之。

示廓禅人

昔少林对梁王曰"廓然无圣"，直下生死永尽，无常永灭，无禅可参，无道可参。虽然，你便与么领略，堕在毒海，万劫无你出处。要与此道相应，也须是悟明始得。你真正要求悟明，但将个"赵州因甚道个无字"，拌取一生真实身心、铁石志气，向三根椽下放舍平生见闻知解，冷冰冰地硬立脚头做去，讨个分晓。古人谓："参禅一著，要敌生死，不是说了便休。"既休不得，也须做个倒断，方能一切处廓然开悟也。廓禅人，但如是参取。

又

赵州道个无字，不是有无之无。赵州道个有字，不是有无之有。宗师家一期方便教人看个无字，自此一人传虚，万人传实，只要向话上讨个分晓，初不作有无会。你今朝但办一片真实信心，教及单单靠取个无字，蓦直如此参去。纵使无字上三十年参不透，忽老赵州再出世来说与你道："你如今若参有字便教你悟道。"你若是个真正痛为生死发决定信心底人，闻如此说，应时便与喝退。宁可向无字上不悟，决不肯随人语转了求悟。你若随人语转了求得悟来，正是痴狂外边走，断断不了生死。宜知。

示荣藏主

提撕话头时言无味，你拟唤甚么作味？言味且置，你又向何处进取一步？要求味及要进步，皆是根本妄想。你拟存此心，要做工夫，究明死生，展转没交涉。你如今要知味么？但于所参话上绵绵密密去，不要别求方便。做得做不得，只么参到头去，即此便是滋味，即此便是进步底道理。除此别要求味、求进步，总是颠倒妄想，万劫无你了处。古人学道，但只为个生死事大，无常迅速，也无话头得参。更问如何，更觅如何，劈脊便棒，栏腮便掌，已是老婆心，更有甚较量分？亦有甚语话分？今时人自信不及，不奈你何，把个无义味话与你参究，更嫌没滋味，更要讨进步处，大似开眼说梦。

荣上主随众双径，向道之心坚笃，出纸求语警策，乃直笔以示之云尔。

示澄禅人

心本澄湛，元无污染，工夫亦无做不做之异，一切施为只要悟明自心耳。此心不属一切安排，须是悟始得。或未由正悟，任你万般玄解、千种思惟，如人以手撮摩太虚，安得太虚之体遭你摩撮？一切时提起所参话，密密无间断参取。正当参时，都不要作一切计较拶量，只如个枯木死灰，绝气息，守将去。守到情消识尽处，忽尔开悟，那时澄湛不澄湛，如哑子得梦，惟自知耳。更须和此所知之念同时扫荡，始庆快也。

澄禅人求语警策，幻住某甲书。

示海东空上人

佛祖不耐见你有一种生死情识，如灯焰，似水涓，无暂停时。其所不停处，不著声、便著色，不著空、便著有，不著功用、便著无为，不著圣、便著凡，念念不停，随处取著。以其所著处，便是刀斫不断、锯解不开底生死。当知此生死情识，是于毕竟无中成究竟有，自缠自缚，未尝有斯须少间。如今真个要了此一段不少间断底生死，直下便发起一片真正决定不间断底心，提起古人话头，密密地与之究竟将去。此一段工夫，真实无你凑泊处，无你驰求处，无你和会处，亦无你躲避处，惟有此真实信心者乃能趣入。

近代尊宿多是不本生死大事为学者之要务，往往只欲其速会禅道，未免将个单头浅近之语诱其自知解而入。纵使知得十成，解得明白，若不曾于生死情识上独脱一回，总是痴狂外边走。而况学者又自无决定志气，每每先向工夫上做几时，久无趣入，不知不觉瞥起异心，随人落草，但觉口里水漉漉，说得花簇簇，只是与道全乖，俱无是处。

今古之下只要求一人三十年二十年不变、不异、不动、不摇，乃至呼唤不回，罗笼不住，不著此、不著彼，不著圣、不著凡，虽曰不著一切，而亦不作不著一切想，孤迥迥，峭巍巍，前念也与么，后念也与么，单单只有一个要决了生死无常底心，孜孜尔，兀兀尔，趁之不去，撼之不摇，提起个四大分散时向何处安身立命，只就此话下逼起疑情，决定要知安身立命处着落。正与么做时，忽若有人将百千禅道佛法灌注入你心中，也须直下便与呕出。宁可尽此一报身不悟，决不肯于未悟时染习他禅道佛法知见解会一毫发许，亦不于未悟时起一毫发许心念要会禅道佛法。盖禅道佛法无你会处，见闻知觉无你避处，虚妄情识无尔断处，生死无常无你了处。你若拟起一毫发心念要会、要避、要断、要了，愈不相应去也。所以此事古人喻之如大火聚，除非是个真实猛利大丈夫，不顾性命，奋身直入，更不拟议，亦无一点异见，单单只要决了生死无常，久久纯熟，不觉不知，打成一片。等闲豁开正眼，洞见本源，方知禅道佛法不待会而会，见闻知觉不待忘而忘，虚妄情识不待断而断，生死无常不待了而了矣。即此谓之参学事毕，撒手到家底时节。到此更要你掀翻见网，打破法窟，抹过那边，扬身物外，方堪为克家种草。你若悟了，更只坐在悟处，一切处粘手缀脚，无你大解脱分。然古人一生取办，岂肯徇缘徇境、含藏偷心、暗摇识海而虚延岁月者哉！说则词繁，记得古人道："努力今生须了却，莫教永劫受余殃。"斯言尽之矣，予复何言。

海东空上人出纸觅语，为进道之径，乃忘其多言以笔之云。

示薰禅人

薰禅人此去，但参个赵州因甚道个无字，只如此断，于举起处只如此参。但参时不要举，只于赵州道无字之下默默参去，都不要别生知解，死却一切心念，猛利参去。久久无间断，自然开悟。然参禅是痛为生死大事，了参不为别事。你但为生死之念真切，自然参得行也。你若不为生死，直饶参得禅、会得禅，都是业识，都无用处。

示圆禅人（因受戒）

戒即是道上之戒，道即是戒中之道，名二而理不二也。因甚么持戒？为生死也。因甚么学道？亦为生死也。若是为生死之心切，不期戒而戒自持，不向道而道自进。你若真心不为生死大事，持戒也不是，学道也不是。

示硕禅人

道人有故乡，不在东海岸。剔起两茎眉，风前宜自看。若看不见时，提起古公案。急如救头燃，操心求了办。一念忽湛然，当处沉昏散。白日摸璧行，远归何所干。大事须早明，触目皆浮幻。趁此身强，莫言佛法不怕烂。

示丘、渊二禅人

你两人远来我这里，无可言者，只有一个所参底话头。你但信教及，参去赵州因甚道个无字，便于日用中不问久远参取。或于此话上提不起、疑不行时，只将个生死无常思量一遍了，再提前话参去好。

示素禅人

参禅初无方便，只要你拌取一片真实为生死大事底正念，提起个所参话，不问三十年、二十年，一气不转头。疑不得处去疑取，捱不上处去捱取。但疑不得、捱不上，都不要别起第二念。要如何疑？如何捱？原夫疑亦只是疑个所参底话头，捱也只是要捱个所参底话头。除此个所参底话头，更别无甚么轻安寂静、奇特殊胜灵验等与你做窠臼。才觉所参话不现前，便又与之密密提起，念念不断参去。但办肯心，决不相赚。

示运禅人

参禅只要痛为死生大事，单提所参话，于动静闲忙中体取。决不可执坐为工夫。你若执个坐底，执个静底，更妄认四大身中轻安寂静境界，久之则生百千种禅病，佛也莫救你。不见他古人素不曾向蒲团上，惟以动用诸缘与之作对，但是此个要究明生死之正念，孜孜不舍，兀兀无休时，不知不觉向不柰何处独脱，便是心空及第之时也。除此别无方便。运禅人但怎么体取。

示祖禅人

祖师来，万象森罗活眼开。净法界身全体露，香匙茶盏舞三台。你若有眼看不见，提起话头须勇健。十二时中不暂停，千劫直教无转变。忽然冷地蓦相逢，铁壁银山有路通。有问西来祖师意，平叉两手惟当胸。

示良遂禅人

道业也无进时，进是妄想；也无退时，退成怠惰。去此二途，单单只提起个所参话，只拌取生与同生、死与同死，立定决定不变异之正志，任你这边那边住坐，一味参取。除参外，更不许别起第二念思惟佛法禅道，久之自然心空及第耳。遂禅人不要急性，至祝！至祝！

示幽禅人

深固幽远之旨，在伊口唇边，凡涉语言，未尝不满口道着。幽禅人还知么？如其未委，但将一个"万法归一，一归何处"话，拌取一生决定身心直参。教能所俱泯，向幽深更幽深处一肩负荷，方不孤逾海越漠之志愿耳。

示日本中浦居士

父母未生前那个是本来面目？中浦还直下曾与至中之理相应么？如其未能，此事不是说了便休，便须单单提起前话，拌取一生，孤寂身心，空闲志气，默默然如大死人相似，如不致悟，决定不休。但办此等坚密肯心，则身与心、境与缘俱不期中而中矣。复何疑哉！复何疑哉！

示日本平亲卫直庵知陟居士

昔庞居士问马祖云："不与万法为侣者是甚么人？"祖云："待汝一口吸尽西江水，即向你道。"此说之下，其直如弦。你拟涉思惟，则当处已不胜其曲矣。又庞居士谓："难！难！百石油麻树上摊。"庞婆谓："易！易！易似和衣一觉睡。"其女灵照谓："也不难，也不易，百草头上祖师意。"三人虽说难说易，而亦不知其当下其直亦如弦也。你拟于难易边觅，又不胜曲矣。所以毗耶老人有"直心为道场，离诸委曲故"。如其于此至直之理未能披襟领荷，总不要别第二念，但只将个父母未生前那个是我本来面目话顿在胸中，默默然参取，孜孜然究取，矻矻然疑取，凛凛然做取。做到情忘识尽处，蓦忽猛省，始信迷时也直，悟时也直，得时也直，失时也直。上天堂、下地狱，坐莲台、入剑阱，更无有一斯须不与至直之理吻然混合。到此也无佛可求，也无众生可弃，直之又直者矣。

亲卫平居士号直庵，出纸需予以警策入道之语，乃直笔以酬之，并为说偈：

> 言直行直心乃直，拟存知解便乖疏。
>
> 话头日用参教彻，说个如弦已涉途。

示薰禅人

参禅必欲悟，不求解。将个"森罗及万象，一法之所印"之说，和会入心，以此说会古人意，是解也，非悟也。以如此解，直饶将千七百祖意一串穿过，正是业识茫茫，金屑入眼，要了它生死根尘，转见没交涉。方所谓依他作解，障自悟门。是谓杂毒入心，非真参学人所期于此也。

薰禅人远逾鲸海，为死生大事而至，切不得如此错用心。至祝！

示月庵归一居士

万法如月之在空，本无圆缺出没之相，而众生妄病在眼，咸谓有之，又有见第二月者。若欲洞见真月之体，但将个"万法归一，一归何处"话置之胸臆，都不问闲忙静闹，密密绵绵与之参取。参到岁月深、工夫熟、能所空、时节至，蓦忽猛省，方知尽乾坤宇宙皆一月之庵，光明照映，净白无尘，觅一点是月非月、是庵非庵之异见，了不可得矣。

归一居士号月庵，求警策语，乃尔应之。

示寔上人

本色衲僧，学道无剪爪之功，动步有出身之路，岂肯自生退屈，与诸尘旋绕于轮回生死之岸，而不思掉臂独脱者哉！古人谓便怎么去已涉程途，而况三搭不回。生死无常是甚么事，且莫匆匆草草。十二时中当机对境之际，须猛提起个所参底话头，密密自看。切忌回头转脑，动步移身。立定脚头，只与么讨个倒断。如不倒断，只拌得生与同生，死与同死，又何有难学之道哉！你若立志不坚，著脚不稳，眨得眼来，白云万里矣。

寔上人出纸觅进道之语，故书此以答之，就为说偈：

> 衲僧无剪爪之功，学道身心疾似风，
> 若使暂时轻放过，依前落在有无中。

示头陀道者志成

要做本色真正道流，直须受得勤劳，甘得淡薄，耐得岁寒，守得贫苦，当得重务，忘得名利，弃得恩爱，持得戒律，做得工夫，了得生死，参得禅道，会得佛法，这许多事业一肩荷负了当。更要你不见彼短，不务己长，不逞见闻，不眩声色。十二时合取两片口皮，竖立万年一念之志愿，常存正念，守护身心，不堕境缘，不生憎爱。倘或行之不移，守之不易，则灵山一枝花拈起已久，当不让老饮光破颜于百万大众之前矣。方不孤汝离父母、舍世缘、剪须发、着弊衣、行苦行、做道者也。倘或不能如是，则口食他饭，身着他衣，头戴他屋，脚踏他地，孜孜不省，兀兀无知，一报忽终，且酬宿欠，改换形质，流转轮回，何有益于理哉！

道者志成出纸求语，为终身警策，就为说偈以示之：

<blockquote>

参禅学道要图成，剑刃冰棱纵步行。

行到路穷回首处，堂前三板放禅声。

</blockquote>

示本净上人

即今语默动静、俯仰折旋、见闻知觉者，是狂妄颠倒精魂，非你自心。你若要了得自心真实底，直须将父母未生前那个是我本来面目话，三二十年参去，直待彻悟，方为谛当。你乡里人参禅多不曾参而至于悟，但只以聪明之资学解禅诠，妄认目前昭昭鉴觉者为自性，不肯下死工夫真实求悟，总是痴狂外边走，大不济事。

示逸上人

永嘉谓："绝学无为闲道人，不除妄想不求真。"这个说话，脱赚多少人向无事甲中蹲坐，究竟不能超越。当知绝学之理，不是便与么休歇底事，须到心空及第之处，命根子亲切断一回，方绝学也。既尔绝学，则无为之道卓尔现前。如今真个要亲切与此道相应，但于十二时中单单提起个赵州因甚道个无字，拌取三十年，向所参话上讨个分晓，则知无为不待别有所为而自然步步相应者矣。

逸上人但如此体取。如其不然，非予所知。

示养直蒙首座

初祖少林谓："直指人心，见性成佛。"言直指之直，离言说，有言说则不直也；绝思惟，才思惟则不直也；无造作，拟造作则不直也；泯修证，微涉修证则不直也。于是六传至曹溪，谓说个直指早已迂曲了也。此说之下，更容得个甚么道理？古人不得已，教你放下休歇，又教你一念不生，乃至善恶都莫思量等语。与么商量，总不直了也。

蒙首座号养直。若有志要养直指之直，但将个赵州因甚道个无字顿在方寸中，莫问它一念生与不生，道理直而不直，立定丁字脚头，拌取一生真实身心，立决定志，但恁么参取。或疑不去时、参不上时、把不定时、靠不稳时，都不要别起第二念。于做不得处做取，行不得处行取，但一个真实痛为生死大事底正念不变不异，说甚三十年、二十年，壁立万仞，尽形毕命参去。参到情妄消、知解泯，不知不觉，豁尔开悟，如醉醒梦觉，出身白汗，便见老维摩谓"直心为道场，离诸委曲故"，上而诸佛，下而众生，大而虚空，小而微尘，更无有一点不直之理。谓养直之号，须恁么一回，直不待养即自直矣。如不神悟，任你千般闻见，只益其曲耳。宜勉之。

示伟禅人

"不思善，不思恶，正恁么时，那个是你本来面目？"只个说话，无你解处，无你会处，无你一切用心处。惟有信得及，切切以死生大事为己重任，不惮三十年、二十年，脚踏实地，孜孜地向三根椽下的的地参取。正于参时，都无方便，亦无程限。但有昏沉散乱现前，亦不要顾它。参得也如此参，参不得也如此参，久远不退转，一旦情识泯，伎俩都尽，不觉不知，忽然开悟，便是你心空及第底时节。惟有为生死大事切于正念者能行之。你乡里人教人参禅，只要令人向意根下卜度，以心识领略相似语言为解会，决定不了生死。

伟禅人当信予言，决不相赚。

示恩禅人（因受戒）

不杀生，杀生则断慈悲种。不偷盗，偷盗则断喜舍种。不淫欲，淫欲则断解脱种。不妄语，妄语则断真实种。不饮酒，饮酒则断智慧种。不嗔斗，嗔斗则断忍辱种。不退菩提心，退失菩提则断灭佛种。如上七戒，或缺漏破犯，断此七种清净出世间种子；或保护圆满，则超越三界，现优昙花，续佛寿命。

示无我敬禅人

圆湛虚寂之道，如大火聚之不可轻触，如太阿锋之不容凑泊。苟非全身领荷，觌体混融，更无你着一点伎俩而可涉入。睦州所以云"现成公案"，又古德谓"直下无事，早是相埋没了也"。如大火聚，宁容将心凑泊。父母未生前那个是我本来面目？猛提起，便恁么参取。正当参时，更若别起一毫心念要如何若何，则展转没交涉矣。

敬禅人出纸求警策语，乃直笔以告之。

无我　观四大不见有我，则致敬之诚具足无欠矣。乃至观一切法俱不见有我，则不待别有所敬而敬之，一言圆满矣。敬禅人宜勉之。

示南徐松禅人

松直棘曲，鹤白乌玄。拟议不荐，十万八千。僧问赵州："万法归一，一归何处？"州云："我在青州做一领布衫，重七斤。"觌体更无藏覆处，当机曾不滞言诠。这里许你聪明不得，学解不得，凑泊不得，抟量不得。直须是自家三寸命根子卒地折、爆地断，绝知解、忘能所，自然步步超越，拍拍是令。苟或未到此真实纯熟正当田地，未免十二时中、八识田内常有二人作主，有一人思念生死无常，要了办道业者，又一人放世间顺逆爱憎境界不过，直欲要做到了处。此二人存乎自心，但见工夫今日也做不上，明日也做不上，今年也费力，明年也费力。以其费力，又做不上，渐渐退屈矣。江湖中做工夫不上而生退屈者比比皆是。所以先师常教学道人不起第二念，久久自然相应。且唤甚么作第二念？但是你向白日青天大开两眼，稍于公案上靠不牢、把不住，转转移念，于世间身心情识等境上瞥生一念如芥子许，即此宜便是第二念也。只个芥子许第二念，直下便与百千万亿无穷生死之所交接，岂易事耶？今日学道正要单单为自家有一种无常生死，恨不能一口气透出，又焉肯迁延岁月度光阴、取性徇情、坐待沦溺者耶？德山又谓："毫厘系念，三途业因。瞥尔情生，万劫羁锁。"斯言皆尽之矣。

南徐松公出纸求语，故写此以答之，然为说偈：

> 一归何处话头通，佛祖齐教立下风。
>
> 门户孰云将欲堕，须知撑拄有长松。

示会庵嘉禅人

死生大事，不是说了便休，不是会了便休。说得底、会得底总是无始时来轮回业识，急须吐却。但单单提起个所参话头，拌取一生真实身心，向三根椽下坐，如大死人相似，胸中绝气息、忘见闻、泯知解，惟有一个所参话立定脚头，只与么参去。纵使一生不悟，其所参之正念不变不易，来世出头来，管取一闻千悟。此是决定底事，古所谓但办肯心，决不相赚。

会庵嘉禅人求语警策，乃尔示之。

示无隐晦禅人（住南禅禅寺，法嗣于师）

法法不隐藏，古今常独露。你拟将眼看着，早已隐藏了也。此事须是悟始得。你若不曾真正悟明，说隐藏也不得，说不隐藏也不得。你若果然的确有个悟由，谓隐而不隐也得，谓不隐而隐也得，谓隐则不为潜匿所拘，谓不隐则不为显露所碍，是谓与夺自在、左右逢原者也。如或未曾亲到此个田地，切不得匆匆草草，向意识情妄上垛跟。但单单提起个所参底无义味话横在目前，都不要别起第二念。常使胸中冷如冰雪，兀若朽株，廓如太虚，坚如金石。尽形毕世，不改变，不放逸，不外求，不间断，乃至不隔一念，做向前去。但久久把得定，管取向不知不觉处豁尔洞明，是谓心空及第。与么偶侥一回，方不孤出家行脚之志愿耳。今之学人多是不肯如此靠实做死工夫，只要掠虚，妄说禅道，毁坏正因，作外道种族，甚非法门所望于此也。

晦禅人号无隐，且道隐时隐个甚么？不隐时又不隐个甚么？或命根未即亲断，切忌妄通消息。

又

尽十方世界直下要隐也不得，要晦也不得，要认着也不得，乃至要弃之而不顾也不得，一切用心皆不得。直须是亲体悟明，全身透入，不滞方便，不依作用，不存修证，不住功勋，乃至不依倚一物，如水入水，似空合空，然后即其所入所合之迹亦无地可寄，是谓一相三昧无功用法门。如今往往人说着个无功用，便拟操心领荷。说个无功用，如将心领荷，则又住功用了也。直下用一点心不得。惟有一个无义味话头，只要你信得及，靠得稳，把得住，一切处不起第二念，单单地只与么参取。但参不透，但不要别起第二念求方便、觅资助，总没交涉。只要信得及，只恁么参取，久之自然不知不觉以之悟入。既悟矣，唤晦作明亦得，唤隐作显亦得，一切施为俱无过咎。

晦禅人出此长纸求警策，乃直书此长语以遗之。但办肯心，决不相赚。

示足庵麟上人（住京师万寿）

麟上人从前参"释迦、弥勒是他奴，且道他是阿谁"？今时人参此话，多要堕落知解，妄认识情，颠倒分别，引起邪见，失佛知见。此去但只去参个"赵州因甚道个无字"，十二时中猛提起，一切处只如参，久之自然正悟，断不相赚。记取！记取！

又

但除却一个所参底话头外更有心念，不问是佛念、法念乃至善恶诸缘，皆是第二念。此第二念久久不起，惟于所参话上一坐坐断，久之和个所参话同时超越，便见尽十方世界皆是解脱游戏之场也。宜知之。老幻住明本书。

又

你说许多话，都是古人一期方便，都无实义。宗门下只贵悟在机先。你若不悟，任你百千相似语言，总成剩语，皆成知解，总与己躬下大事都无交涉。佛法如大火聚，你拟近之遭其烧。古人不得已，设个话头，控你个入处，有甚商量分？如今交你参赵州因甚道个无字，直下不能猛奋身心，截断一切思惟之妄念，单单提起，直欲便去讨个倒断，虽如是，也非真正道流，更拟又向它古人方便蹊径上埭跟，驴年转不相应。你今日万余里来，我断不相赚。都不要问如之若何，但向日用猛提起所参话，一气做向前，如是三二十年，自然有个悟处。那时却将古人看时，方才相应。至祝！至祝！

示逸禅人

古今天下所传佛法，安有教内、教外之分？古佛出现，不奈众生迷失自性、妄逐轮回，于无言象中演出一大藏教，更无一字不与人破除生死，令自悟本性。嗟一等学者，不本圣人之本意，各专其所学所解，自谓会佛法，肆口而说，殊不知不曾悟自本性，其说益多，其迷益重。以故少林初祖眼不耐见，直指其见性成佛，脱去知解。今之禅林诸师，又泛引临济三玄、洞山五位，重入其知解之门。所以又隔去此知解，只把个无义味话，教你立决定信心，尽其形命参取。你又信不及，又要老僧指示教内、教外之说，引起知解。你用心若如此颠倒，驴年也未会悟在。逸禅人此去或不立定脚头，如枯木死灰参去，再要觅知解，决不请相见。至祝！至祝！老幻某书。

示玉溪鉴讲主

佛法是自心。此心一大藏教诠注不破，三世诸佛指点不出，千七百祖仰望不见，尽大地人追赶不及。从古至今，任有百千玄解，皆是向此心背后叉手。由是曹溪谓："说个直指，早是迂曲了也。"此说之下，如马前相扑，拟眨眼来性命已在他人手里，安许停机伫思而后领略耶？或未能向未屙已前和身拶入，切不可匆匆草草向声前句后取次承当。不妨发起一片真实决定信心，向己躬下守个无义味话，奋平生猛利身心，孜孜兀兀拍盲做向前去。也不问三十年、二十年，但有一日光阴，做取一日。久远信心坚、立志密，不知不觉，忽尔开悟，方知此道不从人得，如哑子得梦。从上若教若禅，多少没意智者，总向这里瞥脱。正当做时，苟存一念外缘，一念取舍，一念爱憎，一念子任差别情妄，随物流转，更存一念记持学解等情识，不能应念剿绝，欲望它鉴破光亡，无异却步求前，决无有相应之时也。

玉溪讲主鉴公需以警策，乃扶病直笔以告之。

示勤江魏公信士

古教谓："惟一坚密身，一切尘中现。"其所现之身，非心悟神廓、亲具正眼者，自余皆知之，非见也。勤江信士魏公日诵《法华》，笃信斯道，尝以书来山中。予因有笔戒，不克亲染。兹梅峰来，俾别书亲笔以授之。然坚密之旨，纵使千佛出来，谈之于口，书之于手，总不密也。古人谓："密在尔边。"但能于一切时中单提个四大分散时向何处安身立命话，于语默动静之顷，久远纯熟，忽尔开悟，则所谓坚密之旨，如十日并照，更不待第二人开口也。勉之！勉之！某书。

示柏西庭禅人

僧问赵州："如何是祖师西来意？"州云："庭前柏树子。"往往不识赵州本意，乃注解云："即色明心，附物显理，信手拈，信口道，皆可答之，当时但说涧下水流长也得，陌上桃花红亦得。"祖师西来意若如此注解得去，其颇负聪明者皆可将文字语言一状领过，祖师意只成言语流通，欲了死生无常，不翅抱薪救火耳。祖师意须是悟始得。或不曾真正向脚跟下真实悟去，一任你将聪明之资，并一千七百则葛藤一串穿过，说得盛水不漏，正眼看来，何异痴狂外边走。从上佛祖眼不耐见众生为迷妄自蔽，不得已吐一言半句，如吹毛利剑，如热铁火轮，劈面挥，直欲断人命脉，独脱根尘，干干净净做个洒落道人，安肯教人向他语言上呣唦，返增迷妄，自投结缚于死生之场。不惟孤负古人，而亦埋没自己，岂细事哉！真正参学之士，尽一生向工夫边著到。或不开悟，便拌取来生后世，决定要讨个倒断，安肯茅缠纸裹，口出耳入而已哉！父母未生前那个是我本来面目？有志要决了大事者，切不得向意根下卜度，又不得将相似语言配合。但拌取一生，脚踏实地，壁立万仞参取。但心无异缘，意绝虚妄，久远不退，不愁不会祖师西来意也。

柏西庭上人宜勉之又勉之。慎勿自负聪明，堕落意地，佛亦不能救矣。老幻某书。

防情复性

性起为情，情生为业，业感为物。夫万物由情业之所钟，当处出生，随处灭尽，荣枯祸福，等一梦幻。此吾佛之教之所以示。群生虽一本乎性，而有世间、出世之殊。世间之学，防情之谓也。出世之学，复性之谓也。防情，有为也。复性，无为也。二说不可相滥。苏公子由《注老子序》，以六祖不思善、不思恶之说，配《中庸》喜怒哀乐未发之谓中之意，一也。

又谓："中也者，即佛氏之言性也。和也者，即佛氏之六度万行也。致中和，天地位焉，万物育焉，非佛法何以当之？"此说颇类妙喜以三身答子韶之甥所问"天命之谓性，率性之谓道，修道之谓教"之说，盖一时善权方便，破彼情执而已，岂三身之理止于是哉！

窃闻儒之所谓中庸者，必使人之情合乎至中，则经常之道可传之无穷也。岂特人心为然，至若天地万物，一禀中庸而生化。微中庸，则至眇之物亦不能自育也。内而治身，外而治国，谓中庸者不可斯须忽忘之也。使中庸之不在，则天地万物寻而变灭，且人焉得而独存乎？盖中庸乃建立生化之枢机，故圣贤举而明之，为教化之本也。中庸施之于亲则谓孝，达之于君则谓忠，及之于物则谓仁，布之于人则谓教，以至传之于世则谓道也。是道即指中庸之体而言之，含容于喜怒哀乐未发之初。发而皆中节之谓和。言中节者，乃中中庸之节也，惟过与不及则不中节矣。既中中庸之节，则知万物不期育而育，天地不期位而位，故情业无尽则生死何有已也。世间之说极于此矣。

吾佛祖治出世之说，乃异乎其所闻。何则？如六祖谓"不思善、不思恶之际，孰为本来面目"，乃复性之大旨也。子思谓"喜怒哀乐未发之谓中，发而皆中节之谓和"之说，乃防情之极论也。然致中和、位天地、育万物，盖情业所感，非性理之有是事也。惟子由未尝不知，而曲引此说者，何也？子思言"天命之谓性"，指中庸之体也；"率性之谓道"，指中庸之用也；"修道之谓教"，欲人依体用而契中庸也。"道也者，不可须臾离，可离非道"者，必使其举念动心无斯须不在中庸之域，防情之论极于此矣。彼清净法身，即圣凡同禀之性元也。圆满报身，即法身所具之神通光明也。千百亿化身，即法身遍在一切处也。然法身如日轮也，报身如日之光也，化身乃由光而普，性无知也，性无为也，谓复性之说，理穷于是，似未易与率性、修道者同日而语也。妙喜以复性之学会防情之教，子由以防情之教会复性之学，一儒一释各秉善权而融会之，使二家之说不相悖。或不之辨，则至理不胜其悖矣。或者以余说为然。

天目中峰和尚普应国师法语（毕）

附：中峰《一花五叶集》序跋

（一）

《一花五叶》之书，天目中峰幻住和尚之所著也。辟义学之见封，发正宗之玄閟，其言富，其理胜，引古援今，咸有据焉。昔吾祖菩提达磨大师首来震旦，揭示灵山奥旨，直接上根，故有"一花开五叶，结果自然成"之语。自可祖至于大鉴，芳联焰续，派列枝分，绳绳而不绝者，良有以也。然非离文字言说、舍名相筌罤、断路布葛藤、碎圣凡窠窟者，未易窥其仿佛也。禅师握慧剑于生佛未具之先，彻法源于觉海重渊之底。雅志丘壑，孤风绝攀。故其书之出也，回佛日，障狂澜，为百世之光明幢者，宜矣！

休居叟既续后序之歌，而其徒惟则首座复请引其首，不可辞。时泰定二年十二月廿七日，金陵凤台休居叟清茂书。

（二）

一花五叶相传，最初达磨；八面四方凑泊，此集中峰。以菩提种，彻境内玲珑；以耆婆药，除世间病恼。真见松楠拔地，俱忘荆棘参天。如是芬馥舌根，熏闻宇宙，抑使清凉树子庇荫儿孙。

是年泰定丙寅灯夕后六日，老学人前集贤待制冯子振稽首。

（三）

少林直指无枝叶，接响承虚自言说。潦倒中峰力扫除，据古明今成漏泄。行藏我已知其端，扁舟出没烟涛寒。太湖吓杀李八伯，不许余子探头看。拟得寒山诗几首，空里猛风翻石臼。飘落人间几个知，露柱灯笼开笑口。祖师心印书作铭，险中之险平中平。当头一句道什么，摸着鼻孔开双睛。我本无心谁欲辩，还与不还须自见。瞿昙彻底老婆心，庆喜多闻乘巧便。我观幻住歌幻篇，舌头不动万口传。一花五叶谩流布，入廛垂手宜当然。祖翁活业终难卖，松竹引风虚捏怪。未免劳他个幻身，幻化光中偿幻债。阿呵呵，倒流三峡倾银河，缚茅踞坐狮子口。要勘昔日烧庵婆，阳焰空花休撮搴。续长歌之后序，援幻住之幻窠。大千捏聚能几何，撒开两手何其多。

天目中峰和尚《一花五叶》之书既成，乃自歌长句为后序。其门人惟则首座出以为示，求题其后，因次韵云。泰定二年腊月望日，金陵凤台休居叟清茂。

（四）

佛祖别传之旨，如十日悬于太虚，无毫发隐蔽，非讲较持论而能造诣，惟大根性乃能洞达，迥无依倚，超出圣凡情量，然后提金刚王宝剑，杀活自由，擒纵自若，著著有出身之路，方堪续佛祖慧命也。狮子岩中峰禅师，彻法源底，廓同太虚，百千无量妙义皆从性海中滔滔流出，自然超宗越格。破胎息妄传，正合圆悟祖师意；辟义解流，谓从《信心铭》起，亦古人未论至此也；拟寒山百篇，辩七征八还，及说如幻法，五者总名曰一花五叶，无非发扬佛祖向上一著。如珠在盘，不拨自转，非具大眼目、破的大钳锤手，未易入其阃域、与之共议也。

延祐庚申夏，径山希陵题。

（五）

右《一花五叶集》，乃普应国师在世所自著定而后编入《广录》者也。吾山中有二本，其一则元朝所刻，其一则吾邦古刊，对之全同，盖翻刻也，与《广录》中所载者非无差舛。书贾欲别刊而行之，然未克速就，故请余就《广录》之本正之。乃其字误者改之，其语异者标之。并补序跋，俾世人若见本集而其卷次本如国师自叙所云，今依《广录》所次，更为三卷，故注旧目于题下，览者谅诸。

明和六年己丑夏日，此山玄渊谨书。

幻住庵清规

说　明

　　《幻住庵清规》一卷，又名"日用须知"，载于《卍续藏》第 63 册，经号 1248，为延祐四年明本住湖州幻住庵时为庵众所编规约。内容分十门，即：日资、月进、年规、世范、营办、家风、名分、践履、摄养、津送。详其内容，乃在遵循传统丛林制度基础加以简化，可谓自成一家。从日常生活起居，每日四座禅修，各种道场佛事，到命终身后事，都有明确的规范和细致的安排，仪矩慎严，如临千众。

　　《幻住庵清规》的一大特色是禅修与净土信仰的结合。在"摄养"条中，有为病人助念阿弥陀佛的仪轨。其中一首阿弥陀佛赞广为流传，被收入《朝暮课诵》，至今仍是汉传寺院晚课所必念诵的偈颂。

　　附录有《开甘露门》一篇，为超度亡魂往生西方极乐世界的仪轨。

普应国师幻住庵清规（并序）

　　鲁语谓："君子学道则爱人，小人学道则易使也。"蒙庄亦云："鱼相忘于江湖，人相忘于道术。"斯入世之道尚能易使而相忘，矧佛祖出世之道，混彼此，齐自他，交彻融摄而无间然者也。心存乎道，不待礼而自中，不俟法而自正矣，又何丛林规矩云哉！嗟乎！人心之不轨道久矣，半千载前已尝瓦解，百丈起为丛林以救之，迨今不能无弊。今庵居处众，固不敢效丛林礼法，而日用又不可破规裂矩。勉置须知一编，列为十门，为主伴交参之标准，自成一家之规，非敢与大方共也。其有真参实究之士，摄念于天真未散之顷，终日作而不见其劳，终日息而不知其佚，外忘礼法，内空能所者，以是编为疣赘，则我何敢辞焉。

　　延祐丁巳冬，幻住沙门书。

日用须知十条纲目：

日资　月进　年规　世范　营办　家风　名分　践履　摄养　津送

日资

　　教中谓初日分、中日分、后日分，又初夜、中夜、后夜，即古德所谓昼三、夜三者也。又云："日不足，继之以夜。"本色道流，寸阴靡弃，须臾不离，日夜六时宁无资助？谓日资者，总言二六时中之标准也。

　　一庵之务，以办道为先。道无始终，起于日用。一日如是，日日皆同。

惟日不足，继之以夜，总名日用事也。

装香一盘，且以三炷为率。自黄昏烧起，至第三炷，约四鼓时分也，灶下烧面汤，堂前鸣板三下，大众收枕推被，于里床收半单，下地洗面，归堂坐禅。至开静板鸣，即折被搭衣，佛前礼拜，归钵位坐，展钵受粥。粥罢，佛前讽经。经毕，小歇。堂前复鸣板三下，自主至伴，归堂坐禅。至斋时，火板鸣，下地。少顷，长板鸣，归钵位受食。食毕，小歇。堂前鸣板三下，复归堂坐禅。至晡时分，鸣板放参。至黄昏烧香盘，大众搭衣，讽经施食。事毕，堂前鸣板三下，归堂坐禅。至放参板鸣，开枕展被，右胁而息。此盖大众日用之常规也，大意与丛林清规颇同，此但节其要目耳。

凡一日夜之间，四次坐禅之际，宜各屏心绝虑，息念忘缘，深究死生，力穷道业。除大小便利外，不许共语，不许洗浣，不许补缀，不许看读。乃至一应杂务，非公界普请，俱不许作。凡上床下地，出堂入户，如临深履薄然，勿使邻单知觉，动其道心。自然内外相资，身心寂默矣。

月进

积日以成月，积月以成岁，世相迁流，物我同化，时节亦相须而会遇。既曰建立，讵可茫然？日资不足，月以进之。非图苟循时缘，要且大家知有者矣。

正月

初一日岁旦。五更鸣钟板，众集，《大悲咒》祝圣罢，大众称贺，与四节同。是日营斋。半斋时，讽《楞严》，普回向。

十五日上元灯夕，供设随宜。此日之早，月望祝圣。但是一年十二月遇初一、十五，是谓朔望，须就粥前讽《大悲咒》祝圣。周而复始又一年，内有六日是本命好日，此六日亦与朔望同，粥前讽《大悲咒》祝圣。切惟皇恩如天之覆，林泉懦弱之士，仰承帝泽而获终身之安，其赞祝之诚，岂可择日而为之？盖二六时中俯仰折旋，皆是谢恩祈祷之时也。今特取本命、朔望而为者，乃表而出之之意也。谨序于此，余月不书。每月初二、十六是众圣衔会之辰，常住营备香花灯烛、茶果珍羞，就土地堂铺设供养，大众讽《楞严咒》，月月准此。每月后空白纸五六行，但有年常合具之事，以俟补入。

二月

初三日，启建天寿圣节。（事备年规，兹不重具。）

十五日佛涅槃。是日当预备香烛、茶果珍羞、供养之具，亦预书疏文一道。半斋时分鸣板，众各具威仪，集佛前。庵主出，上香，退身三拜。不收坐具，复进炉前上汤上食，毕，又退身三拜。复炷香，上瞩点茶，毕，又退身三拜。收坐具，再近炉前插香一炷，退身与大众同礼三拜。（诸方有两序出班烧香，庵居宜免。）拜起即宣疏，毕，乃举《楞严咒》，回向云：讽诵殊勋，回向真如实际，庄严无上佛果菩提。四恩总报，三有均资，法界有情同圆种智。十方三世一切诸佛，诸尊菩萨摩诃萨，摩诃般若波罗蜜。

四月初八日佛生日，腊月初八日佛成道，此二日皆与佛涅槃同，后不复叙。惟四月初八日多浴佛之仪。

十九日观音菩萨生日。此日之上供威仪、宣疏等，略与佛涅槃事同。惟大众不讲礼拜，然亦随人建立。

三月

初三日满散圣节道场。（事备年规，兹不重具。是日面供，诸方通例。）

初四日伽蓝庆诞，常住设供讽经。

二十三日高峰和尚愍忌，半斋，设位供养，大众讽《楞严咒》。

四月

初八日佛降诞。预结花亭一座，以示生佛相，安立香汤盆内。用小杓二柄，俟庵主上食，大众拜起，维那举浴佛偈，大众随举而和，自庵主、首座及大众次第周行至佛前执杓舀汤浴佛。僧道俱毕，即举《楞严咒》。其上供宣疏及《楞严》后回向等，总与涅槃时同，兹不重具。

十三日起楞严会（事具年规）。

十四日晚参时，土地堂念诵，须备香花、灯烛、茶果、珍羞，如法庄严。庵主烧香，上茶汤，退身依位立。维那念诵。诵毕，堂前鸣板，大众归堂。库司圣僧前烧香煎汤一筵。四节念诵皆同准此。

十五日结制（事具年规）。

结制主宾人事叙语：

主云：即日孟夏谨时。恭惟座元、乡长、禅师，法候起居多福。某夙何庆幸，获遂同居。此日圣制斯临，愿依法力资持，尚冀道缘克备。区区致贺，殊愧不专，下情无任欣幸之至。

客云：即日孟夏谨时。恭惟庵主、尊长、老师，尊候起居纳福。某多生有幸，得获依栖。此日结制令辰，仰愿垂慈不倦，纳福无时，远提佛祖之权衡，永作人天之标准。拜贺不专，下情无任愧感之至。

五月

初五端阳。

二十八日，起青苗经会三日，至六月初一日散。须预备香烛供料，并立疏文，及预出经单，请大众结缘披阅。然后聚其经目，入疏回向。

六月

初一日，散青苗会，亦中夏人事。

七月

十三日满散楞严会。

十四日晚参时，土地堂念诵。

十五日解制人事。此夜分启建盂兰盆胜会，以济幽爽，以报劬劳。此会亦须预出经单，请大众随意披阅。（此会有开甘露门一揖，请依而行之，兹不重具。）

解制主宾人事叙语：

主云：即日孟秋谨时。恭惟（……同前）。某三世庆幸，每荷忭蒙，圣制告圆，长夏之中多辱资待，幸无魔恼。所愿声传湖海，道播丛林，远符佛祖之心，永慰人天之望。下情不胜至祷之至。

客云：即日（……同前）。某一介愚蒙，极承慈荫，九旬制内仰德何多。长夏已周，惟冀名德并进，道福俱尊，振槌拂于名蓝，播光明于末运。下情不胜荣幸之至。

八月

九月

十月

初一日开炉。

初五日达磨大师忌。此日营供设位，庵主上茶汤、设拜，讽《楞严咒》，回向。

十一月

冬至。其冬夜土地堂念诵及冬朝讲礼，事具年规。

十二月

初一日，高峰和尚忌。其设供养讽经等，丰俭随人建立。

初八日，佛成道。（此日事具涅槃竟，兹不重书。）

除夜，土地堂念诵。

年规

三人为众，话已遍行。一岁之规，理宜预备。事既关于建立，业必假于营为。一月精诚，无量寿道场开展；九旬修证，首楞严佛事敷宣。众既集于一庵，礼可虚于四节？调醯合醢杓柄上，岂待既索之后容心？种月锄云镢头边，须向未屙已前具眼。一时心悟，万古道同，盖即事即理者也。

圣节

某月某日启建。预备香烛茶果供养。于三五日前写榜疏、经单。至日侵早，鸣钟板集众。庵主出，烧香一炷，上茶一瓯。再插香一炷，退身与大众对佛同礼三拜，起即宣疏。宣毕，即举《楞严咒》。此日满散，其意亦然。但满散时大众拜起即举经，经毕临了宣疏。此一月内日日侵早大众《大悲咒》回向祝圣。粥罢，轮僧于佛前设经案，披阅经文。至晚参时，即鸣钟下殿。每日上殿亦鸣钟。庵主每日二时闻钟声即上殿烧香，每日库司备茶果供奉上殿之人，盖上下俱表其诚也。

四节

古清规以四节为一年之盛致。谓四节者，即结制、解制、冬至、岁朝是也。近代多以冬至、岁朝为俗节，惟讲结制、解制之礼。今庵亦当循例举行，特不能全机作用耳。如诸方于结制之时出图帐、草单，及特为茶汤等，今庵居悉宜免之。惟预于四月十三日，备大香烛、花果、茶汤，排列佛前，起楞严会九十日，至七月十三日满散。其起散各具疏文宣白，以答神明之森护之权，十四日晚参时，土地前念诵，排例供养伽蓝堂，用酬守护九旬修证之功。四月十五日早，集众，讽《大悲咒》祝圣。回向毕，庵主与首座对立，东西两序各相对立定。庵主与首座各出香一片，置之炉上。道者喝云：庵主与首座、大众触礼三拜，以表结制之仪。拜起，叙时暄竟，庵主、首座、大众各分手环坐。（或无首座，但请堂中年腊高者代之。）行堂道者排立于前，参头至炉前插香，当中同礼三拜起，参头、道者引众道者先自庵主前问讯，次至首座、大众前巡绕问讯一币而退。庵主起身烧香一炷，与首座、大众揖竟，点汤一盏毕，俱起身谢汤而退。其上下人事总在里许，各归钵位吃粥，一切人更不别讲人事，盖庵居事从简约也。解制之礼亦然。

冬至、年朝，或讲不讲，随在当人，特不过如此而已矣。

岁计

田畴乃一岁之计也，蔬圃亦一岁之计也，治生之理，其可罔诸？古人有栽田博饭与开田说大义及插锹叉手之风。又灌溪与玑禅师俱作园头，遗风盛扇，道韵充然。法久弊生，上下偷安之习既盛，尸位素餐犹兴嗟怨，焉知镢头边有立地成佛之旨哉！以故庵居营务远效古人，既有口腹之急，敢求形体之安？作则同其劳，息则同其逸。虽不能扶犁荷锸，亦须当奉馔供汤，要知其作之为我也。故百丈有"一日不作，一日不食"之戒，岂徒然哉！其治田治圃之具，须坚淬其锋芒，实穿其柄把，圆活其机栝，茂丰其畔岸，举无败事，岁有成绩矣。冥资道力，远助胜因，乃发真归源之大本也，其可忽诸？且作务既周，营为必备。谓营为者，遇暑伏则合酱、造醋、做豉，收椒花，晒瓜茄，糟藏卤闲等，须求酝酿作用之法，最良者取而效之，庶无损坏而亦美众口也。凡缸缶器仗所用之物，须时时护惜收贮，勿令秽污。兹亦岁计之不可免者，故书以附之。

世范

庵务既彰，化仪必具。祈禳祷谢，庆慰披宣，礼固必于真诚，事乃涉乎文彩。丛林设掌书记，辞章典雅，以悦见闻，庶几为世范模，令法久住者也。

圣节道场僧众披阅经单式

诸品经目开于后：《大方广佛华严经》（但以大黄纸一幅）、《大乘妙法莲华经》、《大方广圆觉修多罗了义经》、《大乘金刚般若波罗蜜经》、《青莲华如意宝轮王神咒》、《消灾妙吉祥神咒经》。称扬无量寿嘉号。所集书挂于榜之右洪目，端为祝延今上皇帝圣寿万安。

今月日，庵门具。

圣节启建疏

湖州城西卞山幻住禅庵臣僧某，某月某日恭遇天寿圣节，庵门预于今月几日启建金刚无量寿道场一月。每日轮僧上殿披阅金文，宣持密号。今辰开启讽诵《大佛顶首楞严神咒》，称扬圣号。所集洪因，端为祝延今上皇帝圣寿万安。

右伏以丹书诏世，动山河社稷之欢；红日丽天，慰草木昆虫之望。恭临圣诞，虔奉佛乘，宣秘密之要诠，祝绵长之睿算。恭愿日而上、月而下，发晖极大之圣明；山之高、海之深，巩固至尊之福寿。但臣僧某等下情无任瞻天望圣、激切屏营之至。谨疏。

年月日，具位臣僧某疏。

圣节满散疏

湖州路某庵臣僧，今月某日恭遇天寿圣节，庵门预于几月几日启建金刚无量寿道场一月。每日轮僧上殿披阅金文，宣持密号。今辰满散，营备香花、灯烛、茶果之仪，以伸供养。讽诵《大佛顶首楞严神咒》，称扬圣号。所集洪因，端为祝延今上皇帝圣寿万安。

右伏以虹垂北极，会日月以三三；龙现中天，应乾坤之九九。功超列圣，泽被多方。仰帝瑞之初分，光腾宇宙；效华封之载祝，声满寰区。虔披五千余轴之真诠，端祝亿万斯年之睿算。恭愿曰福、曰寿，等天覆而地擎；以圣、以神，倍海涵而春育。但臣僧某等下情无任瞻天望圣、激切屏营之至。谨疏。

年月日，具位臣僧某疏。

封皮用黄纸签头。启建签云（圣节启建文疏）具位臣僧某谨封。满散签云（圣节满散文疏）具位（……同上。）

圣节式

湖州城西卞山幻住庵，某月某日，恭遇天寿圣节。本庵预于几月几日启建金刚无量寿道场一月。每日轮僧上殿披阅金文，宣持密号。所集洪因，端为祝延今上皇帝圣寿万安。

右恭惟皇觉洞明，天龙炳鉴。谨榜。（榜用黄纸书，如臣僧之名用红纸贴，可高四尺，阔三尺，此亦随屋大小，为挂文佛殿上。俟道场满散杖起。榜用木作骨子。）

年月日，住庵臣僧某谨言。

佛涅槃疏

湖州某庵，遗教比丘某。今月十五日，伏遇本师释迦如来大和尚入般涅槃之辰，庵门营备香花灯烛，如法奉供。谨集合庵僧道众，讽诵《大佛顶首楞严神咒》，称扬圣号。所集殊勋，上酬慈荫者。

右伏以千百亿身，遍尘区而不灭；七十九载，顺世相以无常。想满月之慈容，对中春而殒涕。慨此拈花之微旨，辄成蔓草以难图。供效纯陀，义伸追远。本师释迦如来大和尚！伏愿觉天空阔，荡荡乎无能名焉；慧日流辉，皓皓乎不可尚矣。尽众生法界，契涅槃妙心。但某等瞻望绀密，无任追号之至。谨疏。

年月日，具位遗教比丘某疏。

封皮用黄纸签头。（涅槃功德文疏）具位遗教比丘某谨封。

观音菩萨生日疏

湖州某庵，比丘某。今月十九日，伏遇大慈大悲灵感观世音菩萨示现之辰。庵门营备香花灯烛、茶果珍羞，如法奉供。谨集合庵僧道众，讽诵《大佛顶万行首楞严神咒》，称扬圣号。所集殊勋，上酬慈荫者。

右伏以圆常智体，三千刹海内无日而不生；湛寂真身，微尘国土中有念而皆应。因垂形于此界，而诞迹于斯辰。碧桃花露湿春风，献园林之上供；紫竹林声敲夜雨，宣海藏之真诠。辄罄微诚，仰酬慈荫者。伏愿万亿香水海流通佛事，长为菩萨广大愿王；百千日月光洞照普门，永作众生清净眼目。谨疏。

年月日，具位比丘某疏。

（普门示现功德文疏）具位比丘某谨封。（封皮用黄纸签头）

佛生日疏

湖州某庵，遗教比丘某。今月初八日，恭遇本师释迦如来大和尚示现受生之辰。庵门营备香花灯烛、茶果珍羞，以伸供养。严持香水，灌沐金躯。集僧道众，讽诵《大佛顶万行首楞严神咒》，称扬圣号。所集殊勋，上酬慈荫者。

右伏以春满毗蓝园，优钵昙花自天垂降；香绕无忧树，妙菩提果当处示生。白玉毫万象仰瞻，黄金躯九龙灌沐。某等仰承慈荫，适会诞辰。讽秘密之真诠，敢忘遗教；献苹蘩之薄供，辄罄微诚。本师释迦如来大和尚！伏愿智慧海宏深，荡慈波于无穷无极；功德山高耸，垂道树而益茂益荣。同十方诸佛大转法轮，与法界众生俱成正觉。但某等下情无任瞻望玉毫，激切屏营之至。谨疏。

年月日，具位遗教比丘某疏。

（世尊降生功德文疏）具位遗教比丘某谨封。（封皮用黄纸签头）

结夏启建楞严会疏

湖州某庵，遗教比丘某。今月十五日，恭遇本师释迦如来大和尚结制之辰。本庵预于十三日，启建楞严胜会九十日，一众熏修，克期取证。今辰开启，营备香烛茶果，以伸供养之仪。谨集合庵僧道众，讽诵《大佛顶万行首楞严神咒》，称扬圣号。所集洪因，端为祝延今上皇帝圣寿无疆，回向真如实际，庄严无上佛果菩提。大慈大悲灵感观世音菩萨！次伸祝贡：光明会上护法列廯诸天，三界万灵，十方真宰。今年岁分，主执阴阳，权衡造化，赏善罚恶，幽显灵聪。五岳四渎，名山大川。圣帝名王，忠臣烈士。五方行雨龙王，六合雷公电姥，主风主雨，主百谷苗稼，发生万物，无量圣贤。府县城隍大王，当境土地某神，近远庙貌，遐迩灵祇。本庵土地翊应，俟周宣灵主，护伽蓝神，合堂真宰，厨司监斋使者，主汤火井灶神祇。山林界相，守护百灵。修造方隅，周回禁忌。建庵檀越，本命星君。

西天此土历代祖师，增崇品位。合庵僧道各人生身父母，养育劬劳。酆都界内冥府十殿慈王，三涂六趣，八难四生，诸有情众。统三界若幽若显，遍十方乃圣乃凡，功德平等资倍，普皆饶益。先愿皇风永扇，帝道遐昌，佛日增辉，法轮常转。次冀庵门镇静，中外咸安，火盗公私，诸缘吉庆。更冀合庵僧道各各修行有序，进道无魔，般若智以早明，菩提心而不退，四恩等报，三有均资，法界有情，同圆种智者。

右伏以安居三月，效灵山克期取证之真规；禁足九旬，明少室密付单传之厥旨。诵《佛顶万行首光明秘咒》，答神灵一切时守护威权。篆炉吹蒼卜之云，蜡炬吐优昙之穗。惟兹勤策，以助证明。伏愿以大圆觉为伽蓝，念念悟心达本，踞菩萨乘，修寂灭行，处处发真归源，期佛果以常圆，资法轮之大转。但某等下情无任瞻望玉毫，激切屏营之至。谨疏。

年四月日，遗教比丘某疏。

封皮用黄纸签头。（楞严胜会启建文疏）具位遗教比丘某谨封。

青苗经疏

湖州某庵，住持沙门某情旨：庵门岁遇中夏，当植物长茂之时，启建青苗胜会，用保田畴，仰祈护祐。涓取今月二十八日开启，营备香花、灯烛、茶果之仪，以伸供养。谨集合庵僧道众，披阅经文三日，至六月初一日满散。所看经目，谨用具列，某经某咒，称扬圣号，所集功德，先伸回向真如实际，庄严无上佛果菩提，大慈大悲灵感观世音菩萨。次伸祝贡：光明会上护法列麃诸天、大权仙众。三界万灵，十方真宰。上界玉皇大帝，北极紫微帝君。日月两宫天子，南北二斗星君。周天列宿，河汉星辰。今年岁分，主执阴阳，权衡造化，赏善罚恶，幽显灵聪。五方行雨龙王，六合雷公电姥。主风主雨，主百谷苗稼，发生万物，无量圣贤。府县城隍大王，当境土地某神。近远庙貌，遐迩神祇。本庵土地翊应，周宣灵王，护伽蓝神，合堂真宰。匜庵香火，有祷圣贤，田公田姥，田库神祇。掌管围岸，驱遣虫蟥，一切大神。山川岳渎，社稷灵祇。统三界若幽若显，遍十方乃圣乃凡。功德平等资倍，普皆祈祷者。

右伏以时维中夏，植物当茂长之期；丰望晚秋，庶务指收成之理。仰神灵之森护，崇圣教以资熏。花果列珍于座筵，香烛腾辉于屏几。经披群典第一义，千口门功答万灵。了胜三昧于性海，百神获益，众圣垂麻。惟愿十雨五风，禾稼致丰登之庆；四时八节，乾坤推化育之灵。期物务以蕃滋，助法轮之大转。恭惟佛心印知，神灵昭格。谨疏。

年月日，具位住持沙门某疏。

封皮用黄纸签头。（青苗祈祷功德文疏）具位住持沙门某谨封。

满散楞严会疏

湖州某庵，遗教比丘某。今月十五日，恭遇本师释迦如来大和尚解制令辰，庵门预于十三日满散楞严会。九旬之内，一众熏修，幸无魔恼。今辰营备香花灯烛、茶果之仪，以伸供养。谨集合庵僧道众，讽诵《大佛顶首楞严神咒》，称扬圣号。所集洪因，端为祝延今上皇帝圣寿无疆，回向真如实际，庄严无上佛果菩提。（神位与启建疏同，至"同圆种智者"。）

右伏以九旬制满，浮铁船于动静不该之先；三月功成，验蜡人于形名未兆之表。答神明之森卫，宣佛顶之秘诠。祥烟销古篆于金炉，宝焰吐昙花于玉烛。道场克遂，佛事告周。惟愿尽十方世界皆圆觉伽蓝，主伴咸臻于本际；与一切众生入平等性智，自他俱彻于灵源。灿发心花，渊澄慧海。但某等下情无任瞻望玉毫，激切屏营之至。谨疏。

年月日，具位遗教比丘某疏。

封皮用黄纸签头。（楞严胜会满散文疏）具位遗教比丘某谨封。

佛成道疏

湖州某庵，遗教比丘某。今月初八日，伏遇本师释迦如来大和尚成无上道之辰。庵门营备香花灯烛、茶果珍羞，以伸供养。谨集合庵僧道众，讽诵《大佛顶首楞严神咒》。所集殊勋，上酬慈荫者。

右伏以雪覆千山，大地春回寒谷；星明午夜，觉天云散长空。示六年苦行之因，证历劫进修之果。某等生逢末运，忝嗣宗猷。深惟麻麦之餐，兹焉有愧；虔奉苹蘩之供，终亦难忘。本师释迦大和尚，恭愿余光照临，警发蒙昧。大千国土永延，圣主富寿康宁，一切众生咸证如来智慧德相。但某等下情无任瞻望玉毫，激切屏营之至。谨疏。

年月日，具位遗教比丘某疏。

封皮用黄纸签头。（如来成道文疏）具位遗教比丘某谨封。

祈晴疏（祈晴、祈雨，每日二时回向，具于疏尾。）

某州某庵，住持沙门某意旨：切见阴云日积，雨水霖霪，既恐民心，甚妨农务。由是谨发诚心，启建祈晴道场。营备香花灯烛、茶果之仪，以伸供养。谨集合庵僧众，讽诵《大佛顶首楞严神咒》，称扬圣号。所集功德，专伸祈祷大慈大悲灵感观世音菩萨。次伸祝贡：光明会上护法诸天、大权仙众，上界昊天，玉皇大帝，北极紫微帝君，日月两宫天子，南北二斗星君。今年岁分，主执阴阳，权衡造化，赏善罚恶，幽显灵祇。五方行雨龙王，六合雷公电姥。主风主雨，主百谷苗稼，发生万物，无量圣贤。府县城隍大王，当境土地某神，远近庙貌，遐迩灵聪。统三界若幽若显，遍十方乃圣乃凡。功德平等资倍，普皆祈祷。所求晴霁，速赐感彰。惟愿阴云散野，红日丽天。遂万物之生成，慰九秋之悬望。

右恭惟佛天印知，神龙昭假。谨疏。

年月日，具位住持沙门某疏。

封皮用黄纸签头。（启建祈晴道场文疏）具位住持沙门某谨封。

自启建日立疏，如此宣疏、回向了，每日粥饭二时讽《大悲咒》七遍。如不感应，增至三七遍。回向云：讽经功德，专伸祈祷（云云，依前疏内众神至普皆祈祷处，但云：所求晴霁，速赐感彰。十方三世云云。祈祷至感应之日，别立疏满散。）

满散祈晴疏

某州某庵，住持沙门某情旨：昨者切见雨水连绵，有伤农务，遂于某日启建祈晴道场。今则克遂感彰，营备香花灯烛、茶果之仪，以伸供养。

谨集合庵僧道众，讽诵《大佛顶首楞严神咒》。所集功德，专伸回向大慈大悲灵感观世音菩萨。次伸祝贡（圣位同前启建疏内），功德平等资倍，普皆答献。惟愿五风十雨，慰农民播种之欢心；九稔三登，戴天地生成之盛德。法轮大转，佛事常兴。

右恭惟佛天印知，神龙昭假。谨疏。

年月日，具位某疏。

（封皮同前。满散祈晴道场文疏）具位（云云）某谨封。

启建祈雨疏

某州某庵，住持沙门某情旨：切以天时亢旱，草木焦枯，农望成劳，民心实畏。由是启建祈雨道场，营备香花灯烛、茶果之仪，以伸供养。谨集合庵僧道众，讽诵《大佛顶首楞严神咒》，称扬圣号。所集功德，专伸祈祷大慈大悲灵感观世音菩萨。次伸祝贡，（圣位与祈晴疏同，至）功德平等资倍，普皆祈祷。所求雨泽，速赐感通。惟愿慈云密布，慧日潜收。垂甘泽以滂沱，润焦芽而郁茂。

右恭惟佛天印知，神龙昭格。谨疏。

年月日，具位某疏。

（封皮同前。启建祈雨道场文疏）具位住持沙门某谨封。

自启建日立疏，如此宣白了，每日粥饭二时讽《大悲咒》七遍。如不感应，增三七遍。回向云：讽经功德，专伸祈祷，（圣位与前疏同，至）普皆祈祷。所求雨泽，速赐感通。十方三世（云云）。

满散祈雨疏

某州某庵，住持沙门某情旨：昨见天时久旱，农望焦心，遂于某日启建祈雨道场。今获感通，营备香花灯烛、茶果之仪，以伸供养。谨集合庵僧道众，讽诵《大佛顶首楞严神咒》，称扬圣号。所集功德，专伸回向，（圣位与前疏同，至）功德平等资倍，普皆答献。惟愿天覆地擎，宣万劫无穷之化育；雨时旸若，庆九秋有望之生成。仰助真风，远资化日。

右恭惟佛天印知，神龙昭格，谨疏。

年月日，具位某疏。

（封皮同前。满散祈雨道场文疏）具位某谨封。

荐亡烧香疏（僧俗男女皆可通用）

某州某庵，沙门某。兹者伏值新故某人（僧入寂、男捐馆、女掩妆）之次，谨自课诵某经，仍备香烛，敬诣灵几，讽诵真诠，称扬佛号。所集胜因，奉为（僧觉灵、男神仪、女叔灵）庄严乐土者。

右伏以幻海沤倾，处世间生无生相；觉园果熟，旋法界死绝死缘。香浮蒼卜之云，烛吐优昙之穗。宣般若之秘典，语默全超；资解脱之真源，迩遐不隔。惟愿白玉池花敷四色，沉沉香雾妙触无痕；黄金地树耸七重，荡荡玄音圆闻不住。以斯受用，如是庄严。恭惟佛心印知。功德文疏。

年月日，具位某疏。

送生日功德疏（生申、庆育两句，随意取一句用。）

某州某庵，沙门某。今月某日，伏遇某人生申令旦（庆育之辰），谨备香烛，恭诣寿筵，披阅《金刚般若波罗蜜经》，某经某咒，称扬无量寿佛嘉号。所集功德，祝贡某生本命星君，大小二运，傍临正照，吉威星斗，纳兹善利，寿命延长者。

右伏以伟人间世而生，适逢此日；吉宿自天而降，乃遇斯辰。香云腾金鼎之祥，烛花现玉台之瑞。虔披贝叶，茂长桩龄。惟愿满屋欢声，颂青山之年不老；盈门道气，庆绿水之福常流。恭惟佛日洞明，星天朗鉴。谨疏。

年月日，具位某疏。

（封皮用红纸签头。经翻龙藏，寿祝龟图。）具位某谨封。

回向

朔望祝圣回向

大圆满觉，　　应迹西乾，

心包太虚，　　量周沙界。

某州某庵，住持臣僧某。月旦（月望）令辰，谨集合庵僧道众，讽诵大悲圆满（云云）神咒。所集洪因，端为祝延今上皇帝圣寿万安。金刚无量寿佛，仁王菩萨摩诃萨（云云）。

如遇本命好日，回向同前，但改称甲子令辰。如年朝，称岁旦令辰。冬至，称书云令节。或初八、二十三日，但称斋戒令辰。上下同前，如无量寿道场，一月内逐日回向，但云讽诵洪因，端为祝延今上皇帝圣寿无疆。金刚无量寿佛（云云）。

国忌回向

佛身充满于法界，普现一切群生前，

随缘赴感靡不周，而常处此菩提座。

具位臣僧某，某日恭遇世祖皇帝（用称谥号）上天之日，营备香烛、供养之仪，讽诵某经，称扬佛号。所集洪因，仰答圣恩，上资仙驾。十方三世（云云）。

岁旦普回向

（佛身充满云云。）赞叹三宝，恭请证明。

某州路某庵，住持僧某。岁旦令辰，营备香花灯烛、茶果珍羞，以伸供养。谨集合庵僧道众，讽诵《大佛顶首楞严神咒》，称扬圣号。所集殊勋，先伸回向真如实际，庄严无上佛果菩提，大慈大悲灵感观世音菩萨！次伸祝献：光明会上护法列席诸天，大权圣众。三界万灵，满空真宰。上界昊天，玉皇大帝，北极紫微帝君，日月两宫天子，南北二斗星君，周天列曜，河汉星辰，南方火德星君，火部圣众。普庵寂感妙济真觉昭贶大德禅师。今年岁分，主执阴阳，权衡造化，赏善罚恶，幽显灵聪。五岳四渎，名山大川，江河淮济，溪源潭洞，水府龙宫。五方行雨龙王，六合雷公电姥。主风主雨，主百谷苗稼，发生万物，无量圣贤。府县城隍大王，当境土地某神。近远庙貌，遐迩灵聪。往古来今圣帝名王，忠臣烈士。一切有祷，祀典神祇。本庵土地某神，护伽蓝神，合堂真宰，库司护法，韦陀尊天，厨司监斋使者，主汤火井灶神祇。山林界相，守护百灵，修造方隅，周回禁忌。田公田姥，田库神祇。蔬园土地，驱遣虫蟥，掌管围岸，种植一切神祇。西天此土历代祖师，增崇品位。建庵檀越，门中三代，一祀宗亲。合庵僧道生身父母，养育劬劳。下界酆都大帝，冥府十殿慈王，善恶诸司，功曹典史。焰摩罗界牛首马面、阿旁等众。九品饿鬼，十类孤魂，有无情等。统三界若幽若显，遍十方乃圣乃凡。功德平等资倍，普皆饶益。先愿皇风永扇，帝道遐昌，佛日增辉，法轮常转。次冀庵门镇静，内外咸安，火盗公私，诸缘吉庆。合庵僧道修行有序，进道无魔。般若智以早明，菩提心而不退，不尽功德，四恩等报，三有均资，法界有情，同圆种智。十方三世（云云）。

每日粥罢讽经回向

讽经功德，回向真如实际，庄严无上佛果菩提。大慈大悲灵感观世音菩萨！次伸祝贡：光明会上护法列席诸天，大权仙众。三界满空贤圣，十方护法龙神。近远庙貌神祇，守护伽蓝真宰。所冀庵门镇静，檀那福慧庄严。四恩三有均资，凡圣同圆种智。更冀现前众等修行有序，进道无魔。般若智以早明，菩提心而不退。十方三世（云云）。

初二、十六伽蓝堂讽经回向

仰启圣聪，俯垂昭鉴。

庵门每遇斯辰，营备香花灯烛、茶果珍羞，以伸供养。谨集合庵僧道众，讽诵《大佛顶首楞严神咒》，称扬圣号。所集功德，专伸祝贡本庵土地某神，护伽蓝合堂真宰。所冀庵门镇静，中外咸安，火盗公私，诸缘吉庆。十方三世（云云）。

清明日祠堂回向（十月朝祠堂诵经回向同，但改云焚衣令节。）

仰启神仪，俯垂昭鉴。

庵门兹遇清明令节，营备香花灯烛、茶果珍羞，以伸供养。谨集合庵僧道众，讽诵《大佛顶首楞严神咒》，称扬圣号。所集功德，奉为某神祇，承此善因，化生乐土。十方三世（云云。或只云尽祠堂内众位神祇，共证菩提，咸跻彼岸。十方三世云云。）

三月初四土地生日

仰启圣聪，俯垂昭鉴。

今月初四日，庵门伏遇当山土地翊应侯周宣灵王降诞之辰，营备香花灯烛、茶果珍羞，以伸供养。谨集合庵僧道众，讽诵《大佛顶首楞严神咒》，称扬圣号。所集功德，奉为神灵仰酬森护。伏愿神光叶赞，发辉有利之勋；梵宇昌隆，永锡无私之庆。十方三世（云云）。

三月二十三日高峰和尚愍忌回向

仰启真慈，俯垂昭鉴。

今月二十三日，庵门伏遇高峰和尚愍忌之辰，营备香花灯烛、茶果珍羞，以伸供养。谨集合庵僧道众，讽诵《大佛顶首楞严神咒》，称扬圣号。所集殊勋，上酬慈荫。十方三世（云云）。

四月初八日浴佛偈

> 我今灌沐诸如来，净智庄严功德聚。
>
> 五浊众生令离苦，同证如来净法身。

九十日楞严会普回向

上来现前比丘众，讽诵楞严秘密咒，

回向护法众龙天，土地伽蓝诸圣造。

三涂八难俱离苦，四恩三有尽沾恩，

国界安宁兵革消，风调雨顺民康乐。

一众熏修希精进，十地顿超无难事，

庵门镇静绝非虞，檀信皈依增福慧。

十方三世一切佛（云云）。

十月初五日少林忌回向

净法界身，　　本无出没，

大悲愿力，　　示现去来。

今月初五日，庵门伏遇少林初祖菩提达磨大师示寂之辰，营备香花灯烛、茶果珍羞，以伸供养。谨集合庵僧道众，讽诵《大佛顶首楞严神咒》，称扬圣号。所集殊勋，上酬慈荫。伏愿单传直指，神机震非思量处之雷霆；一花五叶，阳春播尽未来际之日月。十方三世（云云）。

十二月初一日高峰和尚忌回向

宝明空海，湛死生漩澓之波；大寂定门，融今古去来之相。

今月初一日，庵门伏遇高峰和尚佛日普明禅师示寂之辰，营备香花灯烛、茶果珍羞，以伸供养。谨集合庵僧道众，讽诵《大佛顶首楞严神咒》，称扬圣号。所集殊勋，上酬慈荫。伏愿重提祖印，晖佛日于中天；再整颓纲，扇慈风于末运。十方三世（云云）。

四节土地堂念诵

结夏。四月十四日晚参。（四节皆同。）切以薰风扇野，炎帝司方。当法王禁足之辰，是释子护生之日。恭哀大众，肃诣灵祠，诵持万德洪名，回向合堂真宰。所祈加护，得遂安居。仰凭大众念清净法身毗卢遮那佛（云云）。上来念诵功德，祝贡当庵土地翊应俟周宣灵王、护伽蓝神、合堂真宰。所冀庵门镇静，内外咸安，火盗公私，诸缘吉庆。伏愿神光叶赞，发辉有利之勖；梵苑昌隆，永锡无私之庆。再劳尊众念十方三世（云云）。

解夏。切以金风扇野，颢气凌空。当觉皇解制之辰，是法岁周圆之日。九旬无难，一众咸安。恭哀大众（云云）。

除夜。切以北斗旋杓，三十六旬而告毕；东风应律，七十二侯之更新。祈海众以咸安，赖神明而密祐。恭哀大众（云云）。

冬至。切以时临亚岁，节届书云。当一阳来复之辰，乃万汇潜享之始。恭哀大众（云云）。

伏愿

真俗两融，定慧双照。心花灿发，香风度玉树琼林；道果圆成，法雨润宝园金地。望觉城而有路，指佛海以为家。转无尽轮，得不退果。（僧用）

劫外春光，熟五叶一花之果；机前灵鉴，开四方八面之门。了自己心，佩如来印。（僧用）

了法界性，非男非女，不二门处处全彰；证清净体，无悟无迷，三昧海尘尘涉入。优昙花敷给孤园，摩尼珠献光明藏。（女用）

觅女人相不可得，优昙花念念开敷；悟真佛身常现前，功德山尘尘高耸。空死生于当体，了涅槃于自心。忉利天宫俱证摩耶，无垢世界等超龙女。（女用）

给孤园春和秋肃，枝枝开佛性之花；不二室日丽星明，颗颗结自心之果。全超有漏，真证无生。（男用）

如来极乐世界，以无住而为住场；长者给孤独园，即故家而为家舍。修证如是，受用现前。（男用）

以身以心六殊胜，见闻不昧；曰福曰寿八吉祥，左右逢原。（集福用）

药病两消，身既安而心乐；灾魔并遣，福骤长而德隆。（保安用）

年长岁久，吉祥与瑞庆骈臻；日居月诸，福德与寿龄绵远。（生日用）

陶朱公巨富，荣资金玉之多；广成子遐龄，茂衍春秋之盛。（生日用）

圣贤回向事宜

但祝圣则曰所集洪因，前则曰祝延。如于佛菩萨祖师前，则曰所集殊勋。佛菩萨当云回向，祖师前则曰奉为真慈，总称曰上酬慈荫。祖师但云增崇品位亦得。如于诸天三界一切神祇前，则曰所集功德，专伸祝贡。如于一切亡者，则曰所集善因（或曰胜利），专伸资荐，或曰专伸济导。僧曰觉灵，男曰神仪，女曰淑魂。

祝圣疏则曰恭遇，佛菩萨疏则曰伏遇，亡者疏则曰兹值。但疏尾于祝圣则曰皇觉洞明，天龙炳鉴。佛菩萨疏尾，或不兼带神祇，则但云某瞻望玉毫，下情无任激切屏营之至，谨疏。佛菩萨疏中或兼具神祇，则云佛日洞明，神灵昭格。但是诸天神明疏，后皆例此。但是一切亡者疏，则曰佛心即知，功德文疏。如遇寿疏，则曰佛日洞明，星天朗鉴，谨疏。如斋粥二时白槌回向，遇祝圣，则云晨粥、午斋洪因，祝延今上皇帝圣寿万安。念清净法身（云云。不许称仰凭大众四字。）

如上事宜，皆通人所讲，意有轻重，于其间不可混滥，盖不失尊卑之序云。更有微细事，不暇思究，而弗及书，尽在当人自宜体察。

营备

经营备办，凡赋形于世者，虽一己皆有所不免，故丛林有坐一走七之说。其充饥馁固不择其粗粝，庇风雨安敢较其陋卑？一日必葺，任在当人。百味具陈，福归自己。庶几经大传远之计可仪可则，乃见持危扶颠之力有始有终。功不浪施，道存目击者矣。

斋馔

安众之理，事在预为，庶免临时迫促。如庵中年常斋供，所用物料，须时时点对，常令后手有余。或支用不给，亦当随宜置办，或求施主，或告檀门，事在宛转，毋露踪迹。或不欲外求，至日亦当少异于常时，乃见辅众之方便也。且寻常粥饭固不在委曲安排，亦须日日留心，时时整顿，方便易改，转俭为丰。内不致金谷之侵滥，外不见冰雪之相看。全在用心，宛成胜行。或不如此，何以成住 [1] 众责哉！

修葺治叠

屋壁欲久为风雨之蔽，而不致旁穿上漏之乖，须平时损则补之，虚则实之，穴则塞之，坠则支之，勿使失时而至坏陋。

后架乃粪秽之聚，其称为东净、西净者，其净在人，不在境也。诸方立净头之职，巾以揩拭，水以洗涤，帚以扫荡，灯以照明，虽秽而常净也。今庵居既无持净之士，凡执事之者皆可留心，常时管带。凡后架种种器具，使无缺乏可也。

浴室乃大众宣明妙触之方，洗尘涤垢，孰能免之？其缸壶桶杓、灶镬柴薪，常加检看。去水沟渠，勿令壅塞。开明香洁，以悦众心。当有抛下筹子、拈起杓头者，颖悟赵州东司头不是说佛法处之神机，脱略古灵为本师揩背之妙用，以报无功用行，岂小补哉！

庵前之路径常使廓通，庵内之房寮常令整密。灶下之风烛常加谨护，佛前之供具常用精严。毋昏照夜之灯，勿佚御寒之火。糊窗拭器，扫地装香，划草夹篱，搬柴运水。既不妨于道用，亦有助于行门。习成本色住庵人，乃见古风犹不坠者也。

家风

道伴交肩，不用频施棒喝；同参展手，且教放下包盂。电光里明验主宾，髑髅前暗行赏罚。官路当人情，只贵眼亲手便；开门待知识，果然道在人弘。展佛祖成现家风，布丛林斩新条令。与其持钵分卫，何如博饭栽田。要教胜行俱圆，普请大家著力。

---

[1] 原注：或"住"作"任"。

挂搭

庵居本图独处。有同志者远来，欲相依止，须具威仪，于庵主前求住，如诸方讨挂搭之式，不可造次。如欲相留，庵主自送归堂，与新到就堂中分宾主立定，触礼一拜。新到就送庵主转身，与首座、大众人事次第，怀香至方丈触礼一拜，表谢挂搭之礼。

凡挂搭人，须量其被位有无，观其新到在道不在道。然庵居五七间，动是耳目相及。或所住之人心不在道，万一事不如意，便见差殊。盖道人心中一切放下，决不与世相流布也。凡非在道之士到来，但以礼敬，或不欲留，惟方便却之，庶几不见分别也。

凡堂中挂搭人了，其执事者当时时备办供众安众等事，勿令所住之人动念。或堂中人到库司有所需索，须宛转应酬，庶见慰众之心也。

送新到入堂触礼起叙语

主云：庵居寂寞，境界萧疏。以道相忘，不胜欣幸。

客云：兹蒙收录，已遂依栖。朝夕参承，岂胜荣幸。

谢挂搭叙语

主云：适间理合拜送，为礼不周。兹辱近临，不胜感愧。

客云：适蒙降重，礼貌过情。拜谢不专，伏幸慈恕。

延纳

庵居幽寂，世路不通。雨笠烟包，问津而至，或三或五，远荷迁从，庵门即备香烛，俟其濯足，具威仪，主人迎接，人事揖坐。烧香毕，重揖。点茶毕，起身谢茶。主前行，送安下。

且过虽非广阔，须床榻荐席、门帘坐物随宜铺办，茶汤点心、汤果等礼不可苟简，但随家丰俭。古云：人情若好，吃水也肥。在礼不在物也。

教中谓客僧到伽蓝，当种种供养。如遇施主有请，当先请客僧，不则犯禁。然既立一方香火，当以延纳为先。彼此寄身于佛海之中，勿堕不顾后群之诮可也。

用人

庵居欲展本分家风，一切事务缺人不可。然欲用之，须审其所能，察其所安可也。今时用人往往只求一时办事，不究其处心之真伪。若存心于真实，虽拙亦可用。苟留心于虚伪，虽巧亦不可亲。倘尚通才于须臾，决媒诈乱于长久也。用人之际，可不审乎？

赏罚

贤不肖之进退，在赏罚之公不公也。赏罚之公，虽万人亦不见其多。赏罚之不公，虽一人亦不能为治之之理也。既公矣，贤不待召而进，不肖者不待贬而退矣。其不肖者不惟退者，将见慕吾贤明之道而改者有之，斯所以不言而化也。近者悦，远者来，非赏罚之公，则何以臻此？然庵居乃道人之事，赏无玉帛之荣，罚无刑宪之辱，但亲之、疏之，为赏罚之实也。夫有功当赏者，惟亲敬之益厚。有过可罚者，但方便劝其改过自新。彼或从劝，则亦亲之。或再劝不从，但徐徐日疏，使其自省也。倘加颜色，决定伤慈，甚非和众之道也。

进退

主伴交参，合离有分。相逢狭路，去住由缘。理不可专，事无定论也。庵中执事之人，或一年、或三五年，心力疲倦，欲告假归堂随众，主者当再三劝勉，且令顺缘。或必志不从，当随其引退。庵主鸣众会茶，送归或寮或堂。既送后，须过一两日，备点心一筵待之，少见酬劳之礼也。或欲请人补前人之职，须预前令相亲之人密密和会，俟其允肯，方鸣众会茶。庵主白云："某职某人既退，此务不可乏人，今请其人充之，仰望众慈，同垂劝请。"庵主与大众同对所请之人触礼一拜。受请之人亦拜。就同大众，送归职所。众人就贺毕，新职之人当即怀香诣庵主处致谢。明日公界备点心一筵，请同执事先伴，以表管待之礼。或庵主入寂，或疲倦、或病缘欲引退时，于檀越处告说事因，请早求补处之人。既以得人补替，旧人当预于数日前告众引退，或他之，或就庵中闲房居处。其庵中执事之者，当备香烛斋馔等，或报邻封与檀越，怀香就新人处致礼，告请择日入庵。宜种种严整，迎奉之礼不可苟简。须具斋馔，会邻封，厚嚫于新住持，表贺礼。并厚嚫旧人，表谢礼。然后新住持躬诣邻封并檀越处人事以表参谒，其旧住持人亦次第往邻封、檀家人事以表谢礼，庶见进退各不失其宜矣。

分卫

佛世时，众虽千二百五十之多，不闻置广田、建大宅，每至食时，各持应量器，入诸聚落，次第巡乞。乞食事毕，岩穴树林随处栖止。后五百岁，风俗浇漓，华屋以居，腴田而食，惟知口体之奉，罔究死生之源。夫丐食者，破他悭贪，折伏我慢，未图奉己，先欲利人。当巡门行乞之时，常念众生悭贪垢重，没溺爱河，仗我化机，令彼生施。或多或少，皆是福田。遇喜遇嗔，勿生憎爱。弘平等愿，兴无缘慈。十方世界皆是檀门，一切男女同名施主。自他同益，食法相资。远伐悭贪痴恚之稠林，高附解脱无为之逸驾。昔慈受和尚送化主有偈云："飘然一钵入皇都，万户千门境界殊。异日三根椽下过，粥斋应不较精粗。"语言虽简，当不在仰山饭之下。故知持钵分卫乃佛祖终始不移之正行。学者或惮卑下而不为，则外道无以异也。间有衣盂不敷，口腹无禁，但知恃此为射利之因，不觉逐妄，成偿债之果。名同胜行，迹异真源，升沉之道岐焉，利害之门辟矣。可不鉴诸！可不鉴诸！

普请

凡涉安众之所，必因众力所成。至若执爨负舂，锄畬运土，皆有普请之风。近代以奢侈从事，动以行仆为之，变勤劳为安逸也。后生晚进相习成风，丧坏正因，虚延岁月，蚩蚩白首，何所图哉！今庵居勉效古风，或营缮屋庐，或自持斋馔，或采择蔬果，或移徙柴薪，既无仆隶以代劳，全仗大家之出手。一一消归自己，明明功不浪施。惟恐用力不全，讵可责人无厌。乃修行之正轨，入道之通途者也。

名分

名者，所称之谓也。分者，名下所召之实法者也。未有分而无名，安有名而无分？原夫十法界皆名也，其法界内悟迷、善恶、苦乐、升沉皆分也。譬如言火之名，必当具热性之分。今丛林随事立名，因名显分，重轻得所，优劣无差。功行以之而圆，法道因兹著矣。

庵主

夫为庵主者，即丛林所以长老也。譬如屋之有梁、船之有柁、权之有衡也。凡庵门一切取舍营为，必先谋之于心。或不能自决，须旁询历事老成之者。事无大小，一主于公。盖主之一言，公界之所系焉。使一念不存乎公，将见上行下效。己私一胜，虽常住积谷如山，则其废坠不待召而至矣。不虑物务之不丰，惟虑主心之不存乎公。或公心不昧，则虚可实、弱可强，近则方来悦服，远则龙神加护。所谓公者，处心在众而不在己也。凡临事应缘，不当执亲疏之分而轻重之，不可循爱憎之情而与夺之。须事事圆融，尘尘方便。纵遇违情悖理之事，当一以护善遮恶之道，宽厚处之。一念伤慈，甚非为主之大体也。

首座

首座之称，居一众之首也。在丛林，与长老平分风月。在庵中，与庵主同展化仪。事在精勤，行存洁白。情忘憎爱，念绝是非。十方之仪范所钟，一众之道业所系。凡打板、坐参、放禅、行道，种种动静，靡不关心。惟恐道缘未办，法化不周。众有怠堕者当策之以精勤，犯众者当制之宽厚。庵居法令又非大丛林所比，凡礼貌供需，厨堂受用，或丰或俭，一切折中。常以火种刀耕、形影相吊为怀，自然不落今时，道用在其中矣。

副庵

一庵之务，为主者如身也，副其主者犹身之有臂也。谓副者，辅也，乃辅佐其正，不使偏邪之也。凡庵主失于思虑，罔于行持，当随宜举觉，密迩商量，使公道日开，正因日著。物务以之而平，礼法以之而用矣。或庵主他出，事或临己，凡假手以为之，须酌量主者之情，宛转酬应，不可专于己见，不顺主情，甚非佐辅之良也。然久副不已，主柄将归。为副既不夺其主情，非但上和下睦，他日必有忍俊不禁者继踵而善辅之，是谓形直影端。由是观之，非副其主，乃所以副自己也。置身于名分之下者，可不尔思。

知库

古丛林无副寺之名，惟称库头，掌一切支收出内，即知库之职也。凡库司金谷、庵门资具，物无大小，悉书于簿。古人谓爱惜常住物，如护眼中珠。在日用则名果因，在他报乃成罪福。凡供众物，如米麦、油面、酱醋、茶盐等，须时时检举，念念贮藏，防护虫侵，勿令蒸坏。及财帛与所用什物，皆随时收拾，勿令弃置。使一时付之容易，万事以之废忘。既失为众之诚，难逃身后之谴。古诸尊宿其播美名、成胜行，如用大碗卖生姜，神照法师之流，假道于此，即成佛作祖之阶梯也。当称量计算之顷，诚及第心空之捷径。若曰尘劳拘绊，知其非正因之士也。思之！思之！

饭头

粥饭乃一众命脉所系，不可不留心于其间。故丛林自典座而下至应接，无虑数十人，皆职司五味、供给二时之至公之道也。今庵居但设一饭头，总柄其事。凡任此责者，须拳拳以大众心食之重，观察时分之早晚，酌量食指之寡多，检看米谷之精粗，分别水浆之清浊，樽节菜蔬之多少，顾虑柴薪之有无，乃至收藏洗涤等，勿令秽污，毋致馊淹。弗及则食观不充，过多则遗弃何益。使生熟之得所，令咸淡之合宜。一朝不动众人心，万古积成身后福。然出家以利他为行，今此职务，庄严保社，安慰众心，助转食轮，远资法化，诚利他之极致者也。前辈如雪峰、大随、沩山诸老，自此而高登祖位，盛播遗风，岂猥屑之谓哉！有力于道者，宜审之。

互用

设东西两序，谓量才补职，丛林具有典章。今庵居，宜从简略，不可多设名分，以乱道情。如回向宣白、宾客迎送等，既无维那、知客，但副庵尽可代为。或庵主、首座，从其宜便，皆可互用也。或施主有佛事见命，庵主、首座互推其能以当之，但不失其化仪，便是庄严法社。或大众思念法化，怀香致请，庵主、首座亦当互应。但据自己之见闻，勉顺方来之恳祷，随宜开导，平实商量，特不过递相警策耳。切忌妄生穿凿，批判古今，昧自己心，瞎学人眼。莫若例不依随，各自究心，本分家风，天然奇特。一旦天真发露，则知过蒲团、接禅板、展炊巾、开饭钵，皆法轮大转之时，正不待挥麈尾、踞猊床为说也。或僧道死亡，其起龛秉炬小佛事，不必拘其能不能，则互相指点。不则但举无常偈，直契理源，亦不须杜撰庄严，取旁观者哂。又如饭头道者惟设一人，乃当其名耳，古所谓独掌不浪鸣。然百务具兴，岂只手之能应？须行堂清众各奋诚心，如运水搬柴、提瓶挈钵等，惟虑作者□□[1]之无当。但恐身之不先，尽其所能，皆是互用之方便。惟无滥叨名分之念，不妨彼此结缘。是谓主伴交参，功不浪施矣。

践履

庵园设立，专为修行。本色道流，宜从践履。谓践履者，乃佛祖圣贤不可不由之径也。任意则差，纵情则失。古德所谓：三条椽下，各自了一身体。又云：谛审先宗，是何标格？一身万里，异辙同途。缘该内外之殊，事涉公私之异。死生莫测，轮转何穷。必欲尽我根尘，切忌犯他苗稼。远攀胜轨，力障狂澜。不负最初出家心，了办一生奇特事。

---

[1] 底本此处阙两字。

一片陈年铁石心，行藏孤寂泠沉沉。硬拳紧握栖茆屋，那肯轻抛半寸阴。衣单下事，本来成现，切忌自欺。虽绝证修，仍凭践履。谓践履者，犹婴孩之必加乳哺，犹草木之宁免栽培。兄弟家三条椽下、七尺单前，外绝诸缘，内心不动，六窗虚静，万虑翛然。遇憎爱如铁牛见狮子之威，对善恶如木女看玉人之貌。多生习气，荡若轻埃。一点身心，冷如冰雪。弊襦尘絮，随分御寒。藿茹藜餐，但知取饱。远忘时习，追复古风。视佛祖如生冤，观自己如泡焰。一个话头，行究坐究。百年幻影，朝休暮休。不惟不起世间心，而亦不曾起离世想。如山中云迹，似水底月痕。处空寂不知为闲，混尘劳不见其乱。孜孜尔，兀兀尔，是以入道之践履也。如斯践履，念念不差，及第心空，坐立可待。既悟之后，又有出世间践履，甚非语言可诠。古所谓"如人到家，自能随时作活"，特不能出此语也。学道是要将无量劫中习熟底生死根尘，一时连根蒂一翻翻转，撒手那边，揭身物外，岂浅量小识、跟浮脚浅者所能企及。光影迅速，时不待人。庵居不敢以丛林礼貌相拘，但只一味与蒲团、禅板互为宾主，决欲与己事相应，安肯与诸人打粥饭、掠虚妄，以资生死轮回之业，何所图哉！昔尊宿问学者曰："子在此作么？"者曰："一物亦不为。"宿曰："不为则闲去也。"者曰："闲则为也。"你看他前辈践履此道，水泄不通，安有缝罅与人摸索。苟不如是，其生死情习岂有脱略之期。

今向道之人易于走作，特不出内外二种缘。兹既相逢于狭路，未免曲尽老婆心。谓外缘者，乃事出于公界者也。内缘者，事出于自己者也。今将内外二缘开具，庶几公私不滥，内外无间者也。

外缘

凡有施主请命，公界当依戒腊资次，前后轮转，举而赴之。苟循亲疏，非安众法也。或例不赴檀越之请，不出户庭，坐进斯道，忘缘之念，于斯为上矣。近代衲僧远赴读诵，既非本色，摇动利心，非所应也。

或遇施主入庵斋僧，但有意旨，斋罢就佛前讽《楞严咒》，随意旨回向，或公界普请，事无轻重，均力为之，不可执坐守静，拗众不赴。但于作务中，不可讥呵戏笑，夸俊逞能。但心存道念，身顺众缘，事毕归堂，静默如故。动静二相，当体超然，虽终日为而未尝为也。

或轮次直病，深怀恻隐，密运慈悲。观彼病缘，如自己受。寒温饥饱，随量观察。汤药所需，时时问侯。病者或妄生异见、瞥起嗔心，徐语应酬，勉其正念，庶自利利他也。

内缘

凡受业本师及父母致命，或不可辞，徐白公界，给假应之。事毕亟回，毋至流逸。或剃头、泡衣、澡浴等，公界自有。公界自有常程，一己不可独为也。

或偶乖摄养，忽遇病缘。宜白之公界，移单屏处，谨护律仪。默想四大本空，一心念道。勿倚病缘，以恣安逸。病或少间，当具威仪，谢直病人，归堂参假。如或沉重，恐致不救，须预自公界抄劄行李，付嘱后事，莫待临时，有妨正念。盖办道人以病为良药，但念无常，勿生忧惧。古德所谓："老僧自有安闲法，八苦交煎总不妨。"常思此以自省也。

或住止不便，思欲游方，远参知识。巾单瓶钵，远近随身，勿附便人，勿寄他室。防心驰散，乃在于斯，亦不动他人念虑也。

或欲披阅持念，须公界坐禅讽经之暇，宜于屏处，默自运心，无使出声，以乱禅寂。凡欲礼拜，尤宜隐密，及忌非时。

或亲俗相知特来寻访，安详祇对，道话片时，密款杯茶，或寮舍汤水不便，免之亦见清高。或诃斥童稚，需其奉给，既孤物外，取笑傍观，相习成风，宛成世谛，道人思之。

或参预世缘，追从俗务。滥叨公界，密运私情。渔猎文章，置藏笔砚。博求玩好，趋尚时宜。既失正因，亦乖道用。龙门所谓"何暇闲情，妄为杂事"，斯言尽之矣，余复何言。

训童行

恩爱缠缚，于大圆镜里三界俄兴，以故佛制出家，令汝离恩爱也；利名拘绊，于空寂体上三毒顿现，以故佛制入道，令汝远利名也。口体之奉易长尘劳，以故佛制苦行，令汝槁其形骸而淡其滋味也；怠惰之习不生功德，以故佛制勤苦，令汝朝精暮进而庄严佛海也。乃至八万种细行，为破汝八万种烦恼而建立，非圣人故以难行之行而误为化门，令汝虚受其苦也。佛心真慈，法门最胜，非上根利智，卒莫知其边岸。是你诸人非是今生能出家、能入道，皆是诸佛于无量劫中眼不耐见伊备尝三界之苦毒，直入苦坑中，不惜眉毛，与你下此菩提种子。故今生承其恩力冥资，使伊不自知觉，脚跨入此真慈最胜法中，大不容易。你今日须作难遭之想、希有之心，于此法门生欢喜心，生孝顺心，生恭敬心，生利益心，生决定心，生勇猛心，生无厌心，生忍辱心。纵使衣不覆体，虽隳指裂肤而不起驰求之心；食不充腹，虽形消气损而不生愿乐之心；乃至劳苦切己，将至命尽而不起厌离之心。好教你知三世诸佛、历代祖师，都曾如是炼磨得成。是你积劫深陷迷途，不能返省，所以从迷至迷，逗到今日在。今日既承佛授记力，乃是出家。这回更不肯硬立脚头拌死拌生打捱将去，更别无方便了也。昔沩山择菜次，百丈问："子在此作么？"山曰："牧牛。"丈曰："牛作么生牧？"山曰："一回入草去，蓦鼻拽回来。"你看古人于作务处，何曾少间断向道之正因，所以播美名、成胜行也。今之人且莫说向道之正因，偶你触着些子违情之事，当下生出万种颠倒无明。似与么出家入道，岂有相应底时节？你看他尘劳中人养了三五口老少，朝愁暮苦，要觅片时之安，至死无分。彼为恩爱缠缚，尚尔奔驰。汝为道业未办，仰观古人舍身命、行难行苦行处，万分无一，岂可瞥生异念，甘受轮转，作无惭愧人？且孤负佛祖父母，拈向一边，前路茫茫，有谁替代？尔曹思之，毋令后悔。或苟不肯自负，方是同门眷属也。姑为说偈以策之：

冰霜面目苦头陀，痛念轮回越爱河，

须信坠腰顽石脱，直教佛不奈伊何。

摄养

身属报缘，谁无老病？百丈建立，意在于斯。古宿匾延寿堂为省行，使其省察行苦而兴悲智，乃有"病人易得生烦恼，健者当怀恻隐心"之句。十方聚会，四海同家，既无亲疏、贫富之殊，彼病即已病，人安即我安，故教中谓看病乃福田中之最胜者也。谓摄养，其可罔诸？

庵居远效丛林建立，安得不以老病以怀？虽不立延寿、省行等，所宜于屏处折屋半间，使窗牖明洁，床榻整严，坐物平正，荐席厚暖，汤火便当，瓶钵器用、姜枣乌梅等常加贮蓄，以俟所需。

或病者厌处客檐，思归乡井，须与体察其路途远近、亲族有无、衣资厚簿、体貌盛衰、病势急缓。或可使其动，亦须有人扶助，乃可津发其归。或种种不齐，当方便劝勉，再三安慰，使其不起异念，存亡付托，生死相依，庶见左右逢源，孰非乡井也。

或乍病未久，粗可支持，且令随分将息。至若渐加沉重，自不能为，须请首座，和会乡人，轮日供给。或无同乡之士，但同住者皆可兴慈。盖一身万里，四海无家，既在同家，谁分彼此？久病之人，看者既厌，问者亦疏，须公界常加检察，事事随心，勿令动念。

或病人不耐痼缠，每兴嗟叹，频思粥药，久不称怀；或正念乖疏，思毁禁戒；或至理自昧，暗觅师巫；或邪毒攻心，致生狂乱，依凭影象，指说鬼神。病有万端，事非一状，皆是当人夙愆未解，智眼不明，执与性成，卒难治伏。须凭公界恻隐存心，坚秉至慈，曲垂方便，百千调护，多种维持。或遭病者骂詈而益起悲怜，或蒙病者怨嗟而愈兴慈忍。乃至病者现种种逆，当念病人之体与死为邻，一失正因，万生沦溺，岂可妄逐一时之忿，而彼此失其抱道之心哉！或抱病之人药饵不灵，势将顺寂，须宛转与首座、乡人眼同抄劄行李。或无首座，但乡人与之封记。效丛林念诵解释，助其往生。然依身受病，比比皆然，彼既如斯，我宁不尔？如斯体察，孰安孰危？一念返源，同归真际者矣。

为病人解释念诵

佛身充满于法界，普现一切群生前，

随缘赴感靡不周，而恒处此菩提座。

今辰即有抱病比丘某，为释多生之冤对，忏累劫之愆尤，特运志诚，仰投清众，称扬圣号，荡涤深殃，念清净法身毗卢遮那佛（云云）。伏愿某人一心清净，四大轻安。寿命与慧命延长，色身等法身坚固。十方三世（云云）。

如重病之人，即为十念阿弥陀佛。念诵云："阿弥陀佛真金色，相好端严无等伦，白毫宛转五须弥，绀目澄清四大海。光中化佛无数亿，化菩萨众亦无边，四十八愿度众生，九品咸令登彼岸。"大众长声念阿弥陀佛十声，四圣名号各三声，回向（云云）。伏愿某人诸缘未断，早遂轻安；大命难逃，愿生安养。十方三世（云云）。

津送

人之生也乐，人之死也哀。丛林入灭，椁示双趺，化火自焚，幻影何在？二千年外之陈迹，八万余劫之遗骸。无家之客，委在丛林，彼此有身，其谁能免？松龛素幙，瓦篆青灯，事在预为，礼宜必备。衣盂估唱，板帐支收，既无间于死生，安可昧其因果？同趋道要，共返真源，死生之义昭然，建化之功备矣。

亡僧或自能沐浴更衣坐脱，即与入龛供养。其病重或不能自了者，须待其气绝，令烧汤报首座、乡人，与之沐浴着衣。着衣之法，无问有无、冬夏，但旧布中衣一腰，浴裙一腰，旧袜一双。上则旧布衫一领，旧布直裰一个，挂络一顶，寻常数珠一串。就剃须发，整顿入龛。其余袈裟、钵盂并种种行李，抄劄既定，待出龛日，估唱钱物，入板帐支收，以为津送。入龛之法，须预备麻骨篾等类，置叠亡僧两腑之下。次用干柴，四面挨排定当，然后掩龛。用长条合缝，公界印押封闭龛门。龛前立位牌一座，书云新圆寂某上坐觉灵。香火灯烛，请首座、大众讽《大悲咒》一遍，回向：

讽经功德，奉为新圆寂某上座入龛之次，庄严报地。十方三世（云云）。

既入龛竟，即与铺设。剪大纸幡四首，书无常偈云："诸行无常，是生灭法。生灭灭已，寂灭为乐。"挂于龛侧。雪柳两瓶供养，帏幙帐设，随宜展布。一日三时，随公界粥饭供养。大众三时各讽《大悲咒》，回向云：讽经功德，奉为新圆寂某上坐觉灵，庄严报地。十方（云云）。其三时讽经，乡人亦有《大悲咒》一遍，乡头出龛前烧香，乡末举经回向。

留龛至第三日，公界造祭食五味供养。至晚念诵，方当念诵时分，鸣钟磬鸣板，众集，庵主出烧香，上汤茶、上食毕，退礼三拜，即念诵。诸方有两序出班烧香，庵居不讲。念诵云：切以生死交谢，寒暑迭迁。其来也电激长空，其去也波停大海。是日即有新圆寂某甲上座，生缘既尽，大命俄迁。了诸行之无常，乃寂灭而为乐。恭哀大众，肃诣龛帏。诵诸圣之洪名，荐精魂于净土。仰凭大众，念清净法身（云云）。

每一声，鸣磬一下，举《大悲咒》一遍。回向云：上来念诵讽经功德，奉为某上座觉灵，庄严报地。伏愿神超净域，业谢尘劳。莲开上品之花，佛授一生之记。再劳尊众，念十方三世（云云）。

复举《楞严咒》一遍，行道回向云：讽经功德，奉为新圆寂某甲上座觉灵，庄严报地。十方三世（云云）。

乡人上祭毕，大众入坐吃汤。诵《金刚》、《弥陀》等经，表伴灵之礼。约至二更尽时分，回向，众散。是日或有点心，或无点心，随亡者有无不拘。

明日粥罢，公界分付扛索举龛，装毕，乃有起龛，念诵云：欲举灵龛赴茶毗之盛礼，仰凭大众诵诸圣之洪名，用表板违，上资觉路。念清净法身（云云）。即请起龛佛事。

举龛出门，大众各执雪柳一枝、柴薪一段，默持经咒，送至化坛。庵主做佛事，下火毕，维那举茶毗十念云：是日即有新圆寂某上座，既随缘而顺寂，乃依法以茶毗。焚百年行道之身，入一路涅槃之境。仰凭尊众，资助往生。南无西方极乐世界大慈大悲阿弥陀佛。（如是十声。至阿弥陀佛四字，是大众同和十声。）乃云：上来称扬圣号，资助觉灵。惟愿慧镜分辉,真风散彩。菩提园内开敷觉位之花,法性海中荡除尘心之垢。茶倾三奠,香爇一炉。奉送云程,和南圣众。

即举《大悲咒》一遍毕,回向云:上来念诵讽经功德,奉为新圆寂某甲上座觉灵,茶毗之次,庄严报地。十方三世(云云)。复举《楞严咒》。

当日公界为亡僧设供一堂。斋罢,取出亡僧行李,对众验封皮分晓,打开铺定。维那、大众搭袈裟,鸣磬一下,念诵云:浮云散而影不留,残烛尽而光自灭。今兹估唱,用表无常。仰凭大众,念清净法身(云云)。至摩诃般若波罗蜜,鸣磬一下,云:白大众:唱衣之法,用表常规。新旧短长,自宜照顾。钱须足佰,毋以新锡相兼。磬声断后,不得翻悔。谨白。

道者自天字第一号提起,置之维那前。维那首举公据云:亡僧随身公据一道,对众剪破,缴纳归官。次第拈衣云:天字一号黄纱袈裟一顶,新多旧少,一唱一贯伍佰文。

次第一一提起,如是估唱讫,复鸣磬一下,回向云:上来念诵唱衣功德,奉为新圆寂某甲上座觉灵,庄严报地,十方三世(云云)。

唱衣毕,维那据其所估计算支做板帐。公界与乡人往化人坛上收骨归,复以香花灯烛供养,仍前一日三时大众讽经。至第三日送骨,或煅,或散之水中,或入众塔。亦是大众同送,有起骨佛事、入塔佛事。

板帐式(前粘土僧口词一纸)

第一幅,口词云:抱病比丘某,何处人,昨挂塔在此,随众办道,偶涉病缘,恐风火不停,所有随身行李,请公界依例抄劄,津送后事,伏幸众念。年月日,抱病比丘某甲押口词。

第二幅。今抄劄亡僧某上座衣钵,一一开具于后:天字一号黄纱袈裟一顶(几贯文)。天字二号细直裰一顶(几贯文)。天字三号旧钵盂副全(几贯文)。天字四号旧布直裰一顶(几贯文)。天字五号旧布七条一顶(几贯文)。天字六号半旧白绢绵袄一领(几贯文)。天字七号旧鞋子一双(几贯文)。天字八号新细绵裤一腰(壹拾几贯文)。天字九号新苎布衫一领(几贯文)。天字十号北绢纳袄一领(几拾贯几佰文)。地字一号新木绵夹裤一腰（几贯几佰文）。地字二号旧夹布裤一腰（几贯几佰文）。地字三号新鞋子一双（几拾几贯文）。地字四号新袜两双（几贯文）。已上衣钵共几号，估唱到几贯几佰文。把帐押。主丧押。庵主押。

第三幅。今具亡僧某上座收支板帐。收几拾贯文（系唱衣收到）。收几贯文（系亡僧衣钵内见官分）。支几拾贯文（系照丛林抽分三分支一行）。支几拾贯文（系就常住回买龛子一具支了）。支几拾贯文（系就常住回纸、剪幡花并油烛供养支了）。支几拾贯文（系庵主下火佛事支了）。支几贯文（系山头念诵佛事支了）。支几贯文（系首座起龛佛事支了）。支几贯文（系庵主、副庵、知库、签单、把账支了）。支几拾贯文（系宿夜件灵汤果点心支了）。支几贯文（系堂司打磬支了）。支几贯几佰文（系行者伴灵支了）。支几贯文（系庵主、首座、主丧支了）。支几贯文（系抬龛化龛心力支了）。支几贯几佰文（系厨下饭头心力支了）。支几贯文（系就公界回祭一筵支了）。支几贯文（系浴亡心力支了）。支几贯几佰文（系唱衣提衣心力支了）。支几拾几贯文（系就常住回物设供支了）。支几拾几贯几佰文（系本庵僧道共三十人，每人讽经钱，系分半上项支了）。共支中统钞（几佰几舍几贯几佰文）。除支外，见管无。右结讫。年月日，库子具。把帐押。主丧押。庵主押。

诸方板帐随处建立，各有定例。今庵居事无一向，从其宜便而取舍之。虽存亡之异途，盖因果则同辙也。如板帐内抽分一项，乃诸方古例。庵居以结缘为重，似不须讲。

凡对灵回向，但入龛宿夜念诵，山头念诵此三遍，公界回向，称亡僧两字名，自余不问公私，但称下字回向。

收骨归供养，讽经回向，但称圆寂，不称新圆寂。或诸方尊宿就庵迁化，及本庵住持迁化，位牌但书道号，不书两字名，惟书下字，或公或禅师。

如亡僧绝无衣钵可唱，庵门当与结缘津送。或亡僧有衣钵寄留他处，不曾遗嘱批付庵门，不可以风闻取讨而致多事。

道者山头佛事

是日即有新物故某甲净人，既随缘而有尽，乃依法以茶毗。焚百年苦行之身，入一路庄严之境。仰凭尊众，资助一灵。南无西方极乐世界大慈大悲阿弥陀佛！十念。

上来称扬佛号，资助往生，惟愿草尽阶头，花开碓觜。选僧堂内，无见之顶相常圆；古佛园中，有漏之尘躯永断。茶倾三奠，香爇一炉。奉送云程，和南圣众。

幻住公界永远交割，不许借出。

附：开甘露门

普施法食文

《大悲神咒》三遍。洒净水。

切以神心不动，法性遍周。既无生灭之因，安有升沉之迹？无上法王坐宝莲花成等正觉，曾何一法之加；蠢动含灵入微尘国变化死生，曷有纤尘之损。由是龙女证果于献珠之顷，广额成佛于放刃之间。何男女之有分，岂善恶之能间？当其迷也，即宝丝网咸是铁围；及至悟时，惟剑刃山俱成金地。故名教有言：生而无生，法性湛然；无生而生，业果俨然。是谓法无定相，随念变迁者也。今则法筵大启，妙供前陈。燃五分之真香，请十方之至圣。散一器之甘露，济六道之同灵。宣密语以加持，运诚心而拯拔。欲明至理，故白斯文。佛事圆成，同归真际。（执手炉。）戒香、定香、慧香、解脱香、解脱知见，光明云台，遍周法界。

一心奉请尽虚空遍法界微尘刹土中过现未来常住佛陀耶众、达磨耶众、僧伽耶众。

一心奉请参随三宝，拥护一乘，光明会上，方等位中，外现威严，内秘慈忍，诸天菩萨、八万金刚、十千天子，积菩提因，受如来记，在在处处严净法筵，引领群龙无边部从，不忘本愿，来降道场。惟愿普熏证常乐，法界人天亦如是。仰启大慈悲父无上法王，弘无作之至慈，鉴有情之微悃。

南无十方佛。南无十方法。南无十方僧。南无大慈大悲观世音菩萨。（三遍）

皈命释迦大慈父，无上宝印总持门，教传神咒观世音，起教阿难诸圣众。我今依经诵密语，变兹饭食济群生。愿赐威光摄视他，受施功德皆成就。

曩谟萨嚩怛他蘖跢　嚩路枳帝　唵　三跋啰三跋啰吽。（七遍）

神咒加持净饮食，普施河沙众鬼神，愿皆饱满舍悭心，即脱幽冥生善道。皈依三宝发菩提，究竟得成无上觉。功德无边尽未来，一切众生同法食。

南无素噜皤耶　怛他揭多耶　怛侄他　唵　素噜素噜　皤啰素噜　皤啰素噜莎诃。（一七遍）

南无多宝如来。南无妙色身如来。南无广博身如来。南无离怖畏如来。南无甘露王如来。

唵　誐誐曩三婆嚩袜日啰斛。（三遍。入座，鸣尺一下。）

诸佛子等，"若人欲了知，三世一切佛，应观法界性，一切惟心造"，此一偈出《华严经》。昔人对冥官诵之，见地狱相皆悉破坏，世传为破地狱偈，盖言其略也。使广言之，此偈不惟破地狱，至十法界悉皆能破。何则？原夫三世无佛，法界何性？依此一心而皆建立。了知此心，无相无体，非色非空，不有而有，不无而无。以不有故，十法界收归毫末；以不无故，三世佛随处出生。所以云：青青翠竹尽真如，郁郁黄花皆般若。审如是，则四生六道全是自心，八难三途元非他得。良由情存爱见，迹涉胜缘，五戒以之奉持，十善以之修进，报缘会遇，自忉利而至四空，是名天道。心根欲爱，识负聪明，动不离于五常，居不忘乎百行，自三教九流、四民万姓，贫富贵贱，善恶贤愚，但循业轮，以之流转，是谓人道。欲爱兼瞋而生胜见，斗净不息，狠戾奚意，有福天伦，无福鬼趣，是谓修罗道。如是三类虽具信根，全该有漏，随业暂升，名三善道。爱见入心而生贪业，妄求不足，日夕悬情，如是贪业，在内则为渴为饥，在外则为风为焰，是为饿鬼道。欲贪不息，展转成痴，情想变动，逐业升沉，鳞甲羽毛，态状千万，名畜生道。十习不断，六交绕缠，剑阱火山，铁轮汤镬，倒悬飞坠，执缚勘磨，八寒八热，以至无间，名地狱道。如是三类既罔善因，复滋贪等，虚空有尽，此苦莫穷，名三恶道。前三善类，后三恶伦，通名六道。如是流转，动经尘劫。或不回心向道，罔有出期。何以知之？古教谓：因业受身，身还造业；从心起境，境复生心。故知业由身造，境自心生，处处迁流，念念轮转，从生至死，自始至终，如象溺泥，似蚁旋磨。是故吾佛大沙门，于无所见处兴大哀悯，以无作妙力，爇而为香则普熏，散而为花则遍布，燃而为灯则俱照，洒而为水则均沾，献而为果则无不庄严，施而为食则皆获充足，乃至诸法之财，随其所求而俱获。是谓七种妙供，一味真慈，于诸佛念念出生，在众生各各具足。以诸佛子深缠业累，鲜具正因，犹神镜之光，昏于积尘；若精金之体，杂于臣矿。我今首为诸佛子忏涤罪障，然后皈依三宝，乃与受五支净戒，具四弘誓愿，发菩提道心。如上佛事，当处周圆，各各现优昙花于生寂灭之场，此何凡，彼何圣；熟菩提果于向升沉之地，今非悟，昔非迷。不惟六趣梦魂消，将见四真名字假。我今依凭圣教，代诸佛子忏悔罪恶。普请大众同声称和：

往昔所造诸恶业，皆由无始贪嗔痴，从身口意之所生，一切我今皆忏悔。（三唱）

我今有灭罪障真言，诸佛子至心谛听：

唵萨嚩跛波尾莎普（二合）吒捺贺（引）曩嚩日啰（二合）野（引）娑嚩（二合引）贺（引）。

汝诸佛子，忏悔已净，今当皈依三宝。夫三宝者，多种不同，今但略说。金相玉毫，坐宝莲花，名为佛宝。琅函贝叶，满毗卢藏，是谓法宝。方袍圆顶，不染世尘，名为僧宝。此系有相住持三宝也。须知一念之间具足三宝。一念理体，离诸名相，是谓佛宝。从体显用，法界森然，是名法宝。体用交彻，理事不二，标名僧宝。今则先归依住持三宝，然后顿明自己一体三宝，是谓自浅而深者也。我今代汝称扬，普请同声唱和：

归依佛，无上尊；归依法，离欲尊；归依僧，众中尊。归依佛，不堕地狱；归依法，不堕饿鬼；归依僧，不堕旁生。归依佛竟，归依法竟，归依僧竟。如来至真等正觉，是我大师。汝今归依，誓不归依邪魔外道，惟愿三宝慈悯故。（如是三唱）

今有归依三宝真言，至心谛听：　唵步（引）欠。

汝诸佛子，既尔称佛为师，当禀受如来净戒。我今依教为汝宣说五支净戒之相。

夫不杀生是五戒相。原夫杀生以嗔为本，嗔业既盛，杀害滋多，命命相负，展转酬偿。自杀、教人杀，杀心不除，轮回不断。是故尽形令不杀生。

不偷盗是五戒相。原夫偷盗以贪业为本，贪业未尽，偷心不忘，机关暗启，恐怖横生，过去未来，互相酬报。自偷、教人偷，偷心不息，尘不可离。是故尽形令不偷盗。

不淫欲是五戒相。原夫淫业根于痴毒，爱水溺心，化为欲火，受形禀命，莫不由斯。自淫、教人淫，淫心不除，尘何有尽？是故尽形令不淫欲。

不妄语是五戒相。原夫妄语，以如上杀盗淫业，交相隐覆，使不自知，虚妄成就，妄业既成，复资贪等。自妄、教人妄，缠缚生死，安有出期？是故尽形令不妄语。

不饮酒是五戒相。原夫饮酒能昏正念，能乱正心，昏乱无时，邪谬交作，如上四戒因之而生。宁饮毒药，勿贪酒味。自饮、教人饮，尽言酒过，积劫莫穷，是故尽形令不饮酒。

名教有言：五戒不持，人天路绝。然五戒之外复有十无尽戒、四十八轻垢戒、二百五十种大戒，及三聚具足净戒，无有穷极。如人入海，渐入渐深。汝但信心不退，则诸戒自然入心者矣。

汝诸佛子，既得具受如来净戒，当发菩提道心，具四弘誓愿。原夫四弘誓愿即菩提道心之用，菩提道心乃四弘誓愿之体。三世诸佛、无边开士，未有不具是愿而得菩提道心不退转者。我为唱言，当随唱而和：

众生无边誓愿度，烦恼无尽誓愿断，法门无量誓愿学，佛道无成誓愿成。（如是三唱）

诸佛子，誓愿既弘，苟不发菩提心，浸成虚设。夫菩提心者，过去诸佛已发，现在诸佛今发，未来诸佛当发。盖菩提心即生佛祖之胎孕，登佛祖之梯级，度佛祖之舟航，出佛祖之门户。汝诸佛子不发菩提心，无以出爱河，无以脱苦缚，无以清热恼，无以证佛乘。当知菩提心体，离见闻相，离言说相，离思惟相，乃至离一切诸相。汝诸佛子欲证此菩提心，当观四大无我，三界无法，八识无主，六趣无人。如是观察，迷是自迷，悟亦自悟，乐是自乐，苦亦自苦。故《华严》云："知一切法即心自性，成就慧身，不由他悟。"如斯显示，觌体现前，只贵当人全机领荷。所以道："万

法是心光，诸缘皆性晓，本无迷悟人，只要今日了。"（乃弹指三下）

诸佛子，直下来也，菩提心光明遍在眼根，菩提心音声全归耳处。于三善道不为乐所迷，于三恶道不为苦所执。惟心佛亦尔，惟佛众生然，心佛及众生，是三无差别。汝诸佛子从今已往，以菩提心为家舍，安住自由；以菩提心为园林，游行无碍；以菩提心为床座，宴处逍遥；以菩提心为所师，三昧成就。尘尘入毗卢性海，处处会善知识门。可谓不移跬步，直届觉城；不隔一尘，全归宝所。我今有发菩提心真言，至心谛听：

唵冒地唧多母怛波（二合）那野（引）弥。

诵《心经》一卷。回向云：

汝等鬼神众，我今施汝供，此食遍十方，一切鬼神共。愿以此功德，普及于一切，我等与众生，皆共成佛道。

若是盂兰盆施食时，可于入座鸣尺一下处，改白后文，至忏悔偈，亦同前文结果。

诸佛子等，梵语盂兰盆，此名解倒悬器。谓倒悬者，乃系形于千仞之颠，将坠于无涯之底，苦之一言不可云喻。原夫平等真法界，无佛无众生，安有倒悬之说乎？良由最初不觉，瞥起妄心，外形十界染净之殊，内蕴八识悟迷之别。由是以妄见绳，系无明质，倒悬于诸根尘识千仞之颠，下望轮回生死无涯之底。诸境界风念念撼摇，莫之休息。圣贤目为可怜悯者，是故慈不欲兴而兴，哀不欲至而至。况是青提犯重而难拔，目连感深而欲追。启如来之本怀，成菩萨之大愿。教由斯致，相传二千余载。有佛住处，安得不效良规而攀胜轨也。上来加持密咒，普施甘露，想诸佛子已皆饱满。苟不洞明道本，彻见法源，不惟饥属倒悬，今虽饱足，亦未尝非倒悬者。岂惟饱足，只如六道以天为最，天之本因，由舍弃诸恶，乐修众善，希求福果，乃度此伦。真心未悟，已涉倒悬，况七珍之饮馔随欲念而变生，百宝之衣冠任爱心而展布。以天众观，著而为乐。惟佛知见，是真倒悬，岂待五衰相见而然也。今之海内人类充塞，乃天道之次者也。爱染不息，杂诸善行，来处此伦。身居极品之谓贵，家贮多金之谓富。博涉文言之谓聪，饱阅春秋之谓寿。或不顿明至理，廓悟真常，一报忽终，倒悬安释？而况癃残鳏寡，孤苦流连，依正俱空，死生无倚，此亦岂待报尽，而倒悬之迹无时不在焉。阿修罗属又人道之次者也，由偏求福果，纯执胜心，聚积欲贪，以沉斯类，无福鬼趣，有福天伦。以嗔斗之不忘处，倒悬而自苦，何当业极而致报终，飘丧有期，坠堕无底。此三善道之倒悬也，是大悲愿王深怜而痛悯者。且三善道之倒悬若此，况地狱、饿鬼、畜生三种恶道倒悬之苦，可胜道哉！是等皆以贪嗔痴为因，杀盗淫为缘，欲界、色界、无色界为果报。在地狱则乘而为铁轮，履而为剑刃，动而为飞坠，静而为囚缚，与夫八寒、八热以至无间，倒悬之苦备极于斯。地狱之报既消，散形而入鬼趣，形体既虚，威光不具，常居秽隙，每处暗途。渴而得水，亟变为洋铜；饥乃逢食，遽化为焦焰。受饥饿者数百劫，沉幽暗者十二时。具言其苦辛，又不止于倒悬也。鬼趣业尽，散入畜生，来偿宿债。空飞水跃，树宿山栖，以强吞弱，以大食小。儒彼之悲无间，吞嗜之苦何穷。羽毛之类既多，鳞介之族尤盛。恶业转炽，状貌愈乖。蠢蠕飞摇，难可枚举。腐肝肠于鼎镬，碎骨血于刀砧。所谓倒悬，似未能尽喻畜生之苦也。三恶道众倒悬之苦，若使广陈，穷劫不尽。总而言之，三善道之升，未明道本，升亦倒悬；三恶道之沉，不悟苦因，倒悬无已。汝等当知，诸佛即已解倒悬之众生，众生即未解倒悬之诸佛。倒悬既解，众生界尽，诸佛体空。转三善道归第一义天，迷云自卷；融诸恶趣入真三昧海，业浪平沉。犹远客之到家，若贫人之遇宝。名教有言：众生迷时指金为铜，及至悟时，了知金体。未解倒悬，妄称六道。倒悬既解，元是一心。故诸佛于无功用中悯诸佛子深投业网，久滞冥途，于此心内蒸而为香，散而为花，燃而为灯，施而为食，献而为果，掬而为汤，以至无尽法财，满为七种供养，与诸佛子特为庄严。庄严已具，若不披陈忏悔过去现在身口意业，则倒悬不可解。既忏悔已，若不归依三宝，称佛为师，则倒悬不可解。既归依三宝，若不具受如来真净戒法，则倒悬不可解。既具戒已，若不设四弘誓愿，发菩提心，则倒悬不可解。当知自忏悔而至发菩提心，皆解倒悬之善巧方便也。我今依凭圣教，首为诸佛子忏悔身口意所作十不善业，仰凭大众各运诚心，随我称和。汝诸佛子生难遭想，具希有心，谛听谛听：

往昔所造诸恶业，皆由无始贪嗔痴，从身口意之所生，一切我今皆忏悔。（三唱）

我今有灭罪障真言，诸佛子至心谛听：

唵萨嚩跛波尾莎普（二合）吒捺贺（引）曩嚩日啰（二合）野（引）婆嚩（二合引）贺（引）。

大元国浙西道湖州路城北卞山幻住禅庵沙门某甲。

右某谨露丹衷，上于洪造，愿垂哀悯，俯赐鉴知。七月十五日，恭遇本师释迦如来圣制，圆成盂兰盆大斋之日，思念夙生父母及现世父母、师长檀越、恩有冤亲，及四生六道诸恶趣中受苦众生，莫由解脱。谨于今宵，营备香花灯烛、茶果珍羞，如法供养常住三宝、法界圣贤。僧道众披阅《大方广佛华严经》《大乘妙法莲花经》《大方广圆觉修多罗了义经》《大佛顶如来密因修证了义诸菩萨万行首楞严经》《维摩诘所说经》《大乘金刚般若波罗蜜经》《大乘方等金光明经》《大乘般若密多佛祖海藏心经》《大悲心圆满秘密神咒》《大佛顶万行首楞严神咒》，称扬摩诃佛母圣号，满散判施清净平等广大甘露法食一器。所集如上功德，一心奉为法界之内天道众、人道众、修罗道众、地狱道众、饿鬼道众、畜生道众，愿乘佛力，来赴法筵。一心奉为过去现在引颂开导、劝发提携、方便作成、亲教剃度，一切师友眷属，鉴此真诚，同趋法会。一心奉为同居僧道各各生身父母、七世父母，及曩劫受形、积生禀命一切父母，愿乘佛力，同沾甘露。一心奉为过去劫中、现在世内，四事供给诸大檀越，及外护法门王侯宰辅、路州县镇文武官僚、长者命妇、居士善友、问道请益诸弟子等，愿乘兹济，俱降法筵。一心奉为九州分野、十二类中，远及余方，近于当处，孤魂滞魄、男女老少、空居水陆、鳞甲羽毛，有情无情，一切种类，同乘佛力，共赴法筵。一心奉为尽虚空遍法界微尘刹土中，过去、现在及与未来诸含识等，或沉苦海，或溺爱河，或住邪林，或潜幽室，或居水际，或堕崖巅，或处险场，或栖秽隙，或居孔穴，或滞幽冥，乃至诸不善处众恶聚中，同业所缠，靡思悔悟，虽累乘良济，未获超生。愿乘今夜之普慈，同了多生之重垢者。

右伏以诸佛心内众生，结法界海深沉之业；众生心内诸佛，兴盂兰盆普济之慈。由一念之悟迷，成三际之苦乐。刀山剑阱皆成等正觉之场，宝地玉阶乃飘堕轮回之域。自业变化而何极，心法出现而靡穷。所以古宿云："扑落非他物，纵横不是尘，山河及大地，全露法王身。"于斯领旨，当处知归。融诸佛子之自心，入大涅槃之真际。一切处无苦可厌，一切处无乐可欣。尘尘取舍既忘，念念爱憎必尽。何冤可解，何亲可依？烦恼即菩提，顿证大圆镜智；无明即解脱，全该胜功德身。紫栴檀影里俯仰折旋，水流元在海；红菡萏花间见闻知觉，月落不离天。饱甘露味于此时，现优昙花于永劫。

恭惟佛心即知，群灵昭格。功德文疏

年月日，某庵沙门某疏。

封皮

盂兰盆斋普施法食功德，奉为生身父母、六道四生一切恩有。

湖州路卞山幻住禅庵沙门某疏谨封。

上来罗列，大众同伸。

《日用须知》（并）《甘露门》终

三时系念

说　明

　　《中峰三时系念佛事》一卷，收于《卍续藏》第 74 册，经号 1464。《中峰三时系念仪范》一卷，收于《嘉兴藏》新文丰版续藏第 20 册，经号 87，及《卍续藏》第 74 册，经号 1465，本次点校整理，以《嘉兴藏》为底本，参校《卍续藏》本及流通本。

　　《三时系念》为净土宗重要修行念佛法门，于当今汉传佛教界颇为流行。旧传系永明延寿的著作，但一般认为是中峰明本所作。明本关于三时系念的著作有两种：一为《中峰国师三时系念佛事》一卷，主要用于超荐亡灵往生西方极乐世界，亦可作为念佛者依之而修行的仪轨。另一种为《中峰三时系念仪范》一卷，书末附有《劝人念佛》与《念佛正因说》等文，用于共修念佛求生净土。"三时"，是指一日中的早晨、日中、日没三时。"系念"，就是一心系念阿弥陀佛，不杂他念。《三时系念》落实禅净融合理念于修行实践，并结合自我念佛修行与荐亡度生，有助于加深社会民众净土信仰，推动净土宗的发展。

中峰国师三时系念佛事

另设启请法座。班首鸣引磬，斋主上香礼拜已，班首前行（后师），斋主又后，至佛前，师拈香。

维那举赞：

戒定真香，焚起冲天上。（斋主＼弟子）虔诚，爇在金炉放。顷刻氤氲即遍满十方，昔日耶输免难消灾障。香云盖菩萨摩诃萨。（三称）

毕，师云：

> 觉海虚空起，娑婆业浪流，
>
> 若人登彼岸，极乐有归舟。

大众念佛，至灵前站定，念《心经》一卷、《往生咒》三遍。毕，举赞，或说后文，皆可。

法王利物，悲智洪深，普遍十方，冥阳靡隔。今蒙斋主（某），恭为（某），届逢（某）之期，特请山僧登座，依凭教法，作三时系念佛事。乃尔亡灵，遭此胜缘，自宜严肃威仪，来临座下，恭聆妙法，一心受度。

大众念佛，上座。其座对灵前，供接引佛一尊，香花供养。维那举赞：

炉香乍爇，法界蒙熏，诸佛海会悉遥闻，随处结祥云，诚意方殷，诸佛现全身。云来集菩萨摩诃萨。（三称）

毕，师拈香云：

此一瓣香，根蟠劫外，枝播尘寰。不经天地以生成，岂属阴阳而造化？爇向炉中，专伸供养，常住三宝，刹海万灵，极乐导师，阿弥陀佛，观音、势至，清净海众，悉仗真香，普同供养。香云盖菩萨摩诃萨。（三称）

毕，师与大众齐坐下。

第一时

南无莲池海会佛菩萨。（三称。此系维那师举。）

佛说阿弥陀经

如是我闻。一时，佛在舍卫国祇树给孤独园，与大比丘僧千二百五十人俱，皆是大阿罗汉，众所知识。长老舍利弗、摩诃目犍连、摩诃迦叶、摩诃迦旃延、摩诃俱絺罗、离婆多、周梨槃陀伽、难陀、阿难陀、罗睺罗、憍梵波提、宾头卢颇罗堕、迦留陀夷、摩诃劫宾那、薄拘罗、阿㝹楼驮，如是等诸大弟子，并诸菩萨摩诃萨——文殊师利法王子、阿逸多菩萨、乾陀诃提菩萨、常精进菩萨，与如是等诸大菩萨，及释提桓因等无量诸天大众俱。

尔时，佛告长老舍利弗：从是西方过十万亿佛土，有世界名曰极乐。其土有佛号阿弥陀，今现在说法。舍利弗！彼土何故名为极乐？其国众生无有众苦，但受诸乐，故名极乐。又舍利弗！极乐国土，七重栏楯、七重罗网、七重行树，皆是四宝周匝围绕，是故彼国名曰极乐。

又舍利弗！极乐国土有七宝池，八功德水充满其中。池底纯以金沙布地。四边阶道，金、银、琉璃、玻璃合成。上有楼阁，亦以金、银、琉璃、玻璃、砗磲、赤珠、玛瑙而严饰之。池中莲花大如车轮，青色青光，黄色黄光，赤色赤光，白色白光，微妙香洁。舍利弗！极乐国土成就如是功德庄严。

又舍利弗！彼佛国土常作天乐，黄金为地，昼夜六时天雨曼陀罗花。其国众生，常以清旦，各以衣祴，盛众妙花，供养他方十万亿佛；即以食时还到本国，饭食经行。舍利弗！极乐国土成就如是功德庄严。

复次舍利弗！彼国常有种种奇妙杂色之鸟——白鹤、孔雀、鹦鹉、舍利、迦陵频伽、共命之鸟。是诸众鸟昼夜六时出和雅音，其音演畅五根、五力、七菩提分、八圣道分如是等法。其土众生闻是音已，皆悉念佛、念法、念僧。舍利弗！汝勿谓此鸟实是罪报所生。所以者何？彼佛国土无三恶道。舍利弗！其佛国土尚无三恶道之名，何况有实！是诸众鸟，皆是阿弥陀佛欲令法音宣流，变化所作。舍利弗！彼佛国土，微风吹动诸宝行树及宝罗网，出微妙音，譬如百千种乐同时俱作。闻是音者，自然皆生念佛、念法、念僧之心。舍利弗！其佛国土成就如是功德庄严。

舍利弗！于汝意云何，彼佛何故号阿弥陀？舍利弗！彼佛光明无量，照十方国无所障碍，是故号为阿弥陀。又舍利弗！彼佛寿命及其人民，无量无边阿僧祇劫，故名阿弥陀。舍利弗！阿弥陀佛成佛已来，于今十劫。又舍利弗！彼佛有无量无边声闻弟子，皆阿罗汉，非是算数之所能知，诸菩萨众亦复如是。舍利弗！彼佛国土成就如是功德庄严。

又舍利弗！极乐国土众生生者，皆是阿鞞跋致，其中多有一生补处，其数甚多，非是算数所能知之，但可以无量无边阿僧祇说。舍利弗！众生闻者，应当发愿，愿生彼国。所以者何？得与如是诸上善人俱会一处。

舍利弗！不可以少善根福德因缘得生彼国。舍利弗！若有善男子、善女人，闻说阿弥陀佛，执持名号，若一日、若二日、若三日、若四日、若五日、若六日、若七日，一心不乱。其人临命终时，阿弥陀佛与诸圣众现在其前。是人终时，心不颠倒，即得往生阿弥陀佛极乐国土。舍利弗！我见是利，故说此言。若有众生闻是说者，应当发愿，生彼国土。

舍利弗！如我今者赞叹阿弥陀佛不可思议功德之利，东方亦有阿閦鞞佛、须弥相佛、大须弥佛、须弥光佛、妙音佛，如是等恒河沙数诸佛，各于其国出广长舌相，遍覆三千大千世界，说诚实言：汝等众生，当信是称赞不可思议功德一切诸佛所护念经。

舍利弗！南方世界有日月灯佛、名闻光佛、大焰肩佛、须弥灯佛、无量精进佛，如是等恒河沙数诸佛，各于其国出广长舌相，遍覆三千大千世界，说诚实言：汝等众生，当信是称赞不可思议功德一切诸佛所护念经。

舍利弗！西方世界有无量寿佛、无量相佛、无量幢佛、大光佛、大明佛、宝相佛、净光佛，如是等恒河沙数诸佛，各于其国出广长舌相，遍覆三千大千世界，说诚实言：汝等众生，当信是称赞不可思议功德一切诸佛所护念经。

舍利弗！北方世界有焰肩佛、最胜音佛、难沮佛、日生佛、网明佛，如是等恒河沙数诸佛，各于其国出广长舌相，遍覆三千大千世界，说诚实言：汝等众生，当信是称赞不可思议功德一切诸佛所护念经。

舍利弗！下方世界有狮子佛、名闻佛、名光佛、达摩佛、法幢佛、持法佛，如是等恒河沙数诸佛，各于其国出广长舌相，遍覆三千大千世界，说诚实言：汝等众生，当信是称赞不可思议功德一切诸佛所护念经。

舍利弗！上方世界有梵音佛、宿王佛、香上佛、香光佛、大焰肩佛、杂色宝花严身佛、娑罗树王佛、宝花德佛、见一切义佛、如须弥山佛，如是等恒河沙数诸佛，各于其国出广长舌相，遍覆三千大千世界，说诚实言：汝等众生，当信是称赞不可思议功德一切诸佛所护念经。

舍利弗！于汝意云何，何故名为一切诸佛所护念经？舍利弗！若有善男子、善女人，闻是经受持者，及闻诸佛名者，是诸善男子、善女人皆为一切诸佛之所护念，皆得不退转于阿耨多罗三藐三菩提。是故舍利弗！汝等皆当信受我语，及诸佛所说。

舍利弗！若有人已发愿、今发愿、当发愿，欲生阿弥陀佛国者，是诸人等皆得不退转于阿耨多罗三藐三菩提，于彼国土若已生、若今生、若当生。是故舍利弗！诸善男子、善女人若有信者，应当发愿，生彼国土。

舍利弗！如我今者称赞诸佛不可思议功德，彼诸佛等亦称赞我不可思议功德，而作是言：释迦牟尼佛能为甚难希有之事，能于娑婆国土五浊恶世——劫浊、见浊、烦恼浊、众生浊、命浊中，得阿耨多罗三藐三菩提，为诸众生说是一切世间难信之法。舍利弗！当知我于五浊恶世行此难事，得阿耨多罗三藐三菩提，为一切世间说此难信之法，是为甚难！

佛说此经已，舍利弗及诸比丘，一切世间天、人、阿修罗等，闻佛所说，欢喜信受，作礼而去。

佛说阿弥陀经

拔一切业障根本得生净土陀罗尼（往生咒三遍，莲池会三称）。

提纲

鸣尺

世界何缘称极乐？只因众苦不能侵。

道人若要寻归路，但向尘中了自心。

心心即佛，醍醐酥酪咸自乳生；佛佛惟心，钗钏瓶盘尽从金出。十万亿程东西不隔，二六时内凡圣同途。低头合掌白玉毫，星明日丽；歌咏赞扬紫金容，霆震雷轰。清凉月兮有水皆含，功德云而无山不戴。香象渡河，一举洪名超二死；迦陵出㲉，千称嘉号压群音。下情唯忖以难思，一念回光而易往。究竟不居心外，分明只在目前。审如是，即今众等系念弥陀三时佛事，只如不涉证修，亲蒙授记一句，如何举扬？

鸣尺

风唫树树千般乐，香浸池池四色花。

维那师举：

阿弥陀佛身金色，相好光明无等伦，

白毫宛转五须弥，绀目澄清四大海。

光中化佛无数亿，化菩萨众亦无边，

四十八愿度众生，九品咸令登彼岸。

南无西方极乐世界大慈大悲阿弥陀佛。

念佛百声。维那举赞：

第一大愿，观想弥陀，四十八愿度婆婆。九品涌金波，宝网交罗，度亡灵出爱河。

莲池会三称。

讲演

鸣尺

诸苦尽从贪欲起，不知贪欲起于何？

因忘自性弥陀佛，异念纷驰总是魔。

教中道：生而无生，法性湛然；无生而生，业果俨然。所谓生者，即众生生灭之迹也。谓无生者，即诸佛寂灭之本也。法性湛然者，灵明湛寂，元妙真常，个个不无，人人本具。只因最初不觉，忽尔动心，认妄为真，迷己逐物。由是业网牵缠，流转五道。恒随生死以升沉，亘古至今而靡间。当知生自缘生，而法性不与缘俱生；灭自缘灭，而法性不与缘俱灭。所以云：法性湛然。是谓生而无生者也。无生而生者，众生迷妄入心，积业成果，虚受轮转，妄见生灭。于法性体上，如镜现像，似珠随色。当知镜光本净，珠体绝痕，物境互彰，不违色像。彼色像之去来，犹业果之俨然也。故诸佛于俨然生灭中，唯见无生；众生于湛然无生中，唯见生灭。只因迷悟之有差，逐致现量之不一。实乃生无自性，无生亦无自性。悟则生灭皆无生，迷则无生皆生灭。所以离此别无，是乃一体而异名也。审如是，则阿弥陀佛即是我心，我心即是阿弥陀佛。净土即此方，此方即净土。岂非迷悟之自殊，何有圣凡而彼此？乃知现前众等，以自性阿弥陀，与大众舌根，普同运转根本法轮。诸仁还委悉么？

<blockquote>
生灭无生生不生，乐邦那肯禁人行。

谁知万丈红尘里，菡萏花开月正明。
</blockquote>

维那师举：南无西方极乐世界大慈大悲阿弥陀佛。

师与大众齐下座，旋绕念佛千声已，至灵前，收佛号，举观音、势至、清净大海众菩萨各三称毕，念十大愿：

一者礼敬诸佛，二者称赞如来，三者广修供养，四者忏悔业障，五者随喜功德，六者请转法轮，七者请佛住世，八者常随佛学，九者恒顺众生，十者普皆回向。

<blockquote>
众生无边誓愿度，烦恼无尽誓愿断，

法门无量誓愿学，佛道无上誓愿成。
</blockquote>

接赞：佛宝赞无穷，功成无量劫中。巍巍丈六紫金容，觉道雪山峰。眉际玉毫光灿烂，照开六道昏蒙。龙华三会愿相逢，演说法真宗。

念佛，上座，鸣尺。

人人分上，本有弥陀。个个心中，总为净土。了则头头见佛，悟来步步西方。上来启建三时系念净业道场，今当第一时佛事已圆。如上殊勋，投入弥陀大愿海中，专为亡灵（某），求生净土。但念自从无始，迄至今生，一念违真，六根逐妄，随情造业，纵我为非。身业则杀、盗、邪淫，口过则妄言、绮语、两舌、恶口，意恶则常起贪、瞋，深生痴爱。由兹三业，钩锁妄缘，常汩汩于尘劳，但茫茫于岁月。欲思出离，唯凭忏悔熏修之力，俾眼、耳、鼻、舌、身、意之过愆应念顿消，使色、声、香、味、触、法之浮尘即时清净。又极乐求生，全凭发愿。仰劳法众，异口同音，敬为亡灵，至心忏悔发愿：

> 往昔所造诸恶业，皆由无始贪瞋痴，
>
> 从身语意之所生，今对佛前求忏悔。
>
> 众生无边誓愿度，烦恼无尽誓愿断，
>
> 法门无量誓愿学，佛道无上誓愿成。

南无普贤王菩萨摩诃萨。（三称）

上来忏悔发愿已竟。（鸣尺。）亡灵（某）当知：夫净土之为教也，仰承阿弥陀佛四十有八大慈大悲深重愿力，摄取十方一切众生。凡具信心者，皆得往生。信者，信有西方净土，信有阿弥陀佛摄取众生之事，我等众生信有往生之分。然虽谓弥陀摄取众生往生，要信唯是随心自现，感应道交，究竟非从外得。如是信者，是为真信。信而无行，即不成其信。行者，《楞严经》云："都摄六根，净念相继，不假方便，自得心开。"《阿弥陀经》云："若有善男子、善女人，闻说阿弥陀佛，执持名号，若一日、若二日，乃至七日，一心不乱。其人临命终时，阿弥陀佛与诸圣众现在其前。是人终时，心不颠倒，即得往生阿弥陀佛极乐国土。"如是行者，是名正行。行而无愿，即不成其行。愿者，要与阿弥陀佛四十八愿，愿愿相应，是为大愿也。信、行、愿三，如鼎三足，缺一不可。今尔亡灵，当知现前一念，本自圆常。信、行、愿，原是自己本来具有如是性德，今者但是本性光明显发耳。

鸣尺。

阿弥陀佛，无上医王，巍巍金相放毫光，苦海作慈航，九品莲邦，同愿往西方。莲池会三称。

第一时佛事已毕，下座。

第二时

师与众登座定。维那师举：

南无莲池海会佛菩萨。（三称）

佛说阿弥陀经。（接诵《阿弥陀经》一遍）

拔一切业障根本得生净土陀罗尼。（往生咒三遍，莲池会三称。）

鸣尺

> 便就今朝成佛去，乐邦化主已嫌迟，
>
> 那堪更欲之乎者，管取轮回没了时。

原夫遍十方是极乐世界，山光水色，似空合空；尽大地是清泰故乡，花笑鸟啼，如镜照镜。自是不归归便得，五湖烟景有谁争。黄金臂昼夜常垂，惟许行人独委；白玉毫古今不昧，全凭愿者承当。所以道：万法是心光，诸缘惟性晓。本无迷悟人，只要今日了。即今现前众等系念第二时佛事。且了之一句，如何举扬？

> 琉璃池上悬明月，菡萏花间戏水禽。

维那师举：

> 阿弥陀佛身金色，相好光明无等伦，
>
> 白毫宛转五须弥，绀目澄清四大海。
>
> 光中化佛无数亿，化菩萨众亦无边，
>
> 四十八愿度众生，九品咸令登彼岸。

南无西方极乐世界大慈大悲阿弥陀佛。

念佛百声。维那举赞：

第一大愿，观想弥陀，四十八愿度娑婆。九品涌金波，宝网交罗，度亡灵出爱河。

莲池会三称。

讲演

鸣尺

是心是佛将心念，念到心空佛亦忘，

撒手归来重检点，花开赤白与青黄。

教中道："惟心佛亦尔，惟佛众生然，心佛及众生，是三无差别。"所谓心者，心有多种。曰肉团心，乃现在身中父母血气所生者是。曰缘虑心，即现今善恶顺逆境界上种种分别者是。曰灵知心，是混千差而不乱，历三际以靡迁。炳然独照，卓尔不群。在圣不增，在凡不减。处生死流，骊珠独耀于沧海；居涅槃岸，桂轮孤朗于中天。诸佛悟之，假名惟心。众生迷之，便成妄识。是以佛即众生，众生即佛。且心外无佛，亦无众生。唯迷悟之有间，故凡圣而迥异。岂知心、佛、众生，三无差别。永嘉云："梦里明明有六趣，觉后空空无大千。"既然如是，则经云"从是西方过十万亿佛土，有世界名曰极乐。其土有佛，号阿弥陀，今现在说法"，总不出唯心净土，本性弥陀也。由是而知，即今现前亡过（某），其生也莲花朵朵，其殁也行树重重。无一时不达莲邦，无一念不依慈父。审如是，且道离此心、佛、众生外，别有商量处也无？

大圆镜里绝纤埃，碧藕花中有圣胎。

遥望金沙池沼外，宝光常照玉楼台。

维那师举：南无西方极乐世界大慈大悲阿弥陀佛。

下座，旋绕念佛千声已，至灵前，师举观音、势至、清净海众三称毕，念后文：

十方三世佛，阿弥陀第一，九品度众生，威德无穷极。我今大归依，忏悔三业罪。凡有诸福善，至心用回向。愿同念佛人，感应随时现。临终西方境，分明在目前。见闻皆精进，同生极乐国。见佛了生死，如佛度一切。无边烦恼断，无量法门修，誓愿度众生，总愿成佛道。虚空有尽，我愿无穷。

愿生西方净土中，上品莲花为父母，

花开见佛悟无生，不退菩萨为伴侣。

接赞:

法宝实难量,如来金口宣扬。龙宫海藏散天香,觉者诵琅琅。玉轴霞条金写字,似排秋雁成行。昔因三藏取来唐,万古为敷扬。

念佛,登座,鸣尺。

盖闻虚而有鸣答之声,寂而无形影之相。然谷响自然,非呼之而不答;佛身无作,非扣之而不彰。上来启建第二时系念佛事已圆。如上殊勋,投入如来大愿海中,出生功德,专为亡灵(某),洗除业垢,增长善根,舍此报缘,往生净土。但念自从无始迄至今生,沤生巨海,逐识浪以高低;云点太清,任情风而人我。于是循环诸趣,流转四生,业海茫茫,罪山岌岌,匪凭发露,曷遂消除?忏摩已往,发愿当来。再劳法众,至心忏悔发愿:

> 往昔所造诸恶业,皆由无始贪瞋痴,
>
> 从身语意之所生,一切罪障皆忏悔。
>
> 众生无边誓愿度,烦恼无尽誓愿断,
>
> 法门无量誓愿学,佛道无上誓愿成。

南无普贤王菩萨摩诃萨。(三称)

上来忏悔发愿已竟。具行犹人具眼目,愿如日月灯光明。依光照烛见分明,行者方能达前境。是以念佛之人若不发愿往生,纵有功行,亦成虚设,以不顺佛故。今尔亡灵,当知此意。

阿弥陀佛,无上医王,巍巍金相放毫光,苦海作慈航,九品莲邦,同愿往西方。

莲池会三称。

第三时

师与众登座定,维那师举:

南无莲池海会佛菩萨。(三称)

佛说阿弥陀经。(接诵《阿弥陀经》一遍)

拔一切业障根本得生净土陀罗尼。(接《往生咒》三遍)

念莲池会（三称）。

鸣尺

十万余程不隔尘，休将迷悟自疏亲。

刹那念尽恒沙佛，便是莲花国里人。

合尘背觉，栽荆棘于七宝园林；舍妄归真，列珠网于四生门户。纵横万法，圆裹一心。非思量处，阿弥陀佛坐断六根；无造作时，清泰故乡横吞八极。破群昏如果日丽天，疗众病如善见神药。所以云："一称阿弥陀佛名号，能灭八万亿劫生死众苦。"利益如是，岂譬喻言说之可及乎？只如即今系念第三时佛事，且道现前众等同声相应一句如何指陈？

一从佛向舌根念，不觉花随足底生。

维那师举：

阿弥陀佛身金色，相好光明无等伦，

白毫宛转五须弥，绀目澄清四大海。

光中化佛无数亿，化菩萨众亦无边，

四十八愿度众生，九品咸令登彼岸。

南无西方极乐世界大慈大悲阿弥陀佛。

念佛百声。维那举赞：

第一大愿，观想弥陀，四十八愿度娑婆。九品涌金波，宝网交罗，度亡灵出爱河。

莲池会三称。

讲演

鸣尺

打破虚空笑满腮，玲珑宝藏豁然开，

直饶空劫生前事，六字洪名毕竟该。

古人道："清珠投于浊水，浊水不得不清。念佛投于乱心，乱心不得不佛。"西天有宝，名曰清珠。谓此珠投入浊水中，入水一寸，则一寸之浊水即便清洁。此珠入水自寸至尺，乃至于底，则浊水亦随之而澄湛。当知清珠者，喻念佛之净念也。浊水者，喻杂乱之妄心也。当妄心杂乱之顷，能举起一念，如对慈尊，按定六字洪名，一一出口入耳，则此杂乱自然随念寂静。自是一念而至十念，乃至念念不移，即教中所谓净念相继者也。念佛之人须要信心恳切，正因凛然，重念死生轮转之可悲，深厌尘劳纷扰为可痛。举起一声佛名，直下更无异见。如太阿剑，横按当轩；如大火轮，星腾焰炽。万物撄之则燎，触之则伤。直至一心不乱，能所两忘，到家之说，不容再举；捷迳之词，何劳挂齿？可谓证修行之神术，超方便之正途。破死生蛰户之雷霆，烛迷妄幽衢之日月。今宵三时系念佛事将圆，亡灵（某）承兹上善，决定往生。且道一念未萌以前，还有这个消息也无？

鸣尺

是心空寂念何依，故国云归孰未归。

花外玉鸡啼晓日，远迎新佛奉慈威。

维那师举：南无西方极乐世界大慈大悲阿弥陀佛。

下座，旋绕念佛千声已，至灵前，师举观音、势至、清净海众三称毕，念后文：

一心归命极乐世界阿弥陀佛！愿以净光照我，慈誓摄我。我今正念称如来名，为菩提道求生净土。佛昔本誓：若有众生，欲生我国，志心信乐，乃至十念，若不生者，不取正觉。以此念佛因缘，得入如来大誓海中。承佛慈力，众罪消灭，善根增长。若临命终，自知时至，身无病苦，心不贪恋，意不颠倒，如入禅定。佛及圣众，手执金台，来迎接我。于一念顷，生极乐国。花开见佛，即闻佛乘，顿开佛慧，广度众生，满菩提愿。

念佛临终见宝台，宝幡宝盖满空排，

弥陀势至观音等，合掌相随归去来。

僧宝不思议，身披三事云衣。浮杯过海刹那时，赴感应群机。堪作人天功德主，坚持戒行无违。我今稽首愿遥知，振锡杖提携。

大众念佛，法师登座，鸣尺。

念佛既从心出，结业岂属外来？须臾背念佛之心，刹那即结业之所。今则众等依凭教法，作三时系念佛事。所集胜因，专为亡灵（某）决生净土。自今戒香馥郁，慧炬荣煌。迷云开而性天独朗，妄尘尽而心地廓通。诸根圆净，群业顿空。一举念，一花开，挹露迎风，香浮玉沼；一驰情，一果熟，含烟对日，影落金园。经行坐卧在其中，游戏逍遥非分外。得佛受用，彻法源底。常寂光处处现前，大愿王尘尘契会。更为亡灵，至心忏悔发愿：

> 往昔所造诸恶业，皆由无始贪瞋痴，
>
> 从身语意之所生，一切罪根皆忏悔。
>
> 自性众生誓愿度，自性烦恼誓愿断，
>
> 自性法门誓愿学，自性佛道誓愿成。

南无普贤王菩萨摩诃萨。（三称）

上来三时系念阿弥陀佛万德洪名，劝导亡灵（某）忏除结业，发愿往生。行愿既深，功无虚弃。惟愿亡灵，闻斯法要，信受奉行。从是托质莲胎，永离业海。直证阿鞞跋致，圆满无上菩提。

弥陀佛，大愿王，慈悲喜舍难量，眉间常放白毫光，度众生，极乐邦。八德池中莲九品，七宝妙树成行。如来圣号若宣扬，接引往西方。弥陀圣号若称扬，同愿往西方。

> 系念功德殊胜行，无边胜福皆回向，
>
> 普愿沉溺诸众生，速往无量光佛刹。

十方三世一切佛，一切菩萨摩诃萨，摩诃般若波罗蜜。

自归依佛，当愿众生，绍隆佛种，发无上心。

自归依法，当愿众生，深入经藏，智慧如海。

自归依僧，当愿众生，统理大众，一切无碍。和南圣众。

中峰国师三时系念佛事[1]

---

[1] 明鲍性泉述、蕅益智旭定《天乐鸣空集》卷上：中峰国师设三时系念之法以荐新亡者，令一人登座，追摄亡魂，种种开导唯心净土之旨、自性弥陀之宗，令其开悟，直生赡养。巳酉秋日，适有僧从檀越家依法行事而归，予问之，具道其法若是之精妙直截。予告之曰："嗟夫！活禅师不如死俗汉矣。"其僧愕然问故。予曰："彼且死矣，身在冥途，尚欲仗公教以唯心净土、本性弥陀，达此可以即生赡养。吾辈四大完全，六根无恙，不思取此，唯图饱食横眠，恣情放逸。何不及时了达，直待死后而仗他人开导，不亦疏迁而迟晚乎？"其僧颔首而去。

中峰三时系念仪范[1]

举咒

晨朝毕，法师行香礼佛。班首执手磬，领大众绕坛行道。

南无阿弥多婆夜哆（外曷切）（一） 他伽跢（都饿切）（二） 夜哆地（途卖切）（三） 夜他阿弥利（上声）（四） 都婆毗（五） 阿弥利哆（六） 悉耽婆毗（七） 阿弥利哆（八） 毗迦兰谛（九） 阿弥利哆（十） 毗迦兰哆（十一） 伽弥腻（十二） 伽伽那（十三） 枳多迦隶（十四） 莎婆诃（十五）

云集赞

大众序立佛前，作声念：

西资会启，净土门开，白豪光里见如来，诸佛叹奇哉，永脱尘埃，同愿上莲台。云来集菩萨摩诃萨。

登座偈

法师上座

> 五彩云垂，大法王座。
>
> 我今一登，神天拥护。

常拥护菩萨摩诃萨。

提纲

法师端庄整肃，观想弥陀，作礼，平举。

---

[1] 底本为《嘉兴藏》本（新文丰版续藏第 20 册，经号 87），参校《卍续藏》本（第 74 册，经号 1465）及流通本。

> 三时礼念不思议，一道圆明最上机，
>
> 了法了心心寂照，无形无相相超离。
>
> 罪花凋殒三涂息，菡萏香浮七宝池，
>
> 念念豁然真佛现，斯时觉悟证真如。

阿弥陀如来（众和）证明系念。

缘起

法师鸣尺一下

盖闻西方世界，净土乐邦。遍界而百宝庄严，诸地而七珍布砌。池流八德，莲吐四花。宝树重重，祥光烁烁。其土有佛，号曰弥陀，往昔因中，曾发誓愿："若有众生，称念我名，即生我国。"是以天亲、马鸣、龙树三大菩萨，造论指归。沿至历代祖师，靡不称赞西方，劝人念佛，超往极乐。逮我中峰祖师，著文系念。何云系念？一心系属于佛，不杂他念之谓也。乘此念心，坚固纯熟，决定往生。我今叨临法会，礼宜燃香洒净，恭迎列圣云临，然后演说。众等虔诚，称扬圣号：

归依西方阿弥陀佛、弥陀佛，阿弥陀佛，阿弥陀佛、弥陀佛。

大众齐和。五声毕，再起五声，去首四字。

毕，法师执炉拈香。

祝香

举香光王如来，燃香供养，和：

> 开建净土大道场，先燃五分法身香，
>
> 西方众圣俱云集，列圣垂光大阐扬。

是香也，不从天降，岂属地生？第一义谛结成，真三昧海流出。成云成雾，为盖为台。培自己之灵苗，慕乐邦之觉父。名超极乐，价重娑婆。爇向炉中，供养娑婆大教主，万德至尊，本师释迦牟尼佛；西方世界，净土教主，接引导师阿弥陀佛；辅赞西方，同愿化度，观音、势至、清净海众；三贤、十地，缘觉、声闻，西乾东土，禅律诸宗，诸祖师僧；方等会上，护教天龙，星主大帝，列曜高真，三界万灵，十方玄造，当山土地，弘护伽蓝；净土会内，无量圣凡。惟愿普熏，同垂感降。

> 天风吹送紫檀烟，瑞气祥光烛大千，
>
> 要识涅槃安乐处，宝池初绽一枝莲。

香云盖菩萨摩诃萨。（三声）

毕，法师执水盂：

祝水

举甘露王如来，加持咒水，和：

> 滴水能令净六尘，毫端点处便回春，
>
> 法筵一洒皆清净，西方众圣尽云临。

夫水也，源泉有本，润泽为功。作雨作霖，恩普沾于万物；为江为海，利普济于群生。朝沉万里烟霞，暮浸一天星斗。涟漪湘浦，荡漾越溪。许由洗耳于当年，盖因乎洁；孺子濯缨于昔日，而取其清。逝波兴孔圣之嗟，盈科发孟轲之喻。今也八德池中亲受得，七珍瓶内始分来。咒以密言，变为法水。

举大悲咒，洒净，念偈：

> 大士神通不可言，海中心内坐红莲。
>
> 愿祈菩萨枝头水，洗尽众生恶业冤。

清凉地菩萨摩诃萨。（三声）

赞极乐世界

法师扬铃，宣念各赞，后大众和歌佛号。

> 极乐世界净琉璃，宝树行行列四维，
>
> 金沙布地银阶道，璧玉阑干绕四围。

赞阿弥陀佛

> 净土教主号弥陀，四十八愿利娑婆，

　　　　九品咸令登彼岸，愿度众生出爱河。

赞观音菩萨

　　　　身披素服戴花冠，救苦寻声见世间，
　　　　杨柳净瓶皆妙法，安然辅赞展慈颜。

赞势至菩萨

　　　　势至端严德莫量，六铢衣挂拂天香，
　　　　巍巍坐处花香远，举步行时振十方。

赞海众菩萨

　　　　无边海众遍虚空，法界光明不见踪，
　　　　慈悲接引归净土，有缘直下决相逢。

赞西方众圣

　　　　圣贤闻请悉云临，大众咸生渴仰心，
　　　　皈命慈悲称赞叹，同声唱礼广修因。

赞圣贤安座

　　　　蜗居化作广楼台，丈室宽宏户牖开，
　　　　三万二千狮子座，一花台上一如来。
登宝座菩萨摩诃萨。

呈意

法师鸣尺，班首宣读：

南赡部州大明国（某省某府某县某都），坚修净业信士某，洎十方在会善信某某等，沐手焚香，拜干慈相。某等切念，阎浮幻报，众苦为因，旷劫沉沦，未尝返本。而况百年在呼吸之间，四大非坚久之质。日染尘缘，身萦世网。心识每多于谋虑，运用宁免于过愆？即生迷上之迷，成就业中之业。扪心知愧，揣己怀惭。赖释迦大圣开方便之门，指极乐净邦，为往生之路。由是投诚实际，归命真如。披陈种种之罪瑕，荡涤般般之业障。钦闻《法华经》云："一称南无佛，皆已成佛道。"死心禅师云："念阿弥陀佛，若也不生净土，我当堕拔舌犁耕地狱。"某敢秉诚立志，依愿奉行，结西方会，修净土因。即今恭就（家庭＼某庵），祗建三时系念净业道场。燃香炳炬，供果献茶。看诵《弥陀经》、《大弥陀经》、《无量寿观经》，讲说大乘第一义谛，决定往生要法，拜礼弥陀大忏、净土愿文，及开启回向，忏罪发愿。所集殊勋，专祈众等内魔不起，外障不生，三业冰清，六根雪净。今生善果栽培于八识田中，他报灵苗成熟于九莲池内。普报四恩，均资三有，法界含灵，同愿往生。

演念

法师鸣尺，举扬：

盖闻西方教主，接引导师，号曰同名，寿称无量。绀目澄清四大海，白豪宛转五须弥。恩极无涯，妙深莫测。化现琉璃苑囿，庄严玛瑙阶墀。六时行道宝林间，九品标名金沼内。水鸟树林能说法，迦陵频伽共谈禅。宝栏宝网影玲珑，宝座宝幢光灿烂。幸我佛愿弘六八，慈济三涂。尘尘涉入度众生，处处圆融超万类。显不空真空之理，开妙有非有之门。感观音救苦寻声，荷势至多方济拔。念某等罪根深固，障重弥漫。结烦恼以为俦，染尘缘而作种。内宗不悟，外见萦缠。利欲情深，贪饕意阔。忘却本源觉藏，难趋净土道场。集四众以熏修，启三时而礼念。万声异口，一念同音。奋志寻源，称扬宝号！

歌扬佛号法。班首举念，大众齐和：

弥陀佛　弥陀佛　阿弥陀佛、弥陀佛　弥陀佛

五声毕，别起五声：

弥陀佛　阿弥陀佛　弥陀佛　南无阿弥陀佛　弥陀佛

第一时佛事

起《大弥陀经》上卷（或《小弥陀经》代）。念往生咒（三遍）。

提纲

举佛号三声，三鸣尺，三问讯。大众默坐听讲。

> 世界何缘称极乐？只因众苦不能侵。
>
> 道人若要寻归路，但向尘中了自心。

夫心心即佛，醍醐酥酪咸自乳生；佛佛惟心，钗钏瓶盘尽从金出。十万程东西不隔，二六时凡圣同途。一合掌、一低头，碧玉毫星明日丽；一赞扬、一歌咏，紫金容霆震雷轰。清凉月有水皆含，功德云无山不戴。一称嘉号越二死，健如香象之渡河；再举洪名压众鸟，宛类频伽之出㲉。音乐奏时行树密，水禽飞处满花多。芬陀利、优钵昙，向清旦满盛衣裓；白砗磲、红玛瑙，引阳春间错楼台。群情惟忖以难思，一念回光而易往。究竟不居心外，分明只在目前。审如是，即今众等系念阿弥陀佛万德洪名三时佛事，只如不涉证修、亲蒙授记一句，如何举扬？

> 风吟树树千般乐，香浸池池四色花。

举阿弥陀佛身金色……。坐持南无阿弥陀佛（五百声）。法师鸣尺，举南无观音、势至、海众菩萨（各十声）。毕，唱南无莲池海会佛菩萨（三声）。稍止。

讲演

法师鸣尺

> 诸苦尽从贪欲起，不知贪欲起于何？
>
> 因忘自性弥陀佛，异念纷驰总是魔。

记得教中道：生而无生，法性湛然；无生而生，业果俨然。谓生者，即众生生灭之迹也。谓无生者，即诸佛寂灭之本也。谓法性湛然，乃人人本具之法性，虽为业网所缠，流转五道，远从旷劫，逮至今生，妄随生死之所升沉，当知生自缘生，而法性不与缘俱生；灭自缘灭，而法性不与缘俱灭。所以云法性湛然也。谓湛然者，喻如水在古井澄潭，寸波不动，八风不摇，一碧涵空，莹净明洁之谓也。谓法性于扰扰生灭中，其湛然之体如如不动，是谓生而无生者也。言无生而生者，众生以迷妄入心，积业成果，虚受轮转，妄见生灭，皆业果所现，于法性体上，如镜现像，似珠随色。当知镜光本净，珠体绝痕，不违色像，而物境互彰，其实镜、珠本来清净。故知镜、珠之清净，喻吾法性；彼色、像之去来，犹业果之俨然也。此说，明诸佛于俨然生灭中惟见无生，众生于湛然无生中惟见生灭。以迷悟之有差，而见量亦因之而异也。当知生无自性，无生亦无自性。悟则生灭皆无生，迷则无生皆生灭。所以离生灭外别无无生，离无生外别无生灭，乃一体而异名也。审如是，则阿弥陀佛即我心，我心即阿弥陀佛。净土即此方，此方即净土。亦迷悟之自殊，非圣凡、彼此之有间也。乃知现前众等，及法界一切众生，生日决定非生，灭时决定非灭。即今自性阿弥陀，与大众舌根普同运转根本法轮，不为一物之所留碍。诸人还委悉么？

更听一偈：

生灭无生生不生，乐邦那肯禁人行。

谁知万丈红尘里，菡萏花开月一更。

法师、班首下座。运动法乐，绕旋行道。举念南无阿弥陀佛（五百）。毕，众复位。法师上座，鸣尺一下。举南无观音、势至、海众菩萨（各十）。唱南无莲池海会佛菩萨（三声）。

忏悔

法师鸣尺

盖闻人人分上本有弥陀，个个心中总为净土。了得的头头见佛，顿悟的步步西方。上来启建三时系念净业道场，今当第一时佛事已圆。众等捧诵《大阿弥陀经》、《往生神咒》，称念阿弥陀佛万德洪名一千声，及举列圣洪名各二十声。如上殊勋，投入弥陀大愿海中，功德良因，专为某等消除已误之愆，荡涤轻重之罪，舍此报身，往生净土。仍念某等，自从无始，迄至今生，于一念迷真之后，六根逐妄以来，纵己为非，随情造业。身过则邪淫、杀、盗，口愆则绮语、妄言，狂意常起贪嗔，妄识深生痴爱。由兹三业，致染六尘。但茫茫于岁月，每自萦缠；常汩汩于尘劳，罔思出离。是以惟凭忏悔，及藉熏修，伏冀眼耳鼻舌身意之过咎应念顿消，色声香味触法之尘劳即时净尽。速证阿鞞跋致，成就无上菩提。更为某等志心忏悔：

班首举偈，众跪应和：

> 一障二语三毒罪，四重五逆六根愆，
>
> 七遮八难广无边，九结十缠皆忏悔。
>
> 前心起罪云覆空，后心灭罪炬破暗。
>
> 须知炬灭暗还生，昼夜六时勤忏悔。

上来忏悔已竟，不为尘业之所缠绕，身心洁白。欲生安养极乐世界，须凭发愿，然后往生。盖有行无愿，行必茫然；有愿无行，愿惟虚设。今辰众等异口同音，系念乐邦教主万德洪名，至行昭然。若不发愿，凭何往生？众等虔诚，志心发愿。

发愿

法师想四圣端坐金台，证明发愿。班首举偈，众复跪和：

> 愿我幻身无疾苦，愿脱三涂八难门，
>
> 愿灭宿生诸业障，愿除烦恼六情根。
>
> 愿身不染邪非触，愿出娑婆五浊尘，
>
> 愿我勤修无退转，愿入如来解脱门。
>
> 愿命终时神不乱，愿得化佛尽来迎，
>
> 愿奉弥陀值众圣，愿证金刚不坏身。

西方赞（和念）

阿弥陀佛无上医王，巍巍金相放毫光，苦海作舟航，九品莲邦，同愿往西方。

愿以此功德，普及于一切，

我等与众生，皆共成佛道。

第一时佛事（毕）

斋佛仪式

起《三十五佛忏悔经》。次举南无常住十方佛、南无常住十方法、南无常住十方僧、南无本师释迦牟尼佛、南无大悲观世音菩萨、南无护法诸天菩萨。（三遍）

遍食

法师执水盂、净食。

是心作食，全食为心。以由体用不殊，故得卷舒自在。如是则六尘互遍，三德常融，微妙难思，出生无尽。用凭观道，密扶咒熏。将善导于事仪，俾圆成于法施。我今持诵无量威德自在光明胜妙方陀罗尼，加持法食，悉令周遍。（遍洒法筵）

变食真言

南无萨缚 怛他誐哆 嚩鲁枳帝 唵 三婆啰 三婆啰 吽。（三遍）

甘露真言

南无苏噜婆耶 怛他誐多耶 怛侄他 唵 苏噜 苏噜 钵啰苏噜 钵啰苏噜 莎诃。（三遍）

此食色香味，上供十方佛，中奉诸贤圣，下及六道品，等施无差别，随缘皆饱满。令今施者得，无量波罗蜜。

三德六味，供佛及僧。法界人天，普同供养。

普供养真言

唵 誐誐曩 三婆缚 伐日啰 斛。（三遍）

供香花赞

法师扬铃宣念各赞后，众和佛号五声。

> 香花苹藻进高贤，茗果珍馐列几筵，
> 展开觉海纯陀供，享兹微馔鉴精虔。

供四圣赞

> 弥陀势至等观音，清净海众作证明，
> 不舍慈悲沾法供，济幽拔苦度群情。

供法宝赞

> 一轮推转妙灵文，十地三贤列圣尊，
> 舍利弗等阿罗汉，同鉴凡情转法轮。

供三界赞

> 诸贤诸圣满虚空，三界群灵一念中，
> 享此纯陀微妙供，同登净土见慈容。

供六道赞

> 六道群灵圣共凡，咸沾法食离幽关，
> 闻斯乐土弥陀号，悉脱羁迷睹圣颜。

其二

> 四生六道满河沙，只为当初一念差。
> 返照回光来受度，超生净土托莲花。

禅悦酥酡，造出天厨供。成道当初，牧女前来送。老母曾将托在金盘奉，献上如来大觉金仙众。南无禅悦藏菩萨摩诃萨（三称）。举诸如来名，回向。

疏式（班首宣读）

伏以佛愿度生，必用坚心念佛；凡能证圣，须当立志超凡。俯露愚衷，仰干大觉。切念众等，叨居震旦，忝获人伦。荷三宝之慈悲，赖四恩之造化，乾坤覆载，日月照临，国王水土生成，父母劬劳养育。弗能报答，悚惧恐惶。茫茫火宅以煎熬，往往尘劳而染著。有怀克己，无善及人。此时不假修持，他日将何凭据？叹光阴而易迈，痛生死以难逃。当舍五浊之娑婆，求取九莲之净土。先明落处，实慕果以修因；渐履玄途，是从因而至果。涓取今月（甲子吉日），就（某寺\家庭）祇建净业道场。焚解脱之真香，燃光明之慧炬。称念弥陀佛号，赞扬菩萨洪名。讽诵金文，加持密语。具陈斋供，延奉圣凡。依按教仪，作诸功德。回向真如实际，报资恩有冤亲，法界众生，同圆种智。上祝皇帝万岁，太子千秋，文武官僚咸增禄算。风调雨顺，国泰民安。家家无饥馑之忧，户户有仓箱之积。更冀斋主等寿山叠翠，福海添波。吉星高照于身宫，瑞气长围于命座。门阑肃睦，老幻康宁。丙寇双沉，公私两利。所祈信心坚固，外障无侵，道念精专，内魔不起。阎浮报满，净土现前，仗佛威光，径登上品。伏愿菩提树长，影遮百万人天；优钵花开，香满大千世界。乡邻右族均沾法雨之恩，昭穆先亡尽赴莲池之会。劝善友递相究竟，愿佛法久住流通。凡居四序之中，悉赖万全之庇。恭惟佛心印知。

系念文疏

（年月日）具疏上

第二时佛事

起《大弥陀经》下卷（或《小弥陀经》代）。念往生咒（三遍）。

提纲

三举佛，三鸣尺，三问讯。众静坐听讲。

便就今朝成佛去，乐邦化主已嫌迟，

那堪更欲之乎者，管取轮回没了时。

夫遍十方是极乐世界，山光水色，似空合空；尽大地是清泰故乡，花笑鸟啼，如镜照镜。自是不归归便得，五湖烟景有谁争？黄金臂昼夜常伸，惟许道人独委；白玉毫古今不昧，今辰狭路相逢。所以道：万法是心光，诸缘惟性晓，本无悟迷人，只要今日了。现前众等系念万德洪名，今当第二时佛事。且了之一句，如何举扬？

鸣尺，不起座。

琉璃地上照明月，菡萏花间戏水禽。

坐持佛号，同前。

讲演

法师鸣尺

心中有佛将心念，念到心空佛亦忘，

撒手归来重检点，花开赤白间青黄。

记得教中道："惟心佛亦尔，惟佛众生然，心佛及众生，是三无差别。"谓惟心者，心有多种。有肉团心，今现在五脏中，乃父母血气所生者是。有缘虑心，即今与善恶顺逆种种境界上起念分别者是。有灵知心，乃是混千差而不乱，历三际而不迁，炳然自照，卓尔独存，在圣不增，处凡不减。所以云：处生死流，类骊珠独耀于沧海；居涅槃岸，若桂轮孤朗于碧天。绝形像之可窥，岂色空而能辨？圣人悟之，假名为心。此心不可以智知，不可以识识。遍含万法，不立一尘。以遍含故，即前之肉团心、缘虑心，皆由之而建立。岂特一心为然，至若天地之覆载，寒暑之往来，昆虫草木之变生，尘沙法界之呈露，莫不一一依之而出现。以不立故，于一切法中，欲觅此心，了不可得。虽曰不可得，而于不可得中，能摄一切法入其心体。如江河溪涧之归海，同为一味之水；若瓶盘钗钏之入炉，混为一色之金。使一切法俱失异名，是谓不立者也。原夫诸佛乃此心之诸佛，众生亦此心之众生。离心外无诸佛，舍心外无众生。且诸佛、众生之名相虽优劣之有殊，咸出自心之本源，则圣凡而何别？所以云"心佛及众生，是三无差别"者也。故永嘉云："梦里明明有六趣，觉后空空无大千。"当知迷此心，即梦之谓也；悟此心，即觉之谓也。此一佛、一祖，同展广长舌，俱出清净音，发明惟心、惟佛、惟众生之至理，昭如古镜，准若权衡。临之而妍丑莫逃，用之而重轻不隐。既然如是，则知西方净土，此界何殊？古佛弥陀，此心匪异。昔灵山谓："此去西方过十万亿佛土，有世界名为极乐，阿弥陀佛现在说法。其国众生无有众苦，但受诸乐，故名极乐。"此言阿弥陀佛报身报土，非言法身净土也。若曰法身，即此心是。若曰净土，亦此心是。此心不在此、不在彼，不执方、不离方。以不执方故，岂在十万亿刹之外？以不离方故，尘毛刹海，四维上下，了无间然，以至无一微尘非佛净土者也。由是而知，现前众等，其生出也，莲花朵朵；其死入也，宝树行行。无一时不达净邦，无一念不依乐土。既然如是，且道离心、佛、众生外，别有商量处也无？

更为说偈：

> 大圆镜里绝尘埃，碧藕花中有圣胎，
> 遥望金沙池沼外，宝光常照玉楼台。

行道、课佛如前。

忏悔

法师鸣尺

盖闻虚而有鸣，谷之声；寂而无形，佛之相。谷之声虽出于自然，非呼之而不答；佛之相乃达于无作，非扣之而不彰。所以彰者，若蟾蜍之登霄汉，无物不临；犹溟涬决于大川，应流悉济。信夫佛之相，广大圆通，无碍而难思议矣！上来启建三时系念净业道场，今当第二时佛事已圆。一众捧演《大弥陀经》、《往生神咒》，人各称念阿弥陀佛万德洪名一千声，及称观世音、大势至、清净海众菩萨名号各二十声。如上殊勋，投入如来大愿海中，出生功德，专为某等消灾灭罪，舍此报身，径生净土。仍念某等，自从无始，迄至今生，沤生巨海，逐识浪以高低；云点太虚，任情风而彼此。眼迷色相，耳惑声尘，鼻嗅诸香，舌尝众味，身耽恶触，常开众苦之门；意起狂思，恒染六尘之境。于是循环诸趣，轮转四生，业海茫茫，罪山岌岌，非凭发露，曷致消融？忏除已往之愆，成就当来之果。再劳法众，志心忏悔。

　　班首举偈，大众跪和：

　　　　　　往昔所造诸恶业，皆由无始贪嗔痴，

　　　　　　从身语意之所生，一切罪根皆忏悔。

　　　　　　罪从心起将心忏，忏罪何如勿起心，

　　　　　　罪亡心灭两俱空，是则名为真忏悔。

　　上来忏悔已竟。至行犹人具眼目，愿同日月灯光明。依光照烛见分明，行者方能达前境。是以终日念佛而不发愿决欲往生，虽有念佛之功行，亦成虚设。今辰合会众等同音系念，决定往生。稽颡投诚，志心发愿。

发愿

　　班首举偈，大众跪和：

　　　　　　稽首观音大悲主，愿力洪深相好身。

　　　　　　愿我速知一切法，愿我早得智慧眼。

　　　　　　愿我速度诸众生，愿我早得善方便。

　　　　　　愿我速乘般若船，愿我早得脱苦海。

　　　　　　愿我速得戒定慧，愿我早登涅槃山。

　　　　　　愿我速证无为果，愿我早至如来地。

弥陀赞（和念）

　　第一大愿，观想弥陀，四十八愿利娑婆，苦海涌金波，宝网交罗，度众生出爱河。

　　　　　　愿以此功德，普及于一切，

　　　　　　我等与众生，皆共成佛道。

第二时佛事（毕）

礼忏

弥陀忏仪

礼佛四十八拜，按如来四十八愿。

提纲

法师合掌定立平举

> 弥陀大教振西方，救度众生妙莫量，
>
> 九品莲开垂接引，七重琪树列芬芳。
>
> 巍巍金相端严好，皎皎银台灿烂光，
>
> 大觉台前勤恳礼，顿明本性悟真常。

阿弥陀如来（云云），证明礼忏（云云）。

一心顶礼十方法界常住佛。（一拜）

一心顶礼十方法界常住法。（一拜）

一心顶礼十方法界常住僧。（一拜）

佛前烧香

供养三宝，唱云：

> 愿此香烟云，遍满十方界，
>
> 无边佛土中，无量香庄严，
>
> 具足菩萨道，成就如来香。

缘起

法师鸣尺

盖闻西方教主，九品导师，三祇行满，万德功圆。显现一丈六金身，广发四十八大愿。毫辉白玉，色露黄金。西方昔号阿弥陀，东土今称无量寿。观音辅弼，势至参随。地占西方，国名极乐。面面琉璃阶道，重重金玉门阑。七宝池中湛湛澄，融于法水；九莲台上纷纷浓，喷于天香。声闻缘觉悉生欢，水鸟树林宣妙法。世上能称尊佛号，花中标记此人名。他日上品上生，永劫同名同号。称念者罪消八万亿劫，礼赞者功倍百千万分。功实难论，称扬有尽。殷勤至请，愿望光临。大众运诚，同音礼赞。

赞佛

班首先举，大众跪和：

> 如来妙色身，世间无与等，
>
> 无比不思议，是故今顶礼。
>
> 如来色无尽，智慧亦复然，
>
> 一切法常住，是故我归依。
>
> 大智大愿力，普度于群生，
>
> 令舍热恼身，生彼清凉国。
>
> 我今净三业，归依及礼赞，
>
> 愿共诸众生，同生安乐刹。

礼佛

法师执炉举念，大众和拜：

一心顶礼，四土妙依处，释迦文如来。（一拜）　福智庄严身，遍法界诸佛。（一拜）

一心顶礼，常寂光净土，阿弥陀如来。（一拜）　清净妙法身，遍法界诸佛。（一拜）

一心顶礼，实报庄严土，阿弥陀如来。（一拜）　微尘相好身，遍法界诸佛。（一拜）

一心顶礼，方便圣居土，阿弥陀如来。（一拜）　解脱相严身，遍法

界诸佛。（一拜）

一心顶礼，西方安乐土，阿弥陀如来。（一拜）　大乘根界身，遍法界诸佛。（一拜）

一心顶礼，西方安乐土，阿弥陀如来。（一拜）　十方化往身，遍法界诸佛。（一拜）

一心顶礼，西方并此土，诸佛菩萨众。（一拜）　演说经律论，一切达摩耶。（一拜）

一心顶礼，西方安乐土，观世音菩萨。（一拜）　万亿紫金身，遍法界菩萨摩诃萨。（一拜）

一心顶礼，西方安乐土，大势至菩萨。（一拜）　无边光智身，遍法界菩萨摩诃萨。（一拜）

一心顶礼，西方安乐土，清净大海众。（一拜）　满分二严身，遍法界菩萨摩诃萨。（一拜）

一心顶礼，大智舍利弗，阿难持法者。（一拜）　诸大声闻众，缘觉贤圣僧。（一拜）

发愿

法师鸣尺，大众跪念：

归命十方调御师，演扬清净微妙法，

三乘四果解脱僧，愿赐慈悲哀摄受。

念某自违真性，枉入迷流。随生死以漂沉，逐色声而贪染。十缠十使积成有漏之因，六根六尘妄作无边之罪。沉沦苦海，漂溺邪途。著我耽人，举枉错直。累生业障，一切愆尤。仰三宝以慈悲，沥一心而忏悔。所愿能仁拯拔，善友提携，出烦恼之深渊，到菩提之彼岸。此世福基命位各愿昌隆，来生智种灵苗同希增秀。生逢中国，长遇明师，正信出家，童真入道。六根通利，三业纯和，不染世缘，常修梵行。执持禁戒，尘业不侵，严护威仪，蜎飞无损。不逢八难，不缺四缘。般若智以现前，菩提心而不退。修习正法，了悟大乘。开六度之行门，越三祇之劫海。建法幢于处处，破疑网于重重。降伏众魔，绍隆三宝。承事十方诸佛，无有疲劳；修学一切法门，悉皆通达。广作福慧，普利尘沙。得六种之神通，圆一生之佛果。然后不舍法界，遍入尘劳。等观音之慈心，行普贤之愿海。他方此界，逐类随形，应现色身，演扬妙法。泥犁苦趣，饿鬼道中，或放大光明，或现诸神变。其有见我相，乃至闻我名，皆发菩提心，永出轮回苦。火镬冰河之地，变作香林；饮铜食铁之徒，化生净土。披毛戴角，负债含冤，尽罢辛酸，咸沾利乐。疾疫世而现为药草，救疗沉疴；饥馑时而化作稻粱，济诸贫馁。但有利益，无不兴崇。次期累世冤亲，现存眷属，出四生之汩没，舍万劫之爱缠，等与含生，齐成佛道。虚空有尽，我愿无穷，情与无情，同圆种智。

南无本师阿弥陀，愿我永离三恶道。（一拜）

南无本师阿弥陀，愿我常闻佛法僧。（一拜）

南无本师阿弥陀，愿我勤修戒定慧。（一拜）

南无本师阿弥陀，愿我识破贪嗔痴。（一拜）

南无本师阿弥陀，愿我恒随诸佛学。（一拜）

南无本师阿弥陀，愿我不退菩提心。（一拜）

南无本师阿弥陀，愿我决定生安养。（一拜）

南无本师阿弥陀，愿我速见弥陀佛。（一拜）

南无本师阿弥陀，愿我分身遍尘刹。（一拜）

南无本师阿弥陀，愿我广度诸众生。（一拜）

祝愿

法师扬铃宣念各赞后，大众和佛号五声。

十愿弘深不可量，心心念念广宣扬，

弥陀有愿终须到，四色莲花遍界香。

其二

爱河渺渺广无边，六根绳缆要牢坚，
一心系着菩提岸，举步高登般若船。

其三

一心念佛莫蹉跎，堪叹人生去路多，
急急称念弥陀佛，莫把光阴溺爱河。

其四

一句弥陀自主张，别无一法可思量，
明明直指归家路，四众同登大觉场。

其五

一句弥陀作话头，单提不用别参求，
工夫彻透泥团破，铁佛通身也汗流。

其六

一句弥陀胜坐禅，一声未了一声连，
心心念念工夫到，在在西方极乐天。

其七

阿弥陀佛法中王，爱河浪里作舟航，

一心愿度沉沦辈，尽到西方极乐邦。

忏悔（大众跪念）

我今普为四恩三有、法界众生，悉愿断除三障，归命忏悔。愿某及现前修净业众，从无始已来，无明所覆，颠倒迷惑，而由六根三业，习不善法，广造十恶，及五无间，一切众罪，无量无边，说不可尽。十方诸佛，常在世间，法音不绝，妙香充塞，法味盈空，放净光明，照触一切。常住妙理，遍满虚空。某无始来，六根内盲，三业昏暗，不见不闻，不觉不知。以是因缘，长流生死，经历恶道，百千万劫，永无出期。经云："毗卢遮那遍一切处，其佛所住名常寂光。"是故当知，一切诸法，无非佛法。而我不了，随无明流，是则于菩提中见不清净，于解脱中而起缠缚。今始觉悟，今始改悔。奉对诸佛弥陀世尊，发露忏悔。当令某与法界众生，三业六根，无始所作，现作当作，自作教他，见闻随喜，若忆不忆，若识不识，若疑不疑，若覆若露，一切重罪，毕竟清净。某忏悔已，六根三业，净无瑕累。所修善根，悉亦清净，皆悉回向，庄严净土，普与众生，同生安养。愿阿弥陀佛，常来护持，令某善根，现前增进，不失净因。临命终时，身心正念，视听分明，面奉弥陀，与诸圣众，手执花台，接引于我。一刹那顷，生在佛前，具菩萨行，广度众生，同成种智。

忏悔已，归命礼阿弥陀佛及一切三宝：

南无佛，南无法，南无僧。南无本师释迦牟尼佛（一拜）。南无本师阿弥陀佛（一拜）。南无观世音菩萨（一拜）。南无大势至菩萨（一拜）。南无清净大海众菩萨（一拜）。南无三贤十地菩萨（一拜）。南无莲池海会菩萨（一拜）。南无历代祖师菩萨（一拜）。南无护法诸天菩萨（一拜）。南无三界圣贤菩萨（一拜）。

诵《弥陀经》（绕旋行道）。念往生咒（三遍）。

西方赞（齐和）

至心信礼，西方净土主，阿弥陀，无量寿。因中发弘誓，唵哑吽，接引娑婆，到西方，不退地，授佛记，常闻说法音。七宝池，八功德水，三十六万亿，唵哑吽，同赴莲池会。若归依，能消灭，十恶罪。佛子若归依，能消灭，十恶罪。

三归，唱云，各一拜：

自归依佛，当愿众生，体解大道，发无上心。

自归依法，当愿众生，深入经藏，智慧如海。

自归依僧，当愿众生　统理大众，一切无碍。和南圣众。

忏仪（毕）

第三时佛事

起《观无量寿经》（或《小弥陀经》代）。念往生咒（三遍）。

提纲

三举佛、三鸣尺、三问讯。静坐听讲。

十万余程不隔尘，休将迷悟自疏亲，

刹那念尽恒沙佛，便是莲花国里人。

夫合尘背觉，栽荆棘于七宝园林；舍妄归真，列珠网向四生门户。纵横万法，圆裹一心。非思量处，阿弥陀佛坐断六根，岳边止千山之势；无造作时，清泰故乡横吞八极，海上消万派之声。破群昏，丽天杲日不得专其明；疗众病，善见神药岂能擅其妙？饱饥虚之美膳，济贫乏之多财。所以云："一称阿弥陀佛名号，能灭八万亿劫生死众苦。"利益如是，岂譬喻所能及乎？只如即今系念第三时佛事，且道现前众信人等，同声相应一句，如何指陈？

但知佛向舌根念，肯信花从足底生。

坐持佛号，同前。

讲演

法师鸣尺

> 打破虚空笑满腮，玲珑宝藏豁然开，
>
> 要明空劫生前事，一一承当见出来。

记得古者道："清珠投于浊水，浊水不得不清。念佛投于乱心，乱心不得不佛。"此说乃喻念佛之念，与佛无间者也。西天有宝，名曰清珠。何以得名为清？谓此珠投入浑浊不洁水中，珠入水一寸，则一寸之浊水即便澄湛清洁。此珠之入水自寸而尺，此水随珠下处，变浊为清，改污为洁。乃至此珠之沉坠不已，以至于底，则此水污秽浑浊之貌应时澄湛。当知清珠喻念佛之净念，浊水乃喻杂乱之业识也。当杂识纷乱之顷，能移一念观想慈容而称念之，才念一声，即一念之间散乱远离，随念寂静。且一声之念既尔，移念入第二声中，譬如清珠之入水二寸也。自最初一念清净，至第二念亦清净，乃至第三、第四、五，至于十百千万亿念，念念清洁，念念寂灭，念念纯真，念念解脱，如教中所谓净念相继者也。

诸仁者！要知阿弥陀佛是甚么人？即能念佛之众生也。即今三界中，循苦乐二境，与轮回结业日夜营营而不得休息者，是甚么人？即是不能念阿弥之诸佛也。要知此一声佛，非但今生不能念。逆而求之，由向多劫沉滞苦轮，未曾蹉口念着，所以至今日此念不能纯熟。方将勉强念得两三声，则疑心顿起，杂虑横生。虚烦颊舌之动摇，徒使精神之驰散。欲求与佛相应，不异吹网之欲满也。因甚如斯？盖根本不深，操志无定。虽曰念佛，其实此念不与佛俱也。古人信心纯至，正因凛然，重念生死，切思轮转，万缘寝消，百虑冰消，举起一声佛名，直下更无异见。原夫即佛之念如太阿剑，横按当轩；即念之佛如大火轮，星腾焰炽。使万物撄之则燎，触之则伤。久而念之，念外无别佛，佛外无别念，身心一致，能所两忘。其到家之说，不容有声；捷径之词，何劳挂齿。可谓空证修之神术，超方便之正途。破死生蛰户之雷霆，烛迷妄幽衢之日月。如使尽言念佛了生死之至理，虽一气吐微尘数偈，终莫能尽。

今辰三时系念佛事将毕，个个莲风噀口，人人葵日倾心。入耳皆七重行树之玄音，极目尽万德慈尊之妙色。即今某等，承兹上善，决定往生。且道一念未萌已前，还有这个消息也无？更听说偈：

> 此心空寂念何依，故国云归孰未归。
>
> 花外玉鸡啼晓日，远迎新佛奉慈悲。

行道、课佛如前。

忏悔

法师鸣尺

盖闻念佛既从心出，结业岂自外来。须臾背念佛之心，刹那向结业之所。今则念心坚密，佛境洞明。求业根当处虚空，觅罪性了不可得。众等依凭教法，作三时系念佛事，捧诵《观无量寿经》、《往生净土神咒》，称念乐邦教主万德洪名，讲演大乘第一义谛，决定往生法要，及开启回向、忏悔、发愿，作种种佛事。所集胜因，专为某等，生无住相，沉沉倾幻海之沤；死绝去缘，栩栩受漆园之梦。戒香馥郁，慧炬荣煌。三千声佛号共播口门，迷云开而性天独朗；十万里乐邦全彰眼界，妄尘尽而心地廓通。惟愿群业顿空，诸根圆净。直显惟心净土，覃明自性弥陀。一举念，一花开，挹露迎风，香浮玉沼；一驰情，一果熟，含霜对日，影坠金园。经行坐卧在其中，舞蹈游从非分外。得佛受用，彻法底源。常寂光处处现前，大愿王尘尘会合。更为某等志心忏悔。

大众跪和，念后偈：

> 我等自从无量劫，不知不觉染诸尘。
>
> 佛在世时我沉沦，今得人身佛灭度。
>
> 懊恼自身多业障，不见如来金色身。
>
> 我今对佛法僧前，一一披陈皆忏悔。

上来忏悔已竟，今当披陈发愿。行不离愿而行已彰，愿不越行而愿益著。心、佛既无差别，行、愿安有异殊？今辰合会众等，系念三时佛事已周。所修之行全该，所发之愿具显。兹恐心多散失，愿易泯忘，重请尊慈，再三发愿。

发愿

法师鸣尺，大众跪和。

> 众生无边誓愿度，恼烦无尽誓愿断，
> 法门无量誓愿学，佛道无上誓愿成。
> 自性众生誓愿度，自性烦恼誓愿断，
> 自性法门誓愿学，自性佛道誓愿成。

西方赞（唱念）

念佛功德不可思议，法界普光辉，二有齐资，四恩总利。上祝皇帝圣寿万岁，法界有情同生极乐国，普愿同生极乐国。

> 愿以此功德，普及于一切，
> 我等与众生，皆共成佛道。

第三时佛事（毕）。净土文，回向。

劝人念佛

身为苦本，觉悟早修。

只这色身，谁信身为苦本？尽贪世乐，不知乐是苦因。浮生易度，岂是久居？幻质非坚，总归磨灭。自未入胞胎之日，宁有这男女之形？只缘地水火风假合而成，不免生老病死雕残之苦。上无丝线可挂，下没根株所生。虚浮如水上泡，须臾不久；危脆似草头露，倏忽便无。长年者不过六七十以皆已，短命者大都二三十而早夭。又有今日不知来日事，又有上床别了下床时。几多一息不来，便觉千秋永别。（雪峰颂：一盏孤灯照夜台，上床脱了袜和鞋，三魂六魄梦中去，未委明朝来不来。）叹此身无有是处，奈谁人不被它瞒？筋缠七尺骨头，皮裹一包肉块。九孔常流不净，六根恣逞无明。发毛爪齿聚若堆尘,涕唾精液污如行厕。里面尽蛆虫聚会,外头招蚊虱交攒。沾一灾一疾,皆死得人;更大热大寒,催人易老。眼被色牵归饿鬼,耳随声去入阿鼻。口头吃尽味千般,死后只添油几滴。(张魁诗云:红红白白莫相瞒,无位真人赤肉团。败坏不如猪狗相,只今便作死尸看。)此身无可爱惜,诸人当愿出离。如何迷昧底尚逞风流,蒙懂汉犹生颠倒。或有骷髅头上簪花簪草,或有臭皮袋畔带麝带香。罗衣罩了脓血囊,锦被遮却泄溺桶。用尽奸心百计,将谓住世万年。不知头痛眼花,阎罗王接人来到。那更鬓班齿损,无常鬼寄信相寻。个个恋色贪财,尽是失人身捷径。日日饮酒食肉,无非种地狱深根。眼前图快活一时,身后受苦辛万劫。(《净土文》:皮包血肉骨缠筋,颠倒凡夫认作身,到死始知非是我,从前金玉付他人。)一旦命根绝处,四大风刀割时,外则脚手牵抽,内则肝肠痛裂。纵使妻儿相惜,无计留君;假饶骨肉满前,有谁替汝?(古颂:父母恩深终有别,夫妻义重也分离。人情似鸟同林宿,大限来时各自飞。)生底只得悲啼痛切,死者不免神识奔驰。前途不见光明,举眼全无伴侣。过奈河岸,见之无不悲伤;入鬼门关,到者尽皆凄惨。世上才经七日,阴间押见十王。曹官抱案没人情,狱卒持叉无笑具。平生作善者送归天道、仙道、人道,在日造恶者押入汤涂、火涂、刀涂。镬汤沸若崖崩,剑树势如山耸。灌铜汁而遍身肉烂,吞铁丸而满口烟生。遭剉磕则血肉淋漓,入寒冰则皮肤冻裂。身碎业风吹再活,命终罗刹喝重生。人间历尽百春秋,狱内方为一昼夜。(《延光集》:镬汤炉炭喧幽壤,剑树刀山耸太清,受罪要终八万劫,狱卒牛头始放行。)魂魄虽归鬼界,身尸犹卧棺中。或隔三朝五朝,或当六月七月,腐烂则出虫出血,臭秽则熏地熏天。迸胀不堪观,丑恶真可怕。催促付一堆野火,断送埋万里荒山。昔时耍悄红颜,翻成灰炉;今日荒凉白骨,变作泥堆。(寒山颂:胭脂画面娇千样,龙麝熏衣悄百般,今日风流都不见,绿杨芳草髑髅寒。)从前恩爱,到此成空。自昔英雄,如今何在?泪雨洒时空寂寂,悲风动处冷飕飕。夜阑而鬼哭神号,岁久而鸦餐雀啄。荒草畔逻留碑石,绿杨中空挂纸钱。下稍头难免如斯,到这里怎生不醒?(寒山云:雀啄鸦餐皮肉尽,风吹日炙髑髅干。目前试问傍观者，自把形骸仔细观。）大家具眼，休更埋头。翻身跳出迷津，弹指裂开爱网。休向鬼窟里作活计，要知肉团上有真人。是男是女总堪修，若智若愚皆有分。但请回光返照，便知本体元无。若未能学道参禅，也且勤持斋念佛。舍恶归善，改往修来。移六贼为六神通，离八苦得八自在。便好替天行化，不妨代佛接人。对众为大众宣扬，归家为一家解说。使处处齐知觉悟，教人人尽免沉沦。上助诸佛转法轮，下拔众生离苦海。佛言不信，何言可信？人道不修，何道可修？净土不生，何土可生？莫教一日换了皮，纵有千佛难救汝。火急进步，时不待人。各请直下承当，莫使此生空过。（寒山云：百骸溃散杂尘泥，一物长灵复是谁？不得此时通线路，骷髅著地几人知。）

奉劝毕，施食。

念佛正因说[1]

盖闻恒河沙数众如来，弥陀第一；十方微尘诸佛刹，极乐是归。至理本只唯心，初门必由因地。故知合抱之木发于毫芒，千里之行始于初步。欲超生死，以净土为归趣之方；将证涅槃，故念佛乃正心之要。深信极乐，真解脱之妙门；谛想弥陀，实众生之慈父。先明落处，故望果以修因；渐履玄途，是从因而至果。故知集群贤而结社，有其旨焉；专念佛而劝人，兴其教也。因该果海，果彻因源。形直无不影端，声和自然响顺。势至示证圆通之要，世尊说修净业之因。从闻思修，登三摩地。凭信行愿，入法界门。是以一念兴而万灵知，信心生而诸佛现。才称宝号，已投种于莲胎；一发菩提，即标名于金地。有缘斯遇，自悟自修。浅信不持，大愚大错。故云：一乘唱极，终归获至于乐邦；万行圆修，最胜独称于宝号。八十亿劫之重罪，廓尔烟消；十万亿劫之遐方，倏如羽化。想念专注，即观心而

---

[1] 　此文原载于《庐山莲宗宝鉴》卷一，在《嘉兴藏》本中位于篇首，现依《卍续藏》本排于篇末。

见佛身；心境交参，即因门而成胜果。十方净秽，卷舒同在于毫端；一性包融，浩博该罗于法界。是则诸佛与众生交彻，净土与秽土冥通。彼此互收，事理无碍。若神珠之顿含众宝，犹帝网之交映千光。我心既然，生、佛同尔。是知游神亿刹，实生乎自己心中；孕质九莲，岂逃于刹那际内。二乘贤辈，回心即达于金池；五逆凡夫，十念便登于宝界。嗟乎！识昏障重，信寡疑多。贬净业为权乘，嗤诵持为粗行。岂非耽溺火宅，自甘永劫之沉迷；悖愦慈亲，深痛一生之虚丧。须信非凭他力，截业惑以无由；不遇此门，脱生死而无路。誓同诸佛，敢效前修。劝勉后贤，深崇此道。已发愿、今发愿、当发愿，事事而回向弥陀；若已生、若今生、若当生，念念而皆归净土。欲取一生事办，便于这里留心。一切时中千车合辙，四威仪内万善同归。齐登极乐妙门，速成念佛三昧。最初一步要分明，直至西方无异路。

重刻三时系念跋

余观世俗小民，凡祈福禳灾，延生送死，往往信巫师邪说，或屠宰以呼魍魉，或聚集以宣罗教。至士大夫家，亦往往信从而不悟。余甚悲之。夫此两者，一杀生，一念佛，岂不迥然？而要之，皆入地狱如箭。何也？杀生以要福，比之杀人以媚。人未蒙福而罪反加，命命相酬，地狱未有了日，可悲也。至世之从罗教者尤甚焉，大抵口菩萨而行阐提，最便于枭顽奸佞之徒托之以饱其欲而恣其胸臆，至有不忍言者。且淫戒，佛之第一义也，彼以为无伤。丧祭，生人之第一事也，彼悉除灭之而不顾。愚夫愚妇从其教，以为甚便而无难，且可藉之以饫信施，以为甚利而无苦，相率以入地狱，而亦未有了日，尤可悲也。嗟嗟！世人以爱生而信邪巫，竟作灭生之事。以从佛而信邪师，竟作谤佛之事，伥伥乎，如夜行而无烛，济大川而亡舟楫也。悲哉！悲哉！

余伏睹远公《弥陀忏仪》、《中峰系念法事》，踊跃稽首而叹曰：此冥俗之朗炬，中流之巨壶也。仗此以祈福禳灾，延生送死，则灭生前之罪愆，受将来之福报。愿无不遂，求无不获。莲土必生，秽邦除障。即天乐无美，况地狱哉！遂募同志，捐金绣梓，以广流通。嗟嗟！彼两邪说者，能归依忏悔而改业焉，地狱而莲花矣。不然，即弥陀引手，远公、中峰说法，亦救汝不得。

万历辛卯孟夏八日，奉佛弟子周从龙、徐名世和南谨跋。

周从吾焚香校正。

怀净土诗一百八首

说　明

　　《怀净土诗一百八首》，现存明刻本、宋宗晓编《乐邦文类》卷五所附本和《天目明本禅师杂录》卷末所附本。

　　自从慧远在庐山开创净土宗，当时莲社高贤们就有净土诗作之唱和。净土诗声和韵律，宛转悠扬，使人不觉之间情谢尘寰而神栖净域，对于修行净土法门甚有裨益。历代均有净土诗之作，但多由年代久远而至湮没。中峰《怀净土诗》是最著名的净土诗之一。明莲池袾宏《中峰禅师净土诗序》有云："自古怀净土诗相望后先，而惟中峰大师百咏，事理兼带，性相圆通，息参禅、念佛之哓诤，定即土即心之平准。涂毒于文鼓，倾耳则五内崩；伏砧于旨肴，染指则命根断。美哉！洋洋乎，其诸阳春一曲，响穷百代者乎！"

　　附录中汇集了《中峰怀净土诗》历代序跋多篇。

天目中峰和尚怀净土诗（一百八首）

尘沙劫又尘沙劫，数尽尘沙劫未休，
当念只因情未瞥，无边生死自羁留。

四大聚成玄兔角，六根拵[1]住白龟毛，
沤花影里翻筋斗，出没阎浮是几遭。

东海一丸红弹子，流光日日射西林，
世间多少奇男子，谁向窗前惜寸阴。

捏目横生空里花，妄将三界认为家，
大千常寂光明土，不隔纤尘总自遮。

爱绳牵入苦娑婆，哭到黄泉泪转多，
孰谓别离穷劫恨，通身浑是古弥陀。

迷时无悟悟无迷，究竟迷时即悟时，
迷悟两头俱拽脱，镬汤元是藕花池。

四十八愿水投水，千百亿身空合空，
法藏慈尊无面目，不须重觅紫金容。

---

[1] "拵"，有本作"缚"。

正念阿弥陀佛时，宝池树影日[1]迟迟，
更驰心欲归清泰，又是重栽眼上眉。

浊水尽清珠有力，乱心不动佛无亏[2]，
眼前尽是家乡路，不用逢人觅指归。

万劫死生如重病，一声佛号最良医，
到头药病俱忘却，不用重宣母忆儿。

成住坏空真净土，见闻知觉古弥陀，
但于当处忘生灭，父子相牵出爱河。

一炉古篆一枝莲，目挂寒空万虑捐，
清泰故家归便得，谁分东土与西天。

禅外不曾谈净土，须知净土外无禅，
两重公案都拈却，熊耳峰开五叶莲。

大梦宅中无一法，于无法处有千差，
回观自性离分别，念念纯开白藕花。

暗室中藏大黑蚖，未曾驱尽莫耽[3]眠，
髑髅压碎须弥枕，匝地香风绽白莲。

---

[1] "日"，有本作"月"。

[2] "亏"，有本作"机"。

[3] "耽"，有本作"贪"。

潴池无日不花开，四色光明映宝台，
金臂遥伸垂念切，众生何事不思来？

血池干处潴池清，剑树枯时宝树荣，
苦乐本来无住相，于无住处自圆成。

乐土本无三恶道，禽声浑是佛宣流，
当机未尽众生界，啼断春风卒未休。

鹦鹉频伽绕树鸣，好音和雅正堪听，
殷勤不断缘何事，曲为劳生味己灵。

自家一个古弥陀，声色头边蹉过多，
狭路相逢如不荐，未知何劫离娑婆。

故乡易到路无差，白日青天被物遮，
剔起两茎眉自看，火坑都是白莲花。

十万余程不隔尘，休将迷悟自疏亲，
刹那念尽恒沙佛，便是莲花国里人。

佛与众生夙有缘，众生与佛性无偏，
奈何甘受娑婆苦，不肯回头著痛鞭。

念根是一串轮珠，痛策归鞭作远图，
念到念空和念脱，不知身住白芙蕖。

人间天上与泥犁，劳我升沉是几时？

白满有根如不种，尘沙生死自羁縻。

七重行树影交加，昼夜开敷白满花，
佛手自来遮不得，众生何事觅无涯？

白玉毫吞红菡萏，紫金聚映碧琉璃，
本来自性常如此，既禀同灵合共知。

黄金丈六老爷身，白满常敷劫外春，
等视众生如赤子，以何缘故不相亲？

六时不断雨天花，风味新奇孰有加，
清旦满盛衣裓里，归来重献佛袈裟。

烛破群幽大日轮，光明中现紫金人，
妙存心观忘诸见，觌体何曾间一尘。

最初注想存涓滴，念力增深至禹门，
观尽百千香水海，不消轻放一毫吞。

独坐幽斋万虑逃，一团山月上松梢，
不将迷悟遮心眼，尽是眉间白玉毫。

八功德水映金沙，百宝楼台散晓霞，
更有一般奇特事，开敷红满大如车。

自性弥陀不用参，五千余卷是司南，
不于当念求真脱，拟逐文言落二三。

世界何缘称极乐，只因众苦不能侵。
道人若要寻归路，但向尘中了自心。

自心无住云何了，系念慈尊六字名。
和念等闲都打脱，西天此土不多争。

自家一个弥陀佛，论劫何曾著眼看？
今日更随声色转，这回欲要见还难。

贺了新正看上元，万家银烛照金莲，
展开常寂光明土，佛法何曾不现前。

示入泥洹记仲春，风前歌舞恨波旬，
谁知自性黄金佛，常共千花转法轮。

寒食荒郊尽哭天，有谁遥念老金仙，
劫初埋向莲花土，不要人来化纸钱。

初夏清和四月时，九龙喷水沐婴儿，
乐邦化主无生灭，只把黄金铸面皮。

不悬艾虎庆端阳，惟向 [1] 西方古道场，
一炷炉熏一声磬，六门风递满花香。

清泰故家无六月，从教火伞自张空，
金沙地上经行处，阵阵吹来白满风。

---

[1] "向"，有本作"面"。

七月人间暑渐衰，晚风池上正^[1]相宜，
遥观落日如悬鼓，便策归鞭已较迟。

登楼共赏中秋月，回首谁思父母邦，
不问多生逃与逝，至今垂念未相忘。

谁知九日东篱菊，便是西方四色花。
一个髑髅干得尽，百千闻见自无差。

人间十月尽开炉，深拨寒灰问有无。
金色愿王元是火，能烧千劫爱河枯。

群阴剥尽一阳来，五叶心花当处开，
遍界枝条无著处，香风吹上玉楼台。

腊尽时穷事可怜，东村王老夜烧钱，
即心自性弥陀佛，满面尘埃又一年。

一串数珠乌律律，百千诸佛影团团，
循环净念常相继，放去拈来总一般。

念佛直须图作佛，不图作佛念何为？
但当抱识含灵者，白蕅花皆^[2]有一枝。

念佛须期念到头，到头和念一齐收，

---

[1] "正"，有本作"更"。
[2] "花皆"，有本作"均同"。

娑婆苦海风涛静，稳泛乐邦红藕舟。

四蛇同箧险复险，二鼠侵藤危更危，
不把莲花栽净域，未知何劫是休时。

人间五欲事无涯，利锁名缰割不开，
若把利名心念佛，何须辛苦待当来。

自性弥陀绝证修，只消扣己便相投。
瞥于当念存能所，又被空花翳两眸。

深思地狱发菩提，父母家邦勿再迷，
痛策归鞭宜早到，莫教重[1]待日沉[2]西。

要结莲花会上缘，是非人我尽倾捐，
无时不作难遭想，欢喜同登解脱船。

为存爱见起贪瞋，埋没黄金丈六身。
今日幸然归净土，不应仍旧惹风尘。

藕丝缚住金乌足，业火烧开车轴花，
更有一般难信法，脚尖踢出佛如麻。

要将秽土三千界，尽种西天九品莲，
仔细思量无别术，只消一个念心坚。

---

[1] "重"，有本作"直"。

[2] "沉"，有本作"移"。

七重密覆真珠网，三级平铺码瑙阶，
安养导师悲愿切，遥伸金臂接人来。

寄语娑婆世上人，要寻归路莫因循，
银山铁璧如挨透，千叶莲开别是春。

长鲸一吸四溟干，自性弥陀眼界宽，
眉里玉毫遮不得，珊瑚枝上月团团。

六时扣问黄金父，赤子飘零几日归？
话到轮回无尽处，相看不觉泪沾衣。

朝参暮礼效精勤，金沼莲胎入梦频。
粉骨碎身千万劫，未应容易报慈尊。

才要归家即到家，何须特地起咨嗟，
门前大路如弦直，拟涉思惟路便差。

一钩萝月照松龛，门外无人宿草庵，
万亿紫金身化主，不离当念是同参。

诸苦尽从贪欲起，不知贪欲起于何，
因忘自性弥陀佛，异念纷飞[1]总是魔。

势至曾参日月光，教令存想念西方，
自从亲证三摩地，不离慈尊左右傍。

---

[1] "飞"，有本作"驰"。

泥牛耕破莲花土，铁马蹋翻功德山，
自性弥陀浑不觉，犹将心镜照慈颜。

道人别有惟心土，不属东西南北方，
眨得眼来千里隔，难将悲愿当慈航。

观经一卷是家书，日落之方有故居，
多办资粮期早到，免教慈父日嗟吁。

兄呼弟应念弥陀，要与浑家出爱河，
办得此心常与么，直教佛不奈伊何。

跳出娑婆即是家，不须特地觅莲花，
娑婆不异莲花土，自是从前见处差。

昔有士夫吴子才，扣棺日日唤归来，
虽然迹未离三界，已送神栖白藕胎。

莲花国土无金锁，闻见堆中有铁围，
透得目前声与色，百千贤圣合同归。

活计惟撑一只船，流行坎止只随缘，
古帆几度张明月，满目纯开佛海莲。

船居念佛佛随船，常寂光摇水底天，
两岸中流如不触，枝枝红藕发心田。

破晓移船直过东，满帆披拂藕花风，

一尊自性弥陀佛，出现扶桑照眼红。

船上西来忆故乡，四花池上晚风凉，
飘零不奈归心切，一片轻帆挂夕阳。

任运移船过水南，不须向外觅同参，
自家屋里弥陀佛，念念开敷优钵昙。

船驾天风上北方，风汀月渚映心光，
忽移念入同居土，不觉浑身在溽航。

船往东西南北了，依前 [1] 不离古滩头，
等闲拨转虚空舵，香气满船 [2] 花满舟 [3]。

若不行船便住家，从教门外拽三车，
笑看火宅深深处，陆地纯开水面花。

现成公案绝商量，晓磬频敲蜡炬长，
昼夜六时声不断，满门风递白莲香。

心中有佛将心念，念到心空佛亦忘，
撒手归来重检点，花开赤白间青黄。

念心如影每随形，静闹闲忙不暂停，

打破形躯和影灭，西天此土绝途程。

清旦黄昏礼忏摩，低头泣告老弥陀，
轮回六趣知多少，誓欲今番出网罗。

扶出顶中红肉髻，扫空眉里白毫光，
阿弥陀佛和声吐，旷劫轮回应[1]念忘。

金沙地[2]上无红藕，赤肉团中有至尊，
千圣顶𩒐移一步，等闲踢倒涅槃门。

六个驴儿拽辆车，雨余泥滑路尤赊，
阿弥陀佛悲心切，痛策归鞭欲到家。

念弥陀佛苦无难，入圣超凡一指弹，
除却弥陀存正念，万般闻见不相干。

是非莫辨事休寻，更遇繁难莫惧心，
常与愿王眉厮结，百千魔恼不能侵。

弥陀西住祖西来，念佛参禅共体裁，
积劫疑团如打破，心花同是一般开。

讲座平分性相宗，相成相破不相同，
朅来讲到花池上，菡萏何曾两样红。

---

[1] "应"，有本作"一"。
[2] "地"，有本作"池"。

佛教白衣持五戒，律云五戒未全修，
那知六字真经里，八万威仪一句收。

六方佛出广长舌，俱赞娑婆念佛人。
须信白莲花世界，无时不散劫壶[1]春。

动地惊天勤念佛，槌门打户劝修行，
问渠因甚么如此，只怕众生入火坑。

便就今朝成佛去，乐邦化主已嫌迟，
那堪更欲之乎者，管取轮回没了时。

念佛不曾妨日用，人于日用自相妨，
百年幻影谁能保，莫负西天老愿王。

富贵之人宜念佛，黄金满库谷盈仓，
世间受用无亏缺，只欠临终见愿王。

贫乏之人念佛时，且无家事涉思惟，
赤条条地空双手，直上莲花占一枝。

老来念佛正相当，去日无多莫暂忘，
南无阿弥陀六字，是名越苦海慈航。

尽道少年难念佛，我云年少正相当，
看他八岁龙王女，掌上神珠放宝光。

---

[1] "壶"，有本作"数"。

身膺宰辅与朝郎，盖世功名世莫量，
自性弥陀如不念，未知何以敌无常。

一等师家每劝人，自心三昧不精勤，
身居净白莲花土，空把弥陀播口唇。

一般平等惟心土，贵贱贤愚没两途，
漆桶要教连底脱，大家齐用著工夫。

机动籁鸣惟自然，不谈净土不谈禅，
若于句外同相委，百八摩尼一串穿。

中峰和尚怀净土诗一百八首

附：《中峰怀净土诗》诸家序跋

明·释心泰编《佛法金汤编》卷第十六：

冯子振：《中峰净土偈》赞并序

　　幻住道人净土偈一百八首，数等念珠。若人念念阿弥，如晋唐向上诸贤刘遗民、白香山辈，同参净社，是人获福无量，即得净土现前。到他日持珠默坐时，一百八偈三千二十有四言，元不曾说一字尔。时发愿学人冯子振稽首作礼而作赞曰：

　　　　　我观幻住师，于幻无所住，
　　　　　虽不住于幻，能觉如幻人。
　　　　　幻人汝当知，垢与净相对，
　　　　　虽垢即净性，净土应现前。
　　　　　是故幻住师，演说净土偈。
　　　　　偈本不须说，说偈一已多，
　　　　　手提古佛机，数与念珠等。
　　　　　善知识观察，是偈非世间，
　　　　　假使古佛生，所说亦如是。
　　　　　悟即一偈了，百八偈亦然。
　　　　　凡夫一偈迷，何况百八偈。
　　　　　一偈偈四句，句句义毕彰，
　　　　　字数逾三千，其实无一字。

偈迷念珠转，偈悟转念珠。

若人于此中，一一总无念，

于无念念佛，无念亦复无。

红爪绀发螺，种种白毫相，

有目具瞻仰，月面照日轮。

花敷四色莲，出微妙香洁，

所生皆净土，云何更西方？

是人见弥陀，悉得安隐住。

明·莲池袾宏《山房杂录》卷一：

《中峰禅师净土诗》序

净土之为教大矣！昭揭于经，恢弘于论，穷微极深于诸家之疏、传、辩、议。而羽翼其间者，又从而赋之、辞之、偈颂之、诗之。诗也者，又偈颂之和声协律，委婉游扬，俾人乐而玩，感慨而悲歌，不觉其情谢尘寰而神栖宝域者也。诗之为益于净土亦大矣！自古怀净土诗相望后先，而惟中峰大师百咏，事理兼带，性相圆通，息参禅、念佛之哓净，定即土即心之平准。涂毒于文鼓，倾耳则五内崩；伏砒于旨肴，染指则命根断。美哉！洋洋乎，其诸阳春一曲，响穷百代者乎！

大中丞省吾金公，盟心净土，乃重授锲人，以广流通，属予序诸首简。予老矣，沉疴枕席，久置笔研。偶斯胜缘，虽心生喜跃，然力不能作一语，爰命童子录其平日所常谈者以应。

《笑隐欣禅师语录》卷之三：

题《中峰和尚净土诗》后

释迦誓居五浊世，	折伏众生令出离。
弥勒示现赡养国，	摄受接引登佛地。
譬如雨露与霜雪，	滋濡肃杀各不同。
阴阳寒暑运四时，	生成万物均化工。
诸佛愿力亦如是，	净土秽土本一心。
融摄十方诸国土，	无有三世去来今。
众生性中清净海，	纤尘瞥起成障碍，
流转三界不知归，	劳彼圣贤久相待。
中峰劝世何殷勤，	如客忆家子忆亲。
天乐自奏花自雨，	彼美人兮西方人。
朝兹夕兹念在兹，	万年一念同须臾。
念而无念能所绝，	无念而念心境如。
声香味触入正受，	见闻觉知总如旧。
刹刹圆成清泰都，	人人具足无量寿。

明·郁逢庆撰《书画题跋记》卷九：

赵松雪书《中峰怀净土诗》后系赞

净土偈赞

净土偈者，中峰和上之所作也。偈凡一百八首，按数珠之一周也。悯群生之迷途，道佛境之极乐。或驱而纳之，或诱而进之，及其至焉，一也。弟子赵孟頫欲重宣此义而说偈：

三千大千世界中，恒河沙数诸众生，一一众生一一佛，一人唯心一净土。而诸众生无始来，因痴有欲生爱渴，根尘染缠不自觉，流转生死堕恶趣。我师中峰大和上，慈悲怜悯诸众生，勤勤为作百八偈，普告恒沙诸有情，如身受病等痛切。若人依师所教诲，一念念彼阿弥陀，一念念已复无念，自然往生安养国。阿弥陀佛为接引，径坐金色莲花台。池中莲花如车轮，微风吹香遍法界。频伽并命及鹦鹉，白鹤孔雀播妙音。黄金界道七宝台，燕坐受兹胜妙乐。诸恶苦趣咸无有，悉皆我师之所度。实无众生师度者，惟众生心净土故。是故我今稽首礼，重赞我师之弘愿。

延佑三年岁在丙辰六月廿四日，大都咸宜坊寓舍书。

《石渠宝笈》卷五：

元赵孟𫖯书《中峰上人怀净土诗》一卷

素笺本行书，七言偈一百八首。卷前识云："西天目山幻住沙门明本撰，集贤学士资德大夫弟子赵孟𫖯书。"又前署怀净土诗四字下，注云一百八首，下有"大雅"一印，又"扫尽浮云但挂孤月"、"最上一乘"、"三锡堂书画印"三印。

后自书净土偈赞，款云：延佑三年岁在丙辰六月廿四日，大都咸宜坊寓舍书。

又识云：右中峰和尚净土偈，因智俊上人衔中峰之命，远来京师相看，故为俊公书此一卷，并画阿弥陀佛于卷首云。翰林学士承旨、荣禄大夫、知制诰兼修国史、弟子赵孟𫖯重题。

后有赵子昂氏松雪斋印二印。又贞庵莲社长"枯木寒灰"、"趣味更别"诸印。

卷前别幅附净土图，后有赵子昂氏松雪斋印二印，前有华藏庄严神品康惟周公六世孙定国宝藏印，项墨林家珍藏诸印。引首有虞集篆书"眼前乐界"四大字,款云"虞集敬题"。

拖尾僧真可书偈云:西方十万亿,不离指掌中。应土与常寂,渐顿悉归空。仿佛闻法音,而况瞻法身。法身既遍满,非假亦非真。此卷不参入,虚生浪死人。紫柏老人真可。

又陆光祖跋云:去堪忍土十万亿,其土名为极乐,其佛名曰阿弥,现今说法。一切水鸟、行树、迦陵频伽,能顺微风而和歌,宣一音而演法,法乃无生,土乃权土,直遵常寂,普现法身。十六观中,依正悉具,后有神游念一,假像观以证入,则喻弥陀、贯休氏以绘事点睛,圆融空假,《华严》所谓心如工画师是也。李伯时龙眠居士笔端有广长舌,其析色现相,细入微尘,曾有西方图卷,其栏楯楼阁,宝林金沼,水鸟珍禽,飞鸣自在,弥陀弹指,现说无生,诸上善人森罗谛听,诚喻老、贯师现身拈出也。迨胜国子昂承旨,展卷因地,手挥不律,如空写空,有相无相,罔非中峰老人百八偈中授菊也。祖在京师,从紫柏大师处获瞻玩此卷,欢喜踊跃,敬书芜语并忏著瘕法宝云。五台居士陆光祖熏沐拜手题并书。

又僧袾宏跋云:子昂所书中峰大师偈一百八首,悲世人之沉沦五浊,恨不获一棒一喝,提起众生于苦海中,此真婆子心肠。有能悟此,便可抖擞皮毛,安顿我四大身心,飞行隐显,一了百当。即有铁面阎王老子,见我自然退缩,颤栗不住。宏于万历之丙申岁见紫柏老和尚,亦称中峰师诸作。迄今复读此卷,又十五年矣,光阴迅速,宏犹然一疲癃老衲子,真使汗下如沐。虽然,宏又悲夫世之汗下如沐者鲜矣。至如子昂所绘如来法像及所书,苟非真正皈依法门者,何能使聪明伎俩盖至此耶?是足为东土禅林法宝无疑矣!云栖老衲袾宏书于武林舟次。

又文震孟跋云:昔王摩诘诗云:"一兴微尘念,横有朝露身。"僧皎然诗亦云:"为与胜悟冥,不忧颓龄迫。"由斯观之,夫修如来菩萨行者,非有异于众僧也,其能超脱众生者,惟其止行六度,通修万善,功不为己,而志存广济耳。且如来出世,为天人师,随根器而说法,使最上乘及中下二等各造其极。而声闻、缘觉能顿悟者得先证菩提,次则修智慧,断烦恼,徐臻万行具足之境,亦可诣极乐。予细绎中峰师所说诸偈,诚悯众生尘劳障碍，葛藤牵绕，牢不可破，终堕落恶趣中而不悟，故言言提醒，字字阐发，具六通三乘之旨，开五渐十地之门耳。若子昂摹龙眠所绘诸佛如来尊者，真不啻法门中八百四千清净宝目、烁伽罗首、母伽罗臂诸像，即吴道子恐不是过。存想圣容，并诵师偈，能不收我身心，脱离尘垢耶？若其书法，平居用笔咸圆转缜密，独于此卷所书，端楷遒劲，矫若游龙，尤为绵中裹铁，真不让颜、柳诸公。而莲大师云此卷为东土禅林之法宝，良有以也。余故不忍释手，敬为之跋，以志一时奇觏云尔。崇祯乙亥浴佛日，湛持居士文震孟识于竺坞之五如洞。

　　卷高九寸二分，广三丈一尺八寸。前隔水皇帝青宫时题诗云：了得心如幻，西天即此土。多少念佛人，觅佛在言语。妙哉松雪翁，高躅传艺圃。兴来为此图，笔底蛟龙舞。借问是与非，灯笼答露柱。宝亲王长春居士题。下有宝亲王宝染翰二玺，前有乐善堂一玺。

梅花百咏

说　明

　　明本《和冯海粟梅花百咏》共有两种：一种为《列名诗七绝百首》，现存冯子振原诗及明本和诗，有《四库全书》本及明周履靖辑《夷门广牍》卷三十七所载《中峰禅师梅花百咏》。另一种为《春字韵七律百首》，仅存明本和章，冯子振原诗已不存，有《四库全书》本及《天目明本禅师杂录》所附《中峰和尚和冯海粟梅花诗百咏》。

　　《四库全书·梅花百咏》题记云："《梅花百咏》一卷、附录一卷，元·冯子振与释明本倡和诗也。子振字海粟，攸州人，官承事郎、集贤待制，以博学英词有名于时。……时赵孟頫与明本友善，子振意轻之。一日，孟頫偕明本往访子振，子振出示《梅花百咏诗》，明本一览，走笔和成，復出所作九字梅花歌以示，子振遂与定交。是编所载七绝百首，即当时所立和者是也。后又附春字韵七律一百首，则仅有明本和章，而子振原唱已不可復见矣。"

　　本次点校整理，以《四库全书》本为底本，参校其他诸本。明本另作有《九字梅花咏》一首，《四库全书》题记称为"九字梅花歌"，载于清顾嗣立编《元诗选》二集卷二十六，现附于此处。

和冯海粟梅花百咏（列名诗七绝百首）

元 释明本 撰

古梅

起如虬柏卧如槎，犹吐冰霜度岁华。
山月江风常是伴，不知园馆属谁家。

附：冯子振原诗

天植孤山几百年，名花分占逋翁先。
只今起草新栽树，后世相看亦復然。

老梅

种花年少负幽期，历遍风霜不计时。
顾我今居丈人行，愿遗清白荫孙枝。

附：冯子振原诗

古树槎牙锁绿苔，半生半死尚花开。

不须更问春深浅，人道咸平手种来。

疏梅

依稀残雪浸寒波，桃李漫山奈俗何。
潇洒最宜三二点，好花清影不须多。

附：冯子振原诗

数個冰花三两枝，东风点缀特新奇。
黄昏照影临清浅，写出林逋一句诗。

孤梅

独抱冰霜岁月深，旧交松竹隔山林。
英姿孑立谁堪托，惟有程婴识此心。

附：冯子振原诗

标格清高迥不群，自开自落傍无邻。
天寒岁晏冰霜里，青眼相看有几人？

瘦梅

冰肌如削怯寒威，天赋清赢可得肥？
我亦诗癯被花恼，玉人浑欲不胜衣。

附：冯子振原诗

冰削轻肌雪削肤，天然风致在清癯。
解知桃李难相匹，只为生来骨格粗。

矮梅

篱落盘根枕水坡，月低清影舞婆娑。
青衣童子悭三尺，花底相逢唱短歌。

附：冯子振原诗

不放冰梢几尺长，怕分春色过邻墙。
大材未必难为用，禹殿云深锁栋梁。

蟠梅

铁石芳条谁矫揉，从教曲折抱天姿。
龙蛇影碎玲珑月，交错难分南北枝。

附：冯子振原诗

屈干回枝制作新，强施工巧媚阳春。
逋仙纵有心如铁，奈尔求奇揉矫人。

新梅

幼玉娇姝欲效颦，初花小试一年春。

花前明月无今古，花下诗人非古人。

附：冯子振原诗

几年雨露栽培得，此度春风始著花。
为语东君加爱护，要看老树放横斜。

早梅

搀先开遍向南枝，不是清闲刻骨时。
好似洛阳年少客，香腮霜雪上头迟。

附：冯子振原诗

从来花发先群芳，又向丛中独擅场。
毕竟先开定先落，争如雪里更馨香。

鸳鸯梅

采采双花对锦机，翠禽同梦月交辉。
有情一处随流水，莫被风吹各自飞。

附：冯子振原诗

并蒂连枝朵朵双，偏宜照影傍寒塘。
只愁画角惊吹散，片影分飞最可伤。

千叶梅

密攒玉瓣费神工，什百春藏一朵中。
雪压鲛绡花骨冷，故教重叠护东风。

附：冯子振原诗

密瓣重重玉作围，就中消息孰能窥。
待看水月澄明际，仿佛观音变现时。

寒梅

北枝偏爱雪霜多，无奈蜂媒冻损何。
一任玉奴呵手折，芳心元自抱阳和。

附：冯子振原诗

山中万木冻欲折，林下幽芳独自香。
怪底孤根禁受得，就中原有铁心肠。

蜡梅

金玉同盟破雪开，清香异色满瑶台。
不因蜜渍将花染，安得蜂黄点额来。

附：冯子振原诗

洗却铅华扮道装，檀心浅露紫香囊。
从今宫额翻新样，变作眉间一点黄。

绿萼梅

翠袖笼寒映素肌，靓妆仙子月中归。
露香清逼瑶台晓，隐约青衣侍玉妃。

附：冯子振原诗

蕊珠宫里小仙娃，暂别椒房抑翠华。
底事尘缘犹未断，谪来人世作名花。

红梅

清标何事厌铅华，故染胭脂妒杏花。
幸得枝头香仿佛，不然流落作凡葩。

附：冯子振原诗

春风昨夜入南枝，浃髓沦肌释冻威。
和气晓来无著处，满空散作彩云飞。

胭脂梅

浓妆出色染芳林，春入胚胎造化深。

非是玉颜凝酒晕，也知红粉有丹心。

附：冯子振原诗

捣碎春风红守宫，花房芳信一时通。
汉庭佳丽三千女，艳抹浓妆总是同。

粉梅

玉容有似傅铅华，浓抹胭脂未足夸。
白面何郎不须拭，扬州清赏压琼花。

附：冯子振原诗

玉妃手碾白硃砂，散作春风六出花。
夜半月明霜露重，满襟清泪湿铅华。

青梅

累累酸实酿馀春，小摘枝头可荐新。
之子深能保贞固，中含天地发生仁。

附：冯子振原诗

纷纷众口利馀甘，之子胡为独嗜酸。
滋味自缘清苦得，傍人何必把眉攒。

黄梅

青子才过[1] 遍绿阴，转头红绽又垂金。
未应功到和羹妙，更为苍生作大[2] 霖。

附：冯子振原诗

青子初肥色半鲜，绿阴深处压枝悬。
日长几阵涟纤雨，正是江南四月天。

盐梅

熬波翻雪子青青，鼎鼐同登要适钧。
何代无贤如傅说，大羹不和味尤真。

附：冯子振原诗

滋味由来贵适匀，五行兼备始为珍。
如何当日和羹命，略不曾言甘苦辛。

未开梅

缄春蓓蕾冷含烟，绛蜡封[3] 香信暗传。

---

[1] "过"，《夷门广牍》本作"看"。
[2] "作大"，《夷门广牍》本作"大作"。
[3] "封"，《夷门广牍》本作"春"。

姑射怯寒犹掩袂，眼前惟见蕊珠寒[1]。

附：冯子振原诗

重重椒萼护轻寒，不放春心一点闲。
可是花房芳信晚，故应缄密待春还。

乍开梅

晓妆初试薄寒侵，漏洩春机想未深。
昨夜椒房花蕊小，为谁索笑露芳心。

附：冯子振原诗

土脉阳回气候新，椒房微露一分春。
想应未识君王面，犹自含羞效浅颦。

半开梅

一片芳心早破寒，疏英向暖点酥乾。
却愁烂漫成摇落，春色平分正好看。

附：冯子振原诗

暖入南枝气未匀，笑含芳意待馀馨。
相看绝似瑶台夜，斜掩重门认不真。

---

[1] "寒"，《夷门广牍》本作"仙"。

全开梅

琼姬小队遍深宫，满面春生大笑中。
毕竟花房羞半掩，一齐分付与[1]东风。

附：冯子振原诗

玉脸盈盈总是春，都将笑色媚东君。
道人放鹤归来晚，月下看花似白云。

落梅

风榭飞琼舞遍时，春初早赋惜花诗。
家童轻扫庭前雪，莫遣香泥污玉肌。

附：冯子振原诗

谁家吹笛苦悲凉，断却佳人铁石肠。
回首泪痕看不得，离情分付返魂香。

十月梅

年年开占小春时，点缀湖山景最宜。
造化流芳何太早，无阳安得有南枝。

---

[1] "与"，《夷门广牍》本作"剖"。

附：冯子振原诗

向暖才先泄化机，花开正属小春时。
时人莫讶阳和早，好向初爻画上推。

二月梅

腊蕊开迟到四阳，丈人殿入少年场。
凡花一见应相妒，肯对东风聘海棠。

附：冯子振原诗

高标曾占百花魁，春半才开何太迟。
毕竟东君有深意，等闲桃李莫相欺。

忆梅

夜分明月是扬州，尚有春风在树头。
莫怪当年何水部，岁寒心事与谁愁。

附：冯子振原诗

迢迢春信隔江南，寂寂芳盟负岁寒。
青鸟不来仙梦杳，月明空自倚阑干。

探梅

踏破溪边一径苔，好山秀水少人来。

梅花开处怜无伴，笑折新枝当酒杯。

附：冯子振原诗

闻道春还已有期，远来花下立多时。
南枝觅遍无消息，借问花神知不知。

寻梅

上春有约觅南枝，水竹人家遍扣时。
一任灞桥风雪冷，蹇驴破帽不因诗。

附：冯子振原诗

行过野径復溪桥，踏雪相求岂惮遥。
何处藏春春不见，惟闻风里暗香飘。

问梅

寄声湖上旧花魁，曾有逋仙行辈来。
青鸟经年芳信杳，春风笑口为谁开。

附：冯子振原诗

一别罗浮几度春，岁寒心事许谁论。
风清月白三更后，更有何人同扣门。

索梅

幽探名花谢俗氛，几回东阁挹清芬。
掇来盆盎难为色，万玉枝头早见分。

附：冯子振原诗

城南地暖花开早，见说君家满树春。
昨夜雪寒诗思好，一枝分赠苦吟人。

观梅

月下相逢认未真，晓来标格愈精神。
林逋仙去芳盟冷，谁是花前具眼人。

附：冯子振原诗

踏雪寻君一顷难，山窗清夜喜盘桓。
花神应有心如铁，肯厌吾侪冷眼看。

赏梅

爱花终日对琼林，饱玩豪吟兴趣深。
檀板金樽非乐事，此心清白是知音。

附：冯子振原诗

对花呵冻写新吟，吟罢还将酒自斟。
不比西园艳桃李，等闲开落费千金。

评梅

月旦花前岂乏人，风霜齿颊带阳春。
江南野史馀芳论，绝世清如古逸民。

附：冯子振原诗

屈子骚经遗不录，石湖芳谱漫俱收。
试凭西掖攀花手，题向百花花上头。

歌梅

六片红芽捧雪儿，花前低唱怕花飞。
后庭玉树空陈迹，白雪一声人听稀。

附：冯子振原诗

白雪声中玉树春，乘鸾姑射倚云听。
曲中缥缈不知处，留得馀香绕翠屏。

友梅

三益堂前世外人，岁寒谁是旧雷陈。

知心千古惟松竹，冷淡相交始见真。

附：冯子振原诗

红紫纷纷逞艳颜，朝开暮落费追欢。
孤山自有花如玉，能与幽人保岁寒。

寄梅

故人遥隔陇云边，折玉传香水驿寒。
江北江南重相忆，只将春信报平安。

附：冯子振原诗

远凭春信问知音，离恨何如陇水深。
不是江南无所有，欲君同识岁寒心。

惜梅

香销泥污意徘徊，掠地回风玉作堆。
愁绝黄昏无一语，怕看孤月上窗来。

附：冯子振原诗

爱此幽姿清绝尘，更怜岁晚独相亲。
相看不忍轻攀折，留取明年占上春。

梦梅

玉笛声飞江上楼，芳魂惊晓动清愁。
觉来人问商岩下，曾见和羹傅说不。

附：冯子振原诗

何处仙游梦觉迟，罗浮山下赴春期。
一声吹彻霜天角，正是参横斗转时。

移梅

湖边锄月换根基，玉树重栽树不知。
种竹当年遗法[1]在，须留宿土记[2]南枝。

附：冯子振原诗

新劚孤根手自栽，荷锄和雨破苍苔。
寒窗岁晚多清况，直伴幽芳带雪开。

谱梅

自古骚人虽著语，何如宋璟独知音。
只缘彼此傍真操，写出平生铁石心。

---

[1] "法"，《夷门广牍》本作"性"。
[2] "土记"，《夷门广牍》本作"地就"。

附：冯子振原诗

兰蕙纷纷入楚辞，孤芳独有老逋知。
君今采撷增新赋，不负能诗杜拾遗。

接梅

采玉金刀巧若神，好枝分得续孤根。
待看夜雨苍苔长，幻出春风不见痕。

附：冯子振原诗

残干花疏可奈何，贞心空自抱阳和。
与君试换冰霜骨，看取明年青子多。

浴梅

玉骨清寒凝雪痕，金壶香水浸来温。
馀波轻颊春风面，应是新承雨露恩。

附：冯子振原诗

寒锁椒房气未匀，一沾恩泽顿精神。
冰肌湿透浑无力，绝胜华清得宠人。

折梅

残雪轻摇揽素肌，故人应说寄来迟。

花时先假调羹手，选取东风第一枝。

附：冯子振原诗

素手分开庾岭云，问花觅取一枝春。
陇头驿使今无便，留向山窗几上芬。

剪梅

破玉并刀试手温，香凝双股断芳魂。
花随燕尾轻分去，不带春风爪甲痕。

附：冯子振原诗

手挽冰枝那忍摧，莫教香雪浣苍苔。
并刀轻断稍头玉，笑引春风上鬓来。

簪梅

折玉临风带笑簪，乌纱[1]春满酒厌厌。
少年莫讶头如雪，犹胜梨花压帽檐。

附：冯子振原诗

对雪看花可自由，兴来宁復为花羞。
临风一笑乌纱侧，却胜黄花插满头。

---

[1] "纱"，《夷门广牍》本作"巾"。

妆梅

五出风流拂面轻，点成宫额映花明。
觉来不用窥[1]鸾镜，蝶粉蜂黄一洗清。

附：冯子振原诗

当年点额偶成真，别是宫中一段春。
赢得世间传故事，纷纷总是效颦人。

浸梅

插花贮水养天真，潇洒风标席上珍。
清晓呼童换新汲，只愁冻合玉壶春。

附：冯子振原诗

旋汲温泉养折枝，冰花寒玉净相宜。
从今借得恩波力，会见青青结子时。

别梅

花谢[2]东风搅离思，愁翻缟袂忍轻分。

---

[1] "窥"，《夷门广牍》本作"临"。

[2] "谢"，底本作"对"，今从《夷门广牍》本及《元诗选》二集卷二十六。

月明相[1]送临溪水，春树遥怜隔暮云。

附：冯子振原诗

东风吹梦返湖山，玉减香消怨夜寒。
毕竟明年又相见，早将春信报平安。

咀梅

细嚼冰筎齿颊馨[2]，诗脾冷沁有馀清。
灵均可惜不知味，却向秋风餐落英。

附：冯子振原诗

旋摘冰英带雪餐，清分齿颊不知寒。
屈平若谙多风味，未必专心嗜菊兰。

罗浮[3]梅

高卧花林醉復醒，不知月落与参横。
人生总是南柯梦，独有师雄一梦清。

---

[1] "相"，《夷门广牍》本及《元诗选》二集卷二十六作"梢"。

[2] "齿颊馨"，《夷门广牍》本作"玉液生"。

[3] 罗浮，山名，在广东省东江北岸，风景优美，为粤中游览胜地。晋葛洪曾在此山修道，道教称为"第七洞天"。相传隋赵师雄在此梦遇梅花仙女，后多为咏梅典实。

附：冯子振原诗

忆昔山前花满村，月明曾扣酒家门。
青禽一去无消息，冷落三生石上魂。

庾岭[1]梅

星河漾影浸寒梢，甘与孤松结故交。
庾老品题今寂寞，蟠枝屈曲似潜蛟。

附：冯子振原诗

谁种霜根大庾巅，地高天近得春先。
枝南枝北元同干，何事东风亦有偏。

孤山[2]梅

种玉西湖独占春，逋仙佳句播清芬。
月明花落吟魂冷，童子何之鹤守[3]坟。

附：冯子振原诗

逋翁老去句空传，寂寞林丘起暮烟。

---

[1] 庾岭，即大庾岭，山名，位于江西省大庾县南，五岭之一，为往来岭南、岭北间的交通要道，岭上植梅。

[2] 孤山，山名，位于杭州西湖，界于里外二湖之间。宋代林逋隐居于此山的北麓，赏梅养鹤，终身不仕，后世常以"逋仙"称誉之，有《林和靖诗集》。

[3] "守"，《元诗选》二集卷二十六作"在"。

惟有亭前数株玉，自将开落度流年。

西湖梅

花发苏堤柳未烟，主张风月小壶天。
清波照影红尘外，冷看游人上画船。

附：冯子振原诗

苏老堤边玉一林，六桥风月是知音。
任他桃李争春色，不为繁华易素心。

东阁梅[1]

对雪蜀亭清兴动，因思何逊更多才。
倚阑人去花无主，诗壁春深长绿苔。

附：冯子振原诗

官亭把酒送行旌，对雪看花值早春。
杜老飘零头白尽，底须朝夕苦催人。

江梅

寻香日日醉江边，更买扁舟花下眠。
酒醒潮生风力紧，掀蓬无奈雪漫天。

---

[1] 《夷门广牍》本缺此一首。

附：冯子振原诗

若有人兮湘水滨，冷香和月浸黄昏。
自怜不入离骚谱，待把芳心吊楚魂。

山中梅

春在云根竹里家，霜林烟麓乍藏遮。
隔溪杖履徘徊处，只见香来不见花。

附：冯子振原诗

岩谷深居养素贞，岁寒松竹淡相邻。
孤根历尽冰霜苦，不识人间别有春。

清江梅

古树烟笼碧玉流，酒旗风劲暗香浮。
只今卧雪沧波上，几见看花人白头。

附：冯子振原诗

湛湛澄波映月辉，娟娟寒玉浸琉璃。
分明一幅鹅溪绢，写出当年杨补之。

溪梅

香悄波寒月澹[1]时，山人散步水之湄。
一湾浅处卧蟾影，欲画欲吟心自知。

附：冯子振原诗

古树横斜涧水边，野桥村市独暄妍。
玉堂路杳无心到，堪与渔翁系钓船。

野梅

烟泊水昏江路迷，香寒树冷雪垂垂。
玉堂梦寐无心到，绝似遗贤遁迹时。

附：冯子振原诗

花落花开春不管，清风明月自绸缪。
天然一种孤高性，直是花中隐逸流。

远梅

雪泥踏遍十馀里，迢递疏林接野桥。
何日移春归院宇，免教望断玉人遥。

---

[1]　"澹"，底本作"淡"，今从《夷门广牍》本。

附：冯子振原诗

罗浮山下度春风，千里相思信未通。
安得移栽近茅屋，繁花乱插向晴空。

前村梅

竹外疏花花外桥，托根聚落任风饕。
一从茅店吹香后，踏雪来寻酒价高。

附：冯子振原诗

野老庄南天气暖，一枝常是占先春。
夜来几阵东风迅，时有清香暗袭人。

汉宫梅

玉破云收迹已陈，刘郎从古惜芳春。
新妆日照明妃燕，冷落长门拜月人。

附：冯子振原诗

饰玉含香立未央，不将颜色事君王。
后来玉树缘何事，能使陈家怨国亡。

宫梅

长门月冷漏迟迟，正是香愁粉怨时。

折得一枝无寄处，翻思红叶好题诗。

附：冯子振原诗

素质萧然林下风，何年移植禁园中。
自从识得君王面，回首仙凡迥不同。

官梅

螺墙藓壁护苍虬，花落花开客去留。
谁是参军最相忆，迢迢从路到扬州。

附：冯子振原诗

武昌湖上千株柳，何逊扬州几树花。
争似故山幽径侧，春风岁岁报新芽。

廨舍[1]梅

种花官宇说扬州，何逊多情忆旧游。
二十四桥春暂歇，玉箫吹雪小红楼。

附：冯子振原诗

却月凌风迹已陈，水曹诗句尚清新。
如今不独扬州种，江北江南总是春。

---

[1]　"廨舍"，《夷门广牍》本作"衙宇"。

柳营梅

花寨穿杨月挂弓，霜飞玉帐带春风。
绿阴止渴将军老，灞上应魁百战功。

附：冯子振原诗

亞夫才略动雄风，手植冰花玉垒中。
不是将军闲好事，为渠止渴藉成功。

城头梅

杖策寻芳近东郭，女垣无月亦精神。
角声吹彻霜天晓，十万人家总是春。

附：冯子振原诗

止渴将军筑受降，剩栽玉树遍城隍。
天家雨露无私润，愿布阳春被八荒。

庭梅

曲栏干外玉成行，犹似当年虢国妆。
不是化工私冷艳，自缘红紫怯冰霜。

附：冯子振原诗

阑干六曲护春风，白雪生香满院中。
夜静月明幺凤下，半窗疏影隔帘栊。

书窗梅

拟魁春榜冠琼林，对白抽黄几夜深。
雪案香浮芸[1]叶冷，平生清苦此时心。

附：冯子振原诗

雪冷香清夜诵时，十年辛苦只花知。
天公有意分蟾桂，先借东风第一枝。

琴屋梅

花月寒窗弹白雪，冷然写出广平心。
临风三嗅[2]还三弄，清极香中太古音。

附：冯子振原诗

三弄花间小院深，玉人遥听动春心。
清声弹落冰梢月，唤起高怀共赏音。

---

[1] "芸"，《夷门广牍》本作"云"。
[2] "嗅"，《夷门广牍》本作"唤"。

棋墅梅

孤山拟折东山屐，百战曹林望解围。
妙斡神机先一点，落花随子斗斜飞。

附：冯子振原诗

万玉成林覆石枰，两翁相对适闲情。
东风忽遣花如雪，绝似将军入蔡城。

僧舍梅

紫竹林中艾衲寒，净瓶晓折供金仙。
三生石上精魂在，清夜静参花月禅。

附：冯子振原诗

潇洒丛林玉一枝，宿根曾是悟禅机。
分明勘破罗浮梦，特把缁衣换素衣。

道院梅

玉佩光寒白锦袍，步虚人立月华高。
赤松仙友 [1] 如相问，近日玄都不种桃。

---

[1] "仙友"，《夷门广牍》本作"若遇"。

附：冯子振原诗

玉骨清癯半似仙，一枝斜倚法坛前。
月明花下人朝斗，依约琼妃降九天。

茅舍梅

数椽草屋延清客，竹作疏篱护雪[1]葩。
不是玉堂无分到，且和明月寄[2]山家。

附：冯子振原诗

昨夜春风入草堂，篱根老树发清香。
相思不必将诗寄，却恐题诗会断肠。

檐梅

不碍丁东敲玉佩，小檐风韵属黄昏。
分明半幅推篷画，只欠枝头月一痕。

附：冯子振原诗

侬家老树临书屋，清夜看花睡不眠。
残雪半消寒月上，暗香和影度疏帘。

---

[1] "雪"，《夷门广牍》本及《元诗选》二集卷二十六作"玉"。
[2] "寄"，《夷门广牍》本及《元诗选》二集卷二十六作"到"。

钓矶梅

苍苔石上老烟波，手把长竿倚玉柯。
闲系孤舟明月下，寒香一夜沁渔蓑。

附：冯子振原诗

渭川东畔春光早，傍水幽花带雪开。
一任风霜头白尽，不随渔父出山来。

樵径梅

峻岭孤芳吐未匀，半欹山路半为薪。
带将担上来城市，饶取春风卖与人。

附：冯子振原诗

窈窕若即溪上路，幽花的皪倚榛丛。
飘零不为楼头笛，恨煞朝南暮北风。

蔬圃梅

剪韭春园香暗浮，篱边墙角试寻幽。
诗人一任花俱瘦，只愿民无菜色忧。

附：冯子振原诗

花发春畦菜甲新，抽青配白喜知音。
芳魂也羡冰壶味，来与先生话素心。

药畦梅

炎帝遗芳济世珍，园中百草让先春。
调羹妙手能医国，不说当年种杏人。

附：冯子振原诗

懒入春风桃李场，董仙林下郁清香。
不因青子能酸苦，安得神农为品尝。

盆梅

月团香雪翠盆中，小技能偷造化工。
长伴玉山颓锦帐，不知门外有霜风。

附：冯子振原诗

新陶瓦缶胜琼壶，分得春风玉一株。
最爱寒窗闲读处，夜深灯影雪模糊。

雪梅

五出花开六出飞，玉肌寒拥素绡衣。

更看霁月同清白，一夜窗前瘦影肥。

附：冯子振原诗

北帝司权播令新，天葩凡卉斗精神。
化工不让花神巧，特与增添一树春。

月梅

素娥姑射斗婵娟，疏影分明不夜天。
散却广寒宫里桂，春光常满玉堂前。

附：冯子振原诗

暗香浮动正朦胧，古树横斜浅水中。
清景满前吟不就，又移疏影过溪东。

风梅

花间少女剪春妍^[1]，粲粲霓裳舞队仙。
月夜遥看环珮冷，莫教吹落玉花钿。

附：冯子振原诗

绰约肌肤不受吹，飘香坠玉怕春知。
凭谁领取东君意，传语封家十八姨。

---

[1] "妍"，《夷门广牍》本及《元诗选》二集卷二十六作"寒"。

烟梅

梦隔梨云逗晓天[1]，苔枝浮翠泥春寒。
不嫌玉质笼轻素，留与诗人冷澹[2]看。

附：冯子振原诗

琼林浮翠淡朦胧，遥望珠光隐现中。
一夜东风吹不散，晓看浑似碧纱笼。

竹梅

浪说松林有美人，何如倚翠渭川滨。
岁寒遮掩春风面，一日可能无此君？

附：冯子振原诗

乘鸾姑射下罗浮，鼓瑟湘妃出上游。
邂逅江干话心曲，冷香幽翠不胜愁。

杏梅

董林蓦地暗香传，淡淡红芳照眼妍。
有客前村来问酒，牧童误指到花边。

---

[1] "天"，底本作"纵"，今从《夷门广牍》本。
[2] "澹"，底本作"淡"，今从《夷门广牍》本。

附：冯子振原诗

赪颜相映小桃红，赖有清香辨异同。
夜静鼓琴花树下，直疑身在孔坛中。

苔梅

古貌苍然鹤膝枝，吐[1]花生晕护春机。
玉堂试看青袍客，莫忘江南有白衣。

附：冯子振原诗

姑射仙人倚翠鸾，濛濛香雾湿飞翰。
夜深舞罢霓裳落，留得葱裙护晓寒。

照水梅

一泓映出两南枝，仿佛明妆对镜时。
波面浮香天作底，芳魂浴雪影娥池。

附：冯子振原诗

玉树临流雪作堆，寒光疏影共徘徊。
多情最是黄昏月，配合春风不用媒。

---

[1] "吐"，底本作"土"，《元诗选》二集卷二十六作"唾"，今从《夷门广牍》本。

水竹梅

波涵修翠玉[1]玲珑，院落清幽自不同。

冷浸湘筼[2]带疏影，一般潇洒月明中。

附：冯子振原诗

寒流浸玉映疏林，翠袖绡裳冷不禁。

不向此中清浅处，谁能照见两君心。

水月梅

浅碧笼蟾蘸玉痕，乾坤清沁镜中春。

黄昏照影成三绝，纵有花光写不真。

附：冯子振原诗

浮玉溪边夜未期，暗香疏影静相宜。

一时意味无人识，只有咸平处士知。

杖头梅

玉鸠[3]横影暗香飘，绝胜江行挂酒瓢。

雪拥吟肩两清瘦，一枝挑月过溪桥。

---

[1]　"玉"，《夷门广牍》本作"月"。

[2]　"筼"，底本作"云"，今从《夷门广牍》本。

[3]　"玉鸠"，指鸠杖，古代头上刻有鸠形之杖，年始七十者，由政府授给。《夷门广牍》本作"肌"，应误。

附：冯子振原诗

短笻挑酒过西湖，折得冰梢傍玉壶。
日暮醉归山路险，风流不待倩人扶。

担上梅

蜂蝶随人紫陌赊，挑将春色向谁家。
若逢公子休轻售，不比街头卖杏花。

附：冯子振原诗

有客孤山吊鹤归，半肩行李插疏梅。
街头儿女不解事，刚道卖花人已回。

隔帘梅

庭花映箔眩吟眸，一片湘云锁暮愁。
风卷黄昏疏影动，珊瑚枝上月如钩。

附：冯子振原诗

玉堂咫尺有神仙，翠箔笼春信不传。
日暮相思云树杳，一泓秋水自娟娟。

照镜梅

铜瓶养素近妆台，一照芳心对面开。

应是嫦娥厌丹桂，换将疏影月中来。

附：冯子振原诗

妆阁开奁对晓寒，菱花影里雪团团。
素鸾舞罢却飞去，留得芳容正面看。

玉笛梅

谁家琼[1]管奏春风，吹落江花曲未终。
黄鹤楼空人不见，一声声在月明中。

附：冯子振原诗

五月江城草木焦，断肠声里落英飘。
至今黄鹤楼头怨，千古令人恨不消。

水墨梅

香销南国云愁地，影落西湖月暗天[2]。
回首玉堂春梦杳，一涵黑雨[3]起龙眠。

---

[1] "琼"，《夷门广牍》本作"玉"。
[2] "天"，《夷门广牍》本作"笺"。
[3] "一涵黑雨"，《夷门广牍》本作"一池墨雨"。

附：冯子振原诗

乌府先生节操刚，笔端凛凛缀冰霜。
不因面目颜如许，谁信于中有铁肠。

画红梅

一夜花房赐[1]守宫，丹青谁为写绯容。
却疑卯酒伤多后，绡帐春寒睡正浓。

附：冯子振原诗

琼林宴罢醉模糊，霞脸生香美且都。
却恐醒来颜色改，春风染作折枝图。

纸帐梅

春融剡雪道人家，素幅凝香四面遮。
明月满床清梦觉，白云影[2]里见疏花。

附：冯子振原诗

溪藤十幅簇春温，时有清香入梦魂。
多少罗帏好风月，不知消得几黄昏。[3]

---

[1] "赐"，《夷门广牍》本作"似"。

[2] "影"，《元诗选》二集卷二十六作"堆"。

[3] 明·夏洪基《梅花百咏跋》云：元翰林冯海粟作《梅花百咏》，以索中峰禅师和章。师谈笑间，不逾日而尽答之。二公真梅花知己也。今其诗裁冰镂雪，摹绘入神，而逸韵藻思，实堪伯仲。于肃愍诗所称"海粟俊才应绝世，中峰道韵不婴尘"者，岂虚语哉！

和冯海粟梅花诗百咏（春字韵七律百首）

元 释明本 撰

（一）

自香自色自精神，察变知机始悟真，
梁宋以前浑未识，羲黄而上有斯人。
两三蕊得奇偶象，南北枝分混沌尘，
勘破本根玄妙处，一团清气一团春。

（二）

觉非恍惚梦非神，雪后霜前分外真。
疏影暗消三弄[1]月，半联凄断独吟人。
岁寒[2]摇落孤根在，江驿荒凉往事尘。
碎嚼幽香清可挹，玉奴[3]无复更临春。

---

[1] “弄”，《卍续藏》本作“酬”。

[2] “寒”，《卍续藏》本作“华”。

[3] “奴”，《卍续藏》本作“妃”。

（三）

辨[1]得孤吟为写神，花光何必更传真。

细看古道临风树，疑是西厢待月人。

半醉半醒烟外玉，欲无欲有雪中尘。

绿衣起舞罗浮晓[2]，知又凡间几度春。

（四）

说到幽芳倍爽神，更当[3]亲见去年真。

乾坤一夜开吟骨[4]，风雪半山来故人。

清籁无声含道气，凌波有步起香尘。

知心妙在琴心外，三叠盈盈十指春。

（五）

环佩飘飘见谷神，几生修得到清真。

玉皇案里三千载，青帝宫中第一人。

羌管有心催造化，楚骚无语笑[5]音尘。

从今不惯阎浮热，冷淡相看万斛春。

---

[1] "辨"，《卍续藏》本作"分"。

[2] "晓"，《卍续藏》本作"梦"。

[3] "当"，《卍续藏》本作"尝"。

[4] "骨"，《卍续藏》本作"国"。

[5] "笑"，《卍续藏》本作"问"。

（六）

粲粲飞琼妙入神，风前应欲问其真。

晚来东阁诗成趣，寒沁孤山鹤唤人。

酷爱应何行素志，生憎徐庾堕娇尘。

碧奁对影禁清瘦，香落枯梢水亦春。

（七）

羞学时妆媚洛神，半溪澄碧自凝真。

青开椒[1]眼好窥客，黄捻蜂须冷笑人。

沉水醒回鸳井梦，屏山隔断马嵬尘。

锦窠行乐相思地，几点微酸荐晚春。

（八）

潜心物理自通神，参透先天面目真。

万古不磨枝上易，一花自识画前人。

阳明气象夜亭午，静极胚𪷔晓阁尘。

三十六宫生意在，托[2]开宇宙未成春。

---

[1] "椒"，《卍续藏》本作"柳"。

[2] "托"，《卍续藏》本作"拓"。

（九）

玉箫起[1]处暗惊神，曲暖[2]瑶台逸韵真。

泉石几年云冷鹤，关山万里月愁人。

香凝老树[3]调风味，影落寒窗枕隙尘。

檀板金樽久岑寂，微吟不减昔时春。

（十）

忽向林间见玉神，或疑真处又非真。

九天灵魄有生意，一殿新妆出内人。

斜照窗纱斜照水，半随风信半随尘。

诗翁不咏全身瘦，写入溪藤万种春。

（十一）

生香不断暗迷神，谁倩逃禅[4]盎所真。

汉水弄珠寒照影，松风飘袂夜惊人。

可能让雪三分白，敢掠游空一点尘。

浩气腾腾天以上，肯随花月趁夭春。

---

[1] "起"，《卍续藏》本作"吹"。

[2] "暖"，《元诗选》二集卷二十六作"缓"。

[3] "老树"，《卍续藏》本作"深雪"。

[4] "逃禅"，《卍续藏》本作"精神"。

（十二）

岩谷幽栖独炼神，山灵有意共成真。

半枝残雪定中衲，一片野云方外人。

作如是观清净种，照无色界几千尘。

天机尚有寒[1]消息，未遣野猿啼破春。

（十三）

冉冉天风气逼神，吟边清想亦通真。

小窗相对初疑雪，明月一来如有人。

应物现形须变识，即空是色总归尘。

凭谁问取[2]枝头意，太极图中字字春。

（十四）

目送空山远驻神，似曾相识倍情真。

半床素被铺寒玉，一幅生绡画美人。

爽入[3]冰姿欺国色，怅随哀曲暗京尘。

三郎正爱霓裳舞，珍重椒房自惜春。

---

[1] "有寒"，《卍续藏》本作"欲含"。

[2] "取"，《卍续藏》本作"得"。

[3] "入"，《卍续藏》本作"气"。

（十五）

花前月下暗凝神，一鹤西来访子真。

苍鬓暗怜姑射面，素衣夜怯广寒人。

大千世界迷香雾，十二楼台锁玉尘。

个里玄关谁[1]为问，如何藏得许多春。

（十六）

精彩惇惇照水神，清孤映出本然真。

琼田万顷无情夜，铁笛一声何处人。

呵冻成吟寒到骨，迎风含笑暗[2]惊尘。

繁华暗里[3]谁招得，又为明年酿[4]小春。

（十七）

一夜风神约海神，尽将天巧赋琼真。

烟霞深处埋踪[5]迹，水月光中见侣人。

宝鼎收香清晓梦，冰梢挂影绝飞尘。

放翁忆共芳华晏，百榼淋漓满屋春。

---

[1] "谁"，《卍续藏》本作"休"。

[2] "暗"，《卍续藏》本作"瘦"。

[3] "暗里"，《卍续藏》本作"晴昊"。

[4] "酿"，《卍续藏》本作"让"。

[5] "埋踪"，《卍续藏》本作"藏孤"。

（十八）

玉为丰骨水为神，探得前村意思真。
种在范先谁治讲，爱从逋后正愁人。
禹梁深锁龙囊迹，蜀膝吟余鹤巢尘。
犹记石屏曾止渴，献冰分碎一壶春。

（十九）

白云堆里晓飞神，道骨翛然一太真。
古岸埋香多是雪，寒岩欺[1]影四无人。
因风寄远愁应老，坐雨辞根恨未尘。
剩欲巡檐赋归隐，共君心事答闲春。

（二十）

雪天添得好精神，似向琼寒诉[2]玉真。
一点芳心凭驿使，半梢清影伴诗人。
消沉今古醉中趣，葬尽风流瘦外尘。
君若有情终有待，肯教空老故园春。

（二十一）

断桥斜处挹花神，认得花神体态真。

---

[1] "欺"，《卍续藏》本作"欹"。

[2] "诉"，《卍续藏》本作"欣"。

肯向黄昏求对月，未应太白敢娇人。

冰霜冷面磨坚操，铁石刚肠 [1] 压软尘。

斗转参横情耿耿，不禁吹动丽谯春。

（二十二）

谁将幽懒癖心神，白石清泉养性真。

山脚暖融三尺雪，林端香引太初人。

嫩椒绽粉迎先筛，老蜜涂黄压 [2] 后尘。

试向静居闲探索，六阴极处独回春。

（二十三）

征路愁迷暗动神，穿林入谷自寻真。

亭亭有意 [3] 冷移玉，默默无言空怅人。

梦断阳台半云雨，泪空 [4] 青冢几沙尘。

余芳消歇繁花起，野水苍烟意自春。

（二十四）

记得瑶池已出神，浪滔物表快 [5] 登真。

东君着意怜深雪，午夜吹香动玉人。

---

[1] "压"，《卍续藏》本作"厌"。

[2] "压"，《卍续藏》本作"厌"。

[3] "意"，《卍续藏》本作"影"。

[4] "空"，《卍续藏》本作"寒"。

[5] "快"，《卍续藏》本作"映"。

官路野桥应遣[1]兴，雪阶月地不生尘。

有时空捻青梢忆，愁里狂呼软脚春。

（二十五）

凄凉庭馆独栖神，疑是庐阴立咏真。

一雪不知园里树，万妃浑似月中人。

愁思晓梦徘徊意，清隔玄都缥缈尘。

谁道此生羞淡泊，最高寒外有余春。

（二十六）

不知若个主天神，放出仙扇一貌真。

舞袖自怜回雪意，横箫应记浣纱人。

王恭鹤氅还同洁，严子羊裘未必尘。

看到夜凉奇绝处，不须银烛照青春。

（二十七）

鳞鳞薜树暗藏神，幻得幽花意度真。

天地中间一清友，湖山隐处九原人。

谁能酹酒歌遗些，我独携诗吊往尘。

若使[2]相逢二三月，兔葵燕麦亦伤春。

---

[1] "遣"，《卍续藏》本作"动"。

[2] "使"，《卍续藏》本作"又"。

（二十八）

眼花落井眩双神，雪步迢迢见欲真。

淡墨画图横玉影，黄昏庭院倚栏人。

唾绒[1]犹认窗间迹，啼粉空余镜面尘。

消得黄金铸成屋，年年雪里贮芳春。

（二十九）

曾约菩提一树神，浣花深处共参真。

雪深林下维摩室，月落[2]岩前面壁人。

七返九还观色相，三空四谛悟根尘。

头头总[3]是华严界，野室孤云自在春。

（三十）

丹青谁为巧传神，延寿虽工未即真。

日外空居[4]瑶佩影，云边愁老绿衣人。

饥蜂冒雪身游絮，病鹤眠苔迹妒尘。

白玉堂前才一树，重重门户不关春。

---

[1] "绒"，《卍续藏》本作"茸"。

[2] "月落"，《卍续藏》本作"石冷"。

[3] "总"，底本作"纵"，今从《卍续藏》本。

[4] "居"，《卍续藏》本作"归"。

（三十一）

江空岁晚暗伤神，忽见南国晓树真。

竹外横斜惊木客，水边梳洗妒冰人。

羞将獭髓明涂脸，忍使龙涎暗湿尘。

冷兴已从天际去，应须踏[1]雪远寻春。

（三十二）

风清雪暖气浮神，踏遍苔痕未见真。

一曲香山半窗月，千年华表九霄人。

檀心远觉云心薄，玉态回看粉黛尘。

可惜柴桑无只字，至[2]今遗恨几经春。

（三十三）

江路行行冷袭神，不知何地觅玄真。

岂无明月共千里，曾对此兄今几人。

终古岁寒坚好友，满空冰雪洗襟尘。

我还掷笔修书史，名节输君独擅春。

（三十四）

溪光山色晓开神，冰柱擎天太逼真。

---

[1]　"踏"，《卍续藏》本作"拨"。

[2]　"至"，底本作"重"，今从《卍续藏》本。

清傍小桥低压雪，冷凝只眼半窥人。

钗横乱鬓粘云影，玉滑酥融却醉尘。

何处追游张步帐，独嫌纯素不描春。

（三十五）

谁遣东皇太乙神，来从花下会群真。

玄裳缟袂雪堂赋，玉骨冰姿月殿人。

静觉寒波娇入溜，动疑 [1] 香雾细飘尘。

此身却老青阳景 [2]，免 [3] 得儿家一笑春。

（三十六）

水中仙子镜中神，夜夜相携入梦真。

陇雁哀残埋玉地，朔风吹老弄蟾人。

寒添　上双眉冻，愁压江南几屐尘。

雪里不嫌情味苦，一枝占断九州春。

（三十七）

残红苞萼半怡神，始向穷边露一真。

银错落 [4] 中香入酒，玉婵娟外影随人。

素襟挽雪情无奈，寒雁凌空不洗尘 [5]。

---

[1] "疑"，《卍续藏》本作"宜"。

[2] "景"，《卍续藏》本作"境"。

[3] "免"，《卍续藏》本作"争"。

[4] "错落"，《卍续藏》本作"杓露"。

[5] "不洗尘"，《卍续藏》本作"流不尘"。

莫道[1]年残堕行色，过年犹对物华春。

（三十八）

纷纷雪月是清[2]神，况有杨州句入真。
傍水似看修禊事，飞钿应学堕楼人。
三生石上惊前梦，群玉山头出一尘。
空对蔚宗怀陆凯，折来不寄一枝春。

（三十九）

误将素月比容神，强自猜疑[3]恐未真。
雪里苔枝迷半树，邮传香信寄何人。
子卿对雪寒惊胆，蔡琰闻笳恨入尘。
应向昆山采琼药，炼成魂魄傲长春。

（四十）

逋仙一去笔无神，几向湖滨忆素真。
影瘦横舒[4]青玉案，月香冷浸白衣人。
霜禽偷眼余寒在，纸帐孤眠绝[5]梦尘。
我亦清癯心似铁，醉吟新句重怜春。

---

[1]　"道"，底本作"遣"，今从《卍续藏》本。

[2]　"月是清"，《卍续藏》本作"片自精"。

[3]　"猜疑"，《卍续藏》本作"疑猜"。

[4]　"影瘦横舒"，《卍续藏》本作"水影瘦横"。

[5]　"绝"，《卍续藏》本作"昨"。

（四十一）

天将清白赋姿神，自有生来只任真。
茅舍凄凉闲纵[1]步，玉堂富贵一陈人。
淡烟斜月笼寒玉，流水行云恨远尘。
兀兀穷山惯憔悴，醉眠石枕暗酬春。

（四十二）

年来岭峤独游神，琪树林中骨相真。
晓起白迷烟外策，夜深寒醒酒边人。
玉环飞燕还惊幻，西施王嫱总泣尘。
争似枯荄亘今古，阳和动处自然春。

（四十三）

水村云郭惯驰神，闲淡生涯自得真。
李氏香中半孤影，林家鹤外一全人。
横溪笑我吟心苦，堕砌羞渠醉眼尘。
千种芳菲总凋丧，还因底事独行春。

---

[1] "纵"，《卍续藏》本作"故"。

（四十四）

愁归[1]竹锦谩劳神，几树参差意未[2]真。

云外远疑持汉节，山深近似避秦人。

半梢破萼犹凝[3]伫，一翅腾空不碍尘。

多谢化工怜寂寞，夜阑留月伴娇春。

（四十五）

琼林潇洒尽丰神，谁道瑶英敢夺真。

老眼惊看江上路，孤身愁忆陇头人。

冷浮岑岳回新棹，清入流篝[4]逐暗尘。

瘦不胜衣云态懒，阑干月午奈何春。

（四十六）

夜半霓裳悦羽神，寒蟾皎皎[5]露天真。

山中便觉有诗思，江外自来无俗人。

百斛量珠丸绚色，几枝斗彩傲芳尘。

伊谁错作梨花梦，唤起闲愁断送春。

---

[1] "归"，《卍续藏》本作"啼"。

[2] "未"，《卍续藏》本作"自"。

[3] "凝"，底本作"疑"，今从《卍续藏》本。

[4] "流篝"，《卍续藏》本作"沉篝"。

[5] "皎皎"，《卍续藏》本作"皓皓"。

（四十七）

花里相从问鹤神，何当蜕骨似西真。

八千勇士冲冠气，百万颠崖辟谷人。

老去但知云水癖，生来未识绮罗尘。

几时心绪浑无事，闲却江头醉晚[1]春。

（四十八）

横影伶仃似有神，半清浅处独呈真。

数枝冲淡晚唐句，一种孤高东晋人。

上苑青房谁耐雪，庐山玉峡肯蒙尘。

是中天趣那能识，惜被东风漏泄春。

（四十九）

忆得年时梦里神，分明似[2]识广平真。

嫩寒初透腊前蕊，老气欲腾[3]天上人。

谁御铅华掩晴昼，肯将缟带落嚣尘。

深冬剩有生生意，粉蝶如知更恨春。

---

[1] "晚"，《卍续藏》本作"挽"。

[2] "似"，底本作"自"，今从《卍续藏》本。

[3] "腾"，《卍续藏》本作"惊"。

（五十）

借问司花后土神，向来玉蕊几分真。

缟衣香引张帆驾，白扇寒遮举辇人。

羞淡独能偿素约，偷闲未肯没黄尘。

狂吟若也知天道，瘦得天公更怯春。

（五十一）

侠骨棱棱气骨神，庭前刚被月摹真。

苔封石压何年树，雪虐风饕孤节人。

佳瑞似开鸾羽彩，偷妍不衬马蹄尘。

粲然玉骨谁同笑，忍道灵妃亦[1]诉春。

（五十二）

霜风吹起半空神，绰约仙裳见道真。

照日不消凛[2]雪艳，冲寒欲访暮山人。

罗屏翠幕堪围玉，紫陌红楼敢抗尘。

几立溪桥愁正远，暗香清透一腔春。

---

[1] "亦"，《卍续藏》本作"欲"。

[2] "凛"，底本作"冷"，今从《卍续藏》本。

（五十三）

山深深处冷搜[1]神，美蕊含枝识幻真。

吟对瘦怜寒夜影，折看愁杀故乡人。

水云弄月成三变，玉雪吹凉试六尘。

堪笑插桃评鬼智，漆园应是重惭春。

（五十四）

吟损东溪百倍神，谪仙共我寸心真。

几明几灭月中魄，三沐三熏玉表人。

雪欲肆欺空乱眼，风还薄恶不粘尘。

杏娟[2]叹息开元宴，应恨孤[3]园早占春。

（五十五）

夜来曾共洞天神，飞向仙都对九真。

铁面冷于吹剑客，石心深似嗅兰人。

枝横月观琼瑶佩，片落风台玉粉尘。

玄鹤无声唳空阔，短歌一醉太和春。

---

[1] "搜"，《卍续藏》本作"披"。

[2] "娟"，《卍续藏》本作"唱"。

[3] "孤"，《卍续藏》本作"故"。

（五十六）

花于雪里独称神，点出寒珠颗颗真。

先领一阳来故日，应从九地作归人。

香中别韵开清境，世外高情作暮尘。

回顾武陵溪畔客，几村烟水尚迷春。

（五十七）

一物由来具一神，枯槎独占木中真。

影多有意相干月，香本何情自动人。

岭表冻云迷远望，江[1]南晴雪掩轻尘。

千林唤醒几黄落，分付伊祁[2]笑领春。

（五十八）

粉月披风巧照神，龙绡半露玉为真。

冷光自照眼前色，癯影欲欺云外人。

凤只鸾孤情悒独，麝湿屏暖景消尘。

睡棠只解成妖梦，未识山间一段春。

---

[1] "江"，《卍续藏》本作"溪"。

[2] "伊祁"，神名，传说善治鬼，故世人奉为门神。底本作"伊初"，误，今从《卍续藏》本。

（五十九）

寒勒花迟欲养神，青^[1]阳早把胆窥真。

蜂胎蟾魄长生殿，玉液金膏得道人。

变态似同云出岫，背时不与俗同尘。

洛中红白谁家女，还忆元微满座春。

（六十）

夜窗吟入静留神，调护风寒问^[2]趣真。

一气不凋^[3]三益友，十年又送几佳人。

纷纷着树烟凝^[4]雪，漠漠浮云月漾尘。

乞与徐熙画新景，未应传得^[5]笔头春。

（六十一）

自是蓬壶陆地神，黄云端袜访溪真。

仙容不老最牵兴，浮子无诗可对人。

静爱龙舒参眼识，愁怜江总落歌尘。

榕^[6]风亭下留连处，凄惨荒荆忍放春。

---

[1] "青"，《卍续藏》本作"新"。

[2] "问"，《卍续藏》本作"得"。

[3] "凋"，底本作"谐"，今从《卍续藏》本。

[4] "凝"，《卍续藏》本作"迎"。

[5] "得"，《卍续藏》本作"到"。

[6] "榕"，《卍续藏》本作"松"。

（六十二）

冻影谁怜野外神，疏疏淡淡自修真。

几苞寒白半凝泪，一信清香太恼人。

风雨起予怀旧感，江山悔我老红尘。

角哀已矣伯桃[1]死，此日空遗雪对春。

（六十三）

梦来曾忆二郎神，花影愁端语最真。

月浸一庭寒水玉，梦惊孤枕断肠人。

不堪往事从头看，纵欲新吟[2]得句尘。

啄木敲门窥我醉，四山寂寂鸟啼春。

（六十四）

忆昔君平勘卜神，青衣应是日时真。

云开[3]巫女多娇面，浴出杨妃一丽人。

竹叶杯浮[4]苔砌月，豆荚灰暖纸窗尘。

惊时[5]恐落群芳后，先到名园逐上春。

---

[1] "伯桃"，指战国时燕人左伯桃，与羊角哀为友，闻楚王招贤，同赴楚。道中遇雨雪，粮少衣薄，势难俱生。伯桃留衣粮与哀，自入空树中死。哀独行仕楚，显名当世，遂启树发伯桃之尸厚葬之，亦自尽。见《后汉书·申屠刚传》李贤注引《烈士传》。借指生死与共的朋友。底本作"怕桃"，误，今从《卍续藏》本。

[2] "吟"，底本作"诗"，今从《卍续藏》本。

[3] "开"，《卍续藏》本作"间"。

[4] "浮"，《卍续藏》本作"无"。

[5] "时"，底本作"春"，今从《卍续藏》本。

（六十五）

结绮吟余暗怆神，东昏犹自记[1]前真。

七哀有感惊愁眼，一白空深[2]惜幻人。

幽兴远迷葱岭雪，寒花清洗洛阳尘。

想应飞坠仙京去，钿合金钗谁寄春。

（六十六）

万花同气不同神，玉立[3]孤标迥出真。

雪外惊看三五蕊，山中知识几千人。

香还有分归吟料，影欲[4]无眠效[5]幻尘。

役损东君[6]吾老矣，可曾羞妒锦宫春。

（六十七）

遗情极像自枯[7]神，似[8]与吟翁意气真。

月晓忆同林外饮，酒醒愁怅曲中人。

荒溪独照[9]山初静，寒影相持雪亦尘。

---

[1] "记"，底本作"纪"，今从《卍续藏》本。

[2] "一白空深"，《卍续藏》本作"一句流空"。

[3] "立"，底本作"粒"，今从《卍续藏》本。

[4] "欲"，《卍续藏》本作"欹"。

[5] "效"，《卍续藏》本作"敲"。

[6] "东君"，《卍续藏》本作"东皇"。

[7] "自枯"，底本作"白拈"，今从《卍续藏》本。

[8] "似"，底本作"仙"，今从《卍续藏》本。

[9] "照"，《卍续藏》本作"步"。

每惜半檐风露重，起披玉毳伴琼春。

（六十八）

紫微垣里一魁神，谪向蓬瀛领众真。

十月具形分浩气，九灵司命注琼人。

危根必露应知妄，种智圆明不随尘。

地位清高太孤洁，众香并尽[1]世间春。

（六十九）

广宣笔法几摹[2]神，妙得花中品格真。

点雪半粘风外迹，轻烟斜隔[3]竹西人。

孤能入眼凉诗观，清欲飞空拭瘴尘。

忆到霜钟趁妆洗[4]，年前年后为谁春。

（七十）

朵中飞下玉霄神，仙韵娇姝一粉真。

冰晓浴干银浦水，雪篱愁损草堂人。

名姬骏马空词笔，废苑荒台老战尘。

冻野苍茫天四惨，两行啼[5]雁独伤春。

---

[1] "众香并尽"，底本作"瓣香拜尽"，今从《卍续藏》本。

[2] "摹"，《卍续藏》本作"研"。

[3] "轻烟斜隔"，底本作"片烟横隔"，今从《卍续藏》本。

[4] "洗"，底本作"饰"，今从《卍续藏》本。

[5] "啼"，《卍续藏》本作"归"。

（七十一）

瞥闻香过欲飘神，林迥风清水漾真。

空外忽来花鸟使，云端应占蕊宫人。

许琼飞柏愁擎句，弄玉排箫点落尘。

引领群仙朝帝所，大罗天[1]上远生春。

（七十二）

霜雪园林几役神，天怜吟客对空真。

一炉荀令香澄水，半艳徐妃粉媚人。

愁绝不禁伤岁暮，情深浑欲[2]怨风尘。

古根已学苍龙势[3]，怪底严冬早发春。

（七十三）

黄埃[4]满眼正昏神，愁见疏林几朵真。

南国有香熏醉梦，北风如阵战羁人。

十分孤静偏宜晓[5]，一味清新不染尘。

瘦岛寒郊谁唤起，坐间吟对玉堂春。

---

[1] "大罗天"，《卍续藏》本作"仁罗亭"。

[2] "欲"，底本作"断"，今从《卍续藏》本。

[3] "势"，《卍续藏》本作"蛰"。

[4] "埃"，《卍续藏》本作"垓"。

[5] "晓"，《卍续藏》本作"晚"。

（七十四）

天开奇观付诗神，惨淡经营几暮真。

说梦室中 [1] 长记梦，霸陵醉里半疑人。

逾年藏白应栖粉，对雨闻 [2] 香似隔尘。

失笑乔 [3] 钊木芍药，空娴 [4] 妖冶斗妍春。

（七十五）

岚阴飞处暗迁 [5] 神，密吐孤芳自适真。

倒影欲窥临水镜，斜枝似傍有情人。

海宁夔峡几清晓，金谷铜驼一树尘。

怀远何须叹迟暮，满头白发且簪春。

（七十六）

一樽酬罢楚江神，芳信冥冥欲受 [6] 真。

总道无情还有思，忽疑是影又非人。

雪消顿觉云随梦，月落难堪 [7] 笛怨尘。

---

[1] "说梦室中"，底本作"传说空中"，今从《卍续藏》本。

[2] "闻"，《卍续藏》本作"同"。

[3] "乔"，《卍续藏》本作"槁"。

[4] "空娴"，《卍续藏》本作"室闲"。

[5] "迁"，底本作"迁"，今从《卍续藏》本。

[6] "受"，《卍续藏》本作"授"。

[7] "堪"，底本作"闻"，今从《卍续藏》本。

最是客情眠不稳，拥衾危坐独[1]愁春。

（七十七）

骖鸾驾鹤下三神，病眼虽昏看亦真。
霁[2]晓一沉斜影月，钧天九奏步虚人。
粉霜寒泣琼阑泪，兰麝清飘素袜尘。
好似虹霓屏上景，温泉宫里各呈春。

（七十八）

腾腾[3]天中放谷神，群仙骑鹤正朝真。
淡香[4]绝色本何种，入圣超凡只此人。
老大暗惊残岁月，寂寥空对古烟尘。
问渠橘隐应知否，变作飞龙有几春。

（七十九）

花间一见上[5]林神，冷看烟霏半颊真。
手捻梢头痕记月，眠醒香外气迷人。
湿云不动藏深碧，残雪初消盎暖尘。
群木自知天意惜，直从身后始争春。

---

[1] "独"，底本作"暗"，今从《卍续藏》本。

[2] "霁"，《卍续藏》本作"闲"。

[3] "腾腾"，《卍续藏》本作"瞻胜"。

[4] "香"，底本作"烟"，今从《卍续藏》本。

[5] "上"，《卍续藏》本作"主"。

（八十）

御炉熏彻太罗神，永夜横枸对七真。

浩劫罡风开楚气，清浮[1]弱水度星人。

绿毛么凤羽翻谱，丹鼎胎禽迹化尘。

独媚玄英长不老，海桑知变几番春。

（八十一）

月色微明误变神，玉[2]台弄粉记颜真。

要知翠羽空陈迹，未必鸡林曾化人。

孤根远看惊薄暮，新诗故梦怅前尘。

冻蛟危立寒鳞甲，纵有青钱不买春。

（八十二）

飞爽浮幽逞雪神，空江烟浪似[3]愁真。

本无世上倾城笑，曾向军前[4]止渴人。

曝暖酿寒时逐迹，梳风洗雨意超尘。

山川未断精灵气，独为残年作好春。

---

[1] "浮"，《卍续藏》本作"晨"。

[2] "玉"，底本作"绿"，今从《卍续藏》本。

[3] "似"，底本作"自"，今从《卍续藏》本。

[4] "前"，《卍续藏》本作"中"。

（八十三）

妙向群芳玩五神，空中矗矗自^[1]怡真。

月天花地几心事，江国溪山一主人。

欲笑还愁羞解语，乍来忽去眇游尘。

芳姿不怕消磨尽，半点温柔尔许春。

（八十四）

粉轻衣冷独消神，未许琼花巧妒真。

一派珠幢迎羽客，半机冰织驻蛟人。

移将天上行霄魄，化作樽前弄影尘。

惟^[2]共水曹标粉序，临风洒落^[3]兔园春。

（八十五）

螭身虬尾老形神，吐出生枝色斗真。

雪兴欲乘游剡棹，露花^[4]应恨射雕人。

宜风^[5]宜雨寒滋韵，含怨^[6]含情晓沐尘。

一领年芳如^[7]赴约，何须羯鼓更喧春。

---

[1]　"自"，底本作"似"，今从《卍续藏》本。

[2]　"惟"，《卍续藏》本作"谁"。

[3]　"临风洒落"，《卍续藏》本作"陵风洒泣"。

[4]　"花"，《卍续藏》本作"檐"。

[5]　"风"，《卍续藏》本作"晴"。

[6]　"怨"，《卍续藏》本作"态"。

[7]　"如"，《卍续藏》本作"知"。

（八十六）

困坐无端遣睡神，忽来诗思欲升真。

逢君雪月双清侣，老我风霜百感人。

身世飘零知有恨，心肠冷[1]淡暗羞尘。

从教物态随年改，日暮天寒不计春。

（八十七）

万玉围庭照万神，懒能短幅对斜[2]真。

吟看庾岭浮香意，清厌[3]巴山噀酒人。

月殿霜宫怜舞影，冰崖藓壁障妖尘。

望中或见胭脂雪，一样情怀两样春。

（八十八）

不遮一叶露全神，似见风流贺季真。

天与吟情开太古，月兼清影恰三人。

寒欺雪岸有余白，清洒冰檐不到尘。

但见新题缁冻[4]壁，倚阑留看大家春。

---

[1] "冷"，《卍续藏》本作"苦"。

[2] "能"，《卍续藏》本作"然"。 "斜"，《卍续藏》本作"横"。

[3] "厌"，底本作"压"，今从《卍续藏》本。

[4] "冻"，《卍续藏》本作"东"

670

（八十九）

五出堂堂夺众神，独于静处见孤真。

旃檀国里天然韵，檐卜林中玉样人。

腊雪几回埋不死，寒泉一点净无尘。

世间万[1]物知多少，敢向枯梢斗早春。

（九十）

绿窗深锁笔头神，健步移来影脱真。

夙[2]昔怜渠有清致，平生喜我作幽人。

杏奴惟好[3]曾前席，矶弟高风又雨尘。

忍向[4]临筇识杯酒，一分牢落一分春。

（九十一）

清修不做五方神，烟外谁开半额真。

泪眼未晴寒滴乳，白头如雪老催人。

长天苍莽增遗慨，远水微茫泯去尘。

安得唐昌重邂逅，快鞭追骑玉峰春。

---

[1] "万"，《卍续藏》本作"尤"。

[2] "夙"，底本作"风"，误，今从《卍续藏》本。

[3] "杏奴惟好"，《卍续藏》本作"竹奴雅好"。

[4] "忍向"，《卍续藏》本作"忽问"。

（九十二）

勒住霜林万古神，香根杳杳出花真。
岩隈弄月惊山鬼，墙外迎风笑路人。
玉洁冰清宜抹素，粉消骨朽不随尘。
九英射隙光芒起，元稹文章拍拍春。

（九十三）

纵有多情不乱神，笑渠桃李乞[1]余真。
翠生寒袖愁笼月，玉坠娇云酷傍人。
三十二天来隐韵，几千百劫入空尘。
寿阳去后遗风远，搔首含章一梦春。

（九十四）

瘦倚疏篱出半神，雪风吹面冷含真。
晴曛[2]香素谁边玉，影晕冰檐若个人。
已见狂[3]蜂先采探，肯随梦蝶久成尘。
寒林匆匆东方白，愁醒一瓢天地春。

---

[1] "乞"，《卍续藏》本作"雨"。

[2] "曛"，《卍续藏》本作"昏"。

[3] "狂"，《卍续藏》本作"圣"。

（九十五）

海角天涯忆故神，村村烟雨未逢真。

南寒北暖变骚体，西没东生逐往人。

幸有老坡衣钵在，空怜和靖屋檐尘。

集英记得曾游地，回首慈恩点点[1]春。

（九十六）

尚无容色[2]气何神，道力坚凝铁铸真。

受死忍寒怜老骨，回光返照见孤人。

天孙巧约知谁测，仙客清标不[3]自尘。

半夜忽[4]来云外鹤，蓬莱宫主闯先春。

（九十七）

收拾余香荐内[5]神，云端隐隐见灵真。

馆娃宫近[6]凤城暖，绿萼[7]堂深艮岳人。

晓角繁滋高树外，寒姿消落碧天尘。

诚斋新有凭妖说，惊散桃符句里春。

---

[1] "点点"，《卍续藏》本作"暗暗"。

[2] "尚无容色"，《卍续藏》本作"上无复色"。

[3] "不"，《卍续藏》本作"肯"。

[4] "忽"，《卍续藏》本作"有"。

[5] "内"，《卍续藏》本作"肉"。

[6] "近"，《卍续藏》本作"起"。

[7] "绿萼"，《卍续藏》本作"蔓绿"。

（九十八）

幽爽玲珑[1]自悦神，相逢浑欲问仙真。

水花晴浣湘妃泪[2]，露竹寒惊越地人。

风月夏盟千载[3]上，江天凉观一时尘。

桃枝逐翠休疑似，细咏昌黎雪共春。

（九十九）

有句安能泣鬼神，孤鸾妙曲逐[4]希真。

夜深瘦影偏宜月，雪后清香欲沁人。

东阁共来吟正苦，西湖可往迹应尘。

功成调鼎君知否，要使熙熙宇宙春。

（一百）

花开腊底觉仙神，一种灵根绝妙真。

五月熟成金弹子，三冬蕊绽玉楼人。

庞公远涉[5]来推勘，常老端然不惹尘。

---

[1]　"玲珑"，《卍续藏》本作"冷然"。

[2]　"水花晴浣湘妃泪"，《卍续藏》本作"冰花晴沉湘妃晓"。

[3]　"载"，《卍续藏》本作"岁"。

[4]　"逐"，《卍续藏》本作"属"。

[5]　"涉"，《卍续藏》本作"陟"。

个样酸心谁委悉，肯同雪曲与阳春。[1]

---

[1] 清·释行元《题中峰和尚梅花诗》云：幻住老祖于度竹篦子句下洞彻源底，灼然如新
篁参天，气概不伦凡卉。若夫《梅花百咏》，特其余技耳。比见丛林学者各抄袭一册，以
为腰囊至宝，将谓幻住老祖面目全在于是，吾恐常寂光中，必莞尔笑曰：此等瞎阿师，亦
太辜负予也。（《百痴禅师语录》卷第二十六）

九字梅花咏 [1]

昨夜西风吹折千林梢，　渡口小艇滚入沙滩坳。

野桥古梅独卧寒屋角，　疏影横斜暗上书窗敲。

半枯半活几个糜蓓蕾，　欲开未开数点含香苞。

纵使画工奇妙也缩手，　我爱清香故把新诗嘲。

---

[1]　载于清顾嗣立编《元诗选》二集卷二十六。

辑佚

说　明

明本常以文字做佛事，法语偈颂流布各地丛林，散见于各种佛教文献之中。此外，因日本、高丽等国学僧也争相奔走于明本座下，并带回许多明本的墨迹。现今在日本寺庙和博物馆里仍保存有数十幅，其中一些收录于《中峰广录》和《明本杂录》之中。本次点校整理，尽可能全面地搜寻明本的散佚作品，但仍会有遗漏，有待将来进一步补充完善。

典籍资料：

留题惠山寺

惠山屹立千仞青，俯瞰天地鸿毛轻。

七窍既凿浑沌死，九龙攫雾雷神惊。

霹雳声中白石裂，银泉迸出青铅穴。

惟恨当年桑苎翁，玉浪翻空煮春雪。

何如跨龙飞上天，并与挈过昆仑巅。

散作大地清凉雨，免使苍生受辛苦。

我来叩泉泉无声，一曲冷光沉[1]万古。

殿前风[2]桧肃然鸣，日暮山灵打鼓钟。

题金山寺

半江涌出金山寺，一簇楼台两岸船。

月到[3]中宵成[4]白昼，浪翻[5]平地作青天。

塔铃自触微风语，滩石长磨细浪圆。

龙化楚人来听法，手擎珠献不论钱。

---

[1] "沉"，元佚名纂修《无锡县志》卷三作"涵"。

[2] "风"，元佚名纂修《无锡县志》卷三下作"凤"

[3] "到"，清钱谦益选编《列朝诗集》闰集第一作"转"，并将此诗列为楚石梵琦之作。

[4] "成"，清钱谦益选编《列朝诗集》闰集第一作"为"。

[5] "浪翻"，清钱谦益选编《列朝诗集》闰集第一作"水吞"。

松月

天有月兮地有松，可堪松月趣无穷。
松生金粉月生兔，月抱明珠松化龙。
月照长空松挂衲，松回禅定月当空。
老僧笑指松头月，松月何妨一处供。

田歌（留天童寺作）

村南村北春水鸣，村村布谷催春耕。
手捧饭盂向天祝，明日插秧还我晴。

林塘庵

学得闲来便得闲，好山好水任盘桓。
林塘庵外湖山景，堪与杭州一样看。

（以上五首载于清顾嗣立编《元诗选》二集卷二十六）

真际亭

凤舞龙飞甲众山，振衣直上费高攀。
层层石磴深云锁，隐隐禅林尽日闲。
自古名流多驻跸，昔年王气亦相关。
从前不涉高巅处，宁识东瀛指顾间。

（"四库全书存目丛书"本《天目山志》卷四）

落花

纷纷红雨暗长门，翡翠枝头萼绿痕。

桃李春风蝴蝶梦，关山明月杜鹃魂。

玉栏烟冷空千树，金谷香消谩一尊。

狼籍满庭君莫扫，欲留春色到黄昏。

（《永乐大典》卷五千八百三十九）

中峰和尚劝念佛诗

娑婆苦，娑婆苦，娑婆之苦谁能数？众生反以苦为乐，甘住其中多失所。臭皮袋里出头来，长养无明病成蛊。蓦然三寸气消亡，化作寒灰埋下土。五趣迁流不暂停，百劫千生受凄楚。诸仁者，何如及早念弥陀，舍此娑婆苦！

西方乐，西方乐，西方之乐谁能觉？人民国土总殊胜，了无寒暑并三恶。莲花胎里出头来，时听法音与天乐。琉璃地莹绝纤尘，金银众宝成楼阁。化衣化食自然盈，寿命无量难筹度。诸仁者，何如及早念弥陀，取彼西方乐！

（明楚石梵琦《西斋净土诗》附录）

行香子（八首）

山居[1]

玉殿琼楼，金锁银钩，总不如、岩谷清幽。蒲团纸帐，瓦钵磁瓯，却

---

[1] 清嘉庆九年序刊本《西天目祖山志》卷五题为"中峰隐乐辞"。

不知春、不知夏、不知秋。

万事俱休，名利都勾，罢扳 [1] 缘、永绝追求。溪山作伴，云月为俦，但乐清闲、乐自在、乐优游。

又

木槿篱笆，雪屋梅花，香馥馥、疏影横斜。久辞阛阓，识破浮华，有云门饼、金牛饭、赵州茶。

验尽龙蛇，凡圣交加，喜清贫、不爱纷拏 [2]。孤窗独坐，目断天涯，闲伴清风、伴明月、伴烟霞。

又

无物思量，万虑皆忘，坐两班、大众禅床。粗衣遮体，粝饭充肠，有一函经、一佛像、一炉香。

功课寻常，道行非狂，爱山中、白昼偏长。翠苔岩洞，绿竹山房，有一天风、一天月、一天凉。

又

四序无穷，万物皆同，守空门、佛祖家风。香烟袅白，烛影摇红，对翠梧桐、金菡萏、玉芙蓉。

潦倒山翁，少小顽童，天性儿 [3]、一样疏慵。偶来尘世，忘却山中，有一枝梅、千竿竹、万年松。

---

[1] "扳"，《西天目祖山志》卷五作"攀"。

[2] "纷拏"，《西天目祖山志》卷五作"骄奢"。

[3] "儿"，《西天目祖山志》卷五作"而"。

又

欲出樊笼，须契真宗，善知识、千载难逢。宏施捧喝，击碎虚空，却有钳锤、有炉鞲、有机锋。

坐对孤峰，啸月吟风，握龙泉、坐镇寰中。野干[1]绝迹，狐兔潜踪，却善调狮、善伏虎、善降龙。

又

顿脱尘羁，深处幽栖，兀腾腾、绝处忘机。绳床石枕，竹榻柴扉，却也无忧、也无喜、也无非。

淡饭黄齑，寂寞相宜，类孤云、野鹤无疑。策筇峰顶，岩洞闲嬉，但看青山、看绿水、看云飞。

又

不爱娇奢，不喜喧哗，身穿着、百衲袈裟。行中乞化，坐演三车，却怕人知、怕人问、怕人夸。

雪竹交加，玉树槎枒[2]，一枝开、五叶梅花。东村檀越，西市恩家，但去时斋、闲时讲、坐时茶。

又

松嫩堪餐，竹密须删，息尘缘、何事相干。心超物外，身处人间，有

---

[1]　"干"，《西天目祖山志》卷五作"犴"。

[2]　"枒"，《西天目祖山志》卷五作"芽"。

十分清、十分淡、十分闲。

学道非难，守道多艰，结跏趺、坐断尘寰。苦空僧舍，寂寞禅关，对几层云、几层水、几层山。

（明东山沙门行冈编《春花集》卷十二）

天目山赋

南辰北斗在山头，玉兔金乌顶上游。采药仙[1]人游阆苑，担柴樵子过瀛洲。一山未尽一山登，百里全无半里平。疑是老僧遥指处，只堪图画不堪行。上去上去复上去，上到崎岖巅险处。此山山外更无山，万里江山只一觑。山头隐隐见扶桑，山脚微微映太阳。涧水势冲天上水，山塘掩映对天堂。山鸡共日鸡同唱，天河与涧水合流。采药人身靠夜摩天，收药人手攀娑椤树。东观大海一勺泉，北望齐州九点烟。山叠峰尖侵碧汉，崚嶒峻壁接青天。此山有棱棱峭峭石，嵯嵯峨峨岭，凹凹凸凸坡，层层藤藤松，斑斑点点竹，纠纠绞绞藤，幽幽雅雅洞，明明朗朗岩，青青翠翠树。只见洞门前叮叮当当滴清泉，山背后有潺潺湾湾长流水；左壁厢有稀稀罕罕景，右壁厢有蹊蹊跷跷岩。山色凝青青淡淡烟，朦朦胧胧雨，暖暖瑷瑷云，昏昏惨惨雾。只见山坞里走出几个斑斑点点带角鹿，涧水边立着几个痴痴呆呆看人獐。逐队豺狼巡岭走，成群野兽洞边行。树上飞禽啾啾[2]叫，石罅虾蟆咕咕鸣。磐陀石隐金钱豹，老树桩藏黄大虫。松鼠悬空蹿树顶，猢狲枝上倒翻身。老树倒搭岩前塔，石头歪斜路傍亭。猿猴树上舒头坐，鸦鹊争枝绕树飞。萝搭搭钩钩挂搭，搭钩钩挂挂缠松。天地洞天天地洞，洞天天地洞中天。此山碧落逍遥客，山前山后水[3]云仙。山高云险依云险，依云云险显云轩。古庙庙门门半掩，曲津湾对曲津湾。当岛洞当当岛洞，洞

---

[1] "仙"，清光绪三年刻本《孝丰县志》卷一○作"山"。

[2] "啾啾"，《孝丰县志》卷一○作"唎唎"。

[3] "水"，《孝丰县志》卷一○作"火"。

当当岛洞当山。好似蓝靛染成千块玉，碧纱笼罩万堆烟。

（清嘉庆九年序刊本《西天目祖山志》卷五）

云居寺中峰和尚札

正月十九，明本顿首再拜，上福寿堂上山翁大和尚尊几：

明本自新春而来，□欲上尊履之状，病衰日积，殊切驰情。即日孟春，伏惟尊体起居纳福。迩者人自城中至，传闻和尚日昨有意外之扰，又知所问之官皆故旧，信吉人天相之也。方欲拜问，兹以中便武，亟扶病上状，殊愧草恶。大觉寺讼声闻亦少宽，但常住苦于户役，窘于债负，一清如洗。明本眼不耐见，具述寺门之艰，作一呈子，上礼相之门，以中能言其略。和尚或会礼相之昆玉，更望方便请其与之主维，则大幸也。余不多及，仰干尊悉，不备。

明本顿首再拜上。

（清光绪十六年刻本《两浙金石志》卷一四）

跋《庐山莲宗宝鉴》

参禅予所不去，念佛亦非予所去者。闻禅有禅病，佛有佛魔，去圣时遥，比比皆是。优昙师眼不忍见，广援正经，尽祛邪说，是集不为无补矣。噫！安得尽大地人披翻《宝鉴》，洞见法源，能所识销，是非情尽，以惟心净土、本地风光，并相忘于言象之表，此予所以不能无说焉。

平江幻住明本敬跋。

（《庐山莲宗宝鉴》卷尾，《大正藏》第 47 册。）

跋《一山国师语录》

去年你乡里有一兄弟，曾将一山和尚临终事实到此，并国王亲望，赐

685

国师号之诏章来，我曾见了。他也要求语录跋。我生平不与跋语录、萃录字。他玄年亦老大都主，不知你曾相见他也不曾？一山和尚道眼精明，学问深远，况身为一国之师，合朝敬仰，他之语要，不必别求跋序。既有一两处了，兹亦不多求。幻者一例不曾与人题跋。是心何用安名，至宝不容酬价。

西庭柏侍者出乃师一山和尚垂示语要，求跋语。予于禅道佛法素所未解，以故生平不敢妄加一字于尊宿语中，恐贻酬价之诮于大方也。柏颔首而掩卷焉。幻住明本。

（《一山国师语录》卷下，《大正藏》第 80 册。）

跋《云外和尚语录》

太白峰为屏，廿里松为座。云影外藏身，几多人蹉过。不蹉过，元是隰州古佛再来，切忌机前说破。且道说破后如何？夜明帘挂须弥巅，走盘珠向空中堕。

幻住老人中峰拜赞。

（《云外和尚语录》，《卍续藏》第 72 册。）

题管夫人竹石图卷

竹兮修，石兮贞，木之茂，草之清。魏国作此赠以中，了无一点尘世情。风高露冷禅入骨，何如忉利□□□似老摩耶，也教直下双瞳明。

魏国夫人管氏深入禅定于富贵中。书经之暇，尤精于竹石。夫人长往又三白，而以中亦为之入寂。偶见此轴，□□请著语，故不能已[1]言。

幻住明本题。

（明赵琦美编《赵氏铁网珊瑚》卷十二、《书画汇考》卷四六）

---

[1]　"已"，四库本《书画汇考》卷四六作"忘"。

题宋人书《大悲心陀罗尼经》

白描尽善，字画尤奇。唐言不是，梵语亦非。幻住随喜手加额，唤作观音古大悲。

西天目山沙门明本再拜谨题于卷之尾云。

（《秘殿珠林》卷四）

自赞

幻人无此相，此相非幻人，

若唤作中峰，镜面添埃尘。

（《西湖梦寻》卷五、《五茸志逸》卷七）

万象山崇福寺记

古教有"森罗及万象，一法之所印"之说，谓一法者，指吾灵知不昧之心府也。心与万象，虚而通，寂而会，混之不杂，类之不齐。即一而万，如空合空；即万而一，如水投水。非智眼洞明，其孰能喻之？处城有山，屹立阛阓中，名万象，形如莲花。下瞰城闉，溪流环绕，南明蔚其前，北原丽其后。少微括苍，梵林仙洞，参错掩映，一郡之伟观也。崇福寺者，建于元贞乙未，开山沙门行英，号白云，族周氏，故兰溪丞之孙也。生有凤质，长慕空宗，郡之文殊尊教院，乃其肄业之所。已而挟策游方，遍扣名宿，于佛祖不传之旨，高诣远到。众请出世，住白云法会禅刹，缁白向敬。每慨郡之禅丛不振，方来衲子无食息之所。刻苦厉志，乃创始焉。寻而檀户输金，郢人献巧，辇雄材，鞭巨石，群夫执役，惟恐不先。上栋下宇，指顾如愿，奉佛有殿，阐法有堂，禅宴有榻，出纳有库，崇门丈室、庖湢廪庾，悉具体焉。方将塑像，俄有僧自西域至者，妙出天巧，凡释迦、

687

圆通、应真及诸像设，迥异常伦。敬奉大元帝师远降慈旨，乃锡兹额。寺以甲乙相承，贸腴田二百亩以充食观。能事甫毕，复燃指节，依《楞严》诸了义，期与群灵同成正觉。延祐乙卯示疾，是年八月十五日泊然而化，阇维，齿根不坏。度弟子二十余人。凡寺之伏腊，有所不逮，持钵分卫以继之，遵遗命也。嘱其律己奉众之法，宜依佛制。凡禅坐经行、毗尼清禁，少怠则非所以继承也。一日，郡侯太中普化慕师遗业，虑后之来者不能远继，将立石记其颠末，率其徒可永等，持事状请为文以记之。余闻佛道长远，久受勤苦乃可得成。然则香严击竹、太原闻角，一历耳根，廓尔神悟，用勤苦奚为哉？无乃自取法缚于修证之途？对曰：子徒见其悟之易，而不知其未悟之难，其忘形骸、废寝食，尤甚于沐恭，而求解者苟知其难，则行可立、道可求、德可修、福可崇矣，余复何言！

时延祐五年岁戊午，西天目山幻住沙门明本记。

（清光绪十六年刊本《两浙金石志》卷一五）

慧明庵记

戒定坚密而发者曰慧，迷妄脱略而致者曰明。所发之慧千灯并照，慧即明也；所致之明万法齐观，明即慧也。一体而二名，亦大圆镜智之别称也。开山沙门智空号云谷，匾"慧明"于所建之庵，盖有志于坚凝戒定而脱略迷妄者也。云谷肄业西天目狮子正宗禅寺，延祐甲寅，道经里之峦黄山之趾，得弊庐三间，遂撤而新之。至戊午，主院事之暇，命工造圆通圣像，已而灯香器玩诸供养具悉备焉。思伏腊无以相继，置腴田五十亩以资之。材与匠称，工与力侔，上梁下宇指日而办。安禅有榻，经行有地，则其祐槁同志之者相承甲乙，贵传远也。虑境连村野，或失于杜渐，俗尘得以乘间而入，乞文以记其颠末，戒后之来者。前不云乎？所发者慧，所致者明，一本乎戒定。夫守清禁、持正念，日与蒲团禅板、鱼鼓磬钟互相酬酬，不为外物所诱，则慧之发如涌泉，明之致如古镜，真风凛然，导物扬化，匾斯庵者，其在兹焉。或反是，则迷妄日滋，坐致沦坠，岂建立之志果如是哉？故直笔以记之。

元至治二年壬戌冬十一月日。

（清嘉庆九年序刊本《西天目祖山志》卷四）

灵济寺记略

灵济祖师参马祖之道，神异罔测，居大洪山，垂五百年，化风未泯，殆慈化之普庵师也。南徐灵济寺主僧智满持建寺之缘，俾余作文以记。谨按事状，寺居登云门里，面山坐江。开山无为法师德真，习慈恩教，已而入禅，嘱其徒慧宝，拟结庵杜门，励精道业。忽倪亿梦异僧，受银炉，书"真宝"二字；扣僧以名，曰"善信"。黎明卜之周觉通，乃曰："今有师真、资宝者，奉灵济为谨，有结庵志，善信即灵济名也，非化尔而何？"亿闻其说，舍宅为庵，请真、宝二师居焉，遂以灵济匾其精舍，实至元丙子也。寻而鼎新堂殿，严奉像设，公府改庵为寺。癸未，宝任寺责，增建法堂、灵济殿等屋。丙戌，应金坛东禅之命，其徒弟二人曰普新、普一掌寺事，有加先制，大德丁未迁化，即任之智满。自开辟迄今，仅能具伽蓝之体。今则严奉有殿、宴坐有堂、习诵有室、岁入有土，四海水云之延纳，十方龙象之交参，胜利出生，博大宏远，目大千为灵济一刹，夫何忝？

甘露寺记略

按《图志》，寺建于三国甘露年间。至唐，李德裕割地以辟其址。宋祥符间，住山大沙门传祖宣禅师乃国之舅氏，欲迁寺绝顶。郡守闻于朝，得旨遂其志，复赐今额，及拨丹阳练湖巨庄以资岁入。建炎间厄于兵焰，继成于绍兴。至嘉定中，住山祖灯振起化力，大兴土木而新之。皇朝至元己丑，寺复为胜热婆罗门所摄。住山普鉴大展宏规，材与匠称，心与力侔，碧瓦朱甍，荡摩星月。阅年代之既多，振斧斤之尤奢，未有若今日全美而大备者也。复增市丹阳吕城膏腴田二十顷，补其伏腊。至大改元，乞余文以记之。

（以上一九二三年刊本《镇江志》卷九）

推篷室记

昔船子和尚神心廓悟，尝泛舟于烟波芦苇间，日与渔歌牧笛互相酬酢，似无意传唱之门者。逮遇夹山，则其迅机峻令，电走风飞，破执宕情，一发无贷。末后一语，命若悬丝，蹈破虚空，有谁敢拟？为人痛快，未有如是之作者。今朱泾法忍寺，乃其覆舟委篷之地。寺之沙门舜宾，始习贤首教。大德壬寅，构别室于寺之侧，匾曰"推篷"，盖有意于推船子之篷也。余丐食吴江，遇师于偃梅之正，爱语及建立之由，属文以记。余曰：船子既没，其所不与舟同覆、篷俱委者，是道也。道之即文字而谓教，离文字而谓禅。今五百年矣，驾其既覆之舟于蒲团禅板之间，推其已委之篷于方等忏摩之上，融古今于一瞬，空迷悟于寸心，余烈遗风，尚可想见，经世传远，相续不断，推篷之义，岂虚设也哉！故直笔以记之。

（一九一六年刊本《朱泾志》卷四）

青山吟

我爱青山青，千仞如泼淀。丈夫何事翳双眸，不识青山常觌面。青山不高还不低，青山不禁行人归。自从缚屋青山顶，几见青山含落晖。青山对客忘宾主，客对青山默无语。喧空瀑韵杂松涛，惊起铁牛骑石虎。道人不管伸脚眠，青山倒卓双眉尖。不拨万象体独露，释迦醉倒春风前。有问此山青来是几载？古人何缘尽把黄金买？黄金有日化蓬尘，唯有青山无变改。寄言四海住山翁，莫只管向虚空画五彩。

白云吟

我爱白云白，万里同一色。不加洗濯体自明，未曾展布虚空灵。道人家住白云乡，白云为屋还为房。饥则煮白云为食，寒则裁白云为裳。心与白云了无异，任运乾坤无所系。不学迦文放出眉间光，岂效少林鼓成粥饭气。唯有禅月不肯轻，白云笑言不与风雨会。缅思未出雪山时，寥寥太古含冰肌。无端吹出雪后，为怜片片沾尘泥。烂锦床屏填绣褥，朱丝玉管相随逐。沉沉醉耳唤不醒，漫把白云覆高屋。

（以上赵孟頫行书《中峰和上诗》）

善严说

善心严净处，道力精勤时，不要作伎俩，自然心不迷。

老幻为善严说

（《书的国宝·墨迹》，读卖新闻大阪本社，2006 年。）

与伟禅人法语

伟禅人久留山中，单单为大事因缘，临别再求亲切诲语。犹远跨数万里海涛，其来是亲切耶？非亲切耶？原其所来，都无利名衣食之所求，单单以生死大事未即明了。且留山中年月，亦不为别事，也只要克究己躬。如是亲切不亲切尽在你边，初不干他第二人事。你若把生死无常做一件事，但拌取一生决定身心，提个所参话参去，不怕不与亲切处相应也。勉之！勉之！

老幻明本。

（中峰明本禅师墨迹，《金阁、银阁名宝展（大本山相国寺创建六百年纪念）》，读卖新闻大阪本社，1991 年。）

管道升《提篮观音像》赞

金沙滩头，腥风遍界，蘋藻盈篮，自买自卖。

幻住明本

（载于《历朝名画观音宝相》画册）

题白衣观音像

愿海清净，心月孤圆。乱草巢里，三昧现前。观世音来也，一瓶杨柳凝苍烟。

幻住明本拜手

（东京国立博物馆藏，见（德）劳悟达《禅师中峰明本的书法》附录。）

题绝际永中画白衣观音像

正思惟处，那伽定中，不存一法，如契圆通，尘尘刹刹播慈风。

幻住明本拜手

（ Cleveland Museum of Art 藏，见（德）劳悟达《禅师中峰明本的书法》附录。）

题白衣观音像

正思惟处，普明境中，脚踏宝地，头带云空，大千沙界扇慈风。

幻住明本拜手

（大阪藤田美术馆藏，见（德）劳悟达《禅师中峰明本的书法》附录。）

题白衣观音像

那伽定，无出入，观世音，最深密。

幻住明本拜手

（圆井家藏，见（德）劳悟达《禅师中峰明本的书法》附录。）

题《菩提达摩过江图》

长江万里，航以一苇。更问如何，单传直指，□□□□□□。

幻住明本拜手

（菩提达摩过江图，大阪正木美术馆藏，见（德）劳悟达《禅师中峰明本的书法》附录。）

自赞

破情裂识，知雄守雌。笑瞿昙尚存诸见，嫌老氏犹带群疑。争似渠侬，单提所参话，当处绝玄微。绳床终日坐堆堆，谁将佛法挂唇皮？风前有问明月事，笑指春潮涨远溪。

远溪雄上人求赞幻相云，西天目山幻住道者明本书。

老氏有"知其雄，守其雌，为天下溪"之语云。

（一庵，中峰明本顶相，高源寺藏，见（德）劳悟达《禅师中峰明本的书法》附录。）

自赞

咄这头陀，也甚伟杰，发乱如云，脊硬如铁。问渠佛法禅道，便谓无可言说。三十年天目山，有一句系驴橛。还会么？海底乌龟头带雪。

伟杰山求赞幻相，幻住明本为书。

（中峰明本顶相，神户薮本家藏，见（德）劳悟达《禅师中峰明本的书法》附录。）

自赞

至公之道，不倚不偏；大幻之形，非空非有。石屏千仞翠欲滴，那伽一定坚来久。中既无方，一亦何守。道人只么默相看，伫听图画狮子吼。

西天目山幻住沙门明本书

（中峰明本顶相，茨城县正宗寺，见（德）劳悟达《禅师中峰明本的书法》附录。）

自赞

幻人无此相，此相非幻人。若唤作中峰，镜面添尘埃。

和尚双眼碧，能辨疏与亲。请挂向空壁，日日生阳春。

幻住道者明本书

（中峰明本顶相，东京私人藏品，见（德）劳悟达《禅师中峰明本的书法》附录。）

自赞

屏倚朱阑著幻躯，锦榴擘破欲何如。中峰安有此尊贵，一轴阿罗汉图画。

西天目幻住明本书

（中峰明本顶相，东京国立博物馆藏，见（德）劳悟达《禅师中峰明本的书法》附录。）

自题

你不是我，我不是你，唤你幻住，白日见鬼。

（石刻中峰本禅师像，松江博物馆藏，见（德）劳悟达《禅师中峰明本的书法》附录。）

跋赵孟𫖯书《金刚经》

夫般若者，名也，其体谓何？如金也，如刚也。谓金者何？万锻莫能渝其质也。谓刚者何？万物莫敢婴其锋也。是经揭自性之渊源，廓佛心之蕴奥。昔解空尊者雨泪横流，叹未之所闻也。深挑见刺，四相曷容其有也；独浚灵源，而三际皆不可得也。较其功，则虽一念信心，使百千万亿劫以身布施而不能方其万分之一耳，而况书写、受持、读诵及为人说，又何佛事之不臻、福慧之不具也哉！

兹承翰林侍读学士赵公，为长子七一舍人年十六岁遽尔云亡，乃手书是经，远自燕都寄来，求脱子于即迷，导神于必悟者矣。予于是焚香披阅过百遍。其笔力谨严，端庄粹美，虽复须菩提引千二百五十比丘会世尊于给孤园，以诸花香围绕供养之盛，殆未足比也。因卷而收之，付卞山幻住庵，永远流传。或问功归何所，乃说偈以答之：

金刚般若圆极圆，如太虚空含法界。

世尊住此而演说，善现持此而启请。

翰林持此而大书，我亦仗此而披阅。

舍人承此而化生，幻住凭此而传授。

自他依此而见闻，功德由此而满足。

黑者非墨白非纸，语言名相悉皆离。

是名般若光明幢，不动舌根普回向。

尘沙共转不退轮，如是利益难思议。

时至大四年岁在辛亥中夏，幻住沙门明本拜手谨题。[1]

（日本宫内厅藏，见（德）劳悟达《禅师中峰明本的书法》附录。）

与性海道人札

性海道人：

老幻明本就摺。扶病，奉意雅，慎勿举似之。庵称海云，盖取性海、云居二意也。定扬处可用红纸二寸许作套子，亲自送去，致再三谢意。则个更要密之又密，盖幻舟到岸，不访第二人也，恐贻他人之不悦者也。余愧又当渎具，幸心委。老幻明本上性海庵主。

庵铭一时戏作，不可示人。

（东京国立博物馆藏，见（德）劳悟达《禅师中峰明本的书法》附录。）

致山上翁札

明本顿首再拜，上福寿堂上山翁大和尚尊几：

明本一节以来，病竟不解。为是用虽一笺致尊安之问，动成疏阙。即日秋高，伏惟桂花香里，皓月呈辉，如是境中，跏趺宴坐，不动身心，纳如是福。

明本日□以中大兴土木三塔前，大开施钥，施钥已集，高祖塔亦在□□之间。惟是厨□行堂取今月十四、二十七，二吉辰起架，人匠骈集，食指繁多，支费正在艰难之秋，盼前众檀相公许在七月末旬若尾一日，定乃支与三百石白米，同时集齐。去年为以中失于乘时，于是蹉过，今年之

---

[1] 明·顾起元《题中峰和尚赵文敏书刻金刚经跋后》云："读《跋赵文敏所书金刚经》，出师手笔，虬龙片甲，凤凰一毛，真稀有之物也。观其结体清森，运机奇拔。既嵯峨而有骨，复散朗以多姿，盖大有得于临池三昧者。文敏一瓣心香，皈依幻住，微独佛法，岂其戈法亦有两相印可者耶？"（明·顾起元《雪堂随笔》卷三）

以中又尔抽身不出，山中起架，若非是他躬自处分，则便不成就。今专令良道代其告檀相，支给上项新旧各米，以凭解诸务之纷。又闻断事相公次第有如杭之兴，于是急急令其去也。然乞尊知，所有三塔记一本，率易奉纳，幸过目以印之。区区有怀，以俟面见。伏乞尊悉，不备。

明本顿首再拜上。

（东京反町十郎家藏，见（德）劳悟达《禅师中峰明本的书法》附录。）

与大友直庵尺牍

八月十五日，幻住沙门明本，谨奉书复直庵左近大夫亲卫阁下：

明本疏朽不才，过实之名，误干时听，求其禅道佛法，则蔑焉无所闻见。日外晦禅人来自左右，备道阁下崇信三宝之心裕如也。正兹驰仰，忽贤禅人至，捧出珍翰，惠以金砂，益用感佩。记日外晦禅人以幻陋之质需赞语，一时酬应，不拟直达高明之听。仰惟夙熏胜种，示生富贵功名之家，不忘……

（东京静嘉堂文库美术馆藏，见（德）劳悟达《禅师中峰明本的书法》附录。）

致宝侍者札

赵州因甚道个无字？

参须实参，悟须实悟。欲绍衣中宝珠，切忌当阳罔措。单提前话贵精勤，一念万年常守护。莫顾得与不得，悟与不悟，但只拍盲勤做去，忽然底破眼睛穿，一颗神珠全体露。

宝侍者求语警策，老幻明本书。

（东京静嘉堂基金会，见（德）劳悟达《禅师中峰明本的书法》附录。）

会庵道号

昔灵山佛祖，人天不约而集，是为嘉会。嘉禅人号会庵，予为作大书。幻住明本。

（大阪藤田美术馆藏，见（德）劳悟达《禅师中峰明本的书法》附录。）

济侍者宛警策

济生死大河，碎涅槃窠臼，总不出个所参底话头。了出家本分事业，报佛祖莫大深恩，作人天模范，为丛林标准，俱不出个所参话头。你若不肯自昧前因，快着精神，猛利一提提起，只与么不断头参取。参到了了无碍、洞洞不痕之顷，那时别有泼天活计，须知□□青山外。震泽济侍者出纸求语警策，乃直笔以遗之云尔。

幻住明本。

（日本神奈川县镰仓市常盘山文库藏，见（德）劳悟达《禅师中峰明本的书法》附录。）

吴门幻住庵劝缘疏

庵创于大德庚子，年虽未远，而椽栌为虫所坏，凛凛将压，兹欲厨屋并而新之，所费伏好事英檀，不吝施力，挥金成就，则福田亦相须而远矣。敬为说偈以劝：

> 幻相原非住，家风岂可亏，
> 庵厨今树立，中屋要增辉，
> 惟凭檀度力，要展道人机，
> 并新成就了，枯坐正相宜。

今月日疏翰缘　·

守庵沙门劝缘

依幻而住菩萨

（东京五岛美术馆藏，见（德）劳悟达《禅师中峰明本的书法》附录。）

流通本：

中峰国师净土偈

报君今日是初一，　　前月因循又过讫，
请君从此念弥陀，　　如救头燃须跳出。

报君今日是初二，　　此身莫作千年计，
置得田园百万顷，　　死后只埋六尺地。
报君今日是初三，　　本性弥陀正好参，
参去参来参得透，　　超生脱死有何难。

报君今日是初四，　　中国难生佛难值，
为人若不念弥陀，　　如到宝山空手去。

报君今日是初五，　　弥陀一句无今古，
生前若不早皈依，　　死后徒劳叫冤苦。

报君今日是初六，　　劝君休吃众生肉，
吃他八两还半斤，　　阎王且是无面目。

报君今日是初七，　　日用头头要真实，
真实不使使虚花，　　阴司铁棒教谁吃。

报君今日是初八，　　要念弥陀须戒杀，
汝杀他时他杀汝，　　轮回路上如油滑。

报君今日是初九，　　求生净土须戒酒，
若还把酒劝僧尼，　　五百劫中无脚手。

报君今日是初十，　　百岁光阴如箭急，
身安若不念弥陀，　　有病来时悔不及。

报君今日是十一，　　前路茫茫黑如漆，
自家主见不分明，　　失却此身何处觅。

报君今日是十二，　　得势之时休使势，
饶君一箭到天边，　　力尽元来还落地。

报君今日是十三，　　切莫将身入闹蓝，
一个利名烦恼海，　　何妨却与别人担。

报君今日是十四，　　日用多行方便事，
弥陀处处放光明，　　岂分俗舍并僧寺。

报君今日是十五，　　遥观落日如悬鼓，
收拾身心归去来，　　莲花世界无诸苦。

报君今日是十六，　　念佛须当戒淫欲，
淫欲断时生死断，　　便是如来亲眷属。

报君今日是十七，　　谁无一灾并半疾，

杀猪杀羊祭祈神，　　雪上加霜讨苦吃。

报君今日是十八，　　弥陀念得口头滑，
念得口头是心头，　　自家生死连根拔。

报君今日是十九，　　早访明师寻善友，
莫教一盲引众盲，　　牵向轮回道路上。

报君今日是二十，　　朝富暮贫难保得，
快乐有钱作好事，　　莫待无钱叫可惜。

报君今日是廿一，　　父母在堂莫忤逆，
敬他便是敬弥陀，　　死后哭他有何益。
报君今日是廿二，　　莫与儿孙生巧计，
有朝一日阎王请，　　十个儿孙也难替。

报君今日是廿三，　　他短我长不须谈，
一心念佛求成道，　　莫学呆郎看戏衫。

报君今日是廿四，　　一个心主休放恣，
提起分明有万般，　　放下元来无一事。

报君今日是廿五，　　念佛参禅戴角虎，
现世便得为人师，　　来世应当作佛祖。

报君今日是廿六，　　熟处放生生处熟，
自家行得劝人行，　　便是如来亲付嘱。

报君今日是廿七，　　过了一日又一日，
今朝又等到来朝，　　火宅如何跳得出。

报君今日是廿八，　　莫道修行心未达，
但闻一念不能忘，　　便是人间活菩萨。

报君今日是廿九，　　娘生屋子看看朽，
主人若不自惺惺，　　如何出得阎王手。

报君今日是三十，　　月尽明朝又初一，
识得弥陀念念空，　　摩诃般若波罗蜜。

中峰国师训诲文

既到出家地位，听我谆谆训诲。
前生修得为僧，今生岂能容易？
第一要发道心，晨昏切莫贪睡。
诵经报答四恩，礼拜自求福慧。
每日作务勤劳，真心兼管常住。
早晚自己功夫，心静事业好记。
莫道终夜不眠，须要更深早起。
时常日久揩磨，渐渐明通心地。
粗茶淡饭随缘，莫学奢华富贵。
无钱莫去强求，有钱不可轻费。
亲俗莫去攀缘，朋友莫交财利。
无事莫过他门，饮食莫择粗细。
出去干事竟归，切莫兜三惹四。
知命守道存心，端端安分一处。

饶你走尽天涯，那有皮宽大树。

但要慈悲温柔，莫学猖狂硬气。

好人可以相亲，恶人切须回避。

客来动问公私，待茶陪坐启对。

写字学体学真，诵经要熟要背。

学得藏在胸中，切莫未会先会。

经行叉手当胸，跌坐脊背挺起。

寻常习惯自然，不必装威作势。

既然动静如斯，又要心口相应。

口不道其非言，心不怀其恶意。

般般老实至诚，自然使人尊贵。

苦行受得在前，日后必然次第。

若享安乐在前，后来恐防不济。

要做贤达好人，依我这般行去。

要做世谛下流，如自随心任意。

我先二三十年，不曾依得此偈。

硬强不听好言，常常被人说背。

错过事业千般，至今方得理会。

若能依得此偈，定到龙华三会。

中峰国师念佛文

是心是佛，	是心作佛。	三世诸佛，	证此心佛。
六道众生，	本来是佛。	只因迷妄，	不肯信佛。
智者觉悟，	见性成佛。	释迦世尊，	开示念佛。
弥陀有愿，	接引念佛。	观音菩萨，	头顶戴佛。
势至菩萨，	摄受念佛。	清净海众，	皆因念佛。
十方诸佛，	总赞念佛。	祖师启教，	劝人念佛。

捷径法门，　惟有念佛。　历代祖师，　个个念佛。
古今圣贤，　人人念佛。　我今有缘，　得遇念佛。
念佛念心，　念心念佛。　口常念佛，　心常念佛。
眼常观佛，　耳常闻佛。　意常念佛，　身常礼佛。
香花灯烛，　常供养佛。　行住坐卧，　常不离佛。
苦乐逆顺，　不忘念佛。　著衣吃饭，　无不是佛。
在在处处，　悉皆是佛。　动也是佛，　静也是佛。
忙也是佛，　闲也是佛。　善也是佛，　恶也是佛。
生也是佛，　死也是佛。　念念是佛，　心心是佛。
无常到来，　正好念佛。　撒手归家，　必定见佛。
一道圆光，　即性空佛。　了此一念，　是名为佛。
常住不灭，　无量寿佛。　法报化身，　同一体佛。
千佛万佛，　皆同一佛。　普劝有缘，　一心念佛。
若不念佛，　失却本佛。　念嗔嫉妒，　自丧其佛。
酒色财气，　污失本佛。　人我是非，　六贼劫佛。
一息不生，　何处见佛？　地狱三途，　永不闻佛。
万劫千生，　悔不念佛。　叮咛相劝，　念自己佛。
急急回光，　休别觅佛。　念念不昧，　谁不是佛？
愿一切人，　自皈依佛。　回向西方，　发愿念佛。
临命终时，　亲见化佛。　九品莲台，　礼弥陀佛。
　　　　　　得无碍眼，　见十方佛。

　　大众虔诚同音念，　临终必定见弥陀。
天上人间，　作福为先。　生死海中，　念佛第一。

（以上流通本）

博物馆藏品：

题文殊菩萨像

握扫帚柄，编狮子尾，七佛之师，何曾是你？指弹三下，女不前至，竟不曾说法却落韵，诗吟三百篇，清风吹破云空耳。

幻住明本拜手

（美国波士顿艺术博物馆藏元代佛画文殊菩萨像）

跋梵隆画《十六应真图卷》

住世应真十八开士，各以所证三昧，现种种奇异、种种境界，其神通变化，妙用罔测。惟见峩峩高山，青蠹天岸；沉沉碧海，雪涨晴空。老树新篁，苍松怪石。后妃士女之敬肃，地神野卒之参随。长蛇饮气而毒焰自消，猛虎受降而威风自泯。踞坐示有余之态，经行垂不尽之仪。使人一展卷间，不觉置身于石梁方广。闻教有言："外现声闻身，内秘菩萨行。"且外现已竟，所谓内秘者，还属见闻也无？姑为说偈曰：

奇形怪状绝罗笼，达境惟心事事同，

一十八人消息外，难将毫楮画虚空。

老辩提点行箧中藏此轴，一日禅暇举似，命为著语，以题于后。西天目山幻住老头陀明本敬书。

（美国弗利尔美术馆收藏）

高峰原妙相赞

狮子岩岩，死关重重，其心如其面，狭路不相逢。

沙门明本拜赞。

（饭仓家藏）

悼偈十首

　　至大庚戌三月间，予自远归岩上，遂借榻山舟，为坐夏计。适大拙与莲峰泊此山名胜赓和十偈成巨轴，因随喜借韵，以写忆直翁老居士之寸怀，故笔之悼偈之尾云。

　　　　　　一片真心覆岗山，自从开辟几年间，
　　　　　　犯它一种弥天罪，撺掇先师入死关。

　　　　　　不奉见来今四载，拟思议处隔千山，
　　　　　　眼睛鼻孔无藏处，只把龟毛一串穿。

　　　　　　喧空夜瀑鸣山雨，匝地眠云涨海涛，
　　　　　　昔日毗耶真面目，今朝不隔一茎毛。

　　　　　　智眼难将俗谛遮，道人住所本无家，
　　　　　　山舟若谓藏天目，寄语时人莫眼花。

　　　　　　万卷书藏不语中，毗耶端的悟心空，
　　　　　　景疏庵外山舟里，一幅丹青振古风。

　　　　　　独为二乘宣大法，更将一黙验文殊，
　　　　　　我来对坐匡床上，花雨沉沉湿毳裾。

　　　　　　我与毗耶会有旧，孰云生死不同风。
　　　　　　山舟夜泊西天目，狭路今朝又再逢。

八百里山舟有底，三千丈雪屋无门。
毗耶现此大人相，笑看鲲鲸戏墨盆。

先师半世隐西峰，长者倾诚首见公，
宾主话头会未隔，白云流水自西东。

云老松枯居士定，山平舟整道人来。
开门俯仰西天日，堆积三千丈绿苔。

时中夏甫临，梅雨方歇，开小舟之南窗，对白云青山笔之。却值大拙过谷川，以中役众寮山场之工，惟志良在焉，使之磨墨。

（中峰明本墨迹悼偈十首，镰仓濑津伊之助氏藏。）

与顽石坐元尺牍

明本顿首再拜，覆顽石坐元老师尊几：

明本去冬辱远归，获奉久速之诲，别后荐领教墨，于中所云遇顺逆境缘，乃引教中若能转物之说为当，斯言似失之矣。且心法混融无间，欲谁转耶？然凡夫迷故，对一切物，物无能转之意而心自转尔。如来对一切物，心无所转之意而物自转尔。譬如迷人唤金为铜，金未尝因其所唤转而为铜。悟来唤昨所认之铜称为金，自本来金，亦不因其所悟而有转之之理。夫转物、物转，特迷悟之自间耳。或此心未由洞彻法源，瞥生一念，効其言说，欲转物归己，则即其所转，俱落情解，无乃益其生死尔。又如今人见前辈举扬道"见色便见心，无色心不现"，遽得情妄领览此语，蕴于识藏，凡见物象，咸指为心。殊不知即其所指，已落情计，皆生死本也。又见古者道"在眼曰见，在耳为闻"等语，便认见闻觉知等皆是自性，乃引临济谓"无位真人在赤肉团上出没"之语为证，皆情计之谬。以其情计之差，则对物境时，便有转与不转之异。或不于工夫极处廓彻底源，翻然独脱一回，往往坐在巢臼中，为方便语言所转，认情计为悟达，失之甚矣！只如三祖《信心铭》谓"但莫憎爱，洞然明白"，此说极言转物之要。今时未由彻证之士，竟坐在莫憎爱中，岂不思将心莫憎爱，则宛然憎爱矣。但有言教，不问佛说祖说，皆极理之言。须知此理实不受言教所诠，决须有顿悟之妙，一切处如久客还故家，又如十字街头撞见亲爷。虽获悟如此，或不能消其所悟之迹，则尚存法尘，非究竟也。我辈非学问语言者所比，既的的要为斩断生死根尘，非小事也，但拌取此生不会禅道佛法，纯一无杂，向所参话上，如撞着铁壁相似，直待它铁壁蓦忽自陷，则知前面所说转物、物转，皆剩语也。

扶病奉复，仰祈尊悉，不具。

明本顿首再拜复。二月初七日。

（大阪，正木孝之氏藏。）

拍卖品：

达摩像赞

面门赫赤，鼻孔蓦直，万里西来，九年对壁。要识达摩么？到家别有真消息。

幻住明本拜手

（东渡西来——禅林名僧墨迹与中日韩佛教美术专场，保利香港2014年秋季拍卖会）

法语

信人施净龄，昼夜要惺惺。久远把得定，自会心和平。

老幻明本

（嘉德四季第25期拍卖会，2011年）

法语

九年冷坐，一旦惺惺。是非易辨，得失难明。分张皮肉骨髓，令人路见不平。"汝得吾皮"，前长后短。"汝得吾肉"，多肥少精。"汝得吾骨"，只堪喂狗。"汝得吾髓"，脱赚平生。尽情为伊注破，也只道得八成。要见达摩大师么？岳边顿落千山势，海上全消万派声。

幻住老人明本

（中峰明本行书，嘉德四季第 36 期拍卖会 2013 年）

戒名说

……出舍，求戒名于予，谓在尘劳，日诵《法华》，颇自精进。经中有"惟一坚密身，一切尘中现"，你还识此坚密身吗？你若不识，但将七轴《莲华经》，行也诵，坐也诵，忙也诵，闲也诵，诵到纯一无杂、具足清白处，则知再坚密之……

（JADE 株式会社（日本美协）2013 年秋季中国书画专场拍卖会）

法语

本色道流，胸中惟有个不了公案，谓之父母未生前那个是我本来面目。提起此公案顿在面前，如对银山铁壁相似，决定要透脱，更无一念异心，亦不起一毫异见。能如是守去，或三十年，或二十年，挤得寂寞，忘得身世，耐得逆顺，只此如守将去。

明本

（东京中央拍卖公司，2015 春季中国古代书画拍卖专场）

附　录

传记资料

元故天目山佛慈圆照广慧禅师中峰和尚行录 [1]

禅师讳明本，号中峰，杭之钱塘人，俗姓孙，母李氏梦无门开道者持灯笼至其家，翌日遂生。师神仪挺异，具大人相。才离襁褓，便跏趺坐。能言，便歌赞梵呗。凡嬉戏，必为佛事。九岁丧母，读《论语》《孟子》未终卷，已辍学。年十五，决志出家，礼佛燃臂，誓持五戒，日课《法华》《圆觉》《金刚》诸经，夜则常行，困以首触柱自警。居近灵洞山，时登山颠习禅定。甫冠，阅《传灯录》，至庵摩罗女问曼殊"明知生是不生之理，为甚么却被生死之所流转"，有疑。已而沙门明山者指师往参天目高峰和尚妙公。高峰孤峻严冷，不假人辞色，一见欢然，欲为祝发，师以父命未许。高峰曰："可举阇夜多尊者出家因缘喻汝父，勿自沉溺。"未几，诵《金刚般若经》，至荷担如来处，恍然开解。由是内外典籍皆达其义趣，而师自谓识量依通，非悟也。时年二十有四，实至元丙戌岁也。明年，从高峰薙染于狮子院。又明年，受具戒。又明年，观流泉有省，即诣高峰求证，高峰打趁出。既而民间讹传官选童男女，师因问曰："忽有人来问和尚讨童男女时如何？"高峰曰："我但度竹篦子与他。"师言下洞然，彻法源底。陆沉众中，人无知者。于是高峰书真赞付师曰："我相不思议，佛祖莫能视。独许不肖儿，见得半边鼻。"且俾参徒诣师请益，众由此知归。淮僧子证尝问高峰诸弟子优劣，高峰曰："若初院主等，一知半解，不道全无。如义首座，固是根老竹，其如七曲八曲。惟本维那，却是竿上林新篁，他日成材，未易量也。"

---

[1] 载于《天目中峰和尚广录》卷尾。

　　壬辰，松江瞿公霆发施田二百七十顷，即山之莲花峰建大觉正等禅寺。元贞乙未冬十一月，高峰将迁化，以大觉属师，师辞，推第一座祖雍主之。大德丁酉，师登皖山，游庐阜，至金陵。戊戌，结庵庐州弁山，学者辐凑，师虽拒之，而来者愈众。庚子，结庵平江雁荡，众既多，遂成法席。癸卯，瞿公坚请师还住大觉，师力辞避之。时吴兴赵公孟頫提举江浙儒学，叩师心要，师为说防情复性之旨。公后入翰林，复遣问《金刚般若》大意，师答以略义一卷。公每见师所为文，辄手书，又画师像以遗同参者。乙巳，师还山，庐高峰塔。丙午，领狮子院。至大戊申，仁宗皇帝在东宫，赐号法慧禅师。已而乞食句吴，因谢院事。己酉，道仪真，即船以居。庚戌，众请还山。今兵部尚书郑公云翼，时签浙西廉访司事，候师余杭问法，师推明经世、出世之学以答之，辞见语录。辛亥，师复船居吴江，陈子聪建顺心庵，请师开山。既而渡江，拟游少林，至汴，隐其名，僦城隅土屋以居，僧俗争相瞻礼，皆手额曰江南古佛也。皇庆壬子，结庵庐州六安山，江浙省丞相奉书访问。师去，之东海州。癸丑，瞿公霆发以两浙运使终，师还吊其丧。公之子时学奉宣政院疏，复请师住大觉，师举首座永泰代己。泰欲承嗣师，师俾泰嗣开先一山万公。盖以院易嗣，其来久矣，闻师之风者，莫不多之。丞相延师私第，恳请住持灵隐禅寺，师固辞。中书平章又请曰："师之道德孚于人者博矣！宜顺时缘，住一刹，以恢张佛祖建立之心，无多让也。"师曰："夫住持者须具三种力，庶不败事。三种力者，一道力，二缘力，三智力。道，体也；缘、智，用也。有其体而阙其用，尚可为之，但化权不周、事仪不备耳。使道体既亏，便神异无算，虽缘与智亦奚为哉！或体用并阙，而冒焉居之，曰因曰果，宁无慊于中乎？某无其实，故不敢尸其名。"平章知师意坚，弗敢强。师辞以末疾，还山中。延佑丙辰春，上命宣政院使整治释教，距杭期入山候谒。师闻，避之镇江。丁巳，丹阳蒋均建大同庵，延师居之。戊午，众请还山。九月，上顾谓近臣曰："朕闻天目山中峰和尚道行久矣，累欲召之来，卿每谓其有疾，不可戒道。宜褒宠旌异之。"其赐号佛慈圆照广慧禅师，并锡金襕袈裟。仍敕杭州路优礼外护，俾安心禅寂。改狮子禅院为狮子正宗禅寺，诏翰林学士承旨赵公孟頫撰碑以赐。特赠高峰和尚佛日普明广济禅师。

先是驸马太尉沈王王璋，遣参军洪钥赍书币，叙弟子礼，期请上命南来参叩。己未秋九月，王奉御香入山，谒师草庐，咨诀心要。请师升座，为众普说，师激扬提唱万余言。王复求法名别号，师名王以胜光，号曰真际。王因建亭狮子岩下，以记其事。至治壬戌，行宣政院虚径山席，强师主之。师贻书院官，卒不就。结茅中佳山，将终焉。山北距西峰三十里，重溪复涧，穿径崖险，扪萝薜，冒豺虎，缁白随礼无虚日。师愍其跋涉，寻归草庐。十月，英宗皇帝特旨降香，并赐金襕僧伽梨，诏行宣政院官亲诣山宣谕恩意。时江浙省右平章今丞相答剌罕脱欢公，命理问官阿敦偕院官行乞师法语。中书参知政事敬公俨亦尝通书问法。其为天子大臣所知遇盖如此。

师每斥学者只尚言通，不求实悟。常曰："今之参禅不灵验者，第一无古人真实志气，第二不把生死无常做一件大事，第三拌舍积劫以来所习所重不下，又不具久远不退转身心。毕竟病在于何？其实不识生死根本故也。"凡见学者，辄问曰："汝唤甚么作生死？"或者茫然无所加对，或者谓："生不知来处，死不知去处，是生死。"师曰："便饶知得亦生死，所知亦是生死。"又或指一念忽起是生，一念忽灭是死。师曰："离一念起灭亦生死也。是说皆枝叶耳，非根本也。夫根本者，性真圆明，本无生灭去来之相。良由不觉，瞥起妄心，迷失本源，虚受轮转。以故道：迷之则生死始，悟之则轮回息。盖根乎迷而本乎妄也。当知山河大地、明暗色空、五阴四大，至于动不动法，皆是生死根本。若不曾向真实法中脱然超悟，更于悟外别立生涯、不存窠臼，岂堪向生死岸畔刓脚？或纤毫不尽，未免复为胜妙境缘惑在那边，起诸异想，虽曰晓了，其实未然。惟有痛以生死大事为己重任者，死尽偷心，方堪凑泊。直下傥存毫发许善恶取舍爱憎断续之见，则枝叶生矣，可不慎乎！"师之激励后学皆此类。

癸亥春，一日师自叙其出家始末，曰六旬幻迹。每见禅者作务，则曰："汝种蔬欲为谁齑耶？汝负春欲为谁炊耶？"师盖已有去世意。至六月十五日，折简大用上座曰："幻庵向秋决作离散计。"继书属门人："幻者朝死，夕化骨，便送归三塔。若停龛、祭奠、讽经、入祠、做忌，一切佛事，不许徇世礼也。"复条示狮子寺，惟以放下、节俭，克究初心，慎守开山明训，令法久住之意。又遗诫门人，其略曰："佛法无汝会处，生死无汝脱处。汝唤甚么作佛法？任以百千聪明，一一把他三乘十二分教、千七百则陈烂葛藤、百氏诸子从头批注得盛水不漏，总是门外打之绕。说时似悟，对境还迷。此事向道无汝会处，汝转要会，转不相应。莫见与么说，便拟别生知解。直饶向千人万人拶不入处别有生机，总不出个要会底妄念。惟具大信根，叩己躬下真参实悟，乃能荷负。若作荷负想，依旧没交涉。当知众生结习浓厚，无汝奈何处。汝若无力处众，只全身放下，向半间草屋，冷淡枯寂，丐食鹑衣，且图自度，亦免犯人苗稼，作无惭人。所以道佛法无汝会处，生死无汝脱处。既会不得，又脱不得，但向不得处一捱捱住，亦莫问三十年、二十年，忽向不得处蓦尔拶透，始信余言不相诬矣！"

越十日，师示疾。有来省者，师曰："幻住庵上漏旁穿，篱坍壁倒，不可久住也。"语笑如平时。学者强师服药，师谢之曰："青天白日，曲徇人情耶？"挥去。僧有告归吴门者，师曰："何不过了八月十五日去？"至十三日，手书遗别外护，仍写偈遗别法属故旧。十四日蚤作，复写偈辞众曰："我有一句，分付大众。更问如何，无本可据。"置笔安坐而逝。停龛三日，身体温软，颜貌不少变。有禅者乞剪爪发供养，误伤指端，血津津出，如生时。道俗数千人奉全身塔于寺西之望江石。先是其年春涸冻，山中大木皆摧折，若世所谓木稼者，识者异之。至于殁之日，白虹贯于山之颠。

师生宋景定四年岁癸亥十一月二日，世寿六十有一，僧腊三十有七。初侍高峰于死关，日作夜坐，胁不沾席，励精勤苦，咨诀无怠，逾十年，亲承记莂，退而藏晦。以住山交聘，避走南北，所过辄成宝坊，俗率自化，海内学者望风信慕，识与不识皆尊之曰大和尚，家绘像而敬事焉。其来瞻礼，络绎载道，祁寒暑雨，逮无虚日，每填溢山寺，至无以容。其道德所被，上自天子万里延慕，屡欲召至阙庭而卒莫之能致也，王公大人北面事师而向道者倾动一世，下逮屠沽负贩、优伶工伎、厮舆暴悍之徒，师一真慈相与，随宜说法，未尝以高下贵贱而尊易诡渎之也。得师半偈，不啻重宝。或藏师所薙发，辄产舍利。有疑谤者，一接言容，无不迁善，为师外护。远至西域、北庭、东夷、南诏，接踵来见。南诏沙门素闲教观，东来问法，实自玄鉴始，鉴尝于师言下有省。继而普福等五比丘画师像南归，至中庆城，四众迎像入城，异光从像烛天，万目仰观，翘勤倾信，由是兴立禅宗，奉师为南诏第一祖。师之法量汪洋，辩才无碍，至于悲愿诱掖，谆谆诲谕，户屦日满，一无倦容。故登师之门者，如泛重溟，不测涯涘；如饮醇酎，不觉醉悦。及其勘辨学徒，决择心法，无假借，慎许可，凛凛然如秋霜烈日，严不少贷。其为文，信笔万言，了不经意，而其辞必归于警昏聩、明宗旨、辟义解、显正悟，极于第一义谛而后已。若夫立身倡道，每视古德前言往行或有缺漏，辄为叹息，而师之行事则不蹈其失坠也。故师之立言示训，非其素履而躬践者，则终其身不言也。至于退恬逃名，根于天性，清苦自持，尤矜细行。大觉、狮子二寺由师克成，及奉敕撰碑，师不惟不肯涉分寸功，并其名字亦不肯与于其间也。随所寓，草创庵庐，皆曰幻住，又因以自号焉。尝隆暑病渴，肤腠汗腐，有遗细葛絷衣者，受之，终不衣也。游淮、汴，井汲艰远，遂终身不复颒浴。闻说人过失，则俯首不答。凡传记语涉攻讦毁訾，则掩卷不观。僧有卧疾者，则济以汤药而策其进道。僧有省亲者，则施以财法而勉其孝养。师尝撰《楞严征心辩见或问》一卷，《信心铭辟义解》一卷，《山房夜话》一卷，《幻住家训》一卷，《拟寒山诗》一百首，总题曰一花五叶。复撰《金刚般若略义》一卷，《别传觉心》一卷，《东语西话》一卷，门人集师遗文曰《东语西话续集》二卷，语录十卷，别录十卷，并传于世。师之自序略曰："余初心出家，志在草衣垢面，习头陀行。以冒服田衣，抱愧没齿。平昔懒退，非矫世绝俗，盖以文字则失于学问，参究则阙于悟明。寻常为好事者之所称道，盖报缘之偶然耳。"

于戏！师乘大悲愿力，为法檀度，观时适宜，随机应物，如摩尼珠，无有定色，为未证得谓证得者，说我无悟由；为求名闻利养者，韬晦岩谷；为毁犯律仪者，演毗尼法；为滞前尘而溺多闻者，辟知见海，导以正悟；

为圆机者，直示向上。师皆以身先之，而不事夫空言也。然一心平等，泯绝去来，不留朕迹，概非常情所得而窥测也。

每念师出处、言行，或承之于家训，或见之于行事，或征诸老宿，或质诸遗文，谨叙次而录之，然犹以景像求师者也。其不可以景像求者，又乌得而尽纪也耶？

泰定元年八月甲子，法弟比丘祖顺录。

有元敕赐智觉禅师法云塔铭 [1]

奎章阁学士院侍书学士翰林直学士中奉大夫知制诰同修国史兼经筵官臣虞集奉敕撰

天目之山有狮子岩，高峰妙禅师居之，设死关以辨决，参学之士望崖而退者众矣。得一人，曰本公，是为中峰和尚。师生有异征，为童儿，嬉戏必为佛事。稍长，阅经教，燃指臂，求佛甚切，昼夜弥励，困则首触柱以自儆，期必得乃已。及入死关，密叩心要。诵《金刚经》，至荷担如来阿耨多罗三藐三菩提处，恍然开解，而师自谓所证未极，励精勤苦，咨决无怠。及观流泉，乃大发明，师亦阒而不闻。自是说法示人纵横该贯，如千江一源，奔注放溢，莫之能御，累千百言，应问无碍，随其根器，广为策励，世推以为大辩焉。高峰将戢化权，遂书真赞属诸师云："我相不思议，佛祖莫能视。独许不肖儿，见得半边鼻。"其授受不虚若此。著书五篇，曰《山房夜话》，曰《拟寒山诗》，曰《楞严征心辩见或问》，曰《信心铭辟义解》，曰《幻住家训》，名曰一花五叶集。复著《金刚般若略义》一卷，《别传觉心》一卷，《东语西话》三卷，语录十卷，别录十卷，盛传于世。仁宗皇帝闻而聘之，不至，制金纹伽梨衣赐之，号之曰佛慈圆照

---

[1]　载于《天目中峰和尚广录》卷尾。

广慧禅师，赐狮子院名曰正宗禅寺。英宗皇帝亦封香制衣，即所居而修敬焉。驸马太尉沈王王璋尝使人从师问法，意以为未足，请于上，亲往见之。既见，构亭岩前，曰真际，表得法也。三藏法师沙津爱护持必剌牙室利游方时，亦尝从师参诘。翰林学士承旨赵公孟頫每受师书，必焚香望拜，与师书必自称弟子。行省丞相别不花、行宣政院使张闾诸达官，尤加敬服，每径山、灵隐虚席，必以待师，师固不受乃已。转运使瞿霆发以大觉寺奉师，亦不受。师逾浙绝江，渡淮泝汴，至浮舟以居而避去之。从之者如云，北极龙漠，东涉三韩，西域、南诏之人，远出万里之外，莫不至焉。所至结庵，一名曰幻住。信施金币重宝交至，一视之邈如也。

师相好魁硕，见者赞叹，皆画像事之。南诏人有奉其像归者，夜出神光烛天，其土感悦，遂笃信禅宗云。时人为之语曰：师乘大悲愿力，为法檀度，观时适宜，随机应物，多诸方便，如摩尼珠，无有定色。为未证得谓证得者说我无悟由，为求名闻利养者韬晦岩谷，为毁犯律仪者演毗尼法，为妄认法尘以资狂解者导以正悟，为圆机者直示向上，师皆以身先之而不事夫空言也。而师方自以为文字失于学问，参究阙于悟明，寻常为好事者所称，盖报缘之偶然耳，翩然为退休之计。噫！师之高迈，过人远甚，而谦抑如此，所以为不可及也。

师讳明本，宋景定癸亥岁生钱塘，姓孙氏。年六十一，僧腊三十七。大元至治癸亥八月十四日化于其山东冈之草庐。有诀别书偈，诫门人勿行世俗礼，而门人及远近来吊者哭师哀甚，声动山谷，遂奉全身葬于西冈之上而塔焉。后七年，天历己巳正月甲子，圣天子使翰林学士承旨领国子监事阿邻帖睦耳召臣集至便殿，命之若曰："其赐谥与塔名而汝集为之铭，俾其门人善达密的理刻之山中。"臣集再拜而言曰："国家崇尚佛乘至矣！而近日禅学之弊，以觉识依通为悟明，以穿凿机缘传授为参学，以险怪奇语为提唱，以破坏律仪为解脱，以交结贵达、夤缘据位为出世方便。惟和尚传佛心宗，卓绝不倚，弘阐玄猷，痛斥禅病，以救末法。其高识远见，淳德实行，法量汪洋，辩才无碍，东南一人而已。请谥曰智觉禅师，塔曰法云。"铭曰：

巍巍楞伽，上极无际。大雄善喻，著无上义。

达摩之东，忧言多穷，独此不遗，曰心之宗。

是故妙师，高蹈天目，右海左江，以表遐瞩。

狮子岩岩，置死为关，孰当吾锋，有造无还。

惟幻住叟，登中据最，示则绝学，无依无外。

千偈翻澜，夫岂好言？昏蒙锢深，抉提孔艰。

如彼淫疾，胜邪并受。有大医王，为出一手。

焫砭涂摩，捣嚼炼烹，纷然百为，因病以生。

疾除医已，言亦如是，得本不迷，何有一字？

悲愿深弘，智觉所悼，受职度人，郁乎法云。

法云弥天，有荫斯溥，协于皇风，永填终古。

天历二年八月日，狮子正宗禅寺当代住持臣僧了义建。

有元普应国师道行碑 [1]

集贤直学士太中大夫兼经筵官兼国子祭酒宋本制文

禅自少林指心单传，十一传而为临济玄，玄十七传而为雪岩钦。钦当宋之季，而其道明浚光洁，嗣其法者多矣，而独得一人焉，曰高峰妙公。妙于钦诸子得法最先，而其道最为卓绝，后登天目之西峰，见其山高林深，便卓锡岩石下，书石作死关而居之，阅暑寒十七年，不跬步出关外。方是时尊教抑禅，钦由江右召至钱塘，授密戒。妙方遗世子立，身巢岩局，目瞪云汉，何止空四海于一睫也哉！其大弟子得两人焉，一曰断崖义公，一曰中峰本公。义啬其用，以推楫于本公，故公独以其道为东南末法倡。公

---

[1]　载于《天目中峰和尚广录》卷尾。

示寂之十二年，当元统二年，天子赐号普应国师。仍以师所著书曰《天目中峰和尚广录》三十卷，赐之入藏，敕词臣序于书之首。

其徒状事砻石，请于余曰："吾师身栖岩谷，名闻庙朝，仁宗皇帝尝制衣降诏，一再遣使入山致礼，赐号佛慈圆照广慧禅师。其受业狮子院改升狮子正宗禅寺，敕翰林学士承旨吴兴赵公撰碑以赐。英宗继明，宠赉如之。逮文宗临御，师已入寂，赐谥智觉禅师，塔曰法云之塔。塔之铭诗并序文，今奎章阁侍书学士青城虞公奉敕撰。恩言宠数，可谓至矣。然吾大僧，自唐以来有封国师者。降及五季，亦有尊之为其一国之师者。至于宋有区域，几四百祀，僧之显者班班辈出，然未有尊封国师者。今吾师遭遇圣明，遂膺旷典，自非总其实，如唐名僧道行碑，则将何以章殊恩、显异数？敢叩首以请。"余谓：名公卿其殁则有碑，盖因公室礼，得用碑以葬，子孙因宜而不去，遂以铭其德行焉。今大沙门尊封国师，其葬虽无窆穴，而其名行勒之金石，孰曰不宜？

谨按行录，师讳明本，钱塘人，姓孙氏。母娠师时，梦无门开道者寄笼灯其家而生师。师生有至性，既不好弄，而好歌梵呗、结跏坐。年十五，辄燃臂持戒，誓向空寂。因而阅《传灯录》有疑，志在参诀，遂登死关。妙发长不薙，衣弊不易，孤峭严冷，未尝一启齿而笑，亦未尝亲为其徒剃落。独见师，便欢然欲为祝发，盖已知为大器焉。久之，诵《金刚经》，恍若开解者，师自谓识量依通，虽于义趣无不贯解，然非悟也。已而薙染，给侍死关。天目于东南诸山最高寒，廪粟屋材非飞挽不能至其上。师昼服力役，夜事禅定，十年胁肤不沾席。后于妙言下机旨洞契。妙以其克肖，书偈付之，俾众归之。师益自晦，未尝肯以师道自任也。然而玉在山、珠在渊，其光气自不可掩，况审之以咨决、重之以记莂哉！

至元间，松江瞿霆发施田建寺于莲花峰，号大觉正等禅寺。妙将迁化，以寺属师，师辞。师每谓住持者必无上大道，其力可以开明人天；夙植福缘，其力可以荫结徒众；明智通变，其力可以酬酢事宜。故凡住持，必道为之体，而缘与智为之用。有其体而缺其用，虽或化权不周，事仪不备，犹之可也。使无其体而徒倚其用，则虽处众而众归，制事而事宜，亦不足言矣。况三者并缺而冒焉尸之者，其于因果能无惧乎？于是五山缺主席，宰相大臣拜致书币，屡以为请，师皆力辞，至于穷崖孤洲，草栖浪宿，屏遁其迹而避去之。然而四方学者，北殚龙漠，南极六诏，西连身毒，东穷扶桑，裹粮蹑屩，万里奔走而辐凑赴师者，逮无虚日。南诏僧玄鉴素明教观，辩博英发，每曰："吾闻大唐有禅宗，使审是耶，吾将从其学；使或未当，吾将易其宗旨而俾趋教观。"由其国来，一闻师言，便悟昔非，洞法源底。方图归以倡道，而殁于中吴。鉴之徒画师像归国，像出神光烛天，南诏遂易教为禅，奉师为禅宗第一祖。

　　至治三年春，天目山木稼，其徒之老异之。秋八月癸酉，师遂入寂，即山之西冈塔其全身。未殁前一日，遗别其外护并法属，一一皆师手书。殁之日，白虹贯山。师于是世寿六十一，僧腊三十有七年矣。

　　余尝使江南，闻师所至，四众倾慕，香茗金币，拜礼供养，悉成宝坊，而师一衲一单，未尝属目。人念其丰肌，暑月腠腐，奉葛衣以缵裓者，师一不以近其体，他可知已。师虽屡辞名山，以自放于山林江海，解滕屩，脱包笠，在处结茅以居，一皆名曰幻住。蒲团禅板，昼作夜禅，规程条章井井森列，仪矩慎严，如临千众。至于激扬提倡，机用翕霍，婴之者胆丧，闻之者意消。而其大致，则深惟世降道离，诸方禅者裨贩佛祖，为可痛心。每谓其教传佛心宗，单提直指，恶有所谓授受哉！恶有所谓言语依解哉！故师于其教法，欲救其弊而药其病，师皆以身先之。故师之于物，洪纤高下，缓急后先，拒之而不遗，应之而不携。人徒见其发于悲愿真诚，而不知其一一以身教而匪事夫空言也。以故当世公卿大夫，器识如敬君威卿，清慎如郑君鹏南，才艺如赵君子昂，一闻师之道，固已知敬，及接师言容，无不歆慕终其身。江浙丞相脱欢公最号严重，读师法语，便敛衽望拜。高丽沈王以天属懿亲，万里函香，登山拜礼，起谓人曰："吾阅人多矣，未有如师福德最胜者。"获师开示，涕泪感发。

　　于戏！师躬己以究其道，岂有毫发于世意哉！然而其名不行而至，其道不言而信，自非行解相应，声实一致，允克当于师之位，永久益章而弗昧者，抑亦何以致此哉！乃为铭诗，传之其徒，昭示不朽。若师所著书，其目见塔铭，兹不书。诗曰：

天目于山擅弘赍，两峰高盘帝青云。孤禅行坐虎豹群，延敌死关驻孤军。神机触著身火焚，濯以甘露洗垢氛。有幻一人夺鼓旗，正令一下千驹驰。定目不睹辕门麾，摩尼宝王焰轮持。如日始出扶桑枝，光云照耀千须弥。崩腾辇赴无中边，百舍重趼走莫前。来者骇汗命发悬，幻以炉锤烹金铅。其出跃冶流炎烟，不缺则折非龙泉。乃复煅捣而炼烹，爱肉尔骨死以生。醍醐上味投宝瓶，蕊香珠幢帝网缨，一一芬馥而光明。问师何由执神枢，一切入一亦无余，阴神国程巩皇图。天子南面味道腴，五朝恩光郁扶舆。号尊国师彰异恩，赐书入藏开蒙昏。揭若日月行昆仑，又如大海涵乾坤，俾人尽证毗耶门。正宗的的万子孙，亿劫师言永长存。

《天如惟则禅师语录》卷六·普应国师舍利塔记

元·惟则撰

至治癸亥秋，先师中峰和尚寂于西天目山之狮子岩。弟子建塔于岩之西，奉全身葬焉。天历二年，奎章阁学士虞集奉敕为塔铭，名其塔曰法云。元统甲戌，今上皇帝赐号普应国师，并赐语录入藏，敕艺文监丞揭傒斯为之序。其道行机辩，宗法授受，出处建化之迹，累朝锡赉之重，概见于铭与序矣。是年之冬，杭州七宝山云居禅庵别为塔一成，用藏遗发舍利，即塔为祠，岩肖像以供事之。住庵沙门指月，谋记其由于石，谒余曰："初，国师不愿处俗，父母患之。邻有故宋宫人杨氏妙锡，奉老子之教，为女冠，识师非凡器，乃喻其父母，令出家。及祝发，又助僧牒衣具，而求其所祝之发少许，贮以香函，供之净室。越数年，有舍利生于发。久而益多，积至五十余颗，五色晶荧，观者骇异。杨自是易所学以学佛。既老，遂以舍利托云居，盖有意焉。且云居之创也，叨国师化力，未有以报。愿因杨氏之遗，以纪灵瑞，以告夫庵之子孙云。"余谓，国师绍临济垂绝之宗，大唱其道，普应群机，薄海内外，风驰霆震。自吾徒以及异教，上而王公士夫，下而街童灶妇，均佩其化，相率跻于圣贤之域。其应之普之大若此。若杨氏以信慕之机而获舍利，斯特冥应之一小验耳，乌足记哉！岘月之意，将使来者观小验以发其大机，是又不容其不记也。

《补续高僧传》卷第十三·中峰普应国师传

明吴郡华山寺沙门明河撰

师讳明本，俗姓孙，钱塘人。母娠师时，梦无门开道者寄灯笼其家而生师。师生，至性不好弄，而好歌梵呗、结跏坐。髫龀，读《论》《孟》，未终卷，母丧辍学。年十五，辄然臂持戒，誓向空寂。久之，阅《传灯录》，有疑。志在参决，遂登死关，见妙公。妙发长不剃，衣弊不易，孤峭严冷，未尝一启齿而笑，亦未尝为其徒剃落。独见师即欢然，欲为祝发，盖亦已知为大器焉。久之，诵《金刚经》，恍若开解者。师自谓识量疏通，于义趣无不融贯，然非性也。已剃染，给侍死关，入天目，于东南诸山最高寒，廪粟屋材，微飞挽则莫能至其上。师昼服力役，夜事禅定，十年胁肤不沾席。后于妙言下机旨洞契。妙以其克肖，书偈付之。师益自晦，未尝以师道自任也。然而玉在山、珠在渊，其光气自不可掩。况审之以咨决，重之以记莂哉！

至元间，松江瞿霆发施田建寺于莲花峰，号大觉正等禅寺。妙将迁化，以寺属师，师辞。师每谓，住者必无上大道，其力可以开明人天；凤植福缘，其力可以荫结徒众；明智通变，其力可以酬酢事宜。故凡住持，道为之体，而缘与智为之用。有其体而缺其用，则化权不周，事仪不备，犹之可也。使无其体，而徒倚其用，则虽处众而众归，制事而事宜，亦不足言矣。况三者并缺而冒焉尸之者，其于因果，能无惧乎？当五山缺主席，宰执大臣致书币屡以为请，师皆力辞，至于穷崖孤洲，草栖浪宿，屏遁其迹而避之。然四方学者，北殚龙漠，南逾六诏，西连身毒，东极扶桑，裹粮蹑屩，万里奔走而辐辏赴师者，殆无虚日。南诏僧玄鉴，素明教观，辨博英发，如曰："吾闻大唐有禅宗，使审是耶，吾将从学。设或未当，吾将易其宗旨而俾趋教观。"由其国来，一闻师言，即悟昔非，洞发源底。方图归以倡其道，而没于中吴。鉴之徒，画师像归国，像出神光烛天，南遂宗禅，奉师为禅宗第一祖。

至治三年春三月，山木稼，其徒之老异之。秋八月甲子，师遂入寂。即山之西冈，塔其全身。未逝前一日，遣别其外护并法属，一一皆师手书。是日白虹贯山。师世寿六十一，僧腊三十七矣。

师所至，四众倾慕，香茗金币，拜礼供养，悉成宝坊。而师一衲一筇，未尝属目。人念其丰肌，暑月腠腐，奉葛衣以裼袢者，师一不以近体，他可知已。虽屡辞名山，以自放于山林江海，解縢屩，脱袍笠，在处结茆以居，一皆名曰幻住。蒲团禅板，昼作夜参。规程条章，井井森列。仪矩慎严，如临千众。至于激扬提唱，机用翕霍。婴之者胆丧，闻之者意消。每谓其教传佛心宗，单提直指，恶有所谓微妙授受，恶有所谓言语依解哉！故于教法，欲救其弊，砭其病，皆以身先之。师之于物，洪纤高下，缓急后先，拒之不遗，接之不携。人虽见其发于悲愿，而不知其一以诚而匪事夫空言也。当世公卿大夫，如徐君威卿、郑君鹏南、赵君子昂，一闻师之道，固已知敬，及亲炙言容，无不歆慕终其身。江浙丞相脱欢公，最号严重，读师之书，敛衽望拜。高丽沈王，以天属懿亲，万里函香，拜礼起，谓左右曰："某阅人多矣，未有如师福德最胜者。"获师开示，涕泣感发。师躬己以究其道，岂有毫发涉世意哉！然而其名不行而彰，其道不言而信，自非行戒相应，声实一致，永久益章而弗昧，亦何以致此哉！

《南宋元明禅林僧宝传》卷九·中峰普应本国师

紫箨山沙门自融撰

　　中峰普应国师者，讳明本。其先临济玄，玄七传杨岐会，会八传无准范，范传雪岩钦，钦传高峰妙。妙之嗣四人，师居其首。师自临济，其世十八。临济自少林，其世十一。是师为少林二十九世之正胤也。

　　师出钱塘孙姓，母李氏，梦无门开道者持灯至其家而生。师生之时，内室五色光明者三昼夜。襁褓即具大人相。坐则跏趺，嬉戏则为佛事。既冠，阅《传灯录》，至"明知生是不生之理，为甚却被生死之所流转"，大疑，乃求依狮子院高峰妙禅师。妙公喜度之。三载，观流泉有省，求妙公印证，被打趁出。自此日作夜侍，常至晨钟鸣不去，妙公不顾。久而洞彻玄旨。妙公大悦，书自相赞与师曰："我相不思议，佛祖莫能视。独许不肖儿，得见半边鼻。"洎十载，妙公告寂时，以大觉寺属师，师推首座祖雍主之。遂一笠吴楚，西至皖山、匡庐，乃东还，结幻住庵于吴雁荡，遂成丛席。

　　霆发瞿公请主大觉，不就，举定叟泰应之。泰尝受职于一山万矣，乃欲改嗣于师。师大不然，以书却之曰："昨者坐语，未及他论。而首以住院承嗣扣之者，惟恐足下苟循世谛故也。本与足下纳交十六年，彼此心怀洞然明白。岂意足下不谅愚情，反欲相及，何临事反覆若此耶？古人于法嗣嫡传所以深明宗系者，大法源委不可诬也。世漓俗薄，奉金请拂、以院易嗣者有之，本尝痛心于此。夫大觉虽先师开山，然十方丛林尽有尊宿，舍彼不取而必欲本尸，何识量之不广也。本非畏住持，实畏嗣法于开山也，故退避力辞。而举足下为之主，正以足下自师一山禅师，岂可苟循世俗而易其所师哉！由此言之，本犹不欲以先师座下人选尸大觉，而况牵枝引蔓，欲为本之嗣乎？闻命骇然。专浼逆流塔主预此拜闻，望以玉峡之音，直与拈出。或欲循俗易嗣，则本断然不敢与足下一日相聚也。至扣！至扣！"师还天目，庐高峰塔。

至大戊申，仁宗在青宫，聘之不就，赐金纹衣，加号法慧禅师。师隐去仪真。己酉，即船以居，乃吟曰："懒将前后论三三，端的船居胜住庵。为不定方真丈室，是无住相活伽蓝。烟村水国开晨供，月浦花汀放晚参。有客扣舷来问道，头陀不用口喃喃。"庚戌，又还天目。辛亥，复船居。吴江陈子聪为师建幻住庵。师又去之，北隐汴梁。吟曰："廛市安居尽自由，百般成现绝驰求。绿菘紫芥拦街卖，白米青柴倚户收。十二时中生计足，数千年外道缘周。苟于心外存诸见，敢保驴年会合头。"明年，又结幻住庵于六安山。吟曰："胸中何爱复何憎，自愧人前百不能。旋拾断云修破衲，高攀危磴阁枯藤。千峰环绕半间屋，万境空闲一个僧。除此现成公案外，且无佛法继传灯。"丞相脱欢公望风访师，师又弃庵，去之东海州。吟曰："道人孤寂任栖迟，迹寄湖村白水西。四壁烟昏茅屋窄，一天霜重板桥低。惊涛拍岸明生灭，止水涵空示悟迷。万象平沉心自照，波光常与月轮齐。"欢公戒邑吏强师至私第，乃与中书平章并诸山，必致师于灵隐。师固辞曰："夫住持者，须具三种力，庶不败事：一道力，二缘力，三智力。道，体也。缘、智，用也。有其体而缺其用，尚可为之，但化权不周，事仪不备耳。使道体既亏，便神异无算，虽缘与智亦奚为哉！或体用并缺，冒然居之，曰因曰果，宁无慊于中乎？贫道无其实，故不敢尸其名。"竟称病还天目。

延祐丙辰，上谕宣政院，简辨名山宿德以闻。承旨者期入天目，师闻遁去，南徐丹阳蒋均为建幻住庵。戊午，又还天目。明年九月，朝旨褒号佛慈圆照广慧禅师。改狮子院为正宗禅寺。驸马沈王王璋，又赍御香紫衣，即所居而修敬慕焉。宣政又以径山请师，师不就，乃结幻住庵于中佳山。中佳去西峰三十里，岩磴险绝，缁素跋涉甚难，求师归院。

至治癸亥，西峰冻涸，大木摧折。师自叙曰："余初心出家，志在草衣垢面，习头陀行。以冒服田衣，抱愧没齿。平昔懒退，非矫世绝俗，盖以文字则失于学问，参究则缺于悟明。寻常为好事者之所称道，亦报缘之偶然耳。"秋，示微疾。有省候者，师皆曰："幻住庵漏且朽矣，不可久住也。"有僧告归吴门，师曰："何不过了中秋去？"十三日，手书属弟子曰："幻者朝死夕化，骨便送归三塔。依清规仪式，不许循世礼也。"次日，白虹贯山巅。师跏趺，书偈而化。停龛三日，颜益和悦。道俗奔集逾万，奉全身塔于寺西望江石。阅世六十一，坐夏三十七。明宗己巳赐谥，曰智觉禅师，塔曰法云。元统甲戌，追尊为普应国师。乃以《广录》三十卷，颁入大藏。更命重臣，铭国师道行于碑。南诏五比丘绘师顶相还国，四众迎相，入中庆城，相放五色异光，由是倾信禅宗，奉师为南诏第一祖。

时皆曰：本公圆辩不阂，针砭多方。哀讲士之趋岐，伤禅流之混继。乃推大觉以嗣开先，接玄鉴而化南诏，乃有大愚安、龙潭信之高风。至于大功不宰，至让无名，杖履萧然，云行鹤举，视声名而若浼，甘肥遁以如饴，楷芙蓉、讷圆通不足过之。以其瀚海余波，烟屯雨骤，提凤阁之儒臣，醒天潢之贵戚，而永明寿、明教嵩庶可并驾云。

赞曰：人人抱荆山之璧，个个得赤水之珠，何难兄释迦而弟弥勒。及读本祖自叙之语，愧汗横流，俯仰无地矣。嗟乎！非真祖师，心语不吐。非正嫡裔，背汗不流。心语不吐者昧后也，背汗不流者欺先也。昧后欺先，互相唊唊，则本祖隐现，堪忍世界，何日而休哉！